中国年鉴资源全文数据库核心年鉴

临安年鉴

YEARBOOK OF LINAN 2011

临安市地方志编纂委员会 编

方志出版社

图书在版编目（CIP）数据

临安年鉴．2011/临安市地方志编纂委员会编．--
北京：方志出版社，2011.11

ISBN 978-7-5144-0283-4

Ⅰ．①临… Ⅱ．①临… Ⅲ．①临安市－2011－年鉴
Ⅳ．①Z525.53

中国版本图书馆CIP数据核字（2011）第213608号

临安年鉴（2011）

编　　者： 临安市地方志编纂委员会
责任编辑： 冯松　罗滔
出 版 者： 方志出版社
（北京市建国门内大街5号中国社会科学院科研大楼12层）
邮编　100732
网址　http://www.fzph.org
发　　行： 方志出版社发行部
（010）85195814　85196281
经　　销： 新华书店
法律顾问： 北京市大禹律师事务所
印　　刷： 浙江新华数码印务有限公司
开　　本： 787×1092　1/16
印　　张： 30
字　　数： 631千
版　　次： 2011年11月第1版　2011年11月第1次印刷
印　　数： 0001～1000册

ISBN 978-7-5144-0283-4/K·231　**定价：** 180.00元

临安市地方志编纂委员会

临安年鉴编辑部

地　　址　临安市锦城街道衣锦街398号（市政府大院5号楼218室）

邮　　编　311300

电　　话　0571-63748491

邮　　箱　zjlanj@163.com

栏目

重要荣誉称号

- ★ 全国综合实力百强县（市）
- ★ 国家农业综合开发项目区
- ★ 全国经济林建设先进县
- ★ 全国科技先进市
- ★ 中国节能电光源制造基地
- ★ 中国坚果炒货食品城

- ★ 国家级生态示范区
- ★ 中国优秀旅游城市
- ★ 中国山地户外运动基地
- ★ 国家森林城市
- ★ 国家卫生城市
- ★ 国家级生态市
- ★ 国家环保模范城市

- ★ 中国民间书画艺术之乡
- ★ 中国竹子之乡
- ★ 中国山核桃之乡
- ★ 中国山核桃之都

临安市政区图

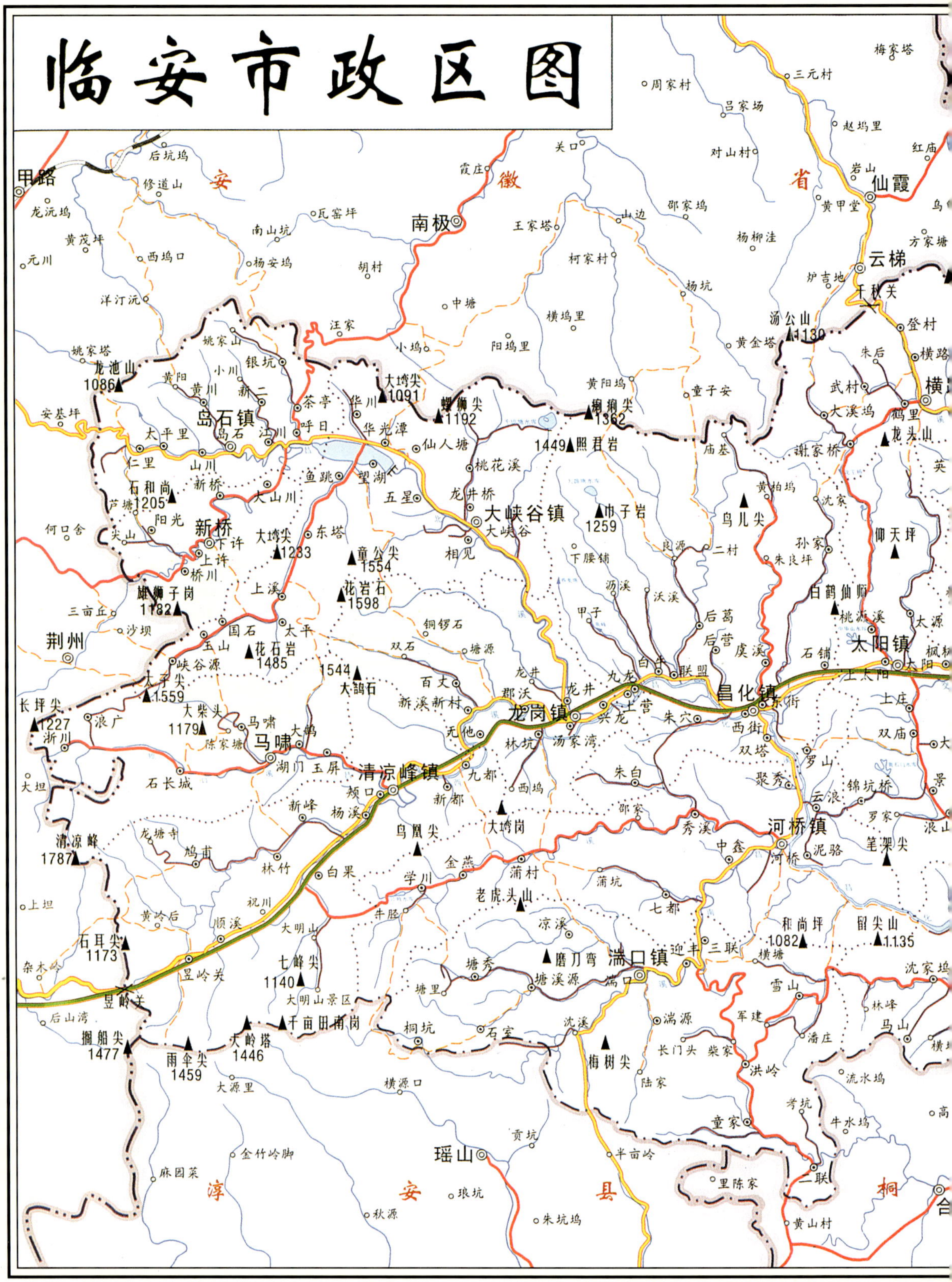

安
徽
省
甲路
后坑坞
修道山
龙沅坞
黄茂坪
元川
西坞口
南山坑
瓦窑坪
杨安坞
胡村
南极
霞庄
关口
周家村
吕家场
对山村
三元村
梅家塔
赵坞里
红庙
岩山
仙霞
黄甲堂
邵家坞
山边
王家塔
杨柳洼
柯家村
方家塘
云梯
炉吉地
千秋关
杨坑
中塘
汪家
洋汀沅
横坞里
汤公山
1130
登村
阳坞里
黄金塔
小坞
姚家塔
龙池山
1086
姚家山
银坑
黄阳
小川
黄川
新二
大塆尖
1091
茶亭
华川
狮子尖
1192
黄阳坞
狮狮尖
1362
童子安
朱后
横路
武村
大溪坞
鹤里
龙头山
安基坪
岛石镇
岛石
江川
呼日
华光潭
仙人塘
1449
照君岩
庙基
谢家桥
太平里
仁里
山川
新桥
鱼跳
望湖
桃花溪
石和尚
1205
芦塘
大山川
五星
龙井桥
大峡谷镇
大峡谷
巾子岩
1259
乌儿尖
黄柏坞
沈家
何口舍
阳光
新桥
下许
尖山
上许
桥川
大塆尖
1233
东塔
童公尖
1554
相见
下腰铺
良源
二村
孙家
朱良坪
仰天坪
狮子岗
1182
上溪
花岩石
1598
沥溪
沃溪
白鹤仙师
桃源溪
太源
三亩丘
沙坝
国石
太平
铜锣石
甲子
后葛
后营
虞溪
荆州
玉山
花石岩
1485
双石
塘源
石铺
太阳镇
太阳
枫
峡谷源
1544
大鹤石
龙井
郡沃
九龙
白牛
联盟
昌化镇
东街
上太阳
太子尖
1559
百丈
新溪新村
龙岗镇
上营
兴龙
朱穴
西街
土庄
长坪尖
1227
浪广
大柴头
1179
马啸
大鹤
陈家塘
马啸
无他
林坑
汤家湾
双塔
双庙
浙川
湖门
玉屏
清凉峰镇
九都
朱白
罗山
大坦
石长城
颊口
新都
西坞
聚秀
锦坑桥
景
新峰
杨溪
大塆岗
邵家
云浪
罗家
清凉峰
1787
龙塘寺
鸠甫
乌凰尖
秀溪
河桥镇
浪山
中鑫
河桥
泥骆
笔架尖
林竹
白果
金燕
学川
蒲村
蒲坑
上坦
祝川
老虎头山
七都
黄岭后
顺溪
大明山
牛胫
凉溪
和尚坪
1082
留尖山
1135
石耳尖
1173
七峰尖
1140
磨刀弯
湍口镇
迎丰
三联
横塘
杂木岭
昱岭关
塘秀
塘溪源
湍口
沈家坞
大明山景区
塘里
雪山
昱岭关
后山湾
千亩田南岗
桐坑
石室
沈溪
湍源
军建
林峰
搁船尖
1477
雨伞尖
1459
大岭塔
1446
梅树尖
长门头
柴家
潘庄
马山
横
洪岭
流水坞
大源里
横源口
陆家
考坑
牛水坞
高
童家
贡坑
瑶山
金竹岭脚
半亩岭
麻园菜
二联
里陈家
淳
安
县
桐
琅坑
秋源
朱坑坞
黄山村

安吉县
余杭区
富阳市
山川
鸬鸟镇
黄湖镇
临安市
锦城街道
锦南街道
玲珑街道
青山湖街道
高虹镇
横畈镇
太湖源镇
藻溪镇
於潜镇
西天目
千洪
潜川镇
乐平
分水镇
万市镇
洞桥镇
板桥
三口镇
龙王山 1587
西天目山 1506
东天目山 1479
马尖岗 1271
茶叶坪岗 1141
草山 1122
仙人石 1060
木公山 1060
窟头山 1095
图例
市人民政府驻地
镇（乡）政府驻地 街道办事处
行政村
自然村
高速公路
省道
县道
乡道
河流、湖泊
水库
省界
设区市界
市（县）界
镇（乡）、街道界
关隘、山峰
小路
比例尺 1∶300000
二〇〇八年十一月

编辑说明

一、《临安年鉴》是中共临安市委、市人民政府主办，中共临安市委党史研究室（临安市地方志办公室）承编的综合性地情信息资料工具书。1990年创刊，每年编辑一卷，自成系列。《临安年鉴（2011）》为第22卷。

二、《临安年鉴》以邓小平理论和“三个代表”重要思想为指导，深入贯彻落实科学发展观，全面系统地反映2010年全市人民在中共临安市委和临安市人民政府的领导下，围绕中共临安市第十二次党代会提出的“融入大都市，创新大发展，构建杭州西郊现代化生态市”战略构想，与时俱进，开拓创新，为全面建设小康社会、努力完成经济和社会发展各项任务、加强社会主义精神文明建设所取得的新成就、新变化、新发展、新经验以及在发展中遇到的新问题，为各级党政机关、企事业单位、研究部门、社会各界人士及中外投资者了解临安、建设临安、研究临安提供丰富、翔实的信息资料。

三、本卷年鉴为中篇结构，由栏目、分目、条目三级组成，部分栏目增设次分目，全书有栏目29个。卷首设特载、专辑、大事记、市情概览；百科设农业•水利•气象、林业、工业、国内贸易、旅游、综合管理与监督、基础设施建设、城建•土地•环保、人事•劳动和社会保障、中共临安市委员会、临安市人民代表大会、临安市人民政府、政协临安市委员会、民主党派•工商联•人民团体、政法•武装、科学技术、教育、文化、卫生•体育、社会生活、乡镇街道、人物；卷末设附录和索引，全书共631千字。

四、根据浙江省科研机构创新基地（科技城）不断发展的新形势，特设“专辑”栏目，以突出工作重点、特点和亮点。

五、内文中未标明党派的“市委”均为“中共市委”，“党员”均为中共党员，“党建”工作均为“中国共产党建设”工作。涉及“世博会”、“森博会”、“创国卫”等一些常用简称和“农办”等机关单位简称，集中进行注释。临安于1996年12月28日撤县设市，文中有县、市不同之用。浙江林学院于2010年6月更名为浙江农林大学，文中有不同称呼。栏末空白处穿插小资料。

六、所载信息资料由全市各机关、单位提供，经临安年鉴编辑部整理编辑，各供稿机关、单位和市委办公室、市政府办公室、市统计局审核而成，具有权威性。

七、本卷年鉴编纂出版工作得到全市各有关机关、单位的大力支持，广大编撰人员为之付出了艰辛劳动，借此表示感谢。由于成书仓促，水平有限，多有疏漏或不足之处，敬请广大读者批评指正。

临安年鉴编辑部

2010年5月4日，全国政协原副主席张怀西到临安视察工作　（金凯华 摄）

2010年7月9日，中共浙江省委书记、省人大常委会主任赵洪祝调研省科创基地（科技城）建设工作　（陈 欣 摄）

2010年5月10日，中共浙江省委常委、常务副省长陈敏尔调研省科创基地（科技城）建设工作（金凯华 摄）

2010年1月14日，中共浙江省委常委、杭州市委书记、市人大常委会主任王国平，杭州市委副书记、市长蔡奇调研省科创基地（科技城）建设工作（金凯华 摄）

2010年2月22日，中共浙江省委常委、杭州市委书记黄坤明调研省科创基地（科技城）建设工作 （金凯华 摄）

2010年8月15日，中共杭州市委副书记、代市长邵占维调研省科创基地（科技城）建设工作 （陈 欣 摄）

2010年10月27日，中国碳汇林业与低碳经济发展高峰论坛在临安举行

（金凯华 摄）

2010年10月30日，中国铁牛集团·杭州易辰孚特汽车项目奠基开工 （陈 欣 摄）

▲2010年9月17日，杭州杭重工程机械有限公司开发生产6立方米船用抓斗挖掘机

（陈 欣 摄）

▶2010年12月，国内首台机液一体式强夯机在杭州杭重工程机械有限公司下线

（陈 欣 摄）

◀2010年南非世界杯足球赛球迷围巾由临安陌上花电脑针织有限公司制造

（金凯华 摄）

2010年7月20日，上海“世博会”杭州国际文化交流周暨“深山渔村”欢乐GO活动在临安市潜川镇青山殿村举行

（黄丁宁 摄）

2010年 10月27日，中国（临安）森林生态博览会开幕式暨新都之夜“森林城市的希望”综艺晚会

（黄丁宁 摄）

2011年10月29～31日，中央电视台《寻宝》栏目组走进临安，昌化鸡血石《百子闹春》被评为临安“民间国宝”

（黄丁宁 摄）

2010年4月，清凉峰国家级自然保护区野生动物监测员拍到全球易危鸟种——短尾鸦雀

（章叔岩 摄）

2010年 5月 8日，在清凉峰国家级自然保护区拍摄到华南梅花鹿

（章叔岩 摄）

2010年5月中旬，临安规格化育秧中心规格化育秧抽芽齐、效率高 （黄丁宁 摄）

2010年 12月 11～13日，美籍画家、作家刘墉回临安（锦城街道回龙村）寻根谒祖

（陈　欣　摄）

2010年8月，市文化馆创作干部俞志平历时8个月，创作完成《山核桃丰收图》，该画长7.5米，高0.54米

（黄丁宁　摄）

2010年 5月 8日，中国天目山“茶之语”茶文化推广活动在天目山开幕，图为倒茶绝技表演

（金凯华　摄）

目　录

特　载

专　辑

大事记

市情概览

农业·水利·气象

林　业

工　业

国内贸易

旅　游

财政·税务·金融

综合管理与监督

基础设施建设

城建·土地·环保

人事·劳动和社会保障

中共临安市委员会

临安市人民代表大会

临安市人民政府

政协临安市委员会

民主党派·工商联·人民团体

政法·武装

科学技术

教育

文 化

卫生·体育

社会生活

乡镇街道

人 物

附 录

▶正文附表

▶彩色图片

▶**小资料**

索 引

Contents

特　　载

推进富民强市　实现科学跨越
共同谱写临安“十二五”发展新篇章

——在市委十二届十四次全体（扩大）会议上的报告

中共临安市委书记　邵　毅

（2010 年 12 月 31 日）

这次全会的主要任务是：学习贯彻党的十七届五中全会、中央经济工作会议和省委十二届八次全会、杭州市委十届八次全会精神，回顾总结“十一五”工作，审议通过《中共临安市委关于制定临安市国民经济和社会发展第十二个五年规划的建议》（审议稿），研究部署“十二五”发展和 2011 年工作，团结动员全市各级党

组织和广大干部群众，凝心聚力，奋力开拓，推进富民强市，实现科学跨越，共同谱写临安“十二五”发展新篇章。

下面，我代表市委常委会向全会作报告。

一、创新实干，“十一五”发展取得骄人业绩

今年是“十一五”发展的最后一年。全市上下依托生态优势、依靠科技创新，扎实推进各项工作，取得了新的发展成效。

1. 经济实力进一步增强。全市经济运行呈现“总量壮大、质量提升”的良好态势，主要经济指标增幅位居杭州七区(县、市)前列。规模总量不断壮大，全年实现生产总值287.77亿元，同比增长14%；规模工业销售产值539.28亿元，增长34.5%；农业总产值39.1亿元，增长8.6%；社会消费品零售总额73.54亿元，增长19.5%；全社会固定资产投资108.38亿元，其中工业性投资54.65亿元，分别增长20%和17.6%。发展质量持续提升，全年实现财政总收入30.12亿元，地方财政收入16.97亿元，分别增长18.1%和20.9%；规模工业利税总额49.09亿元、利润总额31.91亿元，分别增长76.1%和95.7%；城镇居民人均可支配收入和农民人均纯收入达到24455元和12012元，分别增长11.1%和11.9%。

2. 产业转型加速推进。制定实施“1+5”工业转型升级扶持政策，新增规模企业176家，培育百亿产业1个、十亿元以上企业5家，荣获“中国节能电光源生产基地”和“中国坚果炒货食品城”称号；十大主导特色产业占规模工业销售产值近80%，“十一五”节能减排目标任务圆满完成。新增设施农业2000亩、杭州市农业龙头企业8家，新种植香榧13万株，“临安山核桃”、“天目雷笋”、“天目笋干”和“天目青顶”成为国家证明商标。农村现代流通网络进一步健全，昌化国石文化城一期等重点工程建成使用，大明山滑雪场、湍口众安氡温泉等冬季旅游项目加速推进，预计实现服务业增加值91.5亿元。全年新增平台面积6545亩、完成基础设施投入7.3亿元，其中青山湖科技城核心区块五条主干道基本完成路基填方和管道铺设，首批10个院所项目开工建设；产业化区块“大好高”项目相继入驻，易辰孚特等重大项目启动建设；现代服务和综合生活配套区块基础设施拉开框架。着力强化自主创新，新增上市企业2家、国家重点支持高新技术企业14家、中国驰名商标2件、授权专利1594件，全年规模工业高新技术产业销售产值占比达到41%，实现企业级以上新产品产值96亿元，同比增长50%。同时，成功引进了西子联合电梯零部件产业园等项目，全年实到内资45亿元、实际利用外资1.2亿美元，完成重点项目投资53亿元。

3. 城乡区域统筹步伐加快。全面启动与余杭、下城的区市协作。锦南新城、城东滨湖新区完成规划编制，市委新党校主体工程加快推进，文体会展中心、钱王家庙项目开工建设，四大城市有机更新工程规划设计加快编制，大学路北延和万马路北延主干道建成通车。完成於潜、昌化等城镇规划修编，临余公路临安段、15省道至临安02省道连接线（长西线)、18省道龙岗至鱼跳段加快建设，农村电网路网和农林水利设施建设继续加强，高虹镇列入省级中心镇。推进“绿色家园、富丽山村”建设，开展12个精品村、特色村和100个整治村创建，完成100个中心村布点，全市138个村建成农村社区服务中心。开展农村土地综合整治试点，发放林权抵押贷款1.57亿元，流转林地3.1万亩、土地8421亩。深入开展“文明乡风进万家”活动，完成创建示范文明村、特色文明村11个。同时，成功举办第七届

“森博会”和碳汇林业高峰论坛，国家卫生城市复检顺利通过，荣膺“中国十佳和谐可持续发展城市”和“中国十佳休闲宜居生态城市”。

4. 民生保障得到加强。加快社会事业发展，完成天目初中、昌化职高、新桥小学等校舍新改扩建，第四期保障性住房、图书馆、市人民医院医技楼等民生项目加快实施，社会福利中心一期工程投入使用，建成标准化乡镇卫生院6家、规范化村 (社区) 卫生服务室（站）274个。切实抓好充分就业、城乡居民社会养老保险、困难群众救助和民生“网底”建设，完成充分就业行政村创建130个，城镇登记失业率为3.25%，行政村劳动保障室实现全覆盖。加强社会管理创新，启动实施“528天目惠民工程”，群众来信来访同比分别下降32.02%和31.75%，安全生产事故三项指标实现“零增长”。同时，圆满完成对口支援四川金子山乡灾后恢复重建工作，实现省双拥模范城“两连冠”创建目标。

5. 党的建设创新突破。圆满完成深入学习实践科学发展观活动，全面开展“天目先锋”创先争优活动，学习型党组织建设扎实推进。加大创新选拔干部工作力度，采取知情推荐、全程差额方式选拔市管副职领导干部32名，跨部门竞岗交流中层干部15名。深化“天目彩虹”引智工程，评选出了首批十大科技创新人才。全面推行“服务百姓档案”，初步建成集全市农户基本信息、需求信息和党员干部办事信息为一体的综合为民服务体系。深化党风廉政建设，开展农村基层党风廉政“评星晋级”和乡镇（街道）、部门“公述民评”活动，实现公职人员岗位廉政教育全覆盖。深入开展“一线两真三服务”活动，全年帮助企业、基层、群众解决实际问题逾万个，机关作风得到了转变。与此同时，人大、政协充分发挥作用、积极履行职能，老干部、统战、群团、双拥、人民武装等工作不断加强。

综观今年和整个“十一五”时期，我市经济社会实现了快速、持续、健康发展。与“十五”期末相比，综合实力显著提升，连续五年跻身县域经济基本竞争力百强县（市）行列，全面小康社会实现程度达86.7%，位居杭州五县市首位。生产总值、财政总收入、规模工业销售产值等主要经济指标全部实现五年翻番，其中6项指标超额完成“十一五”规划目标的20%以上。经济结构优化升级，三次产业集聚发展、规模发展、高端发展的趋势日益明显，先进装备制造业产业集群快速崛起，全市规模企业超过千家，涌现出3家中国500强企业、6家上市公司和91家亿元企业。高新技术产业销售产值突破200亿元，研究与试验发展经费占生产总值比重由0.65%提升至1.66%。发展后劲明显增强，建成以开发区为龙头的三级平台体系，平台产出占比达到70%。五年累计完成固定资产投资415亿元，其中工业性投资204亿元，增长2.1倍，青山湖科技城落户建设，杭氧、杭叉等大企业大集团竣工投产。完成锦南新城、城东滨湖新区等重大区块规划布局，城市发展的新空间业已形成。人民生活持续改善，基本建成覆盖城乡的社会保障体系和公共服务体系，五年民生投入累计达54.9亿元，城镇居民人均可支配收入和农民人均纯收入分别增长64.4%和64%，社会和谐稳定、人民安居乐业。生态环境不断优化，成功创建国家卫生城市、国家森林城市、环保模范城市和国家级生态市，18个乡镇被命名为全国环境优美乡镇，森林蓄积量增加193万立方米，5个饮用水源地、11个常规断面和4个出境断面水质达标率均为100%，空气环境质量优良率达94%以上，实现了经济发展与生态建设的双赢。

五年来，我们坚持把解放思想贯穿始终，在不断提升理念中明确发展方向。连续开展解放思想大讨论、大行动，牢牢把握发展大势，以开放的思路、长远的眼光、大气的手笔谋划建设杭州西郊现代化生态市，形成了“一条主线、五大战略、六大基地、七大工程”的战略框架，并与时俱进地作出了高举生态科技“两面大旗”的战略部署，引领临安转型升级科学发展。

五年来，我们牢牢抓住关键环节和重点领域，在攻坚克难中实现工作突破。着眼长远，立足当前，推行“项目化管理、制度化推进”工作机制，连续开展项目攻坚行动，大力推进工业上山、向坡要地，扎扎实实地做好打基础、增后劲、利长远的工作，优规划、强工业、推平台、攻项目、抓招商、拓空间，千方百计突破事关全局的关键环节，打开了临安跨越发展的上升通道。

五年来，我们积极拼抢发展机遇，在开放融入中赢得发展主动权。充分发挥生态和区位优势，成功举办“森博会”、接轨上海活动周等重大活动，全力拼抢杭资企业梯度转移、青山湖科技城落户建设和加强城乡区域统筹发展等历史性机遇，承接大都市优质要素溢出和文明辐射，全面提升临安开放融入的带动力、科技创新的辐射力、发展要素的集聚力，赢得了科学发展的主动权。

五年来，我们牢固确立民生为本理念，在共建共享中富民惠民。坚持发展为了人民、发展依靠人民、发展成果让人民共享，主动顺应人民群众新期待，持续加大民生事业投入，深入推进创业富民、就业惠民、社保安民，加快公共服务优质化、均等化、普惠化，加强精神文明建设，推进社会管理创新，进一步形成了全市人民“共建美好家园、共享幸福生活”的生动局面。

五年来，我们致力干部能力和作风建设，在务实落实中争创一流业绩。着眼于打造“三宽三创三敢”型干部队伍，坚持把作风和能力建设贯穿始终，深入开展作风建设年、创新服务月等活动，选派干部到基层一线接受锻炼，注重创新方式选拔任用干部，形成了重视基层、崇尚实干的用人导向和真大气、敢负责、善开拓、重落实的优良作风，为经济社会发展提供了有力保障。

总之，过去五年是我市发展进程中很不平凡的五年，是发展基础不断夯实、人民群众得到实惠更多的五年，是全面建设小康社会、构建杭州西郊现代化生态市取得显著成效的五年。奋斗的历程饱含艰辛，积累的经验弥足珍贵。最让我们感动的是，全市干部倍加珍惜干事创业的舞台，始终埋头苦干、负重拼搏，干出了临安速度、干出了临安力度、干出了临安形象！最让我们欣慰的是，全市上下目标同向、工作同心，克难攻坚，开拓奋进，破解了前进道路上的一个又一个难题，赢得了来之不易的发展局面！最让我们振奋的是，通过五年的努力，临安蓄势待发，已经站在了跨越发展的新起点上，未来发展精彩无限！

借此机会，我代表市委常委会，向全市各级党组织和广大党员干部群众，向各民主党派、人民团体和各界人士，表示衷心的感谢和崇高的敬意！

二、把握全局，科学谋划临安“十二五”发展

“十二五”是我市经济社会发展至关重要的五年。综合分析国际国内形势，我市仍处在大有作为的战略机遇期，既面临难得历史机遇，也面临诸多风险挑战。国际环境总体有利，但形势更趋复杂多变。

世界多极化和经济全球化深入发展，国际金融危机催生了新的科技革命，信息技术、能源技术等面临重大突破，世界可能进入创新集聚爆发和新兴产业加速成长时期，经济急剧动荡的局面将逐渐缓解。但同时，国际金融危机影响还将持续，欧洲债务危机还在发展，美元贬值和全球性通胀趋势明显，全球市场需求结构出现明显调整，各种形式的贸易保护主义抬头，发达国家消费疲软，国际竞争更加激烈，都将使我市稳定和扩大外需、利用国际市场和资源的难度进一步加大。国内经济发展保持良好势头，但发展条件和环境发生新变化。我国新型城镇化、新型工业化和农业现代化同步推进，国内需求不断扩大，经济结构加快转型，体制活力显著增强，社会大局保持稳定，这些都为我市发展创造了良好的外部环境。我省转变经济发展方式综合配套改革试点全面推进、大平台大产业大项目大企业建设深入实施，转型升级步伐明显加快。杭州把统筹城乡区域发展上升到战略层面加以推进，并谋划建设以青山湖科技城和余杭创新基地为主体的杭州城西科创产业集聚区，为我市发展带来了历史性机遇。同时，《长江三角洲地区区域规划》和《杭州都市经济圈发展规划》全面实施，进一步拓展了区域融合发展的空间。但也要看到，我国资源环境约束强化，人民币升值压力加大，通胀预期增强，社会矛盾多发，这些新情况将使我们面临稳定物价、节能减排、外贸出口和企业经营等方面的严峻挑战。中央在“十二五”开局之年实行积极的财政政策和稳健的货币政策，一方面预示着经济基本面不会改变，但货币政策的新变化也将给我市企业融资、政府项目建设带来影响。我市发展基础良好，但解决结构性要素性矛盾和问题的压力加大。经过改革开放30多年的发展，我市综合实力显著增强、人民生活极大改善。特别是随着青山湖科技城的加快建设，我市的核心竞争力将大幅提升。但也要看到，我市产业层次较低、三次产业结构不够合理、市域东中西部发展不够平衡、资源环境约束大等矛盾和问题没有得到根本解决，同时还出现了人民群众新期待增强、社会不稳定因素增多等新情况。这些矛盾和问题的存在，归根结底是我们的发展方式还没有得到根本转变。我们必须切实增强推进发展方式转变的自觉性和坚定性，依托生态优势，依靠科技创新，加快转型升级科学发展，努力开创“十二五”发展新局面。

“十二五”时期，我市经济社会发展的指导思想和总体目标是：高举中国特色社会主义伟大旗帜，以邓小平理论和“三个代表”重要思想为指导，全面贯彻落实科学发展观和省、杭州市战略部署，以科学发展为主题，以加快转变经济发展方式为主线，以富民强市、社会和谐为主旨，深入实施生态立市、科技兴市、工业强市、开放活市、富民安市“五大战略”，着力调整经济结构，着力强化科技创新，着力统筹城乡区域发展，着力建设生态文明，着力深化改革开放，着力保障改善民生，促进经济平稳较快发展和社会和谐稳定，为基本实现现代化打下更加坚实的基础。通过五年努力，实现杭州西郊现代化生态市建设大跨越，率先全面建成惠及全市人民的小康社会。

实现上述目标任务，必须做到“六个不动摇”：

必须坚持转型发展不动摇。把转型升级这条主线贯穿“十二五”发展始终，突出产业结构调整的战略地位，大力推进大平台大产业大企业大项目建设，调整优化需求结构、产业结构和要素投入结构，加快提升传统优势产业，培育发展战略性新兴产业，切实提高经济发展的质量和效益。

必须坚持创新发展不动摇。充分发挥青山湖科技城的辐射带动作用，加快科研院所建设，在更大范围集聚高端人才和创新要素，把创新成果更多地运用到经济社会发展和城市建设管理的方方面面。进一步解放思想、提升理念，深入推进重点领域改革，提高对外开放水平，不断增强“十二五”发展的动力和活力。

必须坚持统筹发展不动摇。以统筹的理念、思路和举措推进城乡区域发展，坚持以新型城镇化为主导，突出主城、中心重点镇和中心村三大圈层，深入推进生态型宜居宜业城市和“绿色家园、富丽山村”建设，切实提升城镇和农村、东部和中西部发展的协调性，加快形成城乡区域发展一体化新格局。

必须坚持特色发展不动摇。牢固树立生态立市理念，坚定不移地走生态与经济共赢发展的路子，大力推进生态文明建设，坚持保护与利用并重，依托生态集聚资源、构筑产业、建设城乡、富民强市，促进经济发展与人口资源环境相协调，在特色发展中进一步提升临安的核心竞争力。

必须坚持融合发展不动摇。始终把融入大都市作为临安科学发展的重大举措，全面推进区市协作和区域交流，融入大杭州、接轨长三角，充分发挥我市在区域发展中的独特作用，以生态集聚发展要素、以科技辐射区域发展，进一步提升临安的对外知名度和美誉度，加快推动临安由郊县向郊区转变。

必须坚持和谐发展不动摇。始终把保障和改善民生作为发展的根本出发点和落脚点，进一步提升经济社会协调发展水平，加快公共服务的优质均等化覆盖，努力在社会事业发展、民生保障、社会管理、和谐稳定等方面实现新的突破，不断提高全市人民的生活品质。

坚持“六个不动摇”，实现杭州西郊现代化生态市建设大跨越、率先全面建成惠及全市人民的小康社会，是时代赋予我们的重大使命，更是全市人民的殷切期盼。全市各地各部门尤其是各级领导干部，要站在全局和战略的高度，把握新形势，回应新期待，展现新作为，共同谱写临安“十二五”发展新篇章。

三、强势推进，确保“十二五”发展精彩开局

五年看头年。要着眼长远、致力当前，全力以赴抓好“十二五”规划的落实，确保“十二五”开好局、起好步。

明年我市经济社会发展的主要预期目标是：地区生产总值增长11%以上，全社会固定资产投资增长15%，农业总产值增长7%，规模工业销售产值增长18%以上，社会消费品零售总额增长16%，财政总收入增长15%，城镇居民人均可支配收入增长10%，农村居民人均纯收入增长11%，城镇登记失业率控制在3.8%以内，研究与试验发展经费支出占生产总值比重达1.8%以上，节能减排完成省和杭州市下达的任务。着重抓好五个方面的工作：

1. 以构建现代产业体系为目标，加速经济转型升级。深入实施工业强市战略，以大平台大产业大项目大企业建设为突破口，推动产业转型升级，促进经济平稳健康发展。着力构筑大平台。突出抓好临安省级农产品深加工产业园区、临安省级经济开发区拓展区和市本级重点工业功能区建设，全年新增平台面积4000亩，完成基础设施投入4亿元。围绕“一线三区九基地”农业产业布局，加快推进现代农业示范园区和粮食生产功能区建设。依托青山湖科技城现代服务和综合生活配套区块、锦南新城、城东滨湖新区等重点区块，全面推进8大现代服务业集聚区建设。着力提升大产业。充分发挥工业转型升级政策效应，抓紧出台新兴产业项目招引政策，改造提升电线电缆、绿色照明、复合装饰材料、精密元器件等传统产业，培育壮大先进装备制造、汽车零部件、节能环保、新材料、新能源等战略性新兴产业，全年完成工业性投资60亿元以上。坚持提升和拓展并重，通过设施化改造、区域品牌创建等途径，提升农业主导产业的科技含量，大力拓展香榧、杨桐柃木等新兴产业，培育农家休闲旅游精品。启动中国坚果炒货食品城、临安绿色照明专业市场建设和汽车西站区块商业综合体项目前期，完成湍口众安氡温泉等高星级酒店主体工程，加快昌化国石文化城二期和太湖源动漫文化创意产业园建设，提升服务业发展水平。着力主攻大项目。坚持“生态、科技、税源”三大标准，严格环境准入，推进招强引优、选商择资，着力招引投资规模大、技术含量高、带动能力强、符合环保要求的龙头型项目。继续开展项目攻坚活动，突出抓好项目前期和征地拆迁工作，强势推进易辰孚特、西子联合电梯零部件产业园等重大项目建设，完成55亿元年度投资任务。着力培育大企业。制定实施“十亿元、五十亿元、百亿元企业”培育计划，大力推进企业技术创新和品牌创建，新增上市企业1家，争取3年培育1家~2家百亿企业、3家50亿元以上企业，加快形成大企业大集团、成长性企业、潜力型企业和初创型企业的梯度发展格局。强化企业发展的政策支撑和服务指导，着力破解企业用地、用工、融资等难题。

2. 以建设青山湖科技城为引擎，加快构建区域创新体系。深入实施科技兴市战略，着力打造科技智慧城市。加快青山湖科技城建设。按照“三大区块统筹推进、核心区块重点突破”的思路，抓好规划实施、延伸和衔接工作，完成科技城控制性详规和重点专项规划编制。核心区块全面推进公共服务中心、孵化大楼、展示中心等公建项目，启动城市综合体和人才专用房建设，完成主干道路、入口景观改造工程和部分院所主体工程，并要着力招引国内外知名科研院所和大企业大集团研发机构，加快浙江西安交大研究院、浙大研发基地、中科院长春应化所浙江研究院等项目落地。产业化区块要加快工业平台和重点项目建设，现代服务和综合生活配套区块要积极招引电子信息和总部（楼宇）经济等领域的项目。完善区域创新体系。以省级科技强市复核为契机，扎实做好高新技术企业认定、科技项目申报和企业研发中心创建等工作，继续推进国家火炬计划特色产业基地、科技孵化基地和技术研发机构建设，确保新增国家高新技术企业7家、杭州市级以上企业研发中心3家。深化与浙大等高校院所的合作，新增授权专利1000项以上。突出科技创新保障。进一步完善科技创新政策体系、企业信用担保体系和市场化的投融资体系，鼓励企业加大研发投入，提升科技创新的金融保障和中介服务水平。强化人才和智力支持。坚持人才优先发展，深入实施“天目彩虹”引智工程、“812”人才培养工程和“天目春雨”人才计划，鼓励科研机构和企业组团到海内外招才引智，加大海外高层次人才引进力度，全年招引高层次人才100名、紧缺实用人才1000名。

3. 以新型城镇化为主导，强势推进城乡区域统筹发展。深入实施开放活市战略，突出主城区、中心重点镇、中心村三大圈层，全面推进区市协作和五大专项行动，开创城乡一体化发展新局面。加快建设杭州西郊现代生态新城区。大力推进“两城三区”建设，锦南新城要进一步拉开道路框架，建成启用市委新党校，完成文体会展中心体育馆部分主体工程；城东滨湖新区要启动基础设施和重点项目建设，锦北高教区要加快浙江警察学院建设步伐。稳步推进城市有机更新，完成吴越文化遗址公园、吴越大街综合整治和东入城口改造等城市有机更新项目的征地拆迁工作，全面启动城中村改造试点。进一步提升城市品位和文明水平，按照“干道通达、畅通有序”的要求，加快城市主干道路改建，强化静态交通保障，着力缓解交通“两难”问题；优化城区“一湖二山三溪”景观布局，新增城市绿地2万平方米；充分发挥“数字城管”作用，加大市容市貌监管力度，提升城市管理水平。加快建设现代生态小城镇。按照人口集中、产业集聚、功能集成、要素集约的要求，完成乡镇（街道）行政区划调整，加大城镇基础设施建设投入，稳步推进强镇扩权，分级扶持於潜、昌化两大副中心城市，太湖源、高虹2个省级中心镇和板桥、潜川、龙岗、清凉峰、岛石5个重点镇发展，提升中心重点镇的辐射带动力。加快建设“绿色家园、富丽山村”。深入实施绿色新环境、新产业、新社区、新文化“四大工程”，完成精品村和特色村创建20个、整治村100个，全市行政村社区服务中心建成率超过三分之二。不断深化林权制度改革，健全林权交易管理机制。全面开展以中心村培育建设、农村住房改造、下山移民工程为重点的农村土地综合整治，启动“三置换”试点和农村一户多宅清理工作，完成农房改造2400户、建设用地复垦2000亩、造田造地2600亩。加快交通基础设施建设。临余公路临安段、18省道龙岗至鱼跳段和长西线支线建成通车，15省道至临安02省道连接线（长西线）改建工程完成路基工程量的50%以上。启动青山湖科技城客货运服务中心建设，加快临安公交总站、新桥至岛石隧道、马啸至清凉峰公路、横路至太阳公路、14省道（牧松线）、临金高速、02省道复线、地铁五号线延伸段等项目前期工作。

4. 以省级生态文明试点市建设为抓手，提升生态文明水平。确立“生态立市”战略，扎实推进省级生态文明试点市建设，着力打造生态型宜居宜业城市。强化节能减排。继续实行“一把手”问责、一票否决和区域限批，以铁的手腕和决心抓好节能减排工作，确保完成年度节能减排目标任务，全年实施节能技改项目30个。进一步完善生态补偿、排污权交易、污染排放约束等机制，关停并转一批高能耗、高污染、低产出、低效益企业。加强水环境综合整治，建成於潜、昌化水质自动监测站，集镇污水处理设施运行负荷达到65%以上。加强生态建设。扎实推进生态公益林、两大国家级自然保护区建设和全国碳汇林业试验区建设，着力打造碳汇林业品牌，通过碳汇林业试验为农民增加新的增收途径。加快实施生态文明建设重点项目，大力推进“全国小型农田水利重点县”建设，全面启动青山湖综合治理和保护工程，扎实推进“1250”工程，深化农村联片整治，提升“清洁临安”常态化运作水平。培育生态文化。建成图书馆，启动博物馆建设，实现综合文体站全覆盖。抓好省级非物质文化遗产名录、第三批民间艺术家、国家和省级文保单位申报工作。实施名记者名栏目工程，提升媒体传播能力。完善“种文化”、“送文化”机制，深化拓展“乡风文明进万家”和文化示范镇街、示范文明村、示范文明户等创建活动，加强公民道德教育，倡导低碳健康生活，进一步提高全民生态文明素养。

5. 以“五大体系”建设为重点，提高人民群众幸福感满意度。深入推进“富民安市”战略，着力建设和谐幸福城市。加快打造均等普惠、优质高效的公共服务体系。按照优质化、均等化的要求，继续推进学校布局调整和校舍安全工程，加快天目外国语学校迁建等项目建设，着手开展临安中学等项目前期工作。推进学前教育优质化发展，高质量普及义务教育、稳步提升高中段和职业教育水平。加强师德师风建设，深化名师名校长工程。实施医疗卫生市乡一体化改革试点工作，继续深化三级卫生服务体系建设，扩大基本药物制度实施覆盖面，完成标准化卫生院和一批卫生重点项目建设，积极建设健康城市和省级卫生强市。加快构建政府引导、公平充分的就业创业体系。扎实开展充分就业市和创业型城市创建工作，着力解决大学生就业创业、“4050”人员就业再就业和农村劳动力季节性失业等问题，动态消除城镇零就业家庭，充分就业行政村覆盖面达到85%。深入实施农民素质培训工程，加大高技能人才培养工作。全面推行企业集体工资协商制度，完善劳动信访、争议调处机制，着力构建和谐劳动关系。加快构建功能完备、稳健灵活的社会保障体系。分层分类抓好城乡居民、企事业单位职工、被征地农民等群体的社保工作，完善新型农村合作医疗制度，推进“五费合征”扩面提待工作，完成市民卡发放，实现医保“一卡通”。深入实施保障性住房安居工程，加快建设第四期保障性住房，扩大廉租住房保障覆盖面。加快构建结对帮困、人文关怀的新型社会救助体系。拓展专项救助渠道，动态调节城乡低保标准和补差标准，深入开展“春风行动”，突出抓好“五保三无”人员集中供养和慈善事业发展，做好重度残疾人基本生活补助和低保边缘困难家庭临时救助工作，切实增强社会救助能力。加快构建运作规范、务实高效的社会维稳体系。深入实施社会管理创新“528天目惠民工程”，大力推进“法治临安”、“平安临安”建设，进一步健全社会治安防控体系，强化流动人口服务管理，严厉打击各种违法犯罪活动。完善重大事项社会稳定风险评估机制，切实抓好信访、食品安全、安全生产等工作，大力推进“阳光执法”，促进社会和谐稳定，进一步增强人民群众的安全感和幸福感。

四、切实提升党建科学化水平，为“十二五”发展提供坚强保障

谱写“十二五”发展新篇章，关键在党。我们要着力提升党建科学化水平，充分发挥党的领导核心作用，为“十二五”转型升级科学发展提供坚强的政治保证。

1.扎实推进学习型党组织建设。深化“学习型领导班子”创建，改革党委（党组）中心组学习管理办法，在创新学习载体、丰富学习形式、拓展学习领域、健全学习机制上下工夫。进一步加强学习平台建设，办好“思想高速公路”和“天目大讲坛”。充分发挥舆论引导和典型引路作用，进一步造浓全民学习的良好氛围。继续抓好新一轮大规模培训干部工作，突出党校教育主阵地作用，整合干部教育培训资源，探索开展分级分类培训，加快形成特色鲜明、优势互补、充满活力的培训格局。

2. 加强领导班子和干部队伍建设。把镇级领导班子换届摆在首要位置，及时抓住乡镇（街道）行政区划调整的有利契机，着力选好干部、配强班子、优化结构，为镇域经济社会发展提供坚强的组织保障。围绕加强党的执政能力建设和先进性建设，及时跟进换届后领导班子和干部队伍建设，注重在实践中强化干部培养，着力提升抓发展、促民生、保稳定的能力，进一步增强各级领导班子的整体功能和合力。坚持从严管理和关心激励相结合，加强领导班子和领导干部的日常管理服务。加大竞争性选拔干部力度，完善多元提名、知情推荐、全程差额等实施办法，探索完善符合县（市）特点的干部选拔路径，提高选人用人公信度。建立健全体现科学发展观要求的干部考核评价机制，格外关注在条件艰苦、环境复杂地方努力工作的干部，真正把那些精神状态好、工作作风实、工作能力强、群众公认度高的优秀干部选拔到重要领导岗位上来，鲜明体现重视基层、重视实绩、重视作风的用人标准和用人导向，激发全市干部的创造活力和创业热情。

3. 着力夯实党的基层基础。全面开展村级组织换届选举，扩大村党组织“公推直选”范围，抓好村民委员会“自荐直选”，落实资格联审、“三承诺”等制度，确保选出的新一届村级组织班子素质优良、结构合理、群众公认。深化完善“服务百姓档案”，探索建立“联动式”共建互帮、“组团式”联村服务、“全程式”事务代办三大工作机制，进一步健全“片组户”民情联系、党员干部“办事档案”和民情分析会等制度，全面构建功能齐全、高效运作、整体联动的为民服务新体系。优化城乡人才、阵地、经费等资源配置，建立健全党内激励、关怀、帮扶机制，加快构建城乡统筹基层党建新格局。主动顺应党员就业形式和结构分布多样化的发展趋势，探索优化各领域党组织设置，努力实现党组织和党的工作全覆盖。积极发展党内民主，进一步完善党内民主议事、决策等制度，保障党员权利，增强党员队伍的生机活力。

4.巩固和加强党风廉政建设。以打造“廉洁临安”为目标，以落实党风廉政建设责任制为龙头，以构建惩防体系为重点，推进反腐倡廉制度创新。加强对各级党委、政府重大决策部署执行情况的监督检查，严厉惩处有令不行、执行不力等行为，确保政令畅通。强化党性党风党纪教育，加大公职人员岗位廉政教育力度，进一步增强干部廉洁从政意识，形成良好的廉政社会风尚。加强基层党风廉政建设，健全完善村务监督委员会管理制度，扎实推进基层党组织党务公开，不断巩固村级财务逐笔公开和村务公开。突出权力运行的监督制约，提升纪检监察派驻机构履职能力，完善权力阳光运行机制。坚决查处违纪违法案件，始终保持反腐败的高压态势。

5. 全面深化作风建设。作风问题，事关人心向背、事业成败。全市党员干部要以对党、对人民高度负责的态度，进一步弘扬克难攻坚、创新实干的精神，兢兢业业地做好工作，尤其在三级换届之年，要切实坚定发展意识，集中精力谋事、集中精力干事、集中精力成事。要进一步振奋精神，始终保持干事创业的激情和活力，坚持事业为上、责任为重、工作为先，敢于负责、敢抓敢管，始终保持一股拼劲、一股冲劲、一股韧劲，在实干中创先争优。要进一步把能力和作风建设紧密结合起来，以更宽广的视野、更开阔的思路，抢占发展先机、解决矛盾问题、推进开拓创新，切实提高调查研究、科学决策的能力，提高驾驭全局、解决复杂问题的能力，提高狠抓落实、善作善成的能力，提高密切联系群众、做好群众工作的能力。

6. 进一步凝聚发展合力。充分发挥市委统揽全局、协调各方的作用，做好人大代表换届选举和政协委员推荐工作，着力优化代表和委员结构，切实提高人大议政督政、政协民主协商能力。深化体制机制改革，做好政府机构改革工作。充分发挥工会、共青团、妇联等人民团体作用，做好民族和宗教工作。加强国防动员和后备力量建设，推进军民融合式发展。进一步做好群众工作，真心为群众着想，全力为群众造福，不断从群众中汲取智慧和力量，凝聚起推动“十二五”发展的强大合力。

未来五年的宏伟蓝图已经展现在我们面前。目标催人奋进，发展时不我待。让我们进一步振奋精神，开拓奋进，为共同谱写临安“十二五”发展新篇章，创造全市人民幸福美好新生活而努力奋斗！

政府工作报告

——在临安市第十四届人民代表大会第五次会议上

临安市人民政府代市长　卞吉安

（2011年3月15日）

各位代表：

现在，我代表市人民政府向大会报告工作，并作《临安市国民经济和社会发展第十二个五年规划纲要（草案）》说明。请各位代表对报告和纲要（草案）进行审议，并请各位政协委员和其他列席人员提出意见。

2010年主要工作和"十一五"发展回顾

2010年是"十一五"收官之年。一年来，我们坚持以科学发展观为统领，在中共临安市委的正确领导下，在市人大和政协的监督支持下，团结依靠全市人民，奋力拼搏，开拓进取，较好地完成了各项任务，经济社会实现平稳较快发展。实现生产总值287.8亿元，增长14%，增幅居杭州市首位；财政总收入30.12亿元，增长18.1%，其中地方财政收入16.97亿元，增长20.9%；城镇居民人均可支配收入24455元，农民人均纯收入12012元，分别增长11.1%和11.9%。全国县域经济基本竞争力百强县（市）位次前移，荣膺"中国十佳和谐可持续发展城市"和"中国十佳休闲宜居生态城市"，成为省级生态文明建设试点市、全国首个碳汇林业试验区。

——致力于产业发展，转型升级步伐加快

工业经济快速发展。开展“转型升级年”活动，制定实施“1+5”工业转型升级扶持政策，获“中国节能电光源制造基地”和“中国坚果炒货食品城”称号。易辰孚特汽车零部件项目开工建设，万马药业、大自然精细化工等重点工业项目加快推进，完成工业性投资58亿元，增长14.4%。深入实施“百亿产业、十亿企业、亿元纳税大户”培育计划，规模企业超千家，其中，10亿元企业6家，装备制造业成为首个百亿产业，亿元纳税大户达到3家。加快工业平台建设，新增面积6545亩。实现规模工业销售产值531.7亿元，增长35.4%，增幅居杭州市首位。

农业经济提升发展。粮食生产功能区和天目溪、苕溪流域现代农业示范园区等建设规划通过省级论证。完成退化竹林改造、山核桃生态化经营2.9万亩。振兴茶叶产业五年行动计划顺利推进。新种香榧13万株，新增杨桐柃木设施栽培930亩，建成生态畜牧小区（场）5个。建设千里富民林道220公里，改造中低产田5526亩，完成设施农业2000亩，新增财政补贴农业机械7087台(套)。创建杭州市级以上农业龙头企业8家、专业合作社5家。获有机、绿色、无公害食品认证32个。实现农业总产值39.1亿元，增长8.6%。

现代服务业加快发展。康顺家政培训基地、华兴复合型商业中心等商贸项目加快推进。销售家电、汽车下乡产品10万余台（辆)，发放补贴3620万元，补贴兑付率居杭州市首位。巩固提升农村连锁超市383家，农村现代流通网络不断完善。实现社会消费品零售总额73.5亿元，增长19.5%。天目山旅游综合体和湍口众安氡温泉、大明山滑雪场等项目加快实施，太湖源动漫文化创意产业园开工建设，金沙湾大型户外拓展基地、浙西剑门十八瀑景区、河桥休闲农业观光园基本建成。中都青山湖畔大酒店创五星级饭店通过验收。全市接待游客580万人次，实现旅游综合收入33亿元，其中景点门票收入1.2亿元。昌化国石文化城一期工程建成使用，“一园一城一街”文创产业发展格局初步形成。信息服务与软件、房地产、金融、中介、社区等其他服务业和建筑业健康发展。实现服务业增加值92.5亿元，增长13.5%。

自主创新能力继续增强。省级科技强市建设扎实推进、全国科技进步先进市工作不断深化。加强国家级科技孵化器建设，新入驻企业21家。实施共性关键技术攻关项目7个，争取国家创新基金、农业科技成果转化等项目14个。新增国家重点支持高新企业14家、省级农业科技企业5家、杭州市级以上企业研发中心7家。成功创建杭州市级专利示范市，获专利授权1662件，新增杭州市级以上专利试点企业6家；加强品牌创建工作，新增省级以上名牌3个、省市著名商标和知名商号11个、中国驰名商标2个、农产品地理标志证明商标2个。

——致力于项目带动，开放融入取得实效

青山湖科技城加快建设。围绕“国际先进、国内一流”目标，按照“三高四区”要求，完成青山湖科技城概念性规划编制和城市设计。青山组团加快推进，基本完成核心区主干道路基填方及管道铺设，首批10个院所项目开工建设。横畈组团加快建设，动建工业项目6个，建成投产3个。锦城组团有序推进，临安高新技术产业园服务中心大楼开工建设。

“三招三引”再上台阶。开展招强引优工作，涛涛沙滩车、哈尔斯家电、华普丽能LED等项目相继落户，实到内资45.2亿元，实际利用外资1.2亿美元。开展招院引所和招才引智工作，成功举办“临安·上海院地合作交流会”“临安·西安科技人才合作洽谈会”等活动，以色列科技产业园、国家海洋局印度洋研究中心、浙江医学高等专科学校等科研院所和高校签约落户。新增省级以上博士后工作站3家，引进高层次创新人才112名、本科以上人才1387名。

融入步伐不断加快。承办中国碳汇林业高峰论坛，第七届“森博会”取得圆满成功。建成临余公路临安段主干道工程。发放首批杭州市民卡。完善外贸扶持政策，15家企业获杭州市出口“百强”“百佳”企业称号，实现自营出口8.5亿美元，增长40%。新增对外投资项目7个，实现境外投资1106万美元，完成服务外包离岸合同执行额1016万美元。与余杭、下城建立区市协作机制。

项目建设有力推进。深入开展项目攻坚活动，全社会固定资产投资突破百亿元，增长20%，其中75个重点实施项目完成投资53.9亿元。全力破解要素制约，引进金融分支机构2家，新增上市企业2家，金融机构存贷款余额分别达286.7亿元和253.7亿元，争取中央资金1.1亿元；向上争取用地指标2365亩，清理转而未供土地4413亩，盘活存量土地379亩，完成建设用地复垦1419亩、造田造地2894亩；继续完善电网设施，110千伏锦城变建成投运，220千伏方圆变开工建设。

——致力于统筹协调，城乡建设继续推进

城镇功能不断提升。市域总体规划和於潜、昌化等城镇规划完成修编。锦南新城建设进展顺利，市委党校迁建项目加快推进，体育文化会展中心和核心区块道路全面开工，九洲街西段道路建成通车。城市综合体建设加快推进，钱王文化广场正式动建，滨湖商住中心完成概念性规划编制和城市设计，城市有机更新工程完成规划设计。大学路北延和万马路北延主干道建成通车。於潜城区开发工程加快实施，昌化溪堤坝基础工程基本完成，高虹镇列入省级中心镇。18省道龙岗至鱼跳段改建工程扎实推进，长西线改建工程主线征迁工作进展顺利、支线贯通。“数字城管”实现建成区全覆盖。

新农村建设大力推进。实施“绿色家园、富丽山村”建设，创建精品村5个、特色村5个，完成整治村100个。深化集体林权制度改革，完成林权勘界382万亩，发放林权抵押贷款1.6亿元。完成农村土地流转8421亩。完成村镇银行筹建前期工作，创建信用乡镇2个、信用村42个。实施“联乡结村”项目288个，落实帮扶资金2263万元。安置下山移民180户573人。启动全国小型农田水利重点县建设；实施农村饮水安全保障工程，完成项目5个，惠及人口4.4万；整治山塘水库64座、小流域3条、河道240公里。建成乡镇便民服务中心5个、农村社区服务中心65个。

生态环境继续优化。国家卫生城市通过复检。13个乡镇污水处理厂投入（试）运行。高虹节能灯固废处置项目竣工投产，179家山核桃加工企业实施废水废气治理，完成农村和“农家乐”生活污水处理项目24个。实施能耗总量控制制度，完成节能项目42个，淘汰关停小造纸生产线13条、水泥磨机6台。

——致力于优化服务，民生事业全面发展

社会保障水平稳步提高。创建充分就业市和创业型城市，建成充分就业行政村130个，劳动保障服务室实现行政村全覆盖，大学生创业园正式开园。新增就业岗位7561个，实现再就业3206人，帮助企业解决用工缺口1.2万人。完成农民素质培训2.2万人，实现农村劳动力转移就业5896人。城镇登记失业率下降至3.25%。扩大社会保险覆盖面，新增企业职工“五险”参保3.6万人，新型农村合作医疗参合率达98.8%。新增失地农民参保3629人、城乡居民养老保险参保17.2万人。向7万名60周岁以上无保障老人发放养老金1.2亿元。健全低保救助政策，城乡低保标准分别提高到每月360元和220元，农村“五保”集中供养率达95.3%。社会福利中心完成搬迁，福利康复中心项目启动建设。第四期保障性住房全面推进，新增廉租住房保障30户，归集住房公积金3.1亿元。完成农房改造3179户，其中农村困难群众危旧房救助310户。深入开展“春风行动”，发放帮扶资金2310万元。

社会事业加快发展。完成天目初级中学、新桥小学等新改扩建。建成5所乡镇公办中心幼儿园，成功创建杭州市学前教育达标市。昌化职高创建为国家级重点职高。免除义务教育阶段学生住宿费，妥善安排外来务工人员子女8800人入学。加强学生安全工作，校园安保工程取得实效。广泛开展群众文体活动，举办钱王文化艺术节，送文化、送电影下乡3900场。图书馆开工建设，建成乡镇综合文体站10个。《钱王传说》列入第三批国家非物质文化遗产名录，龙凤艺术表演团出国参加欧洲民间艺术节。《临安市志》出版发行。创建省级体育强乡镇7个，成功举办市十二届全民运动会和第三届残疾人运动会。开展医药卫生体制改革“2+X”试点，40家社区卫生服务机构实施基本药物制度，乡村卫生服务一体化管理工作全面推进。市人民医院医技楼改扩建主体工程完工，口腔医院完成迁建，昌化人民医院正式奠基，建成标准化乡镇卫生院6家、村(社区)卫生服务室（站）274个。深化计划生育优质服务，建成於潜计生中心服务站和21个乡镇服务站。

“平安临安”建设深入推进。启动实施社会管理创新“528”天目惠民工程。全面推进综治基层基础建设，严厉打击违法犯罪行为，完成上海“世博会”安保任务。创建杭州市级民主法治村3个。完成“五五”普法工作。开展“信访积案化解年”活动，群众来信来访件次和人次均下降33.3%。实施问题乳粉和食品药品安全等专项整治，创建省级“十小”行业示范乡镇1个、杭州市级食品安全示范乡镇11个。企业安全生产主体责任进一步落实，安全生产事故三项指标连续六年实现零增长。

——致力于管理创新，政府自身建设继续加强

政府法治建设扎实推进，开放式决策继续深化，与网民对话机制不断完善。健全政府顾问团运作机制，乡镇（街道）法律顾问实现全覆盖。严格执行财政、土地、城镇规划审批联席会议制度。自觉接

受人大依法监督和政协民主监督，继续加强人大代表建议、政协委员提案办理，满意、基本满意率和网上公开率均达100%，解决率提高到58.6%。网上行政服务中心基本建成，首批五部门职能整合工作全面实施，乡镇（街道）行政区划调整顺利完成。制定实施效能问责办法，对30个重点工程项目开展行政效能全程监察。加大财政管理和审计监督力度，完成项目投资审计3.2亿元。健全应急处置体系，组建综合应急救援大队，建成城市应急救援指挥中心。政府为民“十件实事”办理取得实效。

同时，圆满完成对口支援四川金子山乡灾后恢复重建工作。实现省“双拥”模范城“二连冠”创建目标。完成第三次全国文物普查工作和第六次全国人口普查入户登记、数据处理。民族、宗教、侨务、对台、外事等工作取得新进展，民兵、兵役、气象、档案、老龄、残疾人、红十字等工作进一步加强，支持工青妇等人民团体的力度进一步加大。

各位代表，通过全市上下团结拼搏，克难攻坚，真抓实干，我市2010年经济社会发展取得了良好成效，为“十一五”画上了圆满的句号。站在新的历史征程上，回顾过去五年，虽然坎坷艰辛，困难重重，但是硕果累累，成绩斐然。

过去五年，是综合实力大为提升的五年。面对多发频发的自然灾害、资源要素市场的大幅波动和国际金融危机的巨大冲击，全市上下紧紧围绕构建杭州西郊现代化生态市的战略目标，高举生态、科技“两面大旗”，大力实施系列三年行动计划，着力构建现代产业体系，经济社会继续保持平稳较快发展。连续五年跻身全国县域经济基本竞争力百强县（市）行列，全面小康社会实现程度达86.7%，居杭州五县市首位。“十一五”时期，我市生产总值年均增长13.4%。人均GDP达到8083美元，连跨4000美元至8000美元五个台阶。财政总收入、地方财政收入实现四年翻番。规模工业销售产值、农业总产值、社会消费品零售总额分别比2005年增加2倍、0.6倍和1.3倍。规模工业销售产值占比达68.6%，比“十五”期末提高了19.7个百分点。

过去五年，是发展后劲大为增强的五年。制定实施系列产业发展扶持政策，工业、现代服务业扶持资金分别提高到8000万元和5000万元。五年累计实到内资184亿元，实际利用外资5.1亿美元，分别比“十五”时期增加1.1倍和2.2倍。完成全社会固定资产投资418.4亿元，其中工业性投资203.9亿元，工业性投资增幅连续四年居杭州七县（市、区）首位。R&D经费占GDP比重由0.65%提升至1.7%。建成以临安省级经济开发区为龙头的三级工业平台体系，平台产出占比达71.8%。青山湖科技城落户建设，杭氧、杭叉等大企业大集团竣工投产。政银企合作继续深化，成为全国首批金融生态市。

过去五年，是城乡环境大为优化的五年。累计投入城建资金30亿元，建成锦城城防工程、西墅大街等一批重大项目，锦南新城、城东滨湖新区等重大区块完成规划布局，主城区面积扩大到13.55平方公里，城市发展框架进一步拉开。制定实施於潜、昌化专项扶持政策，两大副中心城市的辐射带动作用进一步增强。加快推进新农村建设，杭徽高速公路沿线综合整治全面完成，全市村庄整治覆盖面达

72.4%，“一镇一业”和“一村一景”格局基本形成。累计完成交通建设投资35.2亿元，建成13省道锦城至里畈段、昌文线昌化至湍口段、16省道临安段等改建工程，完成K598路公交一体化改造，以“一横四纵两网”为主骨架的交通网络日趋完善。成功创建国家卫生城市、森林城市、环保模范城市和国家级生态市，顺利完成“十一五”节能减排任务，森林蓄积量增加193万立方米，饮用水源地和出境断面水质达标率均为100%，空气质量优良率94%以上，生态环境综合指数连续多年居全省前列。

过去五年，是人民生活大为改善的五年。累计民生投入55.5亿元，比“十五”时期增加2.5倍。公共服务产品向农村倾斜，免费义务教育全面实施，乡镇卫生院标准化建设基本完成，图书室、健身苑点、广播电视实现行政村全覆盖，城乡社会保障制度更加健全。城镇居民人均可支配收入、农民人均纯收入均比2005年增长65%，收入之比始终稳定在2:1左右。居民储蓄存款余额129.3亿元，比2005年增加1.3倍。城乡居民人均住房面积分别达41平方米和71平方米，每百户汽车拥有量分别为20辆和12辆，生活水平不断提高。

五年取得的成绩来之不易，积累的经验弥足珍贵，创造的精神财富影响深远。我们深切体会到：要继续保持经济社会平稳较快发展，必须敢于直面困难，增强发展信心，坚定不移地朝着杭州西郊现代化生态市建设的战略目标迈进；必须抓当前打基础，抢机遇谋跨越，坚定不移地打造经济增长极，谋求发展新空间；必须一切为了群众，一切依靠群众，坚定不移地为群众谋福祉，靠群众促发展，让群众最大限度地享受改革发展成果。

各位代表，“十一五”所取得的成绩，离不开上级党委政府和市委的正确领导，离不开市人大、市政协的监督支持，离不开全市广大干部群众的共同努力。在此，我代表市人民政府向各位人大代表、政协委员和全市人民，向各民主党派、工商联、无党派人士、人民团体，向离退休老同志，向驻临安单位、驻临安部队和浙江农林大学，向所有关心、支持临安建设和发展的同志们、朋友们，表示崇高的敬意和衷心的感谢！

在充分肯定成绩的同时，我们必须清醒地看到，我市还面临许多亟待解决的矛盾和问题。主要是：现代农业发展、农民持续增收的任务还相当艰巨；服务业比重提高不快，规模工业增加值中高技术产业占比偏小；新型城镇化步伐仍需加快，城乡区域发展不够协调；教育、医疗、住房以及城区交通等方面还存在不少群众反映强烈的问题，社会管理水平有待提高。对于这些问题，我们必须认真加以解决。

“十二五”规划纲要（草案）说明

根据市委《关于制定临安市国民经济和社会发展第十二个五年规划的建议》，市政府编制了“十二五”规划纲要（草案）。下面，我就《纲要（草案)》编制情况和主要内容作简要说明。

——《纲要（草案)》的编制过程和原则把握

市委、市政府高度重视“十二五”规划编制，2009年初就组织力量开展“十一五”分析评估，研究重大专项课题，制订

"十二五"规划思路。市委十二届十四次全会后，市政府按照市委《建议》精神，深入研究和编制完善"十二五"规划纲要。《纲要（草案）》充分征求各领域专家组意见，吸收市人大代表、市政协委员和社会各界人士的意见建议，并与各专项规划有效衔接。《纲要（草案）》的编制过程，是深入调研、集思广益、发扬民主、科学决策的过程。

《纲要（草案）》在编制内容上，认真贯彻落实中央、省、杭州市有关会议和市委全会精神，突出科学发展主题，坚持创新发展、转型发展、特色发展、统筹发展、融合发展、和谐发展，力求体现临安特色和阶段特征。在编制过程中，做到贯彻上级精神与体现临安实际相统一、方向性与指导性相统一、继承性与创新性相统一、统筹兼顾与突出重点相统一、谋划长远与着力当前相统一，切实提高《纲要（草案）》的针对性和可操作性。

——"十二五"发展的指导思想和主要目标

"十二五"将是临安由投资拉动为主向创新驱动为主转移的关键期、郊县经济向郊区经济转型的加速期、经济发展向全面发展转变的深化期、生态优势向发展优势转化的凸显期和城乡区域统筹发展的黄金期。"十二五"发展机遇与挑战并存、困难与希望同在。我们将切实增强机遇意识、忧患意识、责任意识和创新意识，化挑战为机遇，化压力为动力，牢牢把握发展的主动权，努力开创我市"十二五"科学发展、和谐发展的新局面。

"十二五"时期，我市经济社会发展的指导思想和总体目标是：高举中国特色社会主义伟大旗帜，以邓小平理论和"三个代表"重要思想为指导，全面贯彻落实科学发展观和省、杭州市战略部署，以科学发展为主题，以加快转变经济发展方式为主线，以富民强市、社会和谐为主旨，深入实施生态立市、科技兴市、工业强市、开放活市、富民安市"五大战略"，着力调整经济结构，着力强化科技创新，着力统筹城乡区域发展，着力建设生态文明，着力深化改革开放，着力保障改善民生，促进经济平稳较快发展和社会和谐稳定，为基本实现现代化打下更加坚实的基础。通过五年努力，实现杭州西郊现代化生态市建设大跨越，率先全面建成惠及全市人民的小康社会。

根据上述指导思想和总体目标，《纲要（草案）》提出了"十二五"发展的具体目标：

转型升级取得新突破。高端化、低碳型现代产业体系基本形成，战略性新兴产业初具规模，服务业增加值占比达到39%，规模工业高新技术产业销售产值占比达到45%，规模工业增加值率达到21%，规模工业新产品产值率达到25%，经济社会发展的科技创新和人才支撑作用显著增强。

经济实力再上新台阶。到2015年，全市GDP总量达到470亿元，财政总收入和地方一般预算收入分别达到70亿元和38亿元，规模工业销售产值突破1000亿元，全社会固定资产投资达到210亿元。

统筹发展实现新跨越。新型城镇化和社会主义新农村建设统筹推进，到2015年，全市城市化率达到50%，主城区人口达到20万，副中心城市、中心（重点）镇、中心村面貌显著改善，市域东、中、西发展差距逐步缩小。

生态文明建设迈出新步伐。单位生产总值综合能耗和温室气体排放进一步下降，碳汇林业、空气质量、饮用水源和生态产品形成品牌化优势，到2013年基本建成省级生态文明试点市，生态文明建设走在全省乃至全国前列。

保障民生得到新加强。促进城乡居民持续增收，力争城镇与农村居民收入比例小于2:1，教育文化卫生等公共服务均等化水平显著提高，实现城乡居民社会养老保险和基本医疗保险全覆盖，基本实现充分就业和人人享有社会保障，人民群众生活品质不断提升。

《纲要（草案)》提出了包括20个预期性指标和13个约束性指标的指标体系。实现这些目标有一定难度，但我们必须坚持这样的目标导向，必须不断创新体制机制和政策举措，努力确保目标完成，尤其要确保城乡居民收入、服务业增加值比重、规模工业增加值率、城市化水平四个方面的指标年均增幅高于“十一五”实绩，继续保持经济平稳较快增长。

——“十二五”时期的主要任务

《纲要（草案)》提出了今后五年八个方面的主要任务：

推进城乡一体化发展。以新型城镇化为主导，以“绿色家园、富丽山村”建设为抓手，实施“一主两副组团聚合、特色镇村重点突破”的城乡统筹发展策略，着力推进锦南新城、城市综合体和中心（重点）镇建设，加快发展杭州西郊生态新城区和现代化生态小城市、小城镇，深入实施新农村建设，形成良好的城乡建设新格局。

促进区域协调发展。按照“优化、重点、限制、禁止”划分类型，加快推进主体功能区建设。完善“一极一带三区三片多点”产业布局架构，促进市域生产力布局优化。实施“一铁一高一线四网络”工程，提升城乡区域交通建设水平。

加快产业结构优化升级。以粮食生产功能区、现代农业园区建设为重点，大力发展现代农业；改造提升传统优势产业，大力发展战略性新兴产业，打造全省先进制造业基地；加快建设杭州西郊现代服务业高地，稳步提高现代服务业比重。

加快建设创新型城市。深入实施科技兴市战略，全面建设青山湖科技城，加大创新型、高层次人才培养和引进力度，加强知识产权保护，完善创新投入支撑体系，促进创新成果转化运用，加快形成以自主创新为主要增长动力的经济发展环境，着力打造科技智慧城市。

提升生态型城市建设水平。深入实施生态立市战略，大力发展循环经济，加大节能减排力度，加强生态环境监测预警，构建生态安全保障体系，着力打造生态型宜居宜业城市。

保障和改善民生。深入实施富民安市战略，加快教育现代化进程，提高人民健康水平，提升文化软实力，完善社会保障体系，全面做好人口计生工作，着力打造和谐幸福城市。

提高对外开放水平。加强区域合作交流，拓宽对外合作渠道，实现与杭州都市经济圈融合发展；转变外贸发展方式，提升外贸质量和层次，着力打造开放活力城市。

推进重点领域改革。加快构建转变经济发展方式的体制机制，深化资源要素配置体制改革，完善城乡统一的公共服务体系，着力建设法治政府和服务型政府。

五年的目标任务，体现了时代发展的客观要求、人民群众的殷切希望。我们将牢记人民群众重托、牢记“富民强市”重责、牢记科学跨越重任，时不我待谋发展，只争朝夕求奋进，昂扬激情迈大步，努力实现“十二五”宏伟蓝图，让全市人民在新一轮发展中得到更多的实惠！

2011年政府工作主要安排

2011年是实施“十二五”规划的第一年，做好政府各项工作，实现“十二五”良好开局，以优异成绩迎接中国共产党成立90周年，具有十分重要的意义。

综合分析发展环境和自身条件，建议2011年全市经济社会发展主要预期目标为：全市生产总值增长11%以上；规模工业销售产值增长18%；农业总产值增长7%；服务业增加值增长14%；全社会固定资产投资增长15%，其中工业性投资增长11%以上；社会消费品零售总额增长16%；自营出口增长15%；R&D经费占GDP比重1.8%以上；财政总收入、地方财政收入分别增长15%和13%；城镇居民人均可支配收入、农民人均纯收入分别增长11%和11.5%；城镇登记失业率控制在3.8%以内；人口自然增长率控制在2.46‰以内。节能减排完成省和杭州市下达的任务。

在具体工作中，努力把握好以下几个方面：

——以构建现代产业体系为目标，推进产业转型升级

做强工业。改造提升电线电缆、绿色照明等传统产业，大力发展新材料、先进装备制造、新能源、电子信息（物联网）等战略性新兴产业。加快实施西子联合电梯零部件产业园、鸿雁电器产业园、福斯特太阳能电池胶膜等重大工业项目。加大成长性企业培育力度，新增规模企业（新口径）50家、上市企业1家。突出抓好杭州城西科创产业集聚区临安区块、临安省级经济开发区拓展区和农产品深加工产业园区、市本级重点工业功能区建设，新增开发面积4000亩，完成基础设施投入4亿元。

做优农业。实施粮食生产功能区、现代农业园区建设，新建粮食生产功能区1万亩，建成主导产业示范区2个、特色农业精品园4个。编制完成昌化溪流域现代农业示范园区建设规划。完成竹林、山核桃林生态化治理2万亩，改造提升生态畜牧小区（场）10个。新种香榧15万株，完成杨桐柃木设施栽培800亩，建成城郊（山地）蔬菜基地3000亩。继续实施振兴茶叶产业五年行动计划。大力推广设施农业，完成面积2000亩。加快农业综合开发项目建设，改造中低产田4780亩。培育发展农业龙头企业和农民专业合作组织，新增杭州市级以上农业龙头企业3家、规范化农民专业合作社3家。获得无公害、绿色、有机农产品认证20个。完成中心粮库迁扩建主体工程。

做大服务业。积极发展商贸与物流业，启动汽车西站区块商业综合体项目，完成华兴复合型商业中心建设；开工建设中国坚果炒货食品城、临安绿色照明专业市场，改造提升城区农贸市场；全面推进於潜商贸休闲中心建设，完成康顺家政培训基地一期建设、昌化天目华联配送中心改造。大力发展旅游产业，完成青山湖郡

原列岛花园酒店、湍口众安氡温泉、昌化丽景宾馆、天目山酒店、交通大厦大酒店整体改造等中高档接待设施主体工程；加快建设柳溪江乡村旅游度假区，启动实施西径山综合提升改造、清凉峰生态文化综合保护、河桥休闲农业观光园二期等项目。全市接待游客610万人次，实现景点门票收入1.25亿元，完成旅游综合收入35亿元。加快发展文化创意产业，着力建设太湖源动漫文化创意产业园、昌化国石文化城。落实房地产宏观调控政策，促进房地产业健康发展，做大做强建筑业。继续发展信息服务与软件、金融、中介、社区、科技等其他服务业。开展重点工业企业分离发展服务业工作，分离企业15家。服务业增加值达到100亿元。

——以推进一体化发展为导向，构建城乡区域统筹发展格局

大手笔推进城镇建设。全面拉开锦南新城道路框架，完成市委党校迁建和体育文化会展中心体育馆主体工程。加快建设钱王文化广场、滨湖商住中心等城市综合体。有序开展城市有机更新，加快推进吴越街综合整治、东入城口改造、钱王街东段建设改造、吴越文化遗址公园新建等工程，启动实施横潭、新联、青山、玲珑、兰锦等城中村改造试点，积极推行公寓式安置方式。完成苕溪廊桥、临西桥建设。稳步推进强镇扩权，分级扶持於潜、昌化两大副中心城市，太湖源、高虹2个省级中心镇和板桥、潜川、龙岗、清凉峰、岛石5个重点镇发展。继续关心支持偏远、欠发达地区和革命老区发展。强化信息化、网格化管理，加大控违查违拆违力度，提高城市管理水平。落实社区建设保障政策，进一步改善社区工作环境。

全面推进新农村建设。精心培育中心村发展，启动29个杭州市级中心村、100个市本级中心村建设。完成集体林权制度主体改革，健全林权交易管理机制，实现林权抵押贷款3亿元。规范土地流转行为，完成流转面积8000亩。启动“三置换”试点和农村一户多宅清理工作。组建农业小额贷款公司，筹建中信村镇银行，创建信用镇1个、信用村10个。加快推进河桥、湍口风情小镇建设。实施全国小型农田水利重点县建设，完成山塘整治、灌区改造61处，渠系改造105公里，高效节水灌溉3处，改善灌溉面积2600亩。加大农村河道整治力度，完成整治114公里。深化基层防汛体系建设，落实山洪灾害防治县级非工程措施。完成21个行政村的新农村电气化改造。加强农村社区建设，行政村社区服务中心建成率达到67%。完善镇域规划编制，加强社会管理和公共服务，着手解决因乡镇（街道）行政区划调整带来的系列问题，方便群众办事出行，促进当地经济发展。全力做好村民委员会、村经济合作社换届选举工作。

加快完善路网电网设施。18省道龙岗至鱼跳段改建工程建成通车，长西线改建工程主线完成路基工程的50%，支线建成通车。加快02省道复线、14省道（牧松线）、柳岭隧道、胥高线、颊浙线、横乐线横路至太阳段等新改建项目前期。开工建设青山湖科技城客货运中心，启动实施临安汽车北站（公交总站）项目，新建港湾式停靠站200个。加快实施城市公交一体化改造，全面完成农村公交改造提升工作。动建220千伏瓶青二回线工程及110千伏石临、龙岗二期、杨岭二期扩建工程，投运220千伏方圆、110千伏雅观输

变电工程。

——以建设青山湖科技城为重点，强化创新要素驱动

加快建设创新平台。完成青山湖科技城控制性详规及重要节点专项规划编制。着力建设青山组团。融入低碳和智能化理念，加快基础设施配套建设。全面推进公共服务中心、孵化大楼、青山湖国际创意园等公建项目，完成纬九路、纬十七路、纬十四路、大园路、经六路等道路建设，实施核心区二期道路工程。加快入驻院所建设，基本完成中试区块院所项目主体工程，完成研发区块二标段、三标段地下空间建设及部分院所主体工程；推动浙江西安交大研究院、浙江大学研发基地、中科院长春应化所浙江研究院等项目落地。加大环境整治和再造力度，完成高速公路出口至核心区入口处景观改造工程，实施路面白改黑、强电入地工程，争取智能电网示范区项目落户。同步推进城市功能性配套建设，全面启动青山湖科技城综合体项目，加快人才专用房建设，引进知名医院、学校、大型超市、商场、中介服务等配套设施。着力建设横畈组团。完善工业平台基础设施，加快推进易辰孚特、横畈物流中心等项目建设，提升研发成果产业化功能。着力建设锦城组团。积极培育总部（楼宇）经济和商业综合体，加快建设临安高新技术产业园，完成园区主干道路和服务中心大楼建设。

着力引进创新资源。积极开展招院引所工作，引进大型科研院所、国家重点实验室或世界500强企业、跨国公司、央企研发中心、技术创新中心5家以上。深入开展招才引智工作，引进紧缺实用人才1000人、高层次创新人才100人，柔性引进人才50人，并加大对带技术、项目、资金的海外留学人才的引进力度。发挥创业投资引导基金作用，引进知名风投、证券、金融超市等机构。

全面提高创新能力。开展创新型城市建设，完成省级科技强市复核、全国科技进步先进市建设等工作。加快区域科技公共服务平台建设，开展行业公共服务平台示范试点工作。深入推进“产学研”合作，加大共性关键技术攻关力度，促进高校科技成果就地转化。加强博士后工作站建设，深入实施“天目彩虹”引智工程、“天目春雨”人才计划、“812”人才工程。加强国家级科技孵化器建设，新增入孵企业20家。促进技术创新和品牌创建，新增国家重点支持高新技术企业7家、杭州市级以上企业研发中心3家，新增省级以上著名商标和知名商号3个、省级名牌2个、授权专利1000件。

——以加快开放融入步伐为要求，增强持续发展后劲

培育开放型经济。大力开展招强引优工作，主攻央企、世界500强企业和行业龙头企业。组织境内外招商活动15次以上，实到内资49.5亿元，实际利用外资1.32亿美元。扶持出口导向型企业，引导新备案企业自营出口，创建省级机电产品出口基地。积极鼓励有条件、有实力的企业“走出去”发展，完成境外投资1200万美元。

推进项目建设。制订实施“百项工程、千亿投资”计划，继续开展项目攻坚活动，90个重点实施项目完成投资55.24亿元。加大违法用地查处力度，提高土地资源节约集约利用水平。开展农村土地综合整治，建立指标收购和村庄整治专项资

金，成立土地综合整治总公司。规划复垦土地2000亩，其中农村集聚点新区建设1000亩，完成造田造地2600亩。引导金融机构加大信贷投入、优化信贷结构，发挥中小企业贷款风险补偿基金、中小企业担保机构、小额贷款公司作用，力争年末新增贷款40亿元，其中工业贷款占比达41%。引进金融分支机构1家。加强国有投资公司管理，提高经营和投融资能力。

加强区域协作。抢抓杭州统筹城乡区域发展新机遇，与余杭、下城建立项目协作共建机制。加快设施融入步伐，完成临余公路临安段改建工程，加强杭州地铁5号线延伸至临安轨道交通项目对接，启动临金高速前期规划编制。继续开展“融入大都市、接轨大上海”等主题活动，不断扩大对外影响力。完善友好城市联系网络，深化与友好城市的交流合作。

——以打造省级生态文明试点市为载体，建设绿色低碳环境

深化“清洁临安”行动。加强农贸市场、城郊结合部、流动摊贩管理，完善“三溪”保洁、建筑垃圾代整治等市场化运作机制。提升“清洁乡村”常态化运作水平，开展农村保洁员一体化管理试点。优化城乡区域垃圾收集处置，加快城市垃圾焚烧发电项目建设，提高环卫基础设施监管水平和农村生活垃圾收集处置能力。

开展“清风蓝天”行动。强化大气污染防治，全年空气质量优良天数达到320天。加强建筑施工场地、道路的扬尘治理。启动水泥厂脱硝工程，加大燃煤锅炉脱硫除尘改造力度。加强自动化和节能技术改造，实施节能技改项目30个。继续实行重点耗能企业季度定额管理，加大行政机关、事业单位节能降耗考核力度。扎实开展生态公益林和天目山、清凉峰两个国家级自然保护区建设。着力打造全国碳汇林业试验区，完成碳汇造林5000亩、森林抚育经营2万亩，筹建中国绿色碳汇基金临安专项。加强与浙江农林大学合作，建设碳汇交易服务平台，推广绿色低碳理念，探索开展森林碳汇个人认购，提高森林系统固碳能力。

开展“清水绿地”行动。加强水环境综合整治，出入境水质达到功能区标准以上。建成於潜、昌化水质自动监测站。实施农村饮水安全保障工程，惠及人口5万。推进城市污水处理厂尾水脱氮除磷二期工程建设。加快集镇生活污水处理设施纳管进度，完善长效管理机制，集镇污水处理设施运行负荷达到65%。加强森林城镇、森林村庄建设，新增省级森林城镇2个、市本级森林村庄20个，确保通过国家森林城市复查。全面实施青山湖综合治理和保护工程。深化城区绿化工作，加快构筑“一湖二山三溪”城市生态景观区，新增城市公共绿地2万平方米。

——以增进民生福祉为根本，完善公共服务体系

坚持教育优先发展。继续实施学校布局调整和校舍安全工程，完成高虹中心学校、杭州天目双语实验学校等改扩建，加快天目外国语学校、特殊学校等项目迁建，启动青山初中二期、临安中学项目前期。高质量普及义务教育，提升高中教育质量，发展职业教育和社区教育，鼓励扶持民办教育发展。深化“名师”、“名校长”工程，加强师德师风建设。健全长效管理机制，强化校园安保工作。大力支持浙江农林大学、浙江警察学院、杭州电子科技大学信息工程学院、浙江医学高等专

科学校在临项目的建设与发展。

提高医疗卫生服务水平。推进医药卫生体制改革，扩大基本药物制度覆盖面，探索公立医院改革。完成市人民医院医技楼改扩建、精神卫生中心迁建工程，推进昌化人民医院、妇幼保健院迁建工程，全面完成镇卫生院标准化建设。加强卫生人才队伍建设，努力培养一批“名医”、“名院长”，稳定基层卫技队伍。深入开展爱国卫生运动，加快推进健康城市建设，积极创建省级卫生强市。加强疾病防控和职业病防治工作。启动中医院迁建项目，促进中医药事业发展。

推动文体事业繁荣发展。完成图书馆主体工程，动建博物馆、烈士公园，推进镇街综合文体站建设。打造“钱王文化艺术节”品牌，广泛开展群众文化活动，送戏、送电影下乡 3300 场。加强文艺队伍建设，促进文艺精品创作，推动文化市场规范发展。加强文化遗产保护利用，实施农村历史文化建筑保护工程，完善四级非物质文化遗产保护体系，启动《钱王传说》编纂。广泛开展全民健身运动，创建杭州市级以上体育强镇 2 个，提升竞技体育水平。

完善社会保障体系。开展充分就业市和创业型城市创建，充分就业社区实现全覆盖，充分就业行政村创建达标率达到 85%。新增城镇就业岗位 6500 个，实现再就业 2500 人。继续实施农民素质培训工程，培训农民 1.5 万人，实现农村劳动力转移就业 5500 人。加快大学生创业园和海外留学生创业园建设，促进创业带动就业。全面推进企业和行业工资集体协商制度，着力构建和谐劳动关系。围绕“八个有”目标，为“新临安人”提供良好的就业、生活环境。巩固五大保险扩面成果，完善城乡居民社会养老保险、基本医疗保险、新型农村合作医疗制度，实现医保“一卡通”。健全被征地农民基本生活保障制度，实现即征即保。完善住房公积金政策，适度提高贷款额度和放宽提取条件，新增缴存扩面 1200 人。强化农村“五保”集中供养和社会化养老服务管理，新建农村救助保障服务站 203 个。建成 10 个镇（村）级避灾安置场所，创建国家减灾示范社区。完成福利康复中心主体工程建设。继续深入开展“春风行动”。

——以实施社会管理创新“528”天目惠民工程为途径，促进社会和谐稳定

强化服务管理。完善“服务百姓档案”功能，形成集全市农户基本信息和需求信息、党员干部办事信息于一体的信息管理平台。强化流动人口、未成年人等重点人群服务管理，全面实施社区矫正信息工程。加强虚拟社会服务管理，完善网络综合防控体系。加强新经济组织、新社会组织服务管理，促进健康发展。大力实施食品药品放心工程，保障人民群众饮食用药安全。严格落实安全生产责任制，加强重点行业、领域动态监管，消除安全隐患，继续实现安全生产事故三项指标零增长。

强化源头防控。启动“六五”普法工作，健全部门联动协调机制，加快法律援助一体化进程。加强打防控一体化建设，实施“三打”专项行动，严厉打击犯罪行为。推进视频监控联网工程，整合社会监控资源，减少防控盲区。加强城乡社区主动警务建设，在重点村实施“一村一警”工作新模式。深入开展“数字巡访”，提升社会治安动态管控水平。

强化矛盾化解。完善重大事项风险评估制度，预防、减少和化解重大社会矛盾。加强人民调解事务协调中心建设，探索建立行政调解工作机制，构建多元化、多领域的大调解格局。深化信访大接访活动，加强信访积案化解，形成大信访工作格局。加强突发事件应急管理，开展镇街应急管理示范点建设，提升对突发事件的预防处置和应急救援水平。

同时，完成第六次全国人口普查，启动第一次全国水利、第二次全国地名普查工作。深入开展“双拥”和民兵、兵役工作，大力支持工青妇等人民团体工作，继续做好民族、宗教、侨务、对台、档案、地方志、残疾人、红十字等工作。

新的一年，我们还将紧紧围绕人民群众最关心、最直接、最现实的利益问题，继续把为民办实事摆在更加突出的位置，努力办好以下十件实事：

1. 强化交通组织管理，科学调节流量，维护交通秩序；加快万马路南延等城市道路建设，完善停车场（库）设施，新增小区停车泊位3500个，着力缓解城区行车难、停车难问题。

2. 实施城乡保障性安居工程，加快第四期保障性住房建设，完成第五期保障性住房项目选址；扩大廉租住房保障覆盖面，保障户数达260户；完成农房改建2400户，其中农村困难群众危旧房改造290户。

3. 加快“绿色家园、富丽山村”建设，创建精品村10个、特色村10个，完成整治村100个。

4. 制订实施山塘保安三年行动计划，整治“屋顶”、临村病险山塘100座；推进千里富民林道建设，建成林道150公里。

5. 深化“联乡结村”活动，落实帮扶资金1000万元，完成偏远山区下山移民600人。

6. 加强农村公路的养护、管理和建设，建成联网公路30公里，实施公路大中修60公里，改造危桥25座，完成公路安全保障工程100公里。

7. 推进城乡公交一体化，开通锦城至於潜、昌化高速直达客运线路，使群众出行更加安全便捷。

8. 加强杭州市民卡服务分中心建设，建立镇街服务网点，实现市民卡发放全覆盖。

9. 加快学前教育均衡优质发展，深化杭州市级学前教育先进镇街创建工作；启动新改扩建幼儿园10所以上，竣工7所，新增班级46个。

10. 建成第三自来水厂，提高城市供水能力。

——切实提升行政能力，着力打造尽责有为政府

按照“五型”政府建设要求，以执政为民的理念、发展为要的意识、开拓创新的精神、求真务实的态度和时不我待的紧迫感，不断提升政府执行力和公信力，努力在为民服务上尽责、推动发展上有为。

扩大民主，集思广益，提升科学决策能力。抓好公务员各类学习培训，推动党员干部现代远程教育网等学习平台建设。深入实施依法治市方略，推进权力阳光运行机制，严格依照法定权限和程序行使权力、履行职责。自觉接受人大及其常委会的依法监督和工作监督，大力支持人民政协履行政治协商、民主监督、参政议政职能，主动听取各民主党派、工商联、无党派人士和人民团体

的意见建议。坚持向人大报告、向政协协商通报工作，做好人大代表建议和政协委员提案办理工作。充分发挥市咨询委员会和法律、理财、规划三大顾问团作用，深化人大代表、政协委员、市民代表列席政府常务会议制度，推动开放式决策制度向基层延伸。完善落实以政府常务会议、市长办公会议和财政、土地、规划审批联席会议为重点的重大事项集体决策制度，对重大政策出台、重大项目安排、城镇规划完善和大额资金使用，坚持依法、科学、民主决策。健全社情民意调查制度、公示听证制度，建立“问政面对面”市长网络访谈长效机制。深化政府信息公开，健全政府新闻发言人制度，继续开展“公述民评”活动，把政府工作置于人民群众和社会舆论的监督之下。加强规划编制管理，完善经济形势分析制度，提高把握宏观形势、推动经济发展的能力。

加强督查，狠抓落实，提升工作推进能力。对市委决定的事项、人大形成的决议、上级部署的工作和向群众作出的承诺，努力做到言必行、行必果。按照“项目化管理、制度化推进”要求，继续实行政府工作目标任务细化分解、责任主体落实和目标进度考核。实施重要工作限时办结制，建立严格的工作推进机制。强化权责对等意识，完善“综合+专项”考评体系，加大督查考核力度，着力推进重点项目，解决发展难题。

完善机制，优化作风，提升为民服务能力。坚持以公众需求为方向，完善调查研究、基层联系点、领导干部接待群众制度，畅通来信来访渠道，真心实意倾听群众呼声，积极主动解决群众关心的热点、难点问题。深化行政审批制度改革，稳妥推进第二批职能整合工作，加强网上行政服务中心建设，推广网上审批运作模式。继续实施项目代办制，健全三级代办服务体系。落实基层站所规范化建设三年实施计划，提升基层站所服务水平。做好新一轮机构改革工作。

严格监管，注重廉洁，提升拒腐防变能力。全面落实党风廉政建设责任制，认真执行领导干部廉洁自律各项规定。完善财政专项资金使用绩效评价制度，全面抓好领导干部任期经济责任审计。加强政府性资金监管，重点推进建设工程、土地出让、产权交易和政府采购等领域的监管工作。继续规范公共资源招投标统一平台建设，加强镇街小额公共资源交易管理，完成新一轮市镇财政体制调整。加大纠风治乱力度，深入推进商业贿赂治理、津补贴规范工作，严肃查处违法违纪行为。出台公车统一标识和“四定点一通报”制度，建立政府节能采购的强制性规范，严格控制一般性支出，努力降低行政成本。

各位代表！风劲潮涌，正当扬帆破浪；任重道远，更需快马加鞭。让我们在中共临安市委的坚强领导下，承载科学发展的庄严使命，瞄准跨越争先的更高目标，踏上全面小康的宏伟征程，团结依靠全市人民，万众一心、励精图治、奋勇前行，共同开创临安更加灿烂辉煌的明天。

附：名词解释

“1+5”工业转型升级扶持政策 是指2010年临安市为推进工业经济转型升级而出台的一系列政策性文件，“1”指《关于进一步实施工业强市战略 积极推进工业经济转型升级的若干意见》，“5”指绿色照明、坚果食品、精密机械元器件、电线电缆、复合装饰材料五个产业转型升级政策。

一园一城一街 “一园”指太湖源动漫文化创意产业园，“一城”指昌化国石文化城，“一街”指锦城鸡血石文化街。

青山湖科技城 是临安市落实省委“创业富民、创新强省”总战略的重大工程，规划总面积115平方公里，由青山、横畈、锦城三大组团组成。青山组团是核心区块，主要承担科技研发和成果转化功能，规划面积10.37平方公里，首期启动2.07平方公里；横畈组团主要承担研发成果产业化功能，是青山湖科技城未来的工业主战场、大企业大项目的集聚地，规划面积12.34平方公里；锦城组团是现代服务和综合生活配套区块，由临安高新园和城东滨湖新区组成，主要为青山湖科技城提供高品质的生活休闲及综合服务，规划面积11.2平方公里。建成后的青山湖科技城，将成为“国际先进、国内一流”的科技资源集聚区、技术创新源头区、高新企业孵化区、低碳经济示范区。

碳汇林业 碳汇是指从空气中清除二氧化碳的过程、活动、机制，主要指森林吸收并储存二氧化碳的多少，或者说是森林吸收并储存二氧化碳的能力。碳汇林业是指利用森林的储碳功能，通过植树造林、加强森林经营管理、减少毁林、保护和恢复森林植被等活动，吸收和固定大气中的二氧化碳，并按照相关规则与碳汇交易相结合的过程、活动或机制。

杭州市民卡 是杭州市政府授权发放给杭州地区市民用于办理个人社会事务和享受公共服务复合式集成电路卡(IC卡)，主要包括三大功能：一是人力和社会保障部标准的接触式芯片，主要用于医疗就诊、购药等；二是建设部标准的非接触式芯片，主要用于乘坐公交车、出租车、租用公共自行车、道路泊车、乘坐地铁等；三是银监会标准的银行卡隐形磁条，具备指定银行的银行卡功能。市民卡可在杭州地区通用，其中银行卡功能可在全国通用。2011年重点保障市民卡的“医保一卡通”应用，即临安市民在临安和杭州市区定点医院可直接刷卡就医，其他功能将根据市民需求和实际条件逐步加以完善。

城市综合体 是把城市商业、办公、居住、旅店、展览、餐饮、会议、文娱和交通等城市功能空间的三项以上进行组合，以一种功能为主、多种功能配套的多功能、高效率建筑群落，主要有四个特征：一是超大空间尺度，二是“通道树型”交通体系，三是现代城市景观设计，四是高科技集成设施。

城市有机更新 原指对城市中已不适应一体化城市社会生活的地区作必要的有计划改建，使之重新发展和繁荣。主要包括对建筑物等客观存在实体的改造，以及对各种生态环境、空间环境、文化环境、视觉环境、游憩环境等的改造与延续。城市有机更新是以推陈出新之法维护城市生态平衡，综合解决城市发展问题，实现城市可持续发展。我们提出的“城市有机更新”，既与西方发达国家的“城市更新”有区别，更不同于单纯的拆旧建新，其最大的特点是传承历史，面向未来，其实质是走科学城市化发展之路。

数字城管 是数字化城市管理信息系统的简称。该系统运用3S（GIS、RS、GPS）空间信息技术、地理信息技术、无线电通信及网络技术等现代科学技术，通过对城市管理对象的数字化，以1万平方米为单元，把城市划分为若干个管理网格，整合管理资源，建立城市管理新模式，使信息采集、问题处置、监督评估成为完整的管理链，形成“闭合回路”的管理新体系。

医药卫生体制改革“2+X”试点 开展以“2+X”为主要内容的县乡村医疗卫生资源统筹配置改革试点。其中，“2”为必选改革项目，指的是乡镇卫生院（社区卫生服务中心）定性定编改革和乡镇、村卫生一体化管理改革。“X”为自选改革项目，包括县乡卫生一体化改革、县医院托管改革、“一院多站”式改革、县乡卫生人才一体化改革、医疗资源功能整合改革、管办分离改革、社区卫生收支两条线改革等内容。

社会管理创新“528”天目惠民工程 为探索新形势下社会管理的新方式、新方法，市委、市政府提出开展社会管理创新综合试点工作，着重在5个管理环节、28个项目上取得新进展，实现社会管理的制度化、长效化。

省“双拥”模范城“二连冠” 浙江省级“双拥”模范城每三年命名一次，临安市自2006年首次被命名为省级“双拥”模范城以来，“双拥”工作不断创出新亮点，2010年再次被命名为浙江省“双拥”模范城，实现“二连冠”。

一横四纵两网 是临安“十一五”时期打造的1小时公路交通圈的主框架。“一横”指杭徽高速公路临安段和02省道恢复线；“四纵”指长西线及牧松线（14省道）、青临线（13省道）及胥高线、桐千线（16省道）、昌文线及龙苦线（18省道）；“两网”指农村交通网和旅游景点交通网。

“一极一带三区三片多点” “一极”指以青山湖科技城为新增长极，打造集研发设计、设备制造、内容服务于一体的信息产业集群；“一带”指以杭徽高速公路和02省道为轴带，以於潜、昌化、藻溪、太阳、龙岗、清凉峰等工业功能区为节点，“串点成带”，改造提升精密元器件等优势制造业，优化现代制造业发展带；“三区”指昌化溪流域、天目溪流域和苕溪流域三大现代农业综合功能区；“三片”指临安东部商务休闲、中部天目山生态文化和西部山地度假观光三大旅游片区；“多点”指建设横畈、玲珑、於潜等多个大型物流中心，依托青山湖科技城、高新技术产业园、锦南新城、城东滨湖新区等，打造多个城市综合体，发展总部经济、楼宇经济。

“一铁一高一线四网络” “一铁”指杭州地铁五号线延伸至临安段，打造成为临安连接杭州的城际交通主干线；“一高”指临金高速公路临安段，和杭徽高速公路形成“十”字形的主骨架；“一线”指02省道复线；“四网络”指畅通外网，提高对外交通承接能力；提升内网，大力实施市内主要交通道路改造及场站建设；完善农网，加强乡村公路建设，完善农村交通网和旅游交通网；完善市域交通网，构建连接锦城、青山湖科技城、锦南的大交通网络。

规模企业（新口径） 指经济指标达到一定水平的工业企业，是各级政府衡量地区工业发展水平的一个重要标志。

根据国家统计局规定，从2011年起，规模以上工业企业的标准由原来的主营收入500万元提高到2000万元以上。

杭州城西科创产业集聚区 杭州两大省级产业集聚区之一，是以科技创新、生态和谐为特色的现代服务业集聚区和战略性新兴产业的重要基地，是杭州市经济转型发展的新增长极和产业竞争力的新制高点。重点规划区包括余杭创新基地、临安青山湖科技城和滨江创新基地部分地区，面积达71.9平方公里，其中临安部分30平方公里。

“百项工程、千亿投资”计划 “十二五”时期，临安市将计划实施100个3亿元以上投资项目，力争固定资产投资达到1000亿元。

一湖二山三溪 “一湖”指青山湖，“二山”指太庙山和玲珑山，“三溪”指苕溪、锦溪、马溪。

镇街 部分乡镇（街道）行政区划调整后，临安市已没有“乡”这一行政区划设置，所以不再采用“乡镇（街道）”这一名称，而将镇和街道统称为“镇街”。

“八个有” 指有收入、有房住、有书读、有医疗、有社保、有救助、有安全、有组织。

医保“一卡通” 为简化医保报销结算手续而在全市范围内推广的一种医保卡，使用该卡后参保人在医院看病结算，只要支付应由自己承担的那部分医疗费用，应由医疗保险支付的费用由医疗保险经办机构与医院直接进行结算，参保人无需再走报销程序。

服务百姓档案 是建立在前期形成的全市民情联系服务网络基础上，以知民情、晓民意、解民忧、恤民生为主题，以“一个平台、两大体系、三项机制”为主要内容的为民服务系统工程。“一个平台”是指一个集全市农户基本信息、需求信息和党员干部办事信息为一体的信息管理平台；“两大体系”是指民情定期分析上报、自下而上的“知民情、晓民意”体系和问题分级办理反馈、自上而下的“解民忧、恤民生”体系；“三项机制”是指民情实时收集、定期分析、分级办理机制。

“三打”专项行动 是临安市公安机关根据社会治安新情况，在全市范围内开展的打击犯罪专项行动，其内容为严厉打击黑恶势力等有组织犯罪、严厉打击多发性侵财犯罪、严厉打击涉众型经济犯罪。

数字巡访 指临安“数字警务”建设的有效探索和实践，把传统巡逻勤务与现代科技相结合，把信息手段贯穿于研判、调度、施巡、督查等巡访工作的各个环节，通过做精警情分析研判、做大社会巡访队伍、做强科技服务实战、做活现场调度处置、做细警务管理督查，最大限度地提高基层打防控工作效能。

“问政面对面” 是临安首个大型网络问政互动平台，也是临安新闻网重点打造的网上互动类民生栏目。该栏目以“问政于民、问计于民、问需于民”为宗旨，广大网民通过网络平台直接将各类问题反映给市政府领导，临安新闻网邀请市政府领导走进直播室，以在线视频访谈形式直接回复。对现场没有答复的问题，事后进行书面文字答复。2010年4~12月，临安市政府8位市长走进视频直播室与网友交流，网友提问近千个，专题页面点击率达80万人次。

“四定点一通报”制度 指对全市公务用车实行定点保险、定点维修、定点加油、定点停放和通报车辆费用的制度。

专 辑

省科创基地（科技城）

【概况】 2009年5月15日，浙江省政府第32次常务会议决定建设浙江省科研机构创新基地（以下简称省科创基地或科技城），同年11月30日举行奠基仪式。

省科创基地（科技城）东至余杭地界，南至杭徽高速公路与规划青山湖体育公园一线，西至锦城街道环城东路、大学路，北至中苕溪北塘楼村，总面积约115平方千米，是省级大平台杭州城西科创产业集聚区的核心区块。杭州城西科创产业集聚区“十二五”期间重点规划区约71.9平方千米，其中，余杭创新基地重点规划区规划面积约41.9平方千米，省科创基地（科技城）约30平方千米。省科创基地（科技城）分三个片区，即青山至胜联片区、锦城（锦北）片区和横畈片区，规划面积分别约12.7平方千米、3.9平方千米和13.4平方千米。

规划编制工作。在全球邀标、专家评选、反复论证的基础上，邀请中国城市规划设计研究院等单位对设计成果进行整合优化，完成科技城概念性规划及城市设计、核心区修建性详规编制。完成青山湖国际创意园（即青坚水泥厂）设计方案编制，完成公共服务中心和孵化大楼建筑方案、城市综合体总体方案、拆迁安置小区规划设计等工作，完成道路景观工程方案设计及施工图设计，完成总长6.3千米的大园路等城市主干道施工图设计，并启动科技城青山组团控制性详规编制。

基础设施建设。研发核心区块基本完成大园路、纬九路、经六路、纬十七路、纬十四路五条主干道建设，长西线支线笑岭隧道贯通。公共服务中心、国际创意园等公建项目启动项目前期，强电入地隧道工程完成项目前期。实施青山中心小学二期和青山中学改扩建工程。完成人才专用房项目选址，启动政策制定工作。完成土地预征用0.07万公顷。完成编制低碳建筑节能技术、智能化技术、生态环保技术三个应用导则，着手运作主体组建。产业化区块完成土地征用140余公顷、拆迁房屋4万余平方米、平整土地100余公顷，建成标准厂房2万余平方米；引进产业项目28个，协议投资总额100亿元，其中投资50亿元的易辰孚特项目开工建设。现代服务和综合生活配套区块基础设施建设已拉出框架，启动区块200公顷土地全部征用到位，基建和征迁累计投入资金2.57亿元。其中，产业服务中心大楼项目完成1/3工程量，主干道完成1标段1200余米的路基建设，并启动2标段拆迁工作。陈家坞安置小区完成主体工程，新联综合安置小区完成土地征用。

入驻院所建设。抽调10人组建专门代办员队伍，为入驻院所提供项目报建施工图设计、供地、工程招投标等代办服务。10个院所项目开工建设，其中，研发区块省交科院、省环科院、省丝科院、省轻工所、省茶科院、竞天智能、国电华源和威星仪表8个项目开始地下空间建设，中试区块国电华源和威星仪表两个项目动建。

大院名所招引。围绕战略性新兴产业的定位，招引国内外一流科研院所、大企业研发中心和领军型人才、一流创新团队。制定出台科技城招院引所、招才引智专项政策，在人才激励、土地供给、税收奖励、配套用房等方面给予扶持。开展招院引所和招才引智工作，举办“临安·上海院地合作交流会”、“临安·西安科技人才合作洽谈会”等活动，引进西子联合电梯零部件产业园等产业项目。10月27日，在中国·浙江国际科技合作交流大会上，临安市与浙江省科学技术厅、以色列TEUZA投资公司签订《关于共建浙江以色列科技产业园合作备忘录》。

【核心区详细规划通过论证】 2010年6月1日，省科创基地（科技城）建设领导小组办公室主持召开省科创基地（科技城）核心区修建性详细规划专家论证会，省科技厅、省经信委、省发改委、省财政厅、省国土厅、省建设厅及杭州市、临安市有关负责人参加会议。经专家组论证，一致认为杭州城市规划设计院提交的方案功能布局合理，交通组织科学，原则确定该规划付诸实施。

【赵洪祝到省科创基地调研】 2010年7月9日，省委书记、省人大常委会主任赵洪祝，省委常委、省委秘书长李强，省委常委、杭州市委书记黄坤明，副省长金德水到临安实地调研省科创基地（科技城）建设工作。赵洪祝提出：要突出科技定位，加快建设代表浙江创新能力、具有浙江产业技术特色的科技城。要树立起抢抓科技促发展的机遇意识、抢占科技制高点的竞争意识和推动科技新发展的创新意识。科技城要体现科技创新的特点，坚持集聚性、创新性和示范性。要与全省战略性新兴产业发展相吻合，与“十二五”发展规划相吻合，努力打造成为研发、转化、生产相结合的基地，建设成为融研发、生产、商务旅游、生活休闲于一体的高品质新城。要突出工作重点，提高科技城建设效率和质量。科技城建设必须和全国、全省经济社会发展相匹配、相衔接，与全国的科技研发相衔接，找准科研发展的定位。按照“政府主导、市场运作、多方共建”的建设模式，着重在高效优质的管理、组织机构的基础、规章制度的建立、人才资源的引进等方面下工夫；要突出品牌建设，提升青山湖科技城的知名度与美誉度。

【指挥部“一办五组”成立】 2010年12月23日，临安市委从全市抽调32位业务骨干组成科技城指挥部“一办四组”，即指挥部办公室和项目前期、规划建设、院所招引和资金保障四个组，办公地点设在临安经济开发区管委会。由于工作需要，增加征地拆迁组，改为“一办五组”。

【出台院所入驻扶持政策】 2010年10月25日，临安市人民政府发布《关于鼓励和吸引国内领先、国际一流科研机构入驻省科创基地（科技城）创新创业的若干意见（试行）》。鼓励引进的科研机构要以从事应用开发研究和高新技术产业化为主要任务，研发方向符合省科创基地（科技城）产业定位，研发水平达到国内领先、国际一流、具有独立法人资格的科研机构或非独立法人的科研分支机构、研发部门，给予建设用地和研发办公场地供给、税收奖励、安居、项目等方面扶持。

【城市综合体项目启动前期工作】 2010年，城市综合体项目启动。该项目是科技城重大综合性配套项目，位于科技城核心区块南侧，规划建设面积140万平方米，概算总投资100亿元。城市综合体集多种功能于一体，包括科技城转化中心，集五星级酒店、餐饮、娱乐、购物为一体的5万平方米商业风情街，150米高的超甲级写字楼和住宅。计划在2013年底前建成投入使用，五星级酒店、商业风情街、写字楼和住宅将首批建设。

【国际创意园完成方案设计】 2010年12月，由中国美术学院设计的国际创意园规划方案通过专家论证。项目由原青坚水泥厂改造而成，总用地约7.5万平方米；规划总建筑面积10.4万平方米，其中，地上建筑9万平方米、地下建筑1.4万平方米。布局规划展示馆、成果展示馆、科技馆、人才公寓、综合配套和创意办公等。

【公共服务中心完成方案设计】 2010年12月，由华南理工大学建筑设计院设计的公共服务中心建筑方案通过论证。公共服务中心主要有行政服务、公共服务和企业孵化三大功能，项目总建筑面积6.1万平方米，总投资约4.5亿元，总用地面积7万平方米，建筑总高度15层60米，建筑容积率0.87，建筑密度11.8%。

【首批入驻院所动工建设】 2010年，首批入驻院所项目共22个，其中入驻研发区块项目14个，分别为国家海洋局第二海洋研究所印度洋海洋业务化科学研究基地、国家海洋局第二海洋研究所研发基地、国家林业局竹子研究开发中心竹子高效利用创新示范基地、浙江省安全生产科学研究所科技创业园、杭州源牌环境科技有限公司浙江绿色低碳建筑科技馆建设项目、杭州竞天智能技术有限公司视音频技术研发基地、浙江威星智能仪表股份有限公司研发基地、中华全国供销合作总社杭州茶叶研究所现代茶业工程技术开发研发基地、浙江赞宇科技股份有限公司赞宇科技研发中心、浙江丝绸科技有限公司丝绸高科研发中心、浙江省交通科学研究所浙江省现代交通运输科技创新基地、浙江省环境保护科学设计研究所研发中心、浙江省机电设计研究院有限公司机电技术研发基地、浙江省地质矿产研究所综合试验研究基地；入驻中试区块项目8个，分别为杭州竹楠木环保科技有限公司低碳型竹质建筑装饰材料产业化基地、浙江省医学科学院生物医药研发园区、浙江威星物联网技术有限公司智能燃气传感网用传感器和网络节点设备开发与产业化基地、杭州亨达茶业技术开发公司现代茶业工程技术开发中试基地、浙江丝绸科技有限公司丝绸高科产业基地、杭州源牌环境科技有限公司环境创新产业化基地、浙江浙地新材料科技有限公司改性塑料功能母料产业化基地、浙江省机电设计研究院有限公司机电产品研发检测与产业化基地。10月30日，中试区块国电华源、威星仪表项目动建。11月，研发区块8家院所地下空间动建。

（翁华飞）

省科创基地大事记

1月14日，省委常委、杭州市委书记、市人大常委会主任王国平，杭州市委副书记、市长蔡奇，调研省科创基地（科技城）建设工作。（图参见“卷首彩页”）

2月22日，省委常委、杭州市委书记黄坤明调研省科创基地（科技城）建设工作。（图参见“卷首彩页”）

5月10日，省委常委、常务副省长陈敏尔调研省科创基地（科技城）建设工作。（图参见“卷首彩页”）

7月9日，省委书记、省人大常委会主任赵洪祝，省委常委、省委秘书长李强，省委常委、杭州市委书记黄坤明，副省长金德水调研省科创基地（科技城）建设工作。（图参见“卷首彩页”）

8月15日，杭州市委副书记、代市长邵占维调研省科创基地（科技城）建设工作。（图参见“卷首彩页”）

2月21日，副省长金德水调研省科创基地（科技城）建设工作。

3月11日，以色列驻上海领事馆总领事艾雅克到省科创基地（科技城）考察。

4月18日，科技部政策法规司副司长翟立新到省科创基地（科技城）调研。

5月5日，原省委书记、中央党校常务副校长薛驹，原省长、国务院特区办主任葛洪升等调研省科创基地（科技城）。

6月1日，建设领导小组办公室在杭州召开省科创基地(科技城)核心区块修建性详规论证会，会议原则确定核心区块修建性详规。

6月23日，省委常委、纪委书记任泽民到省科创基地(科技城)调研。

8月7日，浙江大学党委书记张曦考察省科创基地(科技城)。

8月10日，省委常委、杭州市委书记黄坤明，杭州市委副书记、代市长邵占维等杭州市委工作会议全体人员到省科创基地（科技城）考察。

9月3日，浙江大学校长杨卫一行到省科创基地（科技城）考察。

9月26日，团省委副书记、省青联主席蔡永波带领省青联新闻出版、科技界委员到省科创基地（科技城）考察。

10月21日，省委常委、宣传部部长茅临生调研省科创基地(科技城)建设工作。

10月27日，临安市委副书记、市长王宏出席2010中国·浙江国际科技合作交流大会，并与浙江省科学技术厅、以色列TEUZA投资公司签订《关于共建浙江以色列科技产业园合作备忘录》。

11月6日，杭州市委副书记、代市长邵占维调研省科创基地（科技城）建设工作。

(以上图片由省科创基地指挥部办公室提供)

大 事 记

1月

1月1日，速递物流业务剥离，成立独立的浙江省邮政速递物流有限公司临安市分公司。

1月5日，临安市与山西省平顺县结为友好城市。

同日，中国铁牛集团与临安市人民政府签约，其投资的杭州易辰孚特汽车项目落户临安横畈工业功能区。该项目占地140公顷，年产无级变速器50万套。

1月8日，航天员翟志刚、刘伯明、景海鹏到浙江普达海文化产业有限公司，与公司动漫主创人员分享漫步太空感受。

1月11日，由浙江林学院教授张齐生院士主持，浙江林学院、南京林业大学等共同研究的“竹炭生产关键技术、应用机理及系列产品开发”项目获国家科技进步奖二等奖。

1月12日，中共临安市委召开十二届十一次全体（扩大）会议。

1月14日，省委常委、杭州市委书记、市人大常委会主任王国平，杭州市委副书记、市长蔡奇，到临安调研省科创基地（科技城）建设工作。

1月29~30日，临安经济发展恳谈会分别在上海、北京、宁波、温州召开。

是月，浙江林学院新增食品科学与工程、机械设计制造及其自动化、会计学和广告学4个省级重点建设专业。该校共有省级以上重点建设专业16个，其中国家级特色专业4个。

是月，临安市年满60周岁城乡居民，不用缴费，每月可领取70元基础养老金，高于国家标准15元、省标准10元，市财政将每年投入5300余万元。

是月，临安市通过由科技部组织的2007~2008年度全国县（市）科技进步考核，被评为全国科技进步先进市。

2月

2月10日，临安市被命名为“国家环境保护模范城市”。

2月21日，副省长金德水调研省科创基地（科技城）建设工作。

2月22日，省委常委、杭州市委书记黄坤明调研省科创基地（科技城）建设工作。

2月25日，临安市召开全市农村工作会议暨建设“绿色家园、富丽山村”动员大会。

2月28日，钱王文化艺术节开幕式暨“吴越风”2010年元宵灯会在人民广场开幕。

是月，辽宁省大连市城市管理行政执法局负责人到临安考察城乡一体化保洁工作。

是月，《临安主城区社区图》通过由省测绘局、杭州市规划局、市地名办、市建设局等单位组成的专家组验收。

3月

3月1日起，临安市所有医疗机构的医疗活动场所、学校、公共交通工具、电梯等公共场所全面禁烟；公园、广场等举行重大活动时，也禁止吸烟；娱乐场所、商店、网吧、机关、办事大厅、营业厅等要求划定吸烟区或者设置专用吸烟室，没划定的区域禁止吸烟。

同日，中国人民政治协商会议第七届临安市委员会第四次会议在临安剧院召开。

同日，《临安手机报》和《今日临安数字报》正式开通。

3月4日，临安市第十四届人民代表大会第四次会议在临安剧院召开。

3月5日，林业科技下乡暨“建设森林浙江、发展低碳社会”活动在临安启动。

3月9日，昌化职业高级中学被教育部确认为国家级重点中等职业学校。

3月11日，以色列驻上海领事馆总领事艾雅克到浙江省科研机构创新基地（科技城）考察。

3月15日，市政府出台《临安市人民政府关于加快我市绿色照明产业转型升级的实施意见》（临政发〔2010〕36号）、《临安市人民政府关于加快我市坚果食品产业转型升级的实施意见》（临政发〔2010〕37号）、《临安市人民政府关于加快我市精密机械元器件产业转型升级的实施意见》（临政发〔2010〕38号）三个分产业的转型升级实施意见，主要分产业发展现状、产业发展目标、转型升级措施等三个部分。

3月16日，全市党建工作会议召开。

3月16~18日，临安市旅游界在安徽合肥、宣城，江苏淮安和上海举办为期5天的“春醉临安”2010长三角四城市临安旅游推广活动。

3月18日，全市工业经济暨转型升级动员大会召开。

3月22日，中华全国总工会集体合同部工资处处长王双清一行到临安调研企业工资集体协商工作。

3月22~28日，围绕“关注水质、抓住机遇、应对挑战”和“严格水资源管理，保障可持续发展”主题，市水利水电局开展纪念第18届“世界水日”和第23届“中国水周”系列活动。

3月23日，芬兰驻沪总领事馆科技领事赫亚宁到省科创基地（科技城）考察。

3月24日，全市林业工作会议暨深化林权制度改革、发展现代林业动员大会召开，提出2011年6月底全面完成林权主体改革目标。

同日，全市“基层基础建设年、项目推进服务年”活动动员大会召开。

同日，全市金融工作会议召开。

3月26日，全市招商引资工作会议召开。

同日，“2010中国·临安百笋宴”在人民广场开席。

3月26~27日，全市13家企业参加浙江笋竹产品西北行活动。

3月27日，中国天目山“农家乐”休闲节暨天目山·阿里山缔结姐妹山一周年纪念活动在天目山景区开幕。

3月30日，临安市召开迎接国家卫生城市复检工作动员大会。

3月31日，临安市再次被省委、省政府授予“平安市”称号，考核排名从2008年全省第31位上升到第23位，在杭州市县（市、区）中位居第二位。

是月，重修《西天目山志》由方志出版社出版发行。

是月，武警温州支队直属一中队中队长、临安籍士官许越峰，因成功处置“11·16”温州劫持人质事件，被武警浙江省总队记一等功。

是月，由浙江林学院天则山核桃科技开发有限公司负责起草的《山核桃优质高效生态安全生产技术标准》通过杭州市质量技术监督局审查发布实施，这是杭州地区第一个有关“山核桃优质高效生态安全生产”的地方标准。

是月，“天目青顶”商标和“天目雷笋”商标经国家工商行政管理总局商标局审核通过，获国家证明商标注册。

4月

4月2日，全市深入学习实践科学发展观活动总结大会召开，标志临安市学习实践活动结束。从2009年3月到2010年2月，全市共有1867个党组织、3.3万余名党员分两批参加深入学习实践科学发展观活动。

4月7日，省军区副司令员徐金才少将在杭州警备区司令员李大清大校、政治部主任孟吕岳的陪同下到临安市人武部调研。

4月12日，市委书记邵毅、市长王宏率队参加杭州（上海）经济合作洽谈会暨第12届中国杭州西湖国际博览会新闻发布会。

同日，临安市22家电缆出口企业代表赴香港参加香港春季电子产品展览会。

4月13~16日，全市出现多年来少见的倒春寒天气，临安站出现4天倒春寒天气。

4月15日，司法部政治部主任尹晋华、司法部监狱管理局副局长刘国玉、司法部律师公证工作指导司副司长牛文忠等组成的调研组，到临安调研司法行政和律师事务所党建工作。

4月17日，在全省首次开展的创建“集约用地示范区”活动中，临安经济开发区获“浙江省集约用地示范开发区”称号。

4月18日，科技部政策法规司副司长翟立新到省科创基地（科技城）调研。

4月21日，省军区副司令员王海涛少将一行在杭州警备区司令员李大清大校、政委陈必凯大校的陪同下，到临安市人武部检查指导武装工作。

4月21~23日，市委副书记、市长王宏，市委常委张金良，副市长李文钢带队赴陕西省西安市和咸阳市招才引智、招院引所，与西安交通大学等签订建立战略合作关系协议书。

同日，“全民读书、书香临安”活动在人民广场开幕。

4月25日，大峡谷镇桃花溪村党支部书记郑瑞云当选为全国劳动模范，赴北京参加全国劳动模范和先进工作者表彰大会。

4月26日，磐安县委副书记黄福良、副县长陈剑波率党政代表团到临安考察生态创建工作。

4月26~27日，全省组织机构代码与物品编码工作会议在临安召开，省质量技术监督局副局长杨烨到会并讲话。

4月28日，省计划生育协会专职副会长陶竞、秘书长王丽萍，浙江大学劳动保障与公共政策研究中心副主任、人口问题研究专家米红，到临安专题调研计划生育协会“十二五”规划。

4月29日，省委常委、副省长葛慧君到临安青山水库检查防汛工作。

是月，清凉峰国家级自然保护区野生动物监测员拍摄到全球易危鸟种——短尾鸦雀。这是继3月25日，该地发现中华虎凤蝶后的又一重大发现。

是月，市领导邵毅、张金良、柴世民带队赴广东省考察坚果食品和绿色照明产业发展情况。

是月，《天目山植物志》由浙江大学出版社出版发行，该志历时3年，经省内50余位植物分类专家编著，共4卷。

是月，长三角地区科研院所发展与改革研讨会在临安召开。

5月

5月4日，全国政协原副主席张怀西到临安视察工作。

5月5日，原省委书记、中央党校常务副校长薛驹，原省长、国务院特区办主任葛洪升等调研省科创基地（科技城）建设工作。

5月6日，全市农村土地承包仲裁委员会成立会议暨第一次工作会议召开，成立临安市农村土地承包仲裁委员会。

5月8日，中国天目山“茶之语”茶文化推广活动在天目山开幕。

同日，在清凉峰国家级自然保护区拍摄到华南梅花鹿。

5月10日，省委常委、常务副省长陈敏尔到省科创基地（科技城）调研。

同日，临安市启动“天目春雨”人才计划，推进全市“812”人才培养人选为“绿色家园、富丽山村”建设和经济转型升级服务。

5月11日，省林业厅副厅长邢最荣到临安调研产业基地及专业合作社建设情况。

5月12日，安徽省宁国市委书记孙正东率党政代表团到临安考察科技创新工作。

5月13日，浙江万马电缆股份有限公司获“2009年轨道交通企业自主创新50强企业”称号。

同日，杭州市副市长何关新到临安调研农村住房集中改造试点和“风情小镇”创建工作。

5月16日，临安籍运动员盛江在2010年亚洲摔跤锦标赛中获男子60公斤级冠军。

5月19日，《北欧时报》、《联合早报》、美国中文电视台等11个国家的12家海外华文媒体到临安采访生态经济发展情况。《人民日报》海外版、中国国际广播电台华语中心和中国新闻社的记者随行采访。

同日，杭州市副市长何关新到临安调研防汛工作。

5月20日，“移动杯”临安市第二届“十大阳光少年”评选在市青少年活动中心举行。

5月25日，浙江省副省长金德水主持召开省科创基地（科技城）建设领导小组会议。

是月，省林业厅副厅长叶胜荣率队到临安清凉峰国家级自然保护区，检查指导生物多样性保护工作。

是月，临安市入选“中国商标发展百强县”。

是月，临安籍选手郑雅倩参加由国家体育总局主办的全国青少年武术散打锦标赛暨第三届世界青少年武术选拔赛，获女子48公斤级冠军。

6月

6月1日，召开省科创基地（科技城）核心区块修建性详规论证会，会议原则确定核心区块修建性详规。

6月2日，省农业厅厅长孙景森到临安调研省级现代农业园区和粮食功能区建设工作。

6月6日，浙江林学院正式更名为浙江农林大学。

同日，全国群星奖节目《临安水龙》赴上海参加以“五水共导·品质杭州”为主题的杭州日活动。

6月6~15日，应印度国家工商联合会、西班牙巴塞罗那商会、古巴外贸投资部邀请，市委书记邵毅率经贸考察团对上述三国开展投资环境推荐、经贸洽谈和招商引资、招院引所活动。

6月9日，杭州市委副书记王金财到临安调研农业产业化工作。

同日，安徽省巢湖市无为县县委副书记、代县长张祖武率党政代表团到临安考察。

6月10日，杭州杭氧股份有限公司在深圳证券交易所上市，证券代码为002430。

同日，由国务院法制办和中国法学会行政法学研究会共同主办的行政复议“浙江论坛”在临安青山湖召开。

6月11日，临安市茶文化研究会成立。

6月21日，杭州市人大常委会副主任顾树森率队到临安召开代表座谈会。

同日，临安市政府与浙江机电职业技术学院签订合作框架协议。

6月22日，杭州市委常委、组织部部长于跃敏到临安慰问老党员，并到万马高分子材料有限公司进行调研。

6月22~29日，全市首次在外地（安吉县委党校）举办村级党组织书记培训班。

6月23日，省水利厅批复同意《临余公路水域占补平衡方案》。

同日，省委常委、纪委书记任泽民调研省科创基地（科技城）建设工作和临安市纪检监察工作。

6月25日，中共中央政治局常委、国务院总理温家宝在省委书记、省人大常委会主任赵洪祝，省委副书记、省长吕祖善等陪同下，到临安经济开发区考察浙江西子富沃德电机有限公司、浙江杭叉工程机械集团等企业。

同日，省军区司令员傅怡少将在杭州警备区司令员李大清大校、政委陈必凯大校的陪同下，到市人武部检查指导工作。

是月，共青团新疆维吾尔自治区委考察团到临安调研新疆籍外出务工青年团建设情况。

是月，浙西大龙湾龙井峡漂流项目建成。

7月

7月1日，全市首个电梯应急救援中心运营。

同日，省委常委、杭州市委书记黄坤明主持召开省科创基地（科技城）规划成果汇报会。

7月5日，《清凉峰华南梅花鹿种群生存力及扩繁技术研究》通过浙江省林业科技项目验收。

7月9日，省委书记、省人大常委会主任赵洪祝，省委常委、省委秘书长李强，省委常委、杭州市委书记黄坤明，副省长金德水到临安调研省科创基地（科技城）建设工作。

7月14日（农历六月初三），西天目山举行“佛之光”大型主题活动，禅源寺韦驮殿重修落成，举行开光仪式。

同日，浙江电视台《流动大舞台》走进千洪乡。

同日，市委、市政府出台《关于进一步实施工业强市战略，积极推进工业经济转型升级的若干意见》（临委〔2010〕37号），分“着力扶优扶强，带动产业升级”等10项内容以及“实行重点项目技改扶持”等37条政策，成为综合性的工业扶持政策，初步形成“1+X”工业政策体系。

7月15日，副省长金德水主持召开省科创基地（科技城）建设领导小组会议。

7月16日，在清凉峰国家级自然保护区龙塘山区域，首次监测到国家一级保护动物——黑麂，并获得影像资料。

7月19日，全市森林抚育经营试点工作正式启动。

7月20日，上海“世博会”杭州国际文化交流周暨“深山渔村”欢乐GO活动在潜川镇青山殿村举行。

7月22日，临安市精密机械元器件行业协会成立。

同日，天目山林场和昌化林场两家国有林场定性为公益性事业单位，各核定编制16个，人均年补助事业经费5万元。

7月23~25日，首届中国（杭州）山地救援技术交流会在浙西大峡谷举行。

7月26日，举行天目山野外实习基地第二次向全国重点高等院校开放活动开幕式。

7月26日至8月1日，市委副书记、市长王宏率考察团赴台湾进行经贸旅游考察。

7月27日，在横畈工业功能区举行重点建设项目立功竞赛启动仪式暨市总工会“11211”促进就业援助行动授牌表彰活动。

7月28日，中华全国供销合作总社党组成员、理事会副主任赵显人到省科创基地（科技城）实地考察。

同日，市人大首次邀请普通市民旁听市14届人大常委会第35次会议。

7月29日，市委书记邵毅一行赴新疆慰问驻疆部队临安籍官兵。

7月30日，临安市再次获省“双拥模范城”称号。

是月，杭州大伟装饰材料有限公司副总经理兼财务总监袁梅珍获浙江省“五一”劳动奖章。

是月，全市首家民办养老机构——锦城街道横溪老人寄养院开业。

8月

8月1日起，临天桥封道抢修一个月。

8月3日，市委书记邵毅一行赴上海参加钱伟长逝世吊唁活动。

同日，全市首个来料加工经纪人联谊会成立。

8月5日，召开全市节能降耗工作会议，部署年内全市节能降耗工作。

8月7日，浙江大学党委书记张曦考察省科创基地（科技城）建设工作。

8月10日，临安市新四军历史研究会成立，市政协主席陈法生任会长。

同日，省委常委、杭州市委书记黄坤明，杭州市委副书记、代市长邵占维等杭州市委工作会议全体人员到省科创基地（科技城）考察。

8月15日，省重点项目英公水库除险加固项目，通过由省水利厅、杭州市发改委、杭州市林水局等有关部门组成的验收组蓄水验收。

同日，杭州市委副书记、代市长邵占维到省科创基地（科技城）调研。

8月27日，亚细亚民间叙事文学学会第11届学术研讨会在临安举行，来自中国、日本、韩国的30余位专家、学者参加。

同日，杭州公交集团、临安交投公司合资经营暨杭州临安金宇公共交通有限公司成立，杭州与临安公交全面接轨。

8月31日，市政府发布通告，明确全市山核桃统一采收日推迟3天，即在白露后9月11日开竿。

8月31日，《滨湖新区和城市有机更新规划方案》汇报会召开。

是月，临安经济开发区职工书屋被命名为全国“职工书屋”示范点。

是月，市文化馆创作干部俞志平历时8个月，创作完成《山核桃丰收图》，该画长7.5米，高0.54米。

是月，市行政服务中心开通网络服务平台。

是月，天目大峡谷景区获上海大世界吉尼斯总部授予的“最长火山岩溪”、“最长木长廊”两项称号。

是月，《临安市外来困难孕产妇住院分娩补助方案》出台。

是月，市公安局和市烟草专卖局联手破获一起特大利用互联网络销售假烟案，抓获犯罪嫌疑人4人，涉案金额1000余万元。

9月

9月2日，临安市召开“十二五”规划编制工作汇报会。

同日，杭州区、县（市）新闻网站发展主题沙龙在临安举行。

同日，临安市对违反有序用电的7家企业再次实行停电。

9月3日，浙江大学校长杨卫一行到省科创基地（科技城）考察。

9月8日，临安市启动创建“平安临安”集中宣传月活动。

9月15日起，锦城街道咪表停止收费，启用手机付费停车系统。

同日，临安市第24届科普宣传周启动仪式暨“绿色畅想未来”环保科普文艺演出在人民广场举行。

同日，临安市在四川省青川县金子山乡举行援建项目整体移交签字仪式。

9月16日，临安市政协与四川省金堂县政协举行“友好市县政协”签约仪式。

9月16~17日，市委书记邵毅、市政协副主席周玉祥带队赴北京开展招商引资和经贸洽谈活动。

9月16~18日，由联合国粮农组织（FAO）和国家林业局森林资源司共同举办的冲突管理与林权纠纷调处培训班在临安开班。

9月16~21日，市委副书记、市长王宏率考察团赴四川双流县和云南腾冲县、芒市考察学习城乡统筹发展工作。

9月17日，海南省白沙黎族自治县党政考察团到临安考察。

同日，由临安市人民政府与浙江农林大学共同编制的《临安市碳汇林业建设总体规划》通过专家组评审。

同日，杭州杭重机械有限公司开发生产6立方米船用抓斗挖掘机，填补国内自主研发大型船用抓斗挖掘机领域的空白。

9月20日，首批32个沿街企事业单位厕所免费对外开放。

9月21~24日，国际山区综合可持续发展研讨会在临安举行。

9月26日，全省种子系统领导和专家

70余人在国家区试站（临安）参加省“0406”计划水稻新品种现场考察观摩会。

9月27日，临安市首例森林资源拍卖会在玲珑林业站举行，拍卖标的是太湖源镇上阳村青云实验林场26.67公顷山林的部分林木采伐权，最终竞拍价为41.8元/50千克。

同日，召开全市招商引资工作专题会议。

9月28日，市人民法院举行建院60周年庆典活动。

9月29日，浙江万马集团进入浙江省第一批企业研究院建设名单，获准建设浙江省万马企业研究院。

9月30日，省供销社主任史济锡到临安调研供销社工作。

是月，临安最大节能技术改造项目——浙江杭州大马水泥有限公司“9兆瓦纯低温余热发电项目”通过省经信委组织的综合验收，实现并网运行，该项目可实现年节约2万吨标煤。

是月，出席第15届海峡两岸自然保护区业务交流研讨会的台湾“国家公园”代表26人到天目山国家级自然保护区、清凉峰国家级自然保护区考察。

10月

10月7日，在杭州吴山广场举办中国（杭州）临安山核桃文化节。

同日，天目大峡谷景区两位上海游客不慎落水身亡。

10月8日，浙江小王子食品股份有限公司“小王子及图”商标被国家工商行政管理总局认定为“中国驰名商标”。

10月12日，杭州市政协主席孙忠焕一行到省科创基地（科技城）调研。

10月13日，浙江省副省长金德水在省政府听取省科创基地（科技城）建设工作汇报。

同日，新疆察布查尔锡伯自治县考察团到临安考察，临安与该县签订《缔结友好市县备忘录》。

10月16日，在第14届省运动会上，临安运动员罗永佳获自行车项目男子乙组1公里个人计时赛冠军。

10月19日，卫生部医疗器械临床合理使用与安全管理专项检查组一行8人到临安检查工作。

10月21日，省委常委、宣传部部长茅临生到临安调研省科创基地（科技城）建设工作。

同日，参加2010地衣与苔藓植物系统学国际研讨会的芬兰、美国、日本等国代表28人到清凉峰国家级自然保护区考察。

10月22日，“禅之旅、林之行”暨“临安氧吧宝宝”揭晓活动在人民广场举行。

10月23日，临安市获“中国坚果炒货食品城”称号。

10月23~24日，杭州·国际茶席展暨国际茶文化空间（茶席）论坛在浙江农林大学东湖校区举行。

10月26日，杭州福斯特光伏材料股份有限公司EVA太阳能电池胶膜生产项目在临安市高新技术产业园C区块（临安市锦北街道金马村）奠基。

10月27日，中国（临安）森林生态博览会开幕式暨新都之夜“森林城市的希望”综艺晚会在临安举行。

同日，中国碳汇林业与低碳经济发展高峰论坛在临安举行，临安成为全国首个“碳汇林业实验区”，21个林业城市政府代表共同签署以“发展碳汇林业，打造低碳城市”为主题的《临安宣言》。

同日，省委副书记夏宝龙到临安调研

"绿色家园、富丽山村"建设工作。

同日，市外经贸局承办的中国临安经贸洽谈会暨临安投资创业环境推介会在临安举行。

同日，在中国·浙江国际科技合作交流大会上，临安市与浙江省科学技术厅、以色列TEUZA投资公司签订《关于共建浙江以色列科技产业园合作备忘录》。

同日，首届"赏石文化节"开幕暨鸡血石文化街开街。

同日，江西省丰城市党政考察团到临安考察学习。

同日，中国临安绿色照明产品展在人民广场开幕。

10月28日，中国节能灯技术论坛在临安举行，临安市被授予"中国节能电光源制造基地"匾牌。

同日，中国·临安森林美食节开幕。

同日，临安市文体会展中心项目开工奠基。

同日，昌化人民医院整体迁建工程奠基。

10月28~31日，第六届中国名石雕刻艺术展在临安市昌化国石城举行。

10月29日，临安市中心粮库迁扩建项目在於潜镇开工，总投资6500余万元，用地面积6.67公顷。

10月29~31日，中央电视台《寻宝》栏目组走进临安，昌化鸡血石《百子闹春》被评为临安"民间国宝"。

10月30日，杭州易辰孚特年产50万台CVT汽车无级变速器项目奠基开工。

10月31日，临安市举行"森林、生态，让生活更美好"群众巡游活动，25支民间文艺表演队参加。

是月，法国枫丹白露和加地内保护区内的中学生代表14人到天目山交流、学习。

是月，临安市餐饮行业协会成立。

11月

11月1日，第七届中国（临安）森林生态博览会闭幕，举行盛大烟花大会，共燃放烟花4.8万发。

11月1~4日，全市27家林产品加工企业参加第三届中国义乌国际森林产品博览会。"山妹子"山核桃、"一颗心"牌小核桃团圆仁、"深宝"山核桃、"鼎峰"山核桃、"新东林"山核桃、"天则"山核桃6个产品获金奖。

11月2日，副省长金德水调研省科创基地（科技城）建设情况。

11月5日，浙江大学党委书记张曦一行70人考察省科创基地（科技城）。

11月6日，杭州市委副书记、代市长邵占维调研省科创基地（科技城）建设工作。

11月8日，杭州市副市长何关新到临安调研山地蔬菜发展情况。

11月9日，新加坡吉宝集团和杭州市东部软件园联合考察团到临安考察。

11月10日，藏红花在临安市河桥镇学川村试种成功。

11月11日，临安市城乡区域统筹发展工作委员会成立，市委书记邵毅任主任，市委副书记、市长王宏任第一副主任，下设"一办六个指挥部"。

11月15日，杭州市"勤政廉政好公仆"先进事迹报告会在临安举行。

11月16日，汽车东站投入试运营。

11月18日，"无公害山核桃栽培标准化示范区"项目通过国家级农业标准化示范区项目验收。

11月19日，国家人口计生委纪检组长勾清明到临安视察人口计生工作。

11月23日，福建省武平县党政考察团到临安考察。

11月24日，省政协、省委宣传部专家、学者考察临安太湖源镇“种文化”活动。

11月26日，杭州市和临安市两级防治动物疫病指挥部在临安联合开展防控重大动物疫情应急演练。

同日，临安市口腔医院设立。

11月27~28日，山东省高唐县党政考察团到临安考察。

11月30日，湖南省桃江县党政考察团到临安考察竹笋加工产业。

是月，市长王宏率考察团赴南美考察科技城建设、招院引所和开拓国际市场。

12月

12月1日，浙江省科创基地核心区块前期开发项目一标段、二标段施工单位开标，中标单位分别为浙江工力建设有限公司、歌山建设集团有限公司。

12月1日至2011年1月30日，全市电动自行车实行集中登记备案管理。

12月3日，全市人才工作会议召开。

12月7日，在清凉峰国家级自然保护区千顷塘区域，两次拍摄到世界濒危、国家一级重点保护野生动物——白颈长尾雉。

12月8日，钱王文化广场暨市图书馆开工建设。

12月10日，杭州市区市协作第二协作组第一次联席会议在临安召开。会上，临安市委副书记、市长王宏代表临安与余杭区、下城区签订《区市协作框架协议》。

12月11~13日，美籍作家、画家刘墉到临安（锦城街道回龙村）寻根谒祖。

12月15日，省委常委、杭州市委书记黄坤明，杭州市委常委、市委秘书长许勤华，杭州市委常委、副市长沈坚到浙江帝龙新材料股份有限公司视察指导工作。

同日，受北方强冷空气影响，全市普降大到暴雪。临安测站最大积雪9厘米，西北部积雪较深，大明山积雪30厘米。

12月18日，市长王宏赴北京参加中国县域经济发展高层论坛。

同日，民泰商业银行临安支行开业，全市金融机构增至13家。

12月20日，省水利厅副厅长褚加福到临安视察指导水利工作。

同日，《临安市粮食生产功能区建设规划（2010~2018）》通过省级评审。

12月21日，临安市两名运动员（李樟煜、骆红星）在亚洲残疾人运动会上均获铜牌。

12月22日，临安市综合应急救援大队成立。

12月24日，省农民负担专项考核组到临安检查农民负担监督管理工作。

同日，市政府第48次常务会议审议通过一项惠民政策：2011年1月1日起，全面施行“殡葬基本服务项目免费”政策。

12月26日，浙江农林大学设立“低碳与物联网技术联合实验室”。

是月，国内首台机液一体式强夯机在杭州杭重工程机械有限公司下线。

是月，骆耕漠铜像在浙江工商大学下沙校区落成。

是月，数字电影《秋瑾》剧组到天目山拍摄。

是月，通过全国爱卫办对“国家卫生城市”复审，临安市再次被确认为“国家卫生城市”。

市情概览

基本地情

【市名由来】 临安市是太湖水系的源头，位于杭州市西郊，距杭州市区46千米。“临安”作为县名由来已久，据临安旧志记载，临安县建置始于东汉建安十六年(211)，时称临水县，县治在高虹镇高乐村。西晋太康元年（280)，因境内临安山出名而更名临安县。清乾隆《临安县志》载：临安山位于“县西南十八里”，“高一百丈，周二十三里，《太平寰宇记》云：‘县取此山为名’”。

南宋建炎三年（1129）定都杭州，升杭州为临安府，临安为其属县。“杭州”当时称“临安”，有三说：一是南宋偏安江南，有“临时安置”之意；二是南宋朝廷感念吴越国王钱镠对杭州的历史功绩，以其故里“临安”为府名；三是寓有“君临即安”之意。“临安”之名最早始于西晋太康元年。1996年12月28日，临安撤县设市。

【市树银杏】 银杏，别名白果树、公孙树、鸭掌树，属裸子植物。以“活化石”著称的银杏，在中生代侏罗纪曾广泛分布于北半球，而野生状态的银杏仅零星分布于西天目山海拔300米~1200米地带和山谷中。1978年出版的《中国植物志》第7卷《裸子植物卷》载：“银杏为中生代孑遗的稀有树种，系我国的特产，仅浙江天目山有野生状态的林木。”2004年第3期《中国国家地理》载：“目前，世界上只有我国浙江西天目山尚残存少量野生和半野生状态的银杏。”西天目山上有银杏244株，其中，最负盛名的银杏被称为“五世同堂”，有22株，位于海拔960米处，开山老殿下方约50米，它是西天目山的一个知名景观。

临安银杏古树颇多，全市各乡镇（街道）均有分布。大峡谷镇千顷塘1株银杏高20米，胸径1.1米，树龄1300年。湍口镇勤丰村1株银杏横卧小溪，5根分支向溪中平伸，形成“卧银杏”，树龄500余年。清凉峰镇乾山村两株银杏高28米，胸径1.2米，冠幅20米×15米，树龄1000余年。1986年1月19日，临安县人大常委会八届十一次会议通过议案，将银杏树确定为临安“县树”。此后，市民广泛种植，1987~1989年，全县种植银杏24万株。银杏叶还被用作临安电视台台标和中国首届森林风景资源博览会会标。

【城标《吴越风》】 《吴越风》城标建于2005年5月，高30米，钢筋、水泥、石材构建。雕塑3根立柱象征森林，寓意临安是一座森林城市，也是一座现代化的充满蓬勃生机和活力的城市；柱体上雕刻9片银杏叶，体现大树王国、生态城市特色；中部正方形是雕塑主体，四面为“钱王射潮”、“衣锦还乡”、“保境安民”、“纳土归宋”浮雕，体现临安悠久的历史和深厚的吴越文化底蕴；雕塑底部为“大树之冠、吴越之尊”8个篆体大字。该城标由浙江大唐文化艺术公司设计。

【历史沿革】 出土文物表明，早在旧石器时期，就有先人在临安这片土地上繁衍生息，出土的石斧石刀，为境内发现最早的原始农业生产工具，距今约10万年；新石器时期的石器残件、陶器残片和磨制工具等多有发现，距今约1万年；良渚文明时期的玉器在临安也有出土，距今约6000年。

临安市全境系原临安、於潜、昌化三县合并。西汉前，三县无建置。春秋时，市境东南地域属越，西北地域属吴。周敬王二十六年（前494），吴占越地，全境属吴。战国时，周元王三年（前473）吴为越所灭，属越地；周显王三十五年（前334），楚败越，属楚；秦王政二十五年（前222），秦灭楚，境东南属会稽郡余杭地，西北属故鄣地。

县治建置有2100余年。西汉武帝元封二年（前109）设於潜县；东汉建安十六年（211）置临水县，晋太康元年（280）改称临安；唐垂拱二年（686）置紫溪县，北宋太平兴国三年（978）改称昌化。1958年，余杭县并入临安县，於潜县并入昌化县。1960年，昌化县（含於潜）并入临安县。1961年，原余杭县析出。（见表1）

建置沿革

表1

朝 代	临 安 县	於 潜 县	昌 化 县
春 秋	吴越之境	吴越之境	吴越之境
战 国	先越后楚	先越后楚	先越后楚
秦	余杭县地	徙大越鸟语人置之晳	晳地
西 汉	余杭县地	元封二年（前109）置於晳县	於晳县地
东 汉	建安十六年(211)分余杭置临水县	晳加水为於潜县	於潜县地
三 国	临水县	於潜县	於潜县地
两 晋	太康元年(280)更名临安县	於潜县	於潜县地

续表

朝代	临安县	於潜县	昌化县
南朝	宋、齐仍为临安县；梁、陈之间分并余杭、於潜	於潜县，梁、陈之间临安西部并入	於潜县地
隋	余杭、於灊县地	於灊县	於灊县地
唐	武德七年(624)分於潜，复置临水县 武德八年(625)又并入於潜 垂拱四年(688)分於潜、余杭恢复临水县 光化三年(900)改称临安县	武德七年(624)置潜州，领於潜、临水二县 武德八年(625)年废潜州，临水县并入 垂拱二年(686)分於潜置紫溪县 垂拱四年(688)原临水县地划出 大历二年(767)紫溪、唐山均并入 长庆元年(821)原唐山县地划出	垂拱二年(686)分於潜置紫溪县 (周)万岁通天元年(696)改称武隆县，其年复为紫溪；又分紫溪，置武隆县 (周)圣历三年(700)省武隆入紫溪县 (周)长安四年(704)复置武隆县 神龙元年(705)更名唐山县 大历二年(767)紫溪、唐山均并入於潜县 长庆元年(821)复置唐山县
五代	后梁开平二年(908)改为安国县	於潜县	后梁开平二年(908)改为吴昌县 后唐同光元年(923)复称唐山县 后晋天福七年(942)改为横山县；又改吴昌县
宋	太平兴国三年(978)复称临安县 太平兴国四年(979)衣锦军改顺化军；五年废军	於潜县	昌化县
元	临安县	於潜县	昌化县
明	临安县	於潜县	昌化县
清	临安县	於潜县	昌化县
民国	临安县	於潜县	昌化县
中华人民共和国	1949年5月4日解放 1958年余杭县并入 1960年昌化县(含於潜)并入 1961年原余杭县划出 1996年12月撤临安县设临安市	1949年5月29日解放 1958年并入昌化县	1949年5月28日解放 1958年於潜县并入 1960年并入临安县

【地理位置】 临安市总面积3126.8平方千米，是浙江省陆地面积最大的县级市。地处浙江省西北部天目山区，北纬29°56′~30°23′，东经118°51′~119°52′；东邻杭州市余杭区，南连富阳市和桐庐县、淳安县，西接安徽省歙县，北界安吉县及安徽省绩溪县、宁国市。市境东西宽约100千米，南北长约50千米；中心城市锦城（概指临安市治所在城市）东距杭州市46千米、上海市258千米，西距黄山市128千米，处在杭州至黄山的黄金旅游线上，杭徽高速公路贯穿全境，交通便捷。

【地形地貌】 临安市属江南地层区中江山至临安地层分区，境内地层自元古界震旦纪至新生界第四系，除中生界三叠系和新生界第三系缺失外，均有发育；区域构造属扬子准地台钱塘台褶带。在漫长的地质年代中，受印支运动和燕山运动的作用，构成境内地形地貌的多样性和奇特性。

境内地势自西北向东南倾斜，市境北、西、南三面环山，形成一个东南向的马蹄形屏障。西北多崇山峻岭，深沟幽谷；东南为丘陵宽谷，地势平坦，全境地貌以中低山丘陵为主。西北、西南部山区平均海拔在1000米以上，东部河谷平原海拔在50米以下；西部清凉峰海拔1787米，东部石泉海拔仅9米，东西海拔相差1778米，为浙江省罕见。境内低山丘陵与河谷盆地相间排列，交错分布，大致可分为中山——深谷、低山丘陵——宽谷和河谷平原三种地貌形态，中山（海拔1000米以上）面积占5.4%，中低山（海拔800米~1000米）占8.8%，低山（海拔500米~800米）占18.3%，丘陵岗地（海拔100米~500米）占57.4%，河谷平原（海拔100米以下）占10.4%。

【气候】 临安地处浙江省西北部、中亚热带季风气候区南缘，属季风型气候，温暖湿润，光照充足，雨量充沛，四季分明。年均降水量1613.9毫米，降水日158天，无霜期年平均为237天，受台风、寒潮和冰雹等灾害性天气影响。境内以丘陵山地为主，地势自西向东南倾斜，立体气候明显，从海拔不足50米的锦城至1506米的天目山顶，年平均气温由16℃降至9℃，年温差7℃，相当于横跨亚热带和温带两个气候带。

【人口状况】 2010年末，临安市户籍人口525859人，比上年增加20人。其中，男性人口263742人、女性人口262117人，男女性别比为100.3（以女性为100）；非农业人口11.02万人。全年出生3882人，其中，一孩出生3004人、二孩出生867人、多孩出生11人。全市人口出生率7.88‰，死亡率5.82‰，自然增长率2.06‰。

【少数民族】 全市有畲族、苗族、回族、满族、壮族、朝鲜族、侗族、高山族、傣族、蒙古族、藏族、白族、彝族、黎族、土家族等少数民族26个，少数民族人口6550人，占全市总人口1.25%。其中，畲族4667人，占少数民族人口71.25%。少数民族村基本特点是小聚居大散居，以畲族为主，部分畲族群众保留以畲族语为日常交流用语，少数人能唱山哈歌。一些湖南、贵州、四川、广西为主的土家族、苗族、布依族等少数民族婚嫁到临安市昌化、岛石、大峡谷、横路、千洪、青山湖、横畈、高虹、板桥、三口等乡镇（街道）。

【国家级荣誉称号】 1986年9月，临安县被国家教委公布为全国100个基础教育先进县之一。

1988年11月，临安县被国家教委宣布为全国扫除文盲100个先进县之一。

1993年12月8日，临安县被文化部命名为“书画艺术之乡”。

1993年，临安县进入全国综合实力百强县（市）行列。

1994年，临安县进入全国综合实力百强县（市）行列。

1996年3月，临安县被林业部命名为“中国竹子之乡”。

1996年7月，临安县被林业部列为全国科技兴林示范县。

1998年7月，中国特产之乡推荐暨宣传活动组委会授予临安市“中国山核桃之乡”称号。

2000年4月11日，临安市被国家环保总局命名为“国家级生态示范区”。

2000年4月，临安市被国家林业局命名为“中国名特优经济林山核桃之乡”。

2000年12月，临安市被国家旅游局命名为“中国优秀旅游城市”。

2001年8月，临安市被列入国家农业综合开发项目区。

2001年9月，临安市被国家林业局评为“全国经济林建设先进县”。

2003~2006年，临安市进入全国综合实力百强县（市）行列。

2006年8月2日，临安市被全国爱卫会命名为“国家卫生城市”。

2006年8月15日，临安市被命名为“中国山地户外运动基地”。

2006年10月，临安市再次被国家林业局命名为“中国竹子之乡”。

2007年5月9日，临安市被全国绿化委员会、国家林业局命名为“国家森林城市”。

2007年11月21日，临安市被中国科协列入第三批全国科普示范县（市、区）。

2008年4月20日，临安市被中国金融生态城市评审委员会、中国金融网、中国金融研究会、搜狐财金4家单位评为2007年度中国“金融生态市”。

2008年12月17日，临安市被国家人口计生委授予全国计划生育优质服务先进单位。

2009年2月，临安市被国家林业局列为国家现代林业建设示范市。

2009年9月18日，在第二届中国和谐城市可持续发展高层论坛上临安市获“中国十佳和谐可持续发展城市”称号（县级城市组）。

2009年9月，中国经济林协会授予临安市“中国山核桃之都”称号。

2010年2月10日，临安市被命名为“国家环境保护模范城市”。

2010年5月，临安市入选“中国商标发展百强县”。

2010年7月30日，临安市再次获省“双拥模范城”称号。

2010年10月23日，临安市获“中国坚果炒货食品城”称号。

2010年10月28日，临安市成为“中国节能电光源制造基地”。

2010年12月，临安市再次被确认为“国家卫生城市”。

（唐剑平）

山脉水系

【天目山脉】 临安境内山脉分北、南两支，北支为天目山脉，南支为昱岭山脉。天目山脉为浙江省主干山脉仙霞岭北支，由江西怀玉山，经安徽黄山逶迤入境，横亘境内西北部，总体走向从西北向东南，西起浙皖边界清凉峰（海拔1787米），东至临安与余杭交界的窑头山（海拔1094米）。其主脉自清凉峰向东北逶延，有龙塘山（海拔1586米）、长坪尖（海拔1226米）、马啸岭（海拔1502米）、百丈岭（海拔1334米）、纤岭（海拔1014米）、千顷山（海拔1347米）、照君岩（海拔1449米）；支脉纵横，有柳岭（海拔730米）、芦塘岭（海拔885米）、尖山岭（海拔853米）、康山岭（海拔948米）、滴水岩（海拔1217米）等。

主脉经道场坪(海拔963米)向东北后，地势下降，有桐关岭（海拔536米)、千秋关（海拔398米)，至老虎坪地势回升，即为并峙市境北的东、西天目山。西天目山（海拔1506米）和东天目山（海拔1479米）双峰之北，与安吉交界，东去有龙王山（海拔1587米)、仰天坪（海拔1248米)、平顶山（海拔1109米)、茶叶坪（海拔1141米)、草山（海拔1122米)、大山岭（海拔988米)、木公山（海拔1059米)、红桃山（海拔1029米)、窑头山（海拔1095米）等，山势向东趋低，自与余杭区交界的径山起，山势渐成尾闾，消失于杭州湾和杭嘉湖平原之间。

【昱岭山脉】 昱岭山脉在境内西南部。自清凉峰始，沿浙皖边界向南延伸，经石耳尖（海拔1172米)、过昱岭（海拔508米）至搁船尖（海拔1477米）折东，有雨伞尖（海拔1459米)、大岭塔（海拔1446米)、牵牛岗（海拔1489米)，大岭塔至牵牛岗一线北侧，在市境内有大明山千亩田，主峰海拔1280米，北坡为七峰尖。自大明山东去，山势稍降，散布为海拔1000米以下山峰。至洪岭、马山之间，有和尚坪（海拔1082米)、扁担山（海拔1061米)、留尖山（海拔1135米)，从西向东呈带状隆起，绵延4千米后，山势趋缓，为海拔500米左右的丘陵。

【低山丘陵】 低山丘陵在市境中部、南部、东部，为天目山脉和昱岭山脉的延伸，南苕溪、中苕溪、天目溪、昌化溪切割而形成大片低山丘陵。

南苕溪流域：为市境内主要低山丘陵区。干流自太湖源镇的临目、杨桥、浪口以下；支流锦溪自玲珑街道的夏禹桥以下，地势开阔，山丘低缓；也有平地拔起的如大王山（海拔560米)、米济山（海拔407米)、九仙山（海拔392米)、玲珑山（海拔358米）等；锦城街道横溪、横潭以下，至青山湖街道，为全市最大的河谷小平原，沿溪有华石岩（海拔125米)、功臣山（海拔157米)、安国山、石镜山(海拔92米)、琴山（海拔139米)、鹤山(海拔236米)、公山（海拔311米)、母(姥）山（海拔171米)、青山（海拔150米)、大涤山（海拔299米）等。

中苕溪流域：高乐、横畈以下，亦属低山丘陵，并有河谷小平原。高虹镇与锦城街道之间有双林山（海拔413米)。

天目溪流域：各支流自西天目、藻溪、太阳以下，经於潜镇郊至潜川、乐平，形成大片丘陵宽谷与河谷小平原。有於潜的甲子山（海拔419米)、鹤山（海拔453米)、绿筠坪（海拔140米)、凰山(海拔298米)、地风山（海拔261米)、方元的乌金山（海拔368米)、西菩山(俗呼仙人岩，海拔417米)、乐平的白云山（海拔711米）等。

昌化溪流域：自龙岗经昌化至河桥一段，两岸稍阔，多海拔200米~300米低山丘陵。闻名的有昌化镇北的武隆山，海拔340米。

境南低山丘陵与淳安、建德、桐庐延伸而来的千里岗低山丘陵连成一片，岩性主要为砂岩、页岩、石灰岩、石英岩等，因石灰岩的溶蚀作用，亦多奇峰异洞。

【水系概况】 境内主要溪流有东苕溪，主源南苕溪，主要支流中苕溪，属太湖水系；分水江主源昌化溪，主要支流天目溪，属钱塘江水系。主要溪流均发源于海拔1000米以上山脉，上游段多峡谷，坡陡谷深流急，中下游段处低山丘陵，地势较平坦，多河谷平原。

【南苕溪】 位于市境东部，为东苕溪主源，属太湖水系，发源于太湖源镇临目马尖岗，主峰海拔1271.4米，全长63千米，流域面积720平方千米，比降12.3‰；境内段长55千米，流域面积620.8平方千米，青山水库水文站实测多年平均流量14.5立方米/秒。南苕溪主源浪（阆）口溪，自溪源水竹坞至双溪口为西坑溪（西坑水），双溪口汇东坑溪后称浪口溪，南流经里畈水库，至浪口汇后称南苕溪。南流至葫芦岭西汇泥沟溪，甘塘堰上汇潘溪；折东流至长桥上汇马溪，青龙口汇锦溪后入青山水库。青山水库南有横溪、灵溪汇入，北有双林溪汇入；出青山水库东流至油车头右汇研溪，至鲍家滩汇斜阳溪，东流至汪家埠出境。1950年后，实施南苕溪综合治理，1964年建成大型防洪工程青山水库；1973年兴建、1993~1995年扩建中型防洪蓄水工程里畈水库；1975~1980年，里畈水库至长桥24.5千米溪岸建成防洪堤34738米。1995年后，南苕溪防洪能力由10年一遇提高为20年一遇。

【中苕溪】 位于市境东北部，为东苕溪主要支流，属长江水系。发源于高虹镇石门与安吉县交界的青草湾岗。主峰海拔1073.9米。溪源自美岭坑起，东南流经石门、高虹、横畈，于下塘楼出境，又东流经长乐至汤湾渡由左岸汇入东苕溪。全长47.8千米，比降17.9‰，流域面积185.6平方千米。1999年12月，上游水涛庄村兴建中型防洪工程水涛庄水库，总库容2888万立方米。中苕溪主源猷溪自美岭坑向东南流经大山村、石门、水涛庄，至高乐汇仇溪，称中苕溪。猷溪长22.5千米，处中低山深谷区。大山至龙头舍间，溪底巨石相接；龙头舍至拜节庙间，溪宽约30米，两岸崖石壁立；拜节庙至大仁寺间，谷形狭窄蜿蜒，惟水涛庄段河谷宽阔，在55米至200米之间。下城折经安村，至勾山脚汇白水溪；东流于下塘楼出境。

【天目溪】 纵贯市境中部，为分水江主要支流，属钱塘江水系。发源于西天目山北与安吉县交界的桐坑岗，主峰海拔1506米。自西天目乡粘牛塘起，由北向南，流经西天目、绍鲁、於潜、堰口、塔山、紫水，于紫溪汇昌化溪，南入分水江。溪长58千米，流域面积761.5平方千米，比降21.8‰。

天目溪主源东关溪长36千米，比降33.7‰，集水面积173.3平方千米。自粘牛塘南流经平溪、后院，至钟家村汇西关溪，至白鹤村汇正清溪；经交口、绍鲁，于双溪口汇丰陵溪，下称天目溪。过於潜镇，至摇车桥汇藻溪，南山坞汇太阳溪（交溪），龙头畈汇古竹溪，逸村汇竹岭水，小溪口汇竺溪，麻车埠汇中塘水，至紫溪汇昌化溪后入分水江。

【昌化溪】 位于市境西北部，为分水江主源，属钱塘江水系，发源于安徽省绩溪县笔架山，主峰海拔1385米，于新桥乡西舍坞入境。干流流经新桥、岛石、大峡谷、龙岗、昌化、河桥、潜川。紫溪纳天目溪后至七坑段，称分水江（原称天目溪）。昌化溪全长106.9千米，比降8.6‰，流域面积1440.2平方千米，其中境内长93千米，流域面积1376.7平方千米。青山殿水文站实测多年平均流量45.4 立方米/秒。

主源昌北溪（昔称后溪、巨溪），溪源自安徽省山支岭流至新桥乡西舍坞入境，至倒龙山称后溪，汇仁里溪后称昌北溪。至呼日塘汇银坑溪，至兔川稍下汇上溪；东南流至太平桥汇桃花溪，荞麦岭脚汇柘林坑溪，东南流至地塔村合溪汇入；至汤家湾汇昌西溪，下称昌化溪。昌北溪全长 67.9 千米（境内长 54 千米），比降 12.3‰，集水面积 385.5 平方千米（境内 330.5 平方千米）。

汤家湾东南流至九坑桥汇龙潭坑溪，白牛桥汇沥溪；至七里桥汇黄干溪，油车里汇平渡溪；流经昌化镇东汇虞溪，童婆桥汇紫溪，至云浪下汇锦坑溪；至白下有昌南溪汇入，东南汇至坑口汇悉山水，青山殿阴山汇马山溪，至紫溪与天目溪汇合，下称分水江。1957~1995 年青山殿水文站实测，最大流量 7200 立方米/秒（1969 年 7 月 5 日），最小流量 0.95 立方米/秒（1978 年 9 月 8 日），最高水位 64.51 米（1969 年 7 月 5 日，吴淞高程系，基面 52 米），最低水位 52.11 米（1971 年 7 月 29 日）。

正源昌化溪，支流天目溪。昌化溪与天目溪于紫溪汇合口至乐平七坑，为分水江境内河段。紫溪东南流至倒水坞纳紫坊水；至乐平下纳沈家、里坞水，七坑上纳七坑水，东南流出市境。全长 8 千米。河道平坦、开阔，落差 2 米。昌化溪和天目溪会合口河道宽 171 米。七坑以上集水面积（含昌化溪、天目溪）2275 平方千米。支流有紫坊水、里坞水、沈家水、七坑水。

（唐剑平）

资源特产

【矿产资源】 境内矿产资源有 30 余种，分四大类：金属矿有钨、铍、锑、铅、锌、钼、锰、铁、镍、铜、铌（钽）铁、独居石和金矿；非金属矿有膨润土、萤石、重晶石、鸡血石、白云石、石灰石、磷、花岗岩、方解石、高岭土矿等；燃料矿有烟煤、沥青煤和石煤等；天然矿泉水主要分布在湍口镇湍口村（温泉）和青山湖街道研里村。除钨、膨润土、萤石、石灰石和鸡血石外，其余矿床品位欠佳或储量较少，开采价值较低。

【昌化石】 又称昌化鸡血石，昌化鸡血石（玉石）矿驰名中外，2003 年昌化鸡血石被评为“国石”，列为全国四大国宝石之一。鸡血石是多矿物共生和不同地质环境营造的天然集合体，产地昌北玉岩山，可分为 5 类 100 余个品种：

昌化鸡血石：鸡血石是昌化石之精华，属中国特有珍贵宝玉石品种。鸡血石的血是辰砂和地开石、高岭石等矿物集合体，集合体中辰砂的大小、含量及地开石、高岭石等颜色，对“血”的颜色都有不同程度影响。依据地质和色泽，昌化鸡血石分为冻地鸡血石、软地鸡血石、刚地鸡血石和硬地鸡血石 4 类数十种。

昌化田黄鸡血石：其特征是昌化田黄的质地包裹“鸡血”，因田黄素有“石帝”尊称，鸡血石又有“石后”美名，而昌化田黄鸡血石兼备两者丽质，故被世人称为“宝中之宝”。其主要品种有黄田、白田、红田、黑田、花田、灰田、硬田鸡血石等 10 余种。

昌化冻石：为昌化石之优质品种，一般硬度2级~3级，根据颜色分为单色冻和多色冻2类。主要品种有牛角冻、羊脂冻、玻璃冻、朱砂冻、玛瑙冻、藕粉冻、桃红冻、银灰冻、鱼子冻、红霞冻、黑白冻、金银冻、黄金冻、栗黄冻、桂黄冻、鱼脑冻、五彩冻、雪花冻、水草冻、掘性冻石等。

昌化田黄石：是20世纪90年代后新开发的品种，明显特征是“无根而璞”，自成单个独石，呈无明显棱角的浑圆状，表面包裹石皮，肌理通灵透亮，温润细洁，纹格清晰。主要品种有黄田石、金银田石、红田石、白田石、灰田石、黑田石、花田石、绿田石、硬田石等10余种。

昌化彩石：为昌化石中色彩最丰富的一类石材，色相绚丽多姿，变化无穷，产量约占昌化石的50%以上。色泽可分单色和多色两类。主要品种有黑昌化、白昌化、紫檀石、孔雀绿、艾叶绿、土黄石、桂花黄、青灰石、黑花石、红花石、黄花石、满天星、五彩石、板纹石、二彩石、三彩石、掘性彩石等。

【保护植物】 根据1999年8月4日国务院公布的《国家重点保护野生植物名录（第一批）》，临安市有国家一级保护植物5种：银杏（银杏科）、天目铁木（桦木科）、南方红豆杉（红豆杉科）、银缕梅（金缕梅科）、中华水韭（水韭科）；国家二级保护植物22种：金钱松（松科）、华东黄杉（松科）、羊角槭（槭树科）、七子花（忍冬科）、连香树（连香树科）、樟树（樟科）、浙江楠（樟科）、野大豆（豆科）、鹅掌楸（木兰科）、凹叶厚朴（木兰科）、厚朴（木兰科）、香果树（茜草科）、黄山梅（虎耳草科）、长序榆（榆科）、榉树（榆科）、榧（红豆杉科）、台湾水青冈（壳斗科）、长叶榧（红豆杉科）、花榈木（豆科）、秤锤树（安息香科）、野菱（菱科）、金荞麦（蓼科）。

【野生动物】 全市有野生动物7大类2000余种。其中，兽类8目、21科、77种；鸟类12目、39科、158种；爬行类3目、9科、44种；两栖类2目、7科、20种。有国家一级保护动物7种、国家二级保护动物36种、省级重点保护动物47种。

【临安“老三宝”】 茶叶、笋干、山核桃俗称临安“老三宝”。

天目山产茶历史悠久，品质优异，早在唐朝就闻名于世。随着农村产业结构的调整，茶类布局、品种结构更趋合理。通过“科技兴茶、开发名茶”战略的实施，茶叶生产经济效益进一步提高。临安名茶品种分四类：历史名茶有天目青顶，分顶谷、雨前、梅尖、梅白、小青5个品级，有天目山牌、东坑牌、文丽牌、东华牌等；传统名茶有天目龙井、顺溪大方等；大宗茶有青眉茶、烘青等；创新名茶有天目贡（扁形）、钱王牌粒粒香乌龙茶（圆珠形）、山顶牌石谷神螺（卷曲形）、有机茶等。2010年，全市茶叶总产量1736吨，产值1.82亿元，其中，名优茶产量633.2吨，产值1.68亿元。有机茶颁证总面积577.06公顷，无性系良种基地662.66公顷。

天目笋干是临安传统特产，主要产于天目山周围的西天目、千洪、横路、太湖源、高虹、昌化等乡镇，统称为天目笋干。据《临安县志》载，明正德、嘉靖年间，天目笋尖已为人称道。天目笋干之佳者称“天目尖”，尤以临目、杨岭、东天目所产“早园凤尖”焙制考究，形状如虾，黄亮滋润，清香鲜美。三口、上甘等地的“天目挺尖”称“白蒲头”，新笋采制，连蒲带尖，粗若拇指，翠黄肥嫩，清香扑鼻，食之无渣，堪称“山珍”。20世纪70年代，其制作技艺失传。至今，天目笋干仅剩“焙熄”、“肥挺”、“秃挺”、“小挺”、“直尖”等大路品种，其中，以“焙熄”为佳。按传统规格要求，“焙熄”应是烘焙揉制过程中，自行脱落的尖头肥嫩部分，后均以摘头、剪头代替。笋干产区集中于西天目、千洪、横路、太湖源等乡镇。1930年，天目笋干出口新加坡，销往中国香港地区。1948年，临安县销售笋干约5万千克，於潜县销售笋干约10万千克。90年代，笋干生产有较大发展。1989~1996年，国家收购963吨。1997年后，笋农自产自销。每年产笋季节，藻溪、西天目、千洪等乡镇笋农赴湖南、广西、江西、四川等地收购鲜笋，加工笋干，运回临安再加工后，以“天目笋干”之名销往杭州、上海、苏州等地，数量较大，获利颇丰。2001年始，临安建立万亩天目笋竹丰产栽培科技示范基地，进行科学管理，标准化生产，全面提高笋干竹产量、质量和经济效益，推动竹产业化建设。至2005年，全市年产天目笋干4400余吨，年产值超过5000万元，居全国之首。2010年，全市笋干竹面积1.08万公顷，笋干总产量4170吨，产值1.38亿元。

山核桃是临安知名特产，名冠江南。浙江省淳安、安吉、桐庐诸县及安徽、湖南、贵州等省也有产，但临安山核桃产量最多，品质最佳。临安山核桃主要分布在昌化、昌北两片，所以称“昌化山核桃”，於潜片横路等乡镇也有产。据科学测定，山核桃除含有丰富的植物油脂外，其果仁蛋白质含量达18.3%，还有多种维生素，在医药上具有润肠滋补抗衰老的功效。2010年，全市山核桃种植面积3.06万公顷，山核桃总产量9900吨，总产值4.95亿元。全市山核桃产业实现产值19.05亿元。

【鲜笋】 20世纪80年代起，临安利用丘陵缓坡地种植菜竹（主要品种雷竹、高节竹），普遍推广当时临天乡吴马村笋农葛银万种雷竹、板桥乡西村笋农吴龙福种高节竹的竹笋高效经验，引导发展菜竹生产，菜竹面积每年以700公顷的速度递增。1983~2001年，菜竹面积从2180.67公顷增至1.26万公顷。2010年，全市菜竹面积2.8万公顷，鲜笋产量24.01万吨，总产值8.13亿元，竹产业实现产值29.09亿元。

【水煮笋】 20世纪80年代，打通鲜笋供应上海、杭州等大中城市和水煮笋外销日本流通渠道，临安菜竹笋加工业兴起。20世纪90年代初，兴办水煮笋厂26家，年加工水煮笋65万罐，其中，菜竹笋精加工企业9家，品种有油焖笋、腊油肉笋、糖醋笋、雪笋、酱笋、咸笋等。菜竹笋营销人员3000余人，鲜笋收购点300余个，鲜笋专业批发市场10个。台湾独资企业——杭州益华农畜产品有限公司开发的台湾风味系列鲜味笋，被列入中国美食营养委员会推荐产品。

1992年3月9日，临安镇竹笋交易市场开业，至5月10日，成交额超500万元。1994年建成高虹雷笋专业市场，年销售鲜笋3000吨，购销额1800余万元。1998年初，成立市竹笋加工企业协会。是年，全市竹笋一次加工1.25万吨，二次加工7000吨，出口9000吨，分别为1997年的100%、150%和160%，加工总值超亿元。1999年3月8日，市竹笋协会产品开始实行网络销售。2010年，全市生产水煮笋（当地）产量46.95万罐，总产值3756万元。

【临安“新三宝”】 白果、萸肉、猕猴桃俗称临安“新三宝”。

白果即银杏，银杏树是临安“市树”。白果集果用、材用、风景绿化和特殊的科研价值于一身，历来受到重视。近年来，由于开发银杏叶提取物在治疗心脑血管疾病和延缓衰老方面的特殊功效，被国际医药部门列为新一代重要药用资源。据1983年调查，全县有成林银杏树9893株，其中结果树3283株。产量逐年上升，1951~1980年，年均产量40.4吨；1981~1996年，年均产量125.4吨。1995年，出口白果叶13吨。2005年，产白果283吨，创历史新高。20世纪90年代初，林业科技人员在当时颊口乡株柳村前坞采用良种嫁接、合理密植新技术，建立银杏矮化、密植示范园0.1公顷，取得3年结果、7年丰产的效果。

萸肉是山茱萸之果，又名药枣，是名贵中药材，主要产于昌化。20世纪80年代初，县林业部门推广枝接芽接技术，缩短结果期8~10年。1988年，昌化、昌北建立山茱萸示范林30公顷，推广良种嫁接苗4万余株。90年代起投产面积增多，产量上升。1981~1996年，年均产量98.2吨。2001年，人工造林也结果投产，萸肉丰收，全市产量约300吨，创历史纪录，但价格一路走低，从年初每千克80元跌至年末每千克30元，产区有2/3萸肉待销，大部分农户增产不增收。2002年，萸肉产量约190吨，加上2001年还有2/5库存量，市场供过于求，出售价下降至每千克25元~30元。随后，面积缩小，产量下降，湍口镇萸肉面积由2000年的490.27公顷下降至2004年的443公顷。2006年，萸肉价格有所回升，每千克售价30余元。2010年，全市萸肉产量比上年下降70%，产值增长5%，总产值2100万元。1993年始，县林业局和浙江林学院进行山茱萸食品开发研究，试产出山茱萸汁天然保健饮料和山茱萸酒，并于1996年12月27日通过省科委评审鉴定，卫生部批准投产，为山茱萸综合开发和产区群众致富开辟新途径。

猕猴桃又叫藤梨、阳桃、猕猴梨，其性味甘酸而寒，有解热、止渴、通淋、健胃等功效，可治疗烦热、消渴、黄疸、呕吐、腹泻、石淋、关节痛等疾病，且有抗衰老作用，是滋补强身的上等果品，被誉为“果中珍品”、“水果之王”、“生命之果”。李时珍《本草纲目》记：“其形如梨，其色如桃，而猕猴喜食，故有诸称。”临安市野生猕猴桃分布较广，产量颇丰。人工栽培猕猴桃有20余年，主要集中在板桥乡、岛石镇，西天目乡、锦城街道等乡镇街道。板桥乡牌联村建有猕猴桃实验场，是杭州市科委猕猴桃人工栽培基地，在杭州市植物园协助下，通过野生猕猴桃选优、外地引种等方式，选育出品质好、抗病虫、产量高、果型大优良品种6个，又从新西兰引进果实鲜美、风味独特、酸甜适宜、清香爽口、营养丰富的“布鲁诺”品种，1999年获杭州市优质农产品银奖。2010年，全市种植猕猴桃26.66公顷，年产量450吨，产值约130万元。

【於术】 临安於潜所产白术称於术，药用部分为根茎。因“鹤形鸡腿，体重质实，品质特优”，享誉医药界。清《本草纲目拾遗》载：“白术产於潜者根斑而力大。”《清异录》载：“潜山产兽术，以其盘结丑怪，有兽之形”，因号“狮子术”。光绪《於潜县志》载：“凡有术处，冬不积雪”，可见药力之强。《药性字典》载：“大凡脾阴亏损，泄泻不止者唯用於术以调之。”明清时期，於术被列为贡品。民国18年（1929），於潜康华於术公司的野生於术获西湖博览会一等奖。民国21年（1932）於术产量71.5万千克，1958年12万千克，1961年1.25万千克，1969年230万千克，为历史最高年产量。1974年后，於术由国家二类统购改为计划收购，价格时涨时落。於术生长期长，术农怕担风险，产量下降，1974~1988年，年均产量仅11.13万千克。此后，连续受到外地白术冲击，种植者逐渐减少。於潜生产“於术酒”，为临安特色名酒。

【临安“三石”】 临安产石蛙、石耳、石斑鱼，可做三道特色名菜，俗称临安“三石”。

石蛙学名棘胸蛙，俗称石鸡。两栖类，无尾目，蛙科。体型稍大于青蛙，大者体长12厘米，皮肤粗糙，趾间有蹼。雄蛙背面有成行的长疣，胸部有大团刺疣，刺疣中间有角质黑刺。雌蛙背部有分散的小圆疣，腹部光滑。天目石蛙因其生活环境优越，个体更大，体长可达15厘米，且全身油亮光滑，很少见疣子，肤色黑黄不一。石蛙常栖息于山溪水潭中，产卵繁殖，以小虫为食。夏天闷热之夜，会爬到山涧大石上乘凉，平时躲在阴湿的石洞里。石蛙在天目山、龙塘山山涧均有分布。石蛙腿部结实，肉质鲜嫩，富含高蛋白，被誉为“山珍”，为临安的一道名菜。龙岗镇、板桥镇等地人工养殖石蛙获成功。

石耳是生长在高山深谷滴水悬崖上的一种地衣门生物，形状像木耳，俗称石耳。寄生在石头上，吸收空气中的水分和石头上的养分而生长，基部能分解石头和土壤中的养分。凡长石耳之处，都为悬崖峭壁，采摘难度大。《西天目祖山志》载：“采者腰縋以下，至数十丈，如鱼跃禹门，乌盘蜀道，以乃身命搏之者。”据《本草纲目》载，石耳有清热解毒、抗菌、降压、补肾、滋养肝脾、防癌抗癌等作用，十分珍贵。石耳比木耳厚实，吸水膨胀系数小，食味也比木耳好。近年，市场上有袋装人工栽培石耳出售，耳衣较薄，质量远不如野生石耳。

石斑鱼是一种野生淡水鱼，又名薄额光唇鱼，通体有斑状花纹，当地人称“石斑佬”或“青石斑鱼”。石斑鱼身长一般为15厘米，以水中小虫为食。喜在暖水中群居，食性宽，急水中产卵，生长发育快，产卵3个月后即可捕捞。昌化山区溪流湍急而水质清纯，溪中多石，溪岸多为石块垒成，为石斑鱼提供优越的生长条件。石斑鱼作菜肴无须去鳞，肉质细，味鲜美。

【横畈豆腐干】 横畈镇生产的豆腐干油泽均匀，棕红泛光，风味独特，声名远扬，俗称横畈豆腐干，其制作历史有二三百年。横畈豆腐干用优质黄豆为主料，磨浆点卤要求甚严，以鸡汁、冰糖、丁香、桂皮、花椒、糖色、酱油等配料制作。一般0.5千克黄豆能制豆腐干15块，10千克卤汁浸250块豆腐干。1988年，全镇日产豆腐干8000块，主要销往锦城，外销杭州、嘉兴等地。1989年后，产量日渐增多，除以普通产品销往锦城及周边乡镇，还以真空包装进入城乡超市。2005年，日产豆腐干约4万块，其中，横畈镇曹前村于文杰豆腐作坊日产约2万块。近年来，于文杰创新制作的豆腐干内加火腿、虾仁等馅料，真空包装，日产5000块，精包装礼盒销往杭州、上海等大中城市。

【昌西豆腐干】 昌西豆腐干是昌化地区一种传统的豆制品。加工精细，须经煮、烘、卤等数道工序，五香配料为茴香、桂皮、辣椒、花椒、酱油。将白豆腐切成36块，原板一次压制脱水加工而成，结构和质地较软，调料容易渗到豆腐干内部，加上烘制脱水后再次回汤煎制调味，味道香美。豆腐干成品形似方糕，见棱见角，色如棕栗，深浅如一，作菜肴可助酒下饭，作干粮可充饥。逢年过节，昌西一带家家户户都要烘几锅豆腐干，或作食用，或作馈赠。在传统婚嫁和寿庆习俗中更是不可或缺的礼物。制作豆腐干一般在腊月，故亦名“昌西腊豆腐干”。 （唐剑平）

旅游休闲

【风景名胜】 临安山清水秀，植被良好，森林覆盖率76.55%。近年来，临安相继获中国竹子之乡、中国山核桃之乡、国家级生态示范区建设试点市和中国优秀旅游城市、国家卫生城市、国家森林城市等荣誉。境内有天目山、清凉峰两个国家级自然保护区，其中，天目山被列入联合国人与生物圈网络成员，有青山湖国家森林公园、大明山省级风景名胜区。1999年，国家旅游局提出“生态环境游”的主题口号，随之，临安生态旅游火爆华东地区和东南亚一带，青山、碧水、峡谷、大树、溶洞、飞瀑、奇石、温泉、珍稀植物、珍禽、火山遗迹等形成临安独特的自然风光。2002年6月8~15日，首届中国森林风景资源博览会在临安举行。

临安自然风光迷人，人文资源独特，景观类型丰富，集名山、名水、名谷、名洞、名刹、名人古迹于一体。2010年，全市有旅游景区（景点）19个，其中，AAAA级景区4家（天目山、浙西大峡谷、大明山、柳溪江）。临安旅游以浙西大峡谷、太湖源、大树王国、火山石谷、千亩草甸、石花洞天等主要旅游景观特色，成为长三角地区生态旅游的首选地之一。

【“农家乐”】 “农家乐”是以生态环境和旅游景点作支撑或依托，以“进农家门，吃农家饭，住农家屋，干农家活，享‘农家乐’”等多种方式，充分享受农村环境、体验农村生活、了解民风民俗的旅游方式。临安市“农家乐”乡村旅游始于1992年，源于西天目山麓天目村。经过10余年的发展，“农家乐”成为临安乡村旅游的重要业态和主打品牌，也成为农民增收致富的重要途径。2010年，全市有11个乡镇（街道），34个村，近700户农户经营“农家乐”，总床位量1. 7万张，直接从业人员1684人，接待游客107.63万人次，直接经营收入5600万元。经营“农家乐”的重点村有西天目乡天目村、武山村、九狮村、西游村、告岭村，太湖源镇白沙村、临目村、东天目村、指南村、东坑村，大峡谷镇桃花溪村、大峡谷村、龙井桥村、五星村，潜川镇青山殿村，清凉峰镇白果村，马啸乡浙川村，横畈镇白水涧村，高虹镇龙上村、大山村，河桥镇泥骆村，锦城街道集贤村等。

（唐剑平）

历史人文

【历史文化】 临安市儒、佛、道文化历史悠久。有大禹、防风氏、秦始皇的遗迹；有保存完好的唐末五代十国之一吴越国王钱镠的墓葬和出土的钱镠父母钱宽、水丘氏墓及康陵等吴越国王陵；有郭璞、谢安、昭明太子、李白、白居易、苏轼、郁达夫、周恩来等名人的足迹和诗文；有宋代文人洪咨夔、清代数学家方克猷、现代革命烈士来学照和爱民模范赵尔春、当代著名经济学家骆耕漠和高原赤子陈金水等地方杰出人物。西汉初，佛教传入中国，印度僧人入天目山传教，天目山被尊为韦驮菩萨道场，历代高僧辈出。天目山佛教对东南亚尤其是日本影响很大。西天目山有道教宗师张道陵的张公舍等遗迹，青山湖街道宫里村有著名的洞霄宫遗迹，昔为江南著名道观。

【吴越国王钱镠】 钱镠（852—932） 字具美，小名“婆留”，杭州临安人。唐末五代十国时期吴越国的建立者。唐宣宗大中六年(852) 二月十六日生于临安县石镜乡临水里(今功臣山南麓钱坞垅)，后唐长兴三年(932) 三月二十六日薨于杭州，享寿81岁。

钱镠出身贫贱，为生计所迫，17岁起铤而走险，与人结帮，贩卖私盐营生。21岁应募从军，“王入军中骁勇绝伦”，为平息藩镇战乱，维护百姓安宁，他身经百战，屡建奇功。先后加封为天下兵马都元帅、尚父、守尚书令兼中书令，吴越国国王，领一军十三州（今浙江全境和江苏苏州、福建福州），以杭州为都城。钱镠在位30年，历事唐、后梁、后唐三朝五帝，谥武肃王。传位子，子传孙，至978年，其孙钱弘俶纳土归宋。吴越国传三世五王，共77年，为五代十国帝位最长者。

钱镠控制江浙一军十三州后，奉行“善事中国”、保境安民、发展经济的国策，修筑捍海石塘、疏浚江湖、兴修水利、发展农桑、扩建杭城、开拓海运、扩大贸易、减免赋税等，对杭州、两浙及长三角地区的发展起到积极作用，使吴越国境内“旷土尽辟，桑柘满野，国以富强”，吴越国成为当时“富甲天下”的经济强国，钱镠被誉为“上有天堂，下有苏杭”的奠基人。

钱镠作为唐末五代吴越国国王，兼天下兵马都元帅，立国于干戈扰攘之际，以先人的成败为鉴，武德安邦，文德治国，是中国历史上一位贤明之君。

【钱氏三世五王】 钱镠自创建吴越国始，其儿孙三代中有4人被敕封为吴越国王，史称“三世五王”。

文穆王——钱元瓘（887—941） 钱镠第七子，字明室，初名元瓘。932—941年在位，多次下令免除农民荒田租税，设择能院选拔文士。善诗文，有《锦楼集》流传于世。墓葬杭州。

忠献王——钱弘佐（927—947） 钱元瓘第六子，字玄佑。941—947年在位，对内宽免赋税，将福州并入吴越国版图。墓葬杭州龙山。

忠逊王——钱弘倧（925—975） 钱元瓘第七子，字隆道。947年，钱弘佐病故，钱弘倧即位，当年12月被废。墓葬绍兴秦望山。

忠懿王——钱俶（928—998） 钱元瓘

第九子，字文德，原名弘俶。948—978年在位，对内奖励开垦，减免赋税，对中原王朝贡奉不绝，以求自保。978年，迫于形势，献所辖一军十三州于宋，吴越国亡。杭州市内净慈寺、上天竺、保俶塔、六和塔、雷峰塔等古迹，均为钱俶在位时兴建。墓葬河南洛阳贤相里。

【当代钱王著名后裔】 钱王后裔人才迭出，当代著名钱王后裔有：

钱君匋（1906—1998）浙江桐乡人，著名金石书画家和收藏家，曾任西泠印社副社长。

钱钟书（1910—1998）江苏无锡人，著名文学家，曾任中国社会科学院副院长，被誉为“中西文学研究泰斗”、“中国第一博学鸿儒”和“文化昆仑”。

钱学森（1911—2009）浙江杭州人，著名科学家，中国科学院院士，被誉为“中国导弹之父”。

钱伟长（1912—2010）江苏无锡人，著名科学家，中国科学院院士，曾任全国政协副主席，民盟中央副主席、名誉主席。

钱三强（1913—1992）浙江湖州人，著名科学家，核物理学家，曾任中国科学院原子能研究所所长、中科院副秘书长、中科院副院长，被誉为“中国原子弹之父”。

钱其琛 1928年出生，上海嘉定人，曾任外交部部长、中共中央政治局委员、国务院副总理。

钱正英 1923年出生，浙江嘉兴人，中国工程院院士，曾任水利部部长、全国政协副主席。

钱永健 1952年生于美国，祖籍浙江杭州，是“中国导弹之父”钱学森堂侄，美国生物化学家，美国国家科学院院士，美国国家医学院院士，美国艺术与科学院院士，圣地亚哥加利福尼亚大学生物化学及化学系教授，2008年获诺贝尔化学奖。

【钱镠研究会】 钱镠研究会为群众性学术团体，成立于1992年，有会员100余人，主管单位为临安市政协。钱镠研究会由市政协文史委牵头筹备，第一任、第二任会长和副会长均由县（市）委和政府主要领导担任，第三届开始由市政协主席担任。研究会邀请钱其琛、周峰、项秀文等任名誉会长。研究会日常事务由市政协秘书长和副秘书长组织实施。至2008年，先后举行钱镠研究学术研讨会8次，编辑《钱镠研究》会刊17期。1997年中国旅游年钱王故里文化旅游节和历届森林博览会，都把钱镠研究交流活动作为一项重要内容。钱镠研究交流活动引起全国各地新闻媒体的关注，中央电视台、浙江电视台多次宣传报道和专题介绍。习近平、钱其琛、杨汝岱、王光英、严济慈、钱伟长、钱正英、陈慕华、张震、白立忱、钱树根等中央领导及谢晋、金庸等文化界名人曾到临安，听取钱镠研究工作汇报，参观视察钱王陵。研究会先后在上海、江苏、河南、福建、浙江嵊州等钱氏后裔居住较为集中的地方设立分会或联络处（2000年后，研究会与各地分会和联络处分离）。

【文物保护单位】(见表2~表5)

全国重点文物保护单位

表2

名称		时代	地点	公布时间	备注
吴越国王陵	钱镠墓	五代十国	锦城街道太庙山	2001-06-25	国务院公布(第五批)
	钱宽、水丘氏墓	五代十国	锦城街道西墅村明堂山		
	康陵	五代十国	玲珑街道祥里村庵基山		
功臣塔		唐	锦城街道功臣山	2001-06-25	国务院公布(第五批)

省级文物保护单位

表3

名称	时代	地点	公布时间	备注
普庆寺石塔	元	横畈镇洪村村	1963-03-11	省政府公布(第二批)
南屏塔	北宋	昌化镇南屏山	1997-08-29	省政府公布(第四批)
昱岭关	南宋	清凉峰镇昱岭关村	2005-03-16	省政府公布(第五批)
天目窑遗址群	北宋	於潜镇凌口、绍鲁	2005-03-16	省政府公布(第五批)
功臣寺遗址(含婆留井)	唐	锦城街道功臣山南麓	2005-03-16	省政府公布(第五批)
西天目山墓塔群	元	西天目山	2005-03-16	省政府公布(第五批)
陈家祠堂	清	马啸乡湖门村	2005-03-16	省政府公布(第五批)

省级历史文化保护区

表4

名称	时代	地点	公布时间	备注
河桥古镇	清	河桥镇老街	2000-02-18	省政府公布(第二批)

临安市级文物保护单位

表5

名　　称	时代	地　　点	公布时间	备　　注
千秋关	五代	横路乡登村	1982-10-14	市政府公布（第一批）
玲珑山摩崖石刻	宋	玲珑街道玲珑山	1982-10-14	市政府公布（第一批）
邹子侃烈士墓	现代	锦城街道长桥	1982-10-14	市政府公布（第一批）
祈祥塔	明	於潜镇官堰山	1988-12-31	市政府公布（第二批）
秀峰塔	清	昌化镇东塔岭	1988-12-31	市政府公布（第二批）
元同桥	南宋	青山湖街道洞霄宫村	1988-12-31	市政府公布（第二批）
新溪桥	清	锦城街道新溪桥村	1988-12-31	市政府公布（第二批）
昭明禅院	南朝（梁）	太湖源镇东天目村	1988-12-31	市政府公布（第二批）
禅源寺	清	西天目山	1988-12-31	市政府公布（第二批）
老殿	元	西天目山	1988-12-31	市政府公布（第二批）
民族日报社旧址	近代	於潜镇后渚村	1988-12-31	市政府公布（第二批）
龙井桥烈士纪念碑	现代	大峡谷镇龙井桥村龙王岭	1988-12-31	市政府公布（第二批）
赵尔春烈士纪念碑	现代	潜川镇麻车埠馒头山	1988-12-31	市政府公布（第二批）
玲珑山钟楼、观音殿	清	玲珑街道玲珑山	1998-07-24	市政府公布（第三批）
双林山遗迹	唐	锦城街道集贤村双林山	1999-12-31	市政府公布（第四批）
韩世忠墓	南宋	清凉峰镇杨溪村韩坟山	1999-12-31	市政府公布（第四批）
三槐堂	清	湍口镇石室村	2003-03-19	市政府公布（第五批）
惇德堂	清	岛石镇太平里村	2003-03-19	市政府公布（第五批）
敦伦堂	清	湍口镇何家村	2003-03-19	市政府公布（第五批）
章家民居	清	龙岗镇汤家湾村	2003-03-19	市政府公布（第五批）
刘家民居	民国	太湖源镇严家村	2003-03-19	市政府公布（第五批）
太极洞	清	藻溪镇越王坪	2003-03-19	市政府公布（第五批）
桂芳桥	清	藻溪镇桂芳桥村	2003-03-19	市政府公布（第五批）
久安桥	清	昌化镇联盟村	2003-03-19	市政府公布（第五批）
白牛桥	民国	昌化镇白牛村	2003-03-19	市政府公布（第五批）
钱镠祖墓	唐	锦城街道锦桥村	2003-03-19	市政府公布（第五批）
告岭义冢	清	西天目乡一都村	2003-03-19	市政府公布（第五批）
方氏家族墓	清	河桥镇览川村	2003-03-19	市政府公布（第五批）

（卞建兴）

【名句名联】

天目山垂两乳长，龙飞凤舞到钱塘。
——晋·郭璞《地记》中语

玲珑山卧龙寺山门对联：
山玲珑，水玲珑，山水玲珑；
钟悠远，鼓悠远，钟鼓悠远。

临安地名对联：
藻溪鱼，跳过横塘，化龙去也；
方元鼓，敲上更楼，太阳升矣。
（清·方克猷）

【名人名诗】

登天目山赋示云麾弟
（梁）萧　统

白云飞兮江上阻，北流芬兮山风举。
山万仞兮多高峰，流九派兮饶江渚。
山茗峣兮乃逼天，云微蒙兮后兴雨。
实览历兮此名地，故遨游兮滋胜所。
予登陟兮一长望，理化顾兮忽忆汝。
想玉颜兮在目中，徒踟蹰兮增延伫。

送温处士
（唐）李　白

伊昔升绝顶，下窥天目松。
仙人炼玉处，羽化留余踪。

东　山
（唐）李　白

不到东山久，蔷薇几度花。
白云他自散，明月落谁家。

新妇石
（唐）白居易

堂堂不语望夫君，四畔无居石作邻。
蝉鬓不梳千载髻，蛾眉常扫四时春。
雪为铅粉凭风傅，霞作胭脂仗日匀。
莫道岩前无宝镜，月明依旧照夫人。

还乡歌
（五代十国）钱　镠
三节还乡兮挂锦衣，碧天朗朗兮爱日晖。
功臣道上兮列旌旗，父老远来兮相追随。
家山乡眷兮会时稀，今朝设宴兮觥兕飞。
斗牛无孛兮民无欺，吴越一王兮驷马归。

登玲珑山
（宋）苏　轼
何年僵立两苍龙？瘦脊盘盘尚倚空。
翠浪舞翻红罷亚，白云穿透碧玲珑。
三休亭上工延月，九折岩前巧贮风。
脚力尽时山更好，莫将有限趁无穷。

大涤山
（宋）苏　轼
前生我已到杭州，到处常如忆旧游。
更欲洞霄为隐吏，一庵闲地且相留。

於潜女
（宋）苏　轼
青裙缟袂於潜女，两足如霜不穿屦。
䯻沙鬓发丝穿杼，蓬沓障前走风雨。
老濞官妆传父祖，至今遗民悲故主。
苕溪杨柳初飞絮，照溪画眉渡溪去。
逢郎樵归相媚妩，不信姬姜有齐鲁。

自昌化双溪馆下步寻溪源至治平寺
（宋）苏　轼
乱山滴翠衣裘重，双涧响空窗户摇。
饱食不嫌溪笋瘦，穿林闲觅野芎苗。
却愁县令知游寺，尚喜渔人争渡桥。
正是醴泉山下路，桑枝刺眼麦齐腰。

东西山
（宋）洪咨夔
西山许迈无人问，只说东山有谢安。

富贵光明贫贱晦，世情从古两般看。

陌上花（三首并引）
（宋）苏 轼

游九仙山，闻里中儿歌《陌上花》。父老云：吴越王妃每岁必归临安，王以书遗妃曰："陌上花开，可缓缓归矣。"吴人用其语为歌，含思宛转，听之凄然，而其词鄙野，为易之云：

陌上花开蝴蝶飞，江山犹是昔人非。
遗民几度垂垂老，游女长歌缓缓归。

陌上山花无数开，路人争看翠辆来。
若为留得堂堂去，且更从教缓缓归。

生前富贵草头露，身后风流陌上花。
已作迟迟君去鲁，犹歌缓缓妾还家。

临安道上
郁达夫

泥壁茅蓬四五家，山茶初茁两三芽。
天晴男女忙农去，闲煞门前一树花。

登东大仙峰望钱塘江（天目山）
郁达夫

仙峰绝顶望钱塘，凤舞龙飞两乳长。
好是夕阳金粉里，众山浓紫大江黄。

琴操墓前杂感
郁达夫

山既玲珑水亦清，东坡曾此访云英。
如何八卷临安志，不记琴操一段情。

宿西天目山禅源寺
郁达夫

二月春寒雪满山，高峰遥望皖东关。
西来两宿禅源寺，为恋林间水一湾。

2010年临安市发展概述

【概述】 全市辖街道4个、镇15个、乡7个，有社区11个、行政村287个（见表6）、居民区14个。户籍人口525859人，人口自然增长率2.06‰。全市实现生产总值287.66亿元，比上年增长14%。其中，第一产业增加值26.99亿元，第二产业增加值168.27亿元，第三产业增加值92.4亿元，分别增长3%、16.2%和13.5%。按户籍人口计算的人均GDP为5.47万元（按年平均汇率折算为8080美元）。三次产业增加值结构调整为9.4:58.5:32.1。

全年完成农业总产值39.1亿元，比上年增长8.6%。其中，农业种植业产值12.8亿元，增长18.9%；林业产值17.7亿元，增长1.3%；牧业产值7.3亿元，增长10.4%；渔业产值0.6亿元，增长24.8%；农业服务业产值0.6亿元，增长3%。竹笋实现产值8亿元，增长9.4%；山核桃实现产值4.9亿元，下降16.9%；生猪实现产值4.9亿元，增长6.5%；蔬菜实现产值2.8亿元，增长33.3%；花卉园艺实现产值2.2亿元，增长37.5%；水果实现产值1.8亿元，增长41.8%；茶叶实现产值1.5亿元，下降6.3%；蚕茧实现产值0.9亿元，增长42.4%。粮食总产量9.2万吨，下降5%。粮食生产功能区和天目溪、苕溪流域现代农业示范园区等建设规划通过省级论证。完成退化竹林改造0.09万公顷，推广山核桃生态化经营0.1万公顷。继续推进振兴茶叶产业五年行动计划。新种香榧13万株，新增杨桐柃木设施栽培62公顷，建成生态畜牧小区（场）5个。实施“绿色家园、富丽山村”建设，创建精品村、特色村10个，完成整治村年度任务。实施“联乡结村”项目288个，落实帮扶资金2263万元。安置下山移民180户计573人。启动全国小型农田水利重点县建设，完成农村饮水安全保障工程5个，惠及农村人口4.4万人；建成“千库保安”、“百库脱险”工程64个，治理小流域3条，整治“万里清水河道”工程240千米。

全市新增规模以上工业企业176家，累计1007家。实现规模工业产值536.17亿元，增长34.5%，其中，轻工业实现产值198.92亿元，增长24%，重工业实现产值337.25亿元，增长41.5%；实现销售产值529.73亿元，增长35.4%。全年实现企业级以上新产品产值100.75亿元，增长53.6%，规模工业高新技术产业销售产值223.4亿元，增长53.8%。规模工业销售产值占全部工业的比重为68.6%，比上年提高6.6个百分点。获“中国节能电光源制造基地”和“中国坚果炒货食品城”称号。规模以上工业企业实现主营业务收入515.62亿元，增长36.6%；实现利税总额49.97亿元，增长76.1%，其中，利润总额32.91亿元，增长95.7%。全年规模工业企业产销率为98.8%。

完成固定资产投资108.38亿元，其中，限额以上固定资产投资95.64亿元，分别增长20%和25.2%。从限额以上固定资产投资方向看，第一产业投资0.37亿元；第二产业投资54.65亿元，增长17.2%，其中，工业性投资54.65亿元，增长17.6%；第三产业投资40.62亿元，增长39.6%。完成房地产开发投资21.94亿元，增长54%。房屋施工面积211.98万平方米，增长61.5%；竣工面积40.82万平方米，增长21.8%。

社会消费品零售总额73.54亿元，增长19.5%。其中，城市消费品零售额45.5亿元，增长21.9%，农村消费品零售额28.04亿元，增长15.8%。批发零售贸易业零售额63.1亿元，增长18.8%；住宿餐饮业零售额10.44亿元，增长23.6%。在限额以上批发零售贸易业销售额中，文化办公用品类增长39.9%，家用电器和音像器材类增长28.6%，服装、鞋帽、针纺织品类增长28.2%，通讯器材类增长11%，汽车类零售额增长8.6%。

完成进出口总额为10.14亿美元，增长44.2%，其中,进口1.62亿美元，增长71%，出口8.52亿美元，增长40%。电线电缆实现2.52亿美元，增长38.8%；节能灯实现1.76亿美元，增长70.8%；装饰纸实现4600万美元，增长40.5%；无纺产品实现3682万美元，增长47.1%；轻工类实现3245万美元，增长40.4%。出口欧盟1.74亿美元，增长17.4%；美国1.58亿美元，增长30.3%；拉丁美洲7435万美元，增长131.4%；日本5336万美元，增长18.4%；印度4835万美元，增长35%；东盟4944万美元，增长52.5%；阿联酋3361万美元，增长70.3%。合同利用外资2.31亿美元，与上年基本持平；实际利用外资1.2亿美元。全年引进协议内资72.05亿元，增长64.2%；实际到位内资45.16亿元，增长13.4%。

公路客运量2629万人次，公路客运

周转量9.49亿人/千米，分别增长10.8%和6.2%。公路货运量1528万吨，公路货运周转量15.53亿吨/千米，分别增长12.6%和10.4%。水路货运量56.38万吨，水路货运周转量6221万吨/千米。18省道龙岗至鱼跳段改建工程扎实推进，长西线改建工程主线征迁工作进展顺利，支线正式贯通。至年末，全市境内公路总里程2845.5千米，其中，高速公路103.99千米。

实现建筑业增加值13.31亿元，增长17.2%。电信、移动、联通、数字电视公司完成业务收入5.6亿元，增长7.1%。邮政业务收入3149万元。年末固定电话用户18.3万户，移动电话用户56万户；计算机宽带用户9.7万户。

旅游接待580万人次，增长10.8%；旅游景点接待游客341.79万人次，增长11.6%，实现门票收入1.19亿元，增长13.7%。“农家乐”接待游客107.6万人次，增长11.7%，其中，接待过夜游客57.9万人次，增长9.8%；经营总收入5600万元，增长16.5%；床位1.3万张，增长15.7%；直接从业人员1368人，增长11.4%。

财政总收入30.12亿元，增长18.1%，其中，地方财政收入16.97亿元，增长20.9%。地方财政支出25.9亿元，增长36.7%。保费收入5.53亿元，增长19.6%，其中，财产险保费收入2.83亿元，增长37.3%；人身险保费收入2.71亿元，增长5.4%。支付各类保险赔款及给付2亿元，其中，财产险1.49亿元，人身险0.51亿元。

金融机构本外币存款余额289.68亿元，增长26.4%；本币存款余额286.65亿元，增长26.7%，其中，居民储蓄129.34亿元，增长27.6%，企业存款94.3亿元，增长26.3%；本外币贷款余额254.46亿元，增长19.3%；本币贷款余额253.68亿元，增长19.1%，其中，工业贷款104.69亿元，增长35.1%。引进金融分支机构2家，新增上市企业2家。

专利申请1632件、专利授权1662件，分别增长23.6%和108.3%；加强国家级科技孵化器建设，新入驻企业21家；新建“产学研”工作站3个，实施行业共性关键技术攻关项目7个；争取国家火炬计划重点高新技术企业3家，国家创新基金项目5项、国家重点新产品2项、国家火炬计划项目2项、国家星火项目4项、国家农业科技成果转化项目1项、杭州市重大创新项目2项；新增国家重点支持高新技术企业14家、浙江省级科技型中小企业8家、省级农业科技企业5家、杭州市级高新技术企业22家；临安市环保涂料省级区域科技创新服务中心完成创建，万马电缆申报省级企业研究院，新增浙江省级企业研发中心2家、杭州市级5家；新增中国驰名商标2个、省级以上名牌3个、省市著名商标和知名商号11个、农产品地理标志证明商标2个。

浙江农林大学（包括天目学院）在校学生2.29万人，毕业5195人，教职员工1620人。有幼儿园78所，在园幼儿1.63万人；小学38所，在校学生2.87万人；初中22所，在校学生1.61万人；普通高中5所，在校学生0.99万人；职高4所(教育系统)，在校学生0.58万人。完成天目初级中学、锦城三中、新桥小学新改扩建。建成乡镇公办中心幼儿园5所，创建成为杭州市学前教育达标市。昌化职高创建为国家级重点职高。对义务教育阶段学生免除住宿费，解决外来务工人员子女入学8800人。

举办“钱王文化艺术节”，送文化、电影下乡3900场，图书馆总藏量33.46万册，建成乡镇综合文体站10个。《钱王传说》被列入第三批国家非物质文化遗产名录，龙凤艺术表演团出国参加欧洲民间艺术节，完成第三次全国文物普查。举办第七届“森博会”。《今日临安》全年出版254期。临安新闻网获中国地方新闻网站十佳品牌奖、全国地方网站创新发展杰出贡献奖。

拥有各类卫生医疗机构54个，其中，市属医院7个，床位1469张；卫生技术人员2032人，其中，执业医师和执业助理医师1071人。开展医药卫生体制改革“2+X”试点，在40家社区卫生服务机构实施基本药物制度，乡村卫生服务一体化管理工作全面开展。市人民医院医技楼改扩建主体工程完工，市口腔医院迁建竣工，昌化人民医院迁建奠基，建成标准化乡镇卫生院6家、村卫生室（社区卫生服务站）274个。通过国家卫生城市复检。举办市第12届全民运动会和第三届残疾人运动会。参加临安市级以上运动会109次，获杭州市级以上金牌145项、银牌136项、铜牌119项。有健身苑（点）603个，其中，新建138个、篮球场43个、乒乓室65个。创建省级体育强乡镇7个。

城镇居民人均可支配收入24455元，增长11.1%；城镇居民人均消费性支出15622元，增长9.2%。农民人均纯收入12012元，增长11.9%；农民人均生活消费支出9339元，增长7.6%。年末城乡居民人均住房面积分别为41平方米和71平方米；城镇每百户居民家庭拥有汽车20辆、电脑88台、摄像机9部；农村每百户居民家庭分别拥有汽车12辆、电脑41台、手机226部、空调58台、电冰箱98台。

用电量26.57亿千瓦时，增长16.8%，其中，城乡居民生活用电3.21亿千瓦时，增长15.5%。市区自来水日供水能力11.5万吨，全年供水量2677万吨，其中，居民家庭用水量1103万吨。市区有公园8个，市区园林绿地面积431公顷，公共绿地面积76公顷，绿化覆盖面积470公顷。“数字城管”实现建成区全覆盖。

是年，全国县域经济基本竞争力百强县（市）保持进位，获“中国节能电光源制造基地”、“中国坚果炒货食品城”、“中国十佳和谐可持续发展城市”、“中国十佳休闲宜居生态城市”称号，成为全国首个碳汇林业试验区、全省首批生态文明试点市。

（唐剑平）

村规模调整一览表

表6

<table>
<tr><th>乡镇街道</th><th>原　村</th><th>新　村</th><th>保留建制村</th><th>村总数（个）</th></tr>
<tr><td>合　计</td><td></td><td></td><td></td><td>298</td></tr>
<tr><td rowspan="9">锦城街道</td><td>横街村　后郎村　郎碧村　钱童村</td><td>横街村</td><td rowspan="9">新溪桥村
平山村
回龙村
东湖村
泥山湾村
民主村
大罗村
泥川村</td><td rowspan="9">17</td></tr>
<tr><td>金头村　硖石村　钱王铺村</td><td>钱王铺村</td></tr>
<tr><td>青柯村　联合村</td><td>青柯村</td></tr>
<tr><td>吴马村　大马村　黄金村</td><td>金马村</td></tr>
<tr><td>龚家村　孟家村　石壁村</td><td>龙马村</td></tr>
<tr><td>上东村　石桥村　袁家村　龙浮村</td><td>上东村</td></tr>
<tr><td>集贤村　青贤村</td><td>集贤村</td></tr>
<tr><td>潘山村　陈家坞村</td><td>潘山村</td></tr>
<tr><td>新联村　长桥村</td><td>新联村</td></tr>
<tr><td rowspan="10">玲珑街道</td><td>玲珑村　沙地村　高坎村</td><td>玲珑村</td><td rowspan="10">崂山村</td><td rowspan="10">16</td></tr>
<tr><td>石山村　东山村</td><td>东山村</td></tr>
<tr><td>祥里村　板坞村</td><td>祥里村</td></tr>
<tr><td>上泉村　上山头村</td><td>上泉村</td></tr>
<tr><td>锦秀村　姚家村　殷家山村</td><td>锦绣村</td></tr>
<tr><td>雅坞村　店基头村　徐家坞村</td><td>雅园村</td></tr>
<tr><td>乌渡村　上引坞村</td><td>宏渡村</td></tr>
<tr><td>合庆村　夏禹桥村</td><td>夏禹桥村</td></tr>
<tr><td>高源村　高山村</td><td>高源村</td></tr>
<tr><td>前张村　大山脚村</td><td>前山村</td></tr>
</table>

续表

乡镇街道	原　　村	新　村	保留建制村	村总数（个）
玲珑街道	锦西村　银球坞村	锦球村		
	化龙村　章东村	化龙村		
	桥里村　甘坞岭村	桥岭村		
	徐坞村　化岭脚村	米积村		
	上源村　下源村	双源村		
青山湖街道	锦里村　朱村村	朱村村	研里村　研口村 青山村　坎头村 胜联村	9
	蒋杨村　新村村　岳山村	蒋杨村		
	斜阳村　杨家村　桥头村	青南村		
	宫里村　石泉村	洞霄宫村		
锦南街道	樟村村　长春村　大同村	上甘村	柯家村　杨岱村 上畔村　兰锦村 市坞村　卦畈村	9
	深湖村　甘山村　甘岭村	锦源村		
	岭西村　沈家头村　周家头村	横岭村		
板桥乡	忝里村　西村村　平峰村	环湖村	牌联村 豆川村	9
	亭子村　如龙村	如龙村		
	高墙村　横溪村　高湾村	灵溪村		
	珠西村　板桥村　罗塘村	板桥村		
	花戏村　居仁村　白华村	花戏村		
	上田村　芦山村	上田村		
	祝家村　里桃村　外桃村	桃源村		
三口镇	秋口村　炼川村	秋口村	界联村 葱坑村	6
	三口村　下钱村	三口村		
	上钱村　大青村　大横村　长明村	上钱村		
	花桥村　珠坞村　樟坞村	花桥村		
横畈镇	安村村　塘下村	安村村		10
	横畈村　横南村	庆南村		
	临北村　回里村	庆北村		
	雅观村　塘楼村	雅观村		
	泉口村　市地村	泉口村		
	洪村村　曹前村　湖山村	洪村村		
	上潘村　下潘村	潘联村		
	郎家村　全胜村	郎家村		
	庙下村　孝村村　窑田畈村	孝村村		
	泉坑村　姜村村　立塔村	白水涧村		

续表

乡镇街道	原　　村	新　村	保留建制村	村总数（个）
高虹镇	上峰村　下峰村　大溪村　长青村	长溪村	崇阳村	9
	泥马村　陈家坎村	活山村		
	马岭村　卦川村	高桥村		
	高乐村　拜节村　新德村	高乐村		
	虹桥村　水涛庄村	虹桥村		
	石门村　汪家坞村	石门村		
	龙上村　木公山村　冷坞顶村	龙上村		
	大山村　龙头舍村　林家塘村　石路村	大山村		
太湖源镇	东社村　射干村　由口村	射干村	浪口村 杨桥村 指南村	20
	碧淙村　观莲村　潘村村	碧淙村		
	水口村　茹荷村　立新村　上坎村　青云村	青云村		
	夏村村　浪岭村　黄岗村　农场村　盛村坞村	夏村村		
	佃村村　畈龙村	畈龙村		
	横路村　上徐村	横徐村		
	素云村　上高村　下高村	高云村		
	里畈村　溪里村	里畈村		
	众社村　下𬌗村　举足村	众社村		
	金岫村　陈家村　施家村	金岫村		
	南庄村　龙溪村　横溪村	南庄村		
	梅家村　天目村	东天目村		
	里村村　上阳村	上阳村		
	光辉村　㫊头村	光辉村		
	溪口村　横渡村	临目村		
	东坑村　楂岭村	东坑村		
	白沙村　太子庙村　龙须山村	白沙村		
於潜镇	方元村　更楼村	方元村		
	正坞村　乌金村　小昔村　横岭村	横鑫村		
	逸村村　逸坞村	逸逸村		
	堰口村　观新村	堰口村		
	上扶西村　下扶西村	扶西村		
	里古村　外古村	古竺村		

续表

乡镇街道	原　　村	新　村	保留建制村	村总数（个）
於潜镇	双坑村　小马腿村	双坑村	铜山村 昔口村 横山村 下埠村 民幸村 金家村 绍鲁村	26
	南山村　燕村村　董村村	南山村		
	龙潭村　盈村村	祈祥村		
	鹤村村　后渚村	后渚村		
	棠公村　甲子村　秋村村	观山村		
	姚家村　涌村村　上尤村　下尤村	潜东村		
	田干村　康坞村	田干村		
	敖干村　畔山村	光明村		
	桥北村　紫竹村	凌口桥村		
	南坞村　英公村	英公村		
	谢家村　枫岭村	谢家村		
	上骆村　牛上村　周潭村	百园村		
	自由村　石佛村	自由村		
藻溪镇	郜家村　宋家村 杲村村　蔡山村	杲村村	严家村	12
	甫上村　方塘村　麻泥村	横塘村		
	新坑村　亭口村　下徐村	亭口村		
	长村村　六海村	长六村		
	董家村　藻溪村　新寺村	藻溪村		
	凌家村　百亩村　闽坞村	闽坞村		
	周冕村　落云村	周云村		
	平越村　桂芳村	桂芳桥村		
	上肇村　下肇村	肇村村		
	长亭村　朱直村　对石村　松溪村	对石村		
	九里村　顶山村	九里村		
西天目乡	过溪村　沈村村　白鹤村	白鹤村	西游村 月亮桥村 交口村	11
	天目村　张庄村　大有村	天目村		
	老庵村　武山村　吴家村	武山村		
	齐农村　盛村村	徐村村		
	门口村　西河村	门口村		
	九思村　坦上村	九狮村		
	赵家村　俞家村	一都村		
	钟家村　东关村　后院村	告岭村		

续表

乡镇街道	原　　村	新　村	保留建制村	村总数（个）
千洪乡	泗洲村　上洲村　凤亭村	泗洲村	杨洪村	4
	朱湾村　东平村　西桥村	朱湾村		
	乌浪村　潘家村　平渡村	千茂村		
横路乡	寨村村　㫃塘村	寨村村	登村村 武村村 谢家桥村	7
	横路村　后干村　鹤岭村	横路村		
	鹤里村　朱后村	鹤里村		
	大溪村　七里村　寺坑村	大溪坞村		
太阳镇	大地村　周家村　马腿村	大地村	上庄村 锦坑桥村	11
	双庙村　朱伊村　观音村	双庙村		
	诸家村　杨家村　浪山村	浪山村		
	沈家村　枫树岭村	枫树岭村		
	八亩村　富源村　斑竹村	太源村		
	景村村　徐家村	景村村		
	朱柏坞村　界头村　上太阳村	上太阳村		
	桃树岭村　朱相坞村　盛村桥村	桃源溪村		
	王家村 高拔村 下太阳村 乌岗口村 毛竹坪村	太阳村		
潜川镇	建新村　海龙村　竺村村	海龙村	塔山村 城后村 阔滩村 马山村	10
	牧亭村　麻黄村　新梅村	牧亭村		
	麻车村 中塘村 紫溪村 里王家村 茶叶山村	麻车埠村		
	高坪村 过水村　鱼潭村　青山殿村	青山殿村		
	前进村　横坞村	中间桥村		
	林峰村　沈家坞村	沈家坞村		
乐平乡	乐平村　双干村	乐平村	七坑村 西乐村	6
	外伍村　东乐村	外伍村		
	里伍村　中伍村	伍村村		
	上沃村　陈沈村　紫坊村	上沃村		
昌化镇	水南村　宜养村	双塔村	东街村 西街村 朱穴村 后营村 孙家村 上营村	14
	芦岭村　石坎村	石铺村		
	箬建村　杨村村	虞溪村		
	永进村　朱白村　石坦村	朱白村		
	二村村　良源村　后葛村	后葛村		
	联盟村　沃溪村	联盟村		
	白牛村　高犁村　沥溪村	白牛村		
	五丰村　龙寺村　三星村　甲子村	九龙村		

续表

乡镇街道	原　　村	新　村	保留建制村	村总数（个）
龙岗镇	燕岭村　中胜村　茆里村	兴龙村	无他村	8
	下汤村　上汤村　手窐村　前山下村	汤家湾村		
	地塔村　龙井村　新建村	龙井村		
	林川村　东坞村　西坞村	林坑村		
	群干村　沃村村	郡沃村		
	新溪村　许联村	新溪新村		
	杨树村　毛山村　双石村	百丈村		
河桥镇	西鸠村　毕家村	罗山村	聚秀村 云浪村 泥骆村	11
	曙光村　誉光村　白下村　曹家村	河桥村		
	朱下村　上卜村　首益村	中鑫村		
	秀下村　双溪村　蒲溪村	秀溪村		
	澄村村　勤建村　蒲村村	蒲村村		
	金村村　召黄村　紫燕村	金燕村		
	学川村　牛胫村	学川村		
	赤石村　寺坞村　浪川村　蒲坑村	七都村		
湍口镇	横塘村　韩家村　潘庄村　军建村	雪山村	迎丰村 桐坑村	13
	柴家村　天源村　东川村	洪岭村		
	童家村　西川村　赤坑村	童家村		
	二联村　考坑村	二联村		
	三联村　大湖村　老坞村	三联村		
	凉溪村　车齐村	凉溪村		
	湍口村　沈溪村	湍口村		
	葛家村　塘里村　秀上村	塘秀村		
	塘溪村　岔口村	塘溪源村		
	石室村　朱贵村	石室村		
	勤丰村　陆家村	湍源村		
清凉峰镇	株柳村　北坞村	九都村	鸠甫村	10
	石朋村　洙浪村	新都村		
	下茆村　阳干村　桥东村　桥西村　前坑村	颊口村		
	义干村　洲头村	杨溪村		
	沙干村　邵家村	新峰村		
	竹溪村　夏林村	林竹村		
	申明村　乾山村　里仁村　岭下村	白果村		
	祝川村　顺溪村	顺溪村		
	新燕村　阳川村	昱岭关村		

续表

乡镇街道	原　　村	新　村	保留建制村	村总数（个）
马啸乡	阴山村　大成村	玉屏村	浙川村 浪广村	7
	鹄山村　诸儒村　路口村	大鹄村		
	山边村　洪家村　同山下村	湖门村		
	方家村　吕家村　日升村　陈家塘村	马啸村		
	阳建村　大石门村	石长城村		
岛石镇	仁里村　大坦村　直川村	仁里村	江川村	10
	中山村　南阳村	太平里村		
	杨川村　新川村　阁川村	山川村		
	岛石村 丰裕村 龙川村 下塔村 舒家村　塘家村	岛石村		
	黄阳村　张家村　楼下村	黄川村		
	白坑村　桐坞村　竹坞村　小川村	新二村		
	呼日村　龙山村　株川村　下白村	呼日村		
	汤家村　流水村　马川村　茶亭村	茶亭村		
	姚家村　银坑村	银坑村		
新桥乡	大坞村　箕山村　下川村	大山川村	上许村 下许村	6
	老屋下村　柳川村　刘余村　新桥头村	新桥村		
	桥川村　黄坦村　西舍村	桥川村		
	榧川村　尖山村　芦塘村	阳光村		
大峡谷镇	源头村　新庄村	峡谷源村		16
	玉山村　永安村	玉山村		
	平溪村　中梅村	国石村		
	太平村　狮溪村	太平村		
	竹岭村　上溪村　落塘村	上溪村		
	浮桥村　后山村　毛塔村	东塔村		
	朱岭村　赤岭村　鱼跳村	鱼跳村		
	茶园村　下山村	望湖村		
	石浪村　兔川村　坞口村　车阒寺村	华光潭村		
	内川村　外川村	华川村		
	新兴村　仙人塘村	仙人塘村		
	童玉村　西坑村　九园村	桃花溪村		
	亭子山村　杨岭村　龙井桥村	龙井桥村		
	兰坪村　柘林村	大峡谷村		
	三垅村　上坪村　下坪村	五星村		
	赵建村　相见村	相见村		
锦城街道居委会	新民　胜利　东门　西瓜　西墅　竹林　锦桥　余村　青龙　横潭　马溪			11

（市民政局提供）

临安市主要行政事业机构及负责人名单

（截至2010年12月31日）

中共临安市委主要机构及负责人

市委书记：邵　毅
市委副书记：王　宏　卞吉安　钟文静
市委常委：胡　竑　李　磊　张金良　章　燕　柴世民　何凌超　徐俊明

市委办公室（政研室、台办、保密局、督查考评办）

主　任：俞琳波
副主任：程炳贵　陶　彧　寿屹峰　金琴波　方锐根　蒋　珍

政研室

主　任：寿屹峰
副主任：帅玉康

台　办

主　任：陶　彧

保密局

局　长：管星火

督查考评办

主　任：蒋　珍
副主任：刘训康
办公室电话：63721417

市委组织部（人才办、社工委）

部　长：何凌超
副部长：斯嘉平　岳天明　杜晴洲
副局级组织员：梅晓波

市委人才工作办公室

主　任：杜晴洲

市委社会工作委员会

副书记：陈小忠
办公室电话：63721410

市委宣传部（文明办、外宣办、文创办）

部　长：章　燕
副部长：章威力（常务）　黄贤权　李　震

文明办

主　任：王飞熊

外宣办

主　任：叶智燕

文创办

副主任：李　震
办公室电话：63721503

市委统战部（市民宗局）

部　长：楼沛明
副部长：徐玉平（常务）　方爱新　周家根

市民族宗教事务局

局　长：周家根
办公室电话：63721937

市委政法委员会（610办、市综治办）

书　记：卞吉安（兼）
副书记：胡　竑（兼）　李　磊（兼）　程炳贵　方汉忠

“610”办公室

主　任：程炳贵
副主任：方　芳

市综治办

主　任：程炳贵
副主任：杜方云
办公室电话：63817698

市委、市政府农业和农村工作办公室（新农办、城乡统筹办）

主　任：方锐根
副主任：金培能　郁东升　林余益

城乡统筹办

主　任：方锐根
副主任：王成良
办公室电话：63721272

市委直属机关工委

书　记：蒋　珍

副书记：骆卫东
办公室电话：63721291

市委、市政府信访局（市长公开电话受理中心）

局　长（主　任）：林生友
副局长（副主任）：王泉水　朱李靖　舒　辉
办公室电话：63748733

市委老干部局

局　长：岳天明
办公室电话：63722594
关工委办公室主任：俞　展
办公室电话：63724746

市纪律检查委员会（监察局）主要机构及负责人

书　记：钟文静
副书记：何洪明　管浩峰
常　委：施建康　马锡钧　方远洋　李为民（兼）
纪检监察一室主任：盛海忠
纪检监察二室主任：曾成华
案件审理室主任：马锡钧
执法监察室主任：周黎宏
效能监察室主任：童向荣

监察局

局　长：何洪明
副局长：施建康　马锡钧
办公室电话：63731290

市人民武装部主要负责人

部　长：周焕泽
政　委：徐俊明
副部长：杨允平
办公室电话：63734362

市人大常委会主要工作机构及负责人

主　任：吴苗强
党组书记：吴苗强
副书记：陈林春
副主任：陈林春　王斌鸿　楼国富　朱霞生　杨为伟　钱　铮

市人大办公室

主　任：方永耀
副主任：赵亚琴

市人大法制工委

主　任：洪中来
副主任：沈柏浩

市人大财经工委

主　任：纪立安

市人大教科文卫工委

主　任：李德宝
副主任：江明清

市人大代表工委

副主任：邱建国

市人大城建环保工委

主　任：徐国水
副主任：邵　庆

市人大农业和农村工委

主　任：何锡荣
办公室电话：63738657

市人民政府主要机构及负责人

市　长：王　宏
党组书记：王　宏
副书记：胡　竑
副市长：胡　竑（常务）　柴世民　裘小民　李文钢　陈伟民　冯　镭　李光照(省下派挂职)
市长助理：吕红兵（杭州市下派挂职）

市人民政府办公室（市民防局、人防办、法制办、外事办）

主　任：吴春法
党组书记：吴春法
副主任：叶朝刚　陈立群　柳兴根　楼　涛　刘　明　翁　涛　褚凯军　林生友　黄晓明　巫振江　苗承华

市民防局

局　长：叶朝刚

市人防办

主　任：叶朝刚

市法制办

主　任：吴春法

副主任：陈贤凤

市外事办

主　任：吴春法

办公室电话：63722575

市发展和改革局（粮食局、物价局）

局　长：俞灵君

党委书记：刘　宇

副书记：俞灵君　张黎泽

副局长：刘　宇　张黎泽　刘万忠　郭军波　胡廖明

粮食局

局　长：俞灵君

物价局

局　长：俞灵君

办公室电话：63721160

市经济发展局

局　长：汪其顺

党委副书记：汪其顺　陈贺青

副局长：陈贺青　蔡苗坤　郭伟伟　胡学明

办公室电话：63721051

市教育局

局　长：吴云海

党委副书记：吴云海　包钱森

副局长：包钱森　潘永成　方红星　朗国宝

纪检组长：包钱森（纪委派驻）

办公室电话：63712009

市科学技术局

局　长：项永忠

党组书记：项永忠

副书记：黄绍甬

副局长：金海燕

纪检组长：黄绍甬

办公室电话：63758587

市公安局

局　长：李　磊

党委书记：李　磊

副书记：吴勤校　郭志龙

政　委：吴勤校

副局长：郭志龙（常务）　李家华　钱少华

纪委书记：卢茂生

督察长：卢茂生

政治处主任：朱学钟

交警大队

大队长：李家华

教导员：应文军

巡特警大队

大队长：陈立群

教导员：徐凯军

刑事侦查大队

大队长：潘志军

教导员：张　劲

指挥中心

教导员：龚　文

治安大队

大队长：何成梁

教导员：汤曙光

禁毒办

专职副主任：胡建军

经侦大队

大队长：沈校生

国保大队

大队长：黄松金

办公室电话：63750721

市民政局

局　长：王建良

党委书记：童鸿江

副书记：王建良

副局长：林根源

纪委书记：童鸿江

办公室电话：63721357
市老龄委副主任、办公室主任：顾晓芬
办公室电话：63727292

市司法局

局　长：董中南
党组书记：董中南
副局长：帅新永　雷晓华
纪检组长：雷晓华
办公室电话：63737330

市财政局（地税局）

局　长：罗石荣
党委副书记：罗石荣
副局长：马泽华　叶朝阳　周　佳

地税局

局　长：罗石荣
副局长：叶朝阳

稽查局

局　长：余鸿天
办公室电话：63721462

市人事局（市编办）

局　长：斯嘉平
党组书记：斯嘉平
副书记：沈毅民
副局长：沈毅民

市编制委员会办公室

主　任：斯嘉平
副主任：王雨航
办公室电话：63716832

市劳动和社会保障局

局　长：吴云川
党委副书记：吴云川　范照宏
副局长：范照宏　周青萍
办公室电话：63721338

市建设局

局　长：周玉祥（兼）
党委书记：万兆根
副书记：周玉祥（兼）
副局长：张　春　周国林　贾忠海
纪检组长：彭廷国（纪委派驻）
总工程师：吴　兵
办公室电话：63722617

市交通局

局　长：应有龙
党委副书记：应有龙　赵海平
副局长：郑晓林　应建强　夏寅槐
纪检组长：赵海平（纪委派驻）
总工程师：陈立华

市公路运输管理所

所　长：于传良
办公室电话：63966010

市农业局（畜牧兽医局）

局　长：赵孟龙
党委书记：王凌尔
副书记：赵孟龙　程放蓓
副局长：王凌尔　赵华新　张大斌
纪委书记：程放蓓

市畜牧兽医局

局　长：方坚勇
办公室电话：63721651

市林业局（青山湖国家森林公园管理局、市森林公安局〈森林警察大队〉）

局　长：沈志军
党委书记：朱霞平
副书记：沈志军
副局长：朱霞平　张柳杉　俞志飞
纪检组长：刘国昌（纪委派驻）

青山湖国家森林公园管理局

局　长：沈志军
副局长：唐明荣

市森林公安局（森林警察大队）

局长（大队长）：张柳杉
教导员：练红良
办公室电话：63722262

市水利水电局

局　长：俞建明
党委书记：陈林富
副书记：俞建明　练金水

副局长：陈林富　练金水　朱宏锋
　　　　俞国强　徐旭强

市城防工程指挥部

总指挥：冯　镭（兼）

副总指挥：练金水（常务）　章长荣

办公室电话：23618079

市文化广电新闻出版局（体育局）

局　长：褚林森

党委书记：褚林森

副局长：黄建勇　胡　仙　吴晓武

市体育局

局　长：褚林森

副局长：刘关成

市文化市场行政执法大队

大队长：黄建勇

办公室电话：63721771

市卫生局（爱卫办、红十字会）

局　长：孟建强

党委书记：李建敏

副书记：孟建强　陈菊平

副局长：杨建林　方志勇　余福友
　　　　沈淑珍

纪检组长：陈菊平（纪委派驻）

市爱卫办

主　任：沈淑珍

市红十字会

会　长：裘小民（兼）

副会长：谢壮红

办公室电话：63746258

市人口和计划生育局

局　长：郭忠良

党组书记：郭忠良

副局长：石建强　陆旭军　詹　敏

办公室电话：63721570

市审计局

局　长：董晓庆

党组书记：胡尚新

副书记：董晓庆

副局长：陈诗华

总审计师：郑国栋

办公室电话：637388045

市统计局

局　长：姜关成

党组书记：姜关成

副局长：董一兵　戚峥嵘

办公室电话：63722058

市环境保护局

局　长：潘林荣

党组书记：潘林荣

副书记：徐玉娟

副局长：张鸿华　金　辉

纪检组长：徐玉娟

办公室电话：63722801

市安全生产监督管理局

局　长：徐正男

党组副书记：徐正男　赵树春

副局长：方兴高

纪检组长：赵树春

办公室电话：63724524

市城市管理行政执法局（行政执法大队）

局　长（大队长）：魏柏森

党委书记：夏燕飞

副书记：魏柏森

副局长（副大队长）：陈国松　童根华
　　　　　　　　　　王宏浩

办公室电话：61076610

市政协主要机构及负责人

主　席：陈法生

党组书记：陈法生

副书记：翁东潮

副主席：翁东潮　张亚联　陈有根
　　　　楼沛明　周玉祥

秘书长：梅　鹊

市政协办公室

主　任：梅　鹊

副主任：鲍永祥　谢小华

市政协经济科技委员会

主　任：潘智平

市政协城建和人口资源环境委员会

主　任：章兴辉

市政协社会法制和港澳台侨委员会

主　任：董　武

市政协文史和教文卫体委员会

主　任：赵文忠

市政协提案委员会

主　任：许祥辉

办公室电话：63722851

群众团体及主要负责人

市总工会

主　席：杨为伟（兼）

党组书记：许亚萍

副主席：许亚萍　黄文豪

办公室电话：63721328

共青团临安市委

书　记：黄浙挺

党组书记：黄浙挺

副书记：原瑶君　洪梦君

办公室电话：63721273

市妇女联合会

主　席：陈丽梅

党组书记：陈丽梅

副主席：杨岚岚　雷　珍

办公室电话：63722029

市工商业联合会（总商会）

主　席（会长）：张德生

党组书记：方爱新

副主席（副会长）：方爱新　沈百万

秘书长：沈百万

办公室电话：63800116

市科学技术协会

主　席：任小玲

党组副书记：郑建军

副主席：郑建军　朱志辉

办公室电话：63759341

市文学艺术界联合会

主　席：黄贤权

党组书记：黄贤权

副主席：蔡永勤　王亚红

办公室电话：63700938

市归国华侨联合会（侨办）

副主席（副主任）：周向东

办公室电话：61061226

市人民法院、检察院负责人

市人民法院

党组书记：毛煜焕

副书记：吕新平

副院长：毛煜焕（代院长）　吕新平
　　徐雷昶　沈徐萌

政治处主任：沈徐萌

执行局局长：蔡建祥

昌化人民法庭庭长: 吴伟忠

办公室电话：61072775

市人民检察院

检察长：罗有顺

党组书记：罗有顺

副书记：章　蓉

副检察长：章　蓉（常务）　李为民
　　王浩军

政治处主任：王浩军

纪检组长：朱有良

反贪污贿赂局局长：王　健

办公室电话：63721370

市风景旅游局

局　长：李红樱

党组书记：潘承文

副书记：李红樱

副局长：章晓静　陈伟洪

纪检组长：潘承文

办公室电话：63718647

市对外贸易经济合作局（招商局、国内经济合作办）

局　长：张发平

党组书记：王尧明
副书记：张发平
副局长：王尧明　万凌峰　邵亚飞
　　　　黄小兵

市国内经济合作办公室
主　任：张发平
办公室电话：63748927

市贸易局
局　长：许兴旺
党委书记：袁雪祥
副书记：许兴旺　黄　纲
副局长：袁雪祥　黄　纲　许爱惜
纪委书记：黄　纲
办公室电话：63729979

浙江省临安经济开发区管委会
党工委书记：张金良（兼）
主　任：黄国林
副书记：黄国林
副主任：江雪荣　黄朝荣　帅建筑（兼）
　　　　郑林俊（兼）　何济南
办公室电话：63783818

市级机关事务管理局（市委、市政府接待办）
局　长：柳兴根
党组书记：柳兴根
市委、市政府接待办
主　任：柳兴根
办公室电话：63719971

市档案局
局　长：周建明
办公室电话：63723983

市委党校
第一校长：何凌超（兼）
校　长：李洪华
副校长：肖碧莲　郭立新　祝谋斌
办公室电话：63723942

电大临安分校
副校长：沈坚东
办公室电话：63710155

社区学院（临安市职业教育中心）（筹）
副院长（副主任）：郎国宝
办公室电话：63920202

市委党史研究室（市地方志编纂委员会办公室）
主　任：黄文根
副主任：许宝文　陈　强
办公室电话：63722160

市新闻传媒中心
主　任：谢兆时
党组书记：谢兆时
副主任：寿　芳　刘　晔　蒋永华
办公室电话：63718842

市广播电视台
台　长：高吉亚
党委副书记：高吉亚
副台长：王星光　马　俊
办公室电话：23613806

市残疾人联合会
理事长：洪　潮
党组书记：洪　潮
副理事长: 王录娟　陈华兵
办公室电话：63928266

浙江省临安天目山国家级自然保护区管理局
局　长：吕建中
党组书记：吕建中
副局长：陈建新　杨淑贞
办公室电话：63877008

浙江省临安清凉峰国家级自然保护区管理局
局　长：童彩亮
党组书记：楼鑫华
副书记：童彩亮
副局长：楼鑫华　翁东明　郑定根
办公室电话：63666828

市人民政府驻上海工作处
主　任：季国强
办公室电话：021-62837877

市行政服务中心（公共资源招投标管理办公室、招投标交易中心）
主　任：黄晓明
党组书记：黄晓明
副主任：傅剑光

纪检组长：陈 波

市公共资源招投标管理委员会办公室

主 任：黄晓明

市公共资源招投标交易中心

主 任：童志玉

办公室电话：23616001

锦南新城建设指挥部

总指挥：胡 竑（兼）

副总指挥：陈立群（常务） 张 敏 沈雪明

办公室电话：63722575

市城市有机更新办（征迁办）

主 任：冯 镭（兼）

副主任：苗承华（常务） 杜亦明

办公室电话：63807882

市创建工作办公室

主 任：周 晓

副主任：顾敏权

办公室电话：63716425

市住房改革委员会办公室

主 任：贾忠海

办公室电话：63962981

杭州住房公积金管理中心临安分中心

主 任：江跃良

办公室电话：63808169

市供销合作总社

主 任：朱关根

党委副书记：朱关根

副主任：王柏祥 程晓文

纪委书记：陈照荣

办公室电话：63721731

市国有资产投资控股有限公司

董事长：麻成林

总经理：麻成林

党委书记：麻成林

副总经理：姜 涌

办公室电话：63962187

农工临安市委员会

主 委：裘小民（兼）

副主委：詹寿明

办公室电话：63722245

民进临安市委员会

主 委：楼国富（兼）

副主委：胡廖明（兼）

办公室电话：63721411

市国土资源局

局 长：叶忠华

党委书记：叶忠华

副书记：严益生

副局长：祝 群 季国星 骆伟阳

纪委书记：陈关富

办公室电话：63722083

市国税局

局 长：童成林

党组书记：童成林

副局长：李 平 赵利民 徐永平

纪检组长：叶一军

办公室电话：63730605

杭州市工商行政管理局临安分局

局 长：胡东海

党委书记：胡东海

副局长：余忠根 梅文华 陆 云

纪委书记：宣伟祥

办公室电话：63719317

市质量技术监督局

主持工作：李建雄

党委副书记：郎忠华

副局长：郎忠华 文志华 王小明

办公室电话：63753398

市食品药品监督管理局

局 长：何常青

党委书记：何常青

副局长：黄 群 郑丽华

纪委书记：余筱杭

办公室电话：63748383

市气象局

局 长：朱渭龙

党支部书记：孙小平

副局长：夏建林

纪检员：孙小平
办公室电话：63759130

市供电局

局　长：宋　耘
党委书记：丁　松
副局长：黄小平　周　雷　李志强
纪委书记：包红民
总工程师：安晓军
办公室电话：51235080

市电信局

局　长：李海军
党委书记：李海军
副局长：李志明　徐伟斌
办公室电话：63713626

中国移动临安分公司

总经理：方　勇
党支部书记：方　勇
办公室电话：63750527

中国联通临安分公司

总经理：谢小明
党支部书记：谢小明
副总经理：夏慧芳
办公室电话：23650053

市邮政局

局　长：吕建平
党委书记：吕建平
副局长：陈军良
纪委书记：章　清
办公室电话：63731812

烟草专卖局（烟草公司）

局长（经理)：翁惠荣
党组书记：翁惠荣
副局长：朱土夏
副经理：孙　勇
办公室电话：63734080

临安数字电视有限公司

总经理：王长华
党总支书记：王长华
副总经理：邵新强　史秀燕
办公室电话：23613023

中国人民银行临安市支行

行　长：楼　华
党组书记：楼　华
副行长：王云祥　吴晓春
办公室电话：63725147

浙江银监局临安办事处

主　任：罗康云
办公室电话：63922616

中国工商银行临安市支行

行　长：顾　钧
党支部书记：顾　钧
副行长：陈国华　刘　瑛　郑　斌
办公室电话：63721295

中国农业银行临安市支行

行　长：汤一峰
党委书记：汤一峰
副行长：翁永恒
办公室电话：63756478

中国银行临安市支行

行　长：王志强
党总支书记：王志强
副行长：潘幸华　喻卫东
办公室电话：63727427

中国建设银行临安市支行

行　长：张建林
党总支书记：张建林
副行长：季良斌　俞小河
办公室电话：63726438

中国交通银行杭州分行临安支行

行　长：蒋叶庆
党支部书记：蒋叶庆
办公室电话：63720729

中国农业发展银行临安市支行

行　长：吴朝辉
党支部书记：邹小平
副行长：丁　颖　周春锋
办公室电话：63961658

上海浦东发展银行杭州分行临安市支行

副行长：陈英豪

办公室电话：63714267

兴业银行杭州临安支行

行　长：周晓峰

党支部书记：周晓峰

办公室电话：63730007

杭州银行临安支行

行　长：叶　岷

党支部书记：叶　岷

副行长：陈斌华

办公室电话：63928866

市农村信用合作联社

理事长：来煜标

党委书记：来煜标

主　任：曹关跃

副主任：蒋　铭　张　勇

监事长：鲍建平

纪委书记：鲍建平

办公室电话: 63726218

邮储银行临安支行

行　长：许利华

党支部书记：许利华

副行长：郑泽童

办公室电话：63734111

中国人民财产保险临安支公司

总经理：程小万

党组书记：程小万

副总经理：赵　波　帅绍武

办公室电话：63700102

中国人寿保险临安市支公司

总经理：周姚奔

党组书记：周姚奔

副经理：丁新展　杨　俊

办公室电话：63719381

中国太平洋财险临安支公司

经　理：段接存

办公室电话：63738520

中国石化临安支公司

经　理：方应强

副经理：杨建功

办公室电话：63746177

乡镇（街道）党（工）委、政府（办事处）机构主要负责人

锦城街道

书　记：沈文奎

主　任：程爱兴

办公室电话：63721745

玲珑街道

书　记：杨卫国

主　任：许力行

办公室电话：63761102

青山湖街道

书　记：黄国林

主　任：帅建筑

办公室电话：63781020

锦南街道

书　记：蔡伟军

主　任：骆晓明

办公室电话：63766890

板桥乡

书　记：蒋晓明

乡　长：卜志红

办公室电话：63769668

三口镇

书　记：章登峰

镇　长：张　勤

办公室电话：63768607

横畈镇

书　记：程志明

镇　长：钱春雷

办公室电话：63773535

高虹镇

书　记：吴志荣

镇　长：李　军

办公室电话：63777007

太湖源镇

书 记：徐元明

镇 长：朱晓程

办公室电话：63791073

於潜镇

书 记：李赛文

镇 长：楼金山

办公室电话：63866008

藻溪镇

书 记：陈嫩华

镇 长：罗爱芬

办公室电话：63894709

西天目乡

书 记：吕建中

乡 长：谢莉萍

办公室电话：63851003

千洪乡

书 记：陈国权

乡 长：陈国权

办公室电话：63858105

横路乡

书 记：陈 栋

乡 长：邓志明

办公室电话：63836005

太阳镇

书 记：周 杰

镇 长：梁关林

办公室电话：63831009

潜川镇

书 记：沈 慧

镇 长：郑 盛

办公室电话：63821783

乐平乡

书 记：洪忠东

乡 长：王 翔

办公室电话：63823768

昌化镇

书 记：周 军

镇 长：马根龙

办公室电话：63668012

龙岗镇

书 记：王建强

镇 长：盛 伟

办公室电话：63631087

河桥镇

书 记：叶志伟

镇 长：章临凯

办公室电话：63611066

湍口镇

书 记：陈校法

镇 长：李浙峰

办公室电话：63617011

清凉峰镇

书 记：方建中

镇 长：冯雪卫

办公室电话：63621039

马啸乡

书 记：周 骋

乡 长：周 骋

办公室电话：63629301

岛石镇

书 记：盛星辉

镇 长：李届胜

办公室电话：63636409

新桥乡

书 记：方英儿

乡 长：方英儿

办公室电话：63643005

大峡谷镇

书 记：凌 理

镇 长：张 群

办公室电话：63648975

（潘 晶）

农业·水利·气象

农　业

·概　述·

【概况】　2010年，全市实现农村经济总收入851.9亿元，比上年增长16.75%；农业总产值39.1亿元，增长8.6%；农民人均纯收入12012元，增长11.9%。粮食总产量9.19万吨。竹笋产值8亿元，增长9.4%；生猪产值4.9亿元，增长6.5%；蔬菜产值2.8亿元，增长33.3%；花卉产值2.2亿元，增长37.5%；水果产值1.8亿元，增长50%；茶叶产值1.5亿元，下降6.3%；山核桃产值4.9亿元，下降16.9%；蚕茧产值0.9亿元，增长68.6%。

粮食生产功能区和天目溪、苕溪流域现代农业示范园区建设规划通过省级论证。完成退化竹林改造、山核桃生态化经营0.19万公顷。启动振兴茶叶产业五年行动计划。新种香榧13万株，杨桐、柃木设施栽培62公顷，建成生态畜牧小区（场）5个。建设“千里富民”林道220千米，改造中低产田368.4公顷，完成设施农业133.33公顷，新增财政补贴农业机械7087台（套）。创建杭州市级以上农业龙头企业8家、专业合作社8家。获有机、绿色、无公害农产品产地认证54个。“天目青顶”和“天目雷笋”获地理标志证明商标。

实施“绿色家园、富丽山村”建设，创建精品村5个、特色村5个，完成整治村100个。实施集体林权制度改革工作，完成林权勘界25.46万公顷，发放林权抵押贷款1.57亿元。完成农村土地流转561.4公顷。启动村镇银行筹建工作，创建信用乡镇2个、信用村42个。实施“联乡结村”项目288个，落实帮扶资金2262.8万元。安置下山移民180户573人。启动全国小型农田水利重点县建设。实施农村饮用水安全保障工程，完成项目5个，惠及农村人口4.4万人；整治山塘水库64座、小流域3条、河道240千米。建成乡镇便民服务中心5个、农村社区服务中心65个。完成农村和“农家乐”生活污水处理项目24个。

开展充分就业城市和创业型城市创建工作，建成充分就业行政村130个，劳动保障服务室实现行政村全覆盖。完成农民素质培训2.2万人次，实现农村劳动力转移就业5896人。新型农村合作医疗参合率98.8%。新增失地农民参保3629人、城乡居民养老保险参保17.2万人。向7万名60周岁以上无保障老人发放养老金1.2亿元。城乡低保标准分别提高到每月360元和220元，农村“五保”户集中供养率95.3%。完成农房改造3179户，其中农村困难群众危旧房救助310户。建成标准化乡镇卫生院6家、村（社区）卫生服务室（站）274个。建成於潜计生中心服务站和21个乡镇服务站。4812户低收入农户人均纯收入3927元。

是年，临安市获2010年度浙江省社会主义新农村建设优秀单位称号，市农办获2010年度浙江省农办系统先进单位称号。

【签订区市协作框架协议】 2010年12月10日，杭州市区市协作第二协作组第一次联席会议在临安召开。杭州市委常委、余杭区委书记朱金坤主持会议，杭州市委副书记、代市长邵占维到会并讲话。余杭区委副书记、区长姜军，区委副书记戚建国，下城区委书记赵敏、区委副书记韩建中，临安市委书记邵毅、市长王宏等领导参加会议。会议研究余杭区、下城区与临安市区市协作五年行动计划，确定区市协作机制和协作内容。三方将在产业平台建设、乡镇结对共建、协作资金使用、产业转移投资、经贸互动、干部挂职交流、人才交流、事业单位结对、城建经验交流和生态环境共保十个方面开展协作。会上，临安市委副书记、市长王宏代表临安与余杭区、下城区签订区市协作框架协议。

【《关于建设“绿色家园、富丽山村”的实施意见》出台】 2010年，市委、市政府出台《关于建设“绿色家园、富丽山村”的实施意见》（临委〔2010〕1号），从“指导思想、目标步骤、基本原则、建设内容、保障措施”五大方面对全市新农村建设作出具体要求和部署，旨在高举生态、科技“两面大旗”，探索一条具有“临安特色、浙江率先、全国领先、国际影响”以碳汇经济为核心的新农村建设绿色发展新路子。

【城乡区域统筹发展工作委员会成立】 2010年11月11日，临安市城乡区域统筹发展工作委员会成立。委员会由市委书记邵毅任主任，市委副书记、市长王宏任第一副主任，下设“一办六个指挥部”，即办公室、区市协作工作推进指挥部、产业发展工作推进指挥部、中心镇建设工作推进指挥部、中心村建设工作推进指挥部、土地综合整治工作推进指挥部、人才协作工作推进指挥部。

【农村土地承包仲裁委员会成立】 2010年5月6日，临安市召开农村土地承包仲裁委员会成立会议暨第一次工作会议，成立临安市农村土地承包仲裁委员会。会议讨论并通过《临安市农村土地承包仲裁委员会章程》和《临安市农村土地承包经营纠纷调解仲裁实施办法》，选举产生农村土地承包仲裁委员会主任、副主任和委员11人，聘请仲裁员11人。

【全市农村工作会议】 2010年2月25日，临安市召开全市农村工作会议暨建设“绿色家园、富丽山村”动员大会。会议明确“绿色家园、富丽山村”建设总体目标：以“一轴三纵五区”（见文后注）为重点建设区域，以实施“打造绿色新环境、提升绿色新产业、建设绿色新社区、培育绿色新文化”四大工程为主要内容，按照“串点成线、以线带面、完善提升”

思路，争创精品村，鼓励特色村，实现整治村全覆盖。“绿色家园、富丽山村”建设将按照规划先行、因村制宜、镇村实施、农民主体、注重保护的基本原则，分10年三期完成。

（注“一轴三纵五区”：“一轴”指杭徽高速公路沿线，“三纵”指长西线至14省道、16省道、18省道至昌文线沿线，“五区”指青山湖、太湖源、天目山、清凉峰、大明山五大景区。）

【村庄整治工程】 2010年，全市完成67个省级待整治村、99个杭州市级重点整治村和2个杭州市级全面小康建设示范村创建任务。全年创建村新增村内道路硬化242.9千米；全部开展垃圾集中收集处理，配置垃圾箱1885个、垃圾集中收集房140座、垃圾清运车129辆，基本实现“户集、村收、镇运、区域无害化处理”的垃圾集中收集处理模式；新增卫生户厕1.59万户、公共厕所103座；新建污水处理池1.74万立方米，受益农户1.27万户；种植绿化苗木24.8万株。临安市连续第七年获浙江省“千村示范万村整治”工程建设先进集体称号。

【“文明乡风进万家”活动】 2010年6~12月，全市开展“文明乡风进万家”活动。该活动由“八进”、“三建”、“三创”组成，分三个层面开展。第一层面是在全市乡镇（街道）创建示范文明村5个、特色文明村6个、示范文明户50家和示范文明村民100人，开展“双百结对、共创文明”和101个“春泥计划”试点工作，开展临安市级以上文明创建工作；第二层面在青山湖街道研里村开展试点工作；第三层面是重点指导12个创建“绿色家园、富丽山村”精品村和特色村开展活动。

（注“八进”、“三建”、“三创”：“八进”是指孝老爱亲、和谐邻里、健康生活、遵纪守法、清洁卫生、文明过节、惠农政策、实用技术进农家；“三建”是指建立“和事佬”调解队、“山里人”文艺队和志愿者服务队；“三创”是指开展“示范文明村”、“示范文明户”和“示范文明村民”创建评比活动。）

【第一轮“联乡结村”共建工作结束】 2010年，第一轮“联乡结村”共建工作结束。全市实施“联乡结村”帮扶项目288个，其中，经济发展项目93个、基础设施项目122个、科教文卫项目25个、综合性项目48个，到位结对资金2262.8万元。“联乡结村”共建工作始于2007年，累计实施帮扶项目1123个，落实结对资金7090.15万元。

【农村经营管理高级培训班】 2010年6月30日至7月1日，市农办与浙江林学院联合举办农村经营管理高级培训班。全市农业龙头企业、农民专业合作社负责人共65人参加培训，主要学习低碳经济、人本理念与管理创新、现代农业发展动态、现代企业管理与创新、信息化管理、信息服务平台建设等内容。

【首支村级志愿者服务队成立】 2010年4月，西天目乡天目村成立“绿色家园、富丽山村”志愿者服务队。这是全市首支村级志愿者服务队，主要为利用全村人力资源开展“绿色家园、富丽山村”创建活动服务，志愿者服务队下设清洁乡村、巾帼、“和事佬”、信息化、“农家乐”示范经营、文明乡风6支小分队。

（贾炜琦）

【“科技下乡、春耕备耕服务月”活动】 2010年3月，市农业局组织开展“科技下乡、春耕备耕服务月”活动。11日，由杭州市农业局、杭州市农科院、临安市农业局、太阳镇政府联合举办的“新春助农增收暨春耕备耕科技下乡服务月”活动启动仪式在太阳镇举行，现场展示优良种子、优质药肥、先进技术、适用机具128种，发放科技图书、专业资料108种7930册，销售种子100千克、肥药1200千克、农机具35台（套），接受农民咨询1000余人次。服务月活动期间，市农业局累计开展送科技、送良种、送机具、送药肥、送政策活动29次，示范推广良种3万千克、优质肥料5600吨，培训农民2000余人次。

【省级现代农业示范综合区建设规划】 为进一步发展高效生态现代农业，推动转型升级，浙江省政府出台《关于开展现代农业园区建设工作的意见》，计划从2010年起，争取5年左右时间，建成100个左右现代农业综合区、200个以上主导产业示范区、500个以上特色农业精品园。2010年，临安市编制完成天目溪流域和苕溪流域两个省级现代农业综合区建设规划。天目溪流域省级现代农业综合区主要包括潜川镇、於潜镇、藻溪镇和西天目乡，规划面积0.17万公顷，重点建设4个主导产业示范区和5个特色农业精品园。苕溪流域省级现代农业综合区主要包括锦城街道、玲珑街道、太湖源镇和高虹镇，规划面积0.17万公顷，重点建设4个主导产业示范区和6个特色农业精品园。

（陈英霞）

【“浙江农民信箱属性数据库”规范建设试点】 2010年，临安市被省农业厅列为全省6个“浙江农民信箱属性数据库”规范建设试点单位之一。市农业信息服务中心收集涉农企业、农业专业合作社、农产品集团采购户、农业大户、“农家乐”五类主体资料2679份，录入数据库2410个；对全市3.2万个注册用户进行规范清理，修改和补充用户登记信息2367个，清理删除用户1094个；建立农业主体通讯录管理维护体系，授权管理员25人。

（俞 俊）

【测土配方施肥项目县建设】 2010年，临安市“农业部测土配方施肥项目县建设”通过省级中期验收，并获综合评分第一名。该项目经过两年多实施，建成标准化检测实验室近200平方米，配备先进检测分析仪器设备30余台（套），初步构建耕地地力信息管理系统，研发山核桃、雷笋专用配方肥，建立配方肥特约销售点50家、测土配方施肥示范畈76个，落实科技示范户200个，配方肥示范应用面积3.02万公顷。全市累计减少化肥投入2487.5吨，增加粮食产量2.02万吨，实现节本增收6031万元。

（楼 中）

【省农技推广基金会临安执行部工作】 2010年，浙江省农业技术推广基金会临安市执行部在全市农林牧副渔各业中探索实践“跨行业的模式构建、跨学科的技术集成、跨部门的人才协作”，构建农作制度新模式。全年立项资助试验示范推广项目13个、跨年度续建项目3个，其中农作制度模式构建类项目9个。两个项目被杭州市政府选入2010年度创新农作制度重点项目。基金会连续三年资助由市林业科学研究所承担的山核桃生态化经营模式与集成技术试验示范项目，该项目获杭州市2010年度优秀项目成果奖。

（苏锡生）

·种植业·

【概况】 2010年，临安市种植业生产以促进农民增收为目标，转变种植业发展方式，稳定粮食生产，提升特色产业发展水平，推进农业生产经营专业化、标准化、规模化、集约化，提高种植业生产效益。

全年粮食播种面积1.56万公顷，总产量9.19万吨。实施水稻轻型栽培技术0.53万公顷，“五改”技术0.53万公顷、直播技术0.2万公顷。藻溪镇对石、龙岗镇汤加湾、板桥乡花戏3个杭州市级粮食功能区通过验收。解决全年性抛荒面积22.6公顷、季节性抛荒面积216.88公顷。“迷你番薯”种植基地拓展到安徽、江西、广西、海南等地，产品销售从华东市场走向全国，年产值4000万元。

振兴茶叶产业五年行动计划深入实施，发展改造茶园425.73公顷，优化改造茶厂14家，建立外地市场网点40个。举办中国天目山“茶之语”茶文化主题推广活动、2010杭州·国际茶席展暨国际茶文化空间（茶席）论坛等茶事活动。全年茶叶总产量1736吨，总产值1.82亿元，比上年增长20.4%。

蔬菜复种面积0.81万公顷，减少3.2%；总产量13.65万吨，减少2.9%；总产值3.16亿元，增长1.2%。其中，山地蔬菜种植面积0.13万公顷，产量4.27万吨，产值1.42亿元；城郊蔬菜种植面积0.11万公顷，产量2.87万吨，产值1.25亿元；食用菌生产规模500万平方尺，产量3330吨，产值1860万元。中央财政现代农业生产发展专项——临安市高源山地蔬菜产业提升项目建设完成。

水果栽培面积0.31万公顷，新发展面积134.67公顷；产量5.7万吨，减少3.6%；产值1.63亿元，增长8.5%。市果业产业协会“天目山”牌黑李获2010浙江省精品水果优质奖，龙岗蜜梨合作社“518”梨获杭州市优质早熟梨金奖。果园休闲观光农业接待游客2万余人次。

花卉苗木（不包括杨桐、柃木）种植面积0.12万公顷，产值1.73亿元，比上年增长15.2%。其中，绿化苗木面积0.11万公顷，新增133.33公顷，产值1.2亿元；草花面积130公顷（其中高山花卉96.67公顷），新增4公顷，产值5323万元。

中药材种植面积0.12万公顷。其中，铁皮石斛设施面积33.33公顷，吊瓜等保健类药材面积333.33公顷，白术、前胡、玄参等草本类药材面积200余公顷，山茱萸、杜仲等木本类药材面积600余公顷。全年中药材产值6800万元，比上年增长6.3%。

（陈初尉）

【国家级临安农作物品种区试站】 2010年，国家级农作物品种区试站在临安於潜良种场建成并投入使用。该项目建设历时3年，投资近700万元，建成道路沟渠配套、田块平整统一的标准区试农田13.33公顷，连栋大棚3872平方米，防虫网室2000平方米，生产管理用房1091平方米，晒场与防雨晒场2300平方米，每年可承担600个品种区域试验、120个品种生产试验和100个品种示范展示。

（王红亮）

【省“0406”计划水稻新品种现场考察观摩会】 2010年9月26日，全省种子系统领导和专家70余人在国家区试站（临安）参加省“0406”计划水稻新品种现场考察观摩会。省“0406”计划是浙江省委、省政府2004年6月正式立项实施的水稻育种重大科技专项，实施以来，临安市单季稻单产连续5年达500千克。2010年，“国稻7号”和“钱优0506”高产攻关田亩产分别达832.21千克和725.3千克，均创全市单产纪录。

（季茂荣）

【粮食生产功能区建设规划】 2010年12月20日，《临安市粮食生产功能区建设规划（2010~2018年）》通过省级评审。该规划以“保产量、保储备、保质量、稳价格，确保粮食安全”为总目标，按照“三年迈大步，五年成规模，八年终建成”的工作部署，计划2010~2014年年均新建粮食生产功能区0.07万公顷，2014年0.33万公顷，2018年0.53万公顷。

（丁　兰）

【“天目青顶”获国家证明商标注册】 2010年，由市茶叶产业协会申报的“天目青顶”商标，经国家工商行政管理总局商标局审核通过，获国家证明商标注册。“天目青顶”原称天目山茶、天目云雾茶，是浙江省传统地方特色名茶，生产历史1200余年，原产地域行政范围涉及全市20个乡镇，主产于天目山国家级自然保护区和清凉峰国家级自然保护区。1986年“天目青顶”被省食品工业协会评为“浙江十大名茶”，1989年获浙江省“名茶证书”。临安“天目青顶”种植面积0.28万公顷，年产量约650吨。

（丁洁平）

·养殖业·

【概况】 2010年，全市畜牧业实现产值6.5亿元，比上年增长3.2%。年末生猪存栏18.8万头，增长0.53%；出栏38.3万头，增长4.9%。牛存栏4200头，减少6.67%；出栏3200头，增长39%。羊存栏1.72万只，减少5.49%；出栏3.6万只，减少1.37%。兔存栏2.25万只，增长12.9%；出栏2.3万只，增长150%。家禽存栏83.6万羽，减少1.53%；出栏134.8万羽，减少4.06%。全市肉类总产量3.17万吨，增长4.93%；禽蛋产量5020吨，减少1.86%；牛奶产量4950吨，增长1.85%。

新建标准化生态养殖场5个，完成养殖场改造12个，完成规模养殖场排泄物综合治理与利用155个，规模化畜禽养殖污染治理率达90%以上。全年免疫猪瘟55.66万头、蓝耳病44.53万头、牲畜口蹄疫56.01万头、禽流感202.33万只。开展“瘦肉精”等违禁药物拉网式监测、跟踪抽检和动物卫生监督执法，检疫家畜54.61万头（只）、家禽32.14万只，畜禽产品35.99万头（只），全市无重大动物疫情流行和无重大畜产品质量安全事故。

【防控重大动物疫情应急演练】 2010年11月26日，杭州市和临安市两级防治动物疫病指挥部在临安联合开展防控重大动物疫情应急演练。杭州市防治动物疫病指挥部副指挥长、杭州市农业局局长程春建主持演练。杭州市防治动物疫病指挥部指挥长、副市长何关新，临安市防治动物疫病指挥部指挥长、副市长李文钢参加演练指挥。该次演练模拟发生在临安市某养殖场生猪口蹄疫疫情的应急处置，演练内容包括疫情发现、诊断、疫情报告和疫情扑杀、紧急免疫、应急响应终止六个方面。这是浙江省地市两级首次举行生猪口蹄疫疫情联合应急演练。

（王向荣）

【方格蔟营茧技术推广】 2010年，市农业局以河桥、於潜、潜川、乐平4个乡镇为重点，推广方格蔟营茧技术，协调方格蔟推广及订单蚕业各项工作，确定方格蔟茧保护价。全年举办方格蔟营茧技术培训班24期，培训蚕农2.06万人。全市使用方格蔟营茧蔟片445万片，营茧蚕种3.8万张，占全年蚕种饲养量60%以上，生产方格蔟优质茧1826.8吨，直接为农民增收近600万元。

（张科良）

·农业机械·

【概况】 2010年，全市农机总动力43.8万千瓦，比上年增长3.3%（见表7），农机作业总收入1.98亿元。全市机耕面积1.51万公顷，机插0.07万公顷，机植保1.49万公顷，机收0.66万公顷，机灌0.51万公顷，机脱6.13万吨，机械烘干粮食600吨，农副产品加工7.8万吨，机械化秸秆还田0.42万公顷，农机跨区作业面积0.14万公顷，农机运输作业量1.37亿吨千米。全年落实财政补贴资金661.2万元，增长101%，直接受补助农户6432户，其中，中央财政补贴资金497.1万元、省财政补贴资金34.4万元、杭州市财政补贴资金74.3万元、临安市财政补贴资金55.4万元。新增财政补贴农业机械7086台（套），增长70.4%，其中，植保机械4521台、山核桃脱壳机1133台、修剪机械932台、小型耕作机械267台、高性能水稻插秧机16台、乘坐式插秧机18台、育秧流水线33条、油菜收获机械2台、高性能联合收割机1台、粮食烘干机3台、挤奶机2台、小型机械式组合冷库21台、其他机械137台。

全市农机专业合作社9个，农机维修网点100个，农机维修从业人员136人。年检拖拉机944台。举办插秧机、山核桃脱壳机械、植保机械、小型耕作机械、联合收割机、冷藏保鲜技术等培训班16期，培训各类农机操作手950人、拖拉机驾驶员130人。创建“平安农机”示范乡镇1个（太湖源镇）、示范村9个、示范户110户。全年发生拖拉机道路交通事故12起，死亡8人，受伤5人，直接经济损失3.17万元（其中，甲方责任事故6起，死亡5人，受伤2人，直接经济损失1.47万元）。

农机具基本情况

表7

名　称	数量（台）	动力（千瓦）
耕作机械	4298	28583
种植机械	44	360
排灌机械	44153	59799
植保机械	13873	18428
收获机械	11429	18046
农副产品加工机械	6241	29382
畜禽养殖机械	469	1523
渔业机械	26	443
林果业机械	6123	20281
茶叶机械	595	2046
食用菌机械	25	93
运输机械	6084	150776
农田基本建设机械	924	93199
其他农业机械	5779	14654

【水稻规格化育秧中心建成使用】 临安市水稻规格化育秧中心于2009年启动建设，被列为浙江省农机化促进工程项目，2010年全部建设完成。项目建设地点分别位于太阳镇太阳村、龙岗镇汤家湾村、藻溪镇九里村和三口镇秋口村，总投入资金279.9万元，建成季育秧能力200公顷的规格化育秧中心1个，季育秧能力66.67公顷规格化育秧分中心3个，建设和整修育秧播种间及机库用房1523平方米，育秧钢架大棚180平方米，引进高速插秧机8台、拖拉机及配套机械6台、育秧流水线9条、碎土机4台、筛土机4台、机动喷雾机6台、育秧盘9万只。全年完成供秧和机插服务503.93公顷，实现销售收入79.37万元，利润17万元。该项目被省项目验收专家组评为优秀项目。

【粮食生产全程机械化示范基地】 2010年，秋口农机植保专业合作社开展杭州市粮油生产全程机械化示范基地建设，投入资金36万元，购置各类农业机械28台(套)，其中，机动喷雾机10台、耕整机3台、插秧机8台、育秧流水线3条、收割机1台、粮食烘干机1台、秸秆还田机械2台（套)。全年完成水稻机械化育秧100公顷、机插73.33公顷，耕作、育秧、种植、植保、收获、烘干等粮食生产主要环节实现全程机械化作业。

（袁荣平）

·农业执法·

【概况】 2010年，市农业局开展“小农资”整治、“绿剑”打假等农业行政执法活动，出动执法人员816人次，检查农资经营店405家次、生产厂家2家，抽样检测农资品种94个，检测合格率92.5%。举办农业法制培训3期，培训人员360人次，发放资料6000份。查处违法违规行为32起，立案25起，受理、处理各类举报投诉电话23起、市长公开电话8起、农业生产事故和纠纷12起，为农民挽回经济损失400余万元。

【“小农资”整治与规范工作】 2010年，临安市完成“小农资”整治和规范工作任务。2008年，临安市开展“十小”行业整治行动，市农业局负责“小农资”店质量安全整治与规范工作。三年共举办全市“小农资”整治和农资知识培训会6次，培训农资经营户396家1800人次；出动执法人员2600人次，检查单位1188家，抽检农资样品237个；推进农资连锁经营和放心店建设，成立临安市山地植保技术服务有限公司，扶持40家“小农资”店开展连锁经营。市农业行政执法大队被评为杭州市“小农资”质量安全整治与规范工作先进单位，临安文华饲料有限公司和临安惠多利有限公司获选杭州市A级农资信用企业。

【省际农业行政执法活动】 2010年4月23日，临安市农业局与宁国市农委联合开展以“送科技法规、强联合执法、保区域安全”为主题的省际农业行政执法活动。两地执法人员召开农业联合执法会议，联合在临安市岛石镇和宁国市南极乡发放违禁农药宣传资料、农药法律法规资料，张贴违禁农药宣传画，检查农资经营店。临安与安徽省宁国市、绩溪县、歙县相邻，省际交界地区农业投入品监管历来是农业执法难点问题。2009年，浙皖四县（市）农业行政执法联席会议制度建立，农业行政执法机构之间实现信息共享和执法联动。

（骆　滨）

【"种子执法年"活动】　2010年是全国统一开展的"种子执法年"。市农业局出动种子市场监管与执法检查活动25人次，依法抽测种子16批次，纠正不规范经营行为15起，处理农民用种问题20余起，确保临安种子市场安全有序。

（袁德明）

【农产品质量安全专项监管行动】　2010年上海"世博会"期间，市农业局以供沪农产品基地为重点，开展"助世博、保安全"农产品质量安全专项监管行动。全市"世博会"期间有供沪农产品基地51个(不含水产品养殖基地)，涉及贩销大户50余个，有竹笋、生猪、蔬菜等品种19个。落实生产基地监管联系人，实施一对一监管。签订《保证农产品质量安全承诺书》，保障供沪农产品质量安全。

【农产品质量检测】　2010年，市农业局执行新的农产品质量检测抽样办法，严格抽样程序，加强不合格农产品追查力度。根据产业特点和上市时间，分乡镇、分季节落实农产品定性检测任务，同时实行定量抽检前快速定性检测预检工作，确保合格率。全年开展农产品快速定性检测2.01万批次，合格率99.6%；接受上级各类定量抽检218批次，合格率99.54%。

（陆晓翔）

水　利

·概述·

【概况】　2010年，全市社会水利建设总投资4.5亿元，争取上级补助资金8500万元。争取上级项目近160个，其中，全国小型农田水利重点县建设争取资金4700万元，农村安全饮用水提升工程争取农村人口指标16.87万人、资金5600余万元，"百万亩经济林喷微灌"工程争取333.33公顷。省重点项目英公水库除险加固工程完成主体工程。完成"千库保安"工程3座、"百库脱险"工程61座；新增（改善）灌溉面积0.11万公顷，新增小水电装机1000千瓦；完成小流域治理3条、重要堤防加固18千米、渠道衬砌17千米、"万里清水河道"工程整治240千米。完成"农村安全饮用水"工程5个，改善农村饮用水近5万人，临安被列入全省首批农村饮用水长效管理达标县（市）之一。实施10个山核桃林等经济林地水土流失综合治理项目，治理面积30余平方千米，总投资1341万元；完成低丘红壤改造项目2个，治理低丘红壤60余公顷，总投资300余万元；完成山核桃林、香榧等经济林节水灌溉示范工程413.33公顷，总投资424.9万元。

全年受理各类行政许可事项242件，办结235件，办结率97.11%。承办市长公开电话63件、来信来访10件。组织水（渔）政执法巡查150余次，立案查处50余件，没收渔具120余件。推进南苕溪青山湖流域采砂整治和临余公路水域占补平衡工作。完成46家用水企业实时监控系统安装和水资源信息平台完善工作。完成英公水库水管体制改革。

是年，市水利水电局获杭州市水利工程安全生产目标管理考核一等奖，连续三年获杭州市水政执法先进集体。市防汛抗旱指挥部办公室、板桥乡政府、昌化流域水利站被评为杭州市防灾减灾先进集体。

【褚加福视察水利工作】　2010年12月20日，省水利厅副厅长褚加福到临安视察指导水利工作。褚加福一行先后视察乐平乡乐平防洪堤加固工程、分水江水利枢纽工程，协调库区水位与乐平防洪堤工程建设问题，调研於潜镇天目溪整治前期工作，并召开座谈会。褚加福重点就抓好水利规划和项目前期、工程质量和进度、工程维护和管理等工作提出具体要求。

【全国第二批小型农田水利建设重点县】 2010年10月，临安市列入全国第二批小型农田水利建设重点县。建设内容主要有：整治山塘161座，新增高效节水工程（山核桃林节水灌溉）8处570.67公顷，灌区改造13处0.11万公顷；整合国土、农业、林业、农发等项目涉水部分工程；新增灌溉面积0.02万公顷，改善灌溉面积0.10万公顷。建设项目涉及全市18个乡镇（街道）。成立以分管副市长为组长，市发展和改革局、市财政局、市水利水电局、市农业局、市林业局、市国土资源局、市监察局、市审计局等单位为成员的市全国小型农田水利重点县（市）建设领导小组，下设办公室；制订工作计划，分解任务和责任；各有关乡镇（街道）成立相应工作机构。出台《临安市全国小型农田水利重点县建设管理办法》，明确项目建设任务、建设管理、资金管理、验收和维护管理等。当年完成整治山塘51座，新增高效节水工程3处304公顷，灌区改造1处153.33公顷，总投资2568.9万元。

【《临安市农田水利建设规划（2010~2020)》通过审查】 2010年7月，省水利厅、省财政厅、省发改委、省国土资源厅、省农业厅成立专家组，在杭州组织召开《临安市农田水利建设规划（2010~2020)》（以下简称《规划》）审查会。专家组听取中国灌溉排水发展中心和临安市水利水电局对《规划》编制相关情况介绍，进行讨论和研究。专家组认为《规划》编制依据充分，指导思想正确，目标明确，资料翔实，分析全面客观；工程布局较为合理，工程实施期限明确，措施落实；未来10年临安市农田水利建设总体思路和目标任务明确，符合国家发改委等五部门下发的《县级农田水利建设规划编制大纲》要求，经过修改完善后，可以作为临安农田水利基本建设依据。

【英公水库除险加固工程通过蓄水验收】 2010年8月15日，省重点项目英公水库除险加固项目，通过由省水利厅、杭州市发改委、杭州市林水局等有关部门组成的验收组蓄水验收。该工程于2009年3月25日动工，总投资4956万元，完成上游防渗面板、防渗灌浆、溢洪道加固等主体工程建设，具备蓄水条件。验收组经实地查看、听取各有关单位汇报和查阅资料后，一致通过蓄水验收。

（陈祥伟）

·防汛·

【概况】 2010年，市防汛抗旱指挥部组织全市各地各部门开展防汛大检查活动。其中，市水利水电局共检查各类水利工程1778处，出动人员1950人次。确定村级山洪灾害预警责任人350人、山塘水库巡查员1032人、中型水库泄洪河道巡查员68人、气象协理员26人。举办全市基层防汛工作人员培训班。开展分水江流域防洪调度桌面推演。市级防汛预警信息平台投入运行。全市设置72个水雨情遥测站、20余个小流域简易水位观测预警点。通过手机短信、有线电视、“村村响”广播和广播电台，通报灾害性气象信息、灾害等级和滑坡指数。投入60万元增添市级防汛物资。建立应急抢险队伍27支。基层防汛体系建设和全国县级山洪灾害防治试点工作通过验收。3月6日，省防汛抗旱指挥部副指挥、省水利厅副厅长虞洁夫到临安检查指导防汛工作，视察青山水库牧松线牧家桥路段过水情况和板桥乡亭子村受淹情况。

【“3·6”春汛】 2010年3月上旬，临安市遭受60年一遇春汛。全市累计平均降雨量220.5毫米，为历史同期平均值两倍。49个水文站（点）累计雨量超过200毫米，所有站（点）均超过100毫米。多数水库山塘溢流，青山殿水库、华光潭水库、水涛庄水库和里畈水库相继开闸泄洪。市防汛抗旱指挥部先后启动防汛四级、三级应急响应。

【洪涝灾情】 2010年3月上旬至10月中旬，全市洪涝灾害造成26个乡镇（街道）1.09万人受灾，转移人口248人，倒塌房屋34间，农作物受灾面积0.86千公顷，停产工矿企业12家，公路中断9条次，损坏堤防234处计16.23千米，堤防决口7处计0.22千米，冲毁塘坝48座，直接经济损失3112万元。

（陈 彬）

·水政（渔政）·

【概况】 2010年，市水利水电局组织水政执法巡查130余次，出动人员560余人次，查处各类水事案件40余起，其中，立案7起、结案7起，罚款6.09万元。组织渔政执法120次，查处电鱼、炸鱼、偷鱼、毒鱼案9起，结案9起，行政处罚14人，罚款8100元，没收电捕渔具60套、丝网26匹、倒笼31只、虾笼10余只。开展临余公路水域占补平衡、河道采砂整治等工作。推进野生渔业资源增殖与保护工作，投资40万元，放流鱼苗53.5万尾，全市26个乡镇（街道）190余个行政村实行禁渔。细化无证采砂行政处罚自由裁量规则，首次实行“没收违法收入”罚则，推行说理性行政处罚决定书。《俞某某无证采砂案》水行政处罚案件卷宗获杭州市二等奖。全年没有发生行政复议、行政诉讼和行政投诉等事件。

6月18日至8月25日，杭州市、临安市、桐庐县渔政部门联合开展分水江五里亭水库库区渔政执法活动5次，收缴“迷魂阵”渔网10余批，清除“迷魂阵”竹支架20个计400余根。

【“世界水日”和“中国水周”宣传活动】 2010年3月22~28日，围绕“关注水质、抓住机遇、应对挑战”和“严格水资源管理，保障可持续发展”等主题，市水利水电局开展纪念第18届“世界水日”和第23届“中国水周”系列活动。与浙江林学院联合举行浙江林学院东湖校区鱼种放流仪式和大学生志愿者模拟感受“无水”活动；市委副书记、市长王宏在《今日临安》发表《以水资源的可持续利用，保障经济社会的可持续发展》署名文章；在《今日临安》开设专版，在临安电视台播出《人·水·法》第四部《阿丘说水》专题片；利用街口电子显示屏，循环播放宣传口号；在锦城街道钱王铺村河段开展野生渔业资源增殖放流活动；开展水法律法规进农村活动。悬挂横幅100余条，张贴宣传画、标语200余幅，展示图板30余块，发放水法规宣传资料8000余份，发放纸杯5万余只，投入经费10余万元。

【河道采沙专项整治】 2010年3~5月，市水利水电局开展河道采沙专项整治活动。成立以局长为组长的河道采砂整治工作领导小组，通过“各片自查、大队汇总、集中整治”等形式，重点整治天目溪河道和乐平乡五里亭库区，共发出整改通知7份，行政处罚无证采沙户3户。

【临余公路水域占补平衡工作】 2010年6月23日，省水利厅批复同意《临余公路水域占补平衡方案》。该方案补偿水库防洪库容36.4万立方米，分四个区块实施，分别在双林溪青山水库出口右侧、中都房产与一级公路北、原锦城街道养老院和青山湖高阳山庄沿岸上游200米。9月1日，成立项目实施领导小组，下设办公室。9月26日，临余公路水域占补平衡工程动工。至年底，双林溪青山水库出口区块完成总工程量60%，青山湖高阳山庄沿岸上游区块基本完工，原锦城街道敬老院区块道路平整工作结束。

【渔船安全管理工作】 2010年1月，市渔政站与青山水库管理处及5个中型水库管理处签订渔业安全生产目标责任状。6月，结合“全国安全生产月”活动，开展隐患排查，配合杭州市渔政总站对青山湖渔船进行安全检查。完成新申报登记检验16艘、年度检验9艘，完成所有渔业机动船舶检验登记证书及牌号核发工作。全年未发生渔船安全事故。

【水产养殖用药安全专项执法】 2010年，市水利水电局开展水产养殖用药安全检测6次，检测甲鱼、鲫鱼、鲤鱼、鳊鱼、白鲢、鳙鱼等水产样品20个，涉及无公害养殖场、有机鱼养殖场和普通小型养殖场，检测项目有氯霉素、孔雀石绿、无色孔雀石绿、呋喃唑酮代谢物、呋喃西林代谢物、呋喃它酮代谢物、呋喃妥因代谢物、己烯雌酚、环丙沙星、喹乙醇等，所有检测项目均合格。

(陈芬芳)

·城防工程·

【概况】 临安锦城防洪工程动建于2003年，概算总投资18.85亿元。主要建设项目包括南苕溪、锦溪、马溪综合治理和青山水库回水堤防洪及老北排五大工程。附属配套工程包括南苕溪、锦溪、马溪、青山水库回水防洪堤沿线桥梁、橡胶坝、道路、景观绿化建设，锦龙、回龙、马溪、青龙四个农民公寓建设，青山水库库区移民安置工程等。防洪标准为50年一遇。至2010年底，基本完成主体工程建设，建成橡胶坝8座、桥梁10座、道路20千米、绿化带8.3万平方米；完成13万平方米农民安置房建设，入住拆迁户及移民330余户；拆除房屋18万平方米，征用各类土地225.93公顷。城防工程实施后，临安城区防洪标准由原来部分河道不足5年一遇提升至整个城区50年一遇，城区向东扩展1千米。

(杨红美)

·水　产·

【概况】 2010年，全市水产养殖面积2708公顷，水产品产量4099吨，渔业总产出1.08亿元。“天目源”牌有机鳙鱼、品牌生态甲鱼养殖初具规模，石蛙、娃娃鱼、泥鳅、石斑鱼等新特品种养殖发展较快。湍口镇二联村石斑鱼繁育基地通过亲鱼强化培育、人工外源激素催产、人工孵化等新技术，实现石斑鱼人工繁育，全年繁育鱼种10万余尾。清凉峰镇实现石斑鱼全人工养殖。全市新建娃娃鱼养殖基地两家，投入资金1000余万元，引进种鱼40对、幼鲵1000余尾，实现人工养殖。全市省级休闲渔业示范基地、省级现代渔业生产基地、省级“渔家乐”特色经营店各1家，杭州市都市农业示范园区（基地）1个，无公害生产基地9家、机鱼养殖基地3家、无公害水产品9个。

（郑志诚）

气　象

【概况】　2010年，市气象局完成乐平乡、三口乡、千洪乡气象自动站建设，实现自动气象站乡镇全覆盖。全市自动气象站总数46个，平均网格距8.5千米。升级卫星云图接收系统，气象资料实现图文并茂和实时传输，预报准确率提高。完善气象预警应急平台，服务对象扩大到2600余人。全年发布预报预警短信41万条次，实现灾害性天气信息、预警信号城乡同步覆盖。结合新农村建设，在精品村、特色村、集贸市场、工业园区、车站、老年活动中心等人员密集地安装气象电子显示屏54块。按照精细化网格预报要求，在“森博会”等重大活动期间，开展分时分区预报服务。向农村、学校开展气象科普知识宣传活动，发放气象科普宣传挂图500套。开展送科普电影下乡活动，放映电影100余场。走进中小学校宣讲防雷知识，提高中小学生防灾减灾意识。全年发放各种宣传资料2.34万份。

临安国家基本气象站被授予浙江省测报质量优秀站。2人次被授予250班无错全国质量优秀测报员称号，4人次被授予“百班无错”全省优秀测报员称号。在政府信息公开平台上发布天气预报、气候影响评价以及重要天气预报服务信息90条。利用自动站气象资料为山核桃、竹笋、高山蔬菜、高山花卉等开发农业提供气象服务。

通过浙江省“平安浙江”考核验收。以防雷安全工作纳入“平安浙江”考核为契机，加强防雷社会管理；与市安全生产监督管理局联合发文，向社会公布第二批防雷重点单位30家；加大对防雷装置安全性能跟踪检测力度，完成雷击风险评估项目45个；按照《浙江省中小学防雷减灾管理办法》要求，会同市教育局完成第一批13所学校防雷整改；编印《农村防雷图》5000册，分发给各地农户。服务中心窗口受理建筑物防雷审核事项承诺件695件，发放竣工验收合格证384件，办结率100%；退回不符合标准要求建筑物防雷图纸39件；受理施放气球许可49件，不许可3件。加强上海“世博会”期间施放气球作业许可及安全监管，开展专项执法巡查，依法查处违规施放气球3件。

基层气象防灾减灾组织体系建设和乡镇气象协理员队伍建设纳入政府年度综合考核。开展气象灾害应急准备认证和创建气象防灾减灾示范乡镇活动；全市26个乡镇（街道）全部通过气象灾害应急准备认证考核验收，玲珑街道、板桥乡成为第二批省级防灾减灾示范乡镇。加强气象协理员队伍建设，细化协理员工作目标考核管理办法。在协理员集中学习培训基础上，推行分片学习交流制度。全年收到协理员反馈灾（险）情信息100余条、照片50余幅。

【天气】 2010年，全市平均气温16.4℃，比常年高0.5℃。年降水量1545.1毫米，比常年多65.3毫米。梅雨期长，6月17日入梅，7月17日出梅，梅雨量225.5毫米。年日照1836.7小时，比常年多22.8小时。

气象灾害主要表现为：3月强降水、连阴雨和冰冻雨雪灾害；4月倒春寒天气；夏季时间长，仅次于2009年，高温天数多、时间长、强度大；12月暴雪冰冻灾害。暴雨少，只有两天，没有出现超过100毫米大暴雨。降雪日数较多，初雪时间早，终雪时间迟，分布时间广。雷电出现次数略少于常年，出现初日较常年明显偏早，终日也比常年明显偏早。大风日数多于常年。大雾日数比常年偏少。

【3月强降水、连阴雨和雨雪冰冻】 2010年2月24日后，由于冷暖气流在长江中下游地区交汇并滞留，全市出现罕见的连续阴雨天气过程，影响时间长，尤其是3月1日后降水强度强、气温低。

3月3日、5日，出现暴雨，创历史同期最多纪录。自1959年有气象纪录以来，临安仅有三年（共3次）在3月出现暴雨天气。3月1~6日，全市面雨量201.1毫米，其中，最大是顺溪271.9毫米，最少是太阳141.3毫米。临安测站降水量236.6毫米，高于常年的16.2毫米，多于同期最大值79.6毫米（2003年），接近临安常年梅汛期雨量283.6毫米，致使江河水库出现历史上少有的早汛期。8日，受冷空气补充南下影响，气温持续下降，出现明显雨雪天气过程。8日下午，开始出现降雪天气；9日，形成明显积雪。西北部积雪较深，积雪最深处超过25厘米。据市交通局10日通报，13省道从青临线25千米+190米开始路面积雪达20厘米、大鱼线积雪达15厘米、凌珑线15千米起路面有冰冻。10日雨雪停止，转以晴为主天气，结束2月24日开始长连阴雨天气，但气温较低，东部地区最低气温在-4℃~-5℃，西北山区在-10℃以下，出现严重冰冻。

连阴雨和暴雨并伴随明显降温、大风天气过程，对樱桃、草莓、茶叶、大棚蔬菜等影响较大，造成作物生长不良、坐果差、芽叶生长缓慢、产量品质下降等。樱桃几乎全部受损。由于2月气温高，樱桃提早开花，到3月上旬基本处在盛花期，受10日低温影响，除极少数大棚采取措施外，樱桃花几乎全部冻死。草莓因前期降水大，低洼地区排水不畅，加上低温影响，产量品质明显下降。早茶受害严重，早出茶芽全部受冻，严重影响早茶产量。3日、5日连降暴雨，致使河道水位猛涨，02省道藻溪段亭口桥便道遭水淹，给过往车辆造成严重威胁。积雪、结冰使多处公路无法通行，造成交通堵塞。

【4月强降水、倒春寒】 2010年4月，全市强降水主要有两次过程，分别出现在4月11日和14日，前一次为大雨，后一次为暴雨。11日白天全市面雨量24毫米，东部偏小，昌化西南略大，临安站降水18.6毫米，大于30毫米有大明山（36.6毫米）、清凉峰（34.8毫米）。14日白天全市面雨量35.7毫米，全市比较均匀，大于30毫米有40个站，最大出现在岔口（45.1毫米），临安站39.1毫米。

随着冷空气不断南下影响，4月12日，夜里起气温逐渐下降；4月13~16日，全市出现少见的倒春寒天气，临安站出现4天倒春寒天气；13~16日，平均气温分别为 9.0℃、5.1℃、5.7℃和 10.6℃；15~16 日，最低气温分别为 3.5℃和 3.4℃，山区更严重，岛石出现 5 天倒春寒；12~16 日，平均气温分别为 10.8℃、6.1℃、3.4℃、3.6℃和 8.8℃，16 日最低气温 1.5℃。此次倒春寒天气对春桑、春茶等有较大影响。

【12 月暴雪冰冻灾害】 2010 年 12 月 15 日，受北方强冷空气影响，全市普降大到暴雪。临安测站最大积雪 9 厘米，西北部积雪较深，大明山积雪 30 厘米。雪止后气温较低，全市出现严重冰冻天气。16 日，东部地区最低气温普遍在-4℃~-6℃，青山湖站因水体影响最低温度较高（-3.3℃）；西北山区在-10℃以下，其中天目山老殿最低达-12.2℃，为全市最低纪录。气温低使刚形成的积雪不能融化，路上部分融化雪也变成冰。降雪冰冻天气总体而言对农业生产有利有弊。前期全市出现连续晴天天气，这次寒潮过程所形成的雨雪，在一定程度上缓解前期干旱局面。春粮作物进入冬眠期，低温冰雪天气有利其炼苗，同时可减少病虫害越冬基数的作用。降雪对竹笋造成一定的影响。据市林业局统计，全市 2.67 万公顷雷竹林不同程度遭受雪灾，压弯竹子 50%以上，压断倒伏约 5%。由于降雪时间短，积雪时间不长，管理工作到位，对菜竹后期生长影响不大。降雪冰冻天气对交通影响较大，长途客运全部停运，农村班线基本停运。据市交通局 16 日通报：18 省道因严重积雪冰冻大部分路段封道，昌文线淳安方向封道，13 省道 25 千米~38 千米封道；昌北地区县乡公路全部封道；横乐线 0 千米~18 千米、大鱼线 17 千米~25 千米、太斑线 7 千米~15 千米、临芦线 9 千米~10 千米+400 米等路段无法通行。

【雷电】 2010 年，雷暴活动主要集中在冬春之交和夏季。初雷日为 2 月 10 日，比常年偏早 29 天。终雷日 9 月 14 日，比常年偏早 19 天。雷暴日数 39 天，比常年略偏少。雷暴出现最多的月份是 7 月、8 月，均有 11 天。据不完全统计，全市发生雷电灾害 101 起，比 2009 年同期多 49 起，其中，2 月（14 起）、3 月（9 起）、7 月（32 起）、8 月（27 起）、9 月（12 起），与全年雷暴活动情况基本一致。从雷击灾害发生时段看，主要集中在 12 时~23 时，13 时~18 时最为集中，与雷暴活动高发时段也基本吻合。雷电造成直接经济损失 189.26 万元，造成停产停业、建筑损坏等间接损失无法估算。较大一次雷电发生在 8 月 25 日，造成 17 家单位受损，直接经济损失 66.9 万元。农村雷灾次数明显高于市区，农村地区农居房、人员、牲畜、树木和电力、通信、交通配套设施（如变压器、通信基站、高速公路收费站、加油站等）相对容易遭受雷击，因农居房遭雷击导致家用电器损坏情况十分普遍。

【夏季高温】 2010 年，全市高于 35℃（包括 35℃）的高温日数 39 天，分别比上年和常年偏多 16 天、11 天，其中 8 月高温有 22 天。全年高于 37℃的高温日数 12 天，比上年和常年多 9 天，明显偏多，高温强度较大。极端最高气温 40.2℃，出现在 8 月 13 日。

（刘永军）

新型农业机械应用

水稻插秧机

油菜收割机

水稻育秧流水线

新式农机具操作培训

饲料铡草机

机动喷雾器防治山核桃病虫害

(市农业局提供)

林 业

概 述

【概况】 市林业局内设科室9个，下辖单位10个；有干部职工184人，其中，教授级高工3人、高级工程师10人、工程师65人。2010年，全市实现林业产业总产值88.74亿元，比上年增长61.6%（统计口径调整）。其中，竹产业29.09亿元，坚果食品产业42.45亿元（其中山核桃产业19.05亿元），木材产业6.76亿元，花卉苗木产业（含杨桐、柃木）2.57亿元，森林旅游产业7.0亿元，野生动物开发利用产业0.86亿元，银杏、板栗、山茱萸、木本药材等其他经济林产业0.21亿元。省级竹子现代示范园区和山核桃生产发展项目通过验收，苕溪流域省级现代农业综合区建设启动。新培育市级林业产业示范园区9个，推广山核桃生态化经营0.1万公顷，改造退化竹林0.09万公顷，种植香榧12.9万株，发展杨桐柃木80公顷。新增省级林业龙头企业2家、省级规范化林业专业合作社2家、省级林业观光园区1个，完成“千里富民”林道建设220千米。“天目雷笋”成为地理标志证明商标，这是继“临安山核桃”、“天目笋干”之后，全市第三个林产品地理标志证明商标。

是年，临安市获“全国碳汇林业试验区”称号，市林业局获苏浙皖毗连地区2008~2010年度护林联防工作先进集体、浙江省县级林业工作先进集体、浙江省级以上公益林建设管理先进单位、省山林纠纷调处工作集体二等功、省林业政务信息工作二等奖、杭州市林业工作目标责任状考核一等奖、杭州天堂山水网站信息工作十佳单位等荣誉称号。

【中国碳汇林业与低碳经济发展高峰论坛】 2010年10月27日，由国家林业局、浙江省人民政府主办，省林业厅、临安市人民政府、浙江农林大学承办的“中国碳汇林业与低碳经济发展高峰论坛”在临安举行。全国政协副主席白立忱宣布开幕，国家林业局副局长祝列克，省委副书记夏宝龙，省委常委、杭州市委书记黄坤明在论坛开幕式上讲话。省委常委、副省长葛慧君主持论坛开幕式。省政协副主席黄旭明、杭州市政协主席孙忠焕、杭州市副市长何关新、省林业厅厅长楼国华、浙江农林大学校长周国模出席论坛。临安市委书记邵毅在论坛开幕式上致辞，临安市委副书记、市长王宏作专题报告。论坛开幕式上，国家林业局授予临安“全国碳汇林业试验区”牌匾，全国11个现代林业示范市和浙江省10个重点林区县（市）的政府代表共同签署以“发展碳汇林业，打造低碳城市”为主题的《临安宣言》。

此次会议注重培育绿色、环保、低碳、生态的会风。主办方委托浙江农林大学对会议产生的环境影响进行评估。对不可避免产生的碳排放量，由企业出资造林，抵消所产生的碳排放。经测算，会议产生二氧化碳26.5吨，由浙江小王子食品有限公司捐资3万元、中国绿色碳汇基金会在临安营造1.67公顷人工林，未来三年可将会议造成的碳排放全部吸收，由此实现会议“零排放”。

【国际山区综合可持续发展研讨会】 2010年9月20~24日，国际山区综合可持续发展研讨会在临安召开，来自25个国家100多名代表参会。国际竹藤组织总干事古珍、科技部国际合作司司长靳晓明、省科技厅副厅长蔡秀军、临安市委副书记卞吉安、市政协副主席翁东潮等出席研讨会开幕式。其间，各国代表听取临安山区综合可持续发展的做法、经验及成果，围绕多方参与山区生态系统保护、非木材森林产品利用、可持续发展、生态旅游管理、农村能源开发和利用等议题作讨论交流，并考察白沙村、部分农业龙头企业、万亩雷竹基地和山核桃种植基地。会议通过《临安宣言》，在全球广泛宣传、研究、推广“临安模式”。

【全市林业工作会议】 2010年3月24日，召开全市林业工作会议暨深化林权改革发展现代林业动员大会。省林业厅厅长楼国华到会并讲话，杭州市林水局局长周定炎、浙江林学院副院长鲍滨福参加会议。临安市委书记邵毅出席会议并讲话，市委副书记、市长王宏作工作报告，市委副书记卞吉安主持会议，市领导朱霞生、李文钢、翁东潮出席会议。大会表彰全市林业工作先进单位和个人，授予浙江林学院“兴林富民特别贡献奖”。会议总结过去十年全市林业工作，部署今后十年林业工作重点。明确林业发展目标：力争到2020年，全市森林覆盖率稳定在78%以上，林木蓄积量达到1500万立方米，森林固碳能力达到2700万吨以上，林业行业社会总产值达到200亿元，确立全国现代林业建设示范市地位。

【中国杭州临安山核桃文化节】 2010年10月7日，由杭州市人民政府主办，临安市人民政府、杭州市农办、杭州市林水局承办的中国杭州临安山核桃文化节在杭州吴山广场举行。杭州市副市长何关新宣布中国杭州临安山核桃文化节开幕。开幕式由杭州市政府办公厅副主任赵国钦主持，杭州市委副秘书长、市农办主任王忠德致欢迎辞，临安市委书记邵毅介绍临安市山核桃产业情况。活动以“山核桃让生活更美好”为主题，分吴山广场开幕式、产品推介洽谈会、山核桃文化庙会三大板块。全市26家山核桃加工龙头企业参加产品展示和展销活动。

【“建设森林浙江、发展低碳社会”暨林业科技下乡启动仪式】 2010年3月5日，由浙江省林业厅、杭州市人民政府、浙江林学院和临安市人民政府共同主办的“建设森林浙江、发展低碳社会”暨林业科技下乡活动启动仪式在人民广场举行。省人大常委会副主任程渭山、杭州市副市长何关新、浙江林学院院长周国模、省林业厅副厅长叶胜荣和临安市领导王宏、卞吉安等出席启动仪式。活动中，临安市人民政府与浙江林学院签署《共建全国碳汇林业示范区科技合作协议》，省、杭州市领导为临安市6个碳汇林业建设示范乡镇授牌。

【《关于全面推进现代林业建设的意见》出台】 2010年3月5日，市政府第35次常务会议讨论并通过《关于全面推进现代林业建设的意见》。要求把全面推进现代林业建设作为高举生态和科技“两面大旗”，构建杭州西郊现代化生态市的重要内容，不断深化集体林权制度改革，着力培育完备的森林生态体系、发达的林业产业体系、繁荣的森林生态文化体系、多元的科技支撑体系，以丰富建设“绿色家园、富丽山村”活动的内涵，巩固和提升林业建设在扩大生态优势、发展低碳经济、建设低碳社会、促进林农增收致富等方面的重要作用，努力实现生态良好、产业发达、文化繁荣、林区和谐的目标。

【深化集体林权制度改革】 2010年，临安市委、市政府按照“全面部署、同步推进、分类考核、分期验收”的工作思路，加快推进集体林权制度改革。制订《关于进一步明晰集体林地产权的实施方案》，印发《关于加快推进林权抵押贷款工作的通知》，在市行政服务中心设立林权交易窗口，规范森林资源资产招标、拍卖、挂牌等行为。林权信息化外业勘界基本完成，勘界面积超过25.47万公顷，涉及行政村298个。林权抵押贷款实际发放额从2009年的2100万元提高到1.57亿元，开展乡镇从6个增加到11个，直接受益林农1544户。林业保险体系逐步健全，生态公益林火灾保险投保面积8.53万公顷，山核桃采收意外伤害互助保险投保农户7093户。

【国有林场改革】 2010年7月，临安市第40次市长办公会议讨论并原则通过临安市国有林场改革方案。明确“国有林场单位性质为公益性事业单位，国有林场人员编制按照省政府有关文件规定，由市机构编制委员会核定，经费按规定的编制数核拨”。市机构编制委员会重新核定国有林场事业编制为32人（天目山林场、昌化林场各16人），职能从生产经营为主调整为承担生态公益林保护为主。天目山、昌化两个国有林场经营面积0.22万公顷，其中生态公益林0.15万公顷。

【14家高端媒体聚焦临安碳汇林业】 2010年11月18~19日，浙江省“应对气候变化，发展碳汇林业”记者专题采访团到临安采风。采访团包括新华社、中央人民广播电台、中国新闻社、《农民日报》、《中国绿色时报》、《浙江日报》、浙江电视台等14家中央和省级媒体。采访团深入实地了解临安碳汇林业建设情况，走访浙江农林大学森林生态系统碳循环与固碳减排重点实验室、藻溪毛竹碳汇林基地、太湖源雷竹碳汇监测通量塔和全国首个林业碳汇证领证农户。

【国家林业局林业建设研究班学员到临安考察】 2010年6月29日，国家林业局第36期林业建设研究班学员到临安考察。研究班学员主要来自广东、海南、山东、辽宁、浙江等沿海8省市分管林业的副书记、副县长20余人。实地参观浙江松友食品有限公司、太湖源镇万亩雷竹基地和天目山国家级自然保护区。

绿化造林

【概况】 2010年，全市验收合格营造林面积0.08万公顷，其中，人工更新502.47公顷、促进更新106公顷、天然更新215公顷。完成义务植树17.1万株。实施长江防护林体系建设工程，完成板桥乡灵溪村、环湖村等建设区的设置工作，补植阔叶树种苗木5000株。开展森林抚育试点工作，完成抚育面积0.13万公顷。新建省兴林富民示范乡镇1个、兴林富民示范村4个。锦城街道青柯村、玲珑街道宏渡村、锦南街道杨岱村、太湖源镇指南村、於潜镇扶西村、西天目乡月亮桥村、太阳镇太源村、潜川镇青山殿村、昌化镇双塔村、河桥镇河桥村、青山湖街道朱村村、三口镇葱坑村、高虹镇崇阳村、太湖源镇光辉村、千洪乡朱湾村、乐平乡七坑村、龙岗镇郡沃村、清凉峰镇顺溪村、马啸乡湖门村、新桥乡下许村20个村成为首批市级森林村庄，青山湖街道研里村、於潜镇昔口村成为省绿化示范村。

【《临安市碳汇林业建设总体规划》通过评审】 2010年9月17日，由临安市人民政府与浙江农林大学共同编制的《临安市碳汇林业建设总体规划》通过专家组评审。专家组主要包括国家林业局、国家林业局调查规划设计院、中国林科院、浙江省林业厅、浙江农林大学、杭州市林水局等单位的人员。《规划》首次对临安森林碳汇和其他行业的碳排放进行碳汇、碳源平衡测算，分阶段提出临安碳汇林业试验区建设的目标和思路；构建碳汇造林、森林经营增汇减排、碳汇计量监测、碳汇管理机制和适应气候变化四大建设体系。碳汇林业建设规划编制在全国尚属首次。

【首座雷竹林碳汇通量观测塔建成】 2010年10月，由临安市林业局和浙江农林大学共同建设的雷竹林碳汇通量观测塔在太湖源雷竹园区建成，并投入使用。该塔装备辐射传感器、光三维超声风速仪、二氧化碳水汽分析仪等科学探测设备，能全自动、全天候采集竹林不同冠层的二氧化碳浓度等竹林生态系统的信息，观测、记录雷竹林的固碳功能。该塔是全国首个雷竹林碳汇通量观测塔。

【全国首批林业碳汇证发放】 2010年10月27日，青山湖街道张良华、太湖源镇夏玉云等10家农户获中国绿色碳汇基金会颁发的全国首批“林业碳汇证”。碳汇证主要分析记录林地所有权、林木所有权、林业碳汇对应的森林、林木、林地现状。该批试点农户经市林业局资格审查，由浙江农林大学对其林权证上的林木进行森林监测、碳汇计量和碳平衡计量，确定其森林初始碳储量。领取碳汇证的农户，根据森林经营方案进行森林经营活动，提高森林固碳量，未来三年可持证进行碳汇交易。

【森林抚育经营试点工作启动】 2010年5月，临安市被列入“浙江省森林抚育经营试点县（市）”。7月19日，召开全市森林抚育经营试点工作启动会议，部署试点工作。全市选择试点单位15家，落实经营小班145个，面积0.13万公顷。其中，416公顷用材林采用幼龄林割灌除草、中龄林生长伐（卫生伐）等经营模式，0.09万公顷公益林采用定株抚育、生态疏伐等经营模式。试点工作主要为建成一批森林抚育经营示范单位或示范点，辐射带动全市森林抚育经营工作，研究切实可行的森林抚育经营投入新政策。

【生态公益林建设】 2010年，按照“生态优先、兼顾生产、量力而行、群众自愿”的原则，全市新增省级生态公益林0.66万公顷，涉及15个乡镇52个村737个小班。增划后，全市生态公益林面积从2009年的7.93万公顷扩大到8.60万公顷（其中，省重点生态公益林7.23万公顷、杭州市补级生态公益林1.36万公顷），占国土面积比例从2009年的25.3%增加到27.4%。继续开展生态公益林分类补偿分级管理试点工作，确定试点单位8个，试点面积0.97万公顷，其中一类林0.15万公顷、二类林0.65万公顷、三类林0.17万公顷。对一类林、二类林、三类林分别按29元/亩、24元/亩、17元/亩的标准给予补偿。

林业产业

【概况】 2010年，全市新增省级林业龙头企业1家、省级示范性林业合作社2家、市级林业专业合作经济组织6家，全市各类林业专业合作经济组织达到95家。组织完成省级财政林业专项资金项目11个。新建省级现代农业生产发展资金项目两个，分别是康鑫省级现代毛竹示范区建设项目和红叶省级林业特色精品园（花卉苗木）建设项目。实施千里富民林道建设项目，办理林道审批117条，完成长度200千米，争取各项林道补助资金456万元。新建无公害农产品基地0.12万公顷、森林食品基地0.06万公顷，新认证无公害产品4个。举办各类林业技术培训班102期，受训农民1.2万人次。开展林产品区域品牌提升年活动，举办中国杭州（临安）山核桃文化节，组织参加浙江笋竹产品西北行、中国义乌国际森林产品博览会等活动，20家山核桃加工企业授权使用“临安山核桃”证明商标，9家竹笋加工企业授权使用“天目笋干”证明商标。

【竹笋产业】 2010年，全市竹笋总产量16.7万吨，比上年下降13.9%；竹笋平均价格4.37元/千克，增长16.8%；总产值7.29亿元，增长6.6%。有竹笋万元户1.51万户，比上年增加1245户；竹笋5万元户202户，增加41户；竹笋10万元户13户，增加1户；竹笋100万元户2户。其中，千洪乡朱湾村吴柏木在淳安承包竹林6.67公顷，竹笋收入110万元；高虹镇崇阳村蒋长富竹笋收入104.8万元。

【山核桃统一开竿日期推迟】 2010年，受3月“倒春寒”天气影响，全市山核桃成熟期普遍推迟。为保证山核桃品质，保障林农利益，8月31日，市政府发布通告，明确全市山核桃统一采收日推迟3天，延迟至9月11日，各地不得以任何理由提前开竿。

【参加浙江笋竹产品西北行活动】 2010年3月26~27日，临安市组织13家笋竹加工企业参加在陕西省西安市举行的“浙江笋竹产品西北行”活动。该活动由浙江省林业厅、陕西省林业厅共同主办，包括专题推介展示会、竹笋菜肴展示、百人共享竹笋宴、县（市）长超市推介、超市消费互动、市民现场品尝等内容。临安参展企业现场展示天目雷笋、天目笋干、水煮笋、调味笋和竹地板、竹家具等10余类100余个产品。

【参加中国义乌国际森林产品博览会】 2010年11月1~4日，临安市组织27家林产品加工企业参加第三届中国义乌国际森林产品博览会。临安山妹子食品有限公司的“山妹子”山核桃、杭州临安康太炒货食品厂的“一颗心”牌小核桃团圆仁、临安深宝绿色食品有限公司的“深宝”山核桃、杭州临安枫林食品有限公司的“鼎峰”山核桃、杭州新东林食品有限公司的“新东林”山核桃、天则山核桃科技开发有限公司的“天则”山核桃6个产品获金奖，杭州临安东升绿色食品有限公司的“东升”山核桃、临安市绿叶食品有限公司的“绿叶”笋干获优质奖。

【千里富民林道建设】 2010年，全市完成千里富民林道建设128条计200千米，涉及26个乡镇（街道）115个行政村。林道补助资金根据建设难易程度和投资额大小发放，每千米补助1万元~2万元，总额从上年的150万元增加到250万元。工程质量较好的37千米林道列入省级林道补助项目，争取补助资金110万元，补助标准从原来的1万元/千米~2万元/千米增加到4万元/千米~5万元/千米。

资源保护

【概况】 2010年，全市发放林木采伐许可证2752份，蓄积17.16万立方米，采伐毛竹181万支。木材运输总量5.77万立方米，竹材运输总量117万支。强化低丘缓坡综合开发利用，争取征占用林地限额指标138公顷。加强木竹运输管理，累计巡查750次，检查车辆1960辆，查处违章车次35起，没收木材340.2立方米、毛竹1770支。

国有林地清查工作全面结束，森林可持续经营试点继续深化，天目山林场、三口林场、隋梅林场森林经营方案通过评审。全市首批林权抵押贷款政府贴息发放活动在岛石镇举行，发放财政贴息资金6.8万元，惠及林农250户。加强森林消防，新建杭州市级重点森林消防队伍9支。松材线虫病喷药防治面积0.09万公顷，改造松林林相0.02万公顷，死树控制在万分之三以下，疫木除害处理率和处理合格率100%。查处森林案件70起，处理违法犯罪人员87人次。开展野生动物保护宣传月、爱鸟护鸟科普宣传等活动。

【首例森林资源采伐权拍卖】 2010年9月27日，临安市首例森林资源拍卖会在玲珑林业站举行。此次拍卖是市林权交易流转平台搭建以来开展的首笔业务，拍卖标的是太湖源镇上阳村青云实验林场26.67公顷山林的部分林木采伐权。参加拍卖会林农20余人，参与竞拍9人，最终竞拍价为41.8元/50千克。拍卖前，林权交易中心工作人员对拍卖标的进行勘界核实、测算评估后确定拍卖标底，并进行公告公示。临安市在集体林权制度主体改革的同时，稳步推进配套改革，目的是把市场机制引入现代林业建设中，通过评估、抵押、拍卖，实现林地、林权合理流转，切实维护林农权益。

【林业有害植物普查】 2010年10月，临安市通过重点区域实地巡查、一般区域询问调查、发现危害严重详查等方法，完成林业有害植物普查工作。历时两个月，采集制作标本30余份，拍摄林业有害植物形态及危害状照片100余张。发现域内林业有害植物37种，危害总面积0.24万公顷，其中,轻度危害0.09万公顷、中度危害0.13万公顷、重度危害146.67公顷。主要危害植物种类有葛藤、阿拉伯婆婆纳、喜旱莲子草、小飞蓬、大狗尾草、加拿大一枝黄花等，还发现杠板归、乌蔹莓、瘤梗甘薯、毛鸡屎藤、金色狗尾草5种林业植物潜在危害。

【冲突管理与林权纠纷调处培训班】 2010年9月16~18日，由联合国粮农组织

(FAO）和国家林业局森林资源司联办的冲突管理与林权纠纷调处培训班在临安开班。来自浙江、江西和福建三省林权纠纷调处部门的17名代表参加培训。培训采用参与式教学互动形式，用福建、江西、浙江等地实际案例作分析，探索解决林业冲突管理与林权纠纷调处的方法和策略。联合国粮农组织冲突管理专家安东尼娅到班指导。

【国有林地清查】 2010年11月，全市国有林地清查工作基本结束，历时两年半。清查工作分前期准备、清查确权、权证发放、平台开发四个阶段进行。全市清查国有林地159宗，面积0.70万公顷，涉及17个乡镇（街道)、两个国家级保护区和两个国有林场。建立国有林地籍管理系统，初步实现对外“以证管地”、对内“以图管地”的格局。整个系统由浙江农林大学开发建设，包括林权证查询管理、森林资源评估管理、碳汇计量管理、使用权委托管理等方面。

（张 慧）

国家级自然保护区

·天目山国家级自然保护区·

【概况】 天目山国家级自然保护区位于临安市西北浙、皖两省交界处。1956年，天目山成为全国森林禁伐区。1975年，天目山成为省级重点自然保护区。1986年，天目山成为生物多样性、文化多样性及森林生态系统多样性为重点的综合型国家级自然保护区，所辖面积1018公顷。1994年扩区后，总面积4284公顷。1996年，成为联合国教科文组织国际生物圈保护区网络成员。2006年，成为全国自然保护区示范单位。保护区成为全国青少年科技教育基地、全国科普教育基地及浙江大学、复旦大学、华东师范大学等院校的实习基地。

天目山自然条件优越，生物资源丰富，被誉为“生物基因库”。天目山有病原真菌195种、大型真菌279种、地衣50种、高等植物2351种，其中，模式标本产地植物89种、以“天目”命名的植物37种、国家保护野生植物18种；有昆虫类4209种、蜘蛛类166种、鱼类55种、两栖类21种、爬行类48种、鸟类154种、哺乳类74种，其中，模式标本产地动物745种、以“天目”命名的动物127种、国家保护野生动物42种。

2010年，天目山管理局继续与西天目乡、大华集团合作，投入4000余万元，完成市政工程二期招投标工作、污水处理厂管理用房主体工程建设、雨华亭至天缘大酒店步行石板路和留椿屋道路路面石板铺装、后山门2000立方米净化水池钢筋混凝土浇筑和防水涂料建设、一里亭至后山门2000立方米水池水管埋设及西关至后山门2000立方米水池引水管道工程开挖工作，完成天目村失地农民养老保险参保工作。

投入10余万元，开展野生动植物、环境监测。继续开展陆生野生动物疫情疫病日常监测，全年监测线路9000千米；完成161.73公顷松林三次外业调查并上报死亡松树数据；继续开展柳杉林病原菌孢子及危害性昆虫的连续监测，安放松墨天牛诱捕器20只，捕获松墨天牛145只。与市水利水电局水文监测站合作开展降雨监测；与市气象局合作开展基础气象自动观测。投入50余万元，与基地共建院校合作完成实习教材编写工作，增补电脑、照相机、打印机、体视显微镜等实验设备，更新野外实习路线标牌。

投入30余万元，将26千米防火隔离带拓宽至22米，清理26千米防火隔离带杂草，营造生物防护林带15.5千米。清理维修消防水池13只。增添应急照明电筒30只、消防服装50套。查处野外违章用火行为3起，处罚3人；查处擅自砍伐2起，处罚2人；查处盗伐1起，处罚1人。保护区内外插立防火彩旗150面，发放告周边村民书3500份，张贴防火标语200张，发放《游客须知》1万余份，出动防火宣传车150余次，悬挂防火横幅15条。配合国家林业局森林防火指挥部在天目山建立国家林火监测基站1座。

继续实施古柳杉群综合保护工程，对禅源寺至开山老殿沿游步道两侧约200公顷古柳杉群实施三盐营养液、杀菌剂、杀虫剂和生长激素喷射，共8轮2009桶计1.78万株次。《天目山古柳杉群综合保护工程前期实施成效及后五年工作计划报告》通过浙江省林业厅和杭州市林水局组织的国家级专家论证。争取和实施项目6项。发表学术论文9篇，其中，《濒危植物天目铁木遗传多样性的RAPD分析》获浙江省首届自然科学学术奖三等奖，《天目山常绿阔叶林空间结构特征研究》获浙江省高校科研成果奖二等奖。全年接待各级领导、各界人士、国内外专家、保护区同行等3800余人次。7月26日，浙江省少先队“体验生态文明”夏令营活动开营仪式在天目山举行。

是年，天目山国家级保护区在浙江省级以上自然保护区规范化建设考核中排名第一，被评为优秀单位。

【森林生态系统定位研究站建设项目获批】 2010年11月5日，国家林业局批复同意，在天目山国家级自然保护区内建设浙江天目山森林生态系统定位研究站项目（林规批字〔2010〕331号）。项目建设内容有：新建科研实验用房500平方米、永久性植物样地20块、通量观测塔1座、测流堰2座、地表径流场4块、水量平衡场3块、标准气象观测场1处，购置气象、土壤、植物生理等观测设施设备。核定项目总投资432万元，由中央资金安排解决。

【天目山周边“农家乐”经营管理高级培训班】 2010年，市人才办、市农办、市科协、市风景旅游局、西天目乡政府、天目山管理局联合举办天目山周边“农家乐”经营管理高级培训班，邀请浙江大学、浙江工商大学、浙江农林大学教授讲授台湾农宿经营特点与发展历程、“农家乐”特色化经营技术、“农家乐”庭院规划与绿化配置技巧、心理学在“农家乐”经营管理中的应用、烹饪营养学、健康管理与养生文化等课程。参加培训“农家乐”经营业主200余人，47人获市政府颁发的“农民技术员证”和浙江大学旅游学院及相关部门颁发的“培训证书”。

【野外实习基地再次向全国开放】 2010年7月26日，举行天目山野外实习基地第二次向全国重点高等院校开放活动开幕式。至8月2日，有浙江大学、复旦大学、南京大学、南京师范大学等16所重点高校108名师生代表进驻天目山国家级自然保护区，开展植物学、动物学、微生物学、昆虫学等学科野外联合实习活动。

【生物学野外实习基地建设项目完成】 2010年，由国家基础科学人才培养基金项目资助的天目山生物学野外实习基地建设项目完成，并通过国家自然基金委员会评估。该建设项目始于2008年，三年完成投资180万元，在树立野外实习创新理念、建立野外实习管理机制、改善野外实习硬件条件、开辟野外实习新线路、设立野外实习创新项目等方面均有创新和突破。

【《天目山植物志》出版】　2010 年 3 月，《天目山植物志》由浙江大学出版社出版。该书主编丁炳扬、李根有、傅承新、杨淑贞，全书分四卷，包括概论和各论两大部分。概论部分包括天目山概况、历史沿革、研究简史、植物区系、资源植物等，附有天目山珍稀植物和古树名木、采自天目山植物模式标本和天目山植物研究文献题录等；各论部分包括蕨类植物、裸子植物和被子植物三门植物特征及分科、分属、分种检索表，记载天目山野生和习见栽培维管植物 190 科、899 属、2066 种及种下分类群。全书 280 万字，开本 787×1092，印数 1000 册，定价 400 元。

【《天目山微生物学野外实习手册》出版】　2010 年 7 月，《天目山微生物学野外实习手册》由高等教育出版社出版。该手册主编袁生，由南京师范大学、浙江大学、复旦大学、南京大学、南京农业大学与天目山管理局联合编写，主要内容有天目山自然环境简介、土壤微生物、水体微生物、空气微生物、植物体微生物、大型真菌、地衣及功能性微生物菌株筛选等，附有微生物菌种保藏、细菌鉴定、放线菌鉴定、酵母菌鉴定、霉菌鉴定方法介绍。全书 21 万字，彩色照片 7 页共 58 幅；开本 787×1092，印数 1000 册，定价 15.50 元。

【《天目山金名片》宣传册成编】　2010 年 8 月，由天目山管理局和市邮政局联合编印《天目山金名片》宣传册。该宣传册内容有天目山国家级自然保护区介绍及周边景区、宾馆、酒店、“农家乐”基本情况等，印数 5000 册，主要发往全市各乡镇(街道)、部委办局、规模以上企业、酒店宾馆及江、浙、沪部分旅行社。

（刘海峰　赵明水）

·清凉峰国家级自然保护区·

【概况】　清凉峰国家级自然保护区地处浙江省临安市境内，与浙江淳安县和安徽绩溪、歙县、宁国三县（市）交界，保护区最高峰清凉峰海拔 1787.4 米。1985 年，清凉峰成为浙江省级自然保护区。1998 年 8 月，清凉峰扩区晋升为国家级自然保护区。1999 年 11 月，建立保护区管理局。保护区由龙塘山森林生态系统、千顷塘野生梅花鹿区域、顺溪坞珍稀植物区域三大板块组成，总面积 1.12 万公顷。区内自然资源丰富，生物多样性突出，是中国重要生物多样性的聚集地，也是濒危、珍稀物种的集产地和长江三角洲地区重要的物种基因库，有高等植物 1976 种、脊椎动物 283 种、昆虫 1800 余种，其中国家一级保护动物 6 种、二级保护动物 32 种。该保护区成为全国野生动物保护科普教育基地、中国林业书法家协会创作基地、浙江省生态环境教育示范基地、浙江省生态道德教育基地、杭州市环境教育基地。

2010 年，清凉峰保护区投入 30 余万元，建成保护区 GPS 巡护系统。投入 20 余万元，配备红外触发式相机，首次利用红外触发式相机拍摄到梅花鹿、黑麂等重点保护对象照片。在千顷塘、大平溪、小平溪等区域开辟防火隔离带 20 余千米。重新整编森林扑火队伍，增加和改进扑火装备，开展扑火技能培训和实战扑火演练 5 次。承办临安市森林消防队伍建设会议，代表临安市参加杭州市森林消防扑火演练。启动第二轮野生动物资源调查，完成华南梅花鹿种群生存力、扩繁技术研究项目及 FSC 森林认证技术推广项目验收和成果鉴定。清凉峰地区地质遗迹调查评价项目在浙江省国土资源厅立项。浙江卫视、人民网、《浙江日报》等媒体对保护区科研成果进行报道。全年张贴防火宣传标语 500 余份，发放宣传资料 2000 余份，悬挂横幅6条，增设不锈钢标牌10块，出动宣传车200余次。昌化林场完成转轨改制工作，完成场部危房改造2397平方米，改建干坑林区护林房。

是年，清凉峰保护区被命名为全国野生动物保护科普教育基地，在省级以上自然保护区规范化建设考核中获优秀等级。

【苏、浙、皖第二联防区护林联防会议】 2010年12月21日，苏、浙、皖第二联防区一分会第27次暨浙皖清凉峰保护区第13次护林联防会议在清凉峰国家级自然保护区召开，临安市领导和两省三县（市）林业局、森林公安分局、乡镇（街道）负责人、护林联防先进单位及先进个人代表出席会议。会议交流工作经验，表彰护林联防工作先进单位和先进个人，通过《浙皖清凉峰保护区第13次护林联防办法》，并举行护林联防工作交接班仪式。2011~2013年，苏、浙、皖第二联防区第一分会暨浙皖清凉峰保护区第14次护林联防由绩溪清凉峰保护区值班。

【《清凉峰华南梅花鹿种群生存力及扩繁技术研究》通过验收】 2010年7月5日，《清凉峰华南梅花鹿种群生存力及扩繁技术研究》通过浙江省林业科技项目验收。该项目由临安市清凉峰华南梅花鹿研究所、浙江清凉峰国家级自然保护区管理局、浙江农林大学资源动物研究所合作完成。项目组通过对清凉峰自然保护区华南梅花鹿种群习性、生境、数量、分布、食物进行调查、观察和试验研究，掌握保护区华南梅花鹿种群数量、分布、食物资源状况及特征、采食种类和采食部位；通过1.1万平方米双层智能围栏建设和4种引诱法试验，引诱华南梅花鹿5头，并繁育小公鹿1头，初步获得华南梅花鹿冬春季补饲、围栏生境等半生态饲养技术。

【昌化林场转轨改制】 2010年9月，根据浙江省政府《关于加快推进现代化国有农林渔场建设的若干意见》和临安市政府第40次市长办公会议精神，对昌化林场职责、经费保障形式和人员编制进行调整。调整后，临安市昌化林场增挂临安市昌化生态公益林保护管理站牌子，主要职责由生产经营为主调整为以承担生态公益林保护为主，单位性质为公益性事业单位，经费预算形式由经费自理调整为财政适当补助，人员编制核定为16人。

【获重点保护动物影像】 2010年5月，在清凉峰国家级自然保护区野生动物易活动地安装全天候红外线自动拍摄数码照相机。5月8日，两部相机拍摄到华南梅花鹿。7月16日，在龙塘山区域首次监测到国家一级保护动物——黑麂，并获得影像资料。12月7日，在千顷塘区域两次拍摄到世界濒危和国家一级重点保护野生动物——白颈长尾雉。

【清凉峰国家级自然保护区二期建设项目通过验收】 2010年12月，浙江清凉峰国家级自然保护区二期建设工程通过浙江省林业厅组织的专家组验收。该工程为国债项目，由省林业调查规划设计院编制初步设计，清凉峰管理局负责承建。项目总投资481.07万元，其中，中央投资380万元、地方配套资金101.07万元。建设内容主要包括新建检查站点72平方米和疫源疫病监测点100平方米，改善梅花鹿栖息地540公顷，开辟防火隔离带30.09千米，购建视频监控系统8套等。 （姜飞龙）

工　业

概　述

【概况】 2010年，全市实现工业销售产值775亿元。规模以上工业实现销售产值531.7亿元，同比增长35.4%；实现利税总额49.09亿元，增长76.1%，其中，利润总额31.91亿元，同比增长95.7%。规模以上工业自营出口53.89亿元，增长27.2%。规模以上高新技术产业实现销售产值223.4亿元，增长53.8%；实现利税总额23.72亿元，增长90.2%，占全市规模工业的48.32%。实现工业性投资58亿元，增长14.4%。工业用电量20.86亿千瓦时，增长17.5%，万元GDP综合能耗下降3.1%。规模以上工业从业人员9.78万人，增长15%；工业信贷104.69亿元，增长35.1%，占全市的41.27%。

玲珑地区实现规模以上工业销售产值448.44亿元，增长47.28%，占全市规模工业的84.34%；於潜地区实现规模以上工业销售产值41.25亿元，增长26.38%，占全市规模工业的7.76%；两昌地区（昌化、昌北）实现规模以上工业销售产值20.04亿元，增长26.6%，占全市规模工业的3.77%。锦城街道、玲珑街道、青山湖街道、锦南街道、横畈镇、高虹镇、太湖源镇、板桥乡、於潜镇、昌化镇、龙岗镇、太阳镇12个强乡镇（街道），实现规模工业销售产值474.49亿元，增长45.66%，占全市规模工业的89.24%。

全年新增规模企业176家，规模企业总数1007家；新增亿元企业25家，亿元企业总数91家；10亿元以上企业4家，其中，杭叉集团股份有限公司实现销售产值50.89亿元，成为全市首个超50亿元的企业。新增上市公司2家，全市上市企业总数6家。评定公布2009年度临安市21家大企业大集团、100家成长性企业、100家潜力型企业。221家重点工业企业全年实现工业销售产值300.7亿元，增长30.5%，占全市规模工业的56.5%；实现利税29.4亿元，增长63.3%，占全市规模工业的59.9%。

完成22家企业清洁生产审核，对15家企业开展电平衡测试，实施节能技改项目94个，上述131个项目总投资5.80亿元。

【技术改造】 2010年，全市完成限额以上工业性投资54.65亿元，同比增长

17.6%。完成重点项目投资53亿元，其中，投资50亿元的杭州易辰孚特汽车零部件有限公司“年产50万台CVT汽车无级变速器项目”正式启动建设。实施1000万元以上工业投资项目145个，计划总投资133.82亿元，实际完成投资39.45亿元；42个临安市重点技改项目完成投资24.52亿元，杭州福斯特光伏材料股份有限公司“高品质EVA太阳能电池封装胶膜”等11个重大项目竣工投产。完成技改投资43.9亿元，增长14.3%，其中，34个项目列入杭州市级以上重点技改项目，完成投资23.49亿元，杭州临安小天使食品有限公司“年产1.5万吨食品”等17个项目竣工投产。

【技术创新】 2010年，全市新增省级以上工业新产品33只，实现规模工业新产品产值100.75亿元，同比增长53.6%，新产品产值率18.7%。新增国家重点支持高新技术企业14家，新增省级企业技术中心2家，累计11家；新增杭州市级企业技术中心7家，累计32家。专利申请1632件，专利授权1662件，分别比上年增长23.6%和108.3%。新增中国驰名商标2个，省级以上名牌产品3个，省、杭州市著名商标和知名商号11个。39个项目列入杭州市技术创新项目计划，5个项目被列入省级技术创新项目计划。杭州福斯特光伏材料股份有限公司的“高品质EVA太阳能电池封装胶膜”项目获省级优秀工业新产品新技术一等奖，浙江帝龙新材料股份有限公司的“阳极氧化铝卷板连续氧化工艺技术”获三等奖；杭州钱王机械有限公司开发的“无铅铜——钢双金属滑动轴承”获杭州市优秀新产品新技术二等奖，杭州临安形象塑业有限公司的“薄型HDPE钙塑瓦楞箱”等6个项目获三等奖。锦城高新技术产业园和临安开发区高新技术产业园被评为2009年度杭州高新技术产业园优秀园区。“百镇联网”工程有11个乡镇（街道）实施联网。全年新增电子商务企业793家，28家企业被评为杭州市信息化示范试点企业。浙江帝龙新材料股份有限公司的省级信息化项目“装饰纸印刷自动配色技术开发与应用”通过验收，浙江万马电缆股份有限公司“交联管内电缆偏心壁厚分层辨析系统”等9个杭州市级信息化项目通过验收。

【能源管理】 2010年9月，全市最大节能技术改造项目——浙江杭州大马水泥有限公司“9兆瓦纯低温余热发电项目”通过省经信委组织的综合验收，实现并网运行，该项目可实现年节约标煤2万吨。实施淘汰落后产能专项行动，关停小造纸生产线13条、直径2.9米以下水泥磨机6台。实施固定资产投资项目能源评估和审查制度，严格控制新建高耗能项目上马，35个固定资产投资项目进行合理用能登记，6个项目通过能源评估审查，项目总投资19.37亿元，新增年能耗总量7.31万吨标煤。全年实现单位GDP能耗下降3.1%，完成“十一五”期间万元GDP能耗下降20%的目标任务。

【临安成为中国节能电光源制造基地】 全市节能灯发展始于20世纪90年代中期，2009年，全市共有节能灯生产企业303家，实现工业销售产值55亿元，利税2亿余元，从业人员2万余人。其中，规模以上企业133家，毛管和整灯产量14.67亿只，产值44亿元。节能灯企业主要分布在高虹镇、横畈镇、太湖源镇、锦城街道、玲珑街道，高虹镇企业最为集中。至2010年，高虹镇有节能灯企业180余家，其中，500万元以上规模企业64家、亿元以上企业7家、10亿元企业1家，形成节能灯块状经济，连续10年获临安市工业强镇称号，成为浙江省高新技术特色产业基地、浙江省高新技术产业园和杭州市特色城镇先进工业功能区。是年，临安市开展创建中国节能电光源制造基地工作。高虹镇围绕“打造中国节能电光源制造基地，加快节能灯绿色产业转型升级”这一主题，配合市政府出台《临安市绿色照明产业转型升级实施意见》，引导企业走转型升级发展道路，新增节能灯整灯生产企业5家，杭州宇中高虹照明电器有限公司8条整灯自动化生产线全部启用。全镇拥有圆排车168台套、长排车133台套、螺旋灯自动成型机53台套，95%以上的企业基本实现半自动化或自动化生产，多家企业着手研发LED产品。推行零土地技改，新增多层厂房8.65万平方米。打造企业品牌，提升企业竞争力。启动实施含汞废旧灯管处理工程，一期投资2897万元，完成厂房建造，引进两条瑞典MRT全密封处理生产线。全年实现工业销售产值47.5亿元，同比增长17.28%；规模企业销售产值36.4亿元，增长24.1%；规模企业上缴国税、地税1.29亿元，增长16.2%；自营出口7016万美元，增长43.2%；完成工业性投入3.58亿元，增长26.4%；规模工业万元产值综合能耗下降率11%，比计划下降3个百分点。

8月24~26日，中国照明协会专家组一行到高虹镇实地考核验收。8月30日至9月4日，在中国照明电器信息网上对临安市“中国节能电光源基地”考核情况进行公示。9月10日，中国照明电器协会正式批文授予临安市“中国节能电光源基地”。10月28日，在“森博会”期间举行的“中国绿色照明节”上，中国照明电器协会理事长陈燕生授予临安市“中国节能电光源制造基地”牌匾。

【临安获“中国坚果炒货食品城”称号】 临安坚果炒货产业主要集中在龙岗镇，该镇依托山核桃、香榧等当地坚果资源，发展坚果炒货产业。2010年，全镇有炒货生产企业135家，约占全市炒货企业的59%，其中，通过QS认证77家、产值300万元以上75家、规模企业16家，年销售产值近10亿元；产品种类有山核桃、香榧、碧根果、腰果、榛子、松子等30余个；有省级名牌产品企业1家、杭州市级名牌产品企业4家、著名商标3只。3月15日，临安市委、市政府出台《关于加快我市坚果食品产业转型升级的实施意见》，规划利用龙岗200公顷工业功能区为生产基地，建设占地面积33.33公顷的坚果炒货原料、产品交易市场。4月7日，市政府向中国食品工业协会坚果炒货专业委员会提交《关于要求授予“中国坚果炒货食品城”称号》的申请。8月2日，中国食品工业协会经实地检查后给予批复，同意授予临安市“中国坚果炒货食品城”称号。同月23日，中国食品工业协会坚果炒货专业委员会与临安市西部工业功能区管委会签署中国坚果炒货食品城协议书，正式授予临安市“中国坚果炒货食品城”称号，承载建设地为临安市西部（龙岗）工业功能区。10月28日，“中国坚果炒货食品城”举行奠基仪式，首期4公顷坚果炒货贸易区工程开工。

【"1+X"工业政策体系】 2010年，是市委、市政府确定工业经济转型升级之年，根据形势变化，需要对《中共临安市委、临安市人民政府〈关于深入实施工业强市战略，进一步加快工业经济发展的若干意见〉的通知》（临委〔2009〕1号）进行修改完善，同时，需要从产业培育方面对工业经济进行分类指导。年初，酝酿修改和制定具有公共性和普适性工业综合性政策，简称工业政策"1"，并对全市主导产业电线电缆、绿色照明、复合装饰材料等产业转型升级实施分类指导，制定分产业政策，简称工业政策"X"。3月15日，市政府出台《临安市人民政府关于加快我市绿色照明产业转型升级的实施意见》(临政发〔2010〕36号)、《临安市人民政府关于加快我市坚果食品产业转型升级的实施意见》（临政发〔2010〕37号）、《临安市人民政府关于加快我市精密机械元器件产业转型升级的实施意见》（临政发〔2010〕38号）三个分产业的转型升级实施意见，主要分产业发展现状、产业发展目标、转型升级措施三个部分。7月14日，市委、市政府出台《关于进一步实施工业强市战略积极推进工业经济转型升级的若干意见》（临委〔2010〕37号），分"着力扶优扶强，带动产业升级"等10项内容及"实行重点项目技改扶持"等37条政策，成为综合性的工业扶持政策，初步形成"1+X"工业政策体系。

【节能降耗攻坚行动】 2010年8月5日，全市召开节能降耗工作会议，部署年内全市节能降耗工作。市委副书记、市长王宏强调："在规定时间内抓好节能降耗工作没有退路，非常时期采取非常措施没有选择余地，全市上下共同努力，必须完成任务。"市有序用电协调工作领导小组、市节能工作领导小组联合发文《关于迅速实施应急措施确保完成全年节能降耗任务的通知》（临节能〔2010〕1号），提出"实行全社会用电总量控制"、"对工业实施有序用电"，"加强三产节电、限电和节油工作"等六大任务。市节能工作领导小组办公室成立督查工作指挥小组，分9个督查组，其中，分乡镇（街道）和部门6个组及综合组、宣传组、产能淘汰组，分行业、分地区开展节能降耗工作督查，对全市机关事业单位、工业商贸企业有序用电企业执行情况及公共场所空调温度、霓虹灯、广告灯和路灯限电执行情况实行不间断巡查，并对违反规定的单位实行媒体曝光和拉电行动。至12月底，全市节能降耗攻坚行动开展对20家重点用能企业和5家公共建筑用能单位能源监察工作；下达有序用电告知书66份、整改通知书112份，对37家超过用电量计划指标的企业实施强制拉电措施；实施九批有序用电方案，对1617家企业共计压减用电1.85亿千瓦时，相当于节约标煤5.92万吨。

【资本对接会】 2010年12月14日，全市资本对接会在市政府会议中心召开，市政府与杭州高科技担保公司、杭州银行股份有限公司科技支行联合签署设立临安市中小企业风险池基金意向书，基金总额1.5亿元；与赛伯乐签署资本战略合作框架协议；与中国民生银行杭州涌金支行签署对全市区域批量授信5亿元框架协议。5家企业分别签署股权投资协议，其中，浙江赛伯乐投资管理有限公司对临安矽能新材料有限公司股权投资3000万元、新加坡对杭州侨资纸业有限公司股权投资意向书、杭州西子集团对路通公司股权投资

2980万元、杭州鹏辉科技有限公司对雄鹰公司设备租赁意向书、宁波海桥公司对杰杰公司股权投资3200万元。

（帅正义）

工业平台建设

·概述·

【概况】 2010年，全市新增工业平台436.33公顷，规划区内工业性投资48.95亿元，其中基础设施投资7.33亿元，入区企业729家，实现工业销售产值381.7亿元，同比增长49.6%，占全市规模工业的71.8%，较上年同期提高3.4个百分点；实现利税33.55亿元，同比增长79.1%，占全市规模工业利税总额的68.3%。省级青山湖科技城核心区块五条主干道基本完成路基填方和导管铺设，其中国电机械设计研究院、浙江省轻工业研究所等首批8家科研院所项目开工建设。以高虹工业功能区为主的临安绿色照明产业生产基地被评为“中国节能电光源制造基地”、以浙西工业功能区为主的坚果炒货食品产业生产基地被授予“中国坚果炒货食品城”称号。

（帅正义）

·临安经济开发区·

【概况】 临安经济开发区前身为临安市工业园区，2001年9月，经省人民政府批准设立为省级经济开发区。全区控制面积22.4平方千米，规划面积11.3平方千米，其中，工业区块7.8平方千米、商贸居住区块3.5平方千米。

省科创基地（科技城）建设快速推进。完成青山湖科技城概念性规划及城市设计、核心区修建性详规；青山湖国际创意园（青坚水泥厂改造）、公共服务中心、孵化大楼和道路景观工程方案设计进入规划完善阶段；院所建筑进入立面设计和施工图设计；基本完成总长5.7千米的核心区五条主干道路基填方及管道铺设；完成跨苕溪桥梁工程桥墩及梁板浇注；加快长西线复线建设，笑岭隧道中导洞贯通；公共服务中心等公建项目和强电入地隧道工程启动项目前期工作；15家院所的21个项目中，在临安完成立项6家院所8个项目，其他属省里审批的项目加紧报批中。

2010年7月9日，省委书记、省人大常委会主任赵洪祝调研青山湖科技城建设工作。开发区有规模以上企业103家，当年新增17家；实现工业销售产值212.5亿元，同比增长77.9%。其中，规模以上工业销售产值200.5亿元，增长80%，占全市规模以上工业销售产值总量的40%；其中，规模以上高新技术产业销售产值128亿元，占规模以上工业销售产值的64.4%。实现工业性投入12亿元，规模工业万元产值能耗0.08万元每吨标准煤。

全年累计实到内资13亿元，完成年度任务的130%；实到外资5.66亿美元，完成年度任务的141.5%。鸿雁电器工业园项目土地落实，西子电梯工业园项目签约；以色列工业园项目和钢研高科研发中心项目签订意向协议，浙江大学科技发展平台确定投资意向；青山湖科技城综合体项目完成首期26.67公顷用地招、拍、挂。

开发区列入市重点工业项目10个。德谦杭重锻造有限公司扩建项目前期工作基本完成；年产2万吨高档特种装饰原纸生产线技术改造项目厂房完工；杭塑迁扩建项目竣工投产；年产100千米500千伏超高压电缆项目新增土地厂房开工建设，完成老厂房改造；年产6000吨高品质中分子量聚异丁烯项目主体工程完工；超高压绝缘料生产项目土建主体工程完工；年产200套感应电炉生产线项目主厂房工程及装修基本完成，设备安装调试；南都新能源项目购置设备，完成安装和调试，并投产；万马药业整体搬迁及芪明颗粒产业化项目一期厂房土建工程基本完成；浙江天煌数码科技产业园完成项目前期。

开展省级以上开发区环境整治工作，通过浙江省环保局验收。组织7家企业开展清洁生产、循环经济试点工作；组织4家企业进行电平衡测试改造和申报。举办春季开发区企业人力资源交流会和人力资源工作座谈会。开展企业职工子女就学协调工作，帮助协调杭氧、杭叉、杭机、南都等企业解决职工子女就学150余人；组织开展第四届优秀外来员工评选，评出优秀外来员工109人；职工书屋被中华全国总工会命名为全国“职工书屋”示范点。发放开发区长寿金65.93万元、奖学金11.62万元，15人享受开发区大病救助金计13.36万元。

【温家宝考察临安装备制造业企业】 2010年6月25日，中共中央政治局常委、国务院总理温家宝在省委书记、省人大常委会主任赵洪祝，省委副书记、省长吕祖善等陪同下，在杭州就经济运行情况进行调查研究。调研期间，温家宝到临安经济开发区考察浙江西子富沃德电机有限公司、浙江杭叉工程机械集团等企业。温家宝深入生产车间，与干部职工亲切交谈，了解机械制造行业和企业的生产、科研、销售情况。浙江西子富沃德电机有限公司是一家主要生产电梯用电机企业，主导产品“永磁同步无齿轮曳引机”具有效率高、能耗低、绿色环保等特点。浙江杭叉工程机械集团是一家民营企业，产品远销130余个国家和地区，近年来通过加大新产品研发力度，开拓市场，成为世界上规模最大的叉车企业之一。

【8家科研院所动建】 2010年12月8日，青山湖科技城研发区块首批入驻的8家科研院所正式动工建设，总投资6.5亿元，用地面积9.6万平方米，总建筑面积12.9万平方米，预计2012年底全部建成，并交付使用。8家院所分别为：国电机械设计研究院、中华供销总社茶叶研究院、浙江省环境保护设计研究院、浙江省丝绸科学研究院、浙江省轻工业研究所、浙江省交通科学研究所、浙江竞天智能技术研究所、浙江威星智能计量仪表研究所。

【西子联合电梯部件产业园签约】 2010年12月1日，临安经济开发区与西子联合控股有限公司签订西子联合电梯部件产业园入区协议。市领导邵毅、王宏、吴苗强、陈法生、胡竑、张金良、柴世民与西子联合控股有限公司总裁陈夏鑫、执行总裁陈顺华参加签约仪式。西子联合控股有限公司是一家以装备制造为主，跨行业经营的综合型企业集团。公司总部在杭州，旗下产业涵盖电梯及电梯部件、锅炉、立体车库、起重机、钢构、房产、商业、投资等多个领域，是中国500强企业之一。

【首台6立方米船用抓斗挖掘机投产】 2010年9月17日，杭州杭重机械有限公司开发生产首台6立方米船用抓斗挖掘机，填补国内自主研发大型船用抓斗挖掘机领域的一大空白。船用抓斗挖掘机主要用于港口建设、近海及内河的航道疏浚和维护及海洋工程等方面的水下采掘作业等，适用于挖掘泥、沙、卵石及爆破后的碎岩。6立方米船用抓斗挖掘机耗能是国外同类产品的2/3，且采用先进的变频调速控制技术，整个控制系统更安全、更平稳。

（王杭政）

·临安高新技术产业园·

【概况】 临安高新技术产业园地处临安市主城区东北侧，国家森林公园青山湖北岸，文一西路延伸工程——临余公路穿过园区。临安高新技术产业园是青山湖科技城（省科创基地）重要板块之一，园区重点发展总部和楼宇经济，培育软件信息和服务外包、文化创意、中介咨询服务、休闲商务等产业。空间布局上，以临余公路为界，分为南北两片，南片为城市功能片区，发展产业高端服务和城市高档人居社区；北片为产业功能片区，包括产业发展区和产业配套服务区。

2010年，基础设施立项通过市发改局审核，进入上报省发改委争取省重点项目阶段。陈家坞区块龙隐路1标段完成建设，2标段动工；青山湖路完成设计、立项、地质勘探等前期相关工作；服务中心大楼项目开工建设，并完成工程总量的30%；潘山安置小区建房全面铺开，在建农户121户；新联综合安置小区土地征用、总体规划设计、环评、地质灾害评估等基本完成。城西区块园内道路基本竣工，农户安置建房30余户；浙江飞越科技有限公司建成投产，杭州侨资纸业有限公司一期厂房建设竣工。金马工业小区完成水保环评等前期工作，入园企业杭州福斯特光伏材料股份有限公司破土动工。当年，临安高新技术产业园被评为杭州市优秀高新技术产业园。

（何　丽）

·临安科技孵化基地·

【概况】 临安科技孵化基地位于临安市锦北街道环城北路，东临浙江林学院新校区，南邻马溪河堤，占地面积4.67公顷，总投资7000万元。该基地于2009年5月10日竣工，项目总建筑面积6.20万平方米，分研发区、产业区、综合服务区三个部分。同年，被评为杭州市小企业创业示范基地。2010年，有28家中小企业入驻生产。临安马溪实业投资有限公司成立，主要职责是协助入园企业办理工商注册、税务登记等相关手续，负责企业日常协调和管理，为入园企业提供政策咨询、产业引导、信息交流、场地管理等服务。基地被评为杭州市科技企业孵化器、杭州市工业投资与技术改造先进企业。

（沈　路）

·玲珑工业区·

【概况】 玲珑工业区位于临安市区西南，创建于2002年9月，规划总面积由4.23平方千米扩至11平方千米，建成面积约4平方千米。有工业企业115家、从业人员15223万人。区内企业涵盖电线电缆、装饰纸、节能灯、电子机械、新型材料、纺织服装等行业。其中，电线电缆行业有企业63家，2000万元以上企业35家；装饰纸行业企业19家，2000万元以上企业8家，电线电缆、装饰纸两大产业总量占工业区总量的70.89%。区内有国家级火炬计划重点高新技术企业3家、浙江省高新技术企业21家。工业区基础设施累计投入4.07亿元，企业累计固定资产投资40.76亿元，引进外资1.2亿美元。玲珑工业区先后获杭州市特色城镇工业功能区先进单位、杭州市出口示范基地、杭州市高新技术产业园、杭州信息产业国家高技术产业基地拓展区等荣誉称号。

2010年，实现工业销售产值75.38亿元，同比增长12.50%，占全街道工业销售产值的73.04%；完成工业性投资7.13亿元，增长28.23%；实现国地两税2.08亿元；完成基础设施投入3937万元，新增开发面积6.27公顷。完成区内道路建设30万平方米、土地平整500万立方米、管网铺设20千米、河道整治3千米、绿化面积3万平方米。9个工业技改项目实现工业投入2.41亿元，其中，浙江蓝波护理用品有限公司的“年产150万箱成人纸尿裤及系列产品技改项目”动建，当年实现投资1.15亿元，完成厂房及办公大楼工程建设，调试生产线设备。杭州恒信电气有限公司“控制设备高压/低压预装式变电设备”等7个产品被认定为省级新产品。11家企业项目报批手续完成办理。11月，功能区被认定为“第一批杭州市国家级试点和基地拓展区”，成为全市第一个成功申报的国家级试点和基地拓展区。12月15日，省委常委、杭州市委书记黄坤明，杭州市委常委、市委秘书长许勤华，杭州市委常委、副市长沈坚在临安市委书记邵毅、市长王宏等陪同下，到浙江帝龙新材料股份有限公司视察指导工作。

（李　娜）

·科技城横畈产业化区块·

【概况】 科技城横畈产业化区块前身为横畈镇竹制品加工园区，2002年启动建设，2008年列入临安市重点工业功能区，与临安经济开发区连片开发。2009年，随着浙江省科技城规划的通过，横畈工业功能区再次提升、扩容，区域范围拓展至20平方千米，并重新定位为“浙江省科创基地（科技城）产业化区块”、“先进装备制造业基地的承载区”、“高新技术产业化基地的先行区”及“青山湖科创城产业承接中心”。

2010年，新增开发面积136.67公顷，同比增长241.67%；区内工业性投资15.2亿元，增长868.85%；基础设施投入1.6亿元，增长292.29%；工业销售产值14.7亿元，增长12.54%；实缴税金5011万元，增长23.36%。全年签约引进企业12家，包括杭州易辰孚特汽车零部件有限公司的“年产50万套汽车无极变速箱的铁牛项目”，以及杭州杭叉铸造有限公司的“年产2万台叉车配套铸件项目”、杭州宏立机械制造有限公司的“年产6万台杭叉钣金焊接结构件（油箱）配套项目”、杭州金质丽科技有限公司的“年产6000吨新型涂料生产线项目”、杭州星宏机械有限公司的“年产30DH油缸及转向节配件10万套建设项目”等4家浙江杭叉叉车有限公司配套企业，此外，还有杭州蓝海精密轴承有限公司、杭州华惠阀门有限公司等杭资工业“退二进三”梯度转移项目，初步形成“先进装备制造业”的汇集地。7月27日，在横畈工业功能区举行重点建设项目立功竞赛启动仪式暨市总工会“11211”促进就业援助行动的授牌表彰活动。

开展“平台拓展年”活动，成立横畈工业平台推进攻坚领导小组，推行“超常规一线工作法”。43天完成2万平方米标准厂房建设，45天完成1475口坟墓迁移；完成涉及拆迁安置的98户农户、13家企业的拆迁评估，签订房屋拆迁协议65户，其中，涉及铁牛集团区块共拆迁房屋及企业53家，工业功能扩容区项目拆迁10家，物流中心项目拆迁2家；完成全部土地丈量与青苗清点登记工作，征用土地166.67公顷，处理青苗80公顷。

开展“项目落地年”活动，涉及基础设施建设11万伏雅观变电所、供水管道、雨污管网、园区道路“三纵三横”框架基本形成；供电、日处理2000吨的污水处理厂、绿化等基础设施配套到位；连接临安、余杭的长西线贯穿全境及其连接横畈临安经济开发区的支线在建；占地面积20公顷的物流仓储配送中心在规划。

【铁牛集团项目落户临安】 2010年1月5日，铁牛集团与临安市人民政府签约，其投资的杭州易辰孚特汽车项目落户临安横畈工业功能区。铁牛集团是全国民营企业500强之一，总部设在浙江永康市，总资产75亿元，其中净资产50亿元，制造业厂区面积120万平方米，有员工6000余人，通过QS-9000汽车工业质量管理体系认证，拥有自营进出口权和多项专利技术。杭州易辰孚特汽车项目总投资50亿元，项目总占地面积124公顷，投产后年产50万套汽车无极变速箱，年产值预计达到150亿元。10月30日，杭州易辰孚特汽车项目奠基开工建设，浙江省副省长金德水、省经济和信息化委员会主任谢力群、杭州市副市长沈坚、中国齿轮专业协会秘书长李盛其、省科技厅副厅长邱飞章及临安市领导、铁牛集团高层人员等出席奠基仪式。

【赵洪祝视察产业化区块】 2010年7月9日，省委书记、省人大常委会主任赵洪祝一行专题调研临安大平台建设情况，在临安市委书记邵毅等陪同下，到横畈科技城产业化区块了解建设情况。在横畈铁牛集团项目厂房临时会议室内，听取临安市、省科技厅主要负责人关于建设情况的工作汇报，了解科技城建设进展情况和存在的困难。赵洪祝对当前横畈镇各方面工作成绩给予高度肯定，并指出要按照“特色鲜明、品质一流、作用突出”的要求，胸怀全局，精心组织，舍得投入，扎实推进科技城建设。要重点突出科技定位，加快建设代表浙江创新能力、具有浙江产业技术特色的科技城；突出工作重点，提高科技城建设的效率和质量；突出体制创新，增强科技城建设发展的动力和活力；突出品牌建设，提升青山湖科技城的知名度与美誉度；要抓住当前发展大好机遇，加大推进力度；要坚持以人为本，与当地群众和谐共建，并注重保护好生态环境。

（王益佳）

·高虹节能灯工业功能区·

【概况】 高虹节能灯工业功能区前身为高虹节能灯工业园区，于2000年成立，总规划面积200公顷，开发面积81.73公顷。功能区基础设施累计投入1.07亿元，具备完善的道路、给水、排水、污水处理、通信、供气、供电等各类市政设施，入住企业44家，初步形成节能灯研发制造、机械制造、能源供应等一系列产业链，成为全国三大节能灯生产基地之一。先后被评为浙江省高新技术产业园区、杭州市高新技术产业园、杭州市特色城镇先进工业功能区、临安市先进工业功能区。

2010年，实现工业销售收入29.2亿元、税金1.2亿元、利润总额1.5亿元，全社会固定资产投资2.2亿元。高虹镇政府牵头16家节能灯龙头企业投资2000余万元，启动浙江省首个含汞废旧灯管处理工程项目。功能区三期扩容区块动建，4家企业入园。10月，以高虹节能灯工业功能区为龙头的临安节能灯生产基地被中国照明电器协会授予“中国节能电光源制造基地”称号。

（徐一鸣）

·太湖源工业功能区·

【概况】 最初的规划是建设一个占地面积14.67公顷的纺织服装工业集聚点，通过几年的规划建设，到2009年，形成太湖源特色工业功能区。由青云区块和杨岭区块组成，总面积100公顷，主要有纺织服装、绿色照明、电线电缆等行业组成。其中，青云区块用地150公顷，杨岭区块用地面积100公顷。有入区企业88家，其中，500万元以上规模企业51家、2000万元以上企业20家、亿元以上企业3家。

2010年，区内完成工业销售产值37.2亿元，其中500万元的企业完成工业销售产值17.2亿元；完成固定资产投资1.81亿元，其中基础设施投资4550万元。2009~2010年，共出让土地26公顷，准备出让土地16公顷，有待开发土地11.67公顷。园区基本完成配套设施建设，完成主道基础建设、垃圾中转站、污水处理厂、绿化、自来水等工程。

（胡亚君）

·於潜工业功能区·

【概况】 於潜工业功能区于2002年4月动建，总规划面积11平方千米。2010年列入临安经济开发区扩容区块，功能区分横山区块、南山区块、方元区块、燕村区块和逸逸村区块。其中，方元区块规划面积133.33公顷，区块定位传统造纸、制线制造业；横山区块（含祈祥村区域）规划面积133.33公顷，开发32公顷，重点发展现代装备制造和光伏电子等高新技术产业；南山区块（含昔口村区域）尚未开发，规划面积266.67公顷，其中预留100公顷配套商住开发用地；燕村区块规划用地面积20公顷，开发平整面积8公顷，重点改造提升造纸、电线电缆制线等传统制造业；逸逸村区块规划面积100公顷，前期开发面积22.67公顷，道路供水、供电、防洪坝等相应配套设施齐全，区位定位环保新材料高新技术产业基地，园区入驻企业共有38家。

2010年，园区工业实现销售产值7.58亿元，同比增长33.43%；利润3607万元，下降7.7%；税金2896万元，增长13.84%，工业平台基础设施投入3121万元。引进入园企业3家，其中，杭州潜龙汽车车身有限公司入驻横山工业园区，占地面积2公顷，主要生产汽车零部件；杭州美虹喷涂化工材料有限公司，年产8000吨环保型水性节能涂料生产线项目和浙江信豪科技有限公司年产1万吨汽车滤清纸系列添加剂生产项目落户逸逸村工业功能区，两家企业占地面积3.87公顷。11月18日，在工业功能区逸逸村工业平台举行浙江瑞晶生物科技股份有限公司年产6000吨L（+）酒石酸生产线项目奠基仪式，项目总投资9000万元，占地面积2.35公顷。按照分步推进横山区块、方元区块、燕村区块、逸逸村区块的建设模式，在开发的工业功能区，基础设施按照“七通一平”规划要求建设，主干道、电力及供水设施配套完善，并埋设高标准地下污水分流管网，污水处理厂正常运行。

（徐根火）

·太阳工业功能区·

【概况】 太阳工业功能区位于太阳镇枫树岭村，02省道以南，距离集镇0.5千米，功能区首期规划面积23.33公顷，2000年经市计委批准立项启动建设，定位以五金工具玻璃制品为特色。2005年被杭州市认定为杭州市重点培育城镇工业功能区。功能区坚持高起点规划、高标准建设和高质量运行的开发建设原则，区内通信、供电、排污、三废治理、道路、绿化和亮化等基础设施配套齐全。至2010年底，累计开发面积25.22公顷，入园企业21家，资产总值3.08亿元，销售收入4.18亿元，利润1462万元，上缴税金1298万元。 （任金良）

·昌化工业功能区·

【概况】 昌化工业功能区于2000年经临安市政府批准设立，2001年5月动建。2005年，经杭州市政府确定为杭州市重点培育特色城镇工业功能区，授名为临安市昌化精密元件功能区。2007年被列为临安市重点工业功能区，功能区产业定位为发展以精密元器件为主导的高新科技产业。功能区规划位于昌化镇南双塔村（原水南村和宜养村），分两期建设，一期规划在原水南村，面积40公顷，二期向河东宜养区块扩容规划160公顷，扩容后昌化工业功能区总体规划面积达到2平方千米。

2010年，入驻企业30家，22家企业建成投产，实现工业销售产值2.50亿元，利税1500万元，完成出口交货值2904万元。累计完成工业投入3.00亿元，其中，一期区块累计基础设施投入8150万元，基本完成主干道路、防洪工程等配套基础设施建设，污水处理厂投入运行。

【高密度电路板生产线项目】 2010年7月，浙江新业集团有限公司引进深圳市业勤科技有限公司，双方在昌化工业功能区合作组建设立杭州临安新业科技有限公司，投资建设高密度电路板生产线项目。项目总投资3亿元，其中，固定资产2亿元、流动资产1亿元。项目一期投资1亿元，改建新剑公司闲置厂房场地1万余平方米，引进一条全自动生产线设备。8月27日，临安市委邵毅书记带领市四套班子领导，到昌化工业功能区视察项目建设情况。12月18日，项目竣工并投入试运行。

（徐炜平）

·临安西部工业功能区·

【概况】 临安西部工业功能区原为龙岗工业功能区，位于龙岗镇兴龙村，2003年底动建。2007年完成土地征用手续，主要采用政府主导、市场化运作模式。2008年7月更名为临安西部工业功能区。功能区基本形成以炒货为主的食品加工、小水电、木材加工、精密元器件、小五金加工等主导产业。园区规划总面积234.93公顷，总投资2.7亿元。

2010年，有入园企业63家，其中炒货企业40家。实现销售产值3.53亿元、税收1128万元。投入1718万元推进基础设施建设，新增开发面积20公顷，新增企业21家，其中招商引资企业8家。9月，临安西部工业功能区申报省级重点农特产品加工园区——浙江农产品深加工特色园区，获浙江省发改委组织的初步评审。

（潘旭军）

主要行业

【装备制造业】 2010年，全市装备制造业有规模企业83家，实现工业销售产值120.38亿元，同比增长58.73%；实现利税10.89亿元，增长45.13%。主要产品有叉车系列、空气分离设备及石化设备、永磁同步无齿轮曳引机、磨床系列等，其中，杭州杭氧股份有限公司的“冶金型六万空分设备”、杭州杭机股份有限公司“强力磨切机床”获国家首台套项目，浙江汇锦梯尔镀层科技公司“离子镀膜机”、浙江美格机械有限公司“自动凹版印刷机”等12个项目获杭州市首台套项目。杭州四达电炉成套设备有限公司投资1.5亿元的“中频电炉生产线技改项目”、浙江杭叉叉车有限公司投资2亿元的“大叉车生产基地项目”列为临安市十大先进装备制造和高新技术产业化项目；杭州杭氧低温液化设备有限公司、杭州耐特阀门有限公司的技术中心列为杭州市级企业技术中心；德谦杭重锻造有限公司的“易飞7.0ERP信息化应用软件项目”通过杭州市级验收。

【医药化工行业】 2010年，全市医药化工行业有规模企业107家，实现工业销售产值68亿元，同比增长31.65%，实现利税10.46亿元，增长140.97%。浙江顺达新材料股份有限公司投资9087万元的“年产6000吨高品质中分子量聚异丁烯生产线技改项目”列为临安市十大传统产业改造提升项目；杭州邦化化工有限公司投资3.8亿元的“福华邦化农化制剂产业园项目”、浙江万马药业有限公司投资2.18亿元的“整体搬迁及芪明颗粒产业化项目”、杭州杭塑医药包装有限公司投资2.08亿元的“杭塑迁扩建项目”、杭州潜阳科技有限公司投资1.163亿元的“新建年产4万吨精细化工新材料系列产品项目”列为临安市十大新上亿元项目；浙江华特新材料股份有限公司的“年产1500吨节能建筑涂料生产项目”列为临安市十大零土地技改项目。浙江凌志精细化工有限公司开发的“电子阻燃硅酮密封胶”、“膨胀性阻燃密封胶”、“端硅烷基聚醚型建筑密封胶”、“硅橡胶混炼胶”4个新产品、临安市思特富化工机电设备有限公司开发的“STF球团膨润土改性剂”新产品通过省级鉴定。

【电线电缆行业】 2010年，全市电线电缆行业规模企业102家，年生产电缆能力300万千米以上。拥有上市公司1家、高新技术企业14家、上30亿元企业1家。全年实现工业销售产值65.45亿元，同比增长28.8%；实现利税5.02亿元，增长59.69%。拥有国家免检产品1个、浙江名牌产品9个、浙江省著名商标3个、杭州知名品牌7个、杭州市著名商标6个。浙江天杰实业有限公司技术中心被认定为省级企业技术中心；杭州临安光大线缆有限公司的“年新增60万千米同轴电缆生产线扩建项目”列为临安市十大传统产业改造提升项目；杭州创远电缆有限公司的“年产30万芯千米通讯光缆和室内光缆生产线技术改造项目”列为临安市十大零土地技改项目；浙江万马集团特种电子电缆有限公司开发的“符合UL要求的环保耐寒型柔软同轴电缆”、浙江万马电缆股份有限公司开发的“电气化铁路27.5千伏单相交流交联聚乙烯绝缘电缆”等5个新产品通过省级工业新产品鉴定。

【绿色照明行业】 2010年，全市绿色照明行业有规模企业158家，实现工业销售产值58.81亿元，同比增长33.77%；实现利税4.67亿元，增长68.25%。10亿元以上企业1家，主要产品是毛管和整灯，产量18亿只，以紧凑型荧光灯（CFL灯）为主。杭州临安新联电器工业有限公司投资1.68亿元的“年产1亿支高效节能等生产线项目”、杭州来特电气有限公司投资1.6亿元的“年产1.5亿支节能灯项目”、杭州宇中照明电器有限公司投资1.2亿元的“年产1.2亿支高效节能灯及年产1000万支LED新光源自动化生产线项目”列为临安市十大新建投资上亿元项目。临安钱氏照明电器有限公司开发的“高温环境的汞齐节能灯”等5只新产品通过省级鉴定，该公司企业技术中心被认定为杭州市企业技术中心。杭州临安景亮照明电器有限公司的“节能灯生产设备自动化及信息化项目”通过杭州市级验收。杭州宇中高虹照明电器有限公司、临安齐翔光电科技有限公司、临安新三联照明电器有限公司3家企业先后获国家“惠民”工程招标项目。杭州临安恒生科技有限公司的“企业ERP信息化管理项目”、杭州宇中照明电器有限公司的“ERP管理软件升级项目”通过杭州市级验收。9月28日，召开临安市照明电器协会换届大会，会员单位98家，理事单位26家，杭州宇中高虹照明电器有限公司董事长张林夫当选理事长。临安市照明电器协会制定产业技术联盟，高虹镇启动废汞处理中心，以高虹镇、横畈镇、太湖源镇、锦城街道为主要生产基地的临安市绿色照明产业获“中国节能电光源制造基地”称号。

【纸及纸制品行业】　2010年，全市纸及纸制品行业有规模企业75家，实现工业销售产值37.67亿元，同比增长27.33%；实现利税2.93亿元，增长56.2%。其中，复合装饰材料行业，规模企业28家，从业人员3900余人。复合装饰材料产业实现工业销售产值21.65亿元，增长38.93%；实现利税1.92亿元，增长30.03%。拥有上市企业1家、亿元企业7家、5亿元企业1家。浙江盛龙装饰材料有限公司投资1.9亿元的“年产1800吨环保型高档装饰纸生产基地项目”、浙江帝龙新材料股份有限公司投资1.45亿元的“阳极氧化铝卷板连续氧化生产线项目”列为临安市十大新建亿元项目；杭州华旺特种纸有限公司投资2.18亿元的“年产2万吨高档特种装饰原纸技改项目”、浙江蓝波护理用品有限公司投资1.153亿元的“年产150万箱成人尿裤及系列产品技改项目”等4个项目列为临安市十大传统产业改造提升项目；临安市雄鹰妇幼卫生用品有限公司的“年产10亿片卫生巾生产线技改”和杭州博思特装饰材料有限公司的“年产240万张浸胶纸生产线”项目列为临安市十大零土地技改项目。浙江临安玲珑造纸有限公司开发的新产品“高速自动印刷生产线用高渗析装饰原纸”通过省级鉴定，浙江盛龙装饰材料有限公司企业技术中心被认定为省级企业技术中心。

【纺织服装行业】　2010年，全市纺织服装行业有规模企业72家，实现工业销售产值33.32亿元，同比下降5.57%；实现利税2.39亿元，增长5.06%。杭州玖九袜业有限公司投资4980万元的“扩建年产3300万双袜子生产线技改项目”列为临安市十大传统改造提升项目；杭州盛荷非织造布有限公司开发的“高品质超细点有纺彩色黏合衬布”、“高档超细点无纺彩色黏合衬布”新产品通过省级鉴定。

【食品工业行业】　2010年，全市食品工业行业有规模企业92家，实现工业销售产值22.35亿元，同比增长24.79%；实现利税2亿元，增长128.97%。其中，坚果食品行业规模企业66家，有亿元以上企业1家、省名牌产品和著名商标4个、杭州市名牌产品和著名商标5个，实现工业销售产值12.52亿元，增长23.99%；实现利税1.09亿元，增长163.52%。杭州康鑫食品有限公司技术中心被认定为杭州市级企业技术中心。杭州临安小天使食品公司投资6800万元的“年产1500吨食品生产线技改项目”列为临安市十大传统产业改造提升项目。坚果食品产业主要集聚区龙岗工业功能区。

【五金工具行业】 2010年，全市五金工具行业有规模企业20家，实现工业销售产值4.42亿元，同比增长9.51%；实现利税0.29亿元，增长197%。临安市鹏达五金工具有限公司实施的“五金工具生产线自动化改造”、临安杰杰工具有限公司实施的“五金工具锻压工艺节能综合改造”项目列为临安市节能与工业循环经济项目。

【汽车零配件行业】 2010年，全市汽车零配件行业有规模企业9家，实现工业销售产值3.23亿元，同比增长40.63%；实现利税0.23亿元，增长125.22%。临安东方滑动轴承有限公司开发的“大功率舰船柴油机曲轴高可靠性止推轴承”新产品、临安华龙摩擦材料有限公司开发的“电磁离合器制动摩擦片”、“风力发动机阻尼摩擦制动片”新产品、杭州天恒机械有限公司开发的“空负载缓释速度相同千斤顶”、“带销保险的引擎维修吊机”新产品通过省级鉴定。临安东方滑动轴承有限公司技术中心列为杭州市级企业技术中心。

【精密机械元器件行业】 2010年，全市精密机械元器件行业有生产企业200余家，其中，规模企业7家，主要为手机、手表、相机等生产精密元件，产品50%以上为国外跨国公司配套，包括劳力士手表、索尼相机、摩托罗拉手机等国际知名品牌，其中，手表螺钉年产量10亿只。全年实现规模工业销售产值1.61亿元，同比增长25.29%；实现利税0.18亿元，增长40.4%。7月22日，临安市精密机械元器件行业协会在昌化镇成立，有会员单位36家、理事单位6家，杭州华通精工器件有限公司董事长陈经建当选为首任会长。

(帅正义)

招商引资

·区域经济合作·

【概况】 2010年，全市外商投资企业新设8家，增资11家，上年结转12家，合计31家。合同利用外资2.31亿美元,完成目标任务的100.44%；实际利用外资1.2亿美元,完成目标任务的109.2%。全年引进内资项目109个，增资项目75个。合计引进协议资金72.05亿元，到位资金45.16亿元，完成112.9%，增长13.4%。其中，引进第二产业项目53个，分批到位资金项目45个，合计到位资金41.33亿元，增长63.6%。引进杭州市外内资项目45个，合计到位资金32.47亿元，完成全年任务的176.5%。引进内资“大、好、高”项目22个。引进投资总额3000万美元以上或工业项目投资总额1500万美元以上外资项目6个。

1月5日，临安市与山西平顺县结为友好城市。10月14日，与新疆察布查尔县签订《缔结友好市县备忘录》。全年争取浙江省、杭州市山海协作财政贴息49万元。与开化县开展浙江省“百村结对”

活动，落实帮扶资金10万元。

开展“招商学习调研月”活动，对全市18个有招商引资任务的乡镇（街道）进行调研，撰写调研文章8篇，涉及房地产、商贸旅游、装备制造业、生态农业、电线电缆、绿色照明、精密元器件、装饰纸八大产业。授予北京、上海、杭州、宁波、深圳5个招商分局“浙江临安市人才工作联络处”牌匾。举办第四期专职招商员培训班，培训对象为新录用的专职招商员。是年，临安市获杭州市招商引资目标责任制考核二等奖。

【赴国外招商考察】 2010年6月5~15日，应古巴外贸投资部、西班牙巴塞罗那商会、印度国家工商联合会邀请，临安市委书记邵毅率市招商考察团一行6人，赴古巴、西班牙、印度进行经贸洽谈和招商考察。在古巴首都哈瓦那拜访古巴基础工业部，推介临安节能灯、电线电缆、装饰纸等特色产品；在西班牙考察马德里工业园，并参与节能灯企业宇中高虹与GE公司有关项目合作事宜的洽谈。在印度拜访班加罗尔软件园NASSCOM公司，学习借鉴服务外包先进理念。9月，市委常委、副市长柴世民带队赴日本、捷克、俄罗斯招商考察，在日本就大冢制药项目进行洽谈，在俄罗斯和捷克会见地区商会，参观当地展会。10月，市人大常委会主任吴苗强带队赴荷兰、意大利、法国招商考察。12月，政协副主席翁东潮带队赴荷兰、瑞士、德国招商考察。

【中国临安经贸洽谈会】 2010年10月27日，市外经贸局承办的中国临安经贸洽谈会暨临安投资创业环境推介会在临安举行。临安市委常委、常务副市长胡竑主持会议，临安市委书记邵毅致辞，杭州市副市长佟桂莉到会并讲话，市领导吴苗强、张金良、柴世民、何凌超、陈林春、陈有根到会，有关高校和科研院所领导、专家及企业和行业协会负责人300余人参加洽谈会。洽谈会高举“生态、科技”两面大旗，重点推介临安投资创业环境和科创基地（科技城）、锦南新城等城市综合体规划建设情况。会上签约项目23个，其中，内资项目15个、外资项目8个。亿元以上项目11个。投资额折合人民币64亿元（其中，内资56亿元人民币、外资1.2亿美元）。

【杭州（上海）经济合作洽谈会】 2010年4月12日，市委书记邵毅、市长王宏率队参加杭州（上海）经济合作洽谈会暨第12届中国杭州西湖国际博览会新闻发布会。上海石与木公司总投资40亿元，一期投资12.5亿元的青山湖森林硅谷项目、华俊国际投资2000万美元的广告显示屏生产项目在洽谈会上签约；青山湖旅游综合体项目得到推介；国际层压板材、浙江大冢制药、晋合房地产等项目进行对接。市委书记邵毅、市长王宏、常务副市长胡竑、常委副市长柴世民、副市长陈伟民分别带队走访盛大网络、上海晋合房产、永达集团、国际层压板材、浙江大冢制药等企业，介绍临安投资环境和科创新城建设，推介投资项目。

【杭州临安·西安科技人才合作洽谈会】 2010年4月22日，杭州市国内经济合作办公室副主任沈建国、临安市市长王宏带队赴西安举办“杭州临安·西安科技人才合作洽谈会”，会上与西安交通大学等签订建立战略合作关系协议书。洽谈会期间，组织临安企业参加西安市“迎五一”综合型人才招聘会，并设立临安人才招聘专区。市长王宏等市领导专程到招聘会现场了解应聘情况。招聘会当天，万马电缆、人民医院等40家企事业单位提供581个岗位，112人初步达成协议，其中，本科及以上学历91人。

(石惠娟)

·外经贸·

【概况】 2010年，全市实现自营进出口10.14亿美元，同比增长44.16%。其中，出口8.52亿美元，增长39.97%；进口1.62亿美元，增长70.96%。有出口实绩企业334家，其中，外贸内资企业266家，占80%；外商投资企业68家，占20%。从出口额情况看，外贸内资企业占总出口额的73%；外商投资企业占总出口额的27%。一般贸易出口8.08亿美元，占出口总额的95%，增长42%；加工贸易出口4329万美元，占出口总额的5%，增长10.35%。其中，进料加工4097万美元，来料加工232万美元。按出口比重排列，前五类产品分别为：电线电缆（30%）、节能灯（20%）、纺织服装（13%）、医药化工（7%）、装饰纸（5%），五类产品占出口总额的75%。欧美市场仍占主导地位，新兴市场增势强劲。近两年，欧美市场受金融危机影响呈逐渐回落态势，但出口比重仍高达39%。拉丁美洲、东盟、中东等地区新兴市场出口增势强劲，排名前移。特别是巴西、智利、阿根廷、伊朗和阿联酋，出口增幅分别为131%、113%和70%。全市自营出口1000万美元以上19家，500万美元~1000万美元的23家，以上42家外贸企业占总出口额的64.3%。

全年境外设立公司7家，完成境外投资额1106万美元，同比增长15.21%。白桦林（临安）休闲用品有限公司在德国设立白桦林遮阳制品有限公司，在法国设立白桦林法国遮阳制品有限公司，对外投资300万美元。临安天瑞线缆有限公司在阿联酋设立瓦纳萨电子有限公司，对外投资150万美元。杭州亮亮电子照明有限公司在俄罗斯设立维莱特有限责任公司，对外投资60万美元。杭州三元电缆有限公司在阿联酋设立迪拜勒普贸易有限公司，中方对外投资180万美元。杭州临安岑裕电子有限公司在阿联酋设立日升贸易有限公司，中方对外投资200万美元。杭州来特电气有限公司在法国设立艾珂科技有限公司，中方对外投资216万美元。全市累计对外投资1106万美元，完成临安市政府下达计划的105.33%。

全年录入商务部服务外包业务管理和统计系统新增企业7家，完成服务外包合同金额1537万美元，增长87.90%。其中，离岸外包合同金额1280万美元，增长82.60%；完成服务外包执行金额1273.5万美元，增长68.92%。各项指标均达到年度争取目标。

是年，临安市获杭州市外贸目标责任制考核一等奖，市外经贸局获杭州市外经贸综合考评三等奖。

【电缆产品对外贸易预警示范点工作】 2010年7月22~23日，临安电缆产品对外贸易预警点承办杭州市对外贸易预警工作培训交流会，杭州地区各预警点工作人员、临安电缆产品出口大企业负责人30余人参加。会议主要对国际贸易摩擦应对知识进行培训，并交流国际贸易摩擦工作经验。全年投入6万余元，用于示范点专职人员工资、网站、短信群发、QQ群维护、培训等。编辑电缆行业出口统计分析4期、行业分析报告4期、外贸预警简报6期，撰写综合性预警分析报告6篇，发布国外贸易预警信息58条，举办预警培训5期。

【出口信用保险】 2010年，临安市参加出口信用保险企业27家，增加11家，同比增长68.75%。投保出口金额1.03亿美元，增长101%。实际缴纳保费93.4万美元，平均费率0.91%,全年兑现308万元，增长81.47%。出口信用保险对全市出口支持率为12.1%。投保企业涉及行业主要为同轴电缆、节能灯、纺织服装、汽车配件及竹制品。全市利用出口信用保险项下融资企业9家，信用保险公司出具融资承保金额1808万美元，占总投保额的17.5%。全年报损案件8件，报损总额176.5万美元。

【出口名牌创建工作】 2010年，市外经贸局引导外贸企业增强自主创新能力，创立自有品牌。鼓励境外商标注册，开展出口体系认证，增强企业出口产品的核心竞争力。组织企业免费参加国际商标注册及知识产权保护培训班、有效利用马德里商标国际注册体系巡回研讨会。鼓励优势企业设立研发中心，开发专利产品，原创技术，发挥行业示范带头作用。优选一批出口竞争力较强的企业进行出口品牌重点培育，6家企业被认定为“杭州出口名牌”，7家外贸企业申报“浙江出口名牌”。

【组织企业参展】 2010年，市外经贸局排定10个重点、50个一般推荐展会。全市有140家外贸企业参加89个境内外展览会，其中，外展83个、内展6个。展位数420个，其中，外展展位290个、内展展位130个。参展规模较大的有香港春秋季电子展、印尼中国机械与电子产品贸易展览会、新加坡亚洲通讯展、中国进出口商品交易会等，参展产品以电线电缆、节能灯为主。欧美传统市场订单比重为39%，拉丁美洲、东盟、中东等地区新兴市场增速高于全市平均水平。

【举办外贸业务培训班】 2010年12月9~10日，市外经贸局举办杭州地区电线电缆生产企业检验监管会议暨质检员培训班，全市143家电线电缆出口企业负责人、报检员、质检员310人参加。培训内容主要有出口电线电缆检验实务、欧盟REACH法规、电线电缆耐压检测项目操作培训等，邀请杭州市出入境检验检疫局有关专家授课。

（石惠娟）

企业选介

【浙江万马集团有限公司】 该公司是一家以电气电缆、医药制造、房产开发为主营业务的民营企业，创办于1989年，总部于1996年迁至杭州。集团公司生产基地占地面积66.67公顷，有员工3100余人，其中，中级以上专业技术人员近300人、专职研发人员128人。集团公司下辖万马电气电缆集团、万马房地产集团、万马药业有限公司3家公司，其中，电气电缆集团下辖浙江万马电缆股份有限公司、浙江万马高分子材料股份有限公司、浙江万马天屹线缆有限公司、浙江万马集团电气有限公司和浙江万马电子有限公司5家子公司，分别从事电缆、电缆料、光缆、同轴电缆、电缆附件等产业，构成完整的电线电缆产业配置，是一家拥有完整电缆产业链的集团企业。浙江万马电缆股份有限公司于2009年7月上市，股票代码002276，所有子公司均为高新技术企业，设有博士后科研工作站、电缆省级研发中心、高分子省级研发中心及各个子公司技术开发中心。

公司主要生产“万马神”牌交联聚乙烯绝缘电力电缆、聚氯乙烯绝缘电力电缆、硅烷交联聚乙烯绝缘电力电缆、塑料绝缘控制电缆、计算机电缆、电气装备用电线电缆、地铁（轻轨）用电缆、预制分支电缆、架空绝缘电缆，及配套的阻燃、耐火、低烟低卤阻燃、低烟无卤阻燃、防白蚁、防鼠铠装等适用于特殊场合的电缆。主导产品“万马神”牌电力电缆、“万马”牌电缆绝缘料、“天屹”牌同轴电缆均为浙江省名牌产品；公司主导商标“万马神”是浙江省著名商标；“万马”商标是中国驰名商标。

公司主导产品广泛用于全国20多个省市的两网改造及全国石化系统、铁路系统等，如国家大剧院、首都机场二期工程、上海磁悬浮、广州白云机场、杭州萧山国际机场、广州地铁等重大工程，是国家经济和信息化委员会全国城乡电网建设与改造推荐企业。

2010年，集团公司实现销售产值46.5亿元，税收1.6亿元。5月，浙江万马高分子材料股份有限公司“TR-XLPE中压抗水树电缆绝缘料”被评为国家重点新产品。5月13日，浙江万马电缆股份有限公司获“2009年轨道交通企业自主创新50强企业”称号。9月29日，浙江万马集团进入浙江省第一批企业研究院建设名单，获准建设浙江省万马企业研究院。9月，浙江万马集团被评为浙江省创新型试点企业。10月，浙江万马集团获中国企业社会责任百家优秀企业奖。

（杨　娟）

【杭州福斯特光伏材料股份有限公司】 该公司成立于2003年5月12日，占地面积15.87公顷，主导产品为EVA太阳能电池胶膜、太阳能电池背板、双面胶三大系列产品，有员工428人。公司是浙江省高新技术企业，属于新能源光伏产业。公司自主研发生产的EVA太阳能电池胶膜占据该产品国内市场份额约50%，逐渐替代进口产品，产品出口美国、印度、韩国、日本等国家。2009年9月，公司研发的太阳能电池组件背板被认定为浙江省工业新产品。

2010年，公司实现销售收入16亿元，同比增长283%；纳税1.4亿元，增长396%。公司自主研发的“高品质EVA太阳能电池封装胶膜”获浙江省优秀工业新产品新技术一等奖，并被认定为杭州名牌产品。通过ISO 9001质量管理体系、ISO 14001环境管理体系、OHSAS 18001职业健康安全管理体系认证。公司被评为杭州市2009年度优势骨干企业、杭州市科技创新十佳高新技术企业、杭州市上规模大企业大集团。6月，公司研究开发中心被认定为省级高新技术企业研究开发中心。10月26日，公司EVA太阳能电池胶膜生产项目在临安市高新技术产业园C区块（临安市锦北街道金马村）奠基。

（章　樱）

【杭州杭氧股份有限公司】 该公司成立于2002年12月18日,位于临安经济开发区内，占地面积61.49公顷，有员工1291人。该公司是杭州制氧机集团有限公司的下属控股企业，主要从事空气分离设备、工业气体产品和石化设备的生产及销售业务，具有年设计、生产50套以上大中型空分设备的能力。

公司是国内最大的空分设备和石化设备开发、设计、制造企业，是全国空分设备行业惟一一家国家级重点新产品开发、制造基地，属高新技术企业，拥有国家级技术中心，是国家重大技术装备国产化基地。“杭氧牌”大型成套空分设备先后获“中国名牌产品”和“中国驰名商标”称号，产品远销30多个国家和地区，被宝钢集团、神华集团、德国MESSER集团等众多国内外知名企业所采用。

2010年，公司实现营业收入30.2亿元，同比增长12.54%。6月10日，公司在深圳证券交易所上市，证券代码为002430。公司获“河南济源”、“萧山恒逸”、“湖南普照”、“衢州中天氟硅”、“江苏如东中石油LNG”及“河南信阳新增二万空分”6个气体投资项目，总投资7.5亿元，投产气体项目全年实现销售收入和净利润都有大幅增长，分别完成年计划的132%和195%。

公司开发的“中石化茂名分公司64万吨/年乙烯冷箱”项目获中国机械工业科技进步一等奖，“冶金型六万空分设备”等被认定为浙江省首台套项目，“国内首套58000Nm^3/h空分成套装置”等多个项目申报各类创新项目。公司空分设备技术创新团队被确定为首批“浙江省重点企业技术创新团队”，国家级博士后科研工作站获国家人力资源和社会保障部批复。10月，公司“六万”等级内压缩空分装置成果鉴定会暨“八万”以上等级空分装置研制技术交流会在北京召开，两项成果获国家发展和改革委员会能源局、中国机械工业联合会的领导和专家肯定。

4月14日，青海省玉树县发生7.1级地震，公司3070名职工捐款28.62万元；在“联乡结村”活动中，向浙江省淳安县金峰乡捐款合计25万元；8月1日是建厂60周年，公司在藻溪镇捐助一所希望小学；临安市“春风行动”中捐款100万元。 (朱利建)

【杭叉集团股份有限公司】 该公司是国家定点生产叉车的重点企业，其前身是创建于1956年的杭州通用机器厂,2000年由杭州叉车总厂改制成立杭州叉车有限公司,2003年由杭州叉车有限公司转制为浙江杭叉工程机械股份有限公司，2010年更名为杭叉集团股份有限公司，公司注册资金1.04亿元。集团公司下属全资和控股子公司45个、参股公司2个，有员工2500余人。

公司是浙江省高新技术企业，拥有省级企业技术中心、省级企业高新技术研发中心，主导产品为叉车及其他物料搬运设备，形成1吨~25吨内燃叉车、1吨~5吨蓄电池叉车、集装箱专用叉车等全系列、多品种的产品结构，产品有500多个品种、1000多个规格，拥有HC品牌，在73个国家注册和申请注册杭叉HC商标。2009年，公司位列“中国大企业集团竞争力500强”（第35位）、“中国最大1000强大企业集团”、“中国民营企业500强”、“中国机械工业100强”，并被评为“浙江省制造业百强企业”、“杭州市十大突出贡献企业”。

2010年，公司实现营业收入71.1亿元，同比增长66.52%；出口创汇8741.64

万美元，增长65.32%；利润总额3.25亿元，增长34.10%；税金1.62亿元。公司产销量名列国内同行业第一，在国内的市场占有率达到近30 %，连续6年全国机动叉车出口排名第一，是中国最大的叉车出口基地之一。6月25日，国务院总理温家宝视察杭叉集团股份有限公司，对公司发展给予充分肯定，并对公司发展提出更高的要求：做世界最强的叉车企业。

(任海华)

【浙江杭州鑫富药业股份有限公司】 该公司是一家高科技上市公司，创建于1994年，是世界最大的维生素B5生产供应商、国内惟一的维生素原B5生产企业。在浙江、安徽、内蒙古、重庆等地拥有6个控股子公司，总资产13亿元，公司重点发展化工、全生物降解新材料、环保新材料等支柱产业，产品70%销往欧美国家和东南亚地区。

公司相继通过ISO 9001国际质量管理体系、ISO 14001国际环境管理体系，OHSAS 18001国际职业健康安全管理体系及HACCP食品安全管理体系认证和国家GMP认证与AAA级标准化水平确认，并获美国食品组织颁发的“OU”证书，通过欧洲FAMI-QS体系现场审核，所有产品达到中国、美国、英国药典标准，成为出口免检产品。

2010年，公司实现销售产值3.58亿元，获“杭州市大集团竞争力百强企业”称号。公司设立杭州鑫富节能材料有限公司，投资建设EVA太阳能电池胶膜项目；对外投资参与设立杭州易辰孚特汽车零部件有限公司。新产品生物降解PBS树脂获美国BPI认证，该产品首次大面积应用于云南农用地膜；D-泛酸获“欧洲药典适应性认证证书（简称CEP证书）”；“微生物酶法制备D-泛乙醚的方法”获国家知识产权局颁发的发明专利证书（专利号：ZL20051004921.1）。

(陈文星)

【浙江西子富沃德电机有限公司】 该公司成立于2004年5月，是西子联合控股集团旗下的全资子公司、国家重点扶持的高新技术企业、电梯曳引机国家标准的编制单位之一、国内最大的曳引机用永磁同步电动机生产基地。公司市场占有率在30%以上，有国内外客户300家。公司注册资金3000万元，总资产4.5亿元，有职工600余人，其中工程技术人员192人。

公司主营产品曳引机用永磁同步电动机是国际电梯曳引技术最先进的驱动方式，有很高的技术含量，是典型的高新技术机电一体化产品。富沃德牌曳引机用永磁同步电动机获杭州名牌产品称号。该系列产品具有效率高、能耗低、噪声低、结构紧凑、体积小、重量轻、绿色环保等特点。公司在其他领域的永磁高效电机产品有风力发电机、油田电机、伺服电机、纺织电机、叉车电机等，风力发电机和油田电机被国内多家知名企业采用。

公司拥有授权专利44项，其中发明专利5项，被命名为“浙江省管理创新示范企业”、“浙江省博士后试点工作站”，公司技术中心被认定为浙江省高新技术企业研究开发中心和浙江省企业技术中心。

2010年，公司实现销售产值6.58亿元，利税1.34亿元。公司被授予“杭州市科技创新十佳高新技术企业”。6月25日，在浙江省省委书记赵洪祝、浙江省省长吕祖善、杭州市委书记黄坤明等人的陪同下，中共中央政治局常委、国务院总理温家宝视察公司，温家宝提出：“希望公司多创第一，勇创第一，还要保持第一。”9月，在浙江省首届自主知识产权优势企业培育工作上榜企业公布上，公司名列第四位。12月，经科技部火炬高新技术产业开发中心评选，浙江西子富沃德电机有限公司被评为“国家火炬计划重点高新技术企业”；公司被授予“杭州市重点工业企业”。公司投产国内第一条曳引机用自动化环形生产线，生产一台主机由原来的6分钟缩减为2.5分钟。

11月16日，在中国科学院——杭州科技合作洽谈会暨第七届京沪杭（国际）高科技产业化交流活动中，浙江西子富沃德电机有限公司和国家稀土永磁中心被授予杭州市“院士专家工作站”。浙江省人力资源和社会保障厅认定浙江西子富沃德电机有限公司开展博士后试点工作，加快高层次人才培养，提升自主创新能力。浙江大学国际纳米技术研究院与浙江西子富沃德电机有限公司等4家企业联合组建创新团队，成为浙江省科技厅首批“纳米材料及器件”创新团队成员首批共建单位。

（周红芳）

【浙江华兴羽绒制品有限公司】 该公司前身是浙江华兴羽绒总厂，1999年改制为浙江华兴羽绒制品有限公司。2004年5月迁址临安经济开发区。至2010年底，公司占地面积7.28公顷，厂房面积8.56万平方米，有职工1859人。公司主要生产出口水洗羽毛、羽绒及羽绒寝具类制品、羽绒服装、绗缝产品等制成品，产品主要出口日本市场。公司注册资金1亿元，固定资产投资1.12亿元；设有4个外贸业务部、7大车间。

2010年，公司实现销售产值7.21亿元，利税6380万元。4月底，公司投资1000万元，在杭州下沙设立分厂，建筑面积2.90万平方米，有员工150余人；设立绗缝、缝制两大车间，有梳棉机2台、绗缝机6台、进口包边机3台及缝纫机120台，主要生产公司配套的寝具类制成品，年产近100万条羽绒及绗缝寝具制品。

（张有镛）

【浙江华兴集团有限公司】 该公司成立于1987年，企业从创建之初单一的服装加工发展到制造、商贸、能源、金融、房地产开发五大行业，是一家集科、工、贸于一体的科技型、多元化发展的民营企业。公司下属子公司和成员企业21家，有员工1500人。公司主要产品有服装、涤纶短纤维、无纺布（胶棉）、纸尿裤、湿巾、节能灯等，经营汽车城、二手车市场、国际贸易、小额贷款公司、水力发电等。浙江华贸照明有限公司、杭州华尊照明有限公司建成4条节能灯管生产线、2条节能灯整灯生产线。兆丰小额贷款股份有限公司是临安市首家小额贷款公司。2008年，公司获“全国模范职工之家”称号。

2010年，集团公司实现销售收入9.6亿元，完成利税9000万元，出口创汇3343万美元。4月，总投资1268万元的年产1.2亿条（片）纸尿裤（垫）技改项目动建。8月，华兴城市复合型商业中心项目动建，项目总投资1亿元，总建筑面积4万平方米，其中扩建2.15万平方米，至年底，完成投资3500万元，扩建部分主体工程结顶。年底，兆丰小额贷款公司成立两周年，累计发放贷款33.38亿元，发放贷款客户1474户,其中涉农贷款客户1007户，上缴税金1900万元，各项贷款余额3.02亿元。10月15~17日，公司举办迎“森博”暨第四届华兴汽车展，宝马、奔驰、奥迪等50个品牌，近500辆进口、国产汽车参展，成交新旧车125辆，成交金额1800万元。

（余明照）

【杭州宇中高虹照明电器有限公司】 该公司成立于1997年11月，是一家节能电光源研发、制造的省级高新技术企业，总资产4.8亿元，占地面积4万平方米，厂房建筑面积6.5万平方米，有员工3200余人，拥有符合欧盟ROSH标准的生产线21条。公司是中国照明电器协会常务理事单位和浙江省照明协会副理事长单位。公司主要产品是各类三基色高效节能灯及灯管。

公司拥有国家发明专利3项、实用新型专利9项，拥有国家级电光源检测实验室及临安市节能灯行业技术研发开发中心。公司先后获全国最具成长型企业、浙江省最具成长型中型企业100佳、浙江省高新技术企业、浙江省科技型企业、浙江省绿色企业、杭州市百强民营企业等称号，产品被评为“浙江省名牌产品”、“浙江省著名商标”。

2010年，公司实现销售产值11.36亿元、利税1.19亿元。公司生产各类节能灯（灯管）3.9亿只（支），其中，灯管产量位居全国同行业前三位。公司成为国家高效照明产品推广项目中标企业。

（邵春平）

【浙江小王子食品股份有限公司】 该公司创办于1992年，是一家集食品研发、生产、销售为一体的新型休闲食品生产企业。注册资金4018.07万元。占地面积23.33公顷，有员工1300余人。公司下辖杭州临安小王子食品有限公司、杭州临安小天使食品有限公司、辽宁小王子食品有限公司、山东临清小王子食品有限公司4家全资子公司。公司主要经营粮食及制品、方便面、中式糕点、饼干、膨化食品等产品的生产、加工、销售，经营进出口业务。

公司是中国食品工业科技进步优秀企业、参与国家“膨化食品”标准制定的企业之一、中国大陆首家独立拥有膨化米制品生产设备和生产工艺技术企业。公司先后被评为浙江省骨干农业龙头企业、浙江省食品行业双百强企业、中国食品工业（饼干行业）十强企业。

2010年，公司实现销售产值3.28亿元、利税5200万元。9月，公司“8万吨膨化米制品生产线扩建工程”的首期工程投入运行，完成征地13.33公顷，规划总投资2亿元，建成具有现代化生产线的食品生产基地。9月，杭州临安小天使食品有限公司完成扩产和搬迁，麦烧生产日产量由原来的15吨增加到30吨，香雪饼生产线从日产12吨增加到20吨。10月8日，“小王子及图”商标被国家工商行政管理总局认定为“中国驰名商标”。年产5万吨休闲食品生产线节能减排和清洁生产技术升级建设项目被列入国家发改委、工信部重点产业振兴和技术改造中央预算内投资项目。公司纯素食大豆蛋白休闲食品（谷餐肉）获中国食品科学技术学会科技创新——技术发明二等奖。

（翁亚平）

国内贸易

商贸流通

【概况】 2010年，市贸易局围绕“促进消费、保障民生、提升品质”三大主题，举办“燃情五月·休闲消费”、夏季·休闲纳凉消费节、临安金秋购物节、迎新购物开门红等一系列活动。全年实现社会消费品零售总额73.54亿元，同比增长19.5%。按地区分，城区45.5亿元，增长21.9%；农村28.04亿元，增长15.8%。按行业分，批发零售业63.1亿元，增长18.8%；住宿餐饮业10.44亿元，增长23.6%。批发零售、住宿餐饮、居民服务和其他服务业实现增加值27.6亿元，占现代服务业增加值比重的29.85%。商贸服务业实现地方税收1.12亿元，分别占地方税收、现代服务业税收的8.5%和13.33%。20家商品市场实现成交额55.88亿元，增长28.37%。

新增限额以上商贸服务企业2家，总数101家，其中，销售额1亿元以上零售企业8家、批发额2亿元以上批发企业5家、成交额5亿元以上市场5家、营业收入1000万元以上餐饮企业7家。新增农村连锁超市（便利店）10家，改造提升19家，评选产生示范店24家、优秀门店38家，农村连锁超市（便利店）总数383家，镇村覆盖率继续保持100%。

浙江省服务业重大项目——康顺家政基地一期工程基本建成，累计完成投资8000万元，该项目被列入杭州市标准化示范项目，成为临安首个服务业标准化示范项目。临安市康顺家政服务有限公司被认定为杭州市名牌，该公司与临安山里山山庄有限公司、临安山妹子食品有限公司一起入选杭州市商贸特色服务品牌单位。杭州市特色潜力行业重点扶持项目——昌化国石文化城一期工程竣工，累计完成投资8200万元。华兴复合型商业中心项目改造施工，与世界500强零售企业沃尔玛超市达成合作意向。

【中国·临安百笋宴】 2010年3月26~30日，市政府在人民广场举办“中国·临安百笋宴”活动，市贸易局承办。新五洲大酒店用直径1.5米的大铁锅烹煮500千克咸肉春笋供市民品尝。20家餐饮企业制作50余道竹笋菜肴参加烹饪大赛并进行展示，最终评选出金奖菜肴10个、银奖15个、铜奖16个、优胜奖12个。征集到民间竹笋私房菜12道，秘制毛笋、咸肉干菜笋被评为金牌竹笋私房菜。美食周吸引市民和游客近万人。来自杭州、萧山、东阳等地自驾游游客30余人参加“游临安景、挖天目笋、尝百笋宴”活动。

【中国·临安森林美食节】 2010年10月28~31日，市政府在森林世界酒店旁举办临安森林美食节，市贸易局、市餐饮行业协会共同承办。活动包括森林美食广场、森林餐馆评选、临安招牌菜展示推介、森林美食主题征文4个子项目。开幕式当天，分发《中国临安森林美食》画册。评选产生首批“临安市森林餐馆”，分别是山里山山庄、万鹤休闲饭店、小塘湾甲鱼山庄、天目玖号山庄、青山湖云雀山庄、玉兔农家乐、森竹园农庄、龙潭甲鱼山庄、和润世家度假酒店、醉芳园酒家、新桃源山庄和乐平紫金山庄。森林美食广场设置摊位56个，其中，临安乡村美食摊位8个、中外特色小吃摊位48个，展出各类风味小吃近百种。美食节营业收入150余万元，接待市民和游客8万余人次，是第七届中国（临安）森林生态博览会最具人气的活动之一。

【杭州·国际茶席展暨茶文化空间论坛】（参见“中共临安市委员会”栏目“重大活动”分目）

【华兴汽车展】 2010年10月15~17日，市贸易局与浙江华兴集团有限公司在华兴汽车城举办华兴汽车展，临安华兴汽车城有限公司牵头组织实施。汽车展以“低碳让生活更美好，汽车让生活更便捷”为主题，展出宝马、奔驰、奥迪、别克、广本等50余个国内外品牌近300款汽车，穿插进行车模展示、文艺演出等活动。汽车展期间成交汽车75辆，订购汽车125辆，成交额1380万元。

【汽车和家电下乡】 2010年，继续贯彻落实国家汽车和家电下乡政策，开展家电汽车下乡服务周活动。全年销售汽车、摩托车下乡产品5468辆，销售额1.08亿元，发放财政补贴1081.2万元。销售家电下乡产品3.66万台，销售额8314.5万元，发放财政补贴1142.8万元。家电以旧换新回收20万台，销售5.71万台，销售额2亿元，发放财政补贴1480.5万元。创新家电下乡补贴兑付方式，推行“销售网点垫付补贴、贸易部门集中审核、财政部门统一清算”办法，简化农民补贴申领手续。家电下乡补贴兑付率99.6%，排名居全省第四位、杭州地区第一位。

【商务举报投诉服务联系点设立】 2010年8月，临安市商务举报投诉服务联系点设立。开通“12312”商务举报投诉服务热线，接受社会公众对生猪屠宰、酒类流通、特许经营、零售商促销、再生资源回收、二手车流通等商务领域扰乱市场秩序行为的举报投诉，面向社会公众和企业提供商务领域有关法律、法规、规章、规范性文件及行政审批和办事程序等方面的咨询、指导服务。受理举报投诉21件、咨询5件，移送其他部门处理1件。

【推进商务综合行政执法试点工作】 2010年，市贸易局推进浙江省商务综合行政执法试点工作，对商务领域违法违规行为进行综合执法。全年开展定点屠宰执法检查213次，出动检查910人次，立案查处违法屠宰案件22起，查获销毁违法肉品673千克。屠宰场无害化处理病害（死）猪180头，检测“瘦肉精”样本6750个，抽样检测 17 批次，合格率 100%。全市生猪进点屠宰 19.4 万头，增长 4.4%，城乡肉品上市合格率分别为 100%和 96.46%。检查酒类经营户 280 余家，责令限期整改 79 家，全市备案登记酒类流通单位 1000 家，世纪联华一店、联华商厦、联华购物广场被评为“杭州市放心酒示范店”。整治达标小美容美发店 369 家，规范覆盖面 100%、达标率 99.5%。多个部门联合开展二手车流通市场专项整治，引导 9 家二手车经营户入场交易。

【市茶文化研究会成立】 2010 年 6 月 11 日，临安市茶文化研究会成立。选举产生第一届理事会，市政协主席陈法生任会长，副市长李文钢、陈伟民及浙江农林大学原党委书记陈敬佑任副会长，市民政局正局级调研员许立新任秘书长，吸收会员 60 人，聘任市领导邵毅、王宏、吴苗强和民进中央委员、省作协副主席、浙江省茶文化研究会副会长、浙江农林大学茶文化学科带头人王旭烽为顾问。该研究会主要职责是研究全市茶文化历史、举办茶事活动、开展茶文化学术交流、宣传普及茶文化知识、协助政府相关部门促进茶产业发展、组织开展职业技术培训等。

【市餐饮行业协会成立】 2010 年 10 月 21 日，临安市餐饮行业协会成立。钱王大酒店总经理朱加同任会长，杭州中都青山湖畔大酒店总经理樊军、东方假日酒店总经理沈坚宁、新五洲大酒店总经理俞正雷、天目山庄总经理章小朝、山里山山庄总经理余成云任副会长，余小建任副会长兼秘书长。该协会由原临安市宾馆餐饮业同业公会变更而来，会员包括从事餐饮业经营管理及技术、餐饮职业技能教育、理论研究、文化宣传、营养卫生管理、饮食品生产与研究等企（事）业单位和个人，有会员单位 24 个、会员 9 人。

【浙皖农贸城通过商务部验收】 2006 年 1 月 7 日，浙皖农贸城开业，总投资 3.5 亿元，占地面积 19.33 公顷，建筑面积 16 万平方米。2010 年，市场新建蔬菜配送中心，配备仓储用房 1.4 万平方米、配送车 10 辆，改造地下冷库 4000 余平方米，与临安市清凉峰绿源蔬菜专业合作社合作建立农产品快速检测系统，为农贸市场、连锁超市、企业食堂等销售终端提供农产品配送服务，推广“天目山”牌农产品。全年实现市场成交额 16.21 亿元，继续保持全市商品交易市场龙头地位。是年，浙皖农贸城通过国家商务部“农超对接”试点项目验收。

【《临安百笋宴》获“中华特色名宴”钻石奖】 2010 年 11 月 19~21 日，市贸易局、市餐饮行业协会组织部分餐饮企业参加中国浙江（国际）餐饮产业博览会。《临安百笋宴》获最高奖——“中华特色名宴”钻石奖，钱王大酒店《钱王御笋宴》、新五洲大酒店《五洲百笋宴》、大世界酒店《华厨四季笋宴》被评为“浙江名宴”。市餐饮行业协会参赛选手余小建制作的《钱王四喜鼎》、《金汤牡丹鱼》获最佳创意奖，陈红生制作的《钱王荷包》和《彭祖益寿鸡》获最佳风味奖。

（巫九龙）

供销合作

【概况】 临安市供销合作总社有下属企业 15 家，其中，全资企业 2 家、参股企业 5 家、改制企业 8 家；基层供销社 6

家。全系统有党支部14个、党员186人(不含基层供销社)。

市供销合作总社机关下设4个科室，即办公室、组织人事科、财务科、业务科，有工作人员23人。根据省委〔2006〕106号文件、临安市编办〔2007〕32号文件批复明确，市供销合作总社机关参照群团组织机构管理，机构规格相当于正科级，核定事业编制20人，2008年1月1日起，机关经费预算形式为市财政补助（每年100万元)。2009年，按照全省供销社机构参照公务员法管理工作统一部署，市供销合作总社机关工作人员列为参照《中华人民共和国公务员法》管理，9人参加统一考试，参公管理工作进入实施阶段。

2010年，全系统实现销售总额12.5亿元，比上年增长11.35%；实现利润445万元，增长29.82%。上缴税收1298万元，净资产收益率3.54%，全系统资产保值增值率2.06%。引进内资3189万元，引进合同外资150万美元，实到外资80万美元，分别完成市政府年度目标任务的150%和160%。下属两家再生资源回收企业实现收购总额1.88亿元，增长63.5%。盐业配送中心和1075家供应点供应各类用盐1.44亿吨，确保全市生产生活用盐供应。由横畈供销社投资2000余万元建造的高虹商贸综合体项目全面投入使用，该项目集农贸市场、日用品超市、服装市场和农民工单身公寓为一体，建筑面积1.29万平方米，实现投资收益250万元。依托供销配送中心，继续发展日用品终端连锁网点，新建供销便民店11家。至年末，全系统日用品连锁网点总数112家，所有门店统一外观形象，统一使用供销合作社标识。全年实现日用品销售额4.04亿元，增长15.6%。

依托基层供销社、专业合作社平台，开展各类农技培训、送肥和送科技下乡活动16期次，受训2000余人次。举办第四期农产品经纪人培训班，全市61位竹笋经纪人参加培训，至年末累计培训农产品经纪人292人。全年累计实现农副产品市场交易额2744万元，增长19.9%。选派农村工作指导员进驻湍口镇桐坑村，为挂钩镇村解决支农扶贫资金8万元，免费送化肥7吨。全年接办来信来访13批件次，承办市长公开电话3件，按时反馈率、办结率、满意率均100%。预备党员按期转正7人，吸收预备党员4人。

【完成农资门店创建任务】 2010年，根据全市“绿色家园、富丽山村”创建工作要求，市供销总社牵头负责首批精品村和特色村每村创办一家农资连锁门店。通过制订创建方案，深入镇村沟通协调，实地考察选点，12家农资连锁店全部创建完成，并通过考核验收。至年末，全系统建成农资配送中心和於潜、昌化两个配送分中心及“惠多利”农资门店113家，建立覆盖全市乡镇（街道）主要行政村的农资连锁网络。

【蚕茧购销】 2010年，临安市特产有限公司、临安市天风商业有限公司等蚕茧购销龙头企业及部分基层供销社、蚕茧专业合作社筹集资金5000万元，整合改造标准化茧站24个，共收购蚕茧1075吨，比上年增长11.4%，其中春茧平均收购价1650元/百千克。

【农民专业合作社】 2010年，新建百孚毛竹、桐坑有机茶、千洪石笋、淼楠小香薯、青新蔬菜、山川可可食用菌6家农民专业合作社。至年末，全系统累计领办参办各类农民专业合作社46家，占全市总量25%，涉及茶叶、竹笋、山核桃、蚕桑、药材、花卉苗木、水果蔬菜、家禽畜养、农资植保服务业等多种产业，累计入社农户5851户，建立基地38个，计0.34万公顷，带动农户5.46万户。实现经营收入1.49亿元，产品统销比例90%，实现二次返利总额213万元；同时，推进农民专业合作社规范化建设，累计创建省级示范性合作社6家、杭州市级12家、临安市级18家。

【农资商品供应】 2010年，严格执行淡季储备制度，储备农资商品4000余吨，支援春耕备耕、双夏农资供应和冬储冬种工作，保障市场供应，稳定商品价格。实行统一配送、统一价格、统一台账、统一标准的规范化运作。全年供应各类农资商品2.02亿元，其中，化肥供应量11.31万吨。

【世纪联华超市昌化卖场开业】 2010年4月23日，引进杭州联华华商集团开办的世纪联华超市昌化卖场开业。该项目总投资额3500万元，占地面积4300平方米，主体建筑高6层，总建筑面积9240平方米，其中一层至三层开设超市，建筑面积6585平方米，年投资收益150万元。四层至六层2655平方米，为商务宾馆。

【钱王大酒店完成考核任务】 2010年，通过实行目标经营责任制管理，钱王大酒店经济效益明显提升，成本费用得到有效管控，通过对第一个责任年度（2009年7月至2010年6月）的考核，酒店实现自营业务收入1200.75万元，同比增加47.22万元，完成年度考核目标的104.42%；实现利润304.28万元，同比增加135.1万元，完成年度考核目标的108.67%。

（胡春沐）

粮食购销

【概况】 2010年，市发展和改革局（市粮食局）编制完成《临安市粮食发展十二五规划》。全市轮换市级储备粮油4160吨，新增储备粮1500吨，储备粮增至2.1万吨。实行“订单粮食”政策，收购订单粮食1360吨，其中，晚籼谷927吨、晚粳谷343吨、小麦90吨，订单合同履行率97.1%。从安徽祁门、宣城、肥西等地购入稻谷3985吨。坚持“一符四无”（账实相符，无虫害、无变质、无鼠雀、无事故）粮仓建设，全年累计鉴定粮油6.35万吨，熏蒸处理虫害粮1.6万吨；确定社会周转粮最低库存1140吨，兑现财政资助资金19万元。

【市中心粮库迁扩建项目】 临安市中心粮库迁扩建项目列入省重点项目计划和杭州市“新一轮十大工程”项目计划，该项目总投资6500万元，包括4万吨储备仓库（12幢）、日加工能力100吨的大米加工厂、办公用房等。2010年10月，完成项目监理及施工单位招标，并进入施工阶段，完成投资1000余万元。 （谢东明）

商品交易市场

【概况】 2010年，全市20家商品交易市场摊位（营业房）总数3163个，市场经营户2639户，从业人员5500余人，年交易额55.88亿元，比上年增长28.37%，其中，超亿元市场9家（见表8）。

市场商品交易情况

表 8

单位：万元

市场名称	年成交额
合计	558772
天工商贸大厦	81700
江南日用品市场	21132
浙皖农贸城	162120
於潜集贸市场	83400
青云竹笋市场	52300
昌化城中市场	12765
锦天市场	3840
锦城小商品市场	1616
天目农特产品市场	3500
果品批发市场	32000
钱王家私市场	4000
二手货市场	2281
华兴汽车城市场	54000
青山消费品市场	7586
青云农贸市场	3677
昌化土特产市场	3397
横畈农贸市场	1330
华兴二手车交易市场	25750
美佳锦南综合农贸市场	1000
高虹农贸市场	1378

【汽车市场】 华兴汽车市场规划用地13.5万平方米，总投资1.5亿元，是一个集汽车销售、维护保养、装潢维修、汽车零部件、二手车交易于一体的综合性汽车交易市场。有国际4S标准交易展厅20个，进驻汽车城经销商15家，云集奔驰、宝马、雷克萨斯、奥迪等百余个品牌的中、高档汽车，涵盖经济型轿车、豪华型跑车、城市越野、微型面包车等不同类型，能同时容纳200辆汽车停放交易，建有二手车交易展厅2个。2010年，汽车（含二手车）销量为1.21万辆，比上年增加1534辆。

【竹笋市场】 2010年，全市有竹笋交易市场15家，其中，主营竹笋市场（集散点）2家、兼营6家、季节性经营7家，年成交额在10亿元以上。竹笋市场提供竹笋品种20余个，主要有雷笋、早笋、毛笋、天目早笋、石笋、红笋、高节笋、水笋等，笋期有早、中、迟之分。由天目鲜竹笋加工焙制而成的天目笋干，深受消费者青睐。全市竹笋种植形成区域化，开拓竹笋资源4.67万公顷，占全市总面积的1/6，其中，毛竹笋1.8万公顷、笋干竹笋1.47万公顷、高节竹笋0.33万公顷、雷竹笋0.8万公顷、其他竹笋0.4万公顷。

【落实农贸市场长效管理机制】 根据《关于构建农贸市场长效管理机制实施意见》第24条规定，制定和完善市场相关管理制度13个，供各市场参照使用；督促、指导市场举办单位完善商品准入、快速定性检测、不合格食品召回退市、经营者信用评价、消防安全、每日巡查等制度，建立健全长效机制，提高市场规范化管理水平。根据《省政府关于印发〈浙江省“十小”行业质量安全整治与规范实施意见〉的通知》要求，制订《2010年“小菜场”整规工作实施方案》，组织开展专项检查，并加强与当地政府沟通、协调和配合，对检查中发现的问题，及时商讨解决，共同督促市场主办方整改。高虹、青云两家农贸市场完成改造提升，改造面积约1500平方米，总投资300万元。

【美佳锦南综合农贸市场】 2010年，深入开展星级市场创建活动，美佳锦南综合农贸市场被评为一星级文明规范市场。2008年11月，浙江美佳企业管理有限公司投资350万元，兴办美佳锦南综合农贸市场，占地面积2800平方米，可容纳摊位和商铺200余个，年成交额1000万元。2009年，美佳锦南综合农贸市场获杭州市十佳科普农贸市场、杭州市绿色市场和临安清洁市场荣誉称号。

（张宏映）

烟草专卖

【概况】 2010年，市烟草专卖局（分公司）累计销售卷烟2.86万箱（一箱为250条），同比增长3.9%；实现销售收入（含税）7.91亿元，增长10.4%；毛利1.93亿元，与上年基本持平。全年查处各类案件54起，涉案卷烟2096条，案值50.1万元。新办烟草专卖许可证358户，不予办理70户，变更27户，延续113户，歇业113户。

开展“亮丽终端”活动，对锦城、於潜、昌化三大集镇主要街道的卷烟零售客户店面门头及柜台进行改造，要求卷烟规范化陈列,全面实施“5S”（整理、整顿、清扫、清洁、素养）现场管理，形成整洁美观的办公环境。2183家卷烟零售客户使用网络订购，占客户总数的59.8%，数据采集客户259户。组织31户零售客户参观浙江中烟杭州制造部、杭州烟草呼叫中心和配送中心。组织75家示范店参加中秋联谊活动。是年，市烟草专卖局（分公司）被评为优秀县级烟草专卖局和优秀县级烟草分公司，於潜专卖管理所被评为全省十佳优秀专卖管理所。

【全省首例互联网销售假烟案】 2009年10月31日，市烟草专卖局获得一条在互联网销售假烟的线索，成立专案组，展开调查，并赴江苏、福建、湖南、四川等省取证。经过一年多调查，这起利用互联网聊天软件沟通、购物网站拍物品、支付宝支付、快递公司运输的互联网销售假烟案终于露出水面。2010年8月，两名犯罪嫌疑人在福建云霄落网。此案涉及金额637万元，抓获犯罪嫌疑人4人，这是浙江省破获的首例利用互联网销售假烟网络案件。

（戴海芸）

医 药

【概况】 临安市医药药材有限公司主要经营药品批发业务，公司下辖临安区内业务分公司、临安区外业务分公司、临安中药饮片销售分公司、昌化业务销售分公司、於潜业务销售分公司。2010年，公司实现销售收入2.9亿元，比上年增长26%；完成利润712万元，增长17.2%；上缴税收663万元，增长88%，销售、利润、税收均创历史新高。4月，召开股东大会，通过增资扩股决议，由各股东按现金出资方式进行增资扩股，公司原注册资本300万元增扩到1089.8万元。是年，公司被评为浙江省创建和谐劳动关系先进集体和临安市商贸重点骨干企业。

（张玲建）

“农家乐”特色村选

省级“农家乐”特色示范村——太湖源镇白沙村

省级“农家乐”特色村——西天目乡天目村

省级“农家乐”特色村——太湖源镇东天目村

省级“农家乐”特色村——大峡谷镇桃花溪村

省级“农家乐”特色村——高虹镇龙上村

杭州市“农家乐”特色村——龙岗镇五星村

(市旅游局提供)

旅　　游

概　述

【概况】 临安市共有旅游景区（点）19家（见表9），其中，AAAA级景区4家，分别是天目山景区、浙西大峡谷景区、大明山景区、柳溪江景区；星级宾馆饭店11家（见表10），其中，三星级酒店3家，二星级酒店8家；旅行社21家（见表11），四星级旅行社2家（临安新世纪旅行社、临安旅游集散中心）；“农家乐”697户，1.70万张床位。2010年，全市实现旅游综合收入33.11亿元，增长16.18%。接待游客580.48万人次，同比增长10.77%，其中，景区接待游客341.79万人次，增长11.57%。实现门票收入1.19亿元，增长13.71%，“农家乐”接待游客107.63万人次，增长11.7%。

旅游景区（点）一览表

表9

名称	地址	A级
大明山景区	清凉峰镇白果村	AAAA级
天目山景区	西天目乡天目山村	AAAA级
浙西大峡谷景区	大峡谷镇大峡谷村	AAAA级
柳溪江景区	河桥镇泥骆村	AAAA级
太湖源景区	太湖源镇白沙村	
浙西大龙湾景区	龙岗镇龙井村	
东天目山景区	太湖源镇东天目村	
青山湖景区	青山湖大桥桥头	
天目大峡谷景区	西天目乡告岭村	
神龙川景区	太湖源镇临目村	
白水涧景区	横畈镇白水涧村	
瑞晶石花洞景区	河桥镇蒲村村	
钱王陵	锦城街道衣锦街338号	AAA级
浙西天池景区	大峡谷镇千顷塘	
西径山景区	锦城街道集贤村	
十门峡景区	马啸乡浙川村	
清凉峰国家级自然保护区	清凉峰镇鸠甫村	
八百里养生文化园	锦城街道潘山村陈家坞	
金沙湾拓训基地	藻溪镇闽坞村	

旅游星级饭店一览表

表10

名称	地址	星级
钱王大酒店	锦城街道城中街518号	三
东方假日酒店	锦城街道钱王街1315号	三
新五洲大酒店	锦城街道石镜街468号	三

续表

名 称	地 址	星 级
天目山庄	西天目山	二
浙地山庄	青山湖泥山湾	二
锦湖度假村	青山湖太阳湾	二
大世界酒店	锦城街道钱王街725号	二
东方宾馆	锦城街道钱王街286号	二
金石大酒店	锦城街道景杉路318号	二
绿城大酒店	昌化镇大桥北路18号	二
银杏大酒店	锦城街道钱王街1288号	二

旅行社一览表

表11

名 称	地 址	星级
浙江国际旅游集团旅游股份有限公司	杭州市圣观路128号	
中青旅佛光旅行社有限公司	锦城街道钱王街528号紫景苑23号	
东方旅行社有限公司	锦城街道石镜街252号	
交通旅行社	锦城街道钱王街374号	
新世纪旅行社有限公司	锦城街道黄金水岸56–58号	四
联通旅行社有限公司	锦城街道城中街399号	
人和旅行社有限公司	锦城街道新民街125号二楼	
天目旅行社有限公司	锦城街道钱王街361号	
信天游旅行社有限公司	锦城街道碧桂苑二区17幢102室	
康辉旅行社有限公司	锦城街道钱王街512号	
风光旅行社有限公司	锦城街道新天地1幢222室	
临安旅游集散中心有限公司	锦城街道钱王街491号	四
广远旅行社有限公司	锦城街道衣锦街489号购物中心五楼	
天一旅行社有限公司	锦城街道大华路112号	
江南之旅旅行社有限公司	锦城街道锦湖弄102号	
友好旅行社有限公司	锦城街道江桥路419号天阳大厦904室	
阳光假期旅行社有限公司	锦城街道临天路152–1号	
天马旅行社有限公司	锦城街道石镜街213号	
城建国通旅行社有限公司	锦城街道临水二弄8号	
杭州东美航空旅行社有限公司	锦城街道小王子路119号	
吴越旅行社	锦城街道畔湖路27号	

市场营销

【概况】 2010年，市风景旅游局举办“春醉临安”大型推广活动、中国临安“茶之语 佛之光 禅之旅 林之行”系列主题活动、上海“世博会”杭州国际交流周暨深山渔村欢乐GO活动等。征集临安生态旅游吉祥物“临安氧吧宝宝”。旅游企业举办环球旅游小姐中国赛区总决赛东天目山溯瀑、大激情龙井峡漂流等活动。在上海设立临安旅游上海天线店，向长三角地区各旅游客源市场组团社发放临安旅游消费金券1000余万元，赠送景区门票50万元。在中央电视台《新闻1+1》和《东方时空》栏目、上海电视台、浙江电视台《旅游百事通》和《休闲江南》栏目、杭州电视台《生活大参考》栏目、南京电视台《从南京出发》栏目等主流电视媒体播出临安旅游城市形象专题宣传片。在沪杭、沪宁高速公路及浦东机场设立临安旅游城市形象大型广告。

【"春醉临安"旅游宣传推广活动】 2010年3月16~20日，全市19家景区、旅行社、宾馆等旅游企业40余人，赴安徽合肥、宣城，江苏淮安及上海举办"春醉临安"长三角四城市临安旅游推广活动，为期5天。四城市旅游部门领导、主流媒体记者及各大旅行社负责人400余人参加。此次活动以"森林氧吧、绿色临安"为主题，推广临安乡村旅游产品、春季各类节庆旅游产品、美食等旅游产品，临安旅游上海"天线店"挂牌暨浙西健康直通车开通，发放临安旅游消费金券300余万元、宣传资料2万余份，四城市30余家旅行社与临安市旅游企业现场签约。

【东天目山"万鸟放飞"活动】 2010年3月21日，在爱鸟周来临之际，东天目山景区举办以"万鸟放飞——保护野生动物"为主题的万鸟放飞、万人签名活动。活动开幕式在人民广场举行，副市长陈伟民及市林业局、市风景旅游局领导出席，数千人在印有"拒吃野生动物、保护生态环境"的横幅上签名。随后，由上海、江苏、浙江游客和当地市民组成的七支放飞队驱车前往东天目山景区进行放飞，参与人员6000余人。

【中国天目山"茶之语"活动】 2010年5月8日，由市人民政府、"森博会"组委会主办，市风景旅游局、市贸易局、市农业局、天目山管理局承办的中国天目山"茶之语"茶文化主题推广活动在天目山景区举行。市领导陈法生、钟文静等参加。开幕式在《茶歌》中拉开序幕，活动主要内容有看茶园、炒青茶、品青顶、尝茶点、听茶歌、看美景等。82岁茶寿星李影演唱《山茶花》，讲述她与天目绿茶50多年的故事；CCTV茶状元詹竟轩表演《梅花桩上茶道绝活》；临安天目青顶传统炒茶工艺第九代传人郎利芳现场展示天目青顶茶传统炒制工艺；临安山妹子有机茶馆茶艺表演《天目青顶茶礼》；播放台湾嘉义市观光协会理事长许贤哲向市风景旅游局局长李红樱赠送的阿里山茶和阿里山水的视频，见证"水连两岸，茶香世界。同饮一壶茗，共叙一样情"。开幕式活动进行电视现场直播。

【临安"深山渔村"欢乐GO活动】 2010年7月20日，上海"世博会"杭州国际文化交流周暨临安"深山渔村"欢乐GO大型活动在潜川镇青山殿村举行，杭州市西湖博览会办公室负责人和市领导钟文静、章燕等参加。活动由杭州西湖博览会办公室、临安市人民政府主办，市风景旅游局、潜川镇人民政府、市文广新局承办，柳溪江旅游区、乐平乡、青山殿水电开发公司协办。来自斯洛伐克、希腊、俄罗斯、印尼、土耳其等国的歌舞演员160余人表演一台充满异域风情的歌舞秀，市民间艺术工作者也为国际友人献上塔山花灯、《潜川手狮》、《乐平蚕龙》等充满乡土气息的民间艺术，省、杭州市级媒体记者20余人参与活动采访。

【中国天目山"佛之光"大型主题活动】
(参见"社会生活"栏目"宗教"分目)

【首届中国（杭州）山地救援技术交流会】 2010年7月23~25日，首届中国(杭州）山地救援技术交流会在浙西大峡谷景区举行。大会由中国登山协会、杭州市体育总会、杭州市政府应急办公室等单位共同主办，杭州市户外运动协会承办，浙西大峡谷旅游开发有限公司协办。来自全国16支救援队参加救援技术竞赛，项目包括GPS定点搜救、溜索、外伤救护、桥降、编织担架、悬崖吊运、横渡吊运等户外登山运动常用的救援技术。杭州市户外应急救援队、宁海山地救援队、山岳救援队华东支队温州分队分别获第一名、第二名、第三名。

【“禅之旅、林之行”暨“临安氧吧宝宝”揭晓活动】 2010年10月22日，“禅之旅、林之行”暨“临安氧吧宝宝”揭晓活动在人民广场举行。省旅游局副局长方敬华，杭州西湖博览会办公室副主任黄峰，杭州市旅委副主任周志平，市领导钟文静、张金良及各乡镇（街道）有关负责人，旅游企业代表参加开幕式，方敬华和钟文静共同揭晓临安旅游吉祥物——“临安氧吧宝宝”。该旅游吉祥物由浙江海宁范朝勇设计，“氧吧宝宝”头顶临安市树银杏叶，银杏叶上点缀的水珠代表临安的碧水，叶柄上的丝带环绕成O_2形，代表氧气分子的化学符号，咧嘴笑的娃娃脸体现绿色健康、自然生态元素。并推出金秋临安“禅之旅、林之行”特色旅游线路5条，分别是金秋禅文化之旅（天目山、东天目山、钱王陵园）；高山红叶赏秋行(大明山、柳溪江、瑞晶洞)；浙西诗画之行（青山湖、太湖源、浙西天池）；快乐乡村之行（白云人家、深山渔村、徽杭古道第一村等旅游特色村）；浙西唐古拉寻宝探险自驾之行（浙西大峡谷、剑门十八瀑、浙西大龙湾）。

【浙江农林大学被批准为社会资源国际旅游访问点】 2010年10月28日，经初审、复审，杭州市旅游西进暨推进旅游国际化工作领导小组批准浙江农林大学为杭州市城市社会资源国际旅游访问点，并于11月15日起挂牌，对外开放，成为全市第一个社会资源国际旅游访问点，同时被批准的还有杭州寸村整体生活器用馆、杭州佑康食品有限公司、下城中医院等6个点。这些新列入的国际资源访问点可与杭州各大国际旅行社合作，按规范程序接待国际游客。

规划建设

【概况】 2010年，完成《临安市“十二五”旅游业发展规划》、《青山湖科技城旅游休闲服务综合性规划》、《临安市酒店业发展专题规划》、《青山湖科技城》初稿编制；组织评审《湍口温泉风情小镇概念性规划》、《天目世界国际山地休闲度假综合体总规》。11个旅游项目列入市重点项目，其中，重点实施项目6个、重点预备项目5个，总投资22.8亿元，完成投资2.08亿元。天目山生态旅游综合体五星级度假酒店设计方案完成初步编制，金沙湾大型户外拓展基地试营业，大明山老景区升级改造项目进展顺利，驾云台至千亩田悬空栈道建成使用，高山滑雪场建成试营业，剑门十八瀑景区恢复试营业，柳溪江乡村旅游度假区高坪游船码头等基础设施建成，河桥休闲农业观光园投入试运营，浙西大龙湾龙井峡漂流项目营业。太湖源景区批准为浙江省首批生态类非物质文化遗产旅游风景区。

【湍口温泉风情小镇概念性规划通过评审】 湍口镇政府依托温泉稀缺性旅游资源谋划乡镇旅游发展，2010年，委托杭州远见规划设计院启动《湍口温泉风情小镇概念性规划及局部控制性规划》编制工作。12月10日，邀请专家和相关部门领导对规划进行评审，专家组认为该规划符合当地经济社会发展实际，指导思想明确，项目设计有一定创意，功能布局基本合理，基本符合旅游规划通则，予以原则通过。

【湍口众安氡温泉度假酒店动工】 2009年9月，湍口众安氡温泉度假酒店项目奠基。该酒店占地面积10公顷，根据项目性质及地形，项目建设分8个区块，分别为酒店主体区、会议及餐饮区、温泉浴场区、体检康复中心及体育活动区、套房及会馆区等，总投资1.57亿元。2010年，该酒店项目建设启动，完成酒店区域河道治理、公路移位建设、污水管网建设、围墙等相关配套基础工程，投资3320万元，项目累计完成投资3820万元。

【剑门十八瀑旅游区项目】 该项目为原石长城景区提升改造项目，总投资1.02亿元。2009年5月，景区改造工程启动。2010年，建成剑门、龙门两个景点接待服务中心、滑索基站、索桥桥墩基础、游步道、栈道，完成投资2255万元。9月底，通过相关部门检查，恢复试营业。项目累计完成投资4431万元。

【金沙湾大型户外拓展基地项目】 临安市金沙湾大型户外活动基地位于藻溪镇，距杭徽高速公路藻溪出口2千米。该项目于2008年7月开工，总投资5000万元，占地面积66.66公顷，分两期实施。2009年10月1日，一期工程竣工，投入试营业。该项目被列入“临安市三年行动规划”及重点工程。2010年，完成迷宫CS、快乐大冲关等项目建设。基地建成野战射击中心、拓展培训中心、水上拓展中心、军事训练中心及接待服务中心五大区块，推出团队拓训、野战射击、国防教育、应急自救、体育竞技、户外生存、特色旅游、冬夏令营八大内容，全年完成投资1450万元，项目累计完成投资4610万元。该基地是杭州市体育休闲协会常务理事单位，获2010年杭州市生活品质体验点、杭州市十大特色潜力行业、浙江农林大学天目学院校外实训基地、临安市青少年国防教育户外活动基地等称号。

【浙西大龙湾龙井峡漂流项目建成】 2010年6月，浙西大龙湾龙井峡漂流项目建成。该项目位于龙岗镇浙西大龙湾景区口，由临安市太湖源生态旅游有限公司和临安市浙西大龙湾风景旅游有限公司共同投资建设。2009年完成规划设计。2010年3月动工，6月底竣工，漂流全长2.5千米，头尾落差68米，俯冲水坝3米~5米，一期投资480余万元。7月2日，举行浙西大龙湾龙井峡漂流首届趣游开漂活动，江苏、浙江两省有关新闻媒体、旅行社等近百人参加。

行业管理

【概况】 2010年，临安市政府被评为杭州市“参与世博，服务世博，打造游客最满意旅游目的地”竞赛活动政府贡献奖。中都青山湖畔大酒店通过国家旅游局五星级饭店评定检查，等待批复；新世纪旅行社、临安旅游集散中心有限公司被评为浙江省四星级旅行社。浙旅控股股份有限公司、新世纪旅行社被评为杭州市优秀旅行社。东天目景区创建国家AAAA级景区通过省旅游局验收，并上报国家旅游局。全年举办各级各类培训班30期，受训人员2670人次。新世纪旅行社导游袁金辉、东美航空旅行社导游唐梅红被评为杭州市金牌导游。整合临安旅游集散中心和旅游信息咨询中心资源，建成锦城、昌化、天目山3个咨询服务点，临安旅游信息服务网络基本形成。组织检查102次，参加400人次，发现各类隐患76条，完成整改73条，整改率96%。发送旅游安全手机短信3000余条次，印发漫画型安全宣传手册5万份。完成“世博会”安保任务。

【第三届导游之星评选活动】 2010年5月25日，市风景旅游局、市总工会、团市委、市妇联、市劳动和社会保障局联合举办第三届导游之星评选活动。比赛分全国导游组和景区导游组，内容包括导游综合素质测试、景点模拟讲解、个人才艺展示等，全市10家景点、16家旅行社共70余名导游参加，杨舒捷、吴红艳分别获全国导游组和景区导游组一等奖。

【优秀旅游纪念品评选获奖】 市风景旅游局选取鸡血石、田黄石、冻石及竹笋壳、山核桃壳等材料，设计制作系列旅游纪念品、工艺品，参加杭州市优秀旅游纪念品评选活动，4组旅游纪念品、工艺品入围，其中，莲龙斋鸡血石商行昌化石首饰、挂件系列和山妹子公司竹笋壳、山核桃壳旅游纪念品、工艺品获金奖，潮华玉石行昌化石冻石饰品和盛藏玉石商行田黄石饰品获铜奖。市风景旅游局被评为中国国际旅游纪念品博览会优秀参赛奖。

乡村旅游

【概况】 2010年，全市有13个乡镇、34个村、697户农户经营“农家乐”，总床位1.7万余张。太湖源和天目山区块“农家乐”经营户200余户，大峡谷镇100余户。全年“农家乐”接待游客107.63万人次，同比增长11.7%；实现经营收入5600万元，增长16.59%。

以创建省级特色旅游村为载体，以“村美、家福、社兴、人和”为建设标准，藻溪镇闽坞村、岛石镇呼日村、横畈镇白水涧村等“农家乐”特色村建设有序推进。对西天目乡天目村和横畈镇白水涧村两个旅游特色创建村“农家乐”标示标牌和“农家乐”协会成立进行服务指导。高虹镇龙上村创建为浙江省级“农家乐”特色村，太湖源镇指南村和大峡谷镇五星村创建为杭州市“农家乐”旅游特色村，锦城街道竹林山庄创建成为杭州市休闲观光农业示范园区；横路乡谢家桥村、清凉峰镇白果村创建成为浙江省特色旅游村。“农家乐”旅游特色村生活污水处理工程建设继续推进，配合市环保、市新农村建设办公室、市能源办等部门和有关乡镇，启动太湖源镇白沙村太子庙、东坑村，高虹镇大山村生活污水处理系统工程建设。完成大峡谷镇大峡谷村、相见村，马啸乡浙川村，西天目乡武山村杭州市乡村休闲旅游业污染治理项目考核验收。完成《“农家乐”技能服务培训教材》初稿编写。

(刘智燕)

财政·税务·金融

财　政

【概况】 2010年，全市实现财政总收入30.11亿元，比上年增长18.1%。其中，地方财政收入16.97亿元，增长20.9%；地税各项收入22.57亿元，增长18.6%。全年完成财政支出25.9亿元，增长36.7%。其中，一般公共服务支出3.91亿元，增长18.2%；公共安全支出1.52亿元，增长17.2%；教育支出5.54亿元，增长19.7%；科学技术支出1.05亿元，增长28.3%；文化体育与传媒支出4091万元，增长24.3%；社会保障和就业支出1.98亿元，增长21.1%；医疗卫生支出1.83亿元，增长27.7%；环境保护支出2.22亿元，增长196.6%，主要是上年结转和当年上级补助增加1.11亿元；城乡社区事务支出7818万元，下降15.4%，主要是支出科目调整因素；农、林、水事务支出2.59亿元，增长29.4%。全年财政实现收支平衡留有结余。

争取工业补助资金8359万元、农业补助资金2.38亿元和基建项目补助资金3.42亿元。兑现工业扶持资金7839万元、农业扶持资金2.99亿元、现代服务业扶持资金3030万元和基建项目建设资金5.92亿元，分别比上年增长14.2%、16.8%、32.1%和12.1%。国税和地税审核办理各类减免税3.21亿元、出口退税7.02亿元。争取农业综合开发项目4个，其中，土地治理项目2个，分别为昌化镇黄干溪和高虹镇仇溪山区小流域治理项目；产业化项目2个，分别为杨桐、柃木种植项目和1000吨出口袋泡茶加工扩建项目。

【预算管理改革】 2010年，市财政局健全预算编制、执行、监督一体化运行机制，细化部门预算、专项预算和基金项目预算编制，推进市人大常委会全过程跟踪监督10个单位的部门预算编制和执行工作。调研制订新一轮市乡财政体制方案，编制《临安市财政“十二五”工作规划》，实施乡镇（街道）财政管理一体化平台建设，完善项目专项资金收支核算，在全市预算单位中全面推进国库集中支付改革，在部分单位稳步推行“公务卡”制度，试行专项资金绩效预算管理，对50万元以上的财政专项资金进行绩效评价。

【政府非税收入管理】 2010年，市财政局制定《临安市非税收入绩效考核暂行办法》，规范非税收入收缴管理。全年征收行政事业性收费2.05亿元，同比增长1.8%。全市政府性基金收入23.95亿元，完成预算的126.4%，增长22.1%。其中，地方教育附加收入3661万元，增长28.2%；地方水利建设基金收入5451万元，增长52.5%；国有土地使用权出让金收入21.89亿元，增长22.2%。全市社会保险基金收入5.87亿元，增长14.3%。

【财政支出管理】 2010年，市财政局实行公用经费、一般性专项经费零增长，继续执行压缩会议、接待、购车和出国经费等规定。全年一般公共服务经费支出3.91亿元，比上年增长18.2%，增幅低于一般预算支出18.5%。坚持把财政资金更多地用于改善和保障民生等重点领域，为全市33个行政村争取村级公益事业“一事一议”财政奖补资金1200万元；推进基层医药卫生体制综合改革试点，在乡镇（街道）卫生院实行基本药物制度。继续实施农村危房改造、校园安保和校舍安全工程，全面免除义务教育阶段学生住宿费。完善城乡居民社会养老、城镇职工基本医疗和新型农村合作医疗保险政策，提高城乡居民最低生活保障、企业退休人员基本养老保险金发放标准。全年民生保障支出17.94亿元，占一般预算支出的69.2%，新增财力的90%以上用于民生需求。

【财政监督管理】 2010年，市财政局制定《临安市“绿色家园、富丽山村”项目资金管理办法》、《临安市中低产田改造项目资金管理办法》和《临安市乡镇（街道）土地出让金使用管理办法》，开展财税政策执行、财政资金使用、土地出让金管理等专项检查和行政事业单位、社会团体、国有企业“小金库”自查自纠工作。加强政府采购监管，全年政府采购预算资金1.41亿元，实际采购资金1.24亿元，资金节约率12.1%。规范政府性投资项目全过程管理，委托中介机构对80个项目进行审价，送审资金2.09亿元，净核减工程造价2119万元，资金核减率10.1%。开展会计人员后续教育和上岗培训工作，全年培训会计人员6150人次，评选会计管理先进集体5个、先进会计工作者10人。

【财政扶持政策】 2010年，市财政局会同有关部门制订《关于进一步实施工业强市战略积极推进工业经济转型升级的若干意见》、《关于扶持文化创意产业发展的若干政策意见》、《关于进一步促进企业上市的若干政策意见》、《关于加快坚果食品产业转型升级的实施意见》和《关于支持利废工业企业及再生资源回收利用企业发展的若干政策》等，财政扶持政策体系逐步完善。

【全面推行财政国库集中支付】 从2010年9月1日起，全市预算单位全面推行财政国库集中支付。国库集中支付是指建立以国库单一账户体系为基础、资金缴拨以国库集中支付为主要形式的财政国库管理制度，采取财政直接支付和财政授权支付两种方式。财政直接支付范围包括工资支出、工程采购支出、物品及服务采购等支出。财政授权支付包括未实行财政直接支付的工资支出、购买支出、零星支出等。通过实行国库集中支付，行政事业单位将由多头开户账户变为单一账户，原本资金由行政事业单位支付，变为以财政直接支付为主。财政资金由分散存放变为统一存放于财政部门，事后反馈变为实时反馈，事后监督变为实时监督。全年受理、批复单位用款金额3.86亿元，其中，财政直接支付5539笔，计3.21亿元；预算单位财政授权支付4043笔，计6487万元。

【开展“强农惠农”资金专项清查】 2010年7月，全市成立“强农惠农”资金专项清查工作领导小组，召开全市“强农惠农”资金专项清查动员大会，制订《临安市“强农惠农”资金专项清理和检查工作实施意见》，全面梳理“强农惠农”资金项目，从政策制度落实、项目申报审批、资金拨付和使用等环节，对各项“强农惠农”资金使用管理情况进行全面检查。重点检查和纠正“强农惠农”资金使用管理制度是否完善，是否对农民各项补贴资金及时足额拨付到户，是否存在多头申报、虚报冒领、套取资金问题，是否存在截留、挤占、挪用资金问题，是否存在滞留、资金使用效率较低等问题。通过清理排查，共纠正问题13个，涉及金额1179万元。

【建立基层医疗机构财政补偿机制】 2010年，出台《临安市基层医疗机构财政补助暂行办法》，通过医保基金付费、个人付费、政府财政投入和医保基金二次补偿等渠道，从基层医疗机构门诊人次、住院人次、农村公共卫生服务人口、基本医疗服务人口和在职人员工资等方面实施补助。其中，政府财政投入包括基层医疗机构日常支出补助、农村公共卫生补助资金、农民健康体检资金和建设发展项目补助等。全市26家乡镇（街道）卫生院（社区卫生服务中心）和15家实行一体化管理的社区卫生服务站全部实施国家基本药物制度。全年市财政用于基层医疗机构的基本药物零差率补助资金2382万元，全市基层医疗机构共让利2156万元，药品价格下降37.9%，门诊均次费用从127元下降到79元，门诊人次比上年增长42.9%。

【国有资产管理】 2010年，市财政局制定《临安市企业国有资产监督管理暂行办法》、《临安市国有投资公司基建财务管理制度》，出台《进一步加强我市行政事业单位国有资产监督管理的意见》、《临安市行政事业单位出租房管理实施细则》，加强对行政事业单位国有资产网络动态管理。开展对11家地方政府融资平台公司及债务清理工作，加强对政府性投资规模和国有公司营运管理，建立完善以出资人监管为主要特征的国有资产管理机制，探索国有资本经营编制办法，控制政府性债务。

【国有林地籍管理系统建立】 2010年11月，市财政局在开展国有林地清查的基础上，编制完成《临安市国有森林资源规划调查成果报告》，对森林资源现状、特点作出分析，并提出国有森林资源管理建议；同时，根据调查成果，进行图纸资料整理、图块拼接和数据存储处理，建立国有林地籍管理系统。整个系统委托浙江农林大学开发建设，内容包括林权证查询管理、森林资源评估管理、碳汇计量管理、使用权委托管理等方面，依托信息化管理系统，达到对外“以证管地”、对内“以图管地”的效果。

（崔　超）

地　税

【概况】 2010年，全市地税系统共组织各项收入22.57亿元，比上年增收3.55亿元，增长18.6%。其中，地方税收收入13.18亿元，增收2.19亿元，增长19.9%。

全年落实营业税、企业所得税、城镇土地使用税等30余个项目减免税优惠政策，为547家企业减免税款1.15亿元。其中，企业所得税减免282家，计9424万元；营业税减免74家，计114万元；城镇土地使用税减免85家，计1484万元；房产税减免51家，计477万元；车船税减免527辆，计27万元。落实社会保险费集中减征和费率下调政策，减征社会保险费2996万元。

制定《临安市财政地税局规范性文件制定管理办法》和《临安市地税局税务违法案件受理查处制度》。审理重大税务案件2件，无行政复议和行政诉讼案件。会同公安机关开展打击整治发票犯罪专项行动，查处发票违法案件19起，涉案金额1897万元。开展对房地产、建筑安装和交通运输等行业税收专项检查，检查各类企业269家，查补税款2225万元。

【重点税源监控管理软件启用】 2010年6月，市地税局通过模块开发，根据重点税源监控管理相关13张报表中的数据格式编写取数程序，植入“税友2006”税收征管软件税源管理模块下，实现直接从“税友2006”税收征管软件数据库取数，加工产生税源管理监控报表，然后输出EXCEL表，汇总整理形成《临安市骨干企业地税纳税情况表》，提供给相关领导决策参考，提高在重点税源管理上的信息时效性，保证数据的全面准确。全年重点税源监控企业641家，入库税收8.12亿元，占企业税收的69.1%。

【社会保险费征缴】 2010年，市地税局贯彻《中华人民共和国社会保险法》，巩固社会保险费“五费”合征（即基本养老保险费、基本医疗保险费、失业保险费、工伤保险费和生育保险费）征缴机制，实行社会保险费财政、地税、社会保障三个部门数据信息实时联网，启用社会保险费专用申报表，实行社会保险费网上结算工作，开展税费比对分析和清欠工作。全年征收社会保险费收入5.87亿元，同比增长14.3%。其中，基本养老保险基金收入3.60亿元，增长9.2%；基本医疗保险基金收入1.73亿元，增长21.1%；失业保险基金收入2877万元，增长28.4%；工伤保险基金收入2313万元，增长36.0%；生育保险基金收入322万元，增长30.8%。

【标准化建设办税大厅】 2010年12月，市地税局从方便纳税人、服务纳税人出发，对直属分局办税大厅进行标准化改造，重新投入使用的办税大厅以蓝色和白色为基本元素，有三大显著变化：一是重新进行整体布局，按功能划分办税服务区、填单区、等候休息区、特约服务区和自助办税区，功能清晰，标识明确，方便纳税人办理涉税业务；二是完善硬件设施建设，设置导税台，配置触摸式查询系统、智能排队叫号系统、综合显示屏、自助申报设备等，为纳税人提供快速、便利的信息化服务；三是推行“一窗式”服务。除发票管理窗口暂时单设外，其余窗口设置为全功能综合服务窗口，纳税人在任何一个窗口都可以办理涉税事项，提高办税服务厅整体工作效率。

【推进车船税保险机构代收代缴】 2010年1月1日起，车船税征收模式由委托公安交警部门代征改为由保险机构代收代缴。市地税局安排专人到保险机构进行一对一驻点，现场解决代收代缴工作中出现的各类问题。在日常征管中，组织专业人员不定期对各保险机构交通强制保险出单情况进行逐一仔细检查，核对是否按规定税额准确代收代缴车船税，并对各保险机构车船税申报情况实行实时监控，督促保险机构及时申报，对申报软件使用不熟练的保险机构进行指导，各保险机构做到"见税出单、税险同步"，保证车船税及时申报入库。全年保险机构代收代缴车船税1426万元，同比增长45.1%。

【纳税服务志愿者队伍成立】　2010年4月，市地税局纳税服务志愿者队伍成立，人员由浙江林学院在校学生、注册税务师、注册会计师、企业财务人员及税务干部组成，主要为社会各界尤其是弱势群体和特困人群提供涉税事务服务，为有特殊需求的纳税人提供公益性、个性化、专业化服务。服务对象为当地需要纳税服务援助的特殊困难群体，包括需要纳税服务援助的离休和退休人员、残疾人、因病行动不便者、下岗和失业人员、复转军人和军烈家属、从事生产经营遇到特殊困难（如不可抗力因素等）的纳税户及其他需要纳税服务援助的纳税人。在服务内容上，志愿者可免费提供税收政策解读、纳税申报、代办服务、信息反馈服务及其他服务。

（崔　超）

国　税

【概况】　2010年，市国税局组织税收收入17.15亿元，同比增长21.62%。纳税上千万元企业14家，缴纳税款4.52亿元，其中福斯特光伏材料股份有限公司入库税款1.41亿元。辖区内有上市企业6家。

落实各项税收优惠政策，办理出口免抵退税7.02亿元，增长15%，其中，调库1.13亿元，办理退税5.89亿元，为出口企业向银行办理质押贷款证明800万元。办理各类政策退税和减免税1.82亿元，其中，福利企业退税9038万元，资源综合利用企业退税1199万元；办理涉外企业减免所得税6689万元和支持"三农"减免税387万元（所得税减免177万元，农产品开票免税210万元）。审批办理购置国产设备可抵免企业所得税投资额227万元；申报认定高新技术企业12家，办理退税505万元；审核办理企业技术开发费加计扣除额2931万元。检查企业104家，合计补税罚款2798.67万元，移送司法机关处理13件。应用税收执法管理信息系统，执法正确率达到99.99%。

召开临安市税务学会第五届理事会，李平任会长，叶朝阳、赵利民任副会长，何月兰任秘书长，方展任副秘书长。

【偷税案件查处】　2010年，市国税局对临安市半球电子有限公司和杭州临安天伦企业有限公司的偷税行为作出补缴处罚和移送司法机关的处理决定。经查实，2008年9~12月，临安市半球电子有限公司购买、取得虚开增值税专用发票用于抵扣增值税，取得6份虚开增值税专用发票，合计金额49.47万元，税额8.41万元，入账并申报抵扣增值税进项税额8.41万元。根据《中华人民共和国增值税暂行条例》（中华人民共和国国务院令第134号）第一条、第九条，国家税务总局国税发〔1997〕134号《关于纳税人取得虚开的增值税专用发票处理问题的通知》第一条规定，决定追缴该单位抵扣的增值税8.41万元。根据《中华人民共和国税收征收管理法》第32条规定，加收滞纳金2.04万元。根据《中华人民共和国税收征收管理法》

第63条第一款规定，决定对该单位少缴的增值税8.41万元处以1倍罚款，计8.41万元。补税、罚款、滞纳金合计18.86万元，于5月13日全部追缴入库。2009年2~4月，杭州临安天伦企业有限公司镀锌车间在给富阳奔象五金厂的镀锌加工业务中，收取加工费未开具加工费发票，而是利用杭州萧康金属有限公司应开具给该单位设备改造购买材料的3份增值税专用发票，直接开具给富阳奔象五金厂，用于抵镀锌业务的加工费发票，3份发票共计开具金额22.29万元，税额3.79万元，该单位收取的加工费未入账也未申报纳税。隐瞒销售收入22.29万元，少缴增值税3.79万元。根据《中华人民共和国增值税暂行条例》（中华人民共和国国务院令第538号）第一条、第19条第一项规定，决定追缴该单位少缴的增值税3.79万元。根据《中华人民共和国税收征收管理法》第32条规定，加收滞纳金1.06万元。根据《中华人民共和国税收征收管理法》第63条第一款规定，决定对该单位少缴的增值税3.79万元处以1倍的罚款，计3.79万元，补税、罚款、滞纳金合计8.64万元，于2011年1月13日全部追缴入库。

（徐婧静）

金 融

·人民银行临安市支行·

【概况】 2010年，全市金融业继续稳健发展，各项存款保持快速增长势头，各项贷款增速趋缓，信贷资产质量继续提高。年末全市金融机构人民币各项存款余额286.65亿元，比年初增加60.50亿元，比上年多增13.10亿元，增长26.75%，同比上升0.24个百分点。其中，居民储蓄存款余额129.34亿元，增加28.00亿元，多增11.72亿元，增长27.63%，上升8.49个百分点；企业存款余额94.30亿元，增加29.16亿元，多增3.06亿元，增长44.77%，下降8.94个百分点。

年末，辖内金融机构人民币各项贷款余额253.68亿元，比年初增加40.62亿元，比上年少增8.40亿元，增长19.07%，同比下降10.82个百分点。其中，短期贷款余额147.58亿元，增加24.61亿元，少增1.59亿元；中长期贷款余额105.07亿元，增加17.13亿元，少增4.64亿元。中长期贷款中，个人贷款余额44.81亿元，增加10.28亿元，其中，个人消费贷款余额41.63亿元，增加9.47亿元；单位贷款62.26亿元，增加6.86亿元，其中，固定资产贷款余额43.68亿元，增加2.79亿元。（见表12）

新增贷款中，工业贷款22.48亿元，占比55.33%；个人消费贷款13.49亿元，占比33.21%；农业贷款3.97亿元，占比9.78%；房地产开发贷款1.17亿元，占比2.88%；基础设施建设贷款比年初减少2.68亿元。

年末全市金融机构人民币不良贷款余额1.25亿元，比年初减少2.25亿元，不良贷款比例0.49%，下降1.15个百分点。其中，次级贷款余额0.48亿元，减少0.97亿元，占比0.19%；可疑贷款余额0.64亿元，减少0.2亿元，占比0.25%；损失贷款余额0.13亿元，减少1.09亿元，占比0.05%。

出台《关于临安市金融支持绿色照明等三个产业转型升级工作的意见》，要求金融机构改进金融服务，创新金融产品，加大信贷投入，引导和推动辖内绿色照明、坚果食品和精密元器件等传统特色产业转型升级。出台《关于金融支持我市农村住房改造建设的指导意见》，引导金融机构拓宽信贷支农领域，加大对农村住房改造建设的信贷投入，为“绿色家园、富丽山村”工程建设提供全面的金融服务。与市银监办联合下发《关于银行系统开展“走百家企业、访百名老总”活动的通知》，组织全市各金融机构负责人到玲珑、於潜、高虹、横畈等地走访企业，宣传金融政策，了解掌握企业生产经营状况和服务需求，为企业客户量身定制金融产品和服务方式，向企业提供“零距离”的金融服务。协助公安机关破获社会集资案件8起、银行卡案件10起。向公安机关移送重点可疑交易报告2份，其中告破非法吸收公众存款案件1起。

金融机构人民币存贷款情况

表12 （单位：万元）

单位	存款		贷款	
	余额	比年初增加	余额	比年初增减
工商银行	301112	68415	334606	32527
农业银行	239335	57416	200868	47037
中国银行	152848	14140	195442	15216
建设银行	445251	79764	422869	95844
交通银行	95550	4343	117248	22553
浦发银行	416426	114487	374287	56855
农发银行	7187	2070	73050	13720
杭州银行	242056	71521	165137	-3037
农信联社	704305	155255	503319	88499
邮政储蓄银行	107737	27183	32687	16762
兴业银行	71244	1015	111743	14744
民泰银行	17088	17088	5510	5510

【"政银企"对接会】 2010年7月6日，在市政府会议中心召开“政银企”对接会，会议主题是沟通、合作、发展，目的是解决中小企业融资难题、助推中小企业转型升级良性发展、搭建“政银企”交流平台、完善“政银企”合作机制。全市各银行、小额贷款公司、担保公司负责人及6家外地金融机构、投资公司负责人和70家中小企业代表参加会议，部分金融机构与企业现场授信签约金额1.48亿元。

【开拓金融业务】 2010年，人民银行临安市支行加大对金融机构业务创新的考核力度，指导督促金融机构深入开展市场调查，结合市场需求和自身业务发展特点，不断开拓金融业务。工商银行临安支行成立中小企业服务中心，实行专业化管理，在融资方式上，推出“网贷通”业务，开办国内保理等贸易融资产品，满足企业的不同需求；兴业银行临安支行推出企业联保贷款业务，解决部分企业融资担保难题；农业银行临安支行与惠多利公司协作推出农业经营性贷款业务；中国银行对国际结算产品进行创新，推出融易达、融信达、汇利达等产品，支持外向型企业发展；建设银行推广网络银行“速贷通”和网络银行联保联贷业务；农村信用合作联社出台《“绿色家园、富丽山村”新农村建设贷款管理办法》、《临安市农村信用合作联社大学生“村官”创业管理办法(试行)》，推出相关信贷产品，助推新农村建设和大学生“村官”创业。

【民泰银行临安支行挂牌】 经中国银行业监督管理委员会浙江监管局批准，民泰银行临安支行于2010年7月筹建，2010年12月2日准予开业。12月18日，民泰银行临安支行正式挂牌营业。民泰银行临安支行是浙江民泰商业银行股份有限公司下属支行，经营范围为吸收公众存款；发放短期、中期、长期贷款；办理国内结算；办理票据承兑与贴现；代理发行金融债券；代理发行、代理兑付、销售政府债券；从事同业拆借；从事银行卡业务；提供担保；代理收付款项及代理保险业务；提供保管箱业务。年末，各项存款余额1.71亿元，各项贷款余额5510万元。

(黄兰荣)

·浙江银监局临安办事处·

【概况】 2010年，全市辖内银行业整体运行平稳，健康发展，本外币各项存款289.69亿元，比年初增加60.62亿元；本外币各项贷款254.46亿元，比年初增加41.11亿元；实现税后利润6.56亿元。不良贷款余额1.25亿元，下降2.25亿元；不良贷款比率0.49%，下降1.15%。继续保持零案件。

组织辖内银行业开展“发展质量年”和“公众教育日”活动；开展“送金融知识下乡”和“农村青年创业小额贷款”推进活动；联合市经济发展局等单位开展临安银行系统“走百家企业、访百位老总”活动；引导银行业金融机构向县域和乡镇延伸网点9家。指导辖内银行机构制订年度发展规划；完成对临安市农村信用合作联社2010年度监管评级工作、非现场监管及各项检查督查工作。引进民泰银行临安支行、南浔农商行临安支行，增加临安金融“支农支小”服务覆盖面；与中信银行杭州分行商洽临安村镇银行组建工作；推进邮储银行二类网点改革；促成由工商银行临安支行、交通银行临安支行、建设银行杭州市天水支行三家银行组成的重组银团贷款2亿元，为解决天松集团风险奠定基础。构筑防火墙，防止民间高利借贷风险向银行转嫁；配合地方政府处置非法集资工作，就规范民间借贷问题向临安市政府提出相关建议和意见；协助市政府处理两起金额分别超过2亿元的高利借贷者出逃引起的社会维稳和银行信贷资金风险等问题。（翁保军）

·工商银行临安支行·

【概况】 2010年末，工商银行临安支行各项人民币存款余额30.11亿元，比年初增加6.84亿元，增长29.39%；各项贷款余额33.46亿元，增加3.25亿元，增长10.76%，其中，中小企业贷款余额7.05亿元，增加2.44亿元，增长52.93%。该行以市场为中心，加快转型步伐，代理国库集中支付系统进入全面运行阶段，临安市民卡项目承办权公开招标中标，青山、锦南区域“银政”合作加强，新增贷款重点支持中小企业发展、杭徽高速公路及锦南新城等重点基础设施项目建设、重点企业技改项目、先进装备制造业搬迁项目。以客户为中心，加快结构调整，年末零售业人民币储蓄存款余额13.73亿元，比年初增加2.88亿元，增长26.54%。辖属临安钱王支行、临安锦江路支行、临安於潜支行、临安昌化支行、临安衣锦街支行、临安新民街支行经浙江省银监局批准升格为二级支行，挂牌营业。临安青山湖科技城支行筹建工作全面启动，支行大楼装修改造工程完工。全年新增ATM机2台、存取款一体机4台、自助终端4台。

（胡朝晖）

·农业银行临安市支行·

【概况】 2010年，农业银行临安市支行拥有机构网点9个、员工170人。年末各项存款余额23.98亿元，比年初增加5.73亿元；各项贷款余额20.09亿元，增加4.69亿元。个人存款增量占比首次居四大国有银行（工商银行、农业银行、中国银行和建设银行）首位，市场份额提升1.49个百分点。各项贷款增量居四大国有银行第二位，市场份额提升1.44个百分点。个人贷款余额首次突破10亿元，继续保持四大国有银行第一位。中间业务收入1602万元，比上年增加619万元，拨备前利润5187万元。

新增贷款100%投向优质客户和优质资产业务，自营不良资产完成货币清收1586.37万元，实现不良企业清户2家，账销案存贷款收回22万元，委托不良资产清收50万元。全行五级不良贷款余额2119万元，不良贷款占1.06%，比上年下降0.9个百分点。

加大对临安经济开发区投资建设公司、杭州鑫富药业股份有限公司、临安市供电局等当地主流客户的信贷支持力度，新增贷款1.25亿元。加强与浙江万马集团有限公司整体业务合作，授信额度从0.6亿元增至2.7亿元。发放惠农卡2.26万张，惠农卡覆盖37个村镇。全年农户小额贷款新增授信1358户，累计发放贷款369笔，年末农户贷款余额3985万元，比上年增加1760万元。

（宋　靖）

·中国银行临安支行·

【概况】 2010年，中国银行临安支行各项人民币存款余额15.2亿元，比年初增加1.4亿元；各项人民币贷款余额19.5亿元，增加1.5亿元。完成国际结算量2.5亿美元；本外币贷款不良率0.36%，下降0.27%。实现中间业务净收入1095万元、当年税前利润4491万元。制订网点三年发展规划。按照功能分区、服务分层、业务分流的原则，加大网点改造力度，支行所辖5个网点硬件（包括本级营业部）均完成标准改造，支行本部设立理财中心，青山支行、於潜分理处分别设立理财工作室，各网点设立咨询引导区、等候休息区、自助服务区、低柜服务区。与烟草公司、市住房公积金管理中心、市供电局、浙江农林大学等优质客户开展合作。继续实行“业务排雷”方案，对全行重点业务和重点操作环节进行全面排查，有效识别和防范操作风险，防止各类案件发生。

（胡　临）

·建设银行临安支行·

【概况】　2010年，中国建设银行临安支行下辖机构网点9个、自助银行9个，有自助设备32台，主要分布在锦城街道、青山湖街道、於潜镇、昌化镇、高虹镇；有员工174人，其中，在岗人员154人、离岗退养13人、辅助营销岗7人。

全年各项存款余额44.52亿元，新增7.98亿元，一般性存款增长22%，其中，公司存款余额25.91亿元，新增5.3亿元，增长26%，日均新增四大国有银行占比居第一位。个人存款余额18.6亿元，新增2.68亿元，增长14.4%。一般性存款、公司存款余额和新增均列当地四大国有银行第一位。贷款不良率0.2%，比上年下降1.45%，远低于中国建设银行浙江省分行系统平均水平，完成国际结算业务2.52亿美元，增长34.53%，居当地四大国有银行第二位。实现拨备前考核利润1.21亿元，创利继续列当地银行第一位。

对临安经济开发区杭州迁入企业进行针对性营销，与杭叉、杭重、杭机、南都、杭氧等企业建立紧密型业务关系。支持浙江省科技创新基地建设，成立由中国建设银行浙江省分行分管行长为组长，省分行业务部门和临安支行主要负责人为成员的浙江省科技创新基地金融服务领导小组，负责落实合作协议所确定的金融服务要求。与浙江省科技创新基地签订合作协议，计划投放100亿元。

【开办“联保联贷”业务】　2010年，中国建设银行临安支行根据临安山区分散经营、“三农”企业多的特点和这些企业担保抵押物不足的现状，向“三农”企业推广电子银行业务，鼓励“三农”企业通过电子银行以“联保联贷”方式进行融资，“联保联贷”即3家或3家以上企业组成一个联合体，共同申请贷款。如每个联合体中的企业获贷款50万元，每家企业承担的责任都是150万元，若一家企业到期无法还贷，则需另几家共同替这家企业还款付息。“联保联贷”为解决“三农”企业季节性资金需求，满足“三农”企业农副产品收购加工需要，提升“农”字号企业对建设银行的认同，带动农户储蓄增长。全年发生“联保联贷”业务2.26亿元。

（竺　静）

·交通银行临安支行·

【概况】　2010年，交通银行临安支行各项存款余额9.56亿元，各项贷款余额11.72亿元，承兑余额4.05亿元。全年累计发放贷款14.8亿元、签发银行承兑汇票7.5亿元。新增授信客户35家，新增贷款余额2.25亿元、银承汇票1.12亿元。

推进中小企业“展业通”品牌贷款，新增“展业通”新客户35户，保持优异资产质量，年末无逾期，无欠息。实现账面利润4800余万元，人均创利180余万元。定期推出“沃德添利”系列理财产品，不定期推出“得利宝”理财产品。新增燕东园金庭汇、横畈工业园区自助网点，共有自助网点6个。

（周　凌）

·浦东发展银行临安支行·

【概况】 2010年12月末，浦东发展银行临安支行各项存款余额43.25亿元，比上年增长23.4%；各项贷款余额37.66亿元，增长18.4%。国际结算业务量4.61亿美元，增长70.1%；后三类不良贷款余额105.2万元，不良率为0.03%；实现账面利润9962万元。按临安市区同口径比较，本外币存款余额在当地市场占比14.93%，在当地所有银行中居第二位、股份制商业银行中居第一位；各项贷款余额在当地市场占比14.80%，在当地所有银行中居第二位、股份制商业银行中居第一位；国际结算业务量在当地市场占比43.26%。一楼大厅新增两个低柜服务窗口，营业部配备“多嘴猫”无线呼叫设备。

（卢　意）

·市农村信用合作联社·

【概况】 2010年末，市农村信用合作联社各项存款余额70.43亿元，比年初增加15.53亿元，增长28.28%；各项贷款余额50.33亿元，比年初增加8.85亿元，增长21.33%；实现各项业务收入4.02亿元，同比增加5172万元，增长14.79%。年末涉农贷款余额47.12亿元，增加9.23亿元，增长24.36%；涉农贷款占比93.61%，上升2.61个百分点。

推广林权抵押贷款、丰收小额贷款卡贷款和农村青年创业贷款，开通城乡居民社会养老保险代理业务和丰收卡、支付宝卡业务，推出失地农民再创业贷款、大学生“村官”创业贷款和个人住房贷款。年末，累计发放林权抵押贷款1173户，计1.11亿元；发放丰收小额贷款卡1.57万张，贷款8.95亿元；发放农村青年创业贷款146户，计1715万元。

新增自助银行1家、ATM机8台，总数34台；新增信付通、POS机共63台，累计632台。评定信用户2.06万户，累计8.02万户，覆盖面54%；创建信用村42个，累计102个，覆盖面34%；创建信用乡镇2个，累计4个。

开展“走千家、访万户、共成长”暨“绿色家园、富丽山村”新农村建设金融服务竞赛活动，走访行政村298个、农户5.63万户、企业1970家。开展“文明规范服务深化年”活动。开展“十佳网点”、“十佳客户经理”和“十佳柜员”评选工作。青山信用社、锦北信用社被省农村信用社联合社杭州办事处评为杭州农村合作金融机构文明规范服务示范单位。

组织干部员工参加市第12届全运会，获金牌总数第三名、总分第四名；参加全市银行机构征信业务知识竞赛，获团体第一名。组织员工向青海玉树地震灾区捐款4.4万元，“春风行动”捐款13.49万元。是年，获省农村信用社联合社劳动竞赛活动三等奖。

【新农村建设贷款】 2010年6月，市农村信用合作联社与市农办联合出台《“绿色家园、富丽山村”新农村建设贷款管理办法》，旨在为“绿色家园、富丽山村”

基础设施项目建设提供资金支持。该贷款对象是新农村建设有限公司，采用保证贷款方式，由担保公司提供担保，实行基准利率。至年末，向3家新农村建设有限公司发放贷款330万元。

【“百名农信干部下基层办实事”活动】 2010年3月，市农村信用合作联社开展为期半年的“百名农信干部下基层办实事”活动，组织中层以上干部、委派会计、网点负责人到基层蹲点调研，征求乡镇（街道）、企业、农户及基层员工的意见和建议，了解掌握地方经济发展的趋势和农村金融服务新需求。走访村两委295个、农户9681户、企业793家，召开各类座谈会214次，征求意见506条，帮助解决难题134个，办成实事118件，完成调研报告29篇，获省农村信用合作联社“万名农信干部下基层办实事”活动组织工作优秀奖。

（程永主）

·杭州银行临安支行·

【概况】 2010年末，杭州银行临安支行各项存款余额24.21亿元，比上年增加7.15亿元，其中，储蓄存款余额2.88亿元，增加1.05亿元，账面利润7063万元。不定期推出“幸福99”理财产品，销售理财产品6254万元，发放贵宾卡224张、贷记卡516张。龙岗支行各项存款余额7254万元，贷款余额24246万元，发展涉农信贷企业85家，农户84个。

（蒋红萍）

·邮储银行临安市支行·

【概况】 2010年末，邮储银行临安市支行各项人民币存款余额10.77亿元，比年初增加2.72亿元，增长33.8%；各项贷款余额3.26亿元，增加1.67亿元。实现各项业务收入3132万元，增长53.1%。

全年向农户发放贷款累计874笔，计4194万元；向商户发放贷款累计447笔，计4408万元；个人房产抵押贷款累计发放338笔，计1.16亿元；个人二手房按揭贷款累计发放487笔，计1.51亿元。年底，贷款结余1797笔，结余金额3.26亿元。

开办信用卡业务，分普卡和金卡两种。开办银行承兑汇票贴现业务，负责营销辖区内的银行承兑汇票贴现业务，送往邮政银行杭州市分行办理贴现。12月1日起，开办小企业贷款业务，贷款金额最高为500万元，主要适用经营年限1年以上、资产总额在1000万元以下或年销售额在5000万元以下的各类企业，以住宅、商业物业、工业厂房和国有土地使用权作为抵押物办理此项业务。

开展“示范网点规范化”建设活动，对示范网点建设标准、员工服务礼仪、销售和管理行为、表格填制等方面进行规范，对支行营业部实施标准化改造。开展“业务行为规范年”学习宣传活动，以提高全行员工的防风险、控风险能力。

（王琪琳）

·兴业银行临安支行·

【概况】 2010年末，兴业银行临安支行各项人民币存款余额7.12亿元，比年初增加1015万元；各项人民币贷款余额11.17亿元，比年初增加1.47亿元。2010年，该行与证券公司、房产公司及临安经济开发区合作创建平台。至年底，新增第三方存管402户、代发工资14户、“兴业通”31户，新增按揭发放贷款1.13亿元。开展“10年相伴共成长，10万黄金齐分享”社区营销活动，开办“黄金达人”交易大赛，发展贵金属交易业务。除定期推出个人理财产品外，推出机构理财产品“兴业金雪球”，利率高于同档次银行定期存款，满足不同客户的需求。

（章　晶）

保　险

·人保财险临安支公司·

【概况】　人保财险临安支公司主要经营车险、非车险、农险共80余个险种，承担保险责任200亿元以上。2010年，公司实现保费收入1.62亿元，比上年增长44.63%。全年处理各类赔案8225件，支付赔款7572万元；缴纳各项税款1521万元，实现利润1655万元。

车辆保险业务获市政府公务用车承保权，对上年无事故车辆续保给予优惠，对赔付率较高车辆采取限制改造。全年车险保费1.17亿元，处理车辆事故6200件，支付赔款5853万元，赔付率55.6%。非车险业务采取分保、共保形式，降低风险。开展全市校园方责任险、学幼险、公安干警意外险及安全生产、旅游、环保、医疗等领域责任险。生猪保险翻倍。生态公益林保险在市政府批准下，调整承保标准，扩大承保面积8.6万公顷，保费收入620万元，增长50%，赔付金额371.4万元。

成立电话销售业务部，开办电销业务，接单1000余件，其中，转保业务300单，占28%。举办第一届客户节，倡导“平时有关心，出险时有热心，赔付时有真心”的“三心”服务。

经中国保险行业监督管理委员会批准，人保财险杭州市分公司升格为二类省级分公司，由总公司参照计划单列市分公司直接管理，临安支公司相应升格为地市级公司。全市14家财产保险公司和18家寿险公司共同成立临安市保险行业自律协调小组，人保财险临安支公司任组长单位。是年，公司被评为杭州市先进单位。

（印振武）

·人寿保险临安支公司·

【概况】　人寿保险临安支公司主要经营以人的生命和身体为标的的传统寿险及非传统寿险共30余个产品，产品涵盖人的生、老、病、死及教育、成长全过程，公司负责保险事故立案、查勘和理赔工作，接待客户咨询、投诉及保险条款解释工作。

2010年，公司实现总保费1.62亿元，其中，新单保费8938.71万元，同比增长1.98%；短险保费1520.58万元，增长5.7%。承保山核桃农户8142户，保费收入131万元；发生专项赔案296件，赔付金额114.59万元，赔付率87.79%，承保农户和理赔金额均占临安地区山核桃采摘人员意外险业务一半以上。

（桂显明）

天目初中

2010年9月，天目初中建成并投入使用。该校位于玲珑街道东山村，在锦南新城区块内，北邻玲三路，西接翡翠路，是一所全寄宿制农村初级中学，由横畈、高虹、玲珑、上甘、板桥、三口6所乡镇初中撤并而成，设计规模60个班。学校占地面积10.7公顷，建筑面积5.95万平方米，总投资1.5亿元。全校有公办教师162人，其中中高级职称教师118人，占所有教师72%；有班级48个、学生1961人。

（潘军强）

□ 小资料

临安市部分机关单位、群众团体、社会团体、金融机构和主要企业简称、全称对照一览

简　　称	全　　　称
省科创基地（科技城）	省科研机构创新基地（科技城）
市委	中共临安市委员会
市委办	中共临安市委员会办公室
市纪委	中共临安市纪律检查委员会
市纪委办	中共临安市纪律检查委员会办公室
市人大	市人大常委会
市人大办公室	市人大常委会办公室
市政府	市人民政府
市政府办	市人民政府办公室
市政协	政协临安市委员会
市政协办	政协临安市委员会办公室
市政法委	中共临安市委政法委员会
民进市委员会	中国民主促进会临安市委员会
农工市委员会	中国农工党临安市委员会
市信访局	中共临安市委、市政府信访局
市农办	中共临安市委、市政府农业和农村工作办公室
市人武部	市人民武装部
市法院	市人民法院
市检察院	市人民检察院
市机关党工委	中共临安市委直属机关工委
市发改局	市发展和改革局
市经发局	市经济发展局
市国土局	市国土资源管理局
市环保局	市环境保护局
市劳动局	市劳动和社会保障局
市水电局	市水利水电局
市科技局	市科学技术局
市外经局	市对外贸易经济合作局
市机关事务局	市级机关事务管理局
市文广新局	市文化广电新闻出版局
市药监局	市食品药品监督管理局
市旅游局	市风景旅游局

（下转第 180 页）

综合管理与监督

发展和改革

·概述·

【概况】 2010年，市发展和改革局负责全市经济社会发展战略研究和规划管理工作。编制《2010年国民经济和社会发展计划报告》，提出全年主要经济预期目标和经济工作任务。制订《临安市2010年产业发展导向目录》。开展经济形势分析与监测工作，“十二五”规划编制被市委、市政府列为重点专项考核内容。启动“十二五”前期课题研究，完成课题10个，集结出版《“十二五”规划前期课题研究成果汇编》，完成“十二五”规划纲要制订。开展省科创基地（科技城）规划编制调研工作。

全年列入中央投资项目计划项目33个，争取资金1.15亿元，涉及节能工程、循环经济和资源节约重大示范项目、电子信息产业振兴和技术改造项目、工业转型升级（高技术产业）项目、农民饮用水工程、污水垃圾处理工程、生猪标准化规模养殖场建设、农村（社区）医疗卫生建设、林业棚户区（危旧房）改造工程等领域；列入省重点建设管理项目15个，其中，A类项目12个、B类项目3个；列入杭州市重点实施项目13个，重点预备项目3个，预安排项目1个。13个杭州市重点实施项目完成投资9.89亿元，完成年度计划目标的169.4%。

编制“十二五”重大建设项目计划。按产业升级转型、重大基础设施网络建设、公共和民生工程及生态建设四个方面，排定“十二五”重大建设项目244个，总投资估算1062亿元，“十二五”期间计划投入761亿元；城市轨道交通、“绿色家园、富丽山村”、长西线、14省道、省科创基地（科技城）、龙岗中国坚果炒货食品城、临金高速等项目列入省、杭州市规划纲要初审计划。

全年受理全社会固定资产投资申报项目400余件，实施行政许可项目357件，其中，按备案制办理备案217件，按核准制核准29件，按审批制办理审批111件；计划总投资230.89亿元，其中，政府性项目计划总投资17.59亿元、社会性项目计划总投资213.30亿元。对30个涉及经济安全和公众利益、资源开发利用和区域布局及产业垄断基本建设项目进行前期审批和扩初会审。

是年，市发展和改革局获杭州市发展和改革系统考核综合优秀奖、杭州市投资及重点建设项目推进工作管理优胜部门、临安市项目攻坚活动优质服务奖，被评为临安市创建“平安临安”、“双拥”工作先进集体。（方荣辉）

【临安农产品深加工产业园区升格】 2010年11月1日，省发展和改革委员会、省商务厅、省经济和信息化委员会、省科技厅联合发文，确定临安农产品深加工产业园区为省拟新设立开发区（园区），并开展“十二五”发展规划编制。该园区位于龙岗镇和昌化镇，规划面积11.5平方千米，核心区域面积4平方千米，东起昌化镇三星村，西至龙岗镇卯里村，南连杭徽高速公路，北界长峰岭脚。首期启动区块面积1.33平方千米，即临安西部工业功能区，该功能区原为临安龙岗旅游特色基地。入驻企业63家，其中农特产品深加工企业42家；实现工业销售产值3.5亿元。8月，中国食品工业协会批准在临安农产品深加工产业园区中建设国家级中国坚果炒货食品城。

【重点企业经济运行监测】 2010年，临安市被列为浙江省工业企业监测扩容改造试点县（市），监测重点工业企业由原来20家增至30家。11月，开始应用浙江省经济运行监测网络和杭州市经济社会发展监测分析体系市县区一体化服务平台，采用网络填报方法，于每月5日17点前（遇节假日顺延）完成上月数据填报工作，填报内容涉及当月生产、销售等重要指标，企业状况评价与未来环境预测等。

【开展国家级试点和基地拓展区建设工作】 2010年11月，杭州市正式批准在玲珑工业区设立杭州信息产业国家高技术产业基地拓展区。12月，市政府审议通过《临安市国家级试点和基地拓展区建设三年行动计划（2010~2012年）》，计划三年内重点发展电子信息、生物、动漫、高新技术产业，创建杭州市国家级试点和基地拓展区6个，新增国家级称号4个以上。

（陈　冲）

【重点项目推进】 2010年，全市75个重点实施项目完成投资53.91亿元，完成全年计划目标的128.6%。横畈工业功能区、年产4万吨精细化工新材料系列产品建设项目、第四期保障性住房等69个项目完成或超额完成全年投资任务项目。易辰孚特汽车零部件工业园、万马药业整体搬迁及芪明颗粒产业化、年产150万箱成人尿裤及系列产品技术改造、家政培训基地等新开工建设项目40个，75个重点实施项目开工在建率92%；天目初级中学、万马年产100千米500千伏超高压电缆、华旺年产2万吨高档特种装饰原纸生产线技术改造、昌化国石文化创意集聚区一期等32个项目全部或一期竣工投产（投用）；体育文化会展中心、昌化丽景四星级宾馆、大叉车生产基地建设等16个项目完成前期准备工作。

（朱建忠）

·信息化建设·

【概况】 2010年，全市固定电话用户16.2万户（含小灵通用户1万户），其中，电信15万户、联通7500户；移动电话用户70万户，其中，移动43万户、联通19万户、电信8万户；互联网用户10.4万户，其中，电信 8 万户、华数网通 1.4 万户。全市农村电脑用户数 2.9 万户，298 个行政村实现有线数字电视网络全覆盖，累计配发数字电视机顶盒 6.5 万台，农村有线电视用户实现数字化 5.6 万户。

【电子政务建设】 2010 年，权力阳光电子政务系统完成试点单位外其他各单位的权力事项加载，电子监察与网上执法系统投入使用，网上行政服务中心与网上市民之家进入试运行，政务大厅、网上行政服务中心、网上市民之家、政府信息公开等系统整合并入政府门户网站。将各单位行政许可、行政处罚等权力事项进行公开，完成政府信息公开目录更新。服务百姓档案系统开发完成。启动市卫生局健康档案、市劳动和社会保障局大社保等系统建设。7 月，启动杭州市民卡项目，市民卡服务分中心基本建成，市民卡服务大厅进入试运行。

【新农村信息化建设】 2010 年，临安农业信息网发布农业动态信息 1.1 万余条，其中，农业企业信息和产品信息 600 余条。全市 26 个乡镇（街道）、298 个行政村、118 家农业企业（合作社）、23 家“农家乐”在“浙江农民信箱”、“万村联网”系统内建立子网站，22 个村级网站被省农业厅授予“万村联网”示范网站。“浙江农民信箱”农业主体通讯录规范化建设被省农业厅列为全省 6 个“浙江农民信箱属性数据库”规范建设试点单位之一，收集涉农企业、农业专业合作社、农产品集团采购户、农业大户、“农家乐”五类主体资料 2679 个，录入数据库 2417 个；对全市 3.20 万个注册用户进行清理，建立农业主体通讯录管理维护体系，有大类 7 个、专业 21 个、主体 2417 个；聘用农业产业和相关业务部门管理员 25 人，实行信息发布月报制度。制订“每日一助”发布制度（流程），发布“每日一助”手机短信 199 条，反馈联系 3793 次，群发用户 142 万户，实现农产品交易额 118.6 万元。组织农业企业、合作社、大户参展“浙江农民信箱”网上“农博会”，常年摊位数保持在 183 个，展示农产品 410 个，全年发布买卖信息 536 条。完成乡镇（街道）、行政村信息员电脑维护和农村信息化业务培训 800 余人，发放《农民电脑维护手册》等教材 2000 余份；组织、培训“浙江农民信箱”用户参加网上考试 2862 人次，占信箱启用用户数的 10.3%；临安农业信息网网上“农村电脑维护”6000 余次（包括系统安装、维护、备份恢复等），数字五笔推广使用 3000 余人次。於潜镇及其下辖的扶西村、横鑫村被列为浙江省农村信息化“十百千工程”项目。

【企业信息化建设】 2010 年，全市信息化试点企业 21 家、信息化示范企业 21 家。全年列入杭州市工业企业信息化项目 32 个，其中验收通过项目 10 个。793 家企业通过第三方电子商务企业开展电子商务应用，获上级资助 130 万元，临安相应配套资助 130 万元。参与“百镇联网”工程企业 1000 家，信息港备案企业 20 家，临安感知软件、西盈科技各有 1 个项目获“杭州市信息服务业专项资金”资助。

（黄 坤）

【煤炭市场管理】 2010 年，全市新增煤炭经营资格证企业 2 家，煤炭经营资格证企业增至 10 家；年总销量 110 万吨。临安市东鑫贸易有限公司年销量 58 万吨，占全市总销量的一半以上；杭州锦兴煤炭有限公司年销量36万余吨，占全市总销量的1/3；其他8家企业年销量均在2万~3万吨之间。

【成品油市场管理】 2010年，全市有加油站（点）97家，其中，加油站80家、加油点17家；批发企业1家，从业人员800余人。全年销售成品油15.42万吨，其中，汽油6.5万吨、柴油8.3万吨、其他油品0.62万吨；销售收入11.5亿元。全年成品油调价4次，其中，上调3次、下调1次。改扩建牧亭加油站。

【现代服务业】 2010年，全市实现第三产业增加值92.45亿元，同比增长17.64%，高出杭州地区平均增长水平2个百分点，占GDP比重32.1%。公布中介服务业、文化创意产业、社区服务业三大产业政策，出台《临安市人民政府关于推进总部经济发展的若干意见》，落实发展引导专项资金335万元。列入服务业专项考核项目67个。

（胡叶兵）

【新型墙体材料改革】 2010年，全市新型墙体材料产量4.51亿块标砖，比上年增长21.56%，占墙体材料总量的96.57%；节约土地资源51.46公顷，节约能源2.90万吨标煤；利用工业废渣16.71万吨，减少废气排放700吨。城镇新型墙体材料应用比例99%以上。关停黏土砖瓦窑3家（62门），转产黏土砖瓦企业3家（64门）。村镇民房新型墙体材料试点工程用户60户，建筑面积1.8万平方米。

（章 新）

·体制改革·

【概况】 2010年，临安市发布年度改革工作重点，涉及行政管理体制、经济转型升级、农村体制、社会体制、医药卫生体制重点改革27项，出台相关政策措施30余项。市委、市政府建立重大决策部署执行不力实行问责制度。清理和规范非行政许可审批事项，实施第一批部门职能整合。制订依法行政考核工作实施方案。制订政府投资项目计划，修订出台《关于进一步促进企业上市的若干政策意见》，出台促进小额贷款公司发展政策意见，启动临安市首家村镇银行筹建工作，出台促进文化创意产业和中介服务业发展的政策措施。建立推进城乡区域统筹发展及区市协作工作机制，建立土地流转信息平台，启动医药卫生体制改革试点，推进乡村卫生服务一体化管理。

【中心镇培育】 2010年，市委、市政府将昌化镇、於潜镇两个副中心城市建设列入专项重点工作，出台考核细则，建立推进副中心城市建设工作机制。市政府审议通过《临安市中心（重点）镇改革和发展五年行动计划》。10月，高虹镇成为第二批省级中心镇，省级中心镇增至4个。於潜镇、昌化镇、太湖源镇和高虹镇被评为杭州市中心镇改革试点工作先进镇，共获奖励资金47万元，太湖源镇信息化综合服务平台项目争取省级中心镇项目专项补助资金20万元。

【政策性农业保险】 2010年，市发展和改革局、市农业局、市林业局和人保公司根据保险品种季节性与承保工作连续性，分阶段部署各险种的组织参保工作。全市有94户579.73公顷水稻、215户1.74万头生猪、1.81 万户 0.14 万公顷油菜、3 户 887 头奶牛、公益林 8.59 万公顷、132 户 7369 头正常繁殖母猪、7405 户山核桃农户参加政策性农业保险，实收保费 720.09 万元，因灾受益金额 400 余万元。

【政策性农村住房保险】 2010 年，临安市继续执行政策性农村住房保险政策。全市参加政策性农村住房保险农户 12.88 万户，参保率 98.5%，保费收入 128.77 万元。全市因灾受益农户 259 户，受益金额 137.66 万元。

【小额贷款政策扶持】 2010 年，市政府出台《关于促进小额贷款公司健康发展的若干意见》，明确小额贷款公司定位和服务方向，从税费减免、风险补偿、人才引进、资金与业务扩展等方面给予优惠扶持。一是明确小额贷款公司自设立 3 年内，市财政根据其服务“三农”、小企业情况及市政府年度考评情况，成绩突出、年度考评结果为“优秀”的，其所缴纳的企业所得税和营业税地方留成部分，给予全额补助；年度考评为“良好”的，按 90%比例进行补助；考评为“合格”的，按 80%比例进行补助。二是参照农村合作金融机构标准计提呆账准备金，对小额贷款公司发放的涉农贷款、弱势群体和大学生创业贷款及其他领域 50 万元（含）以下小额贷款，市政府对符合条件的小额贷款月均余额的 0.5%，给予连续 3 年的风险补偿。三是允许从不超过两家银行业金融机构融入低于资本净额 50%的资金，利率原则上以同期“上海银行间同业拆放利率”为基准加点确定，具体利率和期限由双方自主协商。四是明确小额贷款公司从市外引进人才（获得国家金融监管部门资格认定）担任公司高级管理人员的，可享受临安市人才引进政策。临安市兆丰小额贷款股份有限公司在 2009 年度小额贷款公司考评工作中被省金融办及市政府考核确定为 A 级（优秀）。

（朱志军 王 容）

【收费管理】 2010 年，取消、暂停或降低收费标准项目 376 项，其中，取消项目 163 项、暂停征收项目 134 项、降低收费标准 79 项，减轻企业及群众负担 1.20 亿元。对鲜活农产品运输“绿色通道”免收公路通行费 2450 辆次，计 18.37 万元。取消殡仪馆普通火化费、接尸费、尸体冷藏费和九年义务教育住宿费，减轻群众负担 150 余万元。

（孙黎明）

【价格认证】 2010 年，临安市价格认证中心出具涉案物品价格鉴证报告 463 件，鉴证标的总额 9516 万元，其中，刑事案件 407 件，标的额 455 万元；经济案件 43 件，标的额 3599 万元；其他案件 13 件，标的额 5462 万元。

（徐斌红）

审计工作

【概况】 2010 年，临安市审计局完成审计项目 62 个，审计金额 35.8 亿元。其中，发现管理不规范资金 1.36 亿元，占 3.80%；查处违纪违规金额 5944 万元，损失浪费资金 1221 万元。增加政府性收入 4964 万元，其中直接上缴财政 98 万元；减少政府性资金支出 3467 万元；已归还原渠道资金 1399 万元。提出审计建议 125 条，采纳114 条，采纳率 91.20%。

【市本级财政预算执行和其他财政收支情况审计】 2009年，临安市实现财政总收入25.51亿元，比上年增长13.68%，其中，地方财政收入14.04亿元，比上年增长20.41%。地方财政收入占财政总收入的55.04%，同比上升3.08%。全年财政支出18.95亿元，比上年增长27.9%。2009年临安市财政性可用资金总额55.48亿元，其中，纳入预算内核算的财政性资金45.35亿元，占81.74%，比上年增长9%。2009年新增一般预算可用财力5.46亿元，新增一般预算支出4.14亿元，其中，用于民生支出2.93亿元，占70.77%。

【乡镇财政决算审计】 2010年，对两个乡镇2009年度全部政府性资金使用情况进行审计，审计资金3844.32万元，提出审计建议3条。两个乡镇2009年全部政府性资金收入3844.32万元，全部政府性资金支出3358.75万元，其中新农村建设支出639.3万元；年末可用资金485.57万元。乡镇政府对城乡社区事务、环境保护和农业、林业、水利事务支出比例均在10%以上。

【部门预算执行情况跟踪审计】 2010年，完成10个部门预算执行情况跟踪审计，审计金额2.32亿元，提出审计建议4条。10个部门总预算2.32亿元，总预算执行数2.11亿元，总预算执行率90.95%。部门工资福利支出总预算执行率99.85%，商品服务支出总预算执行率106.74%，对家庭和个人补助总预算执行率103.61%，行政事业项目支出总预算执行率80.09%，其他资本性支出总预算执行率98.75%。

【政府性投资审计】 2010年，对45个政府投资建设项目的工程价款进行审计，送审金额4.49亿元，核减工程造价3302.3万元，平均核减率7.36%。对42个建设项目进行招标前标底审核，对工程量清单、预算标底进行复核，对招标文件进行审核。选取重点建设项目5个，发出跟踪审计通知书，对建设过程实施跟踪审计。

【领导干部经济责任审计】 2010年，完成经济责任审计项目18个，审计党政领导干部23人，查出违规违纪金额729万元，其中，查出管理不规范金额550万元，包括应上缴财政金额95万元（已上缴财政70万元）。

【计算机辅助审计】 2010年，加大计算机技术培训力度，引进和培养计算机人才，推进计算机技术与审计业务融合。加强业务能力建设，组织审计人员参加AO培训认证考试，通过率100%。开发AO2008数据桥——用友NC专版，解决市级部门财政财务收支审计中应用AO2008的难题。《临安市城乡居民社会养老保险专项审计调查》获2010年浙江省AO应用实例鼓励奖。

【四川省青川县金子山乡灾后恢复重建项目审计】 2010年，对青川县金子山乡灾后恢复重建项目提供审计服务，对明山公路灾后路面整治工程、金子山乡饮用水工程、金子山乡临金楼工程、金子山乡高速路口场镇改造工程进行造价结算审计和竣工决算审计，其中，造价结算审计送审金额4087万元，核减造价416万元，核减率10.18%。（杨丹瑜）

统计工作

【概况】 2010年，市统计局开展第六次全国人口普查、第二次全国研究与试验发展（R&D）资源清查、粮食抽样调查和服务业九大产业监测工作。编辑《决策参考》13期、《统计分析》31期、《统计信息》54期、《统计专报》13期，分析材料获市领导批示21篇。围绕后金融危机时期全市经济面临重要转折等情况，开展专题分析，完成《促进经济转型升级，实现临安新跨越的思考》、《打造科技引擎，提升竞争实力——我市高新技术企业的发展研究》等调研课题12个。全年对64家单位开展以统计基础工作和统计数据质量为主要内容的执法检查，查处统计违法案件36起，其中，对统计工作不规范或违法情节轻微的20家单位给予书面警告，对违法情节较严重的16家单位作出罚款处理。

完成万人评组工调查、环境保护满意率调查、群众安全感调查、党风廉政建设调查、公安工作调查、建设低碳城市调查、法治杭州调查等上级规定调查项目，并自行开展科技工作者状况调查、城乡居民人情支出、物价上涨对城镇居民生活影响等调查项目，全年累计调查项目20余个。

市统计局连续四年被评为杭州统计调查先进单位。

【第六次全国人口普查】　2009年5月，国务院下发《关于开展第六次全国人口普查的通知》，决定于2010年开展第六次全国人口普查，普查标准时点为2010年11月1日零时。普查工作共有22个大项、126项具体任务，主要分准备、登记复查、编码和数据处理、资料开发和总结四个阶段。2010年1月，召开临安市第六次人口普查领导小组第一次成员会议，部署全市人口普查工作。5月，召开全市第六次人口普查工作动员大会，全面部署全市第六次人口普查工作。截至10月底，完成普查准备工作，包括建立各级普查机构、制订普查方案、进行普查试点等工作。全市划分普查区298个、普查小区2650个，普查指导员和普查员共计3000余人参与普查工作。11月1~30日，开始普查登记复查，完成普查员入户登记、复查和事后质量抽查等工作。

【基层统计基础创“三星”活动】　2010年，开展乡镇（街道）统计基础创“三星”活动。该活动以加强基层统计组织建设、业务建设、法制建设和信息化建设为工作重点，以统计办公达到“六个一”（一支专业统计队伍、一处集中办公场所、每人一台电脑、一块统计服务站牌子、一组统计档案专柜、一套工作管理制度上墙）、统计业务达到“六个化”（统计人员专业化、统计台账标准化、统计报表规范化、统计管理制度化、统计业务法制化、统计手段现代化）、统计工作达到“六个高”（数据质量有提高、服务水平有提高、调查分析有提高、创新能力有提高、队伍素质有提高、统计形象有提高）为创建目标。制订印发《临安市乡镇（街道）统计基础“创三星”三年实施计划》，成立检查指导组，对乡镇（街道）创建工作进行检查指导。潜川镇和河桥镇被评为杭州市统计调查工作先进乡镇（街道）、临安市统计基础三星级镇，昌化镇、龙岗镇被评为临安市统计基础二星级镇。

【统计执法大检查】　2010年，根据杭州市统计局要求，成立全市统计执法大检查领导小组，动员部署全市《中华人民共和国统计法》和《统计违法违纪行为处分规定》贯彻执行情况大检查，领导小组下设办公室。该活动分乡镇（街道）、部门和基层单位自查和全市统计执法大检查领导小组办公室重点检查两个阶段。7月，制订工作方案，并从市监察局、市政府法制办及市司法局等部门抽调人员组成检查组

3个，重点检查单位44家，依法查处统计违法行为18家。8月，杭州市统计执法大检查重点检查组到临安进行重点检查。

（崔　璀）

工商行政管理

【概况】 2010年，全市新设内资企业1060家，外资企业14家，个体工商户3836户，农民专业合作社57户。在册市场主体总数2.92万家，其中，内资企业7221家、外资企业203家、个体工商户2.15万户、农民专业合作社240户（见表13~表14）。办理股权出质252户，出质股权10.99亿股，融资金额27.79亿元。完成首例债权转股权登记。全年指导签订涉农订单1680份，金额5980万元，分别比上年增长75.92%和20.08%。

全年监测媒体广告800余条（次），叫停和责令整改违规广告25条（次），查处违法广告2件。出动执法人员336人次，检查校园周边文具店和食杂店70户，检查网吧85户，查扣、收缴过期变质食品200件，查处、取缔无照经营6户，取缔农村"黑网吧"6户。查处各类传销窝点6处，涉案传销人员124人。与中国移动临安分公司联合开通临安市食品安全信息平台，进驻平台食品经营单位264家。

"天目青顶"获地理标志证明商标注册，临安"老三宝"全部实现地理标志证明商标注册；临安注册的农产品地理标志证明商标占杭州地区的40%。新增浙江省著名商标5件、杭州市著名商标5件，浙江省著名商标、杭州市著名商标总量增至27件和64件。

档案工作通过省一级档案管理考核验收。太湖源工商所、城南工商所、城北工商所、於潜工商所、青山湖工商所通过省工商行政管理局"星级文明规范工商所"验收，其中，二星级1家、三星级3家、四星级1家。临安市被评为中国商标发展百强县，市工商分局被评为市行政执法先进单位。

【责任区监管工作】 2010年，市工商分局继续推行"十小"行业整治，部署专项整治6次，出动591人次，检查3195户。重新核定食品经营单位3320家，小食杂店整治规范率99.5%；重新复评食品安全示范店422家，复评合格262家，摘牌160家；在复评示范店中创建星级示范店66家，其中，一星级50家、二星级12家、三星级4家。创建食品安全示范店42家，其中，校园示范店15家、社区示范店9家；食品安全示范店增至304家。创建食品安全示范街（村）13个，涉及经营户126户。创建不合格食品退市就地销毁实施企业7家、无理由退货企业3家。在26个乡镇（街道）设立消费纠纷人民调解委员会。全年消费者投诉咨询582起，调解576起，挽回经济损失19.46万元。

【QQ在线服务平台建立】 2010年，市工商分局按照"三型"（服务型、规则型、效能型）工商要求，建立"四位一体"（实时对话、快捷传输、远程协助、空间交流）QQ在线服务平台，与企业、乡镇（街道）企办开展在线交流。加入企业242家，为企业提供年检、商标、合同等咨询服务1300余次，发放商标指导文书12份，办理经营性网站备案67家，发送问题调查20余份。

【"华德"注册商标侵犯案件】 2010年3月，市工商分局办案人员和浙江华特集团打假人员赴江苏调查取证江苏镇江句容金梅涂料有限公司生产假冒“华德 HUADE”涂料案件，在淮安楚州翡翠城二期工程建设小区发现假冒涂料。在当地工商部门配合下，联合查处镇江的制假窝点和淮安的销售点。该企业是当地重合同守信用企业，生产涂料 20 余年。案件由当地工商行政管理部门进行处理。

【侵犯商业秘密案】 2010 年，杭州临安光大线缆有限公司发生商业秘密泄露事件，该公司员工陈某在与公司签订商业秘密保密协议自动离职后，未履行协议，而是利用光大线缆和美国 PPC 公司的各种产品数据和品牌，自制网页在网上承揽生意。PPC 公司获知该事情，终止与杭州临安光大线缆有限公司的业务。市工商分局接到举报后，在三门工商部门配合下找到陈某。经过教育，陈某现场删除有关网页，停止违法行为。美国 PPC 公司恢复与杭州临安光大线缆有限公司的业务。

市场主体登记情况

表 13

内资企业	非私营内资企业	户数(户)	2010 年	47
			2009 年	40
			增　长	17.5%
		注册资本(金)(万元)	2010 年	45805
			2009 年	246187
			增　长	81.39%
	私营内资企业	户数(户)	2010 年	1013
			2009 年	745
			增　长	35.97%
		注册资本(金)(万元)	2010 年	145687
			2009 年	96725
			增　长	50.62%
个体工商户		户数(户)	2010 年	3836
			2009 年	4978
			增　长	-22.94%
		资金总额(万元)	2010 年	56570
			2009 年	35261
			增　长	60.43%
农民专业合作社		户数(户)	2010 年	57
			2009 年	70
			增　长	-18.57%
		出资总额(万元)	2010 年	2407.06
			2009 年	2622.88
			增　长	-8.23%

市场主体累计登记情况

表 14

内资企业	非私营内资企业	户数(户)	2010 年	895
			2009 年	925
			增　长	-3.24%
		注册资本(金)(万元)	2010 年	933951
			2009 年	917729
			增　长	1.77%
	私营内资企业	户数(户)	2010 年	6326
			2009 年	5669
			增　长	11.59%
		注册资本(金)(万元)	2010 年	1418956
			2009 年	1153737
			增　长	22.99%
个体工商户		户数(户)	2010 年	21548
			2009 年	20744
			增　长	3.88%
		资金总额(万元)	2010 年	163204
			2009 年	125078
			增　长	30.48%
农民专业合作社		户数(户)	2010 年	240
			2009 年	183
			增　长	31.15%
		出资总额(万元)	2010 年	8870.01
			2009 年	6462.95
			增　长	37.24%

(杜春华)

质量技术监督

【概况】 2010 年，市质量技术监督局检查企业 649 家，立案查处违法案件 79 起，查处违法产品 10.56 万件，查获假冒伪劣产品总值 206.89 万元，上缴财政罚没款 53.76 万元。完成企业委托检验 1023 批次，省、杭州市级专项监督检验 610 批次；检测测量设备 1.44 万余台件。新增 QS 取证企业 41 家，完成许可证年审 80 张。抽检产品 396 批次，批次合格率 92.9%，综合合格率 96.1%，特种设备检验检查率 95%以上。

指导申报浙江省名牌 12 家、杭州市名牌 13 家，获浙江省名牌 3 个、杭州市名牌

10个。指导临安山核桃产业协会申报“临安山核桃”浙江省区域名牌、临安市康顺家政服务有限公司家政服务（保姆类）项目申报杭州市服务名牌，“临安山核桃”成为临安第一个浙江区域名牌，市康顺家政服务有限公司家政服务（保姆类）项目成为临安第一个杭州市服务名牌。

帮助158家企业制订产品标准并申报备案310个；指导制（修）订国家标准1个、行业标准3个、杭州市级标准1个；为3家企业3个产品采用国际标准提供技术服务，其中取得采标证书2家；推进农业标准化和服务业标准化，成立由林业、农业等12个相关部门组成的市农业标准化工作小组办公室和市服务业工作小组办公室，组织申报《铁皮石斛标准化示范基地建设》、《家政培训》等杭州市级标准化项目3个并获立项，完成国家级项目《无公害山核桃示范栽培》和3个杭州市级项目考核验收工作。

在市行政服务中心设立行政许可科，对6件行政许可项目、1件非行政许可项目实行“一站式”服务。全年集中办理行政许可事项70件、非行政许可事项4450件。

【“十小”行业整治规范工作完成】 2010年，完成为期三年的“十小”行业整治规范。市质量技术监督局作为“十小”行业整治规范领导小组办公室单位，围绕“全面规范、长效巩固、转型发展”和“两个98%”［“十小”生产经营点整治规范完成率、26个乡镇（街道）整治规范完成率均达到98%］目标任务，拟订工作方案，召开全市动员大会，签订责任书，协调9个牵头部门和26个乡镇（街道）整治规范工作。全市“十小”生产经营点6444家，达到规范要求6427家，“十小”生产经营点整治规范完成率99.74%，26个乡镇（街道）完成整治规范目标，完成市委、市政府提出的“两个98%”整治规范目标任务，通过省、杭州市“十小”办公室考核验收。

【特色块状经济质量提升工程】 2010年，市质量技术监督局组织实施临安电缆行业能耗联盟标准、节能灯整灯产业联盟标准、临安山核桃区域名牌创建3个特色块状经济质量提升项目，3个项目均列入杭州市特色块状经济质量提升三年行动计划。前三季度，射频电缆批次合格率96.7%，比上年同期增长7.5%；节能灯产品一次性合格率从项目实施前的89.5%提高到94.7%，参与项目实施单位销售同比增长30%以上；炒货食品行业QS申报取证企业41家，食品添加剂使用备案率100%，拥有浙江省名牌5个、杭州市名牌9个。

【电梯应急救援指挥中心建立】 2010年，市质量技术监督局建立电梯应急救援指挥中心。该中心拥有专业施救员19人，配备专业电梯应急救援装备，采用“一个中心、五个支点”分布格局，建立应急救援站点6个、应急救援路线12条，范围覆盖全市26个乡镇（街道）在用电梯，与杭州市质量技术监督局电梯应急救援中心、“110”指挥中心无缝对接，实现全市应急救援力量城区半小时、郊区一小时到达救援。

【基层质监站设立】 2010年，市质量技术监督局在龙岗镇、高虹镇、青山湖街道设立基层质监站，建立局、乡镇、村三级质量安全监管网络，为当地企业提供上门服务。举办食品安全知识培训2期，培训企业210家；举办山核桃优质高效生态栽培技术知识培训1期，培训农户110家；为企业提供免费咨询705人次。在龙岗镇建立临安市龙岗食品添加剂配送中心，指导建立供应商评价系统和申报备案等管理制度，配备专职检验员定期检验，并将检验结果与供应商评价系统挂钩，对配送中心临柜人员、检验人员进行技术培训。

【螺丝型液化气瓶专项整治工作】 2010年，市质量技术监督局作为临安市螺丝瓶淘汰工作领导小组成员单位，开展以报废螺丝型液化气瓶为内容的专项整治工作，出动检查人员157人次，依法处罚相关单位2家，发放宣传资料440余份，报废过期液化气瓶6万只。

【企业节能降耗】 2010年，市质量技术监督局建立辖区内76家年综合耗能1000吨标准煤以上重点用煤单位用能信息台账，与25家3000吨以上重点用能企业签订《共同推进节能降耗工作责任书》，替代能源设备改造260台。开展杭州市能源计量示范单位创建活动，9家企业获杭州市能源计量示范单位称号。

【计量设备检查维修】 2010年，市质量技术监督局对全市61家医疗卫生单位497台件在用医疗计量器具、46家加油站使用的299台燃油加油机进行检查，周期检定率、合格率均为100%；8家农贸市场896台计量器具周检率和合格率分别为100%、98.7%；免费维修和检定血压计、电子秤等家用计量设备100余台次；免费提供标准砝码250余块。

（马莎莎）

食品药品监督管理

【概况】 市食品药品监督管理局系省以下垂直管理单位，主要承担辖区内药品生产、经营、使用的监督管理职责，负责药品零售企业、医疗器械经营企业初审、上报及药品零售企业GSP认证的实施工作，承担食品、保健品、化妆品安全监管工作的综合监督、组织协调，依法开展食品安全重大事故处理。内设综合办公室、食品安全监察协调科、药械科，下辖市食品药品监察稽查大队。有工作人员19人，90%以上为专业人员，其中本科以上学历15人。

2010年，市食品药品监督管理局通过政策引导、技术指导、舆论支持，实行“宽进严管”、班子成员个别联系和企业负责人季度恳谈会等制度。协助企业办理行政审批项目，推行首问负责制、责任追究制、限时办结制，行政处罚采取“罚前约谈”。创建杭州市级食品安全示范乡镇（街道）10个。推广运用食品安全信用体系建设试点工作经验和做法，逐步完善信用征集制度、评价制度和信用信息发布制度，建立信用信息平台。全市规模医药企业10家，其中上市公司2家，拥有省级技术中心2家。完成食品生产经营企业网上填报工作28家，评出药械诚信企业AAA级2家、AA级37家、A级90家、B级3家。

是年，市食品药品监督管理局被评为杭州市综合治理先进单位、杭州市食品安全工作先进集体、杭州市食品药品监督管理系统先进集体等。

【食品药品安全专项整治】 2010年，组织开展“世博会”安保食品安全、打击违法添加非食用物质和滥用食品添加剂、特色农产品、“地沟油”、校园食品安全、“问题奶粉”清查、重要活动与重大节假日期间食品安全等系列食品安全专项整治行动，开展国家基本药物专项检查、药品广告整治、非药品冒充药品整治、中药饮片、医疗机构药品大检查等系列药品安全专项整治行动。累计查获不合格食品2450批次，立案96起，下架封存4163批次，责令整改386家次，关停食品生产经营企业32家；查获假冒伪劣药械165批次，下发责令改正通知书42份，移送违法药械、保健食品广告9起；查处案件36起，涉案金额30余万元。全市食品药品市场未出现重大食品药品安全事件，未发生输出性食品药品安全事件。

【食品药品安全“四无社区”创建】 2010年，市食品药品监督管理局率先在杭州地区开展以“无食品药品制假售假窝点、无食品药品无证无照生产经营行为、无食品药品违法宣传广告、无食品药品安全事故发生”为主要内容的食品药品“四无社区”创建工作。在社区建立食品药品监督信息站，制订并公布信息员工作职责和管理制度。建立常态化食品药品安全知识普及机制，在每个社区设立固定的食品药品安全知识宣传栏，向居民发放食品药品监督联系卡，开展食品药品安全广场宣传咨询活动，设立固定家庭过期药品回收点等。全面排查食品药品安全隐患，由社区居委会牵头，对辖区内的出租房和食品药品经营店进行摸点排查，逐一登记在册；对发现的问题，及时进行督促整改。杭州市委常委、副市长沈坚在《杭州信息》编发的有关信息上批示：“‘四无社区’好，这是临安市加强食品药品安全管理的创举，应认真总结推广”。

【食品药品安全监管】 2010年，市食品药品监督管理局通过社区基层食品安全群防群治机制，建立以“六个一”（即：“一栏”，在每个社区设立固定的食品安全知识宣传栏；“一卡”，向居民发放食品安全监督联系卡，公开举报投诉途径和电话；“一书”，向每户居民发放《家庭食品安全读本》；“一讲”，向社区中老年居民开展食品安全知识讲座；“一场”，在社区开展一场食品安全宣传咨询活动，运用图片展览、假冒伪劣食品展示、有奖竞猜、知识咨询等形式，向居民宣传普及科学饮食和食品安全常识；“一点”，在每个社区设立固定食品安全投诉协调点，方便居民就近协调解决有关食品安全纠纷投诉）为主要内容的食品安全知识常态化普及机制和以疏堵结合为主要内容的社区基层食品消费环境净化机制，构建以“政府负总责、部门各负其责、企业为第一责任人、人大政协监督、社会共同参与”为主要内容的药品安全防控组织管理体系和以“检测、监测、评估、控制、改进”为主要内容的药品安全防控技术管理体系。同时，完善农村药品安全监管体系，建立乡镇（街道）药品安全目标责任体系，将药品安全工作纳入市委、市政府对乡镇（街道）综合业绩考评体系。建立临安市药品流通实时监控平台、食品药品安全信息网、食品药品安全短信平台、食品药品安全QQ群。

【农村食品药品安全检测体系建设】 2010年，在“一中心、四统一”（“一中心”即建设市食品安全检测中心；“四统一”即由市食品安全委员会办公室统一制订和下达全市食品安全抽检计划、统一核拨和监督使用检测经费、统一利用和发布检测信息、统一检测品种）基础上，继续推进农村食品安全检测体系建设，逐步在全市各乡镇（街道）、各主要农贸市场、主要农产品基地建立健全农残检测体系，逐步实现食品安全抽检评价“三覆盖”，即在全市各主要农贸市场、各主要农产品基地和各乡镇（街道）实现食品安全抽检评价100%覆盖。全年开展食品安全定量检测356批次，定性检测2.2万余批次，检测结果向社会公布；把广告药品、投诉药品、渠道不规范药品、贮藏条件差药品、包装有差异药品定为必检项目。对流通使用领域的基本药物进行监督抽验，确保抽验覆盖面超过85%。全年定量抽检药品167批次。继续开展药械不良反应监测，成立市药械安全专家组，全年上报药品不良反应报告264例，其中，新的和严重药品不良反应报告78例（位居杭州市前列）、医疗器械不良事件13例。

【食品药品安全宣传】 2010年，开展食品药品安全知识进农村、进社区、进学校、进企业、进机关活动。全年举办现场咨询宣传活动11次，设立食品药品安全宣传点180个，悬挂宣传横幅114条，发放宣传材料3.5万余份，宣传、咨询、服务群众近2万人次。

（程　序）

安全生产监督管理

【概况】 2010年，临安市发生各类安全事故410起，同比下降6.82%；死亡78人，下降3.7%；直接经济损失347.64万元，下降1.8%，未发生较大以上安全生产事故。其中，工矿企业发生10起、死亡10人、经济损失226万元，三项指标分别上升11.11%、持平、下降1.74%；道路交通发生事故353起、死亡68人、受伤498人、经济损失71.84万元，四项指标分别下降7.11%、4.23%、15%、2.94%；火灾事故发生47起、直接经济损失49.8万元，两项指标分别下降7.84%和0.4%。

市安全生产委员会在春节前、全国安全生产大检查、“五一”、“十一”等期间组织开展安全生产大检查，排查治理矿山、危险化学品、中小学校、道路交通、公众聚集场所、特种设备、游乐设施等行业领域的隐患，排查各类生产经营单位（组织）5571家；发现一般安全事故隐患7829个，治理7663个，治理率97.88%；完成临安中意染化有限公司、临安市板桥乡芦山白云石矿（两家都为杭州市级隐患挂牌督办单位）、临安市金手酒店有限公司（杭州市级重大火灾隐患单位）及3处省、杭州市级交通事故多发点（段）的整改工作。参加杭州市安全生产委员会组织开展的《杭州市安全生产监督管理条例》竞赛3500余人，市安全生产监督管理局向各乡镇（街道）、企业发放《杭州市安全生产监督管理条例》宣传挂图600余份。

市安全生产监督管理局组织检查各类生产经营单位772家次，发出现场检查记录52份、整改指令书109份、复查意见书37份、强制措施决定书10份，责令停产停业整顿4家，实施行政处罚25起，罚金138.7万元。会同事故调查组成员单位对重伤以上各类事故20起进行调查和取证。

市安全生产宣传教育中心举办各类培训班35期，培训2392人，复审405人，其中，举办生产经营单位主要负责人、安全管理员安全资格培训班19期，培训1793人（主要负责人1083人、安全管理员710人）；协助杭州市第一机械技工学校举办各类特种作业人员培训班16期，培训589人。培训班期数增长12.9%，培训人数增长22.8%。选派教师到企业开展安全生产知识讲座58人次，培训员工6000余人。

【重点行业领域专项整治】 2010年，市安全生产监督管理局开展矿山、危险化学品、烟花爆竹专项整治，开展地下矿山、场内机动车辆、特种设备及作业人员专项整治。露天矿山实施中深孔爆破开采，地下矿山推广使用视频监控，淘汰、关停、整合矿山企业5家。开展危险化学品使用单位安全隐患排查整治百日专项行动，排查涉及乡镇（街道）19个、危险化学品使用单位721家，对危险化学品新建、迁（扩）建及改建项目进行审查与指导，编制《临安市化工行业发展规划》，确认生产性企业产品性质40家，审核上报、办结甲（乙）种危险化学品经营许可证材料124家；组织危险化学品建设项目安全设施设计审查会17家次，出具安全设施设计安全许可意见书12份；组织危险化学品建设项目安全设施竣工验收审查会3家次，出具安全设施竣工验收意见书3份；备案危险化学品试生产（使用）方案5家次、重大危险源4家、非药品类易制毒化学品经营单位9家、剧毒化学品使用单位备案2家。新办和到期换发烟花爆竹经营许可证331家，查处涉嫌非法储存、经营烟花爆竹窝点24个，查处涉嫌非法运输3次，没收非法烟花爆竹3000余箱。

【全国安全生产月活动】 2010年6月，在人民广场举行“全国安全生产月”活动启动仪式，活动以“安全发展、预防为主”为主题，市领导胡竑、柴世民、陈林春、翁东潮参加启动仪式。安监、交通、消防、交警、教育等部门设立现场咨询台24个，发放各类安全宣传资料6000余份，展出安全生产知识图板110块，举办由小品、舞蹈、快板、戏曲等组成的安全生产文艺演出活动，播放主题宣传片和道路交通安全事故警示教育片。组织参加全国安全生产应急救援知识竞赛及浙江省安全生产知识竞赛3万人次。市质量技术监督局、市公安局和市安全生产监督管理局在浙江林学院联合举办临安市电梯事故应急救援演练，市风景旅游局和临安地方海事处在青山湖联合开展水上救援应急疏散演练，全市中小学（幼儿园）开展火灾逃生、校园反暴力突发事件和防溺水等应急演练112次。举办临安市级安全生产责任制单位分管领导培训班1期；举办企业主要负责人和安全管理人员培训班3期，计224人；举办特种作业人员培训班5期，计149人。

【企业安全生产主体责任活动】 2010年4月，在全市范围开展落实企业安全生产主体责任活动，活动分两个阶段进行。板桥乡为第一阶段先行试点乡镇，其他乡镇(街道) 各确定1家企业开展试点。全市八大重点领域989家重点实施对象为第二阶段活动对象，包括全市规模以上工业企业、从业人员超过50人的规模以下企业、危险化学品生产企业、矿山企业、建筑施工企业、道路运输企业、旅游企业和有公众聚集场所的生产经营单位。对参与企业进行安全评估，根据得分确定A、B、C、D四个等级，实行安全生产分级管理，被评为D级的企业由负有安全生产监督管理职责的部门依法责令停产停业整顿。

【安全生产进社区活动】 2010年8~9月，市安全生产监督管理局在锦城街道辖区内开展“安全生产进社区”活动，与锦城街道社区管理科建立定期工作联系制度，开展日常居民安全宣传教育活动，制作发放《临安市居民安全常识手册》1万份，发放印有安全生产知识的环保袋3000只、纸杯6万只、T恤衫1000件。与马溪社区联合举办主题为“安全生产进社区、邻里和谐享平安”大型文艺晚会，与武肃里社区联合开展“邻里画安全、和谐送千家、知识进课堂”系列活动，与新民里社区联合开展“安全卫士、节能家庭”评选颁奖演出和安全知识竞答活动，与苕溪社区联合举办“杭州娃哈哈艺术团文艺演出”活动，参与锦城街道其他社区各项“邻居节”活动。

【烟花爆竹行政许可现场审查权】 2010年7月，市安全生产监督管理局将烟花爆竹零售经营行政许可现场审查权委托给26个乡镇（街道），并将烟花爆竹经营（零售）场所的安全距离列为现场安全审查否决项。取消不符合安全条件的烟花爆竹零售店经营资格60家，烟花爆竹零售经营单位取得烟花爆竹经营（零售）许可证334家。

【《关于进一步加强安全生产工作的实施意见》出台】 2010年，市委、市政府出台《关于进一步加强安全生产工作的实施意见》，将电线电缆、医药化工、绿色照明、纺织服装、纸及纸制品、装备制造、坚果食品、汽车零配件、精密机械元器件、五金工具10大主导特色产业纳入安全生产重点监管领域，并将乡镇（街道）、部门安全生产分管领导和安全监管人员纳为培训对象，确定每两年开展一次安全生产先进集体和先进个人的评比表彰活动。

（万雅芬）

国资公司经营与管理

【概况】 2010年，临安市国有资产投资控股有限公司（以下简称国资公司）、临安市城建发展有限公司（以下简称城发公司）实行一套班子、两块牌子管理模式，公司内设办公室、发展部、财务部、人力资源管理部。国资公司下辖市於潜自来水有限公司、市昌化自来水有限公司、市汇金创业投资有限公司，城发公司下辖杭州大明山风景旅游有限公司、市自来水有限公司、临安城市污水处理有限公司、市财务开发有限公司、临安新都房地产开发有限公司、市宝润矿业投资有限公司。国资公司、城发公司及下属子公司实现主营收入4.17亿元，比上年增长43.30%；净利润1亿元，下降6.17%。

市国资公司被评为临安市机关部门满意不满意综合考评满意单位、现代服务业工作先进单位、招商引资工作目标考核优胜奖、“十一五”污染减排先进集体、市长公开电话工作先进集体。

【城市污水处理】 2010年，临安城市污水处理有限公司实现主营业务收入1702万元，水质达标率100%，管网完好率

99.96%，设备完好率99.31%，抢修及时率100%。办结市长公开电话交办件39件，办理及时率100%。完成6万吨/日除磷脱氮工程初步评审，铺设截污管道8.61千米，管道总长230余千米。污水处理年日均处理5.22万吨，处理量达到设计负荷的87%；生活污水年均新增0.56万吨/日，削减生活污水化学需氧量新增740.5万吨。9月13日起，公司产出污泥80%运往垃圾填埋场，其余运往大马水泥厂焚烧，年产泥饼1.41万吨。完成一期氧化沟曝氧转刷修理，完成一期污泥泵房及残液井提升泵、污泥运输车、脱水间螺旋输送机等设备改造和厂区传达室、灯光球场、化验室、二期沉砂池钢棚等设施改造。临安城市污水处理有限公司通过省爱国卫生先进单位复评，被评为杭州市文明单位。

【新都房产开发】 2010年，新都房产公司推出新都公园家和青山鹤龄小区两个楼盘，其中，新都公园家楼盘6月首次开盘，开盘当天基本售罄；11月推出多层住宅179套，通过公开摇号，当日售罄。青山鹤龄小区12月开盘，1800余套房源在一周内基本售罄。该公司全年预售面积15.58万平方米，预售收入7.03亿元。新都公园家被评为杭州市建设工地优秀示范民工学校（对施工人员进行教育培训、素质提升和安全管理）、临安市绿色工地。

【宝润矿业开发】 2010年6月4日，临安市宝润矿业投资有限公司挂牌成立，公司注册资金2000万元，有员工15人。公司与中化地质矿山总局浙江地质勘察院合作，在新桥乡纤岭矿区进行平硐钻探勘察，发现高岭土矿脉带，矿样送中化实验室和中国非金属研究院进行研究。建立矿区警务室，开展管理用房建设的前期选址、申报等工作。与中化地质矿山总局浙江地质勘察院签订地热资源勘察合同，在玲珑街道化龙村设点进行勘探。

【大明山风景旅游】 2010年，大明山景区接待游客29.45万人次，营业收入1598万元。推出“红叶节——登高赏红叶”和高山滑雪节，其中，“红叶节”推出“看片找景、定点拍照”摄影活动和“评枫秋色、发帖有礼”万人游万人评活动；高山滑雪节吸引游客2万余人。委托杭州园林设计院有限公司完成大明山景区总规修编和修建性详规编制。启动悬空栈道、高山滑雪场、新索道三大景区升级改造项目，悬空栈道和滑雪场工程完工。相继完成景区供电改造、新停车场、万米岩洞至大明湖游步道、大明湖度假中心供水改造、千亩田口部管理房建设和环境优化等系列配套工程。

（唐祖平　吴江谱）

钱王陵发现神道墓表和石像生

2010年，临安市文物部门在钱王陵钱镠墓神道右侧发现五代时期神道墓表和石像生，这是继1997年钱王陵出土墓表础石、石像生底座、石马三残件后又一次重大发现。

墓表分墓座和表柱两部分，太湖石质，底座呈正方体，边宽144厘米，高60厘米；座顶中部凿一深23厘米、宽36厘米的卯孔；表柱呈八面体，柱上端雕扁状圆形柱顶，墓表通高513厘米，总体保存情况较好。石像生残件高162厘米，胸围225厘米，胸径80厘米，残件形体高大壮硕，持笏佩剑，着文臣服，雕刻风格粗犷遒劲，线条明快简朗，颇具汉唐石刻艺术遗风。

（摘自临安新闻网）

(上接162页)

临安市部分机关单位、群众团体、社会团体、金融机构和主要企业简称、全称对照一览

简　称	全　称
市计生局(计划生育局、人口计生局)	市人口和计划生育局
市安监局	市安全生产监督管理局
市质监局	市质量技术监督局
市城管执法局	市城市管理行政执法局
市信用联社	市农村信用合作联社
市烟草局	市烟草专卖局
市创建办	市创建工作办公室
市房改办	市住房改革委员会办公室
市住房公积金管理中心	杭州住房公积金管理中心临安分中心
市供销总社	市供销合作总社
市国资公司	市国有资产投资控股有限公司
市工商局	杭州市工商行政管理局临安分局
市行政审批中心	市行政审批办理中心
市台办	中共临安市委台湾工作办公室
市综治办	市社会治安综合治理委员会办公室
市人才办	中共临安市委人才工作办公室
市外宣办	中共临安市委对外宣传办公室
市文明办	市精神文明建设委员会办公室
市编办	市编制委员会办公室
市民防办（市民防局)	市人民防空办公室（市人民防空局)
市应急办	市应急管理办公室
市法制办	市人民政府法制办公室
市侨办	市人民政府侨务办公室
市防火委	市防火委员会
市依普办	市依法治市、普法教育办公室
市政府驻上海工作处	市人民政府驻上海工作处
临安经济开发区管委会	浙江省临安经济开发区管委会
天目山管理局	浙江天目山国家级自然保护区管理局
清凉峰管理局	浙江清凉峰国家级自然保护区管理局
数字电视公司	临安数字电视有限公司
移动公司	中国移动通信集团公司临安分公司
联通公司	中国联合网络通信有限公司临安分公司
乡（镇）政府	乡（镇）人民政府

(唐剑平)

基础设施建设

交　通

【概况】 2010年，临安市完成交通建设投资5.4亿元。公路通车里程2845.5千米，公路网密度91.0千米/百平方千米。援川项目四川省青川县金子山乡明山公路15.23千米灾后路面整治工程完工并通车；18省道龙岗至鱼跳段改建工程完成路基工程72.4%；15省道至02省道连接线改建工程主线土地征迁工作基本完成，横畈至青山支线道路基本贯通；临余公路临安段改建工程主车道基本建成。全年公路交通建设工程合格率100%，重点工程优良率100%，未发生重大质量、安全事故。龙岗准四级客运站建成并投入使用，新建港湾式停靠站验收通过100个。投资2700万元，建设基层站所基础设施13个，其中，杭州市二级先进2个、三级达标8个。

全年完成公路客运量2629万人次，旅客周转量9.49亿人千米，货运量1528万吨，货物周转量15.53亿吨千米。春运期间投入旅客运输车辆580辆，计1.49万座；发送客运班次9.14万班次。完成旅客运输量147.43万人次，旅客周转量3556.24万人千米，与上年同期相比分别增长3.59%和6.24%。未发生群死群伤重大恶性事故，未发生重大规模客货滞留、积压和严重超载现象。新增货运企业5家、货运车辆436辆、货运运输服务企业8家、个体货运经营户282户。全市有普通货运企业10家，其中物流企业2家；有运输服务企业61家。临安交通投资发展有限公司与杭州公交集团联合成立金宇公共交通有限公司，合作经营K598公交线路。

开展安全生产教育培训，培训企业负责人、职能部门负责人、安全管理人员及系统各企业员工965人。出租车驾驶员分10批次参加法律法规、安全及职业道德教育600余人。参加行政执法业务培训160余人次，培训内容包括执法理论知识辅导、说理式处罚文书制作、行政执法案卷分析等。

开展上海“世博会”安全保卫工作，实行进沪车辆GPS系统监控，对入沪旅客进行实名登记。会同治安、交警部门对全市货运企业、客运站场经营者进行反恐培训，“世博会”期间未发生重大责任事故和恶性事件。组织全市交通行业开展“平安临安、平安交通”和“品质交通、畅行临安”安全生产宣传月活动，组织“我为安全、为我安全”千名驾驶员签名活动。开展事故黑点（省安全、交警、交通等部门共同确定的道路车辆事故多发点）治理。查处运输违章行为，全年查处各类违法行为787起，罚款267万元。

开展“一线两真三服务”暨深化作风建设年和创先争优活动，整改落实市满意办反馈意见建议22条，办理市人大代表和市政协委员议案、提案61件，接待来访群众39批135人次，办理上级领导批办件和群众来信28件；办理市长公开电话346件，办结反馈342件，群众满意率97%。

开展岗位廉政教育，推行党员干部“金字塔”式谈心谈话制度，建立财务内审制度和岗位廉政教育深化机制。与所属单位及工程指挥部签订《党风廉政建设目标管理责任书》，制订考核方案，组织半年检查和年终评比。总结局管干部选拔使用试点成果，规范选人用人办法。坚持干部选拔任用工作“一报告两评议”制度，选拔任用局管干部24人。组织中层干部和基层单位主要负责人开展“公述民评”活动。

市交通局被评为杭州市维护稳定工作先进单位、杭州市春运先进集体、杭州市交通系统基层基础建设先进集体、杭州市上海“世博会”“环沪护城河”安保工作先进单位、临安市“森博会”最佳保障奖、临安市机关部门满意单位，通过临安市文明单位考核验收。

【汽车东站启用】 2010年12月21日，临安汽车东站启用。该工程于2007年10月25日开工动建，为临安市重点工程之一。按交通部二级汽车客运站标准建设，日发班车300辆车次，日旅客发送量1.5万人次，占地面积3300平方米，建筑面积3.32万平方米，总投资约1.1亿元。拥有主站房、宾馆、旅游集散中心、商业中心、地下停车场、加油站、车辆检测和修理等服务配套设施。

【超限超载专项整治】 2010年6~9月，临安路政大队和昌化路政大队联合在16省道千秋关设卡，对从千秋关入境车辆进行24小时检查，对超限车辆实施卸载、驳货和劝返。全年查处超限违法车辆739辆，卸载1.87万余吨，卸载率100%；公路赔损5.62万元，罚款254.80万元。

【18省道龙岗至鱼跳段改建工程】 2010年，18省道龙岗至鱼跳段改建工程建设指挥部开展以“比质量、比安全、比进度、比管理”为主要内容的劳动竞赛，全线完成路基（含保通便道）挖填方59.50万立方米、挡墙15.50万立方米、圆管涵605.5米、盖板涵32.3米。投资1.12亿元，完成60%的桥梁下部结构施工、鸡冠山隧道的贯通、保通便道的建成使用、72.4%的路基工程。该工程起自龙岗镇地塔村，与02省道连接，经大峡谷镇山田、鸡冠山、剑门关、老碓溪、三垄、杨家，终于鱼跳，与原18省道库区段相接。

【交通重点项目前期工作】 2010年，横畈物流中心完成土地预审、规划设计条件审批，与横畈镇签订投资协议。临安公交总站（汽车北站）完成项目选址意见、项目建议书等前期工作。青山湖（省科创新城）客货运中心完成项目选址、土地预审及指标办理、项目建议书等项目前期工作。组织开展临金高速公路项目调研，线位方案通过论证。於潜至千秋关段预工程可行性研究通过专家组评审。14省道（牧松线）改建工程可行性研究报告提交省交通厅评审。02省道改建工程完成项目调研，初步选定路线方案，完成预工程可行性研究编制。

【城市出租车管理】 2010年，继续开展出租车行业“我是临安新名片”文明巡礼活动，对出租车规范服务进行日常检查与专项整治，查处各类出租车违章168辆次，IC卡扣分627分，对多次违章、情节严重出租车在IC卡扣分曝光台曝光。聘请市人大代表、市政协委员、社区工作者、退休干部、在校大学生、网友等28人担任出租车行业新风监督员。承办杭州第八届“的士节”临安分会场活动，长运公司出租车驾驶员余文新被评为杭州市“十佳的士之星”。

【公路建设管理养护】 2010年，投资1.2亿元，建成农村联网公路35.30千米，完成农村公路大中修79千米、干线公路大中修25千米，改造危桥40座。投资500余万元，对藻溪闽坞村等5个精品村、横畈白水涧村等4个特色村共15.70千米的村道和过村县乡道进行改建和路面浇筑，改造连村危桥4座。

【交通安全生产】 2010年，落实安全生产例会制度，实行重点工程安全员派驻制度。对全市30家道路客货运输企业、施工企业、水上旅游企业及交通重点领域安全检查6次，整治安全隐患点段27处。投入700万元，实施道路安全设施增设工程线路32条，计35.10千米。治理省、杭州市事故黑点3处，清理边坡塌方4.50万立方米。对省道沿线非公路标志牌进行清理整治，拆除擅自设置非公路标志37处。

【交通应急处置】 2010年，组织公路交通突发事件应急处置演练、道路运输重大事故应急处置演练和青山湖水上突发事件应急处置演练，制订上海“世博会”安全保卫应急处置预案。建立灾害性天气预警机制，完善“三防”（防台、防汛、防冰冻）工作应急预案，成立抢险小分队9支，计280人；落实抢险设备，调配应急人员输送车和物资运输车各10辆。落实防汛物资沙包1万只、水泥100吨、钢材20吨、黄沙200吨、石材3000立方米、木材30立方米、道路交通标志牌300幅等。

（张　屏）

供　电

【概况】 2010年，全市全社会用电量26.57亿千瓦时（见表15），比上年增长16.79%；除去综合线损，实际销售电量25.69亿千瓦时，增长19.05%，其中，工业用电量20.85亿千瓦时，增长17.40%；完成电费回收19.81亿元，连续十年实现当年电费结零；全网最大负荷45.90万千瓦，增长7.12%。实现工业产值（主营业务收入）15.8亿元，上缴税收1.06亿元。

召开全市电网建设工作会议。完成全市2030年目标网架规划、“十二五”农网规划、中心镇电网规划，完成生命线工程（在极端自然灾害情况下，维持社会基本运转需要和电网恢复所需电源，为重要单位用户供电和电网恢复运行担供保障的电网网架）和智能电网工程可行性研究，启动临安市“十二五”电力设施布局规划和城市供电电缆管网规划，110千伏锦城输变电工程建成投产。全年投入资金3893万元，完成锦南街道和29个行政村新农村电气化建设与改造。

全市有35千伏及以上公用变电所29

座，变电总容量183.7万千伏安，增加7.6万千伏安。其中，220千伏变电所2座，变电容量69万千伏安；110千伏变电所15座，变电容量97.5万千伏安；35千伏变电所12座，变电容量17.2万千伏安。有10千伏配电变压器5238台，变电总容量138.1万千伏安。有35千伏~110千伏线路52条（包括用户线路），总长658.51千米，其中，110千伏架空线路23条，计357.29千米；35千伏架空线路29条，计301.22千米。有10千伏配电线路271条，计2710千米；0.4千伏线路计4510.2千米。全市电力用户数24万户（含农村一户一表）。有小水电97座，发电机容量8.35万千瓦。

首次开展35千伏线路检修消除缺陷，试点开展35千伏岛石变输变配一体化集中检修，完成220千伏变电所无人值班试点。全年未发生安全考核事故，累计实现安全供电3497天。在锦潭社区、碧桂苑小区开展电力社区共建试点，完成元宵灯会、“两会”、中高考、“世博会”、“森博会”等供电保障任务。

全社会用电性质构成

表15 单位：万千瓦时

行业分类	全社会用电量	用电量构成(%)	同比增长率(%)
全社会用电总计	265737.34	100	16.79
A、全行业用电合计	233642.5	87.92	16.99
第一产业	1408.44	0.53	7.36
第二产业	211327.34	79.52	17.57
第三产业	20906.72	7.87	12.08
B、城乡居民生活用电合计	32094.84	12.08	15.50
城镇居民	15589.37	5.87	17.01
乡村居民	16505.47	6.21	14.11
全行业用电合计	233642.5	87.92	16.99
一、农、林、牧、渔业	1408.44	0.53	7.36
二、工业合计	208572.64	78.49	17.46
1.轻工业	97635.92	36.74	17.60
2.重工业	110936.72	41.75	17.34
三、建筑业	2754.7	1.04	26.21
四、交通运输、仓储、邮政业	1064.7	0.40	-13.64
五、信息传输、计算机服务和软件业	1312.39	0.49	47.39
六、商业、住宿和餐饮业	8992.58	3.38	19.06
七、金融、房地产、商务及居民服务业	2549.1	0.96	11.30
八、公共事业及管理组织	6987.95	2.63	4.50

【《青山湖科技城电力专项规划》编制完成】 2010年9月，《青山湖科技城电力专项规划》编制完成。该规划编制内容包括青山湖科技城情况概述、区域电力系统现状、负荷预测、电力平衡及规划、变电站及线路路径规划、智能电网规划、投资估算及结论，涉及115平方千米的青山湖科技城整个概念规划范围。至2020年，青山湖科技城区域负荷将达到58.85万千瓦，电量27.76亿千瓦时。有220千伏变电所2座，主变容量102万千伏安；有110千伏变电所9座，主变容量89万千伏安。

【《临安电网“十二五”发展规划》通过审查】 2010年11月26日，该规划评审会在临安召开。浙江省电力设计院、杭州市电力局、杭州市电力设计院、余杭区供电局、上海昌泰求实电力新技术有限公司等单位有关人员参加会议。根据该规划，“十二五”期间，临安电网将增加220千伏变电容量84万千伏安，新建变电所2座，扩建1座，新增220千伏线路283.2千米。至2015年，临安电网将拥有110千伏变电所22座、主变容量187.5万千伏安。

【《临安市中心镇“十二五”电网规划》通过审查】 2010年12月21日，《临安市中心镇电网“十二五”发展规划》审查会议召开。省电力公司、杭州市电力局、市供电局会同市发改局、市建设局、市国土资源局、市环保局及相关乡镇共同商议中心镇电网规划。规划报告结合各中心镇功能定位和远景目标，分析4个中心镇（於潜镇、昌化镇、高虹镇、太湖源镇）的电网现状及存在问题，明确电网规划基本思路、规划目标及技术原则，提出中心镇“十二五”期间高、中压配网项目初步安排、农村电网升级改造规划及投资估算。

【110千伏锦城输变电工程投入运行】 2010年11月22日，临安首座GIS变电站——110千伏锦城输变电工程投入运行。该工程位于临安市中心，是临安市区的中心变电站。总用地面积2611平方米，工程总投资5418万元，1月正式开工建设，新建双圈变压器2台。

（章　梵）

自来水

【概况】 2010年，临安市自来水有限公司下辖临安市第一水厂、第二水厂（太湖源水厂）、第三自来水厂（筹建中）和青山水厂、高虹水厂。实现年供水量2677.22万吨，比上年增长13.15%；售水量2131.5万吨，增长21.38%；售水产值3149.6万元，增长21.98%；水质综合合格率100%，水压合格率100%。一户一表改造总户数3300户，实施城市供水旧管网改造长度总计约5千米。市於潜自来水有限公司供水量137.59万吨，增长9.98%；售水量129.77万吨，增长6.79%；售水产值213.97万元，增长4.35%；水质综合合格率100%，水压合格率99.6%。市昌化自来水有限公司供水量131.30万吨，增长1.12%；售水量105.11万吨，增长1.30%；售水产值178.89万元，增长3.84%；水质综合合格率99.83%，水压合格率100%。

【基础设施建设】 2010年，市自来水有限公司开工建设临余公路输水管线。该工程连接临安主城区与省级科创基地、高新技术园区，建设总长1.45万米，管道口径直径800毫米，采用球墨铸铁管，设计最大输水能力5万立方米/日；改造城区低压管网，涉及广场路、天屹路、衣锦街、畔湖路、江桥路、苕溪北路、石镜街，管线改造总长5千米；开展一户一表改造，实施一户一表（即屋顶水箱改造）工程300余笔，受益户数3300户。第三自来水厂完成工程立项、可行性研究、环境影响评价、水土保持、规划选址、地质勘探、地形测绘、初步设计、部分处理单元施工图设计等前期准备工作。市於潜自来水公司完成水沟巷、呈祥街等城区3350米旧管网改造，完成天目南路至逸村工业园区段主管网铺设。市昌化自来水公司安装各类工程50余个，管道总长3000余米。

（郑兴红）

邮　政

【概况】 市邮政局是一家以传统邮政通信服务业为主的公用企业。2010年，全局有从业人员233人，其中在岗职工92人。内设3个职能部门，有61个邮政服务点，其中，邮政中心支局5个、自办邮政所21个、能提供邮政全功能服务的局所21个(含邮政储蓄银行网点2个)。有邮政报刊图书销售点30个（报刊亭）、集邮品销售点1个。

全年实现邮政系统业务总收入5752万元，比上年增长43.12%。邮政企业收入3132万元，增长25.43%；其中，函件业务收入578.39万元，增长43.32%；包件收入75.74万元，下降31.15%；集邮收入208.25万元，增长84.47%；代理速递收入85万元，增长46.55%；报刊发行收入331.39万元，下降5.78%；储蓄收入1451.62万元，增长11.84%。

完成邮政业务总量4253万元，增长6.55%；其中，函件327.22万件，增长25.20%；包件4.33万件，增长13.65%；汇票13.88万张，下降15.67%；机要文件0.46万件，增长2.22%；特快专递35.13万件，增长47.36%；报刊累计份数1397.36万份，增长4.74%；集邮邮票33.50万枚，下降55.37%。全市平均每百人函件邮寄量6件，人均报刊订阅费19.35元。拥有邮政储蓄异地存取全国银联卡联网网点20个、邮政储蓄ATM机9台，邮政储蓄年末余额7.49亿元，下降5.57%。

有邮路16条，单程总长度537千米，其中，自办汽车邮路14条计505千米，委办汽车邮路1条计22千米，其他邮路1条计10千米；有城市投递段道13条，城市投递段道长度（单程）202千米；有农村投递道路线46条，农村单程投递路线1786千米，固定班期投递邮件乡镇22个，通邮行政村287个。直接投递邮政妥投点2.96万个，城区每日平均投递1次，农村每周投递6次。全市设邮政信报箱70群计2.19万个格口数，设信筒69个。拥有通信生产运输用汽车32辆、摩托车45辆、邮政储蓄专用汽车3辆、代理速递物流专用汽车8辆。投资30余万元，在主城区增添更新报刊亭和新式邮筒。1月1日，速递物流业务剥离，成立浙江省邮政速递物流有限公司临安市分公司。

是年，市邮政局被评为杭州市创建和谐劳动关系先进企业、杭州厂务公开先进单位、杭州统计工作先进集体。

（吴春一）

电　信

【概况】 2010年，市电信局有员工178人。下设综合办公室、网络运营部、市场部、政企客户部4个职能部室和城东分局、城西分局、玲珑支局、於潜支局、昌化支局、营业服务中心室6个生产部门。全年完成业务收入1.6亿元，年末拥有固定资产净值1.72亿元。有固定电话用户16万余户、CDMA手机用户8万余户、宽带用户8万余户。

实现行政村CDMA网络信号全覆盖，提升主城区、高速公路、主要乡镇（街道）网络性能，主要公路实现信号无缝覆盖。扩容改造IP城域网，提高宽带带宽出口速率，优化网络结构，完成临安OLT设备（光缆终端设备）布局规划。完成接入网（指骨干网络到用户终端之间的所有设备）转型40个，安装9806H设备80套，改造原DSL（数字用户线路）接入小区7个。新建、改建FTTH（一根光纤直接到家庭）点35个，覆盖用户2万户。完成打造平安临安动态治安视频监控点93个、校园动态治安视频监控点位115个，完成动态治安视频监控项目第五期建设，建设02省道高清卡口系统2个。

增设预装信息库系统，为预约登记缓装系统提供支撑服务，避免用户多次上门要求装机。协助市信用联社完成中心机房整体搬迁工作，并提供机房租赁服务,这是市电信局首次提供机房租赁服务。

【满意单位电话调查】 2010年，市电信局利用114便民信息服务中心，协助市政府开展乡镇党委政府满意度电话调查，改变以往信件邮寄纸质调查方式。调查从2009年12月16日开始，到2010年1月25日结束。114便民信息服务中心工作人员记录每一位被调查人员意见和建议，把意见和建议汇总，统计出乡镇满意度。

【第一个光小区FTTH改造】 2010年3月，市电信局启动光小区改造建设。对汇锦苑小区进行FTTH线路改造，根据用户数和用户宽带数进行FTTH网络设计，利用原有光网络资源，在3个光交接箱中分散放置1:32分路器，将光缆接入到楼房各单元光分线盒，在用户申请业务后布放皮线光缆和设备安装等。

【3G技术应用于停车收费系统】 2010年6月，市电信局与市众诚交通有限公司合作，将3G技术应用于市区停车收费系统，取代原咪表收费模式。经过3个月的测试运行，9月1日正式投入使用。车主停车入位时，只需拨打96038+所停车位编号，就能完成停车，离开时不用再重新拨号，车位感应系统会自动感应，即可自动完成计时收费，并将收费信息发短信通知车主。车位管理员也可将违规停车车辆拍照后通过手机客户端传送至中心机房。

【签约首个平安联防村】 2010年8月，市电信局与玲珑街道高山村签订平安联防村协议。借助每户电信电话，将居住相邻电信用户，以十户左右组成一个群组，群组中任何一用户遇到紧急情况，在电话上拨打指定键，信息平台即可自动呼叫组内其他号码，并发出报警声讯信息：“某户主家里紧急求助！”从而使群组其他用户第一时间得知信息，第一时间救助，实现“一家求助，十家报警”效果。

【举办公安信息化应用培训】 2010年11月，市电信局举办公安信息化应用培训。培训围绕公安工作与信息化应用需求分析、中国电信公安移动警务应用整体解决方案、公安移动警务应用实施保障和服务、成功案例与发展愿景四个方面展开。电信公安移动警务应用系统针对治安警、巡警业务特征，从通用功能中选取人口和出租屋管理功能，增加盘查、谈话录音等特色功能；针对交警业务特征，选取综合查询功能，增加现场执法、非现场执法、勤务管理和交通管理等特色服务；GIS定位系统能够对警员和警车进行定位，掌握警力分布等。

(陈振己)

移动

【概况】 2010年，移动公司有正式员工18人、退休退养5人、聘用工7人、社会化员工132人。下设市场部、网络部、综合办、政企客户部4个职能部门和城东、城中、於昌3个区域经营部。设立临安总部、衣锦街、於潜、昌化、岛石、高虹、动感、青山、天目等11个自办营业厅，营业服务网点239个，有迪信通、协亨、迪亨、金大、广远等手机大卖场13家。网络通信基站数突破900座，全市移动手机用户约43.8万户，增长13%；移动主营业务收入超过3亿元，增长11%。是年，公司被评为临安市级社会治安综合治理先进集体，公司网络部获浙江省级“工人先锋号”称号，城中街营业厅被评为杭州市级文明服务示范点。

【网络实现无缝覆盖】 至2010年底，已建直放站351个、基站506个、杆路2350千米、管道161千米，GSM网络实现与IP电话、移动互联网、虚拟专用网、GSM1800双频网、移动智能网、短消息平台的拓展与融合，并向第三代移动通信网络平稳过渡。建成包括双频网、微蜂窝、室内分布系统、街道站在内全方位、立体化、智能化、多层化的移动通信网络，实现全市主要乡镇（街道）全覆盖、高话务区域立体覆盖及主要交通干道无缝覆盖，并实现全国自动漫游，与235个国家和地区、359个运营商开通国际自动漫游业务。

(石妮妮)

联通

【概况】 2010年，中国联合网络通信有限公司临安市分公司（以下简称临安联通公司）下设综合部、市场部、集团客户部、客户服务部、网络建设部和城区、临西、高青3个区域中心。在天屹路、石镜街、新民街、高虹镇、青山湖街道、於潜镇、昌化镇设立自有营业厅，有营业服务网点165家。全市移动手机用户累计19万余户、固定电话用户7500余户、宽带用户8900余户。3G网络信号覆盖境内高速沿线及主要乡镇（街道）。全年新增2G基站21个，优化2G基站58个，2G基站数增至352个，3G基站数增至147个。新建光缆杆路102千米、管道23千米，铺设光缆杆路1500千米、管道343千米。

是年，临安联通公司获第七届中国（临安）森林生态博览会“最佳保障奖”。

【衣锦营业厅开设】 2010年12月，衣锦街营业厅正式对外营业。该厅设有业务受理区、自助服务区、用户休息区、手机专柜等，配备自助话单打印机、iPhone体验机，可为用户办理入网、换卡、话单查询、无线上网等业务，也可接受用户咨询、投诉等。

(陈彩霞)

城建·土地·环保

城市建设与管理

·概述·

【概况】 2010年，完成省科创基地（科技城）概念性规划及城市设计、省科研机构创新基地一期修建性详细规划，完成锦南新城控制性详细规划、重点地段城市设计、高新技术产业园控制性详细规划修编、临安革命烈士公园及市博物馆规划设计、临安吴越文化遗址公园总体规划、市体育文化会展中心、市图书馆建筑设计方案，开展临余公路两侧用地控制规划编制和老客运站地块商业综合体概念设计。

全年建设系统完成固定资产投资30.86亿元。临余公路累计完成投资3.8亿元，完成总工程量的70%；万马路北延工程完成土建施工和绿化配套建设，玲三路完成土建施工，大学路北延工程完成沥青路面浇筑，苕溪廊桥开工建设，新环东路北延工程完工，锦城五中西侧道路建成通车，锦城五中东侧道路、中都区块道路（老圣园路、泥山湾路）、万马路南延、西环路、花石街等工程按照建设进度推进。开工建设市委党校、市体育会展中心和钱王文化广场住宅、商业和图书馆项目，开展长途汽车站等公共配套设施项目前期工作，太湖源动漫文化创意产业园项目完成规划方案设计并完成一期征地，临安滨湖商住中心项目完成控制性详细规划与核心地块城市设计编制，启动三眼桥转盘段改造工程和天目山生态旅游综合体项目一期建设，完成市政道路、给排水管网、路灯设施改建，实施引水、净化处理工程。

万马路、大学路等道路建设涉及拆迁户73户、拆迁单位4家，累计拆迁面积3万平方米。万马路北延工程安置小区完成总主体工程建设的50%。与市档案局联合举办临安市“城建杯”档案法律法规知识有奖竞赛，为青海玉树地震灾区捐款4.10万元。

【省科创基地（科技城）建设】 2010年，完成省科创基地（科技城）115平方千米概念规划设计及10平方千米城市设计方案编制，总投资100亿元的科技城城市综合体项目签约并完成规划设计方案，引进广州越秀集团对科技城生活配套项目进行整体开发。青山区块投资4亿元，完成主要道路建设5.7千米，铺设污水、雨水管网4.5千米，预征用土地0.07万公顷。横畈区块投资2亿元，完成主干道路基7条和110千伏变电站建设，完成污水、通信、宽带等管网工程和供水、供电等配套设施建设。锦城区块启动高新园区块基础设施建设，开工建设产业服务中心大楼，开展主干道路、安置小区项目前期工作。

【农村困难群众住房救助】 2010年1月，组织各乡镇（街道）对低保家庭和人均月收入225元以下低保边缘家庭、重点优抚对象、残疾人家庭中的无房户、危房户和缺房户住房情况开展调查摸底，组织人员对各乡镇（街道）上报救助名单进行现场逐户踏勘。通过村、乡镇（街道）两级公示，根据"公开、公平、公正"的原则，最终确定年度救助对象310户，其中，五保户2户、低保户51户、受灾困难户22户、其他困难户235户（残疾人82户、下山移民12户）。12月底，完成农村困难群众住房救助320户，其中，新建213户、改建96户、修缮6户、置换5户；向农村困难群众拨付补助资金447.77万元，完成住房改造面积约4.8万平方米。

【农村住房改造建设】 2010年5月，召开全市农村住房改造建设工作推进会，与各乡镇（街道）签订临安市农村住房改造建设工作责任书。截至年底，完成农村住房改造建设3179户，其中，"民建公助"（即在符合规划前提下，由农民自主改造、修缮、新建住房，政府配套建设基础设施或给予资金补助）2353户、"二合一"（即以宅基地换城镇公寓式住房与以承包地换城镇社保同步进行、一步到位）652户、"二选一"（即以宅基地换城镇公寓式住房与以承包地换城镇社保任选其一，分步推进）174户。

【杭州市重点工程建设项目档案执法检查】 2010年5月，杭州市建委、杭州市档案局联合检查组到临安开展杭州市重点工程建设项目档案执法检查，重点检查天目初级中学建设项目，市档案局、市城建档案馆、项目建设单位、施工单位、监理单位参与此次检查。检查组听取该项目档案收集整理情况汇报，检查档案库房规范程度，查阅工程档案资料。

【"城建杯"档案法律法规知识有奖竞赛】 2010年9~10月，市建设局与市档案局联合举办临安市"城建杯"档案法律法规知识有奖竞赛，参加竞赛2100人。评出获奖人员19人，其中，一等奖1名、二等奖3名、三等奖5名、纪念奖10名，获奖名单在《临安档案信息网》和《今日临安》上公布。

·城市规划·

【概况】 2010年，市建设局继续开展阳光规划行动，继续推行城乡规划编制事前公示和事后公布制度、建设项目审批事前公示和事后公告制度、规划听证制度；开展《浙江省城乡规划条例》宣传活动，完善城市规划区范围内建设项目规划选址论证及规划条件提供等工作，召开规划审批联席会议4次，完成房地产领域违规变更规划和调整容积率"回头看"工作。委托杭州天目建筑设计院有限公司（乙级）编制第二套农房通用标准图集，按大、中、小以及联建等四种类型，设计完成户型方案7套。完成临安市城区总图初稿编制。

中心城区全年累计核发建设项目选址意见书64本；核发建设用地规划许可证764本，其中，个人建房642本、单位建房122本；核发建设工程规划许可证1743

本，其中，个人建房554本、单位建房1189本。各乡镇（街道）全年累计核发乡镇（街道）建设项目选址意见书50本；核发建设用地许可证311本，其中，个人建房270本、单位建房41本；核发建设工程许可证442本，其中，个人建房139本、单位建房303本；核发村镇建设规划许可证2126本。

【乡镇和村庄规划修编】 2010年12月，完成於潜镇、昌化镇两个副中心城市的总体规划修编工作。完成昌化镇石铺村、虞溪村、朱白村、后葛村、九龙村，清凉峰镇新峰村、林竹村、昱岭关村，横畈镇洪村村、潘联村，於潜镇横鑫村、扶西村、田干村、谢家村、百园村，湍口镇塘溪源村、二联村、童家村、塘秀村，河桥镇罗山村，太阳镇桃源溪村、太源村、双庙村、上庄村、大地村，藻溪镇杲村村，高虹镇高桥村、石门村，太湖源镇白沙村、东天目村、高云村，潜川镇沈家坞村、阔滩村，大峡谷镇上溪村、华川村，板桥乡花戏村、桃源村，西天目乡九狮村、交口村、徐村村，乐平乡伍村村，横路乡鹤里村，千洪乡杨洪村，马啸乡浪广村、马啸村，锦城街道钱王铺村，玲珑街道桥岭村、双源村，锦南街道横岭村、锦源村50个行政村的村庄规划修编。

【社区地图集编制完成】 2010年7月，锦城街道各社区地图集编制完成。该地图集有图12张，其中，锦城街道地图1张、社区地图11张，内容涵盖锦城街道苕溪社区、锦桥社区、兰岭社区、马溪社区、西墅社区、万马社区、锦潭社区、武肃里社区、文昌阁社区、新民里社区、林学院社区，印制1000套。该项工作始于2009年6月，由市建设局、市建设局测绘管理科、市地理信息服务中心和杭州市勘测设计研究院联合编制。

·房地产业·

【概况】 2010年，市房管处制订实施《商品房预售计划上报制度》、《商品房备案信息变更审批制度》、《商品房预售方案备案制度》、《商品房预售资金监管制度》等制度，进一步规范商品房预售市场管理体系。规范房地产中介市场和租赁市场，整治违规开办分公司、赚取差价、炒房号等行为。全市有资质的开发企业96家，其中新核发开发资质16家。完成房地产投资21.94亿元，同比增长54%，其中，住宅建设投资17.28亿元，同比增长51.7%；房屋施工面积211.98万平方米，同比增加61.5%，其中，住宅施工面积170.3万平方米，同比增加61.1%；新开工面积116.7万平方米，为上年同期4.3倍，其中，住宅新开工面积92.87万平方米，为上年同期4.12倍；累计竣工房屋40.82万平方米，同比增长21.8%，其中，住宅竣工30.27万平方米，同比增长28.5%。全市累计上市商品房93.11万平方米，是上年同期2.14倍，其中，住宅上市量81.2万平方米，是上年同期2.04倍。全市房地产企业上交地税4.57亿元，占全市企业累计交纳地税总额的34.7%；房地产增加值同比增长30.7%，占第三产业和全市GDP总值的比率分别为14.7%和4.7%。

全市商品房累计交易面积59.51万平方米，同比下降20.6%；成交总金额40.31亿元，同比下降5.11%。住宅成交面积52.27万平方米，总计4046套，总价35.18亿元，同比分别下降25.49%、15.11%和11.87%。全市住宅商品房每平方米年均价分别为：多层4445.23元，同比增长27.41%；高层6601.41元，增长46.56%；别墅13762.98元，增长2.64%。全市二手房成交45.45万平方米，下降19.07%，其中，住宅二手房成交33.69万平方米，计2723套，分别下降17.95%和17.53%，二手房每平方米成交均价：多层3490.79元，增长29.41%；高层4932.61元，增长23.88%；别墅7279.86元，下降27.03%。

市房管处档案工作通过省级档案达标验收，被评为浙江省首批规范化数字档案室。

【“十一五”时期各项目标完成情况】 2006~2010年，全市房地产开发投资额97.6亿元，比“十五”期间增长97.12%，房地产开发投资占全社会固定资产投资总额23.32%。“十一五”期间，商品房累计竣工206.54万平方米，比“十五”期间增长33.63%。全市商品房销售面积267.86万平方米，成交金额140.61亿元，成交量比“十五”期间增长1.47倍，其中，住房销售面积246.94万平方米，计1.72万套，成交金额129.09亿元。基本形成锦城、青山湖、青山以及市郊板块共同发展，住宅市场与非住宅商品房市场共同建设的格局。

【房地产交易与权属登记规范化管理通过验收】 2010年10月，住房和城乡建设部组织专家对市房管处房地产交易与权属登记规范化管理工作进行检查验收。市房管处通过专题短片、信息系统演示、台账展示等方式，对房地产交易与权属登记工作进行介绍，并演示新的图文档一体化房管综合管理系统；会后，专家组现场检查验收办证大厅、信息机房、档案库房等有关科室软硬件建设。

【新房屋登记系统启用】 2010年8月，新房屋登记系统开发完成并投入运行，该系统是集房屋登记、预售管理、测绘管理、档案管理、中介管理、查询统计等业务管理职能于一体的全新综合房管系统，实现房屋登记、测绘数据、地理信息和档案管理数据库一体化管理，对楼盘表实行电子登记簿管理，可开展法律规定的房屋登记业务，如最高额抵押登记、地役权登记等，增设条形码扫描、身份证识别系统，查询统计系统更加全面翔实，把握房地产市场发展动向。

【第十期城建档案管理培训班】 2010年4月，市城建档案馆举办第十期城建档案管理培训班，来自临安绿城房产等128家建设、施工、监理单位的城建档案从业人员180人参加培训。邀请杭州城建档案馆专家授课，培训结合档案报送实际要求，对建设工程文件材料归档和整理、竣工图编制、声像档案等重点内容进行分析讲解，并就城建档案工作重点、难点问题与学员进行讨论和交流。

·建筑业·

【概况】 2010年，全市有建筑业企业66家、总承包企业30家、专业承包企业28家、劳务分包企业8家。二级以上总承包企业14家，其中一级总承包企业3家；二级以上专业承包企业3家，其中一级专业承包企业1家。全年完成产值69亿元，同比增长13.5%；上缴地税1.68亿元，增长25.6%，占全市地税收入12.78%。办理建筑工程施工许可证201项，建筑面积

204.54 万平方米；竣工工程项目 463 个，建筑面积 82.6 万平方米，合格率 100%。创建杭州市“绿色工地”10 个，杭州市安全生产、文明施工标准化样板工地 5 个，杭州市“西湖杯”优质工程 5 个，杭州市“平安建筑示范企业”1 家；创临安市“绿色工地”20 个，临安市安全生产、文明施工标准化样板工地 21 个，临安市“天目杯”优质工程 16 个。奖励建筑企业 13 家，奖金 117 万元。全年处理民工工资纠纷 25 起，协调清欠民工工资 396 万元。

【行业管理】 2010 年，继续强化工程质量、安全生产、文明施工、劳动用工“四位一体”监管模式，开展季度质量、安全、文明施工执法大检查及较好较差工地评选，实行行业各项专项检查整治。全年开展质量、安全、文明施工执法大检查 3 次，开展危险性较大的分部分项工程、机械设备、劳动用工管理、灾害排查等专项整治 5 次，开展文明施工专项整治 5 次。检查建设项目 176 个，建筑面积 207.65 平方米，签发整改意见书 96 份，停工整改项目 15 个，约谈企业法人 16 家，行政处罚施工、监理企业 12 家，排查事故隐患 1834 条。评出较好工地 27 个、较差工地 26 个，表彰建筑施工、监理企业 18 家，批评企业 17 家。

【行业宣传培训】 2010 年 6 月，组织建筑施工企业负责人赴上海龙元建设集团公司考察，学习安全生产理念与管理模式。9 月，举办《杭州市住宅工程常见质量通病防治措施 100 条》培训班，邀请杭州市质监总站专家讲课，全市建设、施工、监理单位参加培训 180 人。11 月，开展高大支模架倒塌应急救援演练，全市建筑施工、监理企业及其他行业从业人员 140 人观看演练。12 月，开展《杭州市建设工程施工安全管理条例》宣传贯彻学习及施工垂直运输机械培训，建设、施工、监理单位及其他行业从业人员参加培训 347 人。

【建筑施工突发事故应急救援演练】 2010 年 11 月，临安市建筑施工突发事故应急救援演练在临安经济开发区万马药业有限公司厂房工地现场举行。此次演练由市政府应急办主办，市建设局和市质监站承办，副市长冯镭到现场观摩指导，施工企业和演练对口单位相关人员 176 人到会参观。

【建筑施工数字化建设】 2010 年 4 月，实施关键岗位人员指纹考勤制度和建筑工地实时监控系统试点工作。试运行两个月后，正式实行外地进临施工企业及其项目部指纹考勤制度。截至年底，考勤管理企业 44 家、项目部 17 个、人员 850 人，对考勤情况及时通报，通报批评考勤情况不佳企业（项目部），并将其列为重点监管对象，实施跟踪管理。同时，在新都公园家工地开展实时监控系统试点工作。

【市建设综合执法大队成立】 2010 年 5 月，临安市建设综合执法大队成立，机构性质为事业单位，编制 5 人，隶属市建设局管理。职责是受市建设局委托，调查处理建筑业、房地产业、勘察设计业、建筑节能、城建档案、白蚁防治、住宅室内装修、测绘等行业违反相关法律、法规、规章的违法行为。

【《建设系统综合行政处罚实施办法（暂行）》】 2010 年 7 月，由市建设综合执法大队起草的《建设系统综合行政处罚实施办法（暂行)》通过市建设局党委审核下发。《建设系统综合行政处罚实施办法(暂行)》根据《中华人民共和国行政处罚法》及国务院《全面推行依法行政实施纲要》等有关法律、法规，结合临安建设行业管理职责制订。该办法明确依法行使建筑业、住宅与房地产业、建设科技与勘察设计、测绘、建筑节能、城建档案、白蚁防治的行政处罚权责及行政处罚程序。

·公用事业·

【概况】 2010年，城区纳入环卫清扫保洁作业面积290万平方米，清运生活垃圾11.88万吨，日均清运330吨；清运粪便3900余吨，日均清运10.8吨。垃圾、粪便清运实现密闭化运输，清运率100%，无害化处理100%。市垃圾填埋场渗滤液处理厂全年处理垃圾渗滤液11万吨，日处理垃圾渗滤液300吨，污水处理厂达到国家环保排放标准。首次引进“吸、扫、洗”一体新式环卫车一辆，更新普通扫地车一辆；投资60万元，在里弄小巷、马路街道等处更换和新设置垃圾桶1000只，更新果壳箱400只；采用市场化手段引进上海正分传媒广告公司，免费安装广告式果壳箱400只；更换垃圾收运三轮车100辆；投资32万元对临水路和青年路公厕进行升级改造；投资8万余元完成垃圾填埋场称重和监控系统建设并投入运行。

由创新市政园林工程有限公司和杭州路桥有限公司各出资50%（255万元），组建临安市路桥有限公司，参与城市基础设施建设和养护。完成万马路北延、玲三路、新环东路北延、新环西路排水渠续建项目建设，完成万马路北延工程绿化工程、玲三路绿化招投标工作和临天桥维修加固、万马路和新民街电缆沟体改造、东门水果市场弄改造、老环西路转盘改造、西墅街五岔路口改造、回龙路南延等项目，启动苕溪廊桥建设项目。完成玲三路、万马路等道路的路灯安装工程，实施城中街、石镜街、苕溪南路等路段路灯节能改造。全年新增道路面积19.15万平方米，完成万马路配套绿化、望湖路绿化等绿地建设1.57万平方米。修剪城区色块、草坪184.23万平方米；修枝整形钱王街、衣锦街等路段香樟271株、梧桐905株；补植公共绿点、道路绿带缺苗缺口6535平方米；更换城区时令鲜花76.60万株。完成“森博会”主会场布置及整个城区鲜花布置，投入矮牵牛、万寿菊等时令鲜花30万盆。养护修复道板1.64万平方米、砼路面1492平方米、沥青路面3.75万平方米，调换井盖776块，疏通管道1.52万米，清理窨井3596只。

【临西桥拆建工程】 临西桥拆建工程是2010年临安市十件实事之一，工程范围北起临青路交叉口，上跨南苕溪与老环城西路现状道路相接，工程内容包括旧桥拆除、桥梁新建及连接线部分道路建设，全长440米（含桥梁长118米），宽24米，概算总投资4191.98万元。按计划完成项目立项、地质勘测、施工图设计、招投标等各项前期工作。5月，完成老桥拆除；8月，新桥开工建设；至12月底完成总工程量的45%。

【万马路北延工程】 万马路北延工程南起新民街，北至新环城北路，全长1776米，宽30米，含苕溪桥（长100米）和锦江湖桥（长45米），项目总投资概算1.27亿元。该项目以西墅街为界分南北两个标段。一期（南标段）为新民街至西墅街段，投资概算7373.7万元，由浙江长业建设集团承建，华诚工程管理有限公司临安分公司负责监理，2008年11月下旬完成招投标并开工建设，2009年12月完成道路建设。二期（北标段）为西墅街至环城北路段，投资概算5392.3万元，由鲲鹏建设有限公司承建，省工程咨询公司负责监理，2009年4月底完成招投标，该年5月中旬开工建设，2010年11月完成道路建设。

【玲三路道路建设】 玲三路东起老环城西路，西至杭徽高速西出入口，全长4027米，是横贯玲珑工业园区、锦南新城的一条主干道，是临安市区的西大门。该道路分三段实施建设，东段为老环西路至玲珑大道，中段为玲珑大道至锦溪桥，西段为杭昱公路连接线至锦溪桥，其中中段由玲珑工业园区负责建设。东标段全长1825米，宽40米，工程概算总投资5821.23万元，由天目市政工程有限公司负责实施，华诚工程管理有限公司临安分公司负责监理，2009年9月完成施工图调整组织复工，2010年5月完成道路主车道施工并试通车，11月进行初步验收。西标段全长1380米，宽36米，工程概算总投资5528.65万元，由玲珑投资开发有限公司移交市建设局实施，2009年8月复工建设，2010年2月完成主车道施工并试通车，11月进行初步验收。

【新环东路北延工程】 新环东路北延工程南起苕溪路（含苕溪路交叉口），北至临余公路，全长325米（含桥梁212米），规划红线宽40米，工程总投资概算3616.79万元，由杭州市城市建设基础工程有限公司临安分公司负责实施，浙江华诚工程管理有限公司临安分公司负责监理，工程于2009年11月开工，2010年11月完工并组织初步验收。

【苕溪廊桥建设】 苕溪廊桥位于临水桥和临天桥之间，南北向横跨苕溪，桥全长108米，宽4.5米，为上承式拱桥。工程由浙江暨阳建设集团有限公司承建，杭州城市建设监理有限公司负责监理。廊桥建设与苕溪南侧景观步行带相融合，建成后不仅能起到渡河的交通功效，还能提供置景、游览、避雨、纳凉等功能，是集实用性、观赏性、艺术性于一身的桥梁工程。工程于2010年9月开工，至年底完成桥梁下部结构。

【万马路北延绿化景观工程】 万马路北延绿化景观工程南起新民街，北至环城北路，全长1776米，其中绿化隔离带宽1.5米，总绿化面积8691平方米。该工程由临安天城园林工程有限公司承建，总投资173万元，工程于2010年11月开工，12月底完成全部景观工程。

【临天桥维修改造】 临天桥建造于1972年，桥梁年久失修，加上机动车流量增加，严重超载。2010年8月1日起对临天桥实施维修加固。工程主要针对桥面破损严重、桥梁伸缩缝破坏、泄水孔堵塞、防水层失效、栏杆破损等问题进行维修施工，整个维修工程概算135万元，工程由杭州市路桥有限公司负责施工，8月31日完工。经维修加固，全桥桥面无破损、无积水，桥下无漏水、无析钙，两侧栏杆完整。

【老环西路转盘改造】 2010年11月5日，对原老环西路转盘（环西路与钱王街交叉口）进行拆除，改成红绿灯信号路口，增设车行道，加装交通监控。针对暴雨期间转盘积水情况，埋设Φ800砼管接至锦溪。改造工程由临安市宏阳建设工程有限公司负责实施，总投资概算284.18万元，2011年春节前完成改造。

【环卫数字化管理】 2010年，对清扫车、洒水车实行数字化跟踪管理。7月，完成环卫信息化监督管理系统建设并投入运行，该系统采用PDA图像采集手段，对保洁质量存在问题，通过采集、上传系统、落实整改处理，实现环卫保洁作业质量监管信息化。

【数字城管建成区实现全覆盖】 2010年，数字城管监控区域从核心区5.08平方千米拓展到建成区13.6平方千米。全年立案、派遣有效案卷1.37万件，解决问题1.37万件，解决率99.93%，及时解决率91.68%，完成运行目标。

（张益鸣）

·城市管理与执法·

【概况】 2010年，市城市管理行政执法局共办理案件8374起，其中，一般程序案件1562起、简易程序案件6812起，无错案发生。落实网格化管理机制，实行“五定”（定人、定时、定点、定岗、定责）步巡管控，开展以户外广告、乱倒垃圾、出店经营、犬类管理、散体物料运输等为主要内容的“清洁城区”专项整治活动，推广沿街装修新型围栏作业，开展建筑垃圾代整治工作，开辟自产自销户临时疏导点，设立人行道临时停车泊位和人行道隔离桩，开展无立式灯箱示范街创建活动。加大对违法建设的防、控、拆力度，查处违法建设173起；拆除违法建设255起，计4.07万平方米。受理市民投诉3203件，反馈率、办结率100%，满意率98.2%。承办数字城管案件1.25万件，解决率100%，及时解决率96.99%。开展创先争优活动，建立健全《案件回访规定》等11项规章制度，开展学习培训21次。加强信息化建设，全面实行权力阳光系统网上办案。

是年，市城市管理行政执法局被评为省城建城管行政执法工作先进集体，新型围栏作业项目获杭州市城管执法工作创新优秀奖。

（程　婷）

土　地

【概况】 2010年，全市消化转而未供土地313公顷，盘活存量土地34.13公顷，完成率分别为234.8%和171%。供地271宗，面积374.33公顷；合同出让金33.43亿元，入库22.71亿元，同比分别增长63.31%和21.38%；政府可支配净收益7亿元，同比增长127.3%；支付乡镇（街道）、部门出让金收益6.13亿元，同比增长59.2%；征收土地272.93公顷，下拨补偿款1.03亿元；拆迁160户，面积6.79万平方米；受理拆迁争议裁决15宗。

全面完成农村土地二次调查和城镇数字地籍调查，全面开展村庄数字地籍调查，建成省、市、县三级业务内网及视频会议系统、土地出让金征管系统和土地利用三维影像信息系统，基准地价更新方案通过杭州市验收。出让采矿权5宗，征收采矿权出让金5118.2万元、矿产资源补偿费 192.88 万元，分别增长 327.6% 和 60.1%。开展矿山整合，矿山数量由 34 家减少为 31 家。查处越界开采矿山 14 家，创建省级绿色矿山 1 家，完成废弃矿山治理项目 1 家。通过公开招标，确定承担突发性地质灾害应急调查单位。免费评估农民切坡建房 57 户。重新建立地质灾害群测群防网络体系数据库，在岛石镇开展地质灾害应急预案演练。排查出地质灾害隐患点 13 处，撤离 3 户 15 人，完成滑坡点治理 7 个、搬迁避让点 7 个。

交易发证中心受理各类材料 1.21 万件，增长 8.2%；完成农村宅基地登记 5007 宗，增长 30%；复核验收房地产项目建设用地 29 宗，审核农村新建住房用地 525 户，面积 5.39 万平方米；审核农村翻（扩）建住房用地 1763 户，面积 17 万平方米。

立案查处土地违法行为 225 起，涉及土地 32.26 公顷；责令拆除复耕 12.73 公顷，没收建筑物面积 16.81 万平方米，罚款 672.9 万元。拆除违法建筑 50 起，拆除面积 1.15 万平方米。完成造田造地项目 19 个，新增耕地 192.93 公顷；完成建设用地复垦项目 71 个，新增耕地 94.6 公顷；完成土地整理项目 1 个，建成标准农田 233.33 公顷；完成宅基地整村整理项目 5 个。

办理行政复议案件 6 起、行政诉讼案件 6 起。举行廉政形势分析会 1 次、廉政专题党课 2 次。开展岗位廉政风险防范专项活动，查找廉政风险点 22 个，制订防控措施 42 条。承办纪检信访 16 件、效能投诉件 8 件，办结率均为 100%，实现“队伍零违纪、人员零处分、社会监督低投诉”目标。受理群众来信、来访、来电 1010 件，下降 8.8%，办结率和反馈率均为 100%，满意率 99.7%；解决信访积案 7 件。开展结对帮扶和送清凉活动，看望慰问困难家庭 9 户、困难党员 11 人、在外过渡拆迁户 9 户及 2 个安置小区建设工地民工。开展国土资源法律法规培训 4 次，全市大学生村官 250 余人和部分乡镇（街道）村干部参加。

开展“五个一”（日读一小时、周写一体会、月听一次课、季献一良策、年成一课题）读书活动，召开中心组（扩大）理论学习会 13 次，在省、市、县三级媒体和内部刊物上发表信息、论文 80 余篇次。国土中心所由原先 13 个撤并为 7 个，设城区、青山、玲珑、太湖源、於潜、昌化和昌北国土资源中心所。开展“天目先锋”创先争优活动，机关退休干部党支部获杭州市级“五好党支部”。

是年，市国土资源局获杭州市国土资源系统工作目标考核优秀单位、平安临安建设先进集体、市项目攻坚优秀服务单位、市招商引资工作二等奖。

【土地利用总体规划修编】 2010 年 5 月，横路乡土地规划电子数据通过省级检测；7 月，临安市级土地规划通过省政府批准；11 月，所有乡镇（街道）土地规划通过省政府批准。根据规划，截至 2020 年，临安耕地保有量不少于 2.89 万公顷，城乡建设用地规模控制在 1.08 万公顷以内，中心城区规划控制范围面积 432.56 平方千米，中心城区建设用地扩展边界范围面积 100.92 平方千米。

【土地卫星图片执法检查】 2010 年，土地卫星图片执法检查反映变化图斑点 136 个，涉及总用地宗数 144 宗、面积 156.06

公顷，其中，违法用地44宗、面积13.13公顷（耕地面积3.6公顷）。违法占用耕地面积占新增建设用地占用耕地总面积的9.86%。经查处整改，当事人自行拆除复耕17宗，拆除复耕面积1.42公顷；立案查处违法用地32宗，责令退还土地12.78公顷，责令拆除建筑物9579平方米，并处罚款158.57万元。违法占用耕地比例降为5.96%。

【夏色岭钨矿矿区整合】 2010年，夏色岭钨矿矿区被国土资源部列为重点整合矿区。临安市成立以分管副市长为组长，市府办副主任、市国土资源局局长为副组长，市发展和改革局、市安全生产监督管理局、市公安局、市环境保护局、市监察局、市工商分局及河桥镇、湍口镇等单位主要负责人为成员的整合工作领导小组，领导小组下设办公室，在河桥镇建立工作站。领导小组按照计划开展矿区范围划定、储量评审、采矿权评估、安全预评价、矿区环境评价、采矿权挂牌出让方案报批等工作。12月，完成该矿采矿权挂牌出让工作。

【矿产开发秩序专项整治】 2010年，市国土资源局成立由地矿科牵头，执法监察大队、法规科和各相关国土中心所共同参与的萤石矿、钨矿专项整治工作组。与各萤石矿、钨矿企业签订指标控制合同书，聘请萤石矿协管员11人。实行萤石矿、钨矿季度储量动态监管制度，建立萤石矿生产销售台账统计上报制度，矿山企业按月填写萤石开采、销售情况统计表，经所在地国土资源所审核后上报，确保萤石开采不超标。市国土资源局下发《关于加强国土中心所矿产资源开发利用监督管理职能的通知》，对矿产资源实行属地化管理。每个矿山都落实专门责任人，定时对采矿许可证是否有效、界桩是否清晰完整、是否存在越层越界开采、是否按开发利用方案开采4个方面予以检查，并填写矿山开采情况记录表，对存在违法违规行为的予以依法处理。

【《临安市建设用地复核验收办法》出台】 2010年，制订出台《临安市建设用地复核验收办法》，该办法明确验收范围、验收内容、验收程序及验收中相关问题处理意见。细化超容积率问题按上位政策处理规定，土地出让合同未明确容积率的，按建设规划部门批准的容积率、建筑面积进行核定；土地出让合同对超容积率的土地出让金补缴标准没有约定的，经依法批准增加建筑面积的，按现行评估确定楼面地价100%补缴；经市建设部门确认属合理误差范围内的，按出让时楼面地价100%补缴；合理误差范围外的，按现行评估确定楼面地价200%补缴。

【工业企业拆除或搬迁政策出台】 2010年，市政府制订出台《临安市人民政府关于工业企业拆除或搬迁的若干政策意见》，明确拆除或搬迁企业实施对象和条件、补偿标准、办理程序、重点规定扶持和奖励政策。搬迁企业新址用地符合节约、集约用地要求的，优先安排土地指标；通过招拍挂形式取得搬迁用地的，出让起价在同等条件下适当优惠；搬迁企业新址落在市域内，且搬迁后企业规模和投产之日起三年内税收贡献不小于原有企业的，奖励该腾出土地出让金净收益的40%。

【第二次全国土地调查】 2010年5月，完成第二次全国土地调查工作。该工作始于2007年6月，历时3年，经过外业调查、内业处理、数据建库等工作。调查显示，临安土地总面积31.19万公顷，其中，耕地2.87万公顷，占9.20%；园地1.67万公顷，占3.75%；林地24.01万公顷，占76.98%；草地5745.65公顷，占1.84%；城镇村及工矿用地1.12万公顷，占3.59%；交通运输用地3551.52公顷，占1.14%；水域及水利设施用地7912.79公顷，占2.54%；其他土地3001.39公顷，占0.96%。

【城镇1:500数字地籍调查】 2010年12月，城镇1:500数字地籍调查最后一期调查通过省级验收。该工作始于2007年，分三期开展，调查范围覆盖全市19个建制镇（街道），调查完成地形地籍测图76.65平方千米，布设GPS四等点13座，新埋GPS一级点783个，权属调（核）查31290宗。

（程立新）

环境保护

【概况】 2010年，临安市被授予国家环境保护模范城市称号，国家级生态市创建通过国家环境保护部公示，推进省级生态文明试点市建设。环境质量持续保持优良状态，空气环境质量优良天数348天，优良率95.3%。全市5个饮用水源地水质及4个出境断面水质达标率均为100%。区域环境噪声54.3分贝。化学需氧量（COD）排放量5134.94吨，比2005年（6064.67吨）下降15.33%；二氧化硫（SO_2）排放量6092.36吨，比2005年（8663.88吨）下降29.68%，完成“十一五”主要污染物减排任务。油气回收整治加油站35家、油罐车3辆，完成10吨以上锅炉废气整治及4吨（含）以上10吨以下锅炉脱硫除尘设施改造，完成山核桃加工企业废水废气治理179家。全年依法进行各类环保审批、核准项目2732项，其中，执行环评报告表（书）项目322项、登记表1600项、“三同时”（污染治理与主体工程同时设计、同时施工、同时投产）竣工验收606家、建筑噪声核准204家，否决5项。全年发放机动车环保绿色标志1.48万张、黄色标志283张、外地标志18张。淘汰、关停造纸企业12家，削减造纸产能12.4万吨/年；关停印染企业2家，削减产能5000万米/年。全年未发生重、特大环境污染和生态破坏事件。

举办森林生态博览会与中国碳汇林业与低碳经济发展高峰论坛，组织杭州、嘉兴、湖州、绍兴记者集中采访活动，举办“酷中国——2010年全民低碳行动”浙江现场活动，开展“绿色畅想未来”环保文艺演出，创建省级绿色学校3所、临安市级绿色学校5所、杭州市级绿色工地10个、临安市级绿色工地20个。

【生态建设】 2010年，临安市生态环境状况指数总体评价为优。全年安排生态建设专项资金2500万元，资金纳入市级专项资金预算管理。完成生态文明建设课题调研，确定生态文明建设原则与构架，委托北京大学牵头编制生态文明试点市规划，完成规划大纲征求意见稿。启动大峡谷镇、潜川镇生态文明规划编制工作，完成於潜镇昔口村等农村生活污水处理工程建设20个，完成西天目乡老庵村等农产品加工企业及农家乐污染治理工程8个，完成於潜镇田干村等市级生态文明村规划编制与评审并落实年度计划15个，完成锦城街道钱王铺村等农村环境连片整治示范工程5个，完成生态墓地建设工程7个、清洁生产工程2个；完成潜川生态农庄等高效生态循环农业（种养结合）示范建设项目3个，并全部完成规模化畜禽污染治理及综合利用项目；开展锦城街道钱王铺村生态河道综合整治和河桥镇誉光村轧石场整治修复工作。

【地表水环境质量】 2010年，据市环境监测站对两大水系和湖库的11个断面水质监测结果统计，90.9%的断面水质达到或优于地表水环境质量Ⅲ类标准。与余杭交界汪家埠断面水质为Ⅲ类、径山断面水质为Ⅲ类，与桐庐交界印渚断面水质为Ⅱ类，交界断面达标率100%。青山水库为Ⅳ类水质，呈轻度富营养化。全市各饮用水源地水质达到或优于Ⅱ类标准，符合国家对城市饮用水源地水质考核要求，其中市区饮用水源地水质按项目（28项）水质达标率100%。

【城区大气环境质量】 2010年，大气环境质量总体评价为清洁水平。据市区两个自动监测站点监测结果显示，市区空气首要污染物为可吸入颗粒物。二氧化硫、二氧化氮、可吸入颗粒物年日均值分别为0.020毫克/立方米、0.031毫克/立方米、0.090毫克/立方米，达到国家二级标准。根据空气质量日报统计，全年空气质量优良天数达到348天。市区降尘年月均值为5.59毫克/立方米。市区降水pH值范围为3.59~7.36，年均值4.29，酸雨频率87.6%。

【城区声环境质量】 2010年，市区区域环境噪声加权平均值54.3分贝，与上年持平；生活噪声和交通噪声依然是区域环境噪声主要来源。市区道路交通噪声等效声级66.3分贝，道路交通噪声路段超标率21.5%，平均车流量804辆/小时。

【主要污染物排放与减排】 2010年，临安市工业企业废水排放量2583.66万吨；万元工业增加值废水排放强度16.659吨/万元；主要污染物化学需氧量排放2656.02吨；万元工业增加值化学需氧量排放强度0.001713吨/万元。临安城市污水处理有限公司埋设城市污水管网25千米，处理废水1907万吨,日均处理量5.22万吨，其中生活污水1529.35万吨；新增削减化学需氧量441吨。青山污水处理厂埋设污水管网7千米，全年处理废水606万吨，日平均污水处理量1.66万吨，其中生活污水182.5万吨；新增削减化学需氧量41吨。出水均达到国家排放标准。全年累计建成乡镇污水处理厂管网93千米，13个乡镇污水处理厂日均处理污水量1.137万吨，全年合计处理415万吨，削减化学需氧量（COD）789吨。全市工业企业废气排放量120.5537亿立方米，其中二氧化硫排放5624.36吨；万元工业增加值二氧化硫排放强度0.003627吨/万元，比上年减少9.98%；烟尘排放2076.97吨，比上年减少16.13%；万元工业增加值烟尘排放强度0.001339吨/万元，比上年减少33.52%。

【固体废物情况及管理】 2010年，临安市工业固体废弃物产生量14万吨，综合利用量13.88万吨，处置量0.12万吨，处置利用率100%；工业危险废物产生量0.0967万吨，处置量0.0967万吨；市区生活垃圾产生量11.8万吨，生活垃圾无害化处理率100%。危险废物产生量1218.48吨，其中，工业危险废物967.29吨、医疗危险废物251.19吨；危险废物实行集中代处置制度，全年处置危险废物1218.48吨，处置率100%。落实危险废物转移计划网络审批和转移联单制度，明确规定不规范处置危险废物单位不得发放排污许可证。完善危险废物台账资料建档工作，全市电镀、化工行业30余家单位按照上级要求建立危险废物处置台账。

【辐射安全管理】 2010年，临安市有辐射工作单位50家，其中涉源单位11家；有放射源34枚，其中，IV类放射源11枚、V类放射源23枚；有射线装置使用单位40家，III类医用射线装置48台；有Ⅱ类工业探伤单位5家，Ⅱ类工业探伤仪27台。11家涉源单位主要分布在水泥、造纸、金属压延行业。放射废源回收率100%。制订辐射环境安全管理年度工作计划，与辐射源使用单位签订责任书。巩固浙江省“放心放射源市（县）”创建工作，全年未发生辐射环境事故和丢失、被盗、泄漏等特、重大辐射环境污染事件。

【环境监察】 2010年，市环保局完成环境日常监察3616家次，开展飞行监测75家次，达标企业67家次，达标率为89%；建设项目“三同时”跟踪管理496家次，立案查处环境违法行为106件，作出处罚决定89件，罚款325万元，责令立即停止违法行为12家，限期整改8家；强制取缔废旧轮胎土法炼油加工厂和废旧废料粒子加工厂各2家；发放排污许可证1612家，征收排污费950万元。受理各类环境信访案件291件，其中，省、杭州市交办49件（包括环境保护部交办2件），市委、市政府交办12件，市长公开电话交办175件，局长公开电话交办55件，处理率、办结率、反馈率均为100%，满意率98%。市环保局选送的案例（2010-41号案卷）被环境保护部环境监察局评为一等奖。

【清洁生产审核】2010年，临安市列入杭州市清洁生产审核试点企业共计11家。累计投资1531.46万元，实施无/低费方案178个、中/高费方案38个，实现经济效益1124.84万元/年，节水3.631万吨/年，节电207.8万千瓦时/年，节煤477.45吨/年，节省蒸汽62吨/年，减少废水排放8.4025万吨/年、化学需氧量（COD）排放5.43吨/年、二氧化硫（SO_2）排放9.066吨/年、固体废弃物151吨/年。

【环境科研与监测】 2010年，临安市环境监测站获取监测样品数7019个，出具监测（检测）报告1227份，编制环境监测月报12份、监测快报11份。提报各类有效手工监测数据3.2万个。市环境监测站获杭州市环境监测中心站组织的监测比武大赛团体三等奖。

（陈思远）

开发农业技术实践

潜川镇海龙村桑枝栽培黑木耳

乐平乡双干村生猪养殖生态小区

大峡谷镇桃花溪村高山蔬菜基地

高虹镇陈家坎村标准化茶园

潜川镇阔滩村大棚草莓

山地蔬菜微灌技术应用

(市农业局提供)

人事·劳动和社会保障

人　事

【概况】　2010年，全市有各类专业技术人员34292人（见表16）。出台《关于加强普通高等学校毕业生就业工作的意见》、《临安市大学生自主创业扶持资金实施办法（试行）》，促进就业1800余人。选拔“812”人才工程培养人选11人，培训企业经营管理和高技能人才407人，培训人事干部80余人，专业技术人员培训1.18万人。建成大学生创业园，12家大学生创业企业正式签约入驻，带动大学生就业66人。新增杭州杭氧股份有限公司国家级博士后工作站和浙江西子富沃德电机有限公司、杭州华特实业有限公司两家省级博士后工作站。与清华大学共同建立研究生社会实践试点基地。开展“人才兴市”宣传月活动。

组织企事业单位赴西安、上海、北京等地招聘人才；举办春季、夏季人才交流大会、第二届大学生就业创业大型招聘会、6期人才集市，7次组织用人单位参加浙江省、杭州市人才招聘会。依托临安人才网，发布招聘单位1040家，提供岗位26920个，新增求职会员9200余人。建立网络短信平台，提供快捷的信息服务。全年引进高层次创新人才112人，本科人才1387人。

初步完成事业单位分类方案的拟订；完成乡镇（街道）社区卫生服务中心机构设置工作；完成新一轮政府机构改革准备工作；完成事业单位年检286家，完成367家事业单位初步分类。推进“阳光人事”建设，公开招考录用公务员83人、事业人员183人，首次邀请市民代表旁听公务员面试过程。组织公务员参加新干线学习2205人。完成公务员规范津补贴具体实施工作，涉及在职公务员2707人和离退休人员1457人。落实退休干部两项待遇；组织改制事业单位退休人员体检192人。办理人事代理1376人，代办养老保险收缴343人，毕业生就业协议鉴证1425人。

是年，市人事局获省人力资源社会保障宣传工作先进单位，杭州市大学生创业先进集体、人事宣传先进单位，临安市基层党建工作创新奖、宣传思想工作创新奖等荣誉。

【春季人才交流大会】　2010年3月6日，市人事局举办春季人才交流大会，临安奥星电子有限公司、浙江帝龙新材料股份有限公司等130余家单位进场设摊招聘，面向社会推出企业管理、外贸销售、化工机械等50余个专业的岗位近3000个。与以往相比，此次交流大会涉及行业多，一线岗位需求多，制造业企业所占比例高，用人单位对学历、工作经验的要求相对理性。有5000余人次进场洽谈交流，1200余人次现场与招聘单位初步达成意向。

【杭州钱江特聘专家岗位】 2010年，浙江小王子食品股份有限公司大豆蛋白休闲食品研发和提升、浙江汉力电缆有限公司电缆性能指标控制和工艺、浙江万马电子有限公司光分路器产品开发3个岗位被确定为杭州市钱江特聘专家岗位。受聘专家获杭州市特聘专家荣誉证书，与设岗单位在岗位有效期内签订聘任合同，在聘期内享受财政给予每人每年10万元的工作津贴，并享受设岗单位按不低于1:1比例予以配套的报酬及生活补助。

【机构编制实名制管理】 2010年，市人事局开展机构编制实名制管理工作，将机构编制管理、人员管理、财政预算和社会保障管理紧密结合，严格按照机构编制的有关法律法规和政策规定，把全市80余家机关和300余家事业单位纳入机构编制实名制管理，实行定编到人，基本实现单位的核定编制人员、人事管理人员、财政经费核拨人员、社会保障享受人员相一致。

【大学生就业“百千万”计划】 2010年，市人事局实施“百名学校毕业生储备计划”，鼓励和选拔紧缺专业岗位大学生到企业工作，经申报、审核，正式签约录用大学生74人。实施“千名大学生创业实训计划”，组织开展大学生GYB创业培训、大学生自主创业及成长培训及浙江农村大学生自主创业辅导。实施“万个岗位促就业计划”，举办春夏季人才交流大会、高校毕业生现场招聘会、网上招聘会，为大学生提供就业岗位1万余个。

【“天目春雨”人才计划】 2010年5月10日，市人事局启动“天目春雨”人才计划。全市“812”人才245人，分成工业、农林、教育、卫生、文化五个组别。工业组将“农村新能源与再生能源的开发与利用技术咨询推广”带进童家村、朱穴村等村庄，为200余户农家提供清洁能源；工业组人才9人结对创业大学生，担任创业导师；农林组人才30余人通过项目对接，指导茶叶、水果、香榧、山核桃、草莓、波尔山羊等产业发展；文化组人才带领民间表演队伍，赴德国参加欧洲民间艺术节，选送民间艺术节目《临安水龙》走进“世博会”杭州日活动；教育组高层次人才34人与后备优秀教师59人结对，开展包括教学展示比武、经验交流探讨等内容的结对活动；卫生组高层次人才既结对本单位后备优秀医务人员，还与基层卫生院所结对，协作开展临床研究项目，实现研究成果共享。

【赴西安参加综合型人才招聘大会】 2010年4月21日，依托杭州临安·西安科技人才合作洽谈会平台，市人事局组织万马电缆有限公司、鑫富药业有限公司、杭重工程机械有限公司等35家企业，以及临安市人民医院、市广播电台等5家事业单位，赴西安参加“迎五一”综合型人才招聘大会暨2010年陕西省首场兼职人才洽谈会，招聘急需的高层次紧缺人才。40家单位推出包括电缆、化工、医药、财会、国际贸易、企业管理、电子商务等专业岗位 581 个，其中要求硕士以上学历岗位 31 个、本科学历岗位 267 个。共接待求职者 485 人次，达成初步意向 112 人次，其中本科及以上 91 人。

【夏季人才交流大会】 2010 年 7 月 3 日，市人事局举办夏季人才交流大会暨大中专毕业生就业招聘会。鑫富药业、奥星电子、华特实业等 160 余家企事业单位进场设摊招聘，面向社会推出外贸、市场营销、机电机械、设计研发等专业岗位近 2200 个。18 家企业推出储备干部岗位 230 个，全部面向应届生，占所有岗位的 14%。

【杭州市大学生创业园临安分园开园】 2010 年 12 月 10 日，杭州市大学生创业园临安分园揭牌仪式在临安市科技孵化基地举行。该园提供 1200 平方米孵化单元和部分标准厂房，公用会议室、洽谈室、党建活动室、餐厅等配套设施一应俱全。至年底，已有暖洋洋科技有限公司、中环环境工程有限公司、尚意信息技术有限公司等 12 家大学生创业企业入驻，直接带动大学生就业 60 余人。创业大学生都是临安籍高校毕业生，平均年龄 26 岁左右。

【8 个大学生创业项目获资助】 2010 年 9 月 27 日，通过申请、材料审核、现场调研和专家评议等环节，临安非菲林摄影设计有限公司、临安市续源摄影服务部、临安市中环环境工程有限公司等 8 个大学生创业企业的项目通过资助评审。根据申请人创业项目的具体情况，项目无偿资助分 2 万元、5 万元、10 万元三个等级。市人事局全年拨付项目无偿资助资金 39 万元。

【清华大学博士研究生临安实践】 2010 年 7 月 8 日至 8 月 15 日，清华大学博士研究生社会实践团 9 人，在帝龙新材料、奥星电子等 5 家企业，开展为期 40 天的社会实践活动。清华学子到临安实践是浙江省人力资源和社会保障厅组织国内著名高校学生到浙江社会实践活动的一部分，此次共有 76 人，到临安人数为省内最多。

【第八期公务员初任培训班】 2010 年 11 月 29 日至 12 月 3 日，市委组织部、市人事局、市行政学校联合在市委党校举办临安市第八期公务员初任培训班。来自全市有关乡镇（街道）、机关部门的初任公务员 54 人参加培训，主要学习政治理论、依法行政、公务员法与公务员行为规范、廉政建设、公文写作与处理等课程。此外培训班还设置公务员上岗宣誓等环节。

各类专业技术人员统计表

表16 单位：人

类　　别	合　计	高　级	中　级	初　级
总 计	34292	1492	9229	23571
工程技术人员	8474	188	2095	6191
农业技术人员	717	65	183	469
科学技术人员	76	12	25	39

续表

单位：人

类　别	合　计	高　级	中　级	初　级
卫生技术人员	4323	191	977	3155
教育人员	10477	864	4418	5195
高　校	806	186	252	368
中专技校	142	22	78	42
中学	4772	633	2106	2033
小学	4471	23	1696	2752
经济人员	4170	81	743	3346
会计人员	4526	32	433	4061
统计人员	616	1	112	503
翻译人员	7			7
图书、档案、文博人员	415	30	106	279
新闻出版人员	138	4	14	120
律师公正人员	36	4	4	28
播音人员	21		12	9
工艺美术员	31	1	6	24
体育人员	13	1	3	9
艺术人员	21		13	8
其他人员（政工）	231	18	85	128

（汪露琳）

劳动和社会保障

【概况】 2010年，临安市城镇登记失业率3.25%，新增就业岗位7561个，失业人员实现再就业3206人，其中就业困难人员安置915人；农村劳动力转移就业5896人。全市高技能人才培训702人，再就业培训1212人，其中创业培训175人。当地务工农民培训4871人，外来务工人员培训4637人，指导农村富余劳动力转移培训4605人。举办各类招聘会15场次，提供空缺岗位3.33万个，进场交流企业786家次，进场交流各类劳动力3.39万人次，达成意向2870人，交流成功3928人。人力资源市场接待用人单位1118家次，发布各类招用工信息4983条次，提供空缺岗位3.98万个，交流成功6131人，其中临安市劳动力3045人。

全市企业养老保险新增参保1.11万人，基本医疗保险新增参保8080人，失业保险新增参保1778人，工伤保险新增参保9140人，女工生育保险新增参保5609人。城乡居民社会养老保险参保17.13万人。新型农村合作医疗参保39.95万人，参合率98.8%。参加失业保险单位4785家、总人数7.72万人，其中，行政事业300家、1.04万人，企业4485家、6.68万人。收缴失业保险基金3041.4万元，支出1010.51万元，当年收支结余2030.89万元，累计滚存结余8280.87万元。办理新增登记失业人员2234人次，失业保险金待遇从546元提高到630元，发放率100%。审核享受再就业优惠政策1487人次，累计发放就业专项资金739.6万元。被征地农民基本生活保障金发放标准由每人每月320元、265元、210元分别调整到360元、285元、220元。工伤职工医药费支付比例从80%调整到100%。

受理工伤申报案件2895件，其中认定工伤2845件。企业最低工资标准从780元提高到900元；非全日制工作最低小时工资从6.5元提高到7.3元。办理职工退休（退职）审批1041人，其中，正常退休895人、特殊工种提前退休97人、病退49人。办理特殊工时审批83家，办理视作缴费年限审批482人，办理未成年工备案578人。受理劳动能力伤残鉴定300人。技工学校招收新生411人，在校生854人，高职毕业生社会就业率98.2%。

是年，市劳动和社会保障局被评为省劳动保障监察工作先进单位、省新型农村合作医疗工作先进单位、省生育保险工作先进单位、杭州市就业和失业保险工作先进单位、杭州市社会保险工作优秀单位、杭州市职业技能鉴定先进集体、杭州市创业培训先进集体、杭州市劳动争议仲裁工作先进单位、临安市满意单位等荣誉称号。

【社会保险管理】 2010年，征收各项保险费10.76亿元，支付8.14亿元，结余2.62亿元，累计结余15.15亿元。全市参加企业职工基本养老保险单位4776家，比上年新增753家；征收养老保险费3.89亿元，支付养老保险费2.84亿元，结余1.05亿元，累计基金结余6.56亿元，支付能力达到27.68个月。参加机关事业养老保险总人数1.97万人，其中，在职1.39万人、离退休5753人；征收养老保险基金1.42亿元，支付离退休费用1.54亿元，赤字1149万元，累计结余532万元。工伤保险参保职工12.04万人，基金征收2416万元，支付工伤补偿金1238万元，结余1178万元，累计结余3490万元。女工生育保险参保7万人，征收350万元，支付130万元，结余220万元，累计结余892万元。基本医疗保险基金征收2.41亿元，基金支付1.99亿元，结余4168万元，累计结余2.27亿元。增加定点药店7家，其中在於潜镇、昌化镇各增设定点零售药店1家。增加临安市疾病预防控制中心预防医学门诊部为定点医院。

【“五费”合征】 2010年，调整企业社会保险费缴费基数和标准，企业职工养老、医疗、失业、工伤、生育五大保险缴费工资调整为最低1325元、最高6625元。对临安市境内除金融、电力、通信、石油石化、烟草、房地产行业的所有企业，实行减征一个月社会保险费单位缴纳部分，为企业减负1600万元。企业养老保险单位缴费比例从15%降到14%，为企业减负900万元。调整机关事业养老保险缴费政策，缴费比例从23%调到28%，双基数改为单基数缴费，提高个人缴费标准。推进社会保险网上申报工作，办理网上申报企业439家，通过网上办理社会保险业务21.71万笔。社保信息系统和地税征缴系统实现实时联网。完成杭州市医保“一卡通”信息开通工作。

【城乡居民社会养老保险全面实施】 2010年1月1日起，《关于建立城乡居民社会养老保险制度的实施意见》全面实施。城乡居民养老保险个人缴费标准分每年100元、300元、600元、900元、1200元、1500元6个档次，市财政按参保人员不同缴费档次给予补贴，选择100元缴费档次的，每人每年补贴50元，每提高一个缴费档次，增加10元。1月底，全市60周岁以上老年人每人每月70元的基础养老金全部发放到位。累计参保17.13万人，发放7.03万人，其中60周岁以下参保10.10万人，45周岁~59周岁参保率99.7%。全年发放养老金1.24亿元。办理一次性丧葬补助费253万元，发放1810人。新增办理到龄参保缴费待遇领取3862人，基金累计结余2.40亿元。

【调整基本医疗保险政策】 2010年，调整临安市基本医疗保障有关政策。建立企业在职职工普通门诊社会统筹，当年个人账户用完后，个人自负部分累计超过1000元后的医疗费用，统筹基金按60%比例报销，年度最高报销限额5000元。企业退休人员普通门诊医疗待遇起付标准从2000元降低至800元，报销比例从60%提高到65%，年度统筹支付最高额5000元；统筹基金最高支付限额从6万元提高到18万元，年度医疗费最高支付限额从20万元提高到30万元；救助标准从年度内个人自负部分超过1万元降低至5000元，救助最高限额从5万元提高到6万元。

【新型农村合作医疗】 2010年，临安市新型农村合作医疗人均筹资额220元，为上年农民人均纯收入的2%。人均筹资额组成：中央财政4元/人，浙江省财政24元/人，杭州市财政10元/人，临安市财政63元/人，乡镇财政39元/人，农民个人80元/人。全市有39.35万人参加合作医疗，参合率98.8%。全年有4.06万人次享受合作医疗住院及指定病种门诊补助7730.7万元，有140.15万人次享受普通门诊补助2218.6万元，有893人次享受困难家庭医疗救助313.3万元。

【企业退休人员养老金调整和社会化管理】 2010年，企业退休人员月人均养老金从1619.87元提高到1777.22元，月人均提高157.35元。调整节日慰问费标准，春节慰问费从每人100元提高到每人300元，端午节、中秋节慰问费从每人100元提高到每人150元。分批开展企业退休人员健康体检工作，对昌化、於潜等地的退休人员实行上门流动体检。成立376个退休人员自管小组，建立退休人员电子档案。组织500余名退休人员参加文体健身活动。

【创建充分就业城市】 2010年，市劳动和社会保障局开展创建充分就业街道、行政村工作。在全市范围内开展农村劳动力资源调查，建立困难人员就业情况台账和数据库，制订零就业家庭、“4050”人员等困难群体的就业援助计划和帮扶措施。全市农村劳动力总体就业率99.31%，转移就业率91.84%。充分就业社区创建100%达标，行政村劳动保障服务室建设实现全覆盖，创建充分就业行政村130个。

【创建创业型城市】 2010年，出台《临安市创建创业型城市工作实施方案》，成立创建创业型城市工作领导小组，建立组织领导、政策支持、创业培训、创业服务、工作考核五大体系。新增私营企业1013家，新增个体工商户3836家。全市创业活动指数1.57，创业带动就业指数2.72，通过杭州市创业型城市中期评估。

【职业技能培训与鉴定】 2010年，各类培训人数累计1.52万人，其中，高技能人才培养702人、失业人员再就业技能培训1212人、务工农民（含外省到临安务工人员）培训4871人、创业培训175人、农村富余劳动力转移技能培训4605人。杭州正驰达精密机械有限公司袁和军成为临安市首位享受杭州市政府特殊津贴的高技能人才。全市1.04万人通过职业技能培训国家职业技能资格等级鉴定，取得职业资格证书初级8187人、中级1505人、高技能人才鉴定702人，合格率100%。

【劳动监察】 2010年，受理各类投诉举报案件282件，其中，杭州市长公开电话交办件32件、临安市长公开电话交办件52件、信访件18件、省市移送件4件，涉及职工465人，追回工资77.65万元，清退押金3000元。日常巡视各类用人单位549家，涉及劳动者5.47万人，依法立案查处各类案件16件，其中，违法收取财物6件、违反未成年工特殊保护规定8件、违法使用童工2件，罚款2.85万元。开展农民工工资支付情况等专项检查活动6次。对4878家用人单位进行书面审查，521家用人单位定为A级，1903家用人单位定为B级，5家用人单位定为C级，验讫2442家，失信4家，注销3家。全年发放各类宣传资料1.3万册。劳动保障监察大队列入参照公务员管理单位，4名工作人员参加并通过杭州市参照公务员考试。

【劳动仲裁】 2010年，受理劳动仲裁并立案230件，结案230件，结案率100%，其中，调解145件、裁决48件，调解率70%。涉及职工576人，涉及经济标的1425.5万元，为劳动者挽回损失1125.5万元，为用人单位减少损失98.25万元。举办劳动争议调解员培训班，对全市260余名调解员进行辅导考核，颁发调解员资格证书。

（俞　颖）

□ 小资料

部分“简略语”注释

简略语	注　　释
一城两基地	临安经济开发区提出的青山湖科创新城和先进装备制造业基地、省科研机构创新基地
“天目彩虹”引智工程	是2007年由临安市委组织部牵头的一项人才引进工程
三　农	农业、农民、农村
四　害	鼠、蟑、蝇、蚊
三　无	无劳动能力、无生活来源、无法定赡养人抚养人的城镇居民
三　属	烈属遗属、因公牺牲军人遗属、病故军人遗属
森博会	第七届中国（临安）森林生态博览会
创国卫	创建国家卫生城市
三同时	建设项目需要配套建设的环境保护设施，必须与主体工程同时设计、同时施工、同时投入使用
五保户	农村中无劳动能力、无依无靠、无生活来源的老年人、残疾人和未成年人
三贴近	贴近实际、贴近群众、贴近生活
五通一平	通水、通电、通路、通气、通讯、平整土地
依普工作	依法治市、普法教育工作
三来件	来信、来电、来访
“16100”大集团	指16家大企业、大集团和50家最具成长性企业、50家成长性企业
“五费”合征	“五费”指养老保险、医疗保险、失业保险、工伤保险、生育保险
“88”生态工程	指於潜镇、昌化镇、太湖源镇、高虹镇、岛石镇、河桥镇、清凉峰镇、大峡谷镇8个集镇污水处理设施和垃圾处理设施
一符四无	要求各粮库能做到账、卡、物相符，账卡登记及时、完整，仓库机械保养和保粮制度执行情况良好，无事故、无害虫、无发热霉变、无鼠害
三台合一	110、119、122合一
三员合一	指人民调解、治保、信访
“十小”行业	食品加工小作坊、小食杂店、小餐饮店、小药店、小农资店、小菜场、小音像店（包括网吧）、小美容美发店、小客运、小液化气供应点
“812”人才培养工程	是临安加快培养高层次人才、扎实推进人才兴市战略的重要举措，临安市计划用5年时间，培养80名45岁左右的学术技术带头人，100名40岁以下的后备学术技术带头人，200名40岁左右的专业技术骨干
一线两真三服务	“一线”：全面推行“一线工作法”，做到力量往一线倾斜、问题在一线解决、干部在一线锻炼、作风在一线转变；“两真”：要求每一位机关干部既要有干事创业的“真本领”，又要有服务群众的“真感情”；“三服务”：要求每一位机关干部增强本领，潜心一线，服务企业，服务基层，服务群众

（唐剑平）

中共临安市委员会

重要会议

【市委十二届十一次全体（扩大）会议】 2010年1月12日，市委召开十二届十一次全体（扩大）会议。会议深入贯彻中央、省委和杭州市委决策部署，总结2009年工作，部署2010年任务，审议《关于建设“绿色家园、富丽山村”的实施意见》。市委书记邵毅代表市委常委会向全会作题为《高举生态科技大旗，加快转型升级步伐，实现杭州西郊现代化生态市建设新跨越》报告。市委副书记、市长王宏主持会议，市委副书记卞吉安、钟文静，市委常委李磊、张金良、章燕、柴世民、何凌超、徐俊明，市委委员、候补委员出席会议。会议指出，2010年工作的总体要求是：以中国特色社会主义理论体系为指导，以科学发展观为统领，全面贯彻落实党的十七届四中全会、中央经济工作会议、省委十二届六次全会和杭州市委十届七次全会精神，高举生态科技“两面大旗”，以加快转型升级为主线，以建设青山湖科技城为引擎，以发展低碳经济、建设低碳城市为方向，以改善民生为根本，以提升党建科学化水平为保障，真抓实干，奋力突破，实现杭州西郊现代化生态市建设新跨越。会议强调，2010年是“十一五”规划的收官之年，要突出科技引领，奋力实现生态经济转型大推进；要突出绿色低碳，奋力实现生态环境面貌大改善；要突出创新创业，奋力实现生态文化传承大发展；要突出民生为本，奋力实现生态社会建设大提升；要突出党建科学化，为实现新跨越提供坚强保障。

【市委十二届十三次全体（扩大）会议】 2010年7月23日，市委召开十二届十三次全体（扩大）会议。会议深入贯彻党的十七大、十七届四中全会和省委十二届七次全会精神，总结上半年工作，分析形势，进一步明确下半年工作任务。市委书记邵毅代表市委常委会向全会作题为《干字当头，乘势而上，加快实现杭州西郊现代化生态市建设新跨越》报告。市委副书记、市长王宏作会议小结，市委副书记钟文静，市委常委张金良、章燕、柴世民、何凌超、徐俊明，市委委员、候补委员出席会议。市人大常委会主任吴苗强、市政协主席陈法生列席会议。会议指出，2010年是实现杭州西郊现代化生态市建设新跨越的关键之年，是“十一五”和“十二五”交替之年，做好下半年的工作意义重大。要进一步把行动落实到市委、市政府的决策部署上，把力量凝聚到转型升级科学发展上，确保全年目标任务和“十一五”规划圆满完成。会议强调，要以规划实施为统领，全力推进青山湖科技城建设；要以产业提升为重点，加快经济转型升级；要以省级生态文明试点市建设为契机，推进生态文明建设；要以有机更新为突破，打造生态型宜居宜业城市；要以“绿色家园、富丽山村”为载体，做强新农村建设品牌；要以建立“服务百姓档案”为基础，提高惠民利民成效；要以“创先争优”活动为抓手，提升党建科学化水平。

【市委十二届十四次全体（扩大）会议】 2010年12月31日，市委召开十二届十四次全体（扩大）会议。会议回顾总结2010年和“十一五”工作，审议通过《中共临安市委关于制定临安市国民经济和社会发展第十二个五年规划的建议》，研究部署“十二五”和2011年全市经济社会发展目标任务。市委书记邵毅代表市委常委会向全会作报告。市委副书记、市长王宏就《中共临安市委关于制定临安市国民经济和社会发展第十二个五年规划的建议》（审议稿）向全会作说明。市委副书记卞吉安、钟文静，市委常委李磊、张金良、章燕、柴世民、何凌超、徐俊明，市委委员、候补委员出席会议。市人大常委会主任吴苗强、市政协主席陈法生列席会议。会议指出，2010年，全市依托生态优势、依靠科技创新，扎实推进各项工作，取得新的发展成效。“十一五”期间，全市综合实力显著提高，经济结构优化升级，发展后劲明显增强，人民生活持续改善，生态环境不断优化。会议要求，要以科学发展为主题，以加快转变经济发展方式为主线，以富民强市、社会和谐为主旨，深入实施生态立市、科技兴市、工业强市、开放活市、富民安市“五大战略”，着力调整经济结构，着力强化科技创新，着力统筹城乡区域发展，着力建设生态文明，着力深化改革开放，着力保障改善民生，促进经济平稳较快发展和社会和谐稳定，为基本实现现代化打下坚实基础。通过五年努力，实现杭州西郊现代化生态市建设大跨越，率先全面建成惠及全市人民的小康社会。会议强调，要以构建现代产业体系为目标，加速经济转型升级；要以建设青山湖科技城为引擎，加快构建区域创新体系；要以新型城镇化为主导，强势推进城乡区域统筹发展；要以省级生态文明试点市建设为抓手，提升生态文明水平；以“五大体系”建设为重点，提高人民群众幸福感满意度，确保“十二五”发展良好开局。

【市委常委扩大会议】 2010年8月17日，市委召开十二届市委常委第73次（扩大）会议，传达学习杭州市委工作会议精神，进一步明确全市加强城乡区域统筹发展的方向、重点和举措。会议指出，要以加快全面融合为主线，借势借力加快发展，突出抓好项目、规划对接和加强联系。要做到理念融入，增强同城意识和杭州西郊概念，体现双向互动、互利共赢。要加强交通融入，加快与大杭州交通的对接和融入，进一步完善市域交通。要加快产业融入，壮大先进装备制造业实力，着力打造杭州科技创新源头区。会议强调，要以规划为龙头，加快建设现代化中等城市。要以城市有机更新为突破口，提升城市品位。要以产业提升为重点，加快转型升级步伐。要以“绿色家园、富丽山村”建设为载体，协同推进区域发展。要以省级生态文明试点市建设为契机，巩固发挥生态优势。要以农村土地综合整治为抓手，拓展统筹发展空间。

【全市工业经济暨转型升级动员大会】 2010年3月18日，市委召开全市工业经济暨转型升级动员大会。会议回顾总结2009年全市工业经济取得的成绩，表彰工业经济发展各项先进，全面部署2010年工业经济目标任务和具体举措。万马集团代表21家大企业大集团发起加快临安工业转型升级的倡议。市发改局和横畈镇作表态发言。会议指出，全市处于工业化中期向中后期迈进的关键阶段，工业加速发展，转型升级步伐将明显加快，工业化与城市化依存的关系将更加明显。会议强调，要打造大产业，加快块状经济改造提升，加快新兴产业培育发展；要建设大平台，突出抓好青山湖科技城、临安高新园、横畈工业功能区等重点平台建设；要实施大项目，狠抓大项目招引和大项目推进，充分发挥大项目的单位产出和带动能力；要培育大企业，把培育大企业大集团摆在更加突出的位置来抓，强化科技创新，狠抓品牌建设，加快企业上市，支持兼并重组；要优化要素配置，强化政策引导，深化企业服务，加大督查力度，进一步创优环境、强化合力，为加快工业转型升级提供坚强保障。

【全市农村工作会议】 （参见“农业·水利·气象”栏目“农业”分目）

【全市现代服务业工作会议】 2010年5月14日，市委召开全市现代服务业工作会议。会议表彰2009年度服务业工作先进集体和先进个人。太湖源国际动漫基地、昌化镇、科技城建设指挥部、市旅游局负责人在会上作交流发言，会议下发文化创意产业、社区服务业、中介服务业三大产业扶持政策。会议指出，全市服务业发展有着良好的商业基础、资源优势、民间资本和政策保障，2009年全市服务业增加值达78.59亿元，增幅17.4%，连续两年超过GDP增幅，在杭州七县（市、区）中位列第二名，服务业在GDP中的占比为33.2%。会议强调，2010年服务业能级提升要在区块带动上下工夫，服务业行业发展要在分类指导上下工夫，服务业发展保障要在组织领导、要素保障、支持配合、督查考核“四个到位”上下工夫，使现代服务业发展实现跨越式发展。

【全市招商引资大会】 2010年3月26日，召开全市招商引资工作大会。会议表彰2009年度招商引资优秀单位和优秀招商员。市委副书记、市长王宏代表市政府与招商引资责任单位签订工作责任状。市招商局、於潜镇、鑫富药业和优秀招商员代表分别作经验交流和表态发言。会议要求，做好2010年的招商引资工作，要坚持“生态、科技、税源”三个标准不动摇，坚持主攻“大好高”项目不动摇，做到围绕青山湖科技城、产业转型升级、城乡统筹发展和重点平台抓好招商引资。会议强调，要着重做优环境，完善基础配套，提高做地水平，做优政策和服务环境；要强化招商手段，综合运用产业招商、地块招商、企业招商、驻点招商、活动招商等多种方法，提高招商实效；要调活机制，坚定不移地坚持和完善近年来实践中形成的好做法、好机制；要建强招商队伍，努力实现招商员从专职向专业转变，加快推进招商引资向选商择资转变，实现高端化、宽领域“两大突破”。

【深入学习实践科学发展观活动总结大会】 2010年4月2日，全市召开深入学习实践科学发展观活动总结大会。会议贯彻落实省委、杭州市委学习实践活动总结大会精神，全面回顾总结全市学习实践活动的成功经验，研究部署巩固扩大学习实践活动成果各项工作。会议指出，要认真总结学习实践活动的成功经验，进一步把“坚持理论武装、坚持服务大局、坚持群众路线、坚持务实创新、坚持领导带头”落到实处，不断深化学习和实践，把贯彻落实科学发展观引向深入。会议强调，要分类梳理、突出重点、强化指导，抓好整改落实，巩固学习实践成果。要建立健全深入学习实践的机制、推动转型升级的机制、保障和改善民生的机制、党建工作机制，深化扩大学习实践成果。要抓好督查，实施专项工作考核，强化考核结果运用，构建大督查格局，保障科学发展各项举措的落实，努力开创临安科学发展新局面。

重大活动

【赵洪祝到省科创基地调研】 （参见“专辑”栏目）

【省委巡视组到临安开展巡视工作】 2010年1月18日至2月5日，根据省委巡视工作统一部署，以曾浩明为组长的省委第一巡视组在临安开展巡视。主要对市委、市人大、市政府、市政协党组领导班子及其成员，尤其是党政主要负责人贯彻执行党的路线方针政策特别是贯彻落实科学发展观情况、执行民主集中制情况、执行党风廉政建设责任制和自身廉政勤政情况、开展作风建设情况、选拔任用干部情况及省委要求了解的事项和干部群众反映较多的热点难点问题六个方面情况进行监督检查。巡视期间，通过听取汇报、个别谈话、开座谈会、列席会议、查阅文件、实地调研、民主测评、处理群众来信来访等多种方式，深入了解情况，广泛听取意见。4月29日，全市召开省委巡视组巡视情况通报会。省委第一巡视组组长曾浩明通报在临安巡视工作情况，杭州市委常委、组织部部长于跃敏出席会议并讲话，市委书记邵毅作表态发言。巡视组从推动经济社会平稳较快发展、加强领导班子自身建设、落实党风廉政建设责任制、探索选人用人机制等方面，对临安市工作给予充分肯定和高度评价。同时，巡视组也指出临安市在领导班子自身建设、党风廉政建设、作风建设、干部选任和队伍建设、贯彻落实科学发展观和干部群众关心的热点问题等16个方面存在的问题。巡视组要求，临安市委和市级领导班子要按照《中国共产党巡视工作条例》有关规定，对巡视组提出的意见和建议进行认真研究，制定整改措施，落实整改任务，确保整改实效。

【第七届中国（临安）森林生态博览会】 2010年10月27日至11月1日，全市举办第七届中国（临安）森林生态博览会。这届“森博会”以“森林、生态，让生活更美好”为主题，分综合会议和活动、专项会议和活动、文化宣传、项目推动四大板块，内容涉及高峰论坛、绿色照明节、美食节、旅游、综艺晚会、民间寻宝、汽车展、烟花大会等15项活动。

【中国碳汇林业与低碳经济发展高峰论坛】（参见“林业”栏目）

【杭州·国际茶席展暨国际茶文化空间（茶席）论坛】 2010年10月23~24日，在浙江农林大学举办2010杭州·国际茶席展暨国际茶文化空间（茶席）论坛，中国国际茶文化研究会会长、省政协主席周国富，中国国际茶文化研究会名誉会长刘枫，中国国际茶文化研究会常务副会长徐鸿道，省农业厅副厅长朱志泉，杭州市茶文化研究会会长虞荣仁，中国农业科学院茶叶研究所、中国茶叶学会、中国国际茶文化研究会、中国茶叶博览馆、浙江省茶叶学会、浙江省茶文化研究会、杭州市茶文化研究会、杭州中国茶都品牌促进会等茶机构负责人和来自意大利、日本、韩国、新加坡、印度尼西亚等国家和中国澳门地区代表队出席论坛。市领导邵毅、王宏、吴苗强、陈法生、钟文静、楼国富、朱霞生、李文钢、陈伟民、翁东潮、张亚联出席开幕式。论坛期间，还举办临安首届“无我茶会”、学术研讨等活动。

市委办公室（政研室、台办）

【概况】 2010年，市委办公室完成市委全委会等各类重要报告及领导日常会议讲话、汇报材料200余篇，累计编发《市委办通报》26期、《市委常委会会议纪要》15期；围绕《临安“十二五”发展战略研究》、《临安“十二五”推进生态文明建设的思考》等课题，完成调研报告5篇。完成上级交办督查任务10件（次）、市级领导批示件309件，全年编发督查通报、专报34期。坚持一般信息工作日每日报送制，累计报送信息500余条；编发《今日要情》249期、《要情专报》6期、《转报信息》76期和专报16篇，编发《思考与交流》11期。坚持每月召开市四套班子办公室主任联席会议，研究协调每月全市主要工作安排；全年组织各类会议、活动310次，在《浙江日报》、《杭州日报》发表各类新闻报道200余篇，临安市委报道组被评为浙江日报报业集团先进报道组。

【建立“综合+专项”考评新机制】 2010年，在基本保留乡镇（街道）年度工作综合考评和机关部门满意不满意单位综合考评基础上，把青山湖科技城建设、工业平台建设、重大工业项目建设、招商引资和外贸、发展现代服务业、“绿色家园、富丽山村”建设、政府性投资项目建设、土地开发利用、征迁工作、维稳工作、国卫复检工作、“世博会”安保工作、执行力工程、锦南新城建设、城乡交通建设、综合体建设等全市中心工作、重点任务和重大项目作为专项内容，纳入乡镇（街道）和机关部门考核体系，单独设置、动态督查、专门考核。

【成立市委、市政府督查考评办公室】 2010年，整合市满意办、市对接办、市委办督查科、市直机关工委考评科等机构职能，成立市委、市政府督查考评办公室，单位级别正科级。挂靠市委办公室，设置综合科、督查科、考评科3个科室，核编8人，有工作人员8人。负责对乡镇（街道）、部门综合考评工作进行日常监督、管理和指导，对乡镇（街道）、部门贯彻落实市委、市政府重大工作、重大决策及重大工程项目推进情况进行监督检查，协调、管理各部门各项工作的检查、评比、考核等事项，并承接上级对临安市的各项考核工作。

（徐　杰）

纪检工作

【概况】 2010年，制订《2010年推进反腐倡廉建设、打造“廉洁临安”工作的组织领导和责任分工》和《临安市党风廉政建设责任制考核标准》，把全年94项工作任务分解到市委、市政府领导班子成员和各牵头部门、配合单位，切实加强责任分工检查和考核。制订出台《关于对市委市政府重大决策部署执行不力实行问责的办法（试行）》，加大对市委、市政府重大决策执行不力行为问责力度。推进纪检监察派驻（出）机构统一管理工作，向市财政局、市建设局、市交通局、市教育局、市林业局、市卫生局、市水利水电局、临安经济开发区管委会、市国资公司派驻纪检监察组织负责人。

全年受理群众信访举报202件次，比上年下降18.2%；立案87件，下降10.6%；处分党员干部76人，其中涉及乡科级干部5人。推进公开审理工作，实行当月立案案件当月上报制度。开展处分决定执行和案件质量检查，对2009年度市级机关部门受处分人员和47名农村受撤职以上重处分人员进行处分决定执行情况检查，对2009年度市纪委自办案件和基层办理案件质量进行全面检查。加强信访举报处理工作，通过领导包案，实行一案一卷，强化协调和调处。市纪委信访室被评为杭州市纪检监察系统先进集体。

【干部教育监管】 2010年，开展“学准则、强党性”学习月活动，邀请省纪委有关专家作专题辅导报告，组织全市机关党员干部5000余人进行《廉政准则》知识测试，党员领导干部带头制订岗位承诺，市管党政正职签订廉洁从政承诺书。组建党风廉政宣讲团，开展党风廉政宣讲38场（次）。全面推进公职人员岗位廉政教育，制订廉政行为规范岗位数2500个，查找风险点6072个，编写情景案例2846个。举办“天目清风”廉政文化原创作品比赛，开展正反典型教育，组织“勤政廉政好公仆”先进事迹报告会，组织有关单位中层干部旁听案件庭审，接受警示教育。出台《关于严禁机关事业单位工作人员参与高利借贷等非法金融活动的通知》、《领导干部经济责任告知办法》。通过发信访通知书、信访谈话等形式，信访监督市管干部12人。

【“深化作风建设年”活动】 2010年，开展以“一线两真三服务”为总载体的“深化作风建设年”活动，推进“服务企业促转型、服务基层解难题、服务群众惠民生”和“三评三比优环境”（企业评机关，比服务；办事人员评窗口，比效能；服务对象评中层，比作风）等“3+1”专项行动。全面推行一线工作法，全市各部门帮助企业和基层解决实际问题4935件，为群众代理服务事项1.20万件。下发《关于党政机关工作人员在公务活动中不得接受村级组织招待的通知》，全市村级招待费用下降15%左右。出台《临安市效能问责办法》，加强对效能建设“四条禁令”（严禁擅离岗位，擅离职守；严禁网上聊天、炒股，玩电脑游戏；严禁中餐饮酒；严禁在办事、办证中接受当事人宴请和礼品、礼金）情况的明察暗访，全市机关工作人员52人受到效能处理或批评教育。在全市84个单位开展“公述民评”活动，将市工商分局“公述民评”活动在网上直播。组织开展“一把手谈三服务”活动，18家重点单位和5家群众关注度高的中层窗口负责人在电视报纸等媒体上承诺为民办事。

【基层党风廉政建设】 2010年，开展“评星晋级”活动，全面推行村级财务收支逐笔公开，创建五星级行政村12个、四星级行政村26个。加强村务公开硬件建设，对全市50个行政村村务公开栏建设实施财政补贴。贯彻落实《临安市小额公共资源交易管理实施细则（试行）》，加强对村级工程发包、资产处置监管，对项目招标实施过程实行逐项公开。全年农村实行集体工程招投标196个，为村集体节约工程投资561万元；处置集体资产43宗，增加收入525万元。

【行政执法监察】 2010年，开展工程建设领域突出问题专项治理工作和中央扩大内需促进经济增长政策落实情况监督检查，对500万元以上政府性投资项目开展专项检查。在全市459家单位开展“小金库”治理工作，涉及违规资金733万元。继续深化行政审批制度改革，取消非行政许可事项7项，转内部管理25项，保留557项。规范部门机构设置，完成第一批部门职能整合，涉及市林业局、市安监局、市质监局、市气象局、市人防办。规范公共资源交易统一平台，进一步规范政府采购操作流程，全面实施国库集中支付制度。加强招投标工作，对外地到临安投标企业实行指纹确认，建立投标单位廉政准入制度。构建权力阳光运行机制，投资445万元，完成网上服务中心建设。开展涉农涉企收费专项检查，查处乱收费案件7件，没收违法所得111万余元。 （董志明）

组织工作

【概况】 2010年，全市有基层党组织2016个，其中，党委113个、党总支178个、党支部1671个；另有部门党委18个、各类党组30个、市委派出工委6个。党员3.70万人，其中，女性7510人、少数民族256人；45岁及以下1.54万人、大专及以上9008人。全年发展党员898人，其中女性278人。

全面推行“服务百姓档案”工作，初步建立集百姓家庭基本信息、需求信息、党员干部为民办事信息于一体的综合信息平台，开展“为民服务月”活动。巩固学习实践科学发展观活动成果，全面启动“天目先锋”创先争优活动，创建“四型组织”（学习型、创新型、服务型、廉政型）党建示范点和发展强、党建强“双品牌”示范点。推进干部管理制度化建设，创新方式选拔干部，采取“五步差额法”创新选拔乡镇（街道）人武部长7人，差额选拔市管副职领导干部25人，开展中层干部竞岗交流和面向大学生“村官”公选乡镇（街道）团（工）委书记。组织召开“天目彩虹”引智工程推进会，对全年重点实施项目和双方长效合作途径进行商榷探讨，加大对重点项目指导推进力度。会同市人事局启动实施“天目春雨”人才计划。探索推进基层党组织“公推直选”，开展村党组织书记跨村任职试点；召开全市村级组织换届准备工作座谈会，全面动员部署前期准备工作。依托基层党员服务中心，组建回乡高校毕业生党支部26个。制订下发《中共临安市委关于加强新社会组织党建工作的意见》。举办首次新闻通报会，举行改版升级后的“临安党建网”开通仪式。开展组织部部长“网上恳谈”活动，全面实施组织工作“三联系”制度。

【“服务百姓档案”工作】 2010年6月，市推行“服务百姓档案”工作领导小组围绕创建服务型党组织目标，在全市推行“服务百姓档案”工作。组建乡镇、村两级干部和大学生“村官”等3500余人的调查员队伍，完成15万余农户的基础信息登记工作。初步建立起集百姓家庭基本信息、需求信息、党员干部为民办事信息于一体的综合信息平台。分批培训市、乡镇、村三级管理员429人，培训信息平台操作技能。征集群众个性需求1.4万余条，召开民情分析研判会2366次，组建各类服务团队290个，解决问题及办实事1.50万件。“服务百姓档案”工作获杭州市组织工作综合创新奖。

【“天目先锋”创先争优活动】 2010年，市委“创先争优”活动领导小组全面启动以“学习实践科学发展观、建设服务型基层党组织”为主题，以“创建先进基层党组织、争当优秀共产党员”为主要内容的“天目先锋”创先争优活动。按照许承诺、亮承诺、践承诺、评承诺“四步法”，引导党员立足岗位结合实际，践行承诺做出表率。以城乡基层党组织“共建互帮”活动为总载体，进一步完善机关事业单位党支部结对帮扶困难党员、市管领导干部结对帮扶困难党员（职工）和市领导结对联系“三老”人员制度。

【干部管理制度化建设】 2010年，市委组织部制订实施《进一步加强干部培训教育学风建设的意见》，研究制订《新提任市管正职领导干部向全委会述职实施办法（试行）》、《乡镇（街道）、市直机关干部选拔任用工作“一报告两评议”实施办法（试行）》、《退出领导岗位干部参与全市中心工作实施办法（试行）》。9名新任市管正职干部向市委全委会述职。首次在乡镇（街道）和市直机关开展干部选拔任用工作实行“一报告两评议”，36个单位、1193人参与测评和评议。围绕建设学习型政党要求，制订出台《创建学习型领导班子评比办法》，对乡镇（街道）和市直机关领导班子进行学习型领导班子评选表彰。

【差额选拔市管副职领导干部】 2010年9月24日至10月19日，市委组织部根据杭州市委组织部《关于杭州市深化干部人事制度改革重点项目试点安排》通知要求，组织开展差额选拔市管副职领导干部工作。推出市管副职领导职位（不确定具体岗位）25个，其中，市直机关职位13个、乡镇（街道）职位12个（有3个职位面向行政村和社区主要负责人进行选拔），选拔采取全程差额方式进行。

【中层干部竞岗公选】 2010年，市委组织部根据市直机关和乡镇（街道）岗位缺位情况，推出7个市直机关中层正职岗位、5个乡镇（街道）中层正职岗位、6个市直机关中层副职岗位实施竞岗交流。根据乡镇（街道）团（工）委书记岗位缺位情况，推出5个乡镇（街道）团（工）委书记岗位，面向大学生“村官”公开选拔。该项竞岗公选工作由市委组织部、市人事局牵头组织实施，市纪委全程参与监督，分宣传发动、公开报名、资格审查、统一考试、组织考察、决定任用6个步骤。

【基层党组织“公推直选”】 2010年2~6月，全市10个社区党组织换届全部采用“公推直选”模式，换届选举分调研准备、试点探索、全面推开3个阶段。9月，市委组织部制订下发《关于在全市机关事业单位基层党组织中推行“公推直选”的实施意见》，要求全市机关事业单位基层党组织任期届满后，全部采用“公推直选”方式实施换届选举。

【村党组织书记跨村任职试点】 2010年，市委组织部结合后进村帮扶整转工作，选择於潜镇凌口桥村、藻溪镇严家村开展公选村党组织书记跨村任职试点。通过推荐报名、资格审查、民主测评、组织面试、组织考察等环节，产生跨村任职人选两人，并安排到岗到位履行职责。

【组织部部长“网上恳谈”活动】 2010年8月18日，市委组织部开展组织部部长与网民恳谈活动，市委常委、组织部部长何凌超走进临安新闻网视频直播室，围绕“创先争优，增强透明度，提高组织工作满意度”主题，就网友关心关注的干部选拔任用、中层干部交流、大学生“村官”培养规划、党员组织关系转接等方面问题，与网友进行一个多小时的交流探讨。

【组织工作新闻通报会】 2010年5月28日，市委组织部举行首次新闻通报会，来自中央、省级、杭州市级和临安市级17家新闻媒体记者，及部分市直机关和乡镇（街道）负责人，市党代表、市人大代表、市政协委员和市委组织部部风监督员90余人参加通报会。新闻通报会以打造“阳光组工、开放组工”为主题，重点介绍干部人事制度改革和近期重点特色工作，现场回答记者提问。通报会上还举行改版升级后的“临安党建网”开通仪式。

【组织工作“三联系”制度】 2010年，市委组织部建立组织工作“三联系”制度，即部领导和科室联系单位、组工干部基层联系点、组织工作联系卡制度，实施部领导和科室联系乡镇部门领导班子制度。制作发放部机关各科室和工作人员工作联系卡，每名组工干部定向联系一个基层单位。

（戴成龙）

宣传工作

【概况】 2010年，开展“学习型机关、学习型党组织、学习型社会”建设，邀请领导、专家到临安作专题报告9场（次）。建立生态文明宣讲团，举办各类宣讲500余场，听众5万余人次。出台《临安市党委（党组）中心组学习考核办法（试行）》和《临安市党委（党组）中心组学习评分细则》。开展领导干部学国学活动，向党员干部推荐各种书籍850册。完成调研课题《生态文化在“绿色家园、富丽山村”建设中的弘扬与融入策略》、《生态文明建设与经济发展、品质生活的多赢之路——临安生态文明建设专题调研报告》，其中《生态文化在“绿色家园、富丽山村”建设中的弘扬与融入策略》获杭州市调研课题二等奖。“绿色头脑风暴掀动临安”活动获杭州市宣传思想工作创新奖。

开展“临安市首批学习型党组织建设示范点”评选活动，市检察院、板桥乡上田村被评为杭州市学习型党组织建设示范点。编印《临安宣传》6期。

组织开展“回顾十一五、展望十二五”、推进青山湖科技城建设、创建“绿色家园、富丽山村”、迎接国家卫生城市复检、平安临安创建等重大主题报道40余个。策划“转型升级看临安”、“服务百姓档案”、金子山乡对口援建、“文明乡风进万家，富丽山村文明行”等主题宣传活动。建立新闻单位绩效考核机制，开展“名栏目名记者”培育工程。

策划海外华人媒体聚焦临安、国际民间艺术家深山渔村欢乐行、中央和省级驻杭州媒体聚焦小乡镇等大型采访活动。新华社在《浙江领导参考》、《高管信息》、《新华每日电讯》等报道临安生态保护与经济发展。中央电视台二套在黄金时段，每天三次，连续一个月播放《2010转变——临安生态保护与经济发展共赢之路》宣传片。国家发展报道杂志社推出《国家发展报道临安特刊——一座现代化的森林城市》。

围绕“迎世博、讲文明、树新风”主题，推出书香传递、新风传递、美德传递三大载体，开展市民道德传递系列活动15个，参与群众3万余人次；开展城区墙体美化比赛活动，市委宣传部获杭州市“讲文明、树新风”墙景美化大赛组织奖，两件作品分别获杭州市二等奖、三等奖。开展文明示范户、文明示范村民、十佳好青年、十佳好媳妇、十佳好婆婆等评选活动。开展“春泥计划”，完成试点任务村101个。举办第二届“十大阳光少年”评选活动。建立健全长效保洁机制，落实三级考核制度，指导部分乡镇（街道）探索建立环卫所，组织保洁员1100余人参加素质和业务培训。组织实施“鲜花工程”试点和“庭院美化”工程。

完成综合文体站建设乡镇10个，创建省级文化示范村1个，创建杭州市级文化示范镇2个、示范村10个、示范户20个。创建省级体育强乡镇7个、杭州市级“东海文化明珠”2个。市图书馆通过国家“一级图书馆”复评。组织“吴越风”元宵灯会、全民运动会、排舞大赛、越剧戏迷擂台赛等文体活动100余场；开展文化下乡，累计为农村演出603场、送图书2万余册、放映数字电影3300余场。开展第七届政府文艺奖申报评选工作，评出获奖作品136件。培育《临安水龙》、根雕、鸡血石雕等民间艺术精品20余个，获国家级奖6项、省级奖48项。太阳镇龙凤艺术表演团应邀赴德国参加第27届欧洲民间艺术节，《钱王传说》列入第三批国家级非物质文化遗产名录，金沙湾拓展基地入选杭州品质生活体验点。启动太湖源动漫文化创意产业园建设，举办文化创意设计大赛。完成昌化国石城建设，打造昌化鸡血石文化街，举办国石拍卖、赏石文化节等系列活动。争取杭州市文化创意专项资金扶持项目6个，争取资金165万元。组队参加中国义乌文化产品交易博览会、福州海峡版权（创意）产业精品博览交易会和第十一届巴林石节。

是年，市委宣传部获杭州市宣传思想工作创新奖、杭州市哲学社会科学普及活动优秀组织奖、杭州市宣传信息工作先进集体、杭州市社会舆情信息工作先进单位、临安市合力兴工优秀单位、第七届中国（临安）森林生态博览会优秀组织奖、临安市第二次经济普查先进集体。生态文明宣讲团被评为省优秀宣讲团，“文明乡风进万家”主题创建活动被评为杭州市各区县市精神文明建设十件大事之一。

【央视《寻宝》栏目组走进临安】 2010年，中央电视台二套《寻宝》栏目组走进临安，通过海选、复选，金运昌、贾文忠等4位专家从500余件陶瓷、书画、玉器、青铜、杂项等藏品中，评选出“越窑青釉瓜棱四系罐”等10件藏品为临安市“十大优秀民间藏品”，鸡血石雕件《百子闹春》被评为临安民间国宝。

【“绿色头脑风暴掀动临安”活动】 2010年，以“发展低碳经济、建设生态文明”为主题，开展“绿色头脑风暴掀动临安”活动，包括“设栏目、搞活动、建基地、创绿色、开讲座、办论坛、种文化”八大系列。在市广播电视台、临安新闻网、《今日临安》同步开设“走低碳道路、建生态家园”专题专栏，以“低碳、环保、生态”为主题，推出专题12个、新闻1500余篇。举办天目大讲坛、机关讲坛、市民大讲坛、绿色讲坛等生态讲座89场。建立民间艺术表演队伍850支，发动农民开展“种绿色文化”活动。

【“临安告诉你”系列外宣活动】 2010年，策划以“临安告诉你”为主题的大型外宣系列活动，组织来自全国42家主流媒体记者120余人聚焦临安。中央电视台、《人民日报》、新华网等中央级媒体记者直接参与采访。仅“森博会”活动，广播新闻稿被上级台采用18条次，其中中央人民广播电台用稿3条；电视新闻被上级台采用14条次，其中中央电视台在《新闻联播》、《朝闻天下》、《中国新闻报道》等栏目用稿5条。制作临安城市形象外宣片、昌化鸡血石宣传片，编撰完成《临安历史文化丛书》。

【开展“文明乡风进万家”活动】 2010年，围绕“绿色家园、富丽山村”建设载体，在全市开展“文明乡风进万家”主题创建活动，探索建立农村精神文明创建新模式。推出示范文明村“申报审核三步法”，确立“八进”、“三建”、“三创”创建目标和内容，制作《文明乡风进万家“八进农家”服务菜单》，开展“富丽山村文明行”专题采访活动，建立“政府审核、媒体推动、群众评选、专家评审”全民参与评选新体系。全年开展农民健康知识宣讲、山核桃技术下乡、民间艺术辅导、“农家乐”培训等活动80余次，培育帮扶重点村40余个。评选示范文明村5个、特色文明村6个，其中群众评选分值占60%。

【群众性精神文明创建】 2010年，全市申报创建省级文明街道1个、文明村3个，杭州市级文明乡镇1个、文明村7个，临安市级文明村34个；申报省级文明社区1个，杭州市示范文明社区1个、文明社区1个；申报省级文明单位2家、杭州市级文明单位5家、临安市级文明单位24家。对10家省级文明单位、1个省级文明乡镇、4个省级文明村、40家杭州市级文明单位、7个杭州市级文明乡镇、38个杭州市级文明村、153家临安市级文明单位、3个临安市级文明乡镇和67个临安市级文明村进行复评。

【第六届中国名石雕刻艺术展】 2010年，第六届中国名石雕刻艺术展在临安举办，省纪委驻省国土资源厅纪检组副组长胡铭，省经济和信息化工作委员会副主任王素娥，中国工艺美术学会会长杨自鹏、副会长李红光，中国珠宝玉石首饰行业协会副秘书长奥岩，省珠宝玉石首饰行业协会会长张盛丰，省黄金珠宝鉴测中心主任陶金波等领导参加，来自浙江青田、福建寿山、内蒙古巴林和临安的151名参展商展出石雕作品811件，评选出昌化石获奖作品104件。凌东辉、潘汉斌、林敏、刘旭利4人被评为省玉石雕刻大师。

（吴　兵）

统战工作

【概况】 2010年，市委统战部牵头成立市统一战线社会服务团，举办海外华文媒体临安行和中国天目山“佛之光”大型系列活动，开展“一线扶一村”活动。在市政协七届四次会议上，民进临安市委会和农工党临安市委会向大会提交集体和个人提案64件，并各有两件提案在大会上作交流发言，有1件提案被列为重点提案。组织民主党派参加市委、市政府召开的征求意见座谈会3次，民进临安市委会主委和农工党临安市委会主委参加杭州市民主党派工商联领导干部和无党派人士读书班。召开党外代表人士情况通报会2次、统战团体负责人会议2次、党外知识分子座谈会2次，举办非公有制经济代表人士座谈会（培训班）5次、民主党派成员读书会2次。7名党外知识分子被评为“临安市科技创新人才”，6名党外干部参加临安市第18期中青年干部培训班，提拔任用党外干部1人。

开展临安市第四届“优秀社会主义事业建设者”评选表彰活动，评出“优秀社会主义事业建设者”13人。新建横畈基层商会，昌化商会完成换届。指导非公有制经济组织开展“创先争优”活动，对部分非公有制经济代表人士进行综合素质评价。指导市民宗局继续开展“民族团结进步小康村”和“和谐寺观教堂”创建活动。指导市侨办、市侨联在侨界开展“10+1”工程（市侨办、市侨联、市留联会、三胞及亲属联谊会，每个侨组织负责联系10位侨胞或侨眷，挂钩1家侨界人士创办的企业）和“以侨引才引智”工程，聘请海外临安侨领4人担任市侨联海外顾问。

引导统一战线成员开展社会服务活动。民进临安市委会改流动服务为定点服务，到於潜人民医院开展送医疗服务，到颊口初中开展支教、结对、助学活动。农工党临安市委会帮助西天目乡徐村村改造茶园、竹园，与玲珑街道卫生院开展中医药进卫生院技术帮扶活动，开展医卫知识进社区、科技知识进乡村活动。引导非公有制经济人士为新农村建设、“春风行动”等社会公益事业捐资1000万元，引导宗教界人士为玉树灾区捐款23.78万元。组织慰问市特殊教育学校、市儿童福利院。开展“侨界助村”活动，帮助太湖源镇临目村、高虹镇活山村申报生态治理生活污水项目。

开展“创先争优”活动，机关党支部和党员进行公开承诺，1名党员被评为“百姓贴心人”；开展公职人员岗位廉政教育，机关工作人员全部签订廉政承诺书，明确岗位职责14个，查找风险点20个，编写情景案例14个、廉政教案1本；开展“一线两真三服务”暨“深化作风建设年”活动，市委统战部班子成员带队到有关乡镇（街道）、企业、统战团体、帮扶联系村走访调研30余次，走访慰问统战成员、帮扶结对困难户60次；召开“公述民评”会议，对科室负责人进行述职评议；坚持每月学习制度，组织集中学习14次；举办统战干部读书会1期。《找准抓手，创新举措，开创基层统战工作新局面》入编《当代统战工作创新建设》。编辑《临安统战》18期，向省委统战部、杭州市委统战部、市委办等报送信息120余篇，其中被《浙江统战信息专报》、《杭州统战》、《今日临安》等采用80余篇。

【“一线扶一村”活动】 2010年，由市委统战部协调组织民主党派和无党派、民族宗教界、侨界、非公有制经济四条主线，结对帮扶清凉峰镇杨溪村、太阳镇枫树岭村、太湖源镇临目村和锦南街道横岭村开展新农村建设。实地走访联系帮扶村，研究经济发展思路、落实帮扶措施，确定帮扶项目18个。太阳镇枫树岭村被评为省级民族团结进步小康村，清凉峰镇杨溪村被评为临安市特色文明村。“一线扶一村”活动获全省统战工作创新奖、杭州市统战工作实践创新优秀成果奖。

【市统一战线社会服务团】 2010年9月6日，临安市统一战线社会服务团成立。服务团下设教育、医疗卫生、实用技术、法律咨询、侨务咨询和文艺宣传6个服务队，有成员100人。各服务队按计划每季度到基层、企业开展服务活动1次以上，开展送文化、送科技、送卫生、送法律等下乡服务活动8次，服务群众1000余人次。

【统战干部读书会】 2010年6月3日，在市委党校举办统战干部读书会。有关乡镇（街道）和机关部门统战工作分管领导、统战干部100余人参加。杭州市民宗局副局长吴建华、中共杭州市委统战部党派处处长鲁时荣、中共杭州市委统战部党外知识分子处处长王桂富分别作《关于新时期宗教工作》、《中国共产党领导的多党合作和政治协商制度》、《新时期党外知识分子工作》专题讲座。

（蔡德锋）

侨务工作（含港澳）

【概况】 2010年，全市有港澳同胞、海外侨胞1460余人，其中出国留学人员450余人；归侨侨眷、港澳眷属（含出国留学人员家属）2200余人，老归侨2人；海外归来留学人员50余人。有侨资（含港资、澳资）企业102家。

邀请12家海外华文媒体和新华社、《人民日报》海外版、中国国际广播电台到临安聚焦生态经济发展。法国《欧洲时报》、芬兰《大众明天》、新加坡《联合早报》分别报道临安生态与经济建设情况。

省侨办理论研讨和业务交流会、杭州市侨联业务工作会在临安举行。参加省、杭州市侨务部门组织的感知中国·牵手杭州——侨界海外精英创业创新峰会、海外华人华侨专业协会会长“世博行”、海外华商投资洽谈会、海外杭州人联谊大会等活动，提供招商项目信息117个，推介海外技术项目负责人59人。开展“10+1”工程，市侨办、市侨联、市留学生联谊会、三胞及亲属联谊会，每个侨组织负责联系10位侨胞或侨眷，挂钩1家侨界人士创办的企业。邀请浙江籍侨界名媛会到临安走访考察侨界企业，进行座谈交流。组织全体侨联委员、留学生联谊会和三胞联谊会理事赴上海参观“世博会”。开展“侨界助村”活动，侨界企业为新农村建设及公益事业落实资金物资470余万元。促成杭州绿盛集团与清凉峰镇白果村结对。全年撰写信息6篇，提交政协提案2件。

锦城街道马溪社区侨联分会被评为省四星级基层侨联。

（杨树刚）

党校工作

【概况】 中共临安市委党校的前身是1952年建立的临安、於潜、昌化三县干校。1977年8月31日，成立中共临安县委党校。1996年12月更名为中共临安市委党校。

2010年，有教职工27人，其中专兼职教师18人；专兼职教师中，有高级职称4人、中级职称10人、初级职称4人。学校下设办公室、市情研究中心、教育培训科、函授学历科、信息服务科、后勤服务科、培训服务中心7个科室。

全年举办主体班13期，培训956人次，培训班次完成年度计划的130%；举办联合班26期，培训2044人次，培训班次完成年度计划的173.3%；协助市委组织部举办市管干部菜单式培训1期，培训市管干部500余人；举办社会班27期，参训人员3200人，完成全年目标任务的177%；与岛石镇、板桥乡上田村签订联合办学协议；设立上海市委党校、上海杨浦区委党校、安吉县委党校3个异地教育培训点。

完成市发展和改革局委托课题《临安市“十二五”空间布局研究》，并通过结题评审；与市委办合作完成“服务百姓档案”课题研究，部分成果在中央组织部《党建研究内参》、中央党校《学习时报》、浙江《共产党员》杂志上发表，完成综合考评特色创新项目自查报告、市领导陈述材料起草及PPT制作等工作；参与并完成市委组织部《乡镇领导班子工作实绩考评体系研究》调研课题研究；完成市委宣传部委托课题1项，研究成果刊登于《杭州日报》。1篇调研文章获杭州市委党校理论系统研讨会一等奖，2篇论文获三等奖。与市新闻传媒中心合办《今日临安》理论与实践版，累计发表各类理论文章20余篇。全年提供理论宣讲80余场次，听众6000余人次。全年毕业学员177人，其中，2007法律本科班70人、2007经济管理本科班31人、2007农干班76人；参加全国计算机等级培训考试131人。

【新党校建设】 2010年7月，新党校建设完成招投标工作，由浙江大华公司中标。该项目位于锦南新城，概算8000万元（不包括土地征用费）。9月开工建设。党校迁建工作领导小组组织设计、建设、施工、安装单位负责人到省委党校、杭州市委党校考察信息化建设情况。市领导邵毅、卞吉安、何凌超、周玉祥等视察党校迁建工程。

【市党务干部培训班】 2010年5月17~19日，市纪委、市委组织部、市委宣传部、市委党校联合举办党务干部培训班。来自各乡镇（街道）党（工）委副书记，市直属各单位和省、杭州市各驻临机构分管党务工作领导干部87人参加培训。市委常委、组织部部长何凌超出席开学典礼并作动员讲话。培训班开设当前形势报告、四项监督制度解读、党务工作经验介绍与交流、廉政教育等课程。

【市工业经济转型升级培训班】 2010年5月23~26日，举办市工业经济转型升级培训班。来自全市26个乡镇（街道）主管工业干部90余人参加培训。省工业经济研究所所长兰建平作题为《浙江区域经济转型升级发展研究》专题报告。市领导张金良、柴世民带领培训班学员赴青岛、天津两地进行实地考察学习。

【“走进上海、接轨世博”专题培训班】 2010年6月23~25日，市委组织部、市委党校联合举办“走进上海、接轨世博”专题培训班。来自各乡镇（街道）及有关单位主要领导32人参加培训。培训班开设领导干部如何与媒体沟通、“世博会”与长三角经济等课程，采取课堂讲学、模拟教学、现场教学等教学方式。

【生态建设与环境保护培训班】 2010年6月25~27日，举办市生态建设与环境保护培训班。来自全市26个乡镇（街道）分管环境工作相关负责人参加培训。杭州市委党校经济学教研部教授张晓理作题为《低碳经济与政策导向》专题讲座，从低碳发展综述、主要减碳领域、低碳发展政策导向三方面分析当前全市生态建设与环境保护工作着力点。

【人才人事干部培训班】 2010年7月14~15日，市人事局、市委党校联合举办人才人事干部培训班。来自各乡镇（街道）、机关部门分管人事工作领导干部80余人参加培训。培训内容包括机关事业单位工资福利、事业单位机构编制管理与改革政策解读、机关事业单位工作人员“进、管、出”业务、职称业务和人事干部心理保健知识等。

【市政协委员培训班】 2010年7月22~23日，举办市政协委员培训班。市政协主席陈法生出席开班典礼并作动员讲话。市政协全体常委、各界别召集人、届中新增补委员、联络委主任、市政协机关全体干部及部分政协委员、联谊会成员90余人参加培训。培训班开设博弈论与政府管理、当前国际形势和中国对外关系、人民政协基本理论与知识、市国民经济和社会发展“十二五”规划基本思路通报等课程。邀请浙江大学教授蒋文华、省委党校教授李晓敏、杭州市政协副主席张鸿建、市发展和改革局局长俞灵君作专题讲座。

【“执政能力和领导艺术”高级研修班】 2010年8月18~24日，市委组织部、市委党校联合举办临安市领导干部“执政能力和领导艺术”高级研修班。市委常委、组织部部长何凌超出席开班典礼并作动员讲话。来自乡镇（街道）和机关部门市管领导干部30人赴上海市委党校参加为期一周的专题培训。研修班开设形势分析、转型升级、社会稳定、群众工作、人文修养、政府职能转变等课程，采取课堂教学、研讨教学、案例教学、现场教学等方式。

【第四期机关部门中层干部理论培训班】 2010年9月1~3日，市委组织部、市直机关工委和市委党校联合举办市第四期机关部门中层干部理论培训班。来自52个机关部门中层干部79人参加培训。培训内容包括市委十二届十三次全委会精神解读、政府公信力建设、岗位廉政建设、干部心理保健、省经济发展与转型升级等课程，邀请省委党校和省工业经济研究所专家学者授课辅导，组织学员参观杭州经济技术开发区和钱江新城。

【市人大干部理论培训班】 2010年9月27~28日，举办市人大干部理论培训班。市人大常委会主任吴苗强作开班动员讲话，市人大常委会副主任钱铮主持开班仪式。各乡镇（街道）人大主席、副主席、主任和人大办公室人员，市人大机关干部及部分离退休老同志参加培训。培训课程包括如何做好人大信息宣传工作、当前国际形势与发展趋势、人民代表大会制度、选举法等方面内容。

【市直机关党务干部理论培训班】 2010年11月1~5日，市直机关工委、市委党校联合举办市直机关党务干部理论培训班。来自50个机关部门的基层党组织书记（委员）68人参加培训。邀请省直机关工委副书记张小勇、省委党校教授张静蓉作专题讲座。市直机关工委就机关党组织“公推直选”、发展党员工作进行业务辅导。市民政局、市清凉峰管理局等基层党组织从“创先争优”活动、学习型机关建设、机关党组织“公推直选”等方面作经验交流。

【第18期中青年干部培训班】 2010年11月17日至12月31日，举办第18期中青年干部培训班。市领导何凌超、徐俊明及10余个部门主要领导为中青班学员授课。培训期间还举办“临安生态文明之路”主题论坛。培训教学设置专题理论学习27次、专题讨论5次、考试3次、考察调研4次、学员论坛6次和班级活动3次。

【市管领导干部生态文明建设专题研讨班】 2010年12月9~10日，举办市管领导干部生态文明建设专题研讨班。副市长冯镭出席开班典礼并作生态文明建设专题报告。来自三口镇、高虹镇、太湖源镇、市环保局、市农业局、市清凉峰管理局等24个乡镇（街道）、机关部门主要负责人参加培训。邀请省环境保护厅自然生态处处长韩志福、上海杨浦区委党校副校长张全弟授课，并围绕“临安生态文明的探索与实践”主题，与第18期中青班学员、市管领导干部进修班学员开展研讨交流。

【开设“月度论坛”】 2010年，每月安排教师结合当月中央、省、杭州市重要会议精神及国内外时政，自选主题授课。围绕中共十七届四中全会、中共十七届五中全会、全国“两会”、房产新政、“世博会”与中国、当前人口形势等主题，进行专题授课10场次。校评审课小组对授课情况实行量化评分，并将结果纳入年底考核。

（郑旭升）

机关党务工作

【概况】 2010年，市直机关工委辖机关党委3个、党总支11个、党支部166个，有党员2815人。制订下发《关于进一步加强和改进机关党的建设的意见》，明确机关党建目标任务、经费保障、人员配备、组织机构设置及乡镇（街道）建立机关党（工）委、推行“公推直选”等内容。全年批准成立大学生创业园等基层党组织8个，撤销基层党组织3个，指导、审批51个机关党组织进行换届选举和班子成员增补。按照“坚持标准、保证质量、改善结构、慎重发展”方针，明确发展党员“四票决、四推荐”（入党积极分子由党组织、群众组织、党员、群众推荐，确定入党积极分子、确定发展对象、吸收预备党员、预备党员转正实行票决制）工作流程，发展吸收新党员37人，按期转正预备党员90人。继续开展“满意型、学习型、创新型”机关党组织创建活动，市国税局昌化分局党支部等4个机关党支部被评为市基层党建工作示范点（满意型机关党组织），市委党校等10个单位被评为“十佳书香机关”，市人事局、市国税局获全市基层党建工作创新奖。开展党内“双评”工作，市直机关8名优秀党务工作者和188名党员积极分子获表彰。

组织和指导全市“创先争优”和“服务百姓档案”工作；牵头协调“清洁临安”工作，对开展情况进行检查评比；参与机关行风评议活动和市级公共机构节能减排工作，组织实施全市机关部门满意单位不满意单位综合考评工作。

【机关思想宣传教育工作】 2010年，市直机关工委开展“七一”系列纪念活动，在机关党组织中部署开展以帮困结对、向企业送服务等为主要内容的七个纪念建党系列宣传教育活动，组织机关部门新党员150余人举行入党宣誓仪式；联合市委组织部和市志愿者工作指导中心，组织30个机关企事业单位、党员志愿者100余人，在人民广场举行“心系群众、真情服务”为民志愿服务活动，开展劳动、就业、就学、社会保险政策和道路交通管理、消费维权等有关法律法规咨询服务和义剪、义诊、义修、义务献血等活动；指导机关党组织继续开展“城乡互帮共建”活动，所有机关党组织分别联系一个村，结对困难党员两人，一年开展两次慰问帮困活动；组织机关干部200人参加人民广场“全民读书·书香临安”活动启动仪式，联合市委宣传部、市文明办开展“十佳书香机关”评选活动，市国税局、市人事局、市委党校、市检察院、市烟草局、市人大办、市经发局、市司法局、市公安局、市住房公积金中心被评为“十佳书香机关”。

【理论培训工作】 2010年6月，市直机关工委举办第14期入党积极分子培训班，培训《中国共产党章程》、党的基本理论辅导、中共党史、党风廉政建设等，邀请省委党校教授张滨辉等讲课，对培训内容进行理论考试，市直机关及下属单位入党积极分子近200人参加教育培训。9月，会同市委组织部、市委党校举办机关部门第四期中层干部理论培训班。11月，举办市直机关党务干部培训班，培训内容有中共十七届五中全会精神讲解、机关党组织换届选举（公推直选）、发展党员工作业务辅导、机关党建工作（“创先争优”活动、学习型机关建设、机关党组织“公推直选”）经验介绍交流、部署当前机关党建工作任务和学习考察等，来自50个机关部门的机关基层党组织书记（委员）68人参加培训。

【党建调研工作】 2010年，市直机关工委制订下发市直机关党建调研工作意见，组织机关党组织开展党建调研，收到党建调研文章51篇，评出一等奖、二等奖、三等奖及优秀奖共20篇。调整党建调研基地成员单位，设定课题开展集中研讨。

《关于加强机关党员自塑教育的调查与思考》调研文章获省直机关工委理论调研一等奖，并在省和杭州市党建理论研讨会上作交流发言。《临安四措并举推进学习型机关建设》等4篇文章被省、杭州市机关党建工作杂志录用，12条党建工作信息被杭州机关党建网录用。

【建立乡镇（街道）机关党（工）委】 2010年，市直机关工委将乡镇（街道）机关党建工作纳入机关党建工作整体规划。年初在太阳镇先行试点，7月1日成立太阳镇机关党工委。8月中旬召开全市机关党建工作推进会，对乡镇（街道）建立机关党（工）委工作进行全面部署。10月底，全市所有乡镇（街道）全部建立机关党（工）委，明确班子成员，调整下属党组织。

【开展微型党课教育活动】 2010年，市直机关工委围绕“一线两真三服务”主题，在机关党组织中开展“服务发展当先锋”微型党课活动，活动以支部为单位，要求机关党员围绕主题人人上台讲课、谈体会。经单位上报、各片组推荐，市评审小组从参评的87篇课案中评选出《竹颂》等优秀微型党课课案26篇，并予以表彰奖励。

【开展党员“政治生日”活动】 2010年，市直机关工委在机关党组织中开展党员“政治生日”活动。市直机关工委统一制作 “政治生日”贺卡1万张，发放到市直机关和乡镇（街道）机关党组织，并下发文件要求各支部通过送上一张贺卡、发送一条短信、进行一次谈心、赠送一本书籍“四个一”活动，将组织的关怀送给每一位党员，提醒党员不要忘记自己是一名共产党员。

【开设“机关干部大讲坛”】 2010年，市直机关工委为整合学习教育资源，拓展机关党员干部教育模式，在市直机关中开设“机关干部大讲坛”，以系统（片组）为单位，根据形势任务和系统工作特点，邀请专家、教授为机关在职党员干部集中开展专题讲座，内容涉及党建理论、文化修养、心理健康、家庭教育、经济建设、低碳生活等方面。全年邀请省、杭州市专家、教授开展集中专题讲座16场，听众3000余人。

【廉政文化进机关活动】 2010年，市直机关工委继续开展廉政文化进机关活动，市人事局、市检察院、市国税局被授予杭州市廉政文化进机关示范点，其中市检察院被授予省级示范点。会同市纪委、市文联等单位举办“天目清风”廉政文化原创作品比赛，评出文学类、书法类、美术类、摄影类一等奖、二等奖、三等奖和优秀奖共45个；组织机关廉政板报和PPT评比活动，市检察院、市国税局、市药监局等获杭州市优胜奖。

（雷其林）

老干部工作

【概况】 2010年，全市离休干部232人，其中，在省外易地安置8人、在省内易地安置17人。外地安置在临安离休干部7人。

按照“政治上尊重、生活上照顾、思想上关心”要求，围绕“推进养老服务、构建学乐园地、打造品质校园、维护发展大局”工作目标，落实老干部政治、生活待遇。召开老干部新春团拜会、老干部春节慰问会、老干部财政形势通报会，全年召开老干部学习座谈会和老年大学学员代表座谈会4次，每月定时、定点向离休干部传达学习文件。

全年发放离休干部四项经费（春节物资优惠费、无固定收入配偶补助费、无固定收入遗孀补助费、老干部遗孀慰问费）22万元、困难补助金5万元、华数电视基本月租充值卡250张。走访居住在市内离休干部200余人，看望易地安置在省外离休干部8人。

组织全市离休干部进行健康体检，其中，副市级以上和80周岁以上离休干部在浙地山庄进行健康休养、地专级及享受地专两项待遇（医疗和交通待遇）离休干部在浙地山庄和龙岗上海故事山庄进行避暑疗养；全年到医院探望老干部270余人次。在重阳节为年满80周岁和90周岁以上离休干部举行祝寿活动。向各离休干部党支部赠送《城市论》、《金秋红枫》，继续向各离休干部赠送《浙江老年报》、《杭州日报》、《今日临安》、《组工通讯》、《临安宣传》、《临安统计》等学习资料。

【老干部活动中心工作】 2010年，市老干部活动中心创建成为省级老干部满意家园。以“改善条件、丰富生活、改进方式、提高质量”为目标，更新球拍、球网、健身器具等活动设施，增添图书近1000册，添置比赛服装。与临安老年大学、市离休干部书画协会联合举办纪念抗日战争胜利65周年书画展，组队参加杭州市举办的纪念抗日战争胜利65周年系列活动，各离休干部活动小组还举行书画展、花卉展及乒乓球、台球、象棋、桥牌、钓鱼等友谊比赛。

【老年大学工作】 2010年，临安老年大学开设春季班和秋季班。春季班开设专业25个，有学员1100余人；秋季班开设专业23个，有学员1200余人。召开第15次老年大学校务委员会议，组织工作人员赴金陵老年大学参观学习，在苕溪南岸举办老年大学学习成果文艺汇报演出6场，参与“清洁临安”、送戏下乡、宣传税收等活动，赴昌化举办纪念抗战胜利65周年书画展，参加市排舞大赛、首届中国坚果炒货食品文化节、山核桃节启动仪式等文艺表演，老年大学越剧团参加市文广新局组织的下乡演出40余场（次）。

【老干部视察参观活动】 2010年11月29日，市委老干部局会同市人事局组织老干部视察参观市国资公司，享受地专级和享受地专两项待遇离休干部、曾担任副市级以上领导职务离退休老同志、各离休干部支部书记、各离休干部活动小组负责人、各机关大院退休干部活动小组负责人和曾获国家级先进离退休老同志50余人参加。老干部实地察看市自来水公司办公楼及信息控制中心、临安城市污水处理有限公司、临安新都房产开发有限公司 “公园·家”建设工地，并听取市国资公司情况汇报。

【离休干部社区居家养老工作】 2010年9月6日，召开全市离休干部社区居家养老服务工作领导小组会议，专题研究部署全市离休干部社区居家养老服务工作。市委副书记卞吉安，市委常委、组织部部长何凌超及全市离休干部居家养老服务工作领导小组全体成员参加会议，何凌超主持会议，卞吉安作重要讲话。10月，在锦城街道11个社区全面开展离休干部社区居家养老服务工作，聘请专职助老员3人，根据离休干部的身体和家庭情况，开展分类服务。

【"五好"离退休干部党支部创建】 2010年，结合全市开展"天目先锋"创先争优主题活动，开展"五好"（支部班子好、党员队伍好、组织设置好、活动开展好、群众反映好）离退休干部党支部创建工作。市民政局离退休党支部、市国土资源局离退休干部党支部、市经济发展局离退休干部第四党支部、市农办离退休干部党支部、市水利水电局离退休党支部、市贸易局机关第二支部、市人民医院离退休党支部、藻溪镇退休干部党支部、市级机关离休干部三支部、太阳镇机关退休干部党支部、市卫生局离休党支部、昌化镇政府离退休干部党支部12个支部被评为杭州市级"五好"离退休干部党支部。

【老年大学第15次校务委员会会议】 2010年8月31日，临安老年大学召开第15次校务委员会会议，校务委员会全体成员及市发改局有关负责人参加，市委常委、组织部部长、老年大学校长何凌超作重要讲话，市委组织部副部长、老干部局局长、老年大学副校长岳天明主持会议。会议听取老年大学2006~2010年工作汇报及工作打算，讨论并原则通过《临安市老年大学校务委员会工作规则》和《临安市老年大学2011~2015年发展规划》。

【杭州市老干部活动教育专题研讨会】 2010年8月9~11日，杭州市老干部活动教育专题研讨会在临安浙地山庄召开。省委老干部局活动教育处处长金建政，杭州市委组织部部务会议成员、杭州市委老干部局局长周谷青，杭州市委老干部局副局长张洪雅及各区、县（市）老干部局分管局长等50人参加。会议组织学习全省老年大学教学研讨会精神，交流全市老干部活动中心和老年大学工作。

【社区共建活动】 2010年，临安老年大学和文昌阁社区共同举办纪念抗战胜利65周年文艺演出，演出《海派秧歌》等节目12个，并穿插抗战知识问答；开展以"依法禁毒、构建和谐"为主题的禁毒宣传活动，向老年大学学员和社区居民发放禁毒倡议书和《拒绝毒品、关爱未来》小册子等宣传资料1000余份。在锦城街道11个社区举行专题文艺汇报演出。

（袁丽亚）

党史编纂工作

【概况】 2010年12月初，中共临安市委制定下发《中共临安市委贯彻〈中共中央关于加强和改进新形势下党史工作的意见〉的实施意见》，市委常委会专门听取市委常委、组织部部长何凌超作《全国、全省、杭州市党史工作会议精神及市委贯彻实施意见要点》报告。市委党史研究室组织学习全国党史工作会议和以中共中央名义制定和下发的《关于加强和改进新形势下党史工作的意见》精神，以及省、杭州市相关会议和文件精神。

编辑出版《铿锵岁月——临安市党史遗址选介》、《中国共产党浙江省临安市组织史资料》第四卷，参与编辑《杭州市党史胜迹图志》。参与市新四军历史研究会成立的筹备工作；参与杭州市委党史研究室组织的资政课题研究，《建国以来临安市民生问题、民主决策的实践与探索》一文获杭州市三等奖。市委党史研究室获市宣传思想文化工作创新奖。

【市新四军历史研究会成立】 2010年8月，临安市新四军历史研究会成立，会长陈法生，副会长庄鸿章、朗宗月、章家衔、张亚联、黄文根，秘书长许茂华，另设副秘书长4人、理事42人，编纂出版刊物《天目烽火》（第一期）。市委党史研究室参与市新四军历史研究会成立的筹备工作，通过查阅资料、实地走访，收集新四军在临安活动的具体线索和历史资料，在横畈镇、高虹镇、板桥乡召开座谈会，征集口述史料，获得第一手文史和实物资料。

【《临安市党史遗址选介》出版】 2010年，市委党史研究室在完成对全市党史遗址普查基础上，编辑出版《临安市党史遗址选介》一书。该书约10万字，第一部分为普查报告、登记表、统计表和革命遗址分布图；第二部分重点介绍11处党史遗址，每一处党史遗址均配有党史遗址历史、纪念设施文字介绍，位置分布图、照片，以及相关纪念文章；第三部分简单介绍其他13处党史遗址，主要有图片和文字陈述。

【《中国共产党浙江省临安市组织史资料》第四卷出版】 2010年，市委党史研究室编纂完成《中国共产党浙江省临安市组织史资料》第四卷。该书由市委组织部主持，市委党史研究室承编，全书35万字，记载1999年1月~2007年6月，临安市党的组织沿革和机构领导人名录，设中共临安市委、市纪委领导机构、中共临安市委工作机构和直属单位、临安市政权、军事、政协、群团系统党组织、临安市部分事业企业单位党组织、临安市乡镇（街道）党组织，并附有政权、地方军事、政协、群众团体和部分企事业单位组织史资料，同时收编部分有关党建文献。

（朱纫频）

《民族日报》纪念馆

□ 小资料

“碳汇”知识

1. 什么是“碳汇”?

“碳汇”是指自然界中碳的寄存体。与之相对的概念是碳源，它是指自然界中向大气释放碳的母体。

“碳汇”一般是指从空气中清除二氧化碳的过程、活动、机制。它主要是指森林吸收并储存二氧化碳的多少，或者说是森林吸收并储存二氧化碳的能力。森林“碳汇”是指森林植物吸收大气中的二氧化碳并将其固定在植被或土壤中，从而减少该气体在大气中的浓度。森林是陆地生态系统中最大的碳库，对于降低大气中温室气体浓度、减缓全球气候变暖具有十分重要的作用。

为缓解全球气候变暖趋势，1997 年 12 月，由 149 个国家和地区的代表在日本京都通过了《京都议定书》，2005 年 2 月 16 日，在全球正式生效。旨在减少全球温室气体排放的《京都议定书》是一部限制世界各国二氧化碳排放量的国际法案。它规定：所有发达国家在 2008~2012 年间必须将温室气体的排放量比 1990 年削减 5.2%。同时规定，包括中国和印度在内的发展中国家可自愿制定削减排放量目标。在此后一系列气候公约国际谈判中，国际社会对森林吸收二氧化碳的汇聚作用越来越重视。《波恩政治协议》、《马拉喀什协定》将造林、再造林等林业活动纳入《京都议定书》确立的清洁发展机制，鼓励各国通过绿化、造林来抵消一部分工业源二氧化碳的排放，原则同意将造林、再造林作为第一承诺期合格的清洁发展机制项目，意味着发达国家可以通过在发展中国家实施林业“碳汇”项目抵消其部分温室气体排放量。2003 年 12 月召开的《联合国气候变化框架公约》第九次缔约方大会，国际社会已就将造林、再造林等林业活动纳入“碳汇”项目达成了一致意见，制定了新的运作规则，为正式启动实施造林、再造林“碳汇”项目创造了有利条件。

“碳汇”一词来源于《联合国气候变化框架公约》缔约国签订的《京都议定书》，形成国际“炭排放权交易制度”。通过陆地生态系统有效地管理来提高固炭潜力，所取得的成效抵消相关国家的炭减排份额。

2.“碳汇”相关概念

“碳汇”与“碳源”是两个相对概念，《联合国气候变化框架公约》（UNFCCC）将“碳汇”定义为从大气中清除二氧化碳的过程、活动或机制，将“碳源”定义为向大气中释放二氧化碳的过程、活动或机制。

森林“碳汇”是指森林植物通过光合作用将大气中的二氧化碳吸收并固定在植被与土壤中，减少大气中二氧化碳浓度的过程。林业“碳汇”是指利用森林的储碳功能，通过植树造林、加强森林经营管理、减少毁林、保护和恢复森林植被等活动，吸收和固定大气中的二氧化碳，并按照相关规则与“碳汇”交易相结合的过程、活动或机制。

1997 年通过的《京都议定书》承认森林“碳汇”对减缓气候变暖的贡献，并要求加强森林可持续经营和植被恢复及保护，允许发达国家通过向发展中国家提供资金和技术，开展造林、再造林“碳汇”项目，将项目产生的“碳汇”额度用于抵消其国内的减排指标。

3.什么是“碳汇”林业?

凡是以吸收固定二氧化碳，充分发挥森林“碳汇”功能，减缓气候变化为主要目的的林业活动可统称为“碳汇”林业，但至少应包括五个方面内容：(1) 符合国家经济社会可持续发展要求和应对气候变化的国家战略；(2) 除了积累“碳汇”外，要提高森林生态系统的稳定性、适应性和整体服务功能，推进生物多样性和生态保护，促进社会发展等多种效益；(3) 要建立符合国际规则并与各国情况相结合的技术支撑体系；(4) 促进公众应对气候变化和保护气候意识提高；(5) 借助市场机制和法律手段，推动森林生态服务市场发育。

根据以上理解，可将“碳汇”林业进一步概括为：遵循各国应对气候变化国家战略和可持续发展原则，以增加森林“碳汇”功能、减缓全球气候变暖为目标，综合运用市场、法律和行政手段，促进森林培育、森林保护和可持续经营的林业活动，提高森林生态系统整体固碳能力；同时，鼓励企业、公民积极参与造林“碳汇”活动，展示社会责任，提高公民应对气候变化和保护气候意识；充分发挥林业在应对气候变化中的功能和作用，促进经济、社会和环境的可持续发展。

（下转 238 页）

临安市人民代表大会

【概况】 2010年，市人大常委会举行常委会会议11次，主任会议20次，听取和审议“一府两院”工作报告26项，对3部法律法规开展执法检查，组织视察24次，作出决议、决定共9项，发出审议意见书9件，视察检查建议函25份，任免国家机关工作人员30人次，受理群众来信115件，接待来访196人次。

组织视察省科创基地（科技城），两次督查临余公路建设，对市科技局进行工作评议。深入调研并视察重点工业功能区、外贸经济、农业综合开发等工作，推动全市经济发展质量效益持续提升。围绕发挥生态资源优势，打造生态型宜居宜业城市，开展水污染防治“一法一条例”执法检查，开展节能减排工作调研、检查，推动全市生态环境持续改善。听取“十二五”规划编制报告，视察锦南新城建设、城市管理行政执法，专题审议“绿色家园、富丽山村”建设工作报告，持续关注集体林权制度改革，对山区林道、水利基础设施建设等工作予以监督，推动城乡区域统筹发展。

听取和审议“五五”普法和“三五”依法治市工作报告，建议政府科学谋划“十二五”普法教育和依法治市工作。坚持和完善常委会会前学法制度，对《中华人民共和国老年人权益保障法》等4部法律进行集中学习。全年协助省、杭州市人大就制定、修订《浙江省消防条例》等12部法律法规做好意见征求工作。强化预算监督管理，跟踪监督扩展到市发改局、市经济发展局等10个政府组成部门。审议政府半年度计划、预算执行和审计工作报告。依法批准2009年财政决算，调整2010年财政收支预算。出台规范性文件备案审查规程，听取市法院涉法信访、市检察院刑事检察工作报告，推动“大调解”机制的构建与完善，促进诉讼监督职能有效发挥。专题审议“两院”半年度工作报告，监督“两院”为全市改革发展稳定提供有力司法保障。

全年对涉及民生领域的18个议题实施监督。关注社会保障体系建设，听取和审议城乡居民社会养老保险、残疾人保障等工作报告，提出具体意见和建议，推动城乡居民养老保险扩面和市、乡两级养老服务中心建设。持续关注民生热点，听取全市卫生工作报告，开展职业病防治专题调研，连续四年开展农民饮用水工程建设和食品安全工作监督。加强对保障性住房建设、充分就业、教育重点工程等工作的监督，促成民生热点问题解决。着力维护社会和谐稳定，持续关注“平安临安”创建，听取公安工作报告，对安全生产、校园安全工作进行调研视察。

深化代表主题活动，开展代表述职、代表进选区接待选民、结对帮扶等活动。深化民意直达制度，收到社会各界意见和建议218条，及时交市政府及相关部门研究处理。发挥代表小组、代表专业组优势，组织代表定向视察，邀请省代表视察省科创基地（科技城），组织在临安的杭州市代表开展视察调研。改进监督方式，加大督办力度，提高代表建议解决率。第十四届人大四次会议133件建议案解决和基本解决占56.8%。

开展创先争优活动，推进学习型机关建设，完善党组理论中心组读书会、机关学习会等制度，举办全市人大干部培训班。加强与工青妇等群团组织联系，扩大公民有序政治参与，对企业调委会建设等5个课题进行调研。加强制度建设，制定公民旁听等制度5项。启动《临安市人大志》编纂工作。

【市十四届人大四次会议】 2010年3月2~5日，临安市第十四届人民代表大会第四次会议在锦城举行。会议应到代表222人，出席代表220人。会议听取和审议市长王宏所作的《政府工作报告》、市人大常委会主任吴苗强所作的《人大常委会工作报告》、市人民法院院长何敏所作的《人民法院工作报告》、市人民检察院检察长罗有顺所作的《人民检察院工作报告》，审议计划和财政工作报告（书面），并通过上述工作报告决议。会议收到代表10人以上联名提出的议案61件，经大会主席团研究，作为意见和建议处理。同时收到代表提出的建议、批评和意见72件。根据注重经济发展、城乡统筹、社会和谐的原则，将6件建议确定为重点建议（见表17）。

十四届人大四次会议重点建议

表17

议案名称	提议案人
关于加快制定出台发展总部经济专项政策的议案	吴春法等代表
关于完善工业政策，加快工业经济转型升级的议案	王岳成等代表
关于发展低碳经济，加强生态文明建设的议案	贾金良等代表
关于推进我市社会化养老事业发展的议案	王建良等代表
关于02省道复线线路走向问题的议案	陈锡亮等代表
关于进一步加大企业上市扶持力度的议案	张德生等代表

【人大常委会会议】 2010年，市十四届人大常委会举行会议11次，分别为：

1月19日，举行第30次会议。会议讨论提出市十四届人大四次会议议程草案、日程草案；讨论决定市十四届人大四次会议列席人员、邀请人员，提出会议各类建议名单；审议通过市十四届人大常委会代表资格审查委员会关于代表变动情况的报告；听取会议筹备情况的汇报和市人大常委会工作报告（送审稿）的说明，审议通过市人大常委会工作报告。审议通过公民旁听人大会议和常委会会议的试行办法（草案）。

2月1日，举行第31次会议。会议听取审议并原则通过市人大常委会2010年工作要点（草案）。会议听取审议市十四届人大四次会议列席人员及代表团分组名单调整情况的说明。审议通过市人大常委会主任会议、市人民法院和市人民检察院提请的人事任免议案。

4月20日，举行第32次会议。会议听取和审议市政府关于市十四届人大四次会议代表建议处理情况、关于城乡居民社会养老保险落实情况，人大常委会关于食品安全工作审议意见办理情况的汇报。会议审议并表决通过“两院”提请的人事任免议案。会前举办《中华人民共和国老年人权益保障法》法制讲座。

5月28日，举行第33次会议。会议审议并表决通过市人大常委会主任会议和市人民政府提请的人事任免议案。

6月29日，举行第34次会议。会议听取和审议市人民政府关于《临安市2006~2010年普法教育和依法治市规划》执行情况的报告。听取和审议市人民政府关于2009年市本级财政预算执行和其他财政收支情况的审计工作报告及关于临安市2009年财政决算情况报告，审查并批准临安市2009年财政决算。会议审议市人民政府关于贯彻落实水污染防治“一法一条例”工作情况报告（书面）和市人大常委会执法检查组报告（书面）。听取审议市安监局、市计生局2009年度预算执行整改情况报告。

7月28日，举行第35次会议。听取和审议市政府半年度计划、预算执行及“两院”半年度工作报告。审议并表决通过有关人事任免议案。首次邀请5位公民列席旁听。

8月23日，举行第36次会议。听取审议市公安局关于公安工作和队伍建设情况、市政府关于深化集体林权制度改革工作以及代表建议办理情况的汇报。会议对市科技局进行工作评议。审议并表决通过市人大常委会主任会议、市人民法院提请的人事任免议案。

10月25日，举行第37次会议。会议听取审议市政府关于“绿色家园、富丽山村”建设工作、《中华人民共和国老年人权益保障法》贯彻执行情况、市人大常委会2010第1号~4号审议意见书办理情况以及市人大常委会执法检查组报告。审议并表决通过市人民法院、市人民检察院提请的人事任免议案。

12月7日，举行第38次会议。审议通过市人大常委会关于接受钭正刚辞去市十四届人民代表大会代表的决定。

12月21日，举行第39次会议。会议听取审议市科技局关于市人大常委会工作评议意见整改落实情况的报告、市政府关于提请调整临安市2010年财政收支预算的议案及说明。讨论作出关于召开市第十四届人民代表大会第五次会议的决定。审议通过《临安市人民代表大会代表辞职试行办法（草案）》。会议审议并表决通过市人民法院、市人民检察院提请的人事任免议案。

12月24日，举行第40次会议。会议审议通过市政府关于乡镇（街道）行政区划调整的方案和锦城街道行政区划调整的方案。

【执法检查】 2010年，市人大常委会注重多种形式的整合联动，开展对《中华人民共和国水污染防治法》等3部法律的执法检查。

5月17日，市人大常委会对《中华人民共和国水污染防治法》及《浙江省水污染防治条例》贯彻实施情况进行执法检查。执法检查组实地检查天达纸业、“山坞里”生猪养殖场、昌化污水处理厂、昌化自来水厂，听取市政府相关工作报告。检查组认为全市贯彻“环境立市”战略，实施水污染防治相关法规，有效保护和改善全市水环境质量。检查组要求，应增强水污染防治危机意识和责任意识，突出乡镇污水处理设施截污纳管、饮用水源保护等工作重点，科学编制相关专项规划，严把项目引进关，提高环境监察水平，完善长效管理机制，为杭州西郊现代化生态市建设提供保障。

6月7日，市人大常委会配合省、杭州市人大执法检查组三级联动就贯彻实施水污染防治“一法一条例”情况进行检查。检查组一行实地检查水涛庄水库、高虹自来水厂和污水处理厂，听取市政府相关工作汇报。检查组认为全市深入贯彻相关法律法规，强化源头护水，加大基础设施投入，创新治理模式，加强污染减排，水污染防治工作取得明显成效。

6月12日，市人大常委会对全市贯彻执行《中华人民共和国禁毒法》有关情况进行检查。检查组先后到锦城街道锦桥社区美沙酮维持治疗点、市医药药材有限公司进行实地检查，并听取市禁毒办相关工作汇报。检查组认为，近年来，全市禁毒工作取得明显成效。检查组要求，切实增强禁毒工作的责任意识，发挥市禁毒委员会及禁毒办作用，强化宣传教育，加大打击防范力度，落实工作保障，确保全市禁毒工作扎实有序开展。

10月12日，市人大常委会对全市贯彻执行《中华人民共和国老年人权益保障法》情况进行执法检查。执法检查组先后到玲珑街道敬老院和临安社会福利中心进行实地视察，并听取市老龄委相关工作汇报。执法检查组认为，全市加快推进养老体系建设，保障老年人的合法权益，推动老龄事业发展。执法检查组要求，进一步加大宣传教育力度，凝聚工作合力，发挥部门职能作用，科学编制“十二五”老龄工作规划，着力解决农村养老问题，促进养老产业化建设。

【视察活动】 2010年，市人大常委会根据工作要点安排，组织委员和部分人大代表开展各类视察活动23次，分别为：

3月10日，视察横畈工业功能区和铁牛项目建设工作。

3月19日，视察於潜工业功能区建设工作。

3月31日，视察临余公路临安段改建工程建设情况。

4月1日，在临杭州市人大代表视察食品安全工作。

4月16日，视察“千库保安”水利工程建设工作。

4月21日，视察锦南新城建设工作。

5月12日，视察商贸旅游重点项目建设工作。

6月11日，视察教育重点工程和校园安全工作。

6月24日，视察农业综合开发项目工作。

7月6日，视察18省道龙岗至鱼跳段改建工程。

7月13日，视察外经贸工作。

8月10日，视察“千里富民”林道建设工作。

9月3日，视察临安经济开发区及省

科创基地（科技城）建设工作。

9月16日，视察“森博会”筹备工作和项目推进情况。

9月20日，视察农民安全饮用水工程。

9月26日，视察15省道至02省道连接线（长西线）改建工程。

10月14日，视察政府十件实事办理工作。

11月8日，视察安全生产工作。

11月15日，视察临余公路临安段改建工程拆迁安置工作。

11月16日，视察城市管理行政执法工作。

11月24日，视察节能降耗工作。

11月29日，组织在临杭州市人大代表视察“绿色家园、富丽山村”建设工作。

12月21日，组织锦城街道人大代表定向视察公安工作。

【部门工作评议】 2010年4~10月，市人大常委会对市科技局开展工作评议。评议分准备、调研、评议、整改四个阶段进行。工作评议组通过座谈、走访、查阅台账等形式，全面了解市科技局各项工作开展情况。抓住科技法规贯彻实施、科技创新体系规划建设等重点，进行调查和审议，交办评议意见和工作建议22条。市政府出台鼓励自主创新系列政策，争取一批国家和省科技项目。

【人大代表工作】 2010年，市人大常委会深化“积极履职发挥作用，争当人民满意代表”主题活动，建立健全代表履职登记、代表述职、优秀建议评比等制度。两名杭州市代表向人大常委会主任会议述职，137名基层代表向选民述职。全年常委会组成人员走访代表426人次，代表走访选民7400余人次，基层市人大代表向结对困难户送去帮扶资金73.5万元。邀请代表列席常委会会议，参加常委会活动实现全覆盖。全年市人大代表参加代表小组、专业组活动1400余人次。组织在临的杭州市人大代表开展视察、调研等活动6次。

【基层人大工作】 2010年，各乡镇（街道）人大组织代表对派出所、国土所等基层站所进行评议，运用听取汇报、视察等多种监督手段，监督和支持当地重点项目建设、小流域治理、城镇规划编制等工作。选举乡镇人大主席4人、副主席2人，依法选举乡镇长4人、副乡镇长1人。

【人大干部理论培训班】 (参见“中共临安市委员会”栏目)

【《临安市人大代表建议督办合议办法》出台】 2010年11月，市人大常委会制定出台《临安市人大代表建议督办合议办法》。办法框定可以实施代表合议的范围，明确督办合议的实施主体并提出合议的过程要求，体现公开性原则。该制度有助于提高人大代表建议、批评和意见办理质量，保障人大代表依法行使职权。

【人事任免】 2010年，市人大常委会坚持党管干部与人大依法任免相结合原则，审议人事任免议案，坚持任命干部任前法律知识考试和法官检察官任职资格审查等制度，严格依法行使任免权，先后任免临安市国家机关工作人员30人次；任命市人民法院人民陪审员25人。

任命：

董晓庆为临安市审计局局长；

周家根为临安市民族宗教事务局局长。

任命：

沈徐萌为临安市人民法院副院长；

李德宝为临安市人大常委会教科文卫工作委员会主任；

王浩军为临安市人民检察院副检察长，检察委员会委员；

陈爱娟、李素琴为临安市人民检察院检察员；

何锡荣为临安市人大常委会农业和农村工作委员会主任；

陈晓华、郑佳为临安市人民法院审判员；

郑琼、金天杍、彭云强为临安市人民检察院检察员；

毛煜焕为临安市人民法院审判员、审判委员会委员、副院长；

决定毛煜焕代理临安市人民法院院长；

徐军为临安市人民检察院检察委员会委员；

胡昉临、徐琦、阮非为临安市人民检察院检察员。

免去：

周新民的临安市人大常委会代表工作委员会主任职务；

金瑞芳、周建利、王江海的临安市人民法院审判员职务；

何锡荣的临安市人大常委会玲珑街道工作委员会主任职务；

接受何敏辞去临安市人民法院院长、审判委员会委员、审判员职务的请求，报临安市人民代表大会备案；

黄明来的临安市人民法院审判员职务；

张正谋的临安市人民法院审判委员会委员、审判员职务；

钟飞燕的临安市人民法院审判员、民事审判第一庭副庭长职务；

陈卫东的临安市人民法院於潜人民法庭庭长职务；

冯娅的临安市人民法院审判员职务。

10月25日，第37次常委会会议任命：

林天虹、张淑敏、陈一烽、章国华、卢江、潘卫强、陶利平、周庆、陈颖、黄红梅、钟飞亚、贾爱玲、方安高、过双玲、马勤、许高华、蒋虹、宣春燕、孙阮园、王军、阮敏、任裕青、彭静娜、童舒、陈咏梅为临安市人民法院人民陪审员。

(陈向阳)

(上接232页)

4. “碳汇”林业的意义

我国主要采取两种方式达到减排的目的：一种是直接减排，即减少温室气体排放源，主要是通过技术改造减少能源，提高效能等手段来实现；另一种是间接减排，即增加温室气体吸收汇，也叫“碳汇”或“碳汇”，主要是通过森林等植物的生物性特征，即光合作用吸收二氧化碳、释放氧气，把大气中的二氧化碳固定到植物体和土壤中来实现。与直接减排措施相比，植树造林等“碳汇”措施不仅可以达到间接减排的效果，而且操作成本低、效益好、易施行，是应对气候变化最经济、最现实的手段，也是国际社会公认的有效途径。

5、“碳汇”交易给林业带来机遇

清洁发展机制下的造林和再造林“碳汇”项目，是《京都议定书》框架下发达国家和发展中国家之间在林业领域内的惟一合作机制，是指通过森林固碳作用来充抵减排二氧化碳量的义务，通过市场实现森林生态效益价值补偿。根据规定，发达国家通过向发展中国家提供资金和技术，帮助发展中国家实现可持续发展，同时，发达国家通过从发展中国家购买“可核证的排放削减量”以履行《京都议定书》规定的义务。中国东北部内蒙古敖汉旗防治荒漠化青年造林项目，就是根据《京都议定书》清洁发展机制下的造林再造林“碳汇”项目相关规定，由外方承担部分投入，在我国造林的第一个“碳汇”造林项目。项目第一个有效期5年时间内投资153万美元，在敖汉旗荒沙地造林3000公顷。

(张　慧)

临安市人民政府

重要会议

【市政府全体（扩大）会议】 2010年，市人民政府召开全体（扩大）会议两次，分别为：

3月11日,召开第七次全体（扩大）会议。市长王宏作题为《增添新动力，实现新跨越》动员讲话。会议指出，要强化拼抢意识，争先创优。用更实的措施、更实的作风去突破发展障碍，推开实现新跨越的大门。摒弃松懈思想，全力以赴推进工作，以一流业绩取信于民。要强化创新意识，转型升级。搭建一批事关全局、支撑力强的大平台，把省科创基地（科技城）打造成符合“三高四区”要求的第一平台，建设好经济开发区和重点工业功能区。发展一批市场占有率高、竞争力强的大产业，抓好百亿产业、优势主导产业、新兴战略性产业、“税源型”产业的培育，夯实产业基础，增强发展后劲，提升财政支撑力。实施一批意义深远、带动力强的大项目，推动转型升级、城乡统筹和社会事业发展。培育一批占据行业龙头地位、创新能力强的大企业，孵育一批高成长性、高科技含量的中小企业，促成优势企业兼并重组、强强联合。会议强调，要强化责任意识，实干求成。把责任体现在工作落实上，健全奖惩考核机制。把责任体现在优化环境上，不断优化生态环境，促进要素集聚；优化城乡环境，促进统筹发展；优化人文环境，促进创业创新。把责任体现在民生改善上，突出就业、保障、教育、卫生、稳定等民生工作。会议要求，要强化服务意识，提升形象。崇尚学习，重点掌握政策、法律、经济等方面的知识，增强服务能力。崇尚法治，落实行政执法责任制，完善行政内部执法监督，深化阳光政务运行机制，不断规范行政权力运行。崇尚务实，深入基层，真抓实干，落实各项目标。崇尚效率，优化行政审批，合力攻坚破难，改进机关作风，使各项政府工作做得更快更好。崇尚廉洁，贯彻执行党员领导干部廉洁从政准则，严于律己，洁身自好，自觉接受监督，在人民群众中树立良好形象。

7月27日，召开第八次全体（扩大）会议。市长王宏作题为《强化执行力，实现大突破，确保全年各项目标任务的圆满完成》主题讲话。会议指出，要建设大平台，快速推进省科创基地(科技城)建设，掀起核心区块建设、产业化中心区块建设、总部经济和文化创意产业发展中心区块建设高潮，同时加快全市其他各重点平台建设进度。要实施大项目，各地各有关部门结合开展“一线破难、一线决战”两大行动，加快推进重大项目建设，以实现固定资产投资“上百亿”目标，科学谋划、深化前期，加大选商择资力度，着力招引一批生态、科技、税源型项目。要发展大产业，加快优势、特色产业的转型升级，培育和提升一批市场占有率高、竞争力强的大产业，推动和完善现代产业体系建设。要培育大企业，继续实施“十亿企业、亿元纳税大户”培育计划，做强做大一批具有行业龙头地位、自主创新能力强的大企业大集团。要促进大统筹，加快城市化步伐和“绿色家园、富丽山村”、城乡基础设施等建设。要依托大生态，围绕建设全省生态文明试点市、国家碳汇林业示范市这一目标，打赢节能减排攻坚战，抓紧抓实生态工程建设，深化生态文明创建。要形成大金融，努力构建新型政银企关系，创建安全、生态和充满活力的金融环境，减少中小企业发展面临的资金压力。要优化大服务、政府各部门要相互协作、群策群力，依托体制机制改革创新和项目带动，使社会事业发展能够真正与经济发展水平相适应、相协调。

【市政府常务会议】 2010年，市政府召开常务会议14次，分别为：

3月10日，召开第三十五次常务会议，审议通过《全面推进现代林业建设的意见》、《临安市绿色照明产业转型升级实施意见》、《临安市坚果食品产业转型升级实施意见》、《临安市精密机械元器件产业转型升级实施意见》等政策文件。

3月25日，召开第三十六次常务会议，审议通过《15省道至02省道连接线改建工程实物征迁补偿办法》、《关于加强村级安置留用地管理的实施意见》、《关于进一步落实计划生育独生子女奖励费的实施意见》、《关于推进计划生育保险工作的意见》等政策文件。

4月30日，召开第三十七次常务会议，审议通过《关于扶持文化创意产业发展的若干政策意见》、《关于扶持中介服务业发展的若干政策意见》、《关于扶持社区服务业发展的若干政策意见》、《关于扶持利废工业企业及再生资源回收利用企业发展的若干政策意见》等政策文件；研究上市公司限售股份转让所得个人所得税缴纳问题。

6月18日，召开第三十八次常务会议，审议通过《关于进一步促进企业上市的若干政策意见》、《关于鼓励和扶持大学生“村官”自主创业的实施意见》、《提高残疾人就业保障金征缴标准》、《2010年度机关部门专项工作考核细则》、《2010年度乡镇（街道）专项工作考核细则》等政策文件；研究省委巡视组反馈意见整改落实工作。

6月22日，召开第三十九次常务会议，专题研究锦城一中的搬迁问题。会议决定：鉴于前期酝酿的学校搬迁方案不成熟，不实施搬迁；按照全市中小学布局调整规划，在城市东部建设锦城一中新校区；市教育局和学校要广泛征求全校师生、家长及社会各界对学校搬迁的意见建议；学校搬迁方案要促进教育资源优质化；学校全体师生必须确保正常的教育教学秩序。

7月2日，召开第四十次常务会议，审议通过《关于进一步实施工业强市战略积极推进工业经济转型升级的若干意见》政策文件。

8月26日，召开第四十一次常务会议，审议通过《临安市建设用地复核验收办法》、《关于收储工业企业用地的若干政策意见（试行)》、审议《临安市医药卫生体制改革试点方案》等政策文件；研究锦城一中搬迁方案、农场改制职工定向供应经济适用房有关事宜和临安市国民经济和社会发展“十二五”规划基本思路。

9月10日，召开第四十二次常务会议，审议通过《关于鼓励和吸引国内领先国际一流科研机构入驻省科创基地（科技城）创新创业的若干意见（试行)》、《临安市人才专用房管理办法（试行)》、《创建覆盖城乡全民共享的充分就业市的若干意见》等政策文件；传达贯彻全国、全省、杭州市依法行政电视电话会议精神。

9月30日，召开第四十三次常务会议，审议通过《临安市征收集体所有土地房屋拆迁管理暂行办法》、《临安市城市房屋拆迁管理办法》、《临安市农居改造多（高）层公寓式安置办法》、《关于加快推进城中村改造的实施意见》、《临安市人民政府与杭州城市建设投资集团有限公司紧密战略合作协议》、《2010年乡镇(街道）和市级机关第二批专项工作考核细则》等政策文件；研究提高全市住房公积金补贴标准事宜和调整完善自然人股东转让限售股享受财政奖励政策事宜。

10月12日，召开第四十四次常务会议，审议通过《关于推进和谐社区建设的若干意见》及《临安市乡村卫生服务一体化管理实施意见》等配套政策文件。

11月11日，召开第四十五次常务会议，审议通过《临安市科技创新人才管理办法》、《关于促进小额贷款公司健康发展的若干政策意见》、《关于进一步支持福利企业发展促进残疾人就业的若干意见》、《关于推进总部经济发展的若干意见》等政策文件；研究行政规范性文件清理工作。

12月9日，召开第四十六次常务会议，审议通过《关于进一步加强基层应急队伍建设的意见》；研究临安市“十二五”国民经济和社会发展主要指标和城乡区域统筹发展有关“五年行动计划”。

12月24日，召开第四十七次常务会议，审议通过《临安市乡镇（街道）行政区划调整方案》。

12月24日，召开第四十八次常务会议，审议通过《临安市殡葬基本服务项目免费办法》、《临安市国家级试点和基地拓展区建设三年行动计划（2010~2012)》等政策文件；研究提高2011年企业退休人员节日慰问费标准事宜，明确2011年全市企业退休人员节日慰问费为1000元/人，其中,春节600元/人、端午节200元/人、中秋节200元/人。

重要表彰

【重要表彰】 2010年，市人民政府表彰各类先进36批次。

2月3日，对临安杭之宝绿色食品有限公司等10家2009年度优质农产品市场拓展先进企业和杨金南等10个先进营销大户进行表彰。

2月8日，对太湖源镇人民政府等37个2009年度人口与计划生育目标管理先进集体和裘中良等39名先进个人进行表彰；对玲珑街道办事处等12个2009年度国土资源保护与利用目标管理先进集体和竺新伟等25名先进个人进行表彰；对锦城街道办事处等34个2009年度生态建设与环境保护目标责任制考核先进集体和楼水根等59名先进个人进行表彰。

3月5日，对市文广新局等13个

2009年度依法行政工作先进单位和吴向东等16名先进个人进行表彰。

3月11日，对浙江万马集团有限公司等21家2009年度临安市工业大企业大集团、杭州杭机股份有限公司等50家2009年度临安市最具成长性企业、杭州临安太阳工具有限公司等50家2009年度临安市成长性企业进行表彰；对青山湖街道等11个2009年度临安市工业强乡镇（街道）、太阳镇工业创强先进乡镇进行表彰；授予临安市马溪小企业创业基地“临安市中小企业创业示范基地”称号，并进行表彰；对浙江万马集团有限公司等前30家2009年度临安市工业企业纳税大户进行表彰；对横畈镇、太湖源镇、玲珑街道、於潜镇等2009年度临安市工业平台建设优秀单位进行表彰。

3月20日，对锦城街道办事处等8个2009年度民政工作先进集体和陆玲娟等14名先进个人进行表彰。

4月14日，对龙岗镇政府等28个2009年度统计工作先进集体和周国华等59名先进统计工作者进行表彰。

4月20日，对市财政局等10个劳动保障工作先进单位、市总工会等10个就业再就业工作先进单位、市地税局等10个社会保险工作先进单位和范照宏等劳动保障工作40名先进个人进行表彰。

4月27日，对锦城街道办事处等7个2009年度农民素质培训工作先进集体和方学锋等39名先进个人进行表彰。

5月6日，命名中石化浙江临安石油支公司等39家企业（市场）为2009年度临安市商贸服务业重点骨干企业，并进行表彰；对锦城街道办事处等10个2009年度商贸工作先进集体和郑月仙等27名先进个人进行表彰。

5月18日，对锦城街道办事处等16个2009年度住房公积金扩面工作先进单位和吴建林等27名先进个人进行表彰。

6月22日，对锦城街道办事处等10个档案工作先进集体和沈亚芳等30名档案工作先进个人进行表彰。

9月29日，对青山湖街道办事处等12个2009年度征兵工作先进单位和程爱兴等24名先进个人进行表彰。

12月21日，对於潜镇人民政府等6个国有林地清查工作先进集体和斯雪芬等25名先进个人进行表彰。

（薛闻琦）

十件实事

【市政府十件实事】 2010年，市人民政府十件实事及完成情况如下（见表18）：

十件实事及完成情况

表18

实事内容	完成情况
强化城乡住房保障,200户城镇低收入困难家庭享受廉租房政策，改造农村困难群众危旧房310户；完成第四期保障性住房一期主体工程量的50%,启动二期建设;出台人才专用房政策	从2010年起将城镇廉租住房保障对象扩展到城镇低保标准2.5倍以内的住房困难家庭。2010年210户城镇低收入住房困难家庭享受廉租住房保障政策。完成农村住房改造建设3179户、农村困难群众住房救助310户3.3万平方米。第四期保障性住房一期工程完成工程量的50%以上;二期工程正式动建。《临安市人才专用房管理办法(试行)》发布实施

续表

实事内容	完成情况
实施“绿色家园、富丽山村”四大工程，建设精品村5个、特色村5个，整治自然村100个	2010年“绿色家园、富丽山村”建设12个创建村全部完成年度各项创建工作任务，经考核验收和群众测评，市委、市政府命名板桥乡上田村等5个村为精品村、西天目乡天目村等5个村为特色村；100个整治村通过省和杭州市考核验收
建设农村联网公路35.3千米，实施农村公路大中修60千米，改造农村危桥40座	2010年建设农村联网公路35.5千米；完成农村公路大中修79千米；完成危桥改造40座
以创业带动就业，建成大学生创业园，启用创业平台，开展大学生创业培训500人次	杭州市大学生创业园(临安)于2010年12月10日正式开园。12家大学生创业企业入驻创业园，直接带动大学生就业66人。出台大学生自主创业扶持政策，市财政每年安排200万元专项资金。举办大学生“GYB”创业培训、大学生自主创业培训班、浙江农林大学自主创业辅导班，创业培训704人次
加大新农村电气化建设力度，建成29个电气化村和1个电气化乡镇(街道)	建成新农村电气化街道1个、电气化村29个，实施项目69个，总投资3983万元
实施“千里富民”林道建设，加大资金扶持力度，建成林道200千米	2010年，市财政安排林道建设专项资金250万元，争取省、杭州市补助资金205万元。全年建成“千里富民”林道项目128个，计220千米
完善社区卫生服务网络和城乡社会保障管理体系，实现全市社区卫生服务、行政村劳动保障室全覆盖。	新改扩建标准化卫生院6家，完成73家社区卫生服务站规范化建设、80家村卫生室标准化建设，改造121家，“20分钟卫生服务圈”基本形成，实现社区卫生服务全覆盖。确定村级劳动保障员298人，并经培训持证上岗，办公场地和办公设备建设配备到位，社会保障体系信息化平台延伸到乡镇、村，实现市、乡、村劳动保障业务三级联网
丰富群众文化生活，新改扩建乡镇综合文体站8个；送戏下乡300场、电影下乡3000场；推进城乡数字电视整体转换，完成城区“模转数”，实现乡镇全覆盖	建成乡镇综合文体站10个。送戏下乡603场，送电影下乡3300场。城区65个居民小区和城中村部分区块广播电视有线网络“模转数”，配发数字电视机顶盒5.92万台。“数字兴农”工程完成所有行政村有线电视网络双向改造，入户安装3.8万户，实现每个乡镇(街道)至少有一个数字电视村目标
加大帮扶力度，深化“联乡结村”活动，落实帮扶资金800万元、实施结对项目250个；完成偏远山区下山移民300人	2010年“联乡结村”活动在“乡镇联结和村企共建”全覆盖的基础上向纵深推进，实施共建项目288个，到位结对资金2262万元。全年下山移民180户573人，完成宅基地复垦18.10公顷，建成集中式农民安置小区(点)6个
加强交通组织管理，增设临时中型停车场2个，搬迁客运中心站，拆建临西桥，着力缓解城区行车难、停车难问题	构建数字巡管警务新模式，推行城区交通网格化管理。通过推行单行线试点、中心隔离、禁止机动车左转等措施提高通行效率。规范施划城区道路停车泊位，加强主要道路的路面和人行道违停管理。汽车东站建成并投入使用。临西桥老桥于2010年5月底拆除，新桥及连接线部分道路计划工期9个月，2010年完成部分桥梁工程、路基填方3500立方米、道路衡重式挡墙1200立方米

(徐志军)

法制工作

【概况】 2010年，市政府法制办公室收到行政复议申请18件，经审查，受理15件，加上上年度转结2件，全年共承办行政复议案件17件，办结16件，结转下年度1件，结案率94.12%。做出行政复议决定14件。其中，不予受理1件，决定维持具体行政行为9件，因双方当事人达成和解或调解协议等原因申请人撤回申请或因被申请人改变具体行政行为，申请人撤回申请而决定终止3件，经审理依法予以驳回1件。省、杭州市和临安市三级人民法院受理临安市一审、二审行政诉讼案件31件，审结24件，中止1件，6件在审。审结案件中，维持15件，驳回诉讼请求5件，撤销1件，经法院协调及行政机关自动纠错促使原告主动撤诉3件。各级各部门严格按照《临安市行政首长出庭应诉办法》出庭应诉，行政首长出庭应诉率75%。

对全市33个行政执法责任单位和26个乡镇（街道）进行行政执法责任制评议考核。推进权力阳光运行机制工作，开通运行“临安市网上政务大厅”，部分部门行政权力事项实行网上运作。完成非行政许可审批事项清理工作，39个部门行使的557项非行政许可项目以市政府文件形式对外公布。组织机关干部172人参加综合法律知识培训考试，考试通过率80%。举办一期由全市36家行政执法责任制单位中层正职，近300人参加的依法行政法律知识集体培训班，并进行相关依法行政法律知识测试。依法召开房屋强拆听证会4次，作出强拆决定3件，无一件被上级复议机关及法院确认违法或撤销。

贯彻落实杭州市人民政府关于推进开放式决策有关文件要求，市政府决策严格遵循调查研究、公开征求意见、专家论证、合法性审核和集体讨论等程序进行，对涉及人民群众切身利益的重大决策，实行政府常务会议网络视频直播。对制定《临安市关于进一步促进企业上市的若干意见》、《全面推进现代林业建设的意见》等规范性文件，市政府常务会议专门邀请市人大代表、政协委员和市民代表参加。组织召开城区部分道路拟实行单向行车、房屋强制拆迁等听证会。开展规范性文件清理工作，清理出行政规范性文件1225件，对需要废止和失效的规范性文件，以市政府办公室文件形式统一对外公布。从源头上规范文件起草审核工作，进行政府决策事项合法性审查和上级立法文件意见反馈工作。

（章元锋）

电子政务工作

【概况】 2010年，延伸整合电子政务网络平台，完成覆盖全市298个行政村的村级电子政务网络平台建设工作。推进权力阳光电子政务系统工程，完成市劳动和社会保障局、市建设局、市城管执法局三家试点单位外其他各单位的权力事项加载，电子监察与网上执法系统投入正常使用，网上行政服务中心与网上市民之家进行试运行。将网上政务大厅、网上行政服务中心、网上市民之家、政府信息公开等系统整合进政府门户网站。公开各单位行政许可、行政处罚等权力事项，更新政府信息公开目录，完成市政府及市政府办公室文件信息的正常转换发布。

（王黎阳）

外事工作

【概况】 2010年，临安市办理因公出国（境）团组37批94人次（其中包括有21位村民组成的赴德国表演团），除去表演团成员，党政机关出国（境）人员比上年下降19.8%。对全市因公出国（境）管理实行月报制度、计划报批制度和出访归来跟踪制度。

【出国访问】 2010年6月5~15日，临安市委书记邵毅率经贸招商团出访古巴、西班牙和印度。招商团拜访古巴基础工业部、西班牙NORDIX电缆公司，实地考察美国通用公司设在欧洲的整灯制造企业GE公司、印度艾可逊集团及其下属的SRI BALAJI医院和印度班加罗尔软件园，举办5场临安投资环境推介会和项目签约仪式。

11月15~26日，市委副书记、市长王宏率招商考察团赴巴西、阿根廷和智利考察科技城建设、招院引所和开拓国际市场。考察团拜访考察巴西圣根萨罗市政府、杭叉公司在南美的合作商巴西仁新贸易公司和CMH公司、巴西圣约瑟平原市科技园区、布宜诺斯艾利斯市政府外贸局、阿根廷华人华侨联合会、阿根廷中华工商企业联合总会、智利华商总会、CBRE工业园区和圣地亚哥大学等部门企业，开展各类公务活动13场。

【藤枝市日中友好协会代表团访问临安】 2010年6月7~8日，日本藤枝市日中友好协会代表团到临安进行访问，副市长陈伟民接待代表团一行，双方进行友好座谈，日本藤枝市日中友好协会副会长冈崎转呈藤枝市市长的信函，信中表达与临安市结好的愿望。其间，代表团实地参观浙江农林大学、天目山景区以及相关企业。

(张泓阳)

应急管理工作

【概况】 2010年，全市发生各类突发事件511起。其中，自然灾害1起（洪涝灾害），受灾人口1.29万人，受灾面积2.55千公顷，倒塌房屋208间，造成直接经济损失6090万元；事故灾难410起，死亡78人，造成直接经济损失347.64万元；公共卫生事件2起；社会安全事件98起。

健全应急管理组织体系，调整市应急管理委员会，各乡镇（街道）和部门设立应急管理领导小组。完善应急预案体系，修订充实市级专项预案，乡镇（街道）、部门、村（居）、学校、企业等基层应急预案基本编制到位。加强应急演练，组织开展中小学幼儿园“5·12”应急疏散、高层建筑疏散灭火、建筑施工突发事故、防控重大动物疫情等10个专项预案的应急演练。深化应急知识宣教活动，利用电视、广播、互联网、宣传栏、简报等形式，开展多层次、全方位的应急知识宣教活动。5月12日，结合“全国防灾减灾日”，开展以防震减灾为主要内容的应急管理知识宣传教育活动。提高应急处置和保障能力，组建市综合应急救援队伍，有效处置冰雪灾害、“6·11”南苕溪橡皮坝破裂事故、青山湖水上安全事故等各类突发事件。

(张力军)

接待工作

【概况】 2010年，全市接待国家部委、浙江省、杭州市各级领导及国内其他县(市)来宾1209批1.02万人次。其中，国家机关部委领导两批，主要有中国人民政治协商委员会副主席白立忱、原副主席张怀西和中共中央组织部、国家发改委、国家林业局、环境保护部、国务院台湾事务办公室等有关部门领导；省级领导28批45人次，主要有浙江省委书记赵洪祝、省长吕祖善、青海省政协副主席马志伟等领导；地级市领导及国内其他县（市）考察团56批1020人次，主要有海外华文媒体临安采访团、新疆阿克苏市考察团、四川省金堂县政协考察团、重庆市黔江区党政考察团、山东省高唐县党政考察团、江西省丰城市考察团、海南省白沙黎族自治区考察团、江苏省常州市政府考察团、福建省武平县考察团、湖南省桃江党政考察团及浙江省湖州市南浔区考察团和长兴县党政考察团、温州市泰顺县考察团、金华市武义县政府考察团等。

（胡丽萍）

锦南新城

【概况】 2009年9月，临安市委、市政府成立锦南新城建设领导小组，由市委副书记、市长王宏任组长，下设锦南新城建设指挥部，由副市长冯镭兼任总指挥，市政府办公室副主任陈立群兼任常务副总指挥。成立临安市新锦投资开发有限公司，具体负责规划区范围内的土地整理、基础设施和公建项目建设。

锦南新城紧邻临安市主城区，规划范围东至临天路延伸段，南到杭徽高速公路，西接玲珑大道，北界吴越大街（原02省道），总面积约8平方千米。其中，山体面积3.5平方千米、农居用地0.61平方千米、工业用地0.95平方千米、其他用地和水域约0.34平方千米、农田用地约2.6平方千米。拟经过5年左右时间的开发建设，建成以原有工业为基础，以行政办公、文体教育等城市服务功能为支撑，以创业人群居住为主体的，充分体现临安人文精神的，集工贸、公共服务、休闲居住等功能为一体的现代化生态型山水园林新城区。

2010年，临安市新锦投资开发有限公司向银行融资4亿元，完成玲珑街道曹家头、小岱里、锦绣村土地征用80余公顷，合计支付征地款约1.3亿元。投资1.35亿元的天目初级中学建成使用，投资8000万元的市委党校动建，投资5.8亿元的文体会展中心开工奠基。与浙江机电职业技术学校和省医学高等专科学校签订合作框架协议。两条主干道卦畈路和玲三路西段建成，玲五路、飞翠路等几条次干道动建。核心区块控制性详细规划委托浙江城乡规划设计院编制。（潘群良）

行政服务工作

【概况】 2010年，市行政服务中心全年受理各类行政审批（服务）事项9.87万件，办结9.84万件，办结率99.70%，提前办结率86.85%；综合窗口受理办理固定资产投资项目联合审批、施工许可并联审批、企业注册并联审批949件，委托事项427件。於潜、昌化便民服务中心全年受（办）理15.17万件。

市公共资源交易中心组织采购交易448项，总交易额34.40亿元，同比增长115.81%。其中，政府采购交易219批次，预算资金1.13亿元，实际采购资金9871万元，节约率12.99%；建设工程交易185项，工程预算资金32.49亿元，实际中标资金30.17亿元，节约率7.14%；水利、交通工程交易37项，工程预算资金3.46亿元，实际中标资金3.2亿元，节约率7.47%；产权拍卖7批次，评估价324.5万元，成交价412万元，增值率26.96%。工程直接发包备案167项，发包金额4.39亿元；协议供货619.54万元。

市投资项目审批代办服务中心全年受理代办项目176个，其中，市本级代办员代办90个、乡镇代理员86个，完成代办项目88个。

是年，市行政服务中心被省政府授予“示范行政服务中心”称号。

【非行政许可审批事项清理和规范】　2010年，市政府下发《临安市人民政府关于公布临安市级非行政许可审批事项的通知》，对全市各部门非行政许可事项的事项名称、办事依据、承诺时间、申报材料、审批流程进行逐项梳理，清理工作分组织动员、自查清理、审查复核三个阶段进行。通过清理，全市非行政许可审批事项保留557项，取消7项，法定承诺时间压缩30%~50%；面向机关内部事务或依据市本级文件作为设定依据的事项转为内部管理事项25项。

【市级机关内部职能整合工作】　2010年，在全市推进行政机关内设机构职能整合，选取市林业局、市安监局、市质监局、市人防办、市气象局作为第一批试点单位。5月，设立行政许可科,实现行政审批职能向一个科室归并,其他内设机构工作重心向调研、监管和服务转移,形成“审批依法规范,监管到位有力”的批管分离体制。

【网上“一家一中心”建立】　2010年，建立网上市民之家和网上行政服务中心，实现行政审批和服务的“网上受理、网上办理、网上反馈、网上监督”，做到公众与政府之间、政府部门与部门之间的政务活动通过网络实现。该系统以原有服务管理软件为基础，通过数据交换完成门户网站预申报、内网审批，窗口与部门专线审批流转、窗口与中心专线跟踪，虚拟中心与实体中心并行。

【电子评价系统启用】　2010年9月1日，市行政服务中心各窗口安装并启用电子评价系统。该系统与窗口办理事项结合，实行“一事一评”，即所有在市行政服务中心办理的审批（服务）事项，在窗口取件时，服务对象根据窗口服务情况，通过电子评价器对相关窗口和办事人员作出“很满意”、“满意”、“一般”、“不满意”评议。评议结果将作为窗口和工作人员月度效能考核的重要依据，并与网络监控和视频监控相结合，对窗口服务形成内外监督体系。

【创建省示范行政服务中心】　2010年，市行政服务中心开展创建省示范行政服务中心活动。按照“八个一条线”、“两个统一”（桌椅摆放一条线、桌牌摆放一条线、文件柜摆放一条线、热水瓶摆放一条线、办事须知摆放一条线、绿化盆景摆放一条线、电脑显示器摆放一条线、电子评价器摆放一条线，统一着装、统一挂牌）标准摆放窗口物件；按照杭州市提出的“审批事项80%进驻中心，80%网上受理，80%授权到窗口”要求，推行节假日预约办理制、项目上门服务制，重大项目实行代办制、并联审批办理制、“跟踪监督卡”制；与市委党校联合办学，开展窗口礼仪培训，从服务仪态、思想素质、工作意识等方面提升工作人员综合素质。

【公共资源招标投标实行现场指纹确认】 2010年，市招投标管理委员会办公室根据《关于实施外地建筑企业进临管理人员及施工现场关键岗位人员指纹考勤工作的通知》精神，规定凡参加临安市范围内政府投资项目或造价在500万元（或建筑面积在5000平方米）及以上的非政府投资项目的外地进临建筑企业，拟派项目负责人在开标现场需进行指纹考勤，未经考勤将被拒绝投标，并且予以市场禁入3个月的处罚。

【政府采购工作全省获评】 2010年，市行政服务中心政府采购工作获省级考评优秀级。该考核由省集中采购机构考核工作领导小组组织开展，按照“由省统一组织，省市下考一级，各市交叉互考”的工作思路，结合“定量考核与定性评价”，省、杭州市两级财政、监察、审计等部门共同组建考核小组20个，从机构建设、制度建设、业务建设、队伍建设和社会评价五个方面对全省89家集中采购机构（其中，省级1家、市级11家、县级77家）进行考核，包括临安市在内25家县级政府集中采购机构及5家市级以上政府集中采购机构获评优秀。

（黎　威）

“清洁乡村”工作

【概况】 2010年，按照“坚持长效，常抓不懈”基本要求开展“清洁乡村”工作。市委、市政府把“清洁乡村”工作列入首批专项工作考核。邀请市领导、市党代表、市政协委员参与“清洁乡村”明察暗访活动，乡镇（街道）分管领导交叉检查。将每季度考核结果进行排名并经媒体公示，年终考核总分排名纳入市委、市政府年终专项和业绩考评。锦城街道钱王铺村创建成为杭州市第三批打造“国内最清洁城市”示范点，青山湖街道研里村和藻溪镇闽坞村被评为杭州市清洁乡村工作先进单位。

26个乡镇（街道）制订“清洁乡村”考核、保洁员考核等制度。建立独立环卫所20个，新（改）建垃圾填埋场2个，新建垃圾焚烧炉5座、垃圾房27间，新增垃圾箱231只、垃圾桶2372只、清运车（汽车、拖拉机）60辆。有保洁员1165人，其中调整新增44人。购买意外伤害保险保洁员746人，市财政为每人补助50元。龙岗镇、河桥镇、湍口镇采取市场化模式管理生活垃圾填埋场，实现专人专管。建有建筑垃圾消纳场64个，集镇、村全覆盖，农村生活垃圾收集处置率91.5%。

【“鲜花工程”启动】 2010年8月，市清洁办牵头启动“鲜花工程、美化家园”试点工作，以锦城街道钱王铺村、锦南街道杨岱村、藻溪镇闽坞村为试点，投入3.5万元，统一购买花籽，有波斯菊、麦仙菊、牵牛花、太阳花、喇叭花等花种12个，播种面积1万余平方米。

【禁渔养鱼工作】 2010年，全市开展禁渔养鱼河道124条，总长1140.2千米，涉及行政村135个，投放鱼苗61.14万尾，有禁渔管理人员433人，查处违规捕鱼43人。湍口镇二联村石斑鱼孵化基地建成投产，孵化鱼苗10万余尾。

【“庭院改厕”工作】 2010年，中央农村改厕项目通过考核验收。全市新建卫生户厕0.23万座，累计15.42万座，占农村总户数的98.72%；新改建无害化户厕1.30万座，累计12.35万座，占农村总户数的79.07%，其中预制三格式户厕3675座；新建公共厕所67座，累计683座。委托市疾控中心抽选4个乡镇中的5个行政村，对10户农户卫生厕所进行现场调查和效果监测，抽检样品20只，合格率100%。

【“清洁庭院”工作】 2010年，开展“清洁庭院”创建工作并实行长效管理行政村298个，81.02%的农村家庭达到“清洁庭院”达标户标准，23.78%的农村家庭被评为“清洁庭院”示范户。各级妇女组织开展“清洁庭院”集中活动429次，参加人数8.40万人；平时义务清扫活动459次，参与1.01万人次。清除垃圾1.27万吨，新增庭院绿化面积6.68万平方米。

【山核桃蒲壳治理】 2010年8月，专题召开山核桃蒲壳专项治理工作会议，出台2010年山核桃蒲壳治理工作实施意见。组织环保、水利、林业、农办等部门分组督查蒲壳治理工作。通过山核桃脱壳还林、定点堆放、深加工等途径，山核桃产区乡镇治理蒲壳5万吨。

（章志刚）

房改和住房保障工作

【概况】 2010年，制订出台《临安市2010~2012年城镇住房保障规划》、《临安市人才专用房管理办法（试行）》、《临安市2010年度城镇廉租住房保障申请准入条件和租金补贴标准》。全年开工建设保障性住房面积7.6万平方米，新增廉租住房保障家庭30户。

全年审核住房补贴单位26家，核准发放住房补贴240人，补贴393万元；职工支取住房补贴607人，金额637万元。核准出售（衔接）公有住房7套（户），总房价12.8万元；归集单位住房资金10.1万元、住房维修基金2.7万元，审批住房维修单位23家（次），核准发放住房维修款21.54万元。出具房改情况证明675份。全年收集整理房改和住房保障档案1385件（卷/册），其中，文书档案432件、业务档案831件、会计档案122卷（册）。

是年，市房改办获杭州市房管（住房保障）工作先进单位二等奖，房改业务大厅被评为杭州房改系统红旗窗口，综合科被评为临安市巾帼文明岗，市经济适用房开发有限公司被评为市“春风行动”爱心奖先进集体。

【制订住房保障三年规划】 2010年，市政府制订《临安市2010~2012年城镇住房保障规划》，明确保障性住房建设目标和廉租住房保障要求。三年开工建设保障性住房总建筑面积11.6万平方米，总建设用地5.16公顷，总投资2.45亿元。开展第五期保障性住房项目可行性调研，启动项目前期工作。采取实物配租、租金补贴和租金核减等方式，三年计划廉租住房保障总数660户。

【人才专用房政策出台】 2010年，《临安市人才专用房管理办法（试行)》经市政府发文实施，将高层次引进人才（指具有全日制硕士研究生及以上学历 (学位) 或具有副高级及以上职称或具有特殊技能的急需紧缺人才）住房问题纳入全市住房保障范畴，从住房上吸引外来人才创业临安、服务临安。该办法分8章20条，对人才专用房的建设管理、申请准入条件、享受面积标准、购房程序、销售价格、产权处置、监督管理等作出规定。

【第四期保障性住房工程建设】 2010年，市房改办按照年度住房保障实施计划，推进第四期保障性住房项目——“衣锦人家”工程建设。该项目由廉租住房、经济适用住房、人才专用房“三房一体”组合而成，规划选址在锦城街道万马路北延段东侧、新环城北路南侧地块，总用地面积5.16万平方米，总建筑面积11.6万平方米。工程概算总投资2.45亿元，设计住房960余套，分两期4个标段进行。截至年底，一期工程（一标段、二标段）完成主体工程量50%以上，二期工程（三标段、四标段）开工建设。

【廉租住房保障工作】 2010年，市房改办放宽廉租住房申请准入条件，将保障范围扩大到城镇低保标准2.5倍（含）以内（即人均月收入在900元以下）住房困难家庭，组织开展年度廉租住房申请审核配租工作，通过个人申请、社区(居委会）初审、部门联审、联席会议审定并经媒体公示后，确定符合条件家庭210户，其中实物配租28户（次)、租金补贴182户（次)。 （邵 萍）

住房公积金管理工作

【概况】 2010年，全市归集住房公积金3.13亿元，发放个人住房公积金贷款1.70亿元。至年底，全市建立住房公积金制度单位1686个，正常缴存人数2.84万人；累计归集住房公积金15.51亿元，提取8.03亿元，归集余额7.48亿元；累计发放个人住房公积金贷款11.52亿元，回收住房公积金贷款5.51亿元，贷款余额6.01亿元；累计支持家庭购买住房7493户，面积93.77万平方米。全年净增缴存职工2056人。

广东省住房公积金监管处处长余云枢带领东莞市、佛山市、河源市公积金中心负责人到临安考察住房公积金管理工作。是年，市住房公积金管理中心被评为浙江省住房公积金管理岗位目标责任制考核优秀单位。

【提高住房公积金补贴政策出台】 2010年9月30日，市政府第43次常务会议通过提高住房公积金补贴的决议，职工住房公积金补贴月缴存额度由40元提高到100元，该政策2011年1月1日起正式实施。住房公积金补贴是指对1999年1月1日以后参加工作的，未参加过房改（包括未参加过集资建房）的职工，由单位按规定比例资助职工个人缴存的住房公积金。

【推出住房公积金转按揭贷款业务】 2010年10月起，在临安买房办理商业住房按揭贷款且住房公积金缴存在临安的职工，具备个人住房公积金贷款资格的借款人，可将商业贷款转为住房公积金贷款。转按揭贷款需具备三个条件：所购房屋已取得房屋所有权证；借款人在临安连续正常缴存住房公积金 12 个月以上；夫妻双方个人征信系统中两年内无连续 3 个月或累计 6 个月逾期还款记录。申请转按揭贷款有两种方式：借款人可筹款结清商业贷款再发放公积金贷款，或由担保机构提供担保先发放公积金贷款用来提前结清商业按揭贷款。转按揭贷款额度不超过商业按揭贷款剩余本金金额。

【住房公积金缴存基数调整】　2010 年 7 月 1 日起，全市住房公积金缴存基数调整。缴存基数以职工本人 2009 年度月平均工资计算确定，机关事业单位职工工资口径按套改工资标准及财政、人事部门有关口径计算；企业和其他组织职工工资口径按国家统计局规定列入工资总额统计项目计算。职工 2009 年月平均工资低于 2197 元，缴存基数按 2197 元确定。职工住房公积金缴存基数一般不超过 10989 元，最高不超过 18315 元；住房公积金缴存比例为 8%~12%；单位因经营困难，申请降低缴存比例的，需办理备案手续，最低缴存比例为 5%。（陈利生）

机关后勤工作

【概况】　2010 年，市机关事务管理局完成省委书记赵洪祝到省科创基地（科技城）调研、省委巡视组到临安考察、杭州市六届五次机关事务工作会议、全市“两会”、第七届中国（临安）森林生态博览会、京沪杭甬温春节团拜会、市委赴广州考察炒货企业和节能灯市场等后勤保障工作。全年公务接待各类来宾 1209 批，接待 1.02 万人次；承接各类会议服务 622 场次，其中，会议中心服务 596 场次、外出会议服务 26 场次，接待 5.6 万余人次。机关大院登记出入人员 6600 余人次、车辆进出 12 万余车次，制止违规上访 3000 余人，全年无重大刑事治安案件、无火灾事故、无重大交通事故。机关食堂每天提供菜肴品种 24 个以上、点心品种 15 个以上，保证机关大院内 700 余名干部职工就餐。全年零星维修房屋 800 余次，维修水电 2300 余次，修理家具、空调、电脑、门锁等 870 余次。全年为市四套班子领导柯斯达出车服务 360 余次；办理省政府、杭州市政府车辆通行证 62 本、“世博会”通行证 40 本。机关理发室为干部职工服务 1 万余次。

对老广电大楼进行全面装修设计，完成设计和招投标工作；拆除老广电大楼北侧两幢附楼，改建停车场，完成设计和招投标工作；完成市城市管理行政执法局机关食堂建设和市城市有机更新工作指挥部办公室会议室装修和设备采购。

是年，市机关事务管理局获第七届“森博会”优秀组织奖，机关大院保卫科被评为杭州市经济文化保卫工作先进集体。

【第七届“森博会”后勤保障】　2010 年，市机关事务管理局负责第七届中国（临安）森林生态博览会后勤保障工作。按照“务实、高效、节俭、有序”要求，以“热情、周到、文明、规范”为原则，制订第七届中国（临安）森林生态博览会后勤接待工作方案，成立综合协调组、食宿接待组、会场服务组、车辆调度组、财务管理组、中都大酒店报到组、钱王大酒店报到组 7 个工作小组。协办“青山湖情怀”招待晚宴。为中国碳汇林业与低碳经济发展高峰论坛、经贸洽谈会、文艺晚会等提供会场后勤保障。“森博会”期间，接待来宾5000余人次，提供车辆服务1000余车次。

【公共机构节能降耗工作】 2010年，市级公共机构节能减排领导小组办公室印发《2010年市级公共机构节能要点》和《临安市2010年市级公共机构节能工作考核办法》，把机关节能工作纳入专项考核，建立不定期巡查制度。开展能耗计量统计，加强公务用车管理，建立“一车一档”工作，建立驻厂监督员管理制度。培训重点用能公共建筑单位能管员及公共机构节能联络员106人；开展夏季空调温度执法检查、“能源紧缺体验日”活动和为期一个月的全市党政机关有序用电情况督查。市级公共机构节能减排工作领导小组办公室会同市纪委、市能源监察中心、市供电局、市自来水公司组成节能降耗督查组，对全市各公共机构上报的能耗数据及节能降耗各项措施落实情况进行专项督查，并将督查情况进行全市通报，基本完成年初下达的各公共机构用能降幅5%的目标。全市70家机关单位电能消耗678.81万千瓦时，同比下降5%；用水量10.42万立方米，同比下降11%；公务用油110.38万升，同比下降9%。

【天目会馆建成】 为保护历史文化遗存，并结合市委、市政府接待上级领导、宾客之需，2008年5月，市机关事务管理局负责在西天目山麓留椿屋一带修建集住宿、餐饮、会议、度假于一体的天目会馆。2010年7月，天目会馆建成开业。会馆占地面积1.06公顷，建筑面积1965平方米，由留椿屋、新建区（仙人居）和小木屋区（留椿苑）三个部分组成。其中，留椿屋有套房2个、展示厅1个、西餐厅1个（可供8人用餐）；仙人居有套房2个、单间1个、餐厅大包厢1个（4桌）、标准包厢2个、小包厢1个（6人），餐厅能容纳60人~70人同时用餐，还设有15人会议室（多功能）1个；留椿苑有木屋20幢，其中，标准房11个、单间6个、套房3个。至年底，会馆接待中国人民政治协商委员会副主席白立忱等领导、宾客10余批。

留椿屋又名潘庄，是一栋仿西洋建筑而建的私家别墅。1936年，上海怡和洋行潘志铨向禅源寺租地而建，为其父亲潘澄波颐养天年，故名“留椿”。民国时期，蒋介石、周恩来、电影明星胡蝶、国民党浙江省政府主席黄绍竑等曾下榻于此。

(陈钰明)

天目会馆

政协临安市委员会

【概况】 2010年，政协临安市委员会召开常委会议7次、主席会议13次；对节能降耗等11项工作进行专题协商；对2个部门开展民主评议，统一选派政协委员担任民主监督员；常委会组织开展各类视察、调研活动60余次，向市委、市政府报送建议案和调研报告7份。

举办市政协委员培训班并纳入市委党校主体班教学，邀请有关领导和专家作博弈论与政府管理、当前国际形势和中国对外关系、人民政协基本理论与知识等专题讲座。完善委员履职考核机制，制订出台《关于市政协委员履行职责的若干规定(试行)》、《临安市政协委员履行职责考核办法（试行)》。加强对界别工作指导，召开界别工作、调研工作等会议，明确开展界别课题调研、政协委员进社区活动等任务和要求。各界别开展活动110余次。

是年，省政协副主席王永昌率调研组到临安调研民族宗教工作，杭州市政协主席孙忠焕到临安视察省科创基地（科技城）建设和“绿色家园、富丽山村”建设工作。

【市政协七届四次会议】 2010年3月1~4日，政协第七届临安市委员会第四次会议在锦城召开。会议听取和审议政协第七届临安市委员会常务委员会工作报告、政协第七届临安市委员会常务委员会关于七届三次会议以来提案工作情况的报告，进行大会发言，选举产生副主席1人，审议通过政协第七届临安市委员会第四次会议决议和政协第七届临安市委员会第四次会议关于提案收集和初审情况的报告。与会人员列席临安市第十四届人民代表大会第四次会议，听取并讨论《政府工作报告》和其他有关报告。部分市民代表旁听此次会议。

【市政协七届常委会议】 2010年，市政协七届常委会召开会议7次，分别为：

1月22日，召开第十六次常委会议，研究市政协七届四次会议筹备工作，协商讨论市政协七届四次会议有关事项。

3月3日，召开第十七次常委会议，审议市政协七届四次会议选举有关事项。

3月3日，召开第十八次常委会议，听取各组关于讨论《政协常委会报告》、《提案工作报告》和《政府工作报告》情况的汇报，审议市政协七届四次会议决议（草案)、提案委员会关于市政协七届四次会议提案收集和初审情况的报告（草案)，审议通过《市政协2010年工作要点》、《关于市政协委员履行职责的若干规定（试行)》。

3月4日，召开第十九次常委会议，审议通过有关人事任免事项。

6月8日，召开第二十次常委会议，协商2010年全市节能降耗工作，审议通过《临安市乡镇（街道）政协工作联络委员会工作规则（试行）》、《临安市政协委员履行职责考核办法（试行）》和有关人事事项。

9月10日，召开第二十一次常委会议，听取市政府提案办理工作和市人民法院、市人民检察院工作通报，研究民主评议、民主监督小组和围绕“十二五”规划建言献策等工作。

12月7日，召开第二十二次常委会议，协商“服务百姓档案”工作和“绿色家园、富丽山村”建设，审议通过有关人事任免事项。

【主席会议】 2010年，政协第七届临安市委员会召开13次主席会议，分别为：

1月13日，召开第四十三次主席会议，传达学习市委十二届十一次全会精神，研究市政协七届四次会议筹备工作有关事项。

1月29日，召开第四十四次主席会议，协商讨论临安市2009年财政预算执行情况及2010年财政预算草案，听取各专委会关于2010年工作计划汇报，讨论审议《临安市乡镇（街道）政协工作委员会的工作职责》和《关于市政协委员履行职责的若干规定》（讨论稿），研究部署2月工作。

3月23日，召开第四十五次主席会议，研究提案、调研、联络委员会等工作。

4月1日，召开第四十六次主席会议，研究部署4月工作。

4月30日，召开第四十七次主席会议，讨论《临安市政协委员履行职责考核办法（试行）》（草案）、《临安市政协优秀调研成果评选办法（试行）》（草案），研究5月工作。

5月31日，召开第四十八次主席会议，听取“五五”普法教育和“三五”依法治市工作情况汇报，讨论《临安市乡镇（街道）政协工作联络委员会工作规则（试行）》（讨论稿）、《临安市政协委员履行职责考核办法（试行）》（讨论稿），研究社情民意信息工作、市政协七届二十次常委会议有关准备事项和6月工作。

6月29日，召开第四十九次主席会议，研究民主评议市农业局、市文广新局(体育局) 工作和7月工作。

8月2日，召开第五十次主席会议，讨论《横畈工业功能区产业定位和体制机制研究》调研报告，研究部署8月工作，协商讨论临安市2010年上半年财政预算执行情况。

8月31日，召开第五十一次主席会议，听取民主评议市文广新局(体育局)、市农业局的工作情况汇报，听取民主监督小组工作情况汇报，研究民主评议重点提案办理情况的方案、七届二十一次常委会议有关事项和9月工作。

10月8日，召开第五十二次主席会议，研究10月工作。

11月2日，召开党组（扩大）会议暨第五十三次主席会议，学习贯彻党的十七届五中全会精神和全市领导干部会议精神，研究11月工作。

11月29日，七届市政协召开第五十四次主席会议，协商讨论国土资源管理工作，研究政协委员履职年度考核工作、市政协七届二十二次常委会议有关事项和12月工作。

12月24日，七届市政协召开第五十五次主席会议，专题协商《临安市部分乡镇（街道）行政区划调整方案》和《临安市锦城街道行政区划调整方案》。

【政协调研】 2010年，市政协组织常委会对横畈工业功能区产业定位和体制机制建设课题进行调研。向市委、市政府报送《关于横畈工业功能区产业定位和体制机制问题的调研报告》、《临安市养老问题调查及思考》、《关于我市电大教育事业发展的思考与建议》等履职成果。制订出台《临安市政协优秀调研成果评选办法》，开展年度优秀调研成果评比，有21篇调研报告参评，评出一等奖2篇、二等奖6篇、三等奖7篇。

【民主监督】 2010年，市政协对市文广新局（体育局）的文化市场建设与管理工作进行民主评议，提出要重视文化市场的体制机制、执法队伍和管理设施建设等评议意见。对市农业局的农业产业化建设和转型升级工作进行民主评议，提出要稳定和提高粮食生产能力、加强农业基础设施建设、加大农业投入力度、推进农业技术服务队伍建设等评议意见。统一选派政协委员担任民主监督员，对16个政府部门及法检“两院”工作开展“四个一”民主监督活动(明确一个主题、送达一份民主监督建议书、听取一次情况反馈、开展一次跟踪督查)。

【提案工作】 市政协七届四次会议收到以提案形式提交的意见和建议227件，经审查立案182件。其中，关于推进工业平台建设、扩大内需、调整结构、自主创新、节能减排等方面的有16件，关于第三产业、城乡统筹发展和民生保障等方面的有82件，关于社会事业发展、社会管理方面的有84件。立案提案交由46个承办单位办理，沟通协商率、办结率、上网率、满意和基本满意率均达100%，办理落实率53.3%。对《关于进一步优化人居环境 提升城市绿化美化亮化水平的提案》、《关于加快我市重点工业平台建设的建议》、《关于着力解决城市社区用房问题的提案》、《严格按法律法规办事 加大转而未供土地的清理力度》、《关于加强城区道路交通安全管理 解决行路难停车难的建议》、《关于多措并举 推进我市旅游业转型升级的几点建议》6件重点提案办理工作开展民主评议，对涉及市卫生局、市环保局、市发改局、市农办、市水利水电局5个部门的35件提案进行民主测评。

【政协视察】 2010年，市政协组织委员对省科创基地(科技城)建设、副中心城市建设、“平安校园”建设、安全生产、重点项目建设、流通领域食品安全监管、“绿色家园、富丽山村”建设、农业产业化基地建设、文化市场建设与管理、巩固国家卫生城市、第七届“森博会”筹备、教育、交通、水利、创建“平安临安”、临余公路临安段改建工程推进、集体林权制度改革、消防和城管执法、保障性住房、食品安全等工作进行视察，向市政府报送关于“平安校园”建设、集体林权制度改革等视察建议。

【信息宣传和理论研究工作】 2010年，市政协向上级政协报送《政协信息》20期，其中《建议加强对开荒造田工程的管理与监督力度》等信息被中国人民政治协商委员会采用，《加快畜牧专业合作社转型升级》信息得到省政府领导的批示；向市委、市政府报送《社情民意》40期，报送《情况反映》6期；向有关部门报送《转报单》33件。在《今日临安》刊登议政建言专版12期，编印《临安政协》6期。全年有50余篇文章在中央和省、杭州市级的报刊上发表。《协商民主视野下探讨政协工作向基层延伸》获省政协理论研讨会三等奖，《关于村规模调整调研情况的报告》获2006~2009年全省政协系统优秀调研报告评选三等奖，《县级政协职能及其运行机制研究》获杭州市政协理论工作一等奖。市政协被评为杭州市政协信息工作先进集体。

【文史工作】 2010年，市政协出版《艺海拾遗——临安市政协书画摄影艺术作品集》，编印《钱镠研究》第19辑；配合省政协史料征集，对全市非物质文化遗产项目及代表性传承人进行采访、录像和资料征集整理；配合杭州市政协史料征集，整理形成较为完整的描述临安经济开发区和工业功能区建设发展情况的史料。

【团结联谊】 2010年，市政协注重发挥各民主党派、工商联、无党派人士和人民团体在政协工作中的重要作用，加强与各参加单位的工作联络联系；通过开展走访慰问活动、举行各界人士新年茶话会等形式，进一步密切与各界群众关系。重视支持政协联谊会开展富有特色的活动。重视支持钱镠研究会工作，加强与海内外钱氏后裔名人的联系与交往。全年接待外地到临安参观考察30余批500余人次，完成中国人民政治协商委员会副主席白立忱到临安参加"森博会"的接待任务，做好全省政协研究室工作座谈会和杭州市各区、县(市)政协工作研讨会在临安召开的组织及服务工作，与四川省金堂县政协缔结为"友好市县政协"。

【市"十二五"规划民主建言会】 2010年，市政协常委会将建言"十二五"科学发展作为履职重点，安排委员听取关于市"十二五"规划基本思路的通报，组织各参加单位和界别开展调研视察。在此基础上，9月30日，市政协召开临安市"十二五"规划民主建言会，就临安市"十二五"规划的战略定位、途径与举措，三次产业协调推进，社会事业协调发展，统筹城乡区域发展，强化人才和智力支持，推进新型工业化和城市化等内容建言献策。市委书记邵毅和市委副书记、市长王宏到会听取委员发言并给予肯定。会后，向市委、市政府报送专题建议。

【政协工作向基层延伸】 2010年，按照省委提出的"着眼于推进政协协商民主的创新发展，积极探索政协工作向基层延伸的有效形式和途径"要求，在杭州市率先设立乡镇（街道）政协工作派出机构。制订出台《联络委工作规则》，组织委员就地就近开展各种履职活动，探索政协协商民主在农村社区的实践。《关于加强政协工作向基层延伸的对策思考》信息被中国人民政治协商委员会采用。

【缓解城区交通"两难"民主听证会】 缓解城区交通"行车难停车难"是社会各界广泛关注的重要民生问题，是市政府2010年"十件实事"之一。2010年6月30日，市政协召开缓解城区"行车难停车难"民主听证会。来自各有关方面的近20名代表参加会议建言献策，市委、市政府领导及8个相关职能部门和街道负责人参加会议听取意见和建议。会后梳理形成的关于城市道路建设、公共交通、停车管理、规划实施四个方面31条意见和建议，引起市政府重视，相关部门采纳落实，对缓解城区交通"两难"起到推动作用。《人民政协报》对民主听证会这一履职形式进行报道。 (汪国军　曾南方)

民主党派·工商联·人民团体

民主促进会

【概况】 2010年，民进临安市委会有会员124人（新会员4人）、支部5个。有高级职称46人、中级以上职称115人；有教育文化界会员88人，占会员总数的70.97%。会员中担任乡镇副职1人、市级机关部门副职1人、部门中层正职6人、其他单位或部门中层以上干部22人，有杭州市人大代表和临安市人大代表各1人、市政协委员15人。

召开民进临安市委全体会议4次。组织全体委员、各支部主任到南京考察交流，组织全体在职会员学习会和骨干会员读书班，组织女会员参观杭州“南宋一条街”，组织老会员到余杭塘栖、临平水乡文化博物馆参观考察。为80岁及以上会员7人祝寿。协助民进杭州市委到於潜人民医院开展为期三年的“传、帮、带、教”定点医疗服务；与民进杭州市委下属6个支部在杭州天目外国语学校举行“种文化、结友谊”走进校园联谊活动；与民进杭州第十中学支部联合到清凉峰初级中学帮扶结对，资助困难学生5人，选派优秀教师与清凉峰初级中学部分教师结对；民进昌化支部与民进萧山临浦支部开展联谊活动。

【参政议政】 2010年，在临安市政协会议上，民进临安市委会秘书长董平代表民进临安市委会作《关于多措并举，推进我市旅游业转型升级的几点建议》大会发言；提交集体提案两件，其中，由大会发言提炼的提案被市政协确定为重点提案；提交个人提案19件；全年上报社情民意或信息7条，有4条被市政协采用。会员陈雪峰撰写的《建议加强对开荒造田工程的管理与监督力度》提案被中国人民政治协商委员会录用，《建议修改有关法律法规为自然保护区尽快走出“泛保护”导航》提案被民进中央录用。驻市劳动和社会保障局民主监督小组被评为优秀民主监督小组。（黄灵华）

农工民主党

【概况】 2010年，农工民主党临安市委员会有党员116人，其中新发展党员6人。

召开农工党临安市委员会会议5次，

分别就农工党临安市委员会组织建设、参政议政、社会服务、党员发展等开展专题研究。开展“树立和践行社会主义核心价值体系”活动。选派党员干部参加省、杭州市社会主义学院举办的培训班，组织农工党临安市委员会委员和支部主任参加暑期学习班。召开全体党员大会，邀请中共临安市委领导作形势分析报告；参加农工党浙江省委员会和农工党杭州市委员会组织的纪念农工党成立80周年庆祝大会。组织青年党员赴南京瞻仰邓演达墓。

农工党临安市委员会被农工党浙江省委员会评为社会服务工作先进集体,被农工党杭州市委员会评为社会服务志愿者先进集体，被市政协评为信息工作先进集体二等奖。农工党界别活动组被市政协评为先进界别组，农工党界别组驻市工商分局民主监督小组被市政协评为先进民主监督小组。

【农工党参政议政】 2010年，农工党临安市委员会围绕中共临安市委市委决策，开展调研，撰写有关提案。《依法运作，积极引导推进土地流转，发展现代农业》提案在政协大会上发言,《我市农村饮用水安全的问题与建议》、《临安电大发展的建议》得到市领导批示，《关于我市乡镇护理队伍建设》提案被市政协评为优秀提案。

【社会服务工作】 2010年，农工党临安市委员会组织农业、林业、法律、医卫等方面的党员到昌化镇、清凉峰镇开展座谈、义诊、咨询等活动；赴高虹镇新联电器有限公司为外来民工免费体检69人；与市科协联合开展科技下乡活动，参加党员67人次，服务群众1252人次，发放各种资料1780份。为玉树灾区捐款8760元。

（詹寿明）

工商联

【概况】 2010年，市工商业联合会下辖於潜、太阳、昌化、新桥、玲珑、青山湖、横畈、锦南8个基层商会和中国轻纺城临安商会、北京临安商会两个异地商会，下辖临安市广告行业协会、临安电线电缆行业协会。新增会员企业74家，会员企业数增至847家。

举办《全能型干部十大核心能力修炼》专题培训班，参加培训民营企业40家，培训企业中层干部100余人。承办杭州市上规模民营企业“转型升级”交流座谈会，组织上规模民营企业办公室主任座谈会两次。会同市社会主义教育学校举办“民营企业如何转型升级”主题培训班，组织20余家民营企业分别参加江西代表团到临安招商引资推介会、杭州市民营企业论坛和杭州市“做大做强”民营经济研讨会。市工商联与安徽省芜湖市镜湖区工商联结为友好商会。

开展第四届“优秀社会主义事业建设者”评选表彰活动，非公有制经济人士中被评为杭州市优秀社会主义事业建设者4人、临安市优秀社会主事业建设者13人。组织开展全国上规模企业调研活动，杭州锦江集团有限公司、浙江大华集团有限公司入选“全国民营企业500家”。与市总工会开展“企业爱员工、员工爱企业”评比表彰活动和“百家企业帮扶百户困难家庭”活动，与市工商分局开展省首届个体劳动者“创业之星”争创评选活动推荐工作，与市司法局开展为企业送法律服务。开展“三百结对、共建新农村”活动，348家企业与298个行政村结对，实现全市行政村与企业结对全覆盖，全年累计投入新农村建设资金1000万元。组织开展杭州民生银行与全市电线电缆企业集体授信推介会，为全市电线电缆行业规模企业集中授信2亿元。

是年，市工商联被评为省工商联系统先进集体，获省工商联系统宣传工作一等奖，被评为杭州市工商联“全国工商联上规模民营企业调研”工作先进集体。

【工商联参政议政】 2010年，非公有制经济人士中人大代表、政协委员提交建议案12件、提案35件。《关于正确引导民营资本更好地为中小企业服务的建议》在市政协大会上发言。组织工商联界别组政协委员赴宁波等地学习考察、赴上海参观“世博会”，赴四川省青川县开展招商引资对接工作。在社区设置工商联界别政协委员信箱，参与社区建设。

【基层商会建设】 2010年5月9日，召开横畈商会成立大会，参加会议企业74家。选举产生横畈商会第一届理事会理事，选举会长1人、副会长7人和秘书长1人，临安形象塑业有限公司董事长程苗根当选会长。11月8日，昌化商会召开第二届会员代表大会，参加会员企业87家。大会选举产生第二届理事会理事，浙江新剑精密制品有限公司董事长单新平当选会长。举办基层商会秘书长、乡镇（街道）分管领导培训班一期，并赴宁波考察学习。

【融资担保服务】 2010年，市工商联系统有担保公司2家、小额贷款公司1家。浙江振兴担保公司累计为中小企业担保247笔，担保总额6.23亿元。临安金诺担保有限公司累计担保总额4.03亿元，新增担保额3.02亿元，年末担保责任余额2.03亿元。临安市兆丰小额贷款股份有限公司累计贷款余额3.02亿元，发放贷款15.55亿元，贷款客户332户，缴纳各项税金1580万元。

（吴爱琴）

总工会

【概况】 2010年，市总工会下设临安经济开发区、玲珑街道两家总工会，市教育局、市级机关事务管理局、市经济发展局、市发展和改革局、市贸易局、市信用联社、市农业局、市林业局、市建设局、市交通局、市卫生局、市风景旅游局、市水利水电局、市国资公司、市供销总社、私营企业16家产业（局）工会工作委员会和25家乡镇（街道）工会工作委员会及32家直属工会。直属事业单位有市职工业余学校（市总工会干部学校、市职工培训中心）、市工人文化宫（包括於潜职工活动中心、昌化职工活动中心）、市职工维权帮扶中心。至年末，全市下属基层工会1928家，覆盖机关企事业单位3370家；职工17.70万人，其中外来职工9.69万人；工会会员17.38万人，其中外来职工会员9.53万人。

是年，市总工会获全国工会系统“五五”普法先进集体、省帮扶工作先进集体、省“强保障 促和谐”优秀组织单位、省经审工作先进集体、省财务工作先进集体、省“安康杯”优秀组织单位、杭州市工会“11211”促进就业援助行动先进组织单位等荣誉称号。

【市总工会举办60周年庆祝活动】 2010年，市总工会成立60周年。开展“五一”

劳模评选表彰暨庆祝市总工会成立60周年文艺演出；举办第四届“五一”新闻奖评选表彰活动；在市级新闻媒体、《临安工运》、临安工会网等媒体开展劳动模范先进宣传；编印《如歌岁月》临安工会60年画册；举办临安市“工运杯”职工普法宣传暨庆祝市总工会成立60周年书法大赛，并将优秀作品编印成册；与市有关部门联合举办临安市第二届“排舞”大赛；开展送戏下基层活动，市总工会文工团在职工文化家园、企业、乡村演出82场。

【春风行动】 2010年，募集捐款1020万元。连续7年开展市领导、市管干部结对帮扶困难家庭活动，结对帮扶困难家庭633户。完善全市困难职工档案，将困难职工统一纳入救助平台。通过市职工维权帮扶中心，开展临时慰问、高温“送清凉”、帮困助学、特困帮扶、大病救助、住房援助等活动。全年走访慰问困难职工和劳动模范家庭1503户，开展帮困助学1032人（困难职工子女343人），慰问高温一线职工6000余人，各项帮扶资金支出570余万元。贯彻《临安市外来务工人员特殊困难救助办法》，救助因遭遇突发性灾害和患重大疾病导致生活特别困难外来务工人员。为女职工办理安康保险2000余人，免费为困难单亲女职工参保和体检200余人。制作临安市“春风行动”十周年电视宣传专题片。

【劳动模范评选】 2010年，开展市级劳动模范和模范集体评选活动，经计划部署、基层推荐、初评、审核、评委会票决、媒体公示六个阶段，历时两个多月，评选产生市级劳动模范50人、市级模范集体20个，在临安市庆祝市总工会成立60周年暨“五一”劳动模范表彰大会上进行表彰；产生全国劳动模范1人、浙江省“五一劳动奖章”获得者1人、杭州市劳动模范12人和杭州市模范集体6个。

【工资集体协商】 2010年，新增签订集体合同（工资协议）244份，新增参与企业528家。至年末，全市签订集体合同（工资协议）1598份，参与企业2467家，参与职工15.45万人。组织1850家企业开展女职工专项协议签订工作。在高虹镇节能灯行业开展第二轮工资集体协商，协商范围从第一轮5道生产工序、58个产品规格扩大到7道生产工序、68个产品规格，全行业职工收入比上年同期增长10%。在市五金工具行业建立工资集体协商制度，签订《临安市五金工具行业职工工资集体协商协议》，全行业职工最低工资标准增长11%。中华全国总工会集体合同部部长张建国专程到临安调研，指导行业性工资集体协商工作。

【重点项目立功竞赛】 2010年，围绕“四比一创”（比工程质量、比工程进度、比安全生产、比文明施工、创精品工程），动员职工在全市69个重点建设项目开展立功竞赛活动。组织开展市级技能比武15项、乡镇产业级技能比武50余项。通过各类职工技术创新活动，提出合理化建议6717条、技术攻关113次、技术推广15项，为企业产生直接经济效益779万元。1人在全国和全省技工院校技能大赛中分别获优胜奖、一等奖。评选出浙江省杰出职工1人、杭州市十大杰出职工1人、杭州市技术能手4人、杭州市职工创新能手6人，50人被市人才办授予首批50佳技能人才。

【第七次联席会议】 2010年12月2日，召开市政府与市总工会第七次联席会议，市人大常委会副主任、市总工会主席杨为伟向市政府通报市总工会工作情况、第六次联席会议议题完成情况和2011年工作思路。会议就市总工会提请市政府商议解决的关于从2011年1月1日起由地税部门代征工会经费（筹备金）、将临安市职工文化活动中心项目列入市“十二五”规划并尽快动工建设、加强职业病防治三个议题进行讨论研究。

【工会经费（筹备金）由地税代征】 2010年，经市政府与市总工会第七次联席会议讨论商定，确定工会经费（筹备金）由地税代征。市府办下发《临安市人民政府办公室转发市总工会市财政局关于〈临安市工会经费（筹备金）拨缴管理暂行办法〉的通知》，市总工会制订下发《临安市工会经费（筹备金）拨缴管理实施意见》，确定工会经费（筹备金）由地税代征的适用范围、拨缴方式及标准、申报缴纳程序和监督检查机制。市地税局、市总工会分别举办地税、工会干部业务培训班。

【就业援助行动】 2010年，投入20余万元，开展工会创业就业基地评选表彰活动，授牌命名工会创业就业基地10家。以就业招聘会和工会创业就业基地展示会等形式进行现场招聘，向社会提供就业岗位1310个，现场观摩咨询人员5000余人，与用人单位初步达成就业意向470人。组织天恒机械等6家企业赴西安、四川等地招工，帮助企业解决“用工荒”和困难职工就业难问题。

【劳动关系和谐企业创建活动】 2010年，命名表彰市级以上劳动关系和谐企业52家，其中杭州市级12家。临安经济开发区被评为浙江省和杭州市劳动关系和谐工业园区，鑫富药业、临安医药药材有限公司两家企业被评为省级和谐企业。至年末，全市参与企业1491家，参与率94.9%；其中，达标企业1004家，达标率67.3%。

【“五一新闻奖”评选】 2010年，市委宣传部、市总工会联合开展第四届“五一新闻奖”评选活动。各新闻单位及各级工会推荐2009年5月至2010年4月在县（市）级及以上新闻媒体发表或播放各类文字、图片、广播、电视作品57件。经市评选委员会评选，评出一等奖4个、二等奖7个、三等奖15个，市广播电视台被评为优秀组织奖。6月，召开“五一新闻奖”表彰大会。

（潘 磊）

共青团

【概况】 2010年，全市14周岁至28周岁青年7.6万人、团员3.8万人，建立团组织单位960个。团市委直属团组织66个，其中，乡镇22个、街道4个、部门机关企事业单位27个、学校13个；全市287个村和11个社区建立团组织；296家规模以上企业建立团组织，建团率30%。

开展纪念“五四”运动91周年系列活动，活动以“凝聚青春力量、唱响青春旋律”为主题。通过“红歌会”、临安市第二届阳光少年评选、“争当四好少年”、18岁成人节、少先队入队仪式等活动，结合青少年思想道德宣讲活动和中学生业余党校等，提升青少年爱国热情和民族精神。开展“捐一元钱、献一瓶水”爱心捐旱区等活动，累计捐款20.4万元。开展以“送岗位、送服务、送技术”为主题的第六届乡村青年文化节活动，参加青年1576人。

召开全市“青年文明号”创建工作推进会，表彰第二届临安市“十佳青年岗位能手”。开展“村村都有好青年”人才发展计划，评选产生 “好青年”298人。开展“特别的爱、给身边的你”——关爱低收入农户青少年结对助学活动，为困难外来务工子女70人筹集助学款16.8万元。

【团组织工作】 2010年，全市新增非公企业团组织73家，非公有制企业团组织总数266个，覆盖规模以上企业296家；新社会组织（指改革开放以来，在社会主义市场经济发展过程中新涌现出来的相对于政党、政府等传统组织形态之外的各类民间性的社会组织，包括中介组织、社会团体、基金会、民办非企业单位以及各类群众团队）建立团组织13个。组织乡镇(街道）团组织负责人赴温岭市泽国镇等地学习团组织格局创新［在原有乡镇（街道）团委班子基础上，增配编制外副书记、委员］工作，全市有13个乡镇（街道）实现团组织格局创新。2名团干部提拔为市管副职，6名团干部转岗。

【青年就业创业工作】 2010年，团市委联合市委组织部、市人事局、市农办、市科技局举办大学生“村官”创业项目设计大赛。举办以“用人、育人、新人”为主题的“青年就业创业论坛”。联合市劳动和社会保障局等部门开展“SYB”青年创业培训、在临安务工青年订单式培训等各类培训67场次，培训青年3325人。全市有青年就业创业见习基地80个，累计提供见习岗位874个，签订劳动合同325人。继续开展农村青年创业小额贷款工作，累计为296人提供小额贷款3020万元。联合市经发局举办青年企业家“创新战略思维、助推转型升级”培训，组织青年企业家赴萧山、滨江高新技术企业参观学习企业市场营销模式、技术研发、企业文化核心、品牌创新等。

【志愿服务工作】 2010年，市志愿者工作指导中心制订下发《临安市村级志愿服务组织建设三年规划》、《临安市村级志愿服务工作指导手册》，18个行政村成立志愿服务队伍，注册农村志愿者1623人。组织开展村级志愿服务活动87场次，参与活动志愿者4475人。下发《关于加强村级志愿服务工作的实施意见》，明确市、乡镇、村三级共同推进农村志愿服务工作职责。出台《临安市村级志愿服务工作考核标准》，纳入全市“绿色家园、富丽山村”创建考核细则。实施“森博会”志愿服务项目，围绕“森林、生态，让生活更美好”主题，设计“喜迎森博、宣传森博、服务森博”三大方面志愿服务内容，为15个项目提供志愿服务1.09万人次。组建市“世博会”安保志愿服务总队，围绕社会治安防控、网络舆情引导和重大活动安保三个重点，开展“环沪城河” “世博会”安保志愿服务行动，参与志愿者1.1万人。

【承办第七届“森博会”巡游活动】 2010年，团市委首次承办第七届中国（临安）森林生态博览会巡游活动，结合“森博会”主题，确定生态临安、森林狂欢、绿色畅想三大板块，挑选《五凤朝阳》、《临安水龙》等12支市内表演队和10支市外表演队参与巡游。在巡游中增加动漫、彩车、杂耍等节目，增强巡游观赏性和互动性。

【承办省少先队夏令营】 2010年，团市委承办省少先队“体验生态文明”夏令营，来自全省各地优秀少先队员代表与辅导员代表100余人在天目山举行以“体验生态文明，增强环保意识；少先队员齐参与，生态文明我行动”为主题的夏令营活动。少先队员们通过实地考察天目山原始森林、太湖源头及全国生态示范村白沙村，听取天目山世界生物圈保护区生态物种介绍，参观天目山国家级自然保护区博物馆，识别珍稀物种等活动，体验户外运动的艰难与乐趣，了解浙江生态文明建设现状，增强生态文明意识。

【青少年活动中心】 2010年，市青少年活动中心参加各类培训学员近1万人次，参加各类活动学员4万人次以上，获国家级奖项50人，获省、杭州市级奖项157人。举办临安市第二届“阳光少年”评选活动、临安市青少年科技创新大赛、“晓音之声”百人齐奏大型音乐会、庆“六一”大型文艺演出等活动110场。成立市青少年科技俱乐部，招募首批小院士76人，命名校外实践基地8家，聘请科技辅导员17人。组织公益夏令营8场次。市青少年体育俱乐部被评为国家级体育俱乐部；市青少年活动中心获中央电视台“希望之星”英语风采大赛浙江赛区最佳组织奖，获杭州市百场公益夏令营活动优秀组织奖和十佳优秀活动奖。

（卞迎翔）

妇　联

【概况】 2010年，市妇联下辖乡镇（街道）妇联26个、单位妇委会30个、村妇代会298个、社区妇联11个、企业妇代会51个；有专职妇联干部23人，其中，45岁以下17人、大学本科以上学历23人。乡镇（街道）妇联主席100%为中共党员，100%进入党政领导班子。全市发展女党员278人，占党员发展总数的31%。

开展妇女、儿童、家庭教育“十二五”发展规划编制工作和“天目先锋”创先争优活动。贯彻落实省、杭州市关于“党群共建、创先争优”会议精神，以“创三型组织、做五种表率”（即创建学习型、服务型、创新型妇女组织，要求妇联干部做勤奋学习的表率、服务妇女的表率、廉洁自律的表率、开拓创新的表率和弘扬正气的表率）为主题，实施服务妇女“八项行动”（即开展“服务企业送温暖”活动、“情系基层送服务”活动、姐妹帮扶行动、“清洁庭院”活动、发展家庭来料加工业、加强家庭教育、抓实妇女信访维稳、夯实妇联基层基础）。省妇联副主席金敏、杭州市妇联副主席魏颖到横畈镇雅观村调研指导妇女党支部专设工作。在基层妇女组织中全面开展“妇女之家”创建工作，村、社区创建率达100%。市妇联开展调研20余次，帮助解决实际问题6个，形成调研论文5篇，出台上党课、蹲点调研、扶贫帮困、联系服务、公开承诺、作风评议等八项制度。

是年，市妇联被评为杭州市“推进来料加工进低收入农户”工作显著单位、杭州市“庭院整治”示范单位、杭州市控烟工作先进单位。玲珑街道祥里村、太湖源镇光辉村创建成为全国妇联基层组织建设示范村，於潜镇百园村、西天目乡天目村、昌化镇联盟村、河桥镇泥骆村创建成为省妇联基层组织建设示范村，青山湖街道被评为省妇联基层组织建设示范街道。

【三项规划监测评估和编制工作】　2010年，市妇联对照妇女、儿童、家庭教育“三个规划”终期目标，对各项指标达标情况进行自查自评。通过监测评估，《临安市“十一五”妇女发展规划》40项可量化指标，有37项达标，达标率92.50%；《临安市“十一五”儿童发展规划》51项可量化指标，有48项达标，达标率94.12%。

【妇女儿童合法权益保护】　2010年，市妇联举办基层妇女维权工作站负责人培训班，以预防和制止家庭暴力为培训内容。开展大型宣传咨询活动5次，发放《中华人民共和国妇女权益保障法》、《中华人民共和国物权法》等法律、法规宣传资料20余种，计8400余份；解答群众疑问310余人次。建立妇女维权志愿者队伍，有志愿者61人。增设“12338”妇女维权热线，全年接受法律咨询1100余次。市妇联接待信访案件114件，结案率99%；帮助申请法律援助3起，参与市法院陪审6次。“110”家庭暴力救助中心出警95次。

【纪念“三八”国际劳动妇女节100周年】　2010年，市妇联举办纪念“三八”国际劳动妇女节100周年系列活动。举办“百年妇运、巾帼赞歌”庆典活动，表彰“三八”红旗集体10个、“三八”红旗手30人、巾帼文明岗7个、巾帼建功标兵15人、来料加工突出贡献乡镇（街道）5个、来料加工专业村12个、优秀来料加工企业3个、优秀来料加工经纪人34人、“和谐家庭”等示范户300户、优秀家长学校7所。举办“百年妇运、巾帼风采”摄影大赛，收到参赛作品608幅（组）；制作妇女运动成果展（图）板20余块。3月1~8日，在《今日临安》和临安电视台、临安广播电台开辟《她们写就妇女运动的辉煌篇章》专栏，每天专版刊（播）出。开展“送温暖、传真情”走访慰问活动，市领导走访慰问全国“三八”红旗手4人、困难妇代会主任36人，发放慰问金4万元。开展“回眸百年话妇联”有奖征文活动，收到稿件100余篇，其中《今日夏娃》获全国妇联百年“三八”征文三等奖。

【市妇联第十七届六次执委（扩大）会议】　2010年3月17日，市妇联召开第十七届六次执委（扩大）会议，各乡镇（街道）妇联主席、单位妇委会主任、市妇联执委、妇女工作先进代表等60余人参加会议。市委副书记卞吉安到会讲话，市人大常委会副主任杨为伟、副市长李文钢、市政协副主席陶正方参加会议。市妇联主席陈丽梅作《开拓创新促科学发展，关注民生保和谐稳定，为实现杭州西郊现代化生态市建设新跨越再创佳绩》的工作报告。

【妇女素质工程】　2010年，是“妇女素质提升年”。市妇联开展妇联干部岗位读书活动。制订学习制度、推荐相关书籍，轮训乡镇（街道）、村女干部300余人，选派妇联干部12人赴北京大学、上海妇女干部学院和杭州市委党校学习。开展职业技能培训，培训妇女1210人，实现转移就业960余人。

【家庭文明工程】 2010年，市妇联组织妇女开展体育健身和艺术展示活动。联合市文广新局等单位举办钱王文化艺术节暨第二届排舞大赛，35支队伍、600余名妇女参加比赛。开展十佳“好婆婆”、十佳“好媳妇”评选活动，参与投票群众55万人次。开展“孝老爱亲、和谐邻里、健康生活、法律法规”进农家活动，创建市级“平安家庭”示范户、“清洁家庭”示范户、“和谐家庭”示范户各100户。

【巾帼建功竞赛活动】 2010年，市妇联举办“巾帼文明岗”负责人培训班，培训内容为“巾帼文明岗”的创建和管理，“巾帼文明岗”负责人26人参加培训。是年，全市创建“巾帼文明岗”26个，其中，市国税局办税大厅创建成为全国“巾帼文明岗”，市公安局户籍管理科、市检察院侦查督查科创建成为省“巾帼文明岗”；市妇联命名“巾帼文明岗”14个，表彰“巾帼建功标兵”22人。

【家庭来料加工工作】 2010年，市委、市政府分别将发展来料加工业写入市委全委会报告和政府工作报告，并召开来料加工表彰大会和来料加工产业推进汇报会。全年市妇联组织来料加工对接活动4次，举办培训班27期；举行技能比武活动3次，参加妇女1600余人；成立首个来料加工经纪人联谊会。推进“低收入家庭妇女增收致富行动”，组织低收入家庭妇女406人从事来料加工，发放加工费214万元，奖励低收入农户50余万元。全年累计发放加工费8578万元，比上年增加2400余万元；从业人员1.83万人，增加4600余人。

【“清洁庭院”行动】 2010年，市妇联健全市、乡镇（街道）和村三级督导体系，完善评比公示、督查检查、考核、“清洁日”、党员帮带和特聘管理员六项长效管理制度，实施市、乡镇（街道）两级庭院整治示范创建活动。各级妇女组织签订庭院整治责任状，将庭院整治责任落实到户。组建巾帼清洁志愿队、庭院环境监督队和庭院整治评审队，引导家庭成员自我管理、自我监督。开展庭院整治“推进月”和“清洁日”活动，组织开展集中整治429次，清理垃圾1.2万余吨，参与妇女8.3万余人。争取资金60余万元，奖励庭院整治先进村和长效管理村，并以每人每年500元标准落实村级庭院整治管理员待遇。

【家庭教育工作】 2010年，市妇联调整市家教讲师团成员，表彰优秀家长学校7所。开展家庭教育知识送基层活动，向农村儿童、留守儿童和流动儿童家长发放家教科普读本2000余册，参与家庭教育知识讲座家长7万余人。开展留守儿童“假日关爱”活动，对67名留守儿童和困难儿童进行暑期安全周教育和慰问，发放慰问金3万余元。

（厉曙霞）

“农家乐”居室选

西天目乡天目村“山里人家”（四星级）

西天目乡老庵村“谷雨潭”

太湖源镇上阳村“龙王湾农家”

太湖源镇临目村“神农仙居”（四星级）

潜川镇青山殿村（高坪）“外婆家”

横畈镇白水涧村“白水涧山庄”

（市旅游局提供）

政法·武装

概　述

【概况】　2010年，临安市以上海“世博会”安全保卫为主线，以“基层基础建设年”和“项目推进服务年”活动为主要载体，推动矛盾纠纷化解、社会管理创新和公正廉洁执法三项重点工作，深化“平安临安”创建工作。全市未发生影响稳定的群体性事件、特大恶性刑事案件和各类重大责任事故，“平安乡镇（街道）”创建比例达到100%。临安市连续6年被省委、省政府命名为“平安市”，考核得分居全省第十五名、杭州市第一名；连续8年被杭州市委、市政府评为社会治安综合治理优秀达标单位，考核得分再次居第一名；连续3年被杭州市委、市政府评为维稳优秀达标单位，考核得分居第二名。

市委常委会听取政法综治和维稳工作汇报4次。把“平安临安”创建工作结果列为党政主要领导业绩考核重要依据，实行“一票否决”制；将创建“平安市”情况列为大维稳专项考核内容。全年召开深化创建“平安临安”工作会议、创建“平安县（市）”责任部门联席会、基层基础建设现场会、重大项目社会稳定风险评估推进会以及平安办公室主任会议、综治五部委局（市综治委、市纪委、市委组织部、市人事局、市监察局）联席会议等19次，研究部署平安创建工作。下发《关于分解落实创建“平安县（市、区）”主要职能部门工作任务的通知》；聘请市人大代表和市政协委员组成创建“平安临安”工作督查组，对市公安局、市卫生局、市劳动和社会保障局、市交通局、市林业局、市法院和市检察院等责任单位履行创建职责情况开展专项督查；加强职务犯罪预防工作、社会治安防控力度、校园周边治安环境专项整治和禁毒工作等。市财政用于视频监控系统建设、重点整治等平安创建专项经费2000余万元。推进治安防范设施建设市场化运作，鼓励企业和个人向治安防范建设投资。

组织开展以“建设‘平安临安’、构建和谐社会”为主题的调研文章评比活动，报送调研文章90余篇。继续开办《平安建设》电视专题和报纸专栏，集中宣传报道市委、市政府关于平安建设的重大决策、主要措施、进展动态和先进典型。开展平安建设集中宣传月活动，组织群众参与平安创建工作。重点整治治安混乱地区和场所，全年排查确定社会治安重点地区和重点问题28个，其中，杭州市挂牌督办1个、临安市挂牌督办3个。组织开展政法系统涉法涉诉积案集中清理活动、案件评查工作和“五个一工程”（一警联一村、扶一户、帮一人、解一难、上一课）。

把维稳工作纳入乡镇（街道）综合业绩考核和部门满意单位评选定量考核，建立大维稳专项考核制度，特别加强对敏感时期维稳工作的考核力度。全面推行重大事项稳定风险评估机制，召开全市重大事项稳定风险评估推进会。完成垃圾焚烧发电厂、“森博会”闭幕式（烟花大会）、锦城一中搬迁、潜川镇林权改革、太湖源镇动漫文化创意产业园区建设等重大项目风险评估。

【“528”天目惠民工程】 2010年，成立由市委书记邵毅任组长的社会管理创新综合试点工作领导小组，下设办公室。借鉴企业ISO质量管理体系做法，将社会管理创新试点内容分为服务管理、源头防控、矛盾化解、组织保障和督查考核五个环节；每个环节设置相应创新项目，计28个，搭建“528”天目惠民工程构架。出台《关于开展社会管理创新“528”天目惠民工程的实施意见》、《临安市推进社会管理创新“528”天目惠民工程目标管理任务分解》等文件。将社会管理创新综合试点工作纳入“十二五”经济社会发展总体规划，纳入综治、维稳责任制考核和年度专项考核体系。《长安》杂志、《法制日报》、《浙江政法》、《杭州政法》等宣传报道临安经验。12月14日，临安在全省社会管理创新综合试点工作座谈会上交流发言。是月31日，杭州市社会管理创新推进会在临安召开。省委常委、杭州市委书记黄坤明批示：“临安市社会管理创新的实践紧紧依靠群众，紧抓基层基础，紧扣民生发展，取得了较好成效，应予以总结和推广。”

【综治“项目推进服务年”活动】 2010年，成立由市委副书记、政法委书记卞吉安任组长的政法系统“项目推进服务年”活动领导小组。领导小组办公室对全市正在推进或即将实施的重点项目进行汇总梳理，确立项目43个，分解到政法系统各部门。下发《关于开展“项目推进服务年”活动的实施方案》，每个重点工程和重点项目均建立项目推进法律服务组；编印“项目推进服务年”活动联系本，发放至每位法律服务组组长，按要求填写项目稳定形势分析报告、重大事项、会议纪要等内容，并记好周记；建立联席会议制度，定期对活动开展情况进行汇总、通报。

【综治“基层基础建设年”活动】 2010年，下发《关于开展“基层基础建设年”活动的实施方案》，在高虹镇召开全市综治基层基础建设推进会。编写《临安市综治基层基础知识读本》、《临安市民平安知识读本》，组织“百名基层综治干部进考场”活动；举办全市基层综治干部培训班，26个乡镇（街道）分管领导、综治专干和相关部门分管领导100余人参加培训；举办“公积金杯”平安综治知识大奖赛活动，评选一等奖3人、二等奖5人、三等奖10人；开展“双十佳”（第四届十佳基层综治干部、首届十佳基层综治积极分子）评选活动。

【基层综治工作中心规范化建设】 2010年，投资400余万元用于基层综治工作中心规范化建设。明确“三个一律”，即乡镇（街道）综治委主任一律由党政主要领导担任，综治办主任（综治工作中心主任）一律由党（工）委副书记担任，并配备班子成员1人担任常务副主任，综治办专职副主任一律按照乡镇（街道）中层正职职级配备，重点乡镇（街道）配备3人以上、其他乡镇（街道）配备2人以上综治专职工作人员；按照“有人、有章、有地、有钱、有网”的要求对综治工作中心实行改造升级，市财政拨出专款102万元用于以奖代补。市综治办设计制作综治徽章，统一乡镇（街道）综治工作中心形象。推行“一个中心、一个法官、一个法庭”模式，即委派有一定工作经验的法官加入到乡镇（街道）综治委担任委员，参与乡镇（街道）综治工作中心例会，履行相应职责；实行诉调衔接进中心，在乡镇（街道）建立巡回审判法庭。建立检察官联络室，委派检察官担任乡镇（街道）综治委委员，开展检察宣传工作，预防农村职务犯罪。

（姚向阳）

公　安

【概况】 2010年，市公安局围绕“世博会”安保工作和全市中心工作，加大隐蔽战线对敌斗争力度，建立“情报、打击、防范、应急”一体化反恐工作机制，预防境内外敌对分子的渗透、颠覆、破坏活动。市公安局以上海“世博会”安保工作为主线，开展基础大排查，搜集、分析和研判情报信息，管控重点人、重点物、重点部位、重点事件，实现“五个坚决防止”（坚决防止“重点人、危险物”流入上海，坚决防止发生危害国家安全和上海“世博会”安全的重大政治事件，坚决防止发生的暴力恐怖事件，坚决防止发生影响社会稳定的重大群体性事件和个人极端事件，坚决防止发生影响恶劣的重大刑事案件和重大交通、火灾等治安灾害事故）的“世博会”安保总目标，全年完成“世博会”安保、校园安保、“森博会”安保、山核桃采打安保等任务。开展社会不安定因素排查，化解、处置人民内部矛盾，构建“大调解”格局，落实信访工作首接责任制、承办责任制和责任倒查制，来信来访案件办结率97.3%。

推进政法系统“项目推进服务年”活动，开展为重点项目“送法律、送服务、送平安”活动；继续贯彻“帮扶企业方便群众五项二十条措施”（简化审批办事手续、建立警企联系制度、走进企业宣传防范、设立便民服务热线、开通特事特办通道），推行“一站式”、“一窗式”服务模式。开展“一查二打三整四建”（“一查”：全面查控可能危害治安和影响社会和谐稳定的重点人员；“二打”：严打黑恶势力等严重犯罪活动，严打侵财性等多发性违法犯罪活动；“三整”：整治治安混乱的重点区域部位、整治治安复杂的行业场所、整治各类安全隐患；“四建”：建立人口管理长效常态机制、建立城乡社区主动警务长效常态机制、建立信息化深度应用机制、建立公正廉洁规范执法长效常态机制）综合行动、“三大战役”等专项行动，建设社会治安监控系统，推进巡（特）警常态巡逻机制，整治酒后驾车等严重交通违法行为。加强实有人口特别是流动人口管理，全年制作第二代身份证3.86万张，采集电话信息27万余条；建立“以房管人、以证管人、以业管人”流动人口管理模式，登记在册流动人口8.09万人，登记出租房屋1.55万户。根据杭州市公安局“三整治”（整治治安混乱的重点区域部位、整治治安复杂的行业场所、整治各类安全隐患）工作要求，将刑事和治安案件发案率居高不下、群众缺乏安全感的社区、城乡结合部和商贸集中地列为整治重点区域、部位，并按治安复杂情况，分级进行挂牌整治，对杭州市公安局挂牌整治的广苑小区、3个市公安局确定和6个派出所确定的重点地区开展整治活动。全市刑事发案数同比下降0.26%，破案数同比上升4.69%，命案和五类案件（强奸、劫持、绑架、爆炸、放火）破案率均达到100%，移送起诉犯罪嫌疑人比上年上升0.22%；全年破获各类经济案件104起，挽回经济损失4.52亿元，侦破王某非法吸收公众存款案等一批重特大案件。全市交通事故数、死亡人数、受伤人数、直接经济损失数同比分别下降5.26%、4.23%、10.53%和6.93%。

通过组织开展青年民警讲坛、党员教育活动等方式，推进实践科学发展观和人民警察核心价值观教育活动；制定队伍状况定期分析、重大事项报告、谈心谈话等制度，掌握民警思想动态；举办警察技能大比武运动会。通过警营开放、新闻发布、警情通报、上门走访以及网上调查、网络对话等方式开展“问计（绩）于民”大走访活动，推动“大走访”工作制度化、常态化、实效化，建立“八个必访”(党政机关必访、社会各界代表必访、新闻媒体必访、重点企事业单位必访、重点防控目标必访、重点人员必访、涉案家庭必访、特困群体必访）工作举措，开展大排查、大帮扶活动。继续开展民警健康体检工作制度，调整帮扶困难民警、协辅警互助基金使用办法。开展“庭院文化、走廊文化、办公场所警营文化”建设，开展青年民警辩论赛等活动。市公安局代表队在钱王文化艺术节暨第二届排舞大赛中获一等奖，在市运会中获田径比赛团体第二名、篮球比赛第二名。

是年，市公安局被省政府评为“环沪护城河”安保工作先进集体，被省公安厅授予《平安时报》公安新闻宣传工作先进单位，被省爱卫会评为省爱国卫生先进单位，被杭州市公安局评为流动人口管理先进集体和基础大排查工作先进集体，被市政府评为森林消防工作先进集体。有7个单位被记集体三等功，9人被记个人三等功；另有10个单位、26人次受到上级部门表彰。

【“三大战役”专项行动】 2010年9月，市公安局开展以“打击黑恶势力及有组织犯罪、打击多发性侵财犯罪、打击非法吸收公众存款等涉众型经济犯罪”为主要内容的“三大战役”专项行动。打掉恶势力犯罪团伙5个、有组织赌博犯罪团伙15个，破获侵财性案件1522起，破获涉众型经济案件13起，挽回经济损失1.52亿元。

【交通管理】 2010年，全市机动车保有量12.99万辆，其中汽车5.80万辆；机动车驾驶员15.63万人。市公安局以“平安畅通县（市、区)”和“平安畅通乡镇”创建为契机，围绕“压事故、保安全、保畅通”工作目标，深化勤务机制改革，改造交通基础设施，优化交通组织，严格落实以整治“酒驾”为重点的5条常态严管措施，多次开展专项行动，持续深入开展“1+X+Y”（“1”指涉酒交通违法行为，“X”指除“酒驾”外的交通违法行为，“Y”指交警大队及各中队不定期开展交通整治活动）长效整治工作，严厉查处出租车和摩托车闯红灯、涉牌涉证等交通违法行为，全年查处各类交通违法行为8.74万起，其中，查处涉酒违法1451起、超速行驶2.05万起、客车超员及机动车违规载人390起、涉牌涉证1155起、摩托车违法1.52万起，行政拘留222人，对醉酒驾车处罚执行率始终保持在100%。调整勤务机制，推行网格化交通管理模式，落实高峰岗执勤，将所有交警警力投向路面增加路面警力。对衣锦街、吕家弄、江南路、西苑路、西瓜路实行循环单向通行，钱王街实行中心隔离，落实交通影响评估等举措，增设停车场两个。

【监管工作】 2010年，市看守所开通在押人员就医绿色通道，开展法律知识讲座和心理辅导讲座，推动在押人员视频会见。加强狱内侦查，全年发现违法犯罪线索179条，破案325起。市看守所全年累计收押违法犯罪嫌疑人2528人，连续21年实现安全无事故，居杭州地区监管系统首位。

【公安信息化建设】 2010年，市公安局落实《临安市公安科技发展三年规划(2009~2011)》，全年完成93个监控点位及千秋关、龙岗两个省际卡口建设目标，在每个派出所均建立分监控中心，完成对K598路公交车和城区范围出租车的GPS资源共享，完成对全市范围219处银行、网吧、旅馆业的社会监控资源摸底、登记工作。制订《临安市公安局信息中心（实战小组）运行机制及岗位设置方案》，组建局级、业务警种级、实战单位级信息深度应用小组，通过运用视频监控、话单分析以及公安信息资源，破获刑事案件351起，抓获网上逃犯72人。

【执法规范化建设】 2010年，市公安局投入资金500余万元，对派出所、机关执法实体单位、交警中队功能区进行改造，设置独立办案区。制订《临安市公安局执法执勤工作手册》，推广执法监督信息系统，实现执法办案网上录入、审批、办理、结案等环节的全程监督、自动预警。制订《临安市公安局2010年党委中心组法制学习计划》，通过党委中心组学习、各单位每周一次集中学习等方式学习法律知识，落实执法民警岗位执法资格等级化认证管理制度。

【和谐警民关系建设】 2010年，市公安局开展“警民恳谈、问计（绩）于民”活动，征求群众对公安工作的意见和建议，了解群众治安需求；举办“警民同心共创和谐”文艺晚会，演出方式有大合唱、小品、魔术、舞蹈等；开展警营开放日、相约派出所、“小手拉大手”走进警营等活动，组织群众参观警用装备、办公场所，体验基层警察生活。

【第三届小警察夏令营】 2010年7月4日至8月20日，市公安局在警察培训基地举办第三届小警察夏令营，采用封闭式军事化管理模式，在活动中开设队列训练、安全知识讲座、室外拓展训练等项目。来自全市中小学校学生300余人参加，培训班分7期，每期5天。

【机关、基层岗位双向选择】 2010年，市公安局为实现“做精机关、做强基层”目标，组织指挥中心、政治处等11个综合部门及实战单位的48个岗位进行双向选择，经过组织动员、综合能力测试、第一轮选聘、第二轮选聘、交流调整、空岗选聘6个过程，从综合部门及实战单位选派到基层派出所、看守所工作民警8人，从基层派出所选派到综合部门及实战单位工作民警6人。

【“战训合一”实战训练】 2010年6~8月，市公安局举办“战训合一”实战训练班4期，训练采用全封闭式进行，对参训民警进行系统的公安业务训练和警务技能训练，并对综合业务、技能、内务和纪律作风四个方面进行全面考评。35周岁以下民警参加训练116人。

【“1·26”杀人分尸案】 2010年1月26日，市公安局指挥中心接群众报警，在清凉峰镇白果村羊栏坞口高速公路高架桥下，发现黑色塑料袋内有人体躯干。经现场勘查，确定为一男性尸块，并初步断定为一起恶性杀人分尸案。市公安局成立专案组进行侦查。在余杭等地发现死者头颅、大腿等尸块。专案组向省内外公安机关发布印有模拟画像的协查通告，希望从各地失踪人员中找到尸源线索；收集车辆信息，对可疑车辆进行甄别。7月19日，《湖州晚报》根据专案组要求，刊登寻找尸源悬赏通告。当天下午，湖州市公安局南浔分局一民警见报后，提供一条暂住在湖州市南浔区的安徽籍男子钱某的失踪人员信息，专案组立即前往湖州市南浔区调查，后经DNA比对鉴定，确定受害人就是钱某。经过侦查，一名叫潘华山的男子有作案可能，遂围绕潘华山展开调查，最后掌握潘华山作案证据，对其进行抓捕。在证据面前，潘华山供述因纠纷将钱某杀害并分尸、抛尸的作案事实。

【“11·7”特大盗窃案】 2010年11月7日，市公安局指挥中心接童某报警，其位于锦城街道保锦路上的私人住宅保险箱被盗，内有现金、金银首饰及高档手表等，涉案价值40余万元。案发后，市公安局成立专案组，向周边城市发布协查通告，对该类案件进行分析串并，在案发现场周围开展调查访问、调取视频资料等。11月9日晚，专案组成员根据线索在临安影视城附近将犯罪嫌疑人汪某抓获。后经审讯，汪某供述其盗窃作案事实，并交代赃物去向。

【系列盗窃工业原材料案】 2010年9月起，太湖源镇、高虹镇、横畈镇、玲珑街道、青山湖街道等地连续发生10余起盗窃企业工业原材料案件，影响企业正常生产及辖区治安秩序。市公安局刑侦大队抽调专门力量侦破该系列案件。11月3日，市公安局组织巡（特）警以及锦城、青山、横畈、青云、玲珑等派出所警力50余人对该盗窃团伙实施集中抓捕，抓获团伙成员12人。经审查，该团伙成员以贵州黄平籍为主，团伙成员供述自2010年9月起，在临安范围盗窃企业工业原材料20余起，涉案价值30余万元。

【系列持刀抢劫案】 2010年5月25日凌晨1时许，受害人俞某（女，26岁，临安人）驾驶轿车从锦城街道回家途中，被一辆轿车以问路为由拦下，随后两名男子趁机进入受害人轿车内，持刀将其劫持至高虹镇，途中抢走笔记本电脑一台、手机一部、银行卡一张，并用语言威胁、殴打等方式让其说出银行密码，取走卡里现金1万元，后三名犯罪嫌疑人驾车逃走。案件发生后，市公安局立即从刑侦大队、锦城派出所刑侦中队、横畈派出所抽调力量成立专案组开展侦查。5月31日凌晨3时许，在杭州将犯罪嫌疑人张某、汪某、曹某抓获。经审查，他们在临安、余杭、富阳等地连续持刀抢劫作案4起，涉案价值5万余元。

【王某非法吸收公众存款案】 2010年11月30日，犯罪嫌疑人王某因涉嫌非法吸收公众存款罪被公安机关刑事拘留。2007~2010年，犯罪嫌疑人王某在临安市和山东鄄城县，以经营山东鄄城某有限公司需要周转资金为由，以高额利息为诱饵向陈某、卢某等40余人借款近亿元（涉及临安市借款6600余万元、山东鄄城借款2290余万元），用于山东鄄城某有限公司建造厂房和购买设备、支付高额利息等，后无力归还民间借款本金8000余万元、银行贷款800万元。

（冯吉前）

检 察

【概况】 2010年，市检察院受理批捕案件441件769人，审查后批捕425件740人，不批捕28人；受理移送起诉案件570件942人，审查后公诉528件877人，移送杭州市检察院16件20人。建立阳光接调工作机制，与市司法局联合出台《关于轻微刑事案件刑事和解的暂行规定》，与市法院联合出台《关于联合调处民事、行政申诉案件工作办法》，将和解、调解手段运用于轻微刑事案件和民事行政申诉案件，轻微刑事案件当事人达成和解8件，民事行政申诉案件息诉6件。建立“四个一”学习制度（每周一次的政治和业务学习、每月一次的检察官论坛、每季度一次的法律文书和庭审情况评议、每年一次的法律论辩比赛）。开展“携手新生路”活动，建立适合青少年身心特点的刑事案件办理机制；开展犯罪青少年案前社会调查、案中合法权益保障、案后回访帮教工作。

全年立案侦查职务犯罪案件8件10人，其中，贪污贿赂案件6件8人、渎职案件2件2人；5万元以上案件4件6人、副科级以上案件1件1人。查办工程建设领域受贿串案3件3人，介入安全生产事故前期调查工作11起，参加安全生产事故分析会9起。

开展职务犯罪预防教育，为全市村党组织书记、机关部门中层干部授课10余次。全年提供行贿档案查询300余次，涉及被查询单位1029家955人次。监督侦查机关刑事立案并提起公诉14人，市法院审理后均作有罪判决；依法决定追加逮捕、起诉13人，增加诉讼罪名20余个；依法受理不服生效判决民事申诉案件13件，提请或建议提请抗诉4件；依法监督和纠正减刑、假释、暂予监外执行不当14人，对安全隐患等提出纠正意见20余件（次）。建立涉及市检察院信访点名约访、审后释疑、专家参与和信访风险评估预警化解、检察人员责任追究制度，试行涉法信访新“六访”（检察长带头接访、院领导轮流值访、职能部门联合办访、中层干部点名约访、联片科室主动下访、严格考核检查督访）工作法，全年受理来信来访185件，全部依法处理，继续实现涉检去省进京零上访，受省检察院通报表彰。

设立阳光接待中心，健全检察官民生工作室，进一步深化班子成员和科室部门联系乡镇（街道）工作制度，继续开展“四走访”活动和“护农促农”联合行动。开展“恪守检察职业道德、促进公正廉洁执法”和“反特权思想、反霸道作风”主题教育活动，通过检察官宣誓、演讲比赛、读书会等活动，弘扬以“忠诚、公正、清廉、文明”为核心的检察职业道德。

是年，市检察院接待室被评为全国文明接待室，省文明单位、廉政文化进机关示范点、巾帼文明岗、卫生先进单位和杭州市先进检察院、社会治安综合治理工作先进单位、首批学习型党组织示范点、廉政文化进机关示范点、廉政文化进家庭工作先进单位等荣誉。驻市看守所检察室继续被最高人民检察院命名为二级规范化检察室。

【阳光接调工作机制】 2010年3月,市检察院公诉部门建立阳光接调中心，抽调检察官专职负责刑事案件审查起诉环节来人来访接待及刑事案件调解工作，对初犯、偶犯、老年人犯罪等案件依法适当从宽处理，对轻微刑事案件进行调解。全年处理案件20余件，接待近百人。

【“携手新生路”活动】 2010年1月，市检察院以检校共建、法制副校长为载体，开展“携手新生路”活动，通过法制课堂、警示教育，参与校园安全专项整治。全年办理未成年人案件20余件，都在出庭公诉前做到“三见面”，即案件承办人与未成年犯罪嫌疑人的家长或其监护人见面；与未成年犯罪嫌疑人所在地的村委会或居委会负责人见面；未成年犯罪嫌疑人是在校学生的，应与其老师见面。对未成年犯罪嫌疑人进行“八审查”，即审查家庭情况、经济状况、学习情况、工作情况、交友情况、不良习惯、犯罪原因、悔罪情况。

【涉检信访点名接访】 2010年4月，市检察院制定出台《点名接访办理工作规定》，试行点名接访办理工作。涉检信访人根据信访事项，通过市检察院公布的接访人员库，点名预约接访人员，反映情况、提出建议和意见，或者控告、举报和申诉；接访人员当面了解后，组织调查核实，必要时主持专家论证、陪访，研究并提出处理意见，答复信访人。全年接待点名接访6件，其中，检察长接待3件，均办结。

【涉检信访审后释疑】 2010年5月，市检察院制订出台《关于案件承办检察人员审后释疑的若干规定》，试行案件承办检察人员审后释疑工作。涉检信访人对市检察院作出的不批捕、不起诉、不提请抗诉等案件处理决定有疑义，首次以来访方式提出的，由市检察院对案件的事实认定、法律适用及诉讼程序等有关问题予以解答说明。全年接待群众30余人次。

【检察文化建设】 2010年3月，市检察院制订出台《关于开展检察文化建设的实施意见》，实施以廉政文化为核心的文化强院工程，结合实际把地域文化、业务建设、队伍建设、服务大局四方面融合在检察文化建设中，打造“学习、卓越、细节、和谐”的检察文化。相关经验被省人民检察院转发全省，杭州市人民检察院检察长吴春莲批示：“检察文化具有凝聚人心、推动工作的重要作用，‘实施意见’突出了地方特色，希望临安市院抓好落实，抓出成效，取得经验。” （徐　军）

审　判

【概况】 2010年，市法院受理各类案件8467件，比上年增长12.62%；办结8319件，增长11.31%；信访数下降14.29%。案件平均审理天数、民事息诉率、调解撤诉率等11项办案质量效率数据名列杭州市基层法院首位。

审结刑事案件534件，判处被告人830人，其中五年以上有期徒刑105人。依法惩处“两抢一盗”（抢夺、抢劫、盗窃）、强奸等危害人民群众生命财产安全以及寻衅滋事、聚众斗殴、赌博等危害社会治安的犯罪；对罪行较轻具有法定从轻、减轻情节被告人224人，依法判处缓刑、管制、单处罚金等非监禁刑；对贪污、贿赂、渎职、交通肇事等案件的缓刑适用进行控制；判处未成年被告人53人，下降5.36%。

审结各类民商事案件4882件，调解撤诉率60.27%；审结追索劳动报酬案件251件；办结涉企案件2761件，挽回经济损失2.08亿元；审理借款合同、民间借贷、典当、保险案件1768件，诉讼标的额3.42亿元；审理建筑工程、商品房买卖等案件102件；审理土地承包、土地征收补偿费用分配等涉农案件56件。

审结行政诉讼案件19件，审查非诉

行政执行案件19件。探索行政案件协调和解机制，协调后原告主动撤诉3件，撤诉率15.79%。落实行政首长出庭应诉制度，出庭应诉6件。

办结各类执行案件2757件，执行到位标的额2.75亿元，涉及执行信访下降29.41%。成立执行指挥中心，开通“老赖”曝光台，实施机关工作人员涉案信息预通报制度。开展“夏季风暴”、“冬日暖阳”等重点集中执行活动10次，拘传被执行人200人，司法拘留73人。

与市检察院联合出台《关于联合调处民事、行政申诉案件工作办法》。启动昌北法庭复建的前期调研和项目申报。增选人民陪审员25人。开通“法院在线”外网网站。开展公众开放日活动6次，参与人数368人。依法缓交、减交、免交困难当事人185件案件诉讼费用，合计11.95万元。对因客观原因造成案件不能执行到位而导致生活困难的申请人，发放司法救助金41.13万元。

是年，市法院被评为全省优秀法院、全省法院立案信访工作先进集体、杭州市社会治安综合治理先进单位、杭州市基层信访和“12345”工作先进单位、临安市公共机构节能工作先进集体和纪检监察工作先进集体。

【市法院60周年院庆】 2010年9月，市法院召开主题为“沐浴历史光辉、坚守公平正义”的建院60周年庆祝大会，省高级人民法院院长齐奇致信祝贺，杭州市中级人民法院院长翁钢粮、临安市市长王宏到会并讲话。临安市领导吴苗强、陈法生、卞吉安等出席大会，兄弟县（市、区）法院领导、临安市有关部门主要负责人、三县合并后的临安法院历任老院长、市法院班子成员、全体干警、离退休老干部代表、人民陪审员代表及法官家属代表170余人参加大会。会议由市法院副院长吕新平主持，市法院院长毛煜焕作《天镜，辉映司法之路》的致辞，回顾临安法院60年发展历程。会议还举行为工作20年以上在职法官颁发荣誉奖仪式和年轻干警宣誓仪式，邀请老院长代表、干警家属代表发言。

【《行政审判白皮书》发布】 2010年9月，市法院首次发布《行政审判白皮书》，对2005~2009年度临安市行政案件司法审查情况进行统计分析。《行政审判白皮书》1.03万字，主要总结临安行政诉讼案件的分布及特点、具体行政行为存在的主要问题、个别行政机关败诉原因，并提出需要引起重视的问题。《行政审判白皮书》由市政府转发至全市各部门、乡镇（街道）。

【“法官进综治中心”试点工作】 2010年，市法院在高虹镇试点开展“法官进综治中心”工作。该工作推行“网格化管理”，实施“一中心、一法官、一法庭（巡回审判）”模式，具体工作包括在市法院机关、人民法庭所在地乡镇（街道）以外的全市各乡镇（街道）综治工作中心，挂牌建立固定的巡回审判点，开展巡回审判工作；选派法官在各乡镇（街道）综合治理委员会担任副主任或委员职务，负责市法院与所在乡镇（街道）的联系和沟通，收集、掌握、反馈所在区域的社情民意和矛盾纠纷，通报涉诉纠纷情况，并开展法律咨询和法制宣传。

【审判质效管理】 2010年，市法院制订《2010年工作要点及任务分解》，细化69项具体工作任务；出台《提高办案效率的若干规定》，对立案、保全、送达等11项制约审判效率的关键节点明确期限，控制办案用时；开展量刑规范化工作，推进司法规范化建设；开展“百万案件评查”活动，梳理办案中存在的问题，提出整改措施。是年，市法院二审改判发回率比上年下降1.67%，民事息诉率96.83%。

【执行诚信档案建立】 2010年，市法院与市人民银行、市工商分局、市国土资源局、市建设局等部门联合发文，共同建立执行诚信档案。市法院对立案执行未结案件、程序终结案件及结案信息按月采集汇总，提供给市人民银行、市工商分局、市国土资源局、市建设局等部门，各部门对被执行人信息进行加载入库。对于拒不履行法院生效法律文书的自然人和企业，银行可列入不良信用，停止贷款；工商部门可以停止办理抵押登记手续、停止变更被执行人所持有的股权等措施；国土部门可根据市法院的协助要求，采取停止办理土地使用权变更登记、土地使用权转让，暂停或取消招标、投标资格，限制农村建房等约束措施。 （陈晓华）

司法行政

【概况】 2010年，市司法局坚持走“强基固本”发展战略，强化基层基础和拓展法律服务。完成锦城、高虹、於潜、大峡谷、马啸、千洪、西天目司法所标准化改造，新建龙岗司法所办公楼。实施素质培训工程，分批次培训“和事佬”、司法所所长、新招录司法助理员、司法行政系统内勤。建立人民调解事务协调中心。指导基层开展全市矛盾纠纷排查、调处，全年各类调解组织排查调处民事纠纷6630件，调解成功6601件，调解成功率99.56%。

开展企业法律体检活动，推出风险调查预测、防范方案策划、具体个案研究、企业资产重组、公司结构治理、债务履行安排等服务举措。各律师事务所办理案件1733件，其中，民事案件1525件、刑事案件109件、行政案件14件、非诉案件85件；市公证处办理公证6358件，其中，民事公证3192件、经济公证2409件、涉外公证728件、涉港澳台公证29件；法律援助中心全年办理援助案件478件；“12348”法律咨询专线接待来访咨询2581件，接待来电咨询1498件。

开展以建设“大调解”格局为核心的基层基础主题实践活动、以拓展“大服务”领域为主体的法律服务主题实践活动、以维护职工合法权益为主要内容的法律保障主题实践活动。对农村和重点工程进行相关法律知识宣传。结合各类主题日、主题活动，开展图版展览、送电影下乡、法制讲座、有奖竞猜等法制宣传教育活动。对《“五五”普法教育“三五”依法治市规划》实施情况进行考核验收。创建省级民主法治村（社区）3个、杭州市级民主法治村（社区）53个、临安市级民主法治村（社区）189个。

开展社区矫正“环沪护城河”工程，对社区服刑人员的日常管理教育坚持集中教育与个别教育相结合，集中教育4342人次，个别教育5709人次。结合上海“世博会”安保工作，对矫正对象进行全面排查，截至11月底，全市在册社区服刑人员400人，再犯罪2人，重新犯罪率0.36%，低于0.8%的指标要求。全市有归正人员1458人，归正人员帮教率100%，安置率98%；重新犯罪9人，重新犯罪率0.63%，低于3%的指标要求。

是年，临安市被评为省法制宣传教育先进县（市）。市司法局获省社区矫正

"环沪护城河"工程先进集体、市综合考评综治项目考核优秀单位、综治工作优秀达标单位、公共机构节能工作先进集体、依法行政工作先进单位、统计工作先进集体、"十佳"书香单位等荣誉称号。

【司法部领导到临安调研】 2010年4月15日，由司法部党组成员、政治部主任尹晋华，司法部监狱管理局副局长刘国玉，司法部律师公证工作指导司副司长牛文忠等组成的调研组，到临安市司法局和满江红律师事务所调研司法行政和律师事务所党建工作。市长王宏、市委副书记卞吉安、副市长李光照陪同调研。

【浙皖两省接边乡镇联调工作会议】 2010年1月22日，安徽省绩溪县家朋乡、金沙镇，宁国市胡乐镇、甲路镇、南极乡，临安市岛石镇、新桥乡在岛石镇政府召开浙皖两省接边乡镇联调工作会议。会议交流2009年各地基层司法行政工作，总结一年来在接边联调工作中取得的成绩和经验。市司法局、岛石镇政府领导在会上就如何进一步开展好接边联调工作、创建平安协作机制、打造平安和谐边界提出具体意见和建议。

【推行特聘调解员制度】 2010年5月26日，建立特聘调解员制度，选聘特聘调解员123人。该制度对特聘调解员的选聘范围、工作职责、工作模式、队伍建设和工作待遇五方面内容进行规定。特聘调解员从乡镇（街道）调解委员会人员、村（社区）调解主任、企业调解委员会主任、法律工作者中选聘，接受调解事务协调中心指派，参与市法院调解室分流案件和市检察院刑事和解案件的调解，参与物业纠纷人民调解委员会、医疗纠纷人民调解委员会、交通事故人民调解委员会等受理案件的调解，参与联合调解和异地参与疑难案件的调解。

【乡镇（街道）法律顾问全覆盖】 2010年6月底，全市26个乡镇（街道）聘请律师（法律服务工作者）担任政府（办事处）法律顾问，临安市乡镇（街道）政府（办事处）法律顾问制度全面建立。法律顾问将全面参与乡镇（街道）政府（办事处）商务谈判、涉法事务处理等工作，为依法行政提供专业法律服务。具体职责是开展普法宣传教育，提供法律服务，帮助审查各类经济合同，协助乡镇（街道）政府（办事处）依法调处有关矛盾纠纷，配合乡镇（街道）政府（办事处）处理诉讼、仲裁、执行和其他非诉法律事务，参与乡镇（街道）负责人的信访接待活动，承担乡镇（街道）政府（办事处）交办的其他法律事务。

【满江红律师事务所党建工作】 2010年，浙江满江红律师事务所开展组织发展、服务社会、服务依法行政、服务经济发展、服务事务所发展五个方面的公开承诺活动，并把公开承诺完成情况作为年度支部成员考核重要依据。该所党建经验入编《全国基层党建经典案例》，《浙江法制日报》以整版篇幅对该所党建工作进行专题报道。省司法厅党委书记、厅长赵光君在浙江满江红律师事务所党支部报送的《浙江满江红律师事务所党支部创先争优承诺》一文上作出批示："满江红律师事务所党支部创先争优承诺，态度认真，量化具体，承诺事项既突出重点，又涉及律师事务所工作的方方面面，值得全省律师事务所学习。"

【普法教育检查验收】 2010年3月，市委办下发《关于组织开展“五五”普法检查验收工作的通知》，对检查验收工作提出要求，明确检查步骤和时间安排。市依法治市普法教育领导小组办公室下发《开展“五五”普法教育“三五”依法治市相关成果资料征集及评选活动的通知》，征集“五五”普法有关摄影图片、视频短片、宣传资料。市依法治市普法教育领导小组办公室组织全市乡镇（街道）、部门，省、杭州市各驻临安机构依法治市普法教育信息员120余人进行业务培训。4月，市领导带领7个检查验收小组分系统和分片集中完成对部门和乡镇（街道）检查验收。5月初至6月上旬，按照省、杭州市要求，完成电子汇报材料、电子书、画册及电子台账制作。临安市“五五”普法“三五”依法治市工作通过杭州市检查考核，考核成绩获杭州市五县（市）第一名、综合第七名。（吕 炜）

消 防

【概况】 2010年，市委、市政府坚持每季度召开市防火委员会工作例会，传达上级精神，研究分析消防安全形势，解决消防安全工作面临的新情况和新问题。召开消防专题会议6次，市领导带队检查消防工作5次。完成“‘世博会’环沪护城河”、“西博会”、“森博会”烟花大会等重大消防安全保卫任务。出台《临安市消防产品专项整治行动实施方案》。

全年接警处置火灾、抢险、救助429次，出动车辆537辆、警力3395人次，抢救被困人员102人，疏散被困人员3人，抢救财产价值536.50万元。开展“实装、实地、实战”演练66次、“六熟悉”（熟悉消防队责任区的交通道路、水源情况，熟悉责任区内重点单位的分类、数量及分布情况，熟悉责任区内主要灾害事故处置的对策及基本程序，熟悉责任区内重点单位建筑物使用及重点部位情况，熟悉重点单位内部的消防设施情况，熟悉重点单位的消防组织及灭火救援任务分工情况）122次，制（修）订预案119份。检查单位683家，发现火灾隐患或违法行为325处，发出责令改正通知书126份、重大火灾隐患整改通知书1份；办理行政处罚案件78起，罚金59.6万元。责令“三停”（停产、停业、停止使用）企事业单位11家，临时查封单位18家，强制执行4起。全市发生火灾49起，直接财产损失18.94万元，同比分别下降5.77%、0.37%，无重大火灾，无人员伤亡，实现火灾四项指标（火灾事故起数、直接经济损失、死亡人数、伤亡人数）零增长。

是年，市消防大队党委被评为省公安厅党员先锋岗、省公安消防局先进基层党组织，市消防大队被评为全省消防部队基层建设标兵大队、杭州市青年文明号，市消防中队被评为全省消防部队基层建设先进中队，昌化专职消防队被评为杭州市青年文明号。

【“防火墙”工程】 2010年6月，市政府下发《临安市构筑社会消防安全“防火墙”工程实施方案》，把“防火墙”工程纳入“平安乡镇”考核。市政府与14个防火委员会成员部门、26个乡镇（街道）签订构筑社会消防安全“防火墙”工程责任书，将“四个能力”（消除火灾隐患能力、组织扑救初起火灾能力、组织人员疏散逃生能力、消防宣传教育培训能力）建设分解到教育、安监、旅游、经贸、文化等部门；属于人员密集场所的消防安全重点单位与市防火委员会签订实施构筑社会单位消防安全“防火墙”工程责任书。全年签订责任书586份，完成消防安全重点单位 “四个能力”建设242家。

【消防安全管理标准建设】 2010年，成立市消防安全领导小组，下设办公室，指导乡镇（街道）、村（社区）建立消防安全管理制度。建立昌化镇、於潜镇、太湖源镇、高虹镇、玲珑街道专职消防队5个，建立兼职消防队21个。50%的社区达到“四有”标准（有消防工作站、有消防宣传橱窗、有公共消防器材点、有志愿消防队伍），70%的行政村达到“五有”标准（有防火公约、有消防宣传标语、有志愿消防队伍、有消防水源、有专兼职消防管理人员）。浙江省首个乡镇消防指挥中心——昌化消防指挥中心通过批复并立项。

【市应急救援大队成立】 2010年12月22日，市应急救援大队挂牌成立，成员以市消防大队为主体，公安、武警、国土、卫生、交通等相关职能部门组成，人员总计110人，救援装备按照“结合实际、急需先配”原则配置到位。主要负责承担包括地震、山体滑坡等自然灾害，建筑施工事故、道路交通事故等安全生产事故，恐怖袭击、群众遇险等社会安全事件抢险救援任务。

【消防安全宣传教育】 2010年，市消防大队通过与辖区媒体签订宣传协议、开展“千场电影走进基层”活动、举办消防知识竞赛等形式，宣传消防安全“防火墙”工程、《浙江省消防条例》。组织部门、乡镇（街道）负责人80余人开展《浙江省消防条例》培训；在《浙江省消防条例》知识网络大赛活动中，临安市位列杭州市第一名。开展消防站开放日活动，参加群众3000余人。开展“消防知识送万家”、“消防进万家、共筑防火墙”、“今冬明春百日宣传、消防志愿者在行动”等专项活动，悬挂消防宣传标语、横幅53条，发放宣传资料2万余份，培训2139人。

（方秋琴）

人民武装

【概况】 2010年，市人武部按照《浙江省后备力量基层建设规范》要求，对基层武装部和民兵连部进行检查考核。组织全市民兵进行整顿，对各乡镇（街道）重点任务分队进行点验，到点率95%以上。按照“人员、时间、内容、效果”四落实要求，在金盾职业技术学校进行民兵军事训练，主要进行战术基础、队列基础、轻武器射击、盾牌警棍术、森林灭火、重要目标防卫“三个现地”（现地点验、现地明确任务、现地组织训练）演练，各专业分队成绩都在优良以上。开展专职人武干部训练月活动，先后两次组织专职人武干部军事技能集训和机关“六能六会”（能分析判断、能出谋划策、能检查指导、能研究创新、能信息收集、能组织协调；会写、会画、会读、会记、会传、会算）基本技能训练。对国防动员机构、动员力量进行调整，对退伍军人、预备役军官和地方专业技术人员进行调查核对，征召服预备役退伍军人集结演练。对国防教育领导小组成员进行调整。联合市教育局、市人防办制订出台学校国防教育工作目标考核制；结合第十个全民“国防教育日”活动，开展“牢记历史、富国强军、共筑长城”国防教育征文活动和“爱我国防”绘画比赛；协助大中学校新生开展军训，开展国防法规宣传教育。联合司法机关开展“法律援助拥军维权月”活动，维护军人合法权益。依法开展征兵工作。春节、“八一”建军节期间，市领导带队赴上海、新疆和浙江杭州、温州慰问临安籍官兵、共建部队和从临安参军入伍的女大学生。

是年，市人武部被杭州警备区评为军事训练先进单位，昌化镇、藻溪镇、玲珑街道人武部被杭州警备区评为先进基层人武部。

【选拔基层人武部长】 2010年5月，临安市采取“五步差额法”面向全市公开选拔乡镇（街道）人武部长7人。选拔分初试推荐、二轮推荐、三轮推荐、量化考核和市委常委会票决五个环节，采取差额方式，通过组织推荐、个人自荐、群众举荐产生候选人。在市直机关、乡镇（街道）经历第二轮、第三轮差额推荐后，产生初步人选和提名人选。经市委考察组考察和量化得分，差额确定建议人选，提交市委常委会差额票决，产生拟任人选。

【服预备役退伍军人集结演练】 2010年5月，根据“动员征召服预备役退伍军人集结”命令，80名退伍军人身着迷彩服从玲珑街道、锦南街道、锦城街道、青山湖街道向市中心集结。此次动员征召服预备役退伍军人转服现役的实兵实装演练是市人武部按照实战要求，对服预备役退伍军人在信息化条件下，实施快速动员的一次全面检验。市人武部根据情况想定，拟制演练计划，建立导调机构，选定演练场所，编写演练文书。演练前，市人武部根据兵员动员程序和演练想定，组织人武干部和参演专职人武干部在室内进行网上推演，杭州警备区派员到现场指导。演练开始后，市委常委、市人武部政委徐俊明作战前动员，市人武部部长周焕泽下达转服现役命令，副部长赵国华宣读干部任命。官兵宣誓后，向预定地域实施机动。

【省军区工作组到临安检查指导工作】 2010年11月，省军区副参谋长、省征兵办主任魏志军大校一行，在杭州警备区司令员李大清大校、参谋长张刚大校的陪同下，到临安检查指导征兵体检工作。市委副书记卞吉安，市委常委、市人武部政委徐俊明，市人武部部长周焕泽陪同检查。魏志军一行首先到征兵体检站视察征兵体检工作，了解体检进展情况，并和体检医生进行交谈；到昌化镇人武部对规范化建设工作进行检查。周焕泽向魏志军一行汇报临安市征兵工作开展情况和后备力量规范化建设情况。

【《临安军事年鉴》编纂工作启动】 2010年，根据全军军事志工作“十一五”规划和南京军区《关于组织军事年鉴编纂工作的实施意见》和省军区军事志领导小组《关于印发〈浙江省三级军事志、军事年鉴印刷出版暂行规定〉的通知》，市人武部着手开展2006~2010年军事年鉴编纂工作。年初，设计年鉴框架。7月，成立以市人武部部长周焕泽、政委徐俊明为主任，副部长杨允平为副主任，驻军及有关单位为成员的《临安军事年鉴》编纂委员会。杨允平兼任总编，方必业任主编。编辑室设在人武部军事科。7月13日，市人武部召开军事年鉴编纂工作会议，进行编纂工作部署，落实编纂工作任务。消防大队、武警中队、预备役炮兵连、73618部队564分队、61232部队、市人民防空办公室、市民政局有关人员参加，市人武部部长周焕泽到会讲话。

（卢　江）

科学技术

科 技

【概况】 2010年，市科学技术局定为“产学研”合作年。全年组织申报各级科技计划项目200余项。其中，国家创新基金项目10项（见表19）、省重大优先主题项目6项、省第二批新农村科技示范试点项目和杭州市重大创新项目4项。组织开展临安市本级科技计划第一批、第二批、第三批项目申报和立项。争取国家创新基金项目5项、国家火炬计划项目2项、国家重点新产品项目2项，国家农业成果转化项目1项、国家星火项目4项、杭州市重大科技创新项目2项。新增国家重点支持高新技术企业14家（见表20）、省级农业科技企业5家，万马研究院被认定为省级企业研究院，杭州福斯特热熔胶膜有限公司、浙江西子富沃德电机有限公司、杭州杭氧股份有限公司3家企业被认定为国家火炬计划重点高新技术企业。全市专利申请量1632件，其中，发明167件、实用新型578件、外观设计887件；授权专利1662件，其中，发明74件、实用新型612件、外观设计976件。全年完成993件专利资助，资助金额76.75万元。组织4家企业申报省级专利试点示范企业，其中，浙江玲珑装饰材料有限公司被认定为省级专利试点示范企业；10家企业被认定为杭州市专利试点企业。

推进国家火炬计划电线电缆产业基地、省级装饰纸特色产业基地和高虹绿色照明、青山重型装备业省级特色产业基地建设，为产业集群发展提供技术支撑；依托“特派专家+科技指导员+‘天目彩虹’专家+科技小分队”等专家，到装备制造业省级高新技术特色产业基地进行实地指导，解决共性关键技术难题。组织实施农业废弃物资源化、高效栽培技术等农业科技项目。

是年，临安市获全国科技进步考核先进县（市）称号，市科学技术局获浙江省科技工作先进集体称号。

国家级科技项目

表19

项目名称	承担单位	备　注
斑竹寿星鸡中药饲料饲养与示范推广	临安斑竹寿星鸡放养场	国家星火计划项目

续表

项目名称	承担单位	备　注
山地果蔬速冻、保鲜新技术研发与示范推广	临安丰野食品有限公司	国家星火计划项目
“农秀一号”秀珍菇高效栽培模式示范与推广	临安森源菌业有限公司	
临安钱王良种珍禽示范推广	杭州临安钱王鸵鸟养殖有限公司	
聚乙烯醇(PVA)颗粒栓塞剂	杭州艾力康医药科技有限公司	国家重点新产品计划项目
TR-XLPE 中压抗水树电缆绝缘料	浙江万马高分子材料股份有限公司	
全自动螺旋(节能)灯管成型机	临安金朝照明电器有限公司	国家火炬计划项目
地埋铠装同轴电缆	浙江汉力电缆有限公司	
多工位螺旋灯管自动成型机	临安金朝照明电器有限公司	科技型中小企业技术创新基金项目
临安市节能灯企业技术创新服务平台	临安市高虹节能灯行业技术研究开发中心	

国家重点支持的高新技术企业

表 20

企业名称	备　注
杭州宏森电缆有限公司	第一批
杭州耐特阀门有限公司	
临安钱氏照明电器有限公司	
杭州真心热能电器有限公司	
杭州临安光大线缆有限公司	第二批
浙江凌志精细化工有限公司	
杭州兴发传输设备有限公司	第三批
浙江西盈科技有限公司	
临安东方滑动轴承有限公司	

续表

企业名称	备注
杭州富善医疗器械有限公司	第三批
杭州美多乐化工有限公司	
浙江华特新材料股份有限公司	
杭州杭氧环保成套设备有限公司	
杭州添丽装饰纸有限公司	

【“产学研”合作交流】 2010年，市科学技术局带领70余家高新技术企业和农业科技企业到省外开展临安与上海高校“产学研”合作交流会、杭州临安与西安科技人才合作洽谈会、浙江临安与成都“产学研”合作交流会等6次大型“产学研”对接活动，发放技术难题册600余本。通过搭建“产学研”交流平台，西安交通大学、上海电机学院、上海理工大学等知名高校相继与市科学技术局合作，共建“产学研”工作站3个，开展长期对接；30余家企业与省外高校、科研院所达成合作意向，杭州杭氧透平机械有限公司与复旦大学签订“高速旋转压缩机转子系统动力学特性研究”项目，杭州钱林生物科技有限公司与中国科学院成都生物研究所签订“联合组建鸵鸟生物工程技术中心”项目。

【科技企业孵化器】 2010年，确定入驻企业8家。组织杭州艾尔柯制冷剂科技有限公司、临安伍特环境工程有限公司、杭州临安新力软件有限公司3家在孵企业参加2010年浙江省大中专毕业生就业招聘会，共收到意向求职报告书近40份。开展创业辅导活动，组织杭州杰马电子有限公司、杭州临安新力软件有限公司、临安七彩网络工程有限公司3家在孵企业参加创业导师接待日活动。马溪科技孵化基地列入杭州市级科技企业孵化器；市科技孵化中心成为国家级大学生科技创业见习基地试点单位，并获浙江省科技孵化器绩效考核优秀单位、杭州市科技创新十佳科技企业孵化器等荣誉。

【增设临安市地震局】 2010年，经杭州市机构编制委员会批准，市科学技术局增挂“临安市地震局”牌子。对湍口、马啸、交口地震测报站加强检查，提高测报点人员检测责任心。开展地震科普知识宣传，参与“5·12”防震减灾日中小学生紧急疏散演练活动，会同市政府应急管理办公室、市教育局和市实验初级中学，举办临安市学生地震知识讲座和地震应急演练活动。重大建设工程地震安全性评价工作纳入行政审批程序。

【环保涂料省级区域科技创新服务中心成立】 2010年，经浙江省科学技术厅批准，成立环保涂料省级区域科技创新服务中心。该中心由杭州美多乐化工有限公司、浙江华特实业集团有限公司、浙江金质丽化工有限公司、浙江天松集团有限公司、浙江万晶涂料有限公司、浙江悉奥涂料有限公司6家企业组建，有研发分中心和实验场地2400平方米，科技人员13人，其中直接从事一线研发工程技术人员10人。该中心拥有较先进的实验研制开发仪器设备，工程技术试验条件、基础设施及检测分析、测试手段和工艺设备等研制开发条件和技术达到全省先进水平。6家组建企业全部通过ISO 9001质量管理认证及ISO 14001环境体系认证，年销售规模在3000万元~3亿元，具有较强的技术研发和产品开发能力。该中心为环保涂料企业提供技术研发、产品设计、成果转化、检验检测、企业诊断、技术培训等技术服务。

【第二批省级新农村建设科技示范（试点）村】 2010年，潜川镇海龙村、阔滩村、青山殿村3个村被列为“十二五”时期社会主义新农村建设省级科技示范试点。3个村将以农业特色产业发展、农村生态环境建设、生态循环农业发展、农村住宅建设、资源综合利用和新能源开发应用等为重要内容，组织实施一批技术开发与集成应用项目，以起到辐射带动作用。全市原有太湖源镇、岛石镇和白沙村（太湖源镇）、光辉村（太湖源镇）、银坑村（岛石镇）6个第一批省新农村建设科技示范试点。

【首家“正版正货”承诺企业授牌】 2010年，农工商超市集团临安有限公司被杭州市知识产权工作领导小组授予“正版正货”承诺企业，这是临安市首家“正版正货”承诺企业。2008年12月，该公司开始申报杭州市“正版正货”承诺单位，建立知识产权工作领导小组，完善内部管理制度，落实专人负责知识产权工作，把好进货、登记、验货关，确保无假冒知识产权商品进场。

（陈玉　陈蓉）

科　协

【概况】 2010年，市科协所属自然科学、社会科学和交叉学科学会（协会、研究会）31个、企业科协13个、乡镇（街道）科协26个。

继续组织实施农民素质提高工程，统筹培训农村劳动力2.17万人，实现转移就业5896人。完成农函大一年制办班34个计1732人，其中职业技能培训班17个计802人。在市“两会”期间，向全体政协委员和人大代表赠送科普读本。在“三八”妇女节、世界环境日等纪念日，分别与市妇联、市环保局、团市委等部门联合开展低碳科普宣传活动。组织举办“奇妙的三维立体世界科普展”暨杭州市科技交流馆活动，接待观众1.5万人次，并举行观后感作文比赛。邀请北京麋鹿苑博物馆副馆长、高级经济师郭耕作“生态文明与绿色行动”报告会。继续开展校园“春蕾计划”实施活动，联合市教育局等单位举办全市中小学生“崇尚科学、反对邪教”漫画比赛，收到各类漫画作品182幅，评出奖项100项。试行大学生“村官”兼任科普宣传员和反邪教宣传员工作。调整市反邪教协会部分副理事长、理事人选，成立乡镇（街道）反邪教协会分会。组织相关科技人员分别到昌化镇、西天目乡、板桥乡、新桥乡等开展送科技下乡活动。开展“三服务”活动，实施“山核桃壳栽培食用菌技术示范推广”、“生态农庄资源循环利用工程项目”等“金桥工程”项目10项，结转1项，完成9项。与市委组织部联合开展新一轮“远程教育专家服务”工作。继续与市广播电视台、市新闻传媒中心合作，联合办好《科普大篷车》等科普栏目。完成《临安市加快转变农业发展方式与科普支持的对策研究》等调研课题。健全领导班子与基层单位和科技人员联系制度，联系范围扩大到全体科协常委。组织优秀科技人员外出疗休养1批次。完成《临安科协志》重新修订，刊印《临安科协》4期。

是年，市科协获2008~2009年度杭州市科普工作先进集体、杭州市2010年度科技服务工作先进单位、第25届杭州市青少年科技创新大赛优秀组织奖等荣誉。市农民素质提高工程领导小组办公室获杭州市2009年度农村实用人才和农民素质培训工作考核评比二等奖。农函大临安分校获2010年度杭州市农函大先进集体。

【市科协第八次代表大会】 2010年1月14~15日，市科协召开第八次代表大会。会议审议通过市科协主席任小玲所作的《高举生态科技旗帜 切实坚持科学发展 为构建杭州西郊现代化生态市再作新贡献》工作报告，审议通过《关于临安市科学技术协会统一使用〈中国科学技术协会章程〉的决定》。会议选举产生市科协第八届委员会委员45人、常务委员15人。此次大会有正式代表190人，特邀代表31人。会议期间，举行“低碳生活我参与”倡议签名活动。杭州市政协副主席陈天开，市领导邵毅、王宏、吴苗强、陈法生等出席大会，上城、萧山、富阳等12个区（县、市）科协负责人到会祝贺。

【全国科普日活动】 2010年9月15~21日，市科协举办2010年全国科普日暨第24届科普宣传周活动。主题为“低碳、生态、责任”。15日，在人民广场举行启动仪式，开展科普宣传咨询服务和“绿色畅想未来”环保科普文艺表演。活动期间，全市举办科普宣传咨询17场，各类科普讲座、培训班52个，科技下乡19次，科技（科普）报告会4场；展出科普画板（挂图、黑板报）1790块（张），印发各类资料100余种计4万余份；参加活动人数3.5万余人次，其中科技人员和科普志愿者1000余人次。

【基层科普示范单位创建工作】 2010年，全市创建省级科普示范乡镇1个（湍口镇），杭州市科普示范乡镇1个（昌化镇）、示范村2个（昌化镇九龙村、白牛村）、“崇尚科学、反对邪教”示范社区1个（锦城街道兰岭社区）。培育临安香雪茶业有限公司等农村科普示范基地10家、农村科技示范户100户，建立科普惠农服务站1个（浙江盛美园艺有限公司）。

【青少年科技创新大赛】 2010年6月，市科协与市科学技术局、市教育局、团市委等联合举办2010年临安市青少年科技创新大赛，收到52所学校的参赛作品375件，评出优秀科技创新项目、优秀科技实践活动、优秀科幻画等188项。组织参加第24届浙江省青少年科技创新大赛，获三等奖2个；组织参加第25届杭州市青少年科技创新大赛，获一等奖2个、二等奖6个、三等奖6个，市科协被评为优秀组织奖。

【科技工作者状况调查】 2010年8月，市科协召开全市科协系统秘书长会议，专项部署科技工作者状况调查工作，并进行相关业务辅导。12月中旬，完成调查报告的撰写。此次调查范围为全市各企事业单位的工程技术人员、农业技术人员、卫生技术人员和自然科学教学人员。调查采用抽样调查的方式，样本总量为300份，以问卷调查为主，辅以个案访谈和座谈。调查内容主要包括科技工作者总量及分布、基本情况、工作和科研状况、生活状况和权益保障状况、社会认同与社会参与情况、对科技政策和科研环境的评价、对科协组织的了解情况、对发挥科技工作者作用的意见和建议等。

（应水忠）

市各直属学校（单位）和乡镇（街道）中小学、幼儿园全称、简称对照表

序号	简称	全称	序号	简称	全称
1	临安中学	浙江省临安中学	32	三口小学	临安市板桥镇三口小学
2	於潜中学	临安市於潜中学	33	东天目中心学校	临安市太湖源镇东天目中心学校
3	昌化中学	临安市昌化中学	34	锦南小学	临安市上甘中心学校
4	天目高中	临安市天目高级中学	35	玲珑小学	临安市玲珑中心小学
5	教师进修学校	临安市教师进修学校	36	横畈小学	临安市青山湖街道横畈小学
6	昌化职高	临安市昌化职业高级中学	37	青云小学	临安市太湖源镇青云小学
7	中职技校	临安市中等职业技术学校	38	板桥小学	临安市板桥镇板桥小学
8	交口职高	临安市交口职业高级中学	39	青山小学	临安市青山湖街道青山小学
9	昌北初中	临安市昌北初级中学	40	高虹小学	临安市高虹镇中心小学
10	特殊学校	临安市特殊教育学校	41	於潜辅导站	临安市於潜教育辅导站
11	实验初中	临安市实验初级中学	42	於潜一中	临安市於潜第一初级中学
12	博世凯实验小学	临安市博世凯实验小学	43	於潜二中	临安市於潜第二初级中学
13	锦城中心幼儿园	临安市锦城中心幼儿园	44	藻溪初中	临安市天目山镇藻溪初级中学
14	金盾职高	临安市金盾职业高级中学	45	於潜一小	临安市於潜镇第一小学
15	杭州天外教育集团	杭州市天目外国语教育集团	46	於潜二小	临安市於潜镇第二小学
16	锦城中心学校	临安市锦城中心学校	47	潜川小学	临安市潜川镇潜川小学
17	锦城一中	临安市锦城第一初级中学	48	横塘小学	临安市天目山镇横塘小学
18	锦城二中	临安市锦城第二初级中学	49	太阳小学	临安市太阳镇太阳小学
19	锦城三中	临安市锦城第三初级中学	50	藻溪小学	临安市天目山镇藻溪小学
20	锦城四中	临安市锦城第四初级中学	51	绍鲁小学	临安市於潜镇绍鲁小学
21	石镜小学	临安市石镜小学	52	堰口小学	临安市於潜镇堰口小学
22	衣锦小学	临安市衣锦小学	53	乐平小学	临安市潜川镇乐平小学
23	横溪小学	临安市横溪小学	54	对石小学	临安市天目山镇对石小学
24	城南小学	临安市城南小学	55	西天目小学	临安市天目山镇西天目小学
25	西林小学	临安市西林小学	56	千洪小学	临安市於潜镇千洪小学
26	晨曦小学	临安市晨曦小学	57	横路小学	临安市太阳镇横路小学
27	农林大学附小	浙江农林大学附属小学	58	昌化辅导站	临安市昌化教育辅导站
28	玲珑辅导站	临安市玲珑教育辅导站	59	昌化初中	临安市昌化镇初级中学
29	青山初中	临安市青山初级中学	60	颊口初中	临安市清凉峰镇颊口初级中学
30	青云初中	临安市太湖源镇青云初级中学	61	马啸中心学校	临安市清凉峰镇马啸中心学校
31	杨岭中心学校	临安市太湖源镇杨岭中心学校	62	昌南初中	临安市昌南初级中学

（下接第 320 页）

教 育

概 述

【概况】 2010年，市教育局以“固本强基抓提高”为工作思路，围绕教育发展规划和五年目标，推进教育安全保障、教育质量提升、学校布局调整、教育环境改造、教师队伍建设、师生健康关爱、机制体制改革、教育协调发展工程。出台《临安市中小学校预算管理办法（暂行）》、《临安市学校基本建设管理办法（试行）》、《临安市小额公共资源交易管理办法（试行）》。

於潜中学、於潜一中、昌化二小被评为省绿色学校，马啸乡中心学校、玲珑街道中心幼儿园、太湖源镇中心幼儿园、横路乡中心幼儿园、西天目乡中心幼儿园被评为市第九批绿色学校。

全市有省级立项课题5项、杭州市级立项课题31项，获省级成果奖9项、杭州市教科研成果奖71项。晨曦小学被评为省教科研百强学校，昌化中学、石镜小学被评为杭州市第七届教科研先进集体。

全市学前三年幼儿入园率97.8%，小学学龄人口入学率、巩固率均为100%，“三类”残疾［肢体残疾（含脑瘫、侏儒）、视力残疾、听力残疾］儿童入学率、巩固率保持100%；小学升初中比例100%，初中升各类高中比例99.8%。普高学生参加学科竞赛，获省级奖9人次、杭州市级奖15人次。解决外来务工人员子女就学8800余人。

全市参加全国成人高校考试1290人。全年自学考试4次，分别安排在1月、4月、7月、10月，累计参加考试1350人，申请毕业42人。参加全国计算机等级考试和全国英语等级考试共112人。

【“平安教育”建设】 2010年，制订下发《临安市教育局2010年综治、安全工作意见》、《临安市“平安学校”创建工作实施意见》、《临安市“消防安全教育示范学校”创建活动实施方案》、《临安市创建学校食品安全示范店实施方案》、《临安市中小学（幼儿园）保安工作实施细则（试行）》，开展安全教育主题月、“平安学校”和“交通安全学校”等创建活动。在城南小学开展临安市中小学（幼儿园）“5·12”应急疏散演练，在实验初中举行临安市学生地震知识讲座和应急疏散演练。全年中小学（幼儿园）开展火灾逃生、校园反暴力突发事件和防溺水等应急演练137次。

全年投入校园安全经费900余万元。落实安保“四防”（人防、物防、技防、联防）措施，落实校园专职保安235人、兼职保安20人；通过培训上岗，组建护校队186支计1105人，其中，教师737人、家长等志愿者368人；为全市中小学（幼儿园）续配橡胶警棍、催泪水、防割手套、灭火器等器械308套；为115所学校（包括教学点）补装110报警装置、校门口全球眼监控系统，为86所学校补装校内监控；对民办学校安装安防设施、配备保安实行1万元以奖代补政策。

开展安全宣传教育，推进安全和生命教育“进课堂、进教材、进考试”制度。开展“1+6”（一个学生+爸爸妈妈+爷爷奶奶+外公外婆，一起做好交通安全教育工作）交通安全宣传工程、“文明交通少年”评选、中小学生交通安全宣讲等活动。组织全市中小学生参加杭州市第二届中小学生交通安全知识网络大赛，市教育局、晨曦小学、锦城四中获优秀组织奖。市学校安全工作领导小组办公室与全市26个乡镇（街道）、18个相关部门（单位）签订学校安全工作责任书，将校园安保工作纳入专项考核。组织开展校园安保、中小学实验室化学危险品管理、校园及周边食品安全等隐患整治、校园安全工程等全市性学校安全大排查15次，排查覆盖面100%。排查出一般隐患332项、重点隐患2项，整改率100%。解决天目初中1558名学生乘车问题。全年乘坐学生接送车学生1.11万人，303辆学生接送车无交通事故发生，杨岭学生接送车队、昌南学生接送车队被评为杭州市学生接送车工作先进集体，锦城四中被评为杭州市首批交通安全教育示范学校。在“浙江省健康促进学校”考核中，龙岗小学通过银奖验收，衣锦小学、锦城二中通过铜奖验收。在“平安学校”创建考核中，石镜小学、横路小学、青云初中、昌化职高被评为杭州市级平安学校，於潜中学等26所学校（幼儿园）被评为临安市优秀级，市教师进修学校等37所学校（幼儿园）被评为临安市良好级。

学前教育

【概况】 2010年，全市有幼儿园78所，其中，公办幼儿园23所、部门办幼儿园1所、民办幼儿园54所；省级示范幼儿园2所、杭州市农村示范中心幼儿园18所；省一级幼儿园2所、省二级幼儿园12所、省三级幼儿园（园区）26所（个）；新评丙级幼儿园3所、丁级幼儿园4所；新评市先进幼儿园6所。在园幼儿1.62万人，教职工1460人。

临安市成为杭州市学前教育达标市，乐平乡、湍口镇成为杭州市学前教育先进乡镇，锦南街道、三口镇、潜川镇、千洪乡、新桥乡成为杭州市学前教育达标乡镇(街道)，玲珑街道中心幼儿园、乐平乡中心幼儿园、湍口镇中心幼儿园成为杭州市农村示范中心幼儿园，青山中心幼儿园汪家埠分园、三口镇中心幼儿园、锦南街道中心幼儿园、新桥乡中心幼儿园、千洪乡中心幼儿园、岛石镇中心幼儿园仁里分园、锦城街道龙马幼儿园、玲珑街道化龙幼儿园和小伢儿幼儿园、高虹镇长溪幼儿园和景亮幼儿园、西天目乡育苗幼儿园和告岭幼儿园成为杭州市农村规范幼儿园。

出台《临安市民办幼儿园考核实施办

法》，对全市民办规范幼儿园进行学年度的管理工作考核，实施以奖代补生均公用经费政策。2010学年第一学期向全市32所民办幼儿园发放以奖代补生均公用经费30余万元。出台《临安市幼儿园办园等级评定办法》和《临安市幼儿园办园水平督导评估方案》。新建潜川镇中心幼儿园、玲珑街道小伢儿幼儿园、锦城街道龙马幼儿园、西天目乡告岭幼儿园，改建锦南街道中心幼儿园、三口镇中心幼儿园、新桥乡中心幼儿园、千洪乡中心幼儿园、横路乡中心幼儿园、昌化镇中心幼儿园本部、高虹镇景亮幼儿园。城市小区配套幼儿园吴越人家幼儿园、左邻右里幼儿园投入使用。

全市继续坚持以公办为骨干和示范、民办为主体的办园格局。农村幼儿园实行“一园多点六统一”（一个中心幼儿园+多个教学点，做到教材统一、设施设备统一配备、教师统一调配、教学质量统一考核、工资待遇统一发放、教学内容统一安排）管理模式，於潜镇凌口幼儿园并入於潜镇中心幼儿园，昌化镇白牛幼儿园并入昌化镇中心幼儿园，青山中心幼儿园设立汪家埠分园。新建青山湖街道学前教育集团、河桥镇学前教育集团、太湖源镇学前教育集团、大峡谷镇学前教育集团、林水山居学前教育集团、天松学前教育集团、七色花学前教育集团、锦都学前教育集团，全市幼教集团化数增至14个。

开展全市幼儿园教师语言类、保教专业知识技能考核，参加语言类考核297人、保教专业知识考核304人。参加新教师上岗培训班1期23人、省乡镇中心幼儿园骨干教师（园长）培训班2期13人、省幼儿园园长培训班1期5人、杭州市农村幼儿园骨干教师（园长）培训班2期18人。

【城乡幼儿园互助共同体】 2010年12月，杭州市幼儿园城乡互助共同体工作交流会在龙岗镇中心幼儿园召开，杭州市上城区和临安市重新签订结对协议。马啸乡中心幼儿园、乐平乡中心幼儿园、玲珑街道中心幼儿园、新桥乡中心幼儿园、锦南街道中心幼儿园、三口镇中心幼儿园、千洪乡中心幼儿园、於潜镇大风车幼儿园、林水山居幼儿园、玲珑街道大山幼儿园与上城区幼儿园结对。新增青山中心幼儿园互助共同体和龙岗镇中心幼儿园互助共同体，全市互助共同体覆盖率80.8%。举办省编幼儿园课程指导培训1期，参训教师150余人；举办华东师范大学建构式课程培训两期，培训720余人；举办园长论坛3期，分别邀请省特级教师杨蓉、杭州市名校长姚灶华作客座指导；建立市幼儿园俱乐部，吸收会员12个，开展活动4次。

义务教育

【概况】 2010年，全市有义务教育阶段公办学校58所，其中，初中14所、小学37所、九年一贯制学校5所、体育学校和特殊学校各1所；有民办初中、小学共4所。义务教育阶段学生4.48万人，其中，小学生2.87万人，教学班769个；初中生1.61万人，教学班383个。享受小班化教育学生1.07万人。有义务教育阶段学校共同体14个，参与学校61所，覆盖率100%；与杭州市优秀学校结对中小学校38所。

成立德育工作指导小组，召开第三届德育研讨会，对全市中小学心理健康教育基本情况进行摸底调查，举办新一轮心理健康教师C证培训。高中招生文化课考试与初中2010学年第一学期期末考试首次实行网上阅卷。开展红十字示范校评选，昌化职高、龙岗小学被评为杭州市红十字示范校，昌化职高等5所学校被评为市首批红十字示范校。新增特色学校15所。举办临安市第七届中小学生艺术节；参加杭州市中小学生艺术节，获一等奖7项、二等奖14项，市教育局获团体优胜奖。於潜中学、於潜一中、昌化二小被评为省绿色学校，马啸中心学校等5所学校被评为市绿色学校。组织开展全市中小学师生环保论文比赛、普通高中和职业高中新生军训工作。举办临安市第三届职业教育技能节。

【减负提质工作】 2010年，下发《临安市教育局关于切实减轻义务教育阶段中小学生过重课业负担的若干意见》，明确“认真落实刚性要求、不断健全长效机制、着力提升教育内涵”的实施意见。召开临安市义务教育学校减负提质推进会，市教育局与义务教育学校签订减负责任书，昌化一小、乐平小学、晨曦小学、於潜二中、锦城四中交流减负提质工作经验。市教育局建立中小学体质健康通报制度、加重学生负担责任追究制和督学责任区制度等常规检查制度，义务教育学校按“六个严格”（严格开设课程、严格控制学生作业量、严格控制补课、严格规范考试管理、严格确保学生的休息和锻炼时间、严格规范招生秩序）要求建立教学活动安排公示制度、课业负担征求意见制度和家校联动制度。

【团队工作】 2010年，组织全市少先队辅导员赴宁波等地参观学习；开展“争当四好少年”开学主题日活动、“捐一元钱、献一瓶水”爱心捐旱区行动、“读国学经典、育道德人才”诗配画比赛、“争当四好少年——我的成长宣言”活动，举行“节约资源、珍惜土地，做保护地球小主人”摄影作品征集评选，组织少先队论文、案例评选，承办省少先队“体验生态文明”夏令营，举办“天翼杯”漫画大赛，开展全市少先队建队节观摩活动，与萧山区、拱墅区开展少先队工作互观互检活动。共青团组织开展“我成人、我担当”演讲比赛、“一二·九”成人宣誓仪式，开展第七个“弘扬和培育民族精神月”和“五星红旗升起来”活动。

【读书征文活动】 2010年，举办“畅想世博”征文比赛，组织一等奖获得者赴上海参加“‘世博会’一日游”。开展“我爱我的祖国”读书征文，获杭州市级奖78篇，於潜一中等获组织奖。组织参加杭州市“诵读经典、品味书香”读书征文比赛，获一等奖7项、二等奖4项、三等奖9项，市教育局获优秀组织奖。

【“珍爱生命”教育】 2010年，与市科协等联合举办全市中小学生反邪教漫画比赛，收到参赛作品182幅，获奖100幅。开展学校反邪教工作、毒品预防教育培训，锦城三中成为临安市毒品预防教育示范学校。邀请市委常委、市公安局局长李磊到天目高中上禁毒教育课。组织全市中小学青春期性健康教育优秀案例评比。

【科普教育】 2010年，组织科技辅导员参加省级科普教育培训。举办临安市第一届中小学科技节，表彰特色学校46所。与市科协等联合举办中小学生科技创新大赛，收到参赛作品375件，评出优秀科技创新项目一等奖5项、二等奖10项、三等奖18项，优秀科技实践活动一等奖1项、二等奖2项、三等奖2项，优秀少儿科幻画一等奖15幅、二等奖45幅、三等奖90幅，评出优秀科技辅导员10人、优秀组织单位5个。

【“阳光少年”评选活动】 2010年，市委宣传部、市文明办、市教育局、共青团临安市委、市新闻传媒中心、市广播电视台联合举办第二届“阳光少年”评选，经初赛、复赛、决赛，於潜一中赵葛格、实验初中刘佳琦、於潜一中邱睿、锦城四中楼梦鑫、晨曦小学万朱嘉怡、昌化二小潘漪、城南小学李雨欣、於潜一小张泓泽、於潜一小舒扬、昌化一小沈宇彤被评为临安市第二届十大“阳光少年”。

【课堂教学改革试点工作】 2010年，按照《临安市课堂教学改革试点推进方案》推进课堂教学改革试点工作，确定昌化中学、於潜二中作为课堂教学改革试点学校。於潜二中将课堂教学改革经验通过互助共同体、党员支教等形式向相关学校传送。全年普通高中举行成绩分析会6次、校长例会4次。教学调研普高5所，对新桥小学、昌南中学等6所农村中小学进行教学调研。召开义务教育学校教务工作会议和“减负提质”工作推进会。

高中教育

【概况】 2010年，全市有普通高中5所，教学班184个，招收新生3258人，在校学生9945人，毕业生3372人；有职业高中5所，教学班129个，招收新生2189人，在校学生5768人，毕业生1615人。高考普高录取3135人，高职录取454人。组织开展全市普通高中和职业高中新生军训工作。举办临安市第三届职业教育技能节。

【职业教育专业建设】 2010年，昌化职高被教育部认定为国家级重点中等职业学校，该校旅游服务与管理专业成为杭州市级示范专业，旅游服务与管理实训基地成为杭州市级实训基地。年底，临安有国家级重点中等职业学校2所、省级示范专业3个、杭州市市级示范专业4个；省级实训基地2个、市级实训基地3个、市级优秀校外实习基地3个。

成人教育

【概况】 2010年，全市完成劳动力培训9.39万人次，占劳动力总数的37.1%，其中，农业专业技能培训2.45万人次、企业职工岗位技能培训7672人次、农民转移就业技能培训7518人次、农村预备劳动力培训357人。昌化成校被评为省级示范成校。锦城成校、太湖源成校、於潜成校、昌化成校、清凉峰成校被评为省级农民素质示范基地，锦城社区学校、昌化社区学校、河桥社区学校被评为杭州市示范社区学校。於潜成校《合纵连横创造山区成校乘法效应》课题成为杭州市重点实验项目。

办学条件

【概况】 2010年，全市教育经费总投入7.85亿元。财政预算内事业费5亿元，比上年增长16.55%，超过经常性财政收入增长比例14.77%。生均预算内事业费初中9498.10元、小学8004.80元，预算内生均公用经费初中741.78元、小学603.68元。征收地方教育附加4074万元、教育费附加5168万元。中小学施工建筑面积10.18万平方米，竣工建筑面积8.68万平方米，完成基建投资8186万元。天目初级中学竣工交付使用，撤并玲珑初中、板桥初中、高虹初中、横畈初中、三口中心学校初中部、上甘中心学校初中部。新建新桥小学，撤并老屋下、下许、桥川、芦塘坞校区。全年受教育资助1.55万人次，资助金额1112.27万元，其中，享受爱心营养餐5243人次，金额91.76万元。中职技校全年享受国家助学金4551人次，累计投入资金530.51万元。义务教育免住宿费334.51万元，计2.11万人次。

【中小学校舍安全工程】 2010年，根据《临安市中小学校舍安全工程规划（2009~2011)》，按计划完成迁建项目2个，加固项目3个，拆除和停用破旧校舍39幢，完成学校防雷设施改造14所，消除洪涝灾害隐患点21个、地质灾害隐患点7个，完成投资9705万元。

【教育技术装备工作】 2010年，教育技术装备总投资2363万元。实施“农远工程”（农村中小学现代远程教育工程)、“书香校园”工程、标准化实验室建设，全市中小学装备台式计算机1264台、笔记本电脑755台、多媒体设备452套、微格教室录播设备6套，添设各学科常规仪器设备214万元，购置图书5.43万册，天目初中和锦城三中配备高标准校园网络系统。完成天目初中、锦城三中、新桥小学标准化实验室建设。

师资队伍建设

【概况】 2010年，全市有专任教师4359人，幼儿园、小学、初中、普高、职高专任教师合格学历分别为98.09%、100%、99.43%、98.62%和91.06%；幼儿园、小学、初中专任教师中高学历教师比例分别为58.77%、92.67%、88.28%，职高双师型教师占87%。获中学高级教师职称40人、小中高职称2人、中学一级教师职称136人、小学高级教师职称96人、幼儿园高级教师职称7人。录用师范院校应届毕业生10人，招考录用合格学历社会青年63人。全年两次面向社会人员认定教师资格79人。全年培训教师1.03万人次，完成省、杭州市、县三级名师培训141人。组织新教师参加试用期培训70人、2009届新教师参加提高期培训129人。

组织全市中小学教师4000人参加“天目金秋”教育名家系列专题报告会，上海市成功教育创始人刘京海作报告。玲珑片初中学科教师完成专业化发展培训与考核325人、小学学科教师参加专业化发展培训463人。两昌地区初中学科教师441人及昌西地区小学语文、数学教师完成专业化发展培训与考核。组织全市初中科学教师参加暑假学科培训200余人，其中，参加理论考试和实验操作考试177人。组织幼儿教师参加任职资格考试科目《学前教育学》和《学前心理学》培训198人，组织参加非师范毕业人员教育学、心理学培训和考试30余人，参加普通话培训35人、普通话考核210人和850个模块的计算机报名考试。

【德育队伍专业化建设工程】 2010年，承办杭州市第七期德育骨干研修班，临安市参加培训德育干部33人。参加义务教育阶段中小学校长提高培训任务14人，完成学校德育效能主题学习。组织骨干教师参加心理健康教育C证培训和考试150余人，获国家二级心理咨询师资格证书14人。

【骨干教师培训】 2010 年，组织英语教师赴英国吉尔福德学院进行脱产培训和考察 17 人。聘请上海博世凯培训学院外籍教师对中小学英语骨干教师进行口语和课堂教学技能培训。组织杭州师范大学外语学院教师对小学兼职英语教师进行英语教学基本功的培训和指导，组织城南小学教师参加省第一期小学语文高端班学习。邀请杭州高级中学余知辛对美术教师进行理论讲座和实践指导，选派教师参加省中小学美术骨干教师培训班、初中数学教师参加杭州暑期数学特级教师讲习班，组织中小学语文名师培养对象观摩 2010 西湖之春智慧课堂、小学数学和英语、初中数学和科学的睿智大讲堂。

【校长培养工程】 2010 年，完成杭州市第 54 期中学后备干部岗位培训，完成异地挂职实习和论文答辩学员 26 人。完成与余杭、富阳、桐庐合作的第二期校长提高培训，选派校长参加杭州市德育高研班 3 人。推荐钱炳伟等加入杭州“杨一青工作室”，学习学校管理文化；选派沈建中等名校长到杭州名校挂职锻炼。

教育工会

【概况】 2010 年，市教育工会有兼职主席 1 人、常务副主席 1 人，下辖基层学校工会 83 个、基层工会联合会 5 个，有会员 4450 人。新建工会 3 个，换届 13 个，更名 6 个；补选工会主席 8 人。

召开全市工会主席会议，修订工会工作目标考核责任书，表彰工会工作目标考核优秀单位 29 个、先进个人 37 人。召开庆“三八”暨女职委五届一次委员（扩大）会议，产生新一届市教育工会女职工委员会，市教育工会女职工委员会被评为杭州市先进女职工组织。参加省、杭州市工会财务工作培训，指导基层工会财务工作，实施修改后的《中华人民共和国工会会计法》。规范校务公开工作，获杭州市校务公开工作先进学校 3 所。向省、杭州市报送工会信息 20 余篇，市教育工会获省教育工会信息工作先进集体。开展“师范品质、一流业绩”师德主题教育活动，树立“忠诚党和人民的教育事业，对临安未来负责、对临安学子负责”的教育核心价值观。开展暑期师德培训，召开教育系统历届、各级劳模“庆五一”座谈会。对 2009 年度获省、杭州市及临安市级的各类先进教师进行表彰，全年表彰各级先进 110 人次。

助学结对 15 对，发放助学金 5.75 万元，调查、建档、上报困难教职工 65 人，大病救助 19 人。发放慰问金 25 万余元。为女教工购买安康团体保险 1500 余人。

【“四个一”活动】 2010 年，推进“四个一”活动，即跳好一支舞、演好一出戏、打好一手拳、唱好一首歌。举办以“健康、快乐、阳光”为主题的全市教职工排舞比赛，参赛基层学校代表队 26 支计 1000 余人。举办首期太极拳培训班。举行第二届全市教职工趣味运动会，参赛队伍 61 支，教职工 1098 人，该活动被省教育工会作为特色创新工作在全省推广。

（潘军强）

浙江农林大学

【概况】 2010 年，学校面向全国 27 个省（市、自治区）录取本科新生 5151 人，实际报到 5021 人，农学、林学等 5 个免学费专业首次列入省内二批提前录取；录取硕士研究生379人，农业推广硕士生53人，成人高等学历教育学生1533人。留学生教育规模继续扩大，招收来自16个国家的语言生、学历生和高级进修生145人。年末各类学生数2.29万人。本科生初次就业率94.55%，研究生初次就业率83.24%。

新增国家级“新世纪百千万人才”1人、省特聘教授2人、省“百人计划”1人，入选省“151人才工程”第一层次2人、第二层次5人。全年引进专任教师55人，教职工增至1620人。晋升高级职称42人，聘请17人担任学校客座教授和兼职教授。全年派出45人次出国进修、合作研究、访问考察和参加国际学术会议。1人获教育部高校骨干教师国内访学，2人获省高校访问学者国内进修，4人参加省高校中青年学科带头人学科交叉培训班，4人获省高等学校现代教学技能比赛优秀奖，获省“钱江人才计划”择优资助项目C类、D类各1个，省专业技术人员继续教育高级研修班1个，省高校优秀青年教师资助项目8项。森林保护学团队入选国家级教学团队。全年资助青年教师创新团队6个，组织青年教师46人参加基层锻炼。

木材科学与工程专业被列为国家级特色专业，《动物生物学》被评为国家级双语教学示范课程。新增省级实验教学示范中心2个，农学类实习基地获省财政厅专项建设资助。建立二级学院(部)本科教学督导组织，加强教学质量监控。建成大学生创业实验园，组织37支学生创业团队入驻园区，新建300余平方米的就业创业指导站。大学生在全国“挑战杯”创业计划竞赛中获金奖1项，在省“挑战杯”创业计划竞赛中获一等奖2项、二等奖4项、三等奖3项；获浙江省大学生科技创新活动计划（新苗人才计划）项目53项，获浙江省百篇优秀博士/硕士学位论文2篇，获全国高等农业院校第七届大学生田径运动会男女团体第一名。

新增一级学科硕士点5个、二级学科硕士点18个、专业学位硕士点8个。森林培育学科通过省高校重中之重学科建设验收考核。成功申报省部共建亚热带森林培育国家重点实验室培育基地；联合清华大学、香港科技大学等高校成立低碳与物联网技术联合实验室；作为第一核心单位，组建浙江省林木种质资源保育与利用公共科技创新条件平台。启动第一批7个省重点创新团队建设，牵头和联合申报省重点科技创新团队12个，进入考察团队8个。学校获国家生态文明教育基地荣誉称号。

批准立项课题539个，比上年增加52%，其中国家“973”项目课题1个、“863”项目课题2个、国家自然科学基金项目19个、教育部人文社科项目7个。以第二完成单位获国家科技进步奖二等奖1项，获教育部自然科学成果奖二等奖1项，浙江省科学技术奖二等奖2项、三等奖2项，厅局级科研成果奖11项。发表学术论文1182篇，出版专著43部，授权专利38件。

创新科技合作模式，与宁波市建立现代农林业全面科技合作新模式，与嘉兴秀洲区开展全面合作，共建一批科技研究与大学生实践创业基地。在江西省建立国家木质资源综合利用工程技术研究中心资溪分中心，与嘉兴、临安、龙泉、庆元、遂昌等地建立稳定的新农村建设科技合作，完成浙江省第一批新农村建设科技示范项目；与浙江大学签署新农村建设合作补充协议。派出省级科技特派员19人、企业特派员1人。协办中国碳汇林业与低碳经济发展高峰论坛、2010杭州·国际茶席展等高层次论坛和会议。《浙江农林大学学报》入选“教育阅读网”，被评为第三届中国高校优秀科技期刊，获浙江省科技期刊精品奖。

采编各类纸质图书3.7万余种，计6.7万余册。完成新版校园信息门户的部署和测试工作。运用“南大之星”档案网络管理软件，实现电子文件远程归档。茶文化学院、农业与食品科学学院教学实验楼建成使用，国家级工程实验中心项目通过初步设计论证。新引进植物50种，丰富植物景观，试行电子化管理，建立植物园网站。

成立浙江农林大学教育基金会，进一步规范捐赠管理，拓宽筹资办学渠道。成立经营性资产管理委员会，组建资产经营公司。完成校园水电综合节能管理系统一期工程，学校获“2010年度全国高校旅行接待服务先进单位”称号，西径超市被评为“全国教育超市样板店”。实施学生公寓空气源热水器安装运行、门禁系统安装和校园路灯更新改造等工作。

【浙江林学院更名】 2010年3月18日和5月19日，教育部（教发函〔2010〕20号）、浙江省政府（浙政发函〔2010〕3号）分别批准学校更名为“浙江农林大学”。6月6日，学校举行“浙江农林大学”揭牌庆典。省委书记、省人大常委会主任赵洪祝，省长吕祖善发来贺电。省政协主席周国富，省人大常委会副主任程渭山，教育部原副部长、中国高等教育学会会长周远清，国家林业局原副局长李育材等共同为浙江农林大学揭牌。省委常委、副省长葛慧君出席庆典并讲话。省政府副秘书长马林云宣读《浙江省人民政府关于浙江林学院更名为浙江农林大学的通知》。来自各级政府部门、国内外兄弟院校和科研院所的领导、专家学者，社会各界知名人士，学校历任老领导、校友以及师生代表等千余人参加庆典。7月，学校召开更名后的第一次党代会，提出“到2020年把学校初步建设成为国内知名的生态性创业型大学”的奋斗目标。

【授予国家重点实验室培育基地】 2010年3月，依托学校建立的浙江省亚热带森林培育实验室，被科技部批准为省部共建国家重点实验室培育基地，实现中国林业系统国家级重点实验室零的突破，标志着浙江省亚热带森林培育研究已经达到国内领先水平。根据规划，该实验室将结合浙江的优势与特点，围绕林业产业体系和生态体系建设，搭建以森林培育理论研究为核心的多学科交叉共享的科研平台，集聚人才和优势资源，开展亚热带地区特色与优势树（竹）种的林木遗传基础与种质创新、竹子发育与栽培生理、经济林木发育与栽培生理、森林生态功能与区域生态安全四个研究方向的森林培育理论与技术研究工作。

【李育材到校视察】 2010年3月19日，国家林业局副局长李育材到校视察。李育材对学校在教学、科研、人才培养和社会服务工作等方面取得的成绩给予肯定，认为亚热带森林培育实验室的建设符合当今时代精神，同时就如何发展碳汇林业与学校领导进行探讨，并为学校今后的建设发展提出一些建设性意见和建议。

【葛慧君到校视察】 2010年5月7日，浙江省委常委、副省长葛慧君视察学校。

她指出，作为全省惟一的“农”字号大学，浙江农林大学发展关乎浙江农业的现代化发展，省委、省政府对学校寄予厚望，学校要以更名为契机，进一步提升内涵，完善学科布局，加大人才培养力度，加强科学研究和社会服务，提高教学科研管理水平，加快发展步伐，为地方经济和社会发展做出新的更大贡献。

【校市战略合作座谈会】 2010年9月10日，浙江农林大学与临安市召开校市战略合作座谈会。双方一致同意加大力度，加快进度，推进重大合作项目的进展，不断开拓新的合作领域，在新农村建设、科技创新、现代服务业、生态文明建设及人才培养交流等领域建立全方位的战略合作关系，共同打造现代化生态城市。

【获“国家生态文明教育基地”称号】 在2010年10月15~17日举行的第三届中国生态文化高峰论坛和中国生态文明建设高层论坛上，浙江农林大学等10个单位被国家林业局、教育部、共青团中央、中国生态文化协会授予“国家生态文明教育基地”称号。学校是国内惟一将校园与植物园按照“两园合一”理念进行规划建设的高校，引进植物近3000种，成为集文化、科普、景观、休闲、生物多样性保护为一体的多功能生态校园，曾获全国部门造林绿化400佳、全国绿化模范单位等荣誉称号。

【杭州·国际茶席展暨国际茶文化空间论坛】 (参见“中共临安市委员会”栏目“重大活动”分目)

【竹林碳汇通量观测塔建成】 2010年11月，毛竹、雷竹两座观测塔分别在安吉、临安建成并投入使用。每座观测塔总投资均超过100万元，能全自动、全天候采集竹林不同冠层的二氧化碳浓度等竹林生态系统的宏观信息，以此观测、记录竹林固碳功能，为浙江未来竹林碳汇交易提供具体的数据支撑。

【与浙江大学共建新农村】 2010年11月25日，浙江农林大学与浙江大学签订进一步共同参与新农村建设合作协议。学校将发挥林学、林业工程、园林工程和茶文化等优势学科和教师作用，通过柔性挂职、共建基地、合作科研等形式，参与湖州市县域林业经济发展的力度。参与浙江大学农业科技推广联盟建设，加快高校依托农业科技推广体系建设和应用辐射步伐，共同构建以高校为依托的浙江省现代农业科技推广联盟。此外双方还将实施全面对口支持和指导帮扶计划。

【低碳与物联网技术联合实验室成立】 2010年12月26日，由浙江农林大学和清华大学牵头，香港科技大学、西安交通大学、美国伊利诺伊理工大学等7所高校共同参与建设的低碳与物联网技术联合实验室正式成立。浙江农林大学计划在水平和垂直空间进行全面、实时的碳汇监测，利用物联网智能终端，综合监测温度、湿度、光照强度、风速等多种环境因素，并为碳交易、检验节能减排效果、评估碳汇能力等提供全面、准确的测量数据。

(张佩成)

文　化

群众文化

【概况】 2010年，开工建设市体育文化展览中心、市图书馆和钱王家庙及周边环境整治工程，市博物馆完成规划方案设计，吴越文化遗址公园进入工程前期工作。高虹镇、横畈镇、於潜镇、板桥乡、藻溪镇、西天目乡、马啸乡、岛石镇、大峡谷镇、龙岗镇10个乡镇完成文体站建设，湍口镇和锦城街道文体中心主体工程完成。文化信息资源共享工程（临安）县级支中心通过省级验收，高虹镇、横畈镇通过杭州市级“东海文化明珠”验收。全年创建省级文化示范村1个，创建杭州市级文化示范镇2个、示范村10个、示范户20个，创建杭州市级图书信息服务“一证通”工程优秀点8个、扶持点18个。298个行政村设立文化体育联络员。3个村级图书室获第三届西湖读书节“农家书屋”称号。97项文艺作品获杭州市级以上奖项，其中，国家级30项、省级54项。

全年开展“春耘行动”、“暑季风行动”、“打五黑剑斩行动”（黑网吧、黑音像制品、黑娱乐场所、黑印刷复制企业、黑演出场所）、“世博护城河行动”、“印刷企业整治月活动”和“十小”行业（其中的小音像店、小网吧）整治规范等专项活动。出动执法人员1056人次，检查经营单位897家次，立案查处经营单位67家；与工商、公安部门联合执法5次，取缔黑游戏机房12家、黑网吧6家、色情网站1家。文化市场管理实现办案“零复议”、“零诉讼”、“零赔偿”、“零投诉”。

组织业务骨干到农村及96个机关企事业单位开展辅导、培训，辅导5000余次，培训1万余人；为农村演出603场、送图书2万册、放映数字电影3336场，增设价值30余万元的文体器材；建设“阳光爱心家园”，慰问市福利院老人和孤残儿童。

举办“钱王文化艺术节”开幕式暨“吴越风”元宵灯会、庆祝国际劳动妇女节100周年庆典表彰活动专场演出、第七届“森博会”开幕式暨综艺晚会及“七一”庆典、“十一”庆典、全市农民“种文化”精品调演、临安市越剧戏迷擂台赛等大中型文化活动100余场，举办中国名石雕刻艺术展、“华夏一绝”全国民间表演艺术大赛和民族民间广场鼓乐舞蹈邀请赛和“吴越风情”广场文化艺术节，《临安水龙》、《龙腾狮跃》、《猪八戒背媳妇》、《五凤朝阳》作为民间艺术节目赴国外交流演出。

【临安龙凤表演艺术团赴德国演出】 2010年8月5~19日，由太阳镇《五凤朝阳》表演队组建而成的临安龙凤表演团携传统民间艺术《五凤朝阳》、《畲山茶歌》、《茉莉花》等7个节目赴德国荷斯坦新城诺伊斯坦特镇参加第27届欧洲民间艺术节，来自德国、意大利、白俄罗斯、波兰、葡萄牙等26个国家的民间艺术表演队参加。临安龙凤表演艺术团在Hansa Park (大型游乐园) 进行首场演出及狂欢活动，赴学校、医院和广场等地演出15场，踩街巡游两次。演出结束后，临安龙凤表演艺术团将龙、凤演出道具赠给艺术节组委会。

【《临安水龙》参加上海“世博会”演出】 2010年6月6日，《临安水龙》参加以“五水共导、品质杭州”为主题的杭州日活动，该活动在上海世博园杭州馆旁的城市广场举行。这是《临安水龙》继法国尼斯狂欢节后再一次登上国际舞台。《临安水龙》先后获第五届中国国际民间艺术节国际友谊杯金奖、全国第十三届群星奖、“华夏一绝”全国民间表演艺术大赛金奖、杭州市“风雅颂”民间艺术大赛金奖。

【农民“种文化”秋收庆典活动】 2010年9月，举办临安市农村“种文化”文艺精品调演，调演分玲珑、於潜、昌化三个片进行。28日，玲珑片选拔赛暨南庄村农民“种文化”秋收庆典在太湖源镇南庄村举办，来自玲珑片的10支乡镇村代表队，表演民间艺术、钢管乐演奏、畲族舞蹈、越剧表演唱、独角戏等节目13个。29日，於潜片选拔赛在於潜镇逸逸村举行，来自於潜片的8支乡镇村代表队，表演节目13个。10月12日，昌化片选拔赛在昌化镇中礼堂举行。市农村“种文化”文艺精品调演每两年举办一次。

【非物质文化遗产保护】 2010年，《钱王传说》列入第三批国家非物质文化遗产名录，完成国家非物质文化遗产代表作丛书《鸡血石雕》初稿，太湖源景区被列为省非物质文化遗产旅游景点，市教师进修学校与湍口镇中心小学被列为省非物质文化遗产教学传承基地，藻溪镇被命名为杭州市民间艺术之乡，曹林林被命名为杭州市民间艺术家，陈旭东、郎利方等8位被列为杭州市非物质文化遗产代表性传承人。选送鸡血石雕参加上海“世博会”浙江工艺美术精品展及北京中国非物质文化遗产百名工艺美术大师技艺展。举办民间绘画艺术展、太湖源非物质文化遗产旅游景点发展研讨会等活动。

【亚细亚民间叙事文学学会第11届研讨会】 2010年8月26~28日，亚细亚民间叙事文学学会第11届学术研讨会在临安举行，研讨会以老虎故事和钱王传说研究为主题。该学术研讨会由中国民俗学会、亚细亚民间叙事文学学会、市文化广电新闻出版局共同举办，中国民俗学会理事长、文化部非物质文化遗产保护专家委员会副主任刘魁立及来自中国、日本、韩国的学者30余人参加。

【第二届排舞大赛】 2010年5月15日，临安市钱王文化艺术节暨第二届排舞大赛在市人民广场举行。来自乡镇（街道）及机关的28支代表队参加，参赛曲目12首。通过省、杭州市专家评委现场打分，昌化镇、市教育局、市公安局、锦城街道、玲珑街道代表队获一等奖。

(梅笑华)

文　物

【概况】　2010年，临安市第三次全国文物普查工作转入第三阶段，启动普查工作报告、普查名录编制、普查档案搜集整理、文物地图标注和新发现文物保护利用规划编制等各项工作，编制形成《临安市第三次全国文物普查成果汇编》。完成900件馆藏珍贵文物信息数据库建设。钱镠墓东侧区域环境整治（太庙复建）工程项目开工建设，修缮完成陈家祠堂、禅源寺、钱镠墓墓表和石像生、青云桥等文物，千秋关、罗氏宗祠等一批文物保护单位和普查新发现农村历史建筑保护项目陆续开工。对邵氏宗祠、新四军旧址等11处文物保护单位和新发现文物编制保护方案或维修施工方案。出版《物华天宝——吴越国钱氏王室文物精华》。配合中央电视台摄制“中国记忆——文化遗产日博览”专题片《古穴迷踪》。与故宫博物院、省新四军研究会、香港中文大学文物馆、日本大阪市立东洋陶瓷美术馆等开展馆藏文物、古窑址、古遗址和革命史迹文化交流和专题资源调查。协助公安部门破获日新桥文物盗窃案件，追缴玲珑街道祥里村元代、明代古墓出土文物9件。

【日本陶瓷专家到临安考察】　2010年1月9日，日本大阪市立东洋陶瓷美术馆馆长出川哲明、主任学员小林仁等一行在省特级专家、杭州市文物保护管理所所长杜正贤陪同下到临安考察。双方就临安文物馆所藏国宝级文物天目黑釉盏的烧造年代、产地渊源进行学术交流，从器物形制、釉色、胎质、制作工艺等特征与天目窑产品标本进行甄别比对；围绕日本所藏天目盏是否为天目窑产品的学术未解之谜，从产品类型、窑业规模和天目窑商品化生产特征及外销瓷海运途径等问题展开系统讨论。在对绍鲁、凌口两处窑床和天目寺遗址进行实地考察后，出川哲明提出学术合作意向，并希望在大阪举办临安越窑青瓷展。

【《临安市第三次全国文物普查成果汇编》编制完成】　2010年12月，临安市第三次全国文物普查办公室编制完成《临安市第三次全国文物普查成果汇编》，收纳普查成果1919条，字数近40万字，内容涉及六大类43个子类，包括古遗址、古墓葬、古建筑、石窟寺及石刻、近现代重要史迹及代表性建筑等，遴选相对重要历史文化遗存点934处，推荐审核市级文物保护单位26处，核定市级文物保护点74处。

【越窑青瓷褐彩云纹熏炉艺术品烧制项目】　2010年10月，由市文物馆与杭州南宋官窑研究所合作，杭州市文化创意产业资金扶持的唐代越窑青瓷褐彩云纹熏炉艺术品焙烧项目通过验收。该项目启动于2009年1月，主要研究失传的唐代制瓷技术，探索“秘色瓷”烧造工艺，开发具有临安特色的旅游文化产品。

（张惠敏）

文联工作

【概况】　2010年，市文联参与“绿色家园、富丽山村”新农村建设，指导服务板桥乡上田村、锦城街道横街村和钱王铺村、锦南街道杨岱村、太湖源镇南庄村文艺活动和创作。参与“文明乡风进万家”活动，帮助建立“山里人”文艺队。组织文艺骨干到临安市对口援建四川青川县金子山乡创作报告文学——《真情大援川》，出版画册《大爱无疆——临安市对口援建青川县金子山乡纪实》，编印《寻梦陶艺世界——晨曦小学学生陶艺作品集》。举办临安市第四期现代民间绘画培训班。完成所属10个专业协会换届选举，制定《关于所属协会年度工作考核办法》，表彰先进协会4个和先进文艺工作者15人。开展第七届政府文艺奖申报、评选工作，完善文艺人才库和图片资料库建设。开展书画进机关活动，建立板桥乡上田村、太湖源竹种园、昌化职高、市供电局4个首批书画培训创作基地。编辑《吴越》杂志共4期，召开《吴越》杂志征求意见座谈会，举办《吴越》、《浮玉》小说创作联合笔会。编辑《临安文艺》两期。编印《临安市文学艺术界联合会第六次代表大会文集》。

与浙江省文联在锦城街道横街村举办“德艺双馨做表率、文艺下乡作贡献”活动。与市创建办联合组织书法家创作“国家卫生城市”、“国家森林城市”、“国家环保模范城市”等大型宣传广告牌。与市政协、市纪委、市总工会、市残联等编辑《艺海拾遗——临安市政协书画摄影艺术作品集》，举办“天目清风”廉政文化原创作品比赛、全市职工书法大赛及作品展、临安市第二届残疾人书画展、陈安纲花鸟画巡回展、临安市老年书画摄影展等活动。

中宣部文艺局原局长黎辛等7人、上海市文联30余人、安徽省凤台县文联10余人到临安交流。承办杭州区县（市）文联工作会议、临安市政协各参加单位联席会议，举办著名旅德钢琴家、中国音乐学院钢琴系主课教师张晓峰钢琴音乐会，组织文艺骨干到中国美术学院、省美术馆及嘉兴、宁波、绍兴、南昌、井冈山等地参观学习、创作采风。开通临安市文联网。

【文艺创作】 2010年，市文联所属各协会会员在杭州市以上发表、展出、演出、获奖文艺作品400余件（部分文艺创作成果见表21）；出版的书籍有：潘庆平的纪实文学《那时，梦春花正开》、童裳胜的纪实文学《海风陆雨》、杨菊三的散文集《行走的风景》、许永才的回忆录《蓝天淡云》、吴晓武的作品集《文化笔记簿》、方元湘的作品集《天目山的云》、散文集《文心同行——当代作家散文选粹》等。市美协联合省财政厅、杭州市文广新局、杭州西子画院在西天目山建立美术创作基地。

部分文艺创作成果

表21

名　称	作　者	体　裁	获奖、展演或发表
《大陈岛上思归亭》、《做客藏家》	杨菊三	散文	《人民日报》海外版
《红梅花儿开》、《雪鸟的歌唱》、《白堤漫步》		散文	(《浙江日报》钱塘江副刊
《在西湖看景》		散文诗	《散文诗作家》
《三嫂的手镯》(中篇)	张爱萍	小说	《阳光》杂志
《筑棺》		小说	《西南军事文学》杂志
《以心担负爱》		报告文学	《中国报告文学》

续表

名　称	作　者	体　裁	获奖、展演或发表
《感悟绍兴》	陈利生	散文	《人民日报》海外版
《寂寞青藤》		散文	《大公报》
《钟情紫砂壶》		散文	《华夏散文》杂志
《卤不要钱》	陈伟宏	散文	《安徽文学》
《天目山的缅怀》		散文	《作家报》
《父亲深爱着的那些农具》		散文	入选2010年《中国散文精致读本》
《木槿花开》	李　斌	散文	《浙江作家》杂志
《勤蜂酿蜜惠苍生》	章向明	纪实文学	“蜜蜂赞”全国征文优秀作品奖
《唱歌与飞翔》(组诗)	吴晓武	诗歌	浙江省首届乡村诗歌大赛一等奖
《浙西行走》(组诗)	季森慧	诗歌	浙江省首届乡村诗歌大赛三等奖
《绿叶情深》	吴晓芸	诗歌	浙江省首届乡村诗歌大赛三等奖
刻字作品	许乐平	刻字	入展全国第八届刻字艺术展
行书作品		书法	入选第七届“沙孟海奖”全浙书法大展
行书作品	巢清平	书法	入选第七届“沙孟海奖”全浙书法大展
楷书作品	徐正升	书法	入选第七届“沙孟海奖”全浙书法大展
行书作品	骆鸿鑫	书法	入选第七届“沙孟海奖”全浙书法大展
行书作品	俞灵君	书法	入选第七届“沙孟海奖”全浙书法大展
楷书作品	帅裕国	书法	入选第七届“沙孟海奖”全浙书法大展
行书作品	帅　宵	书法	入选第七届“沙孟海奖”全浙书法大展
隶书作品	许　芾	书法	入选第七届“沙孟海奖”全浙书法大展
行书作品	杜强军	书法	入选第七届“沙孟海奖”全浙书法大展

续表

名　称	作　者	体　裁	获奖、展演或发表
篆刻作品	钟继军	篆刻	入选第七届“沙孟海奖”全浙书法大展
行书作品	陈雨辉	书法	入选第七届“沙孟海奖”全浙书法大展
行书作品	章庭海	书法	入选第七届“沙孟海奖”全浙书法大展
行书作品	朱学文	书法	入选浙江省第五届中青年书法篆刻展
行书作品	陈旭东	书法	入选浙江省第五届中青年书法篆刻展
行书作品	巴利平	书法	入选浙江省第五届中青年书法篆刻展
行书作品	方志恩	书法	参加“走进丽水全国书法名家邀请展”、纪念弘一大师诞辰130周年书画作品展、“全国百名著名书画家作品邀请展”等活动
《水上森林》	俞　海	摄影	第12届全国摄影邀请赛银奖
《生命之歌》		摄影	入选浙江省第十三届摄影艺术展览
《顽强》	顾兆明	摄影	浙江省13届艺术摄影展金奖
《老外生态游》		摄影	浙江省“新农村”大赛铜奖
《税收走进新农村》	周　力	摄影	浙江省财税摄影大赛银奖
《图话税室》		摄影	国家税务总局摄影比赛二等奖
《滩韵》、《我和你》、《突破重围》	许力强	摄影	《大众摄影》杂志
《山核上戏台》	赵泽南	美术	《时代画农民·农民画时代》全国首届农民画大赛优秀奖
《网耕图》	俞志平	美术	入选《时代画农民·农民画时代》全国首届农民画大赛
《乐滋滋》	王秋萍	美术	入选《时代画农民·农民画时代》全国首届农民画大赛
《收工归来》	郑　兵	美术	入选《时代画农民·农民画时代》全国首届农民画大赛
《灶神爷的新宠》	徐　芸	美术	入选《时代画农民·农民画时代》全国首届农民画大赛
《盛世龙舟》	洪建军	美术	入选《时代画农民·农民画时代》全国首届农民画大赛
《两口子》	桂爱秋	美术	入选《时代画农民·农民画时代》全国首届农民画大赛

续表

名　称	作　者	体　裁	获奖、展演或发表
《农闲》	蒋敏根	美术	入选《时代画农民·农民画时代》全国首届农民画大赛
《春到我家乡》	方海滨	美术	入选《时代画农民·农民画时代》全国首届农民画大赛
《进城》	应曙明	美术	入选《时代画农民·农民画时代》全国首届农民画大赛
《清泉石上流》	张　帆	美术	省人民大会堂收藏
《租房》	吴晓武	故事	“知章故里杯”浙江省故事大赛一等奖
《有缘躲不过》	吴晓芸	故事	“知章故里杯”浙江省故事大赛二等奖
《花蝴蝶发夹》	胡月耕	故事	“知章故里杯”浙江省故事大赛二等奖
《虎年前夜》	印振武 黄金森	故事	“知章故里杯”浙江省故事大赛三等奖
《老干部信箱》	程继荣	故事	“知章故里杯”浙江省故事大赛三等奖
《芳芳病了》	赵炼钢	故事	“知章故里杯”浙江省故事大赛三等奖
《千古一帝》	钱高潮	雕刻	第二届中国·浙江工艺美术博览会金奖
《万世师表》		雕刻	第十一届中国工艺美术大师作品暨国际艺术精品博览会“天工艺苑·百花杯”金奖
《紫气东来》		雕刻	第十一届中国工艺美术大师作品暨国际艺术精品博览会“天工艺苑·百花杯”银奖
《迷途知返》	潘文伟等	小品	杭州市首届社区文化节二等奖
《回十八》	陈晓琴	戏剧	获中央电视台 11 频道《越剧过把瘾》优秀演员称号

【市文联第六次代表大会】　2010 年 1 月 27~28 日，召开临安市文学艺术界联合会第六次代表大会，文艺界代表 200 余人参加。市领导邵毅、陈法生、卞吉安等出席会议，杭州地区各区、县（市）文联负责人和临安市各群众团体负责人应邀参加。市委书记邵毅和杭州市文联副主席胡惠芬在开幕式上讲话。市文联主席黄贤权受第五届委员会委托，作《挖掘地方特色，打造文艺精品，努力推动临安文艺事业再上新台阶》工作报告。大会审议通过临安市文联第五届委员会工作报告，讨论通过修改后的市文联章程，选举产生临安市文联新一届领导班子，黄贤权任主席,蔡永勤、王亚红任副主席，蔡永勤兼任秘书长，孙宏雷任副秘书长。

【山核桃安全采摘系列宣传画】 2010年，市文联组织文艺骨干8人到山核桃主产区横路乡、龙岗镇、新桥乡、湍口镇体验生活，挖掘素材，创作山核桃安全采摘系列宣传画作品46幅，选出其中12幅制作成《山核桃安全采摘系列宣传画》两张，计5000余套，分发到11个山核桃主产区。《浙江日报》、《杭州日报》分别作专题报道。该项目获临安市"一线两真三服务"活动创新样本和临安市宣传思想工作创新奖。

（"一线"：全面推行"一线工作法"，做到力量往一线倾斜、问题在一线解决、干部在一线锻炼、作风在一线转变；"两真"：要求每一位机关干部既要有干事创业的"真本领"，又要有服务群众的"真感情"；"三服务"：要求每一位机关干部增强本领，潜心一线，服务企业，服务基层，服务群众）

【板桥乡上田村书画作品展】 2010年10月20~22日，举办板桥乡上田村书画作品展，展出28位书画爱好者的98件作品。市领导钟文静、何凌超、裘小民、张亚联、周玉祥等出席开幕式，乡镇（街道）、机关部门负责人及书画爱好者200余人参加开幕式。上田村书法协会是临安市首个村级书法协会，有省级会员1人、杭州市级会员1人、临安市级会员6人，会员年龄最大的84岁，最小的10岁。村级书法协会进城举办书画作品展在全市尚属首次。《中国艺术报》（12月10日）以《白天拿锄头，晚上拿画笔，浙江临安农民进城办书画展》为题作专题报道。

【陈洁摄影美术作品展】 2010年5月17日，为纪念毛泽东《在延安文艺座谈会上的讲话》发表68周年，市委宣传部、市文联、市文广新局联合举办陈洁摄影美术作品展。浙江省摄影家协会主席吴品禾、浙江省摄影家协会副主席兼秘书长周润三、杭州市摄影家协会主席朱卫平和市领导陈法生、章燕、裘小民、张亚联等出席开幕式。展览由著名摄影家徐肖冰题名，展出摄影作品60余幅、美术作品40余幅，作品以表现乡村风情、百姓生活为主。陈洁是临安市摄影协会创始人，曾任市摄影协会第一届至第五届主席，系中国摄影家协会会员、中国摄影艺术学会会员，从事文艺创作30余年，有上百幅作品在全国、省级比赛或展览中获奖、入选。

【刘墉到临安寻根谒祖】 2010年12月11~13日，美籍著名作家、画家刘墉偕夫人毕微微到临安寻根谒祖。刘墉夫妇在亲友陪同下，到锦城街道回龙村祭祖，游览考察天目山并写生。市文联在青山湖中都大酒店举办刘墉与临安文艺界人士座谈会。1949年，刘墉生于台北，曾任美国丹维尔美术馆驻馆艺术家、纽约圣若望大学专任驻校艺术家，出版中英文著作60余种，在世界各地举行个人展览近30次，作品被台湾历史博物馆、美国诺克斯维尔市政府、德国亚东博物馆、美国加州工艺博物馆等收藏。他坚持从事公益活动，在中国大陆捐助学生200余人，捐建希望小学30余所。 （孙宏雷）

《临安市志》编纂工作

【概况】 2010年12月，《临安市志（1989~2005）》出版发行。根据省二轮修志创优工程业务研讨会、《临安市志》复审会议、方志出版社审稿意见等修改意见，调整《临安市志》纲目，对部分章节内容进行归并、删减、增添，增设"房地产业”编和“文献辑成”，其中，“房地产业”编集中记载临安城区及青山湖周边房地产业发展状况，计1.2万字；“文献辑成”收录断限内市委、市政府下发的重要文件和临安籍人士的著作目录及重要文章、碑铭和诗词文赋，计16万字。完成入志图片选取和编辑工作。11月付印。

【《临安市志》出版】 2010年12月，《临安市志》由方志出版社出版发行，成为全省18家省二轮修志创优工程试点单位中第一家完整出版发行的志书。该志是对1992年版《临安县志》的续修，记述1989~2005年临安自然环境、经济、政治、文化和社会发展历史，全志分上、下两册，共45编252章902节，另设总述、大事记、文献辑存、索引等，收录图照398张，字数257万字。该志主编王建华，副主编陆宣德、顾彭荣、方再耕、俞冠球；杭州富阳正大彩印有限公司承印，开本为787*1092，印数5000册，定价480元。

【省二轮修志创优工程业务研讨会】 2010年1月28~29日，省二轮修志创优工程业务研讨会在临安召开。中国地方志指导小组办公室联络处处长张英聘、省地方志办公室领导、省地方志专家委员会代表、浙江省全国二轮修志工作试点单位代表和省二轮修志创优工程试点县(市、区)主任、主编出席会议。会议由省地方志办公室副主任陈野主持，临安市副市长李光照出席会议并致辞。会议安排与会领导、专家和各试点单位评审《临安市志》稿，并围绕时代特色记述、民政部类记述、负面史实记述三个二轮志书编纂中的共性问题展开讨论。会议票决推选临安市地方志办公室和海盐县地方志办公室申报全国二轮修志工作试点单位。

【《临安市志》复审论证会】 2010年10月29日，省地方志办公室组织召开《临安市志》复审论证会。省地方志办公室主任潘捷军，省地方志专家委员会相关专家，《临安市志》主编、副主编及其他相关人员出席，会议由省地方志办公室副主任陈野主持。这是《关于浙江省市级与省二轮试点单位志稿复审工作的规定》实施以来，省地方志办公室组织的第一次复审会议，是在专家匿名审读并提出书面审读意见基础上组织召开的。《临安市志》主编王建华介绍《临安市志》编纂过程、编纂思路与特色、初审意见、修改执行情况及存在的问题等。与会专家认为，《临安市志》(复审稿)是一部善于思考、勤于探索的用功之作，同时也提出不少改进意见。

(刘金炎)

《临安年鉴》编纂工作

【概况】 《临安年鉴》始编于1990年，一年一鉴，连续编纂出版，《临安年鉴(2010)》是第21卷。《临安年鉴(2010)》责任编辑3人，编纂准备工作始于2010年1月，调整年鉴框架，下发《关于做好〈临安年鉴(2010)〉编纂工作的意见》及《临安年鉴(2010)》编纂纲目，评选《临安年鉴(2010)》优秀撰稿人，召开《临安年鉴》编纂工作大会，组织年鉴编撰培训讲座4次，利用市党政办公自动化系统布置年鉴撰稿任务，截稿时间定为3月10日。6月基本完成初稿编辑；7月进入总纂；9月送方志出版社审核，同步进行校对；12月出版发行。组织10位年鉴撰稿人参加校对工作。完成《浙江年鉴(2010)》、《杭州年鉴(2010)》撰稿任务。

《临安年鉴(2009)》参加全国地方

志系统第二届年鉴评奖，获一等奖；临安市委党史研究室主任黄文根赴云南昆明领奖。唐剑平担任浙江省年鉴评奖工作评委；他撰写的论文《谈地方综合年鉴框架设计——10部优秀年鉴框架设计对比研究》参加第12届全国年鉴学术年会交流，并发表在《浙江方志》2010年第3期；他应邀为杭州《上城区年鉴》撰稿人培训讲课。唐剑平担任中国版协年鉴工作委员会学术委员会委员、浙江省年鉴编纂指导委员会委员，入选省地方志系统人才梯队，被评为省地方志先进个人。唐剑平撰写政协提案8个，其中，立案7个、列为重点提案1个，他被评为市政协提案工作积极分子。

【《临安年鉴（2010)》出版】 2010年12月，《临安年鉴（2010)》由方志出版社出版，主编黄文根、刘关成、许宝文，执行主编唐剑平，责任编辑唐剑平、曾南方、李湘。全书设栏目27个，正文432页，彩色图片56页，计66.1万字，印数1000册，定价150元，浙江新华数码印务有限公司印刷。该年鉴较为系统地记载2009年临安市政治、经济、文化、社会生活诸方面的新成就、新变化、新发展、新经验、新问题等。该卷年鉴框架结构有较大调整，卷首设特载、大事记、市情概览；正文设农业·水利·气象、林业、工业、国内贸易、旅游、财政·税务·金融、综合管理与监督、基础设施建设、城建·土地·环保、人事·劳动和社会保障、中共临安市委员会、临安市人民代表大会、临安市人民政府、政协临安市委员会、民主党派·工商联·人民团体、政法·武装、科学技术、教育、文化、卫生·体育、社会生活、乡镇街道；卷尾设附录、索引。 （唐剑平）

档案工作

【概况】 2010年，市档案馆和市行政服务中心政府信息公开窗口接待档案查阅3290人次，利用档案资料和现行文件6362卷（件）次，查阅者复制、摘录档案资料5000余页。接收整理档案5000卷（件），接收印模档案1680枚，寄存档案1011卷，接收现行文件200余册（件），征集临安籍浙江名人档案9卷（件）。重新整理改制企业会计凭证1万册；摸底和抢救全宗档案7个，计869卷；整理婚姻档案电子目录5万余条；更新档案信息网100余次。

完成《临安市志》档案部分修改和《兰台文辑》第二册编写；主编市总工会成立60周年纪念画册——《如歌岁月》；编发《临安档案》简报12期；向各类媒体报送信息50余条，其中，被杭州市档案局《档案工作动态》录用稿件居杭州地区第二名。被国家、省级学术研讨会或刊物录用论文3篇。

全年开展上岗培训、继续教育培训、各类专项培训10余次，参加培训1300余人次。与市建设局联办“城建杯”档案法制知识竞赛，参赛2100余人。招考录用档案学专业硕士研究生1人，取得档案专业中级职称任职资格4人。市档案局被评为“平安临安”创建工作先进集体。

【全市档案工作会议】 2010年7月，召开全市档案工作会议，各乡镇（街道）、市级机关各部门和有关企业事业单位分管领导等120余人参加会议，该会五年召开一次。杭州市档案局局长郎健华、临安市副市长陈伟民到会并讲话，市档案局局长周建明作《加强档案行政监管，提高服务全局水平，为实现杭州西郊现代化生态市建设新跨越作出新贡献》的工作报告。会议回顾“十一五”期间特别是2009年全市档案工作，表彰2009年度全市档案工作先进单位和个人，明确2010年全市档案工作重点和“十二五”期间全市档案工作主要任务、工作目标。

【档案工作目标管理】 2010年，市工商分局、玲珑街道办事处通过省一级档案目标管理认定，市房地产管理处通过省一级档案目标管理复检，市质量技术监督局、清凉峰镇政府、临安中学通过省二级档案工作目标管理认定，市交通局、市新闻传媒中心、市白蚁防治所通过杭州市级档案工作目标管理认定，玲珑街道中心幼儿园、横路乡中心幼儿园、大峡谷镇中心幼儿园通过杭州市二级档案工作目标管理认定，临安恒力电力承装公司、市自来水有限公司、浙江恒晟置业有限公司通过省企业档案管理优秀级评定。

【新农村建设档案工作】 2010年，市档案局在锦城街道开展行政村规范化档案室创建试点工作，接着在全市展开。举办村级档案规范化管理培训班16期，召开培训会23次，培训250余人次。结合“服务百姓档案”工作，加强村级档案业务管理，指导督查乡镇（街道）林改档案工作。至年底，全市各乡镇（街道）档案工作全部通过省级认定，达到规范化档案室标准行政村205个，11个行政村被命名为浙江省行政村示范档案室，临安市被命名为浙江省第二批社会主义新农村建设档案工作示范县。

【重点建设项目档案工作】 2010年，市档案局对13省道锦城至里畈段改建工程项目档案进行规范化整理，并通过档案优良级专项验收。指导、监督天目初中、於潜二中项目档案工作，天目初中项目档案工作成为杭州市重点建设项目档案专项执法检查七县（市、区）中惟一获奖项目。接收支援四川重建工作档案350余卷（件），其中，浙江、四川两省各级指挥部关于援建工作的管理性文件和前期工作资料46盒，农村饮用水、明山公路、学校及卫生院等援建项目建设资料290卷，荣誉奖牌和声像资料20余件，电子照片1万张。

（郑小春）

广播电视

【概况】 2010年，市广播电视台完成市委全委会、“两会”宣传报道，对学习贯彻中共十七届五中全会精神、学习实践科学发展观、“绿色家园、富丽山村”、“天目先锋”创先争优、“三农”、“平安临安”等工作进行策划宣传。直播“两会”开幕式，增设《寄语“两会”》、《我给“两会”捎句话》、《“两会”同期声》、《964“两会”直通车》等专栏；开设《转型升级临安行》专栏，组建采访团，集中采访乡镇（街道）部门17个，报道应对金融危机、服务转型升级、推进产业发展等案例和举措，制作新闻37篇、专题6期；播报“情满金子山”震后两周年特别报道20篇，播出《重建——创造金子山的新奇迹》、《天目雷竹披绿金子山》、《重建——为了临安的第27个乡》电视专题节目；开设《打造“清洁临安”、巩固“国卫”成果》专栏，宣传报道国家卫生城市复检工作领导精神和指示、调研视察、活动进程等动态消息及各地各部门开展工作情况、工作亮点、经验与成果。广播电台新增健康教育专题节目《健康指南》，每周一期；在《临安新闻》中增设《健康你我他》专栏；开设“喜迎‘森博’”、“聚焦‘森博’”、“记者带你逛‘森博’”、“精彩活动早知道”等版块，报道“森博会”各项目动态新闻。开播《午间播报》，替换原12点档重播的《临广新闻》。

播出广播新闻稿件1.19万条、电视稿件7680条、《午间播报》3530条、电视新闻性专题《民情半月谈》24期、广播社教专题1300期、电视社教专题196期。完成“两会”、全市农村会议、“森博会”晚会等电视直（录）播13场，完成山核桃开壳大赛、太阳镇“新春助农增收暨春耕备耕科技服务月活动”等广播直播4场。

广播作品《山沟沟凤凰载誉归来》获省广播电视奖三等奖；获杭州市广播电视政府奖24件，其中，一等奖2件、二等奖3件、三等奖19件。全年被杭州市级以上媒体采用广播新闻稿200条、电视新闻稿210条；被中央级媒体采用广播新闻稿6篇、中央电视台采用电视新闻稿14篇，中央电视台一套、二套、四套、新闻频道和中央人民广播电台等播发《中国临安碳汇林业与低碳经济发展高峰论坛》、《中国首个碳汇林业试验区在临安启动》、《浙江临安龙岗镇上演了一场精彩的山核桃开壳大赛》、《中国第一个碳汇林业实验区项目的探索和启示》等“森博会”相关报道10篇。

广播电视实现全年安全正常播出。投资近300万元，完成播控中心机房改造工作，新建虚拟演播室，添置一批广播电视摄像、录音、编辑设备。市广播电视台被评为2009年度省广播电视技术维护先进台站。

【涉农节目改版】 2010年7月，广播电台《对农村广播》更名为《相约新农村》，内设《农情气象》、《有事我帮忙》、《种养技术》、《致富有招》、《美丽山村》、《政策连线》、《农家故事》、《我是大“民”星》、《开心舞台》等版块10余个。电视台涉农节目《新三农》由每周一档调整为《新三农——农技版》、《新三农——快乐农家版》两档，其中《快乐农家版》内设《乡村播报》、《快乐农家》、《家有一宝》、《让我来说》等版块。

【《天目先锋》党建专栏】 2010年12月，市纪委、市委组织部、市委宣传部和市广播电视台联合开办《天目先锋》党建工作电视专栏，栏目设《党建动态》、《创先争优》、《热点关注》、《廉政在线》、《感动临安》、《党员心里话》等版块。播出时间为每周日19：35时至19：45时。

【《寻找最文明村》媒体活动】 2010年9月，市广播电视台策划推出《寻找最文明村》媒体活动，宣传报道临安首轮选拔出的市级文明村27个。推出《乡村新名片》、《文明大秀场》、《夸夸咱们村》、《我来投一票》4个版块，主要由各文明村选出的文明大使向记者介绍该村的特色和亮点。广播新闻报道先由村主要负责人介绍创建文明示范村概况，再由记者口述介绍示范村的亮点工作，最后介绍村干部和村民对创建文明示范村的信心、决心和举措。该活动被评为市宣传思想工作创新奖。

临安人民广播电台(FM96.4)节目表

表 22

播出时间	周一至周日
5:50~6:00	开始曲预告节目
6:00~6:15	重播《临广新闻》
6:15~6:30	广告音乐
6:30~7:00	* 中央电视台《新闻和报纸摘要》
7:00~7:30	* 浙江电视台《浙广早新闻》
7:30~7:55	重播《临广新闻》
8:00~8:15	《魅力乡镇》(周一)、《工业天地》(周二)、《人口与计生》(周三)、《电力之声》(周四)、《金叶天地》(周五)、联办节目(周六)、《今日交通》(周日)
8:15~8:30	气象音乐
8:30~9:00	《评书联播》
9:00~10:00	《纪实 60 分》
10:00~10:30	空中服务网
10:30~11:30	《964 加油站》(周一 周三 周五)、《法在身边》(周二 周四)、《休闲在临安》(周六 周日)
11:30~12:00	《对农村广播》(周一 周三 周五)、《生活百事》(周二 周四)、周末大舞台(周六)、《戏曲欣赏》(周日)
12:00~12:15	首播《午间播报》
12:15~12:30	音乐广告
12:30~12:45	重播《今日交通》(周一)、重播《魅力乡镇》(周二)、重播《工业天地》(周三)、重播《人口与计生》(周四)、重播《电力之声》(周五)、重播《金叶天地》(周六)、重播联办节目(周日)
12:45~13:00	音乐广告
13:00~13:30	广告音乐(周一)、重播《对农村广播》(周二 周四 周六)、重播《生活百事》(周三 周五)
13:30~14:00	广告音乐
14:00~14:30	健康专题

续表

播出时间	周一至周日
14:30~15:30	轻松时光(周一至周五)、重播《法在身边》(周六 周日)
15:30~16:00	广告音乐
16:00~16:30	健康直通车
16:30~17:30	《娱乐星空》(周一至周五)、《时代风尚》(周六)、《娱乐星空》周末版《你点我播》(周日)
17:30~18:00	《欢乐小世界》(周一 周三 周五)、《梨园天地》(周二 周四)、《菁菁校园》(周六 周日)
18:00~18:25	首播《临广新闻》
18:30~19:00	音乐广告
19:00~20:00	重播《时代风尚》(周一 周日)、重播《964 加油站》(周二 周四 周六)、重播《法在身边》(周三 周五)
20:00~20:35	* 中央电视台《直播中国》
20:35~21:00	健康专题
21:00~21:25	重播《临广新闻》
21:30~22:00	音乐广告、健康专题
22:00~23:55	《晚间大放送》
23:55~24:00	气象、全天播音结束

注:每周二下午 14:00 时~17:00 时停机检修,* 号为转播上级台节目。

临安电视台节目时间表

表 23

播出时间	节目内容
06:55	台标演绎、导视
07:00	重播《临安新闻》
07:30	专题、文艺
08:00	首播《记实 60 分》
09:00	重播《临安新闻》

续表

播出时间	节目内容
09:30	电视剧（一）
10:25	电视剧（二）
11:05	《临安美食》、《姐妹花逛街》
12:00	重播《临安新闻》
12:25	《午间气象》
12:30	《新三农——快乐农家版》(周一)、《民情半月谈》/《经济纵横》(周二)、《新三农——农技版》(周三)、《天目警界》(周四)、《天目聚焦》/《旅游新干线》(周五)、《金桥》(周六)、《天目先锋》(周日)
12:35	文艺
13：05	电视剧场（一）
14：15	电视剧场（二）
15：20	重播《记实60分》
16：30	专题
16：50	电视剧场（四）
17：30	《临安美食》、《姐妹花逛街》
18：25	台标、导视
18：30	首播《临安新闻》
18：55	《临安气象》
19：00	转播中央电视台《新闻联播》
19：35	《新三农——快乐农家版》(周一)、《民情半月谈》/《经济纵横》(周二)、《新三农——农技版》(周三)、《天目警界》(周四)、《天目聚焦》/《旅游新干线》(周五)、《金桥》(周六)、《天目先锋》(周日)
20：00	电视剧（一）
21:00	重播临安新闻
21:35	电视剧(二)
22:30	《民情半月谈》(周一)、《经济纵横》(周二)、《新三农》(周三)、《天目警界》(周四)、《天目聚焦》(周五)、《金桥》(周六 周日)
23:10	电视剧
24:00	重播《临安新闻》

（钟翠翠）

新闻传媒

【概况】 2010年，市新闻传媒中心在《今日临安》、临安新闻网原有宣传载体基础上，增设《新农村周刊》、《假日周刊》、《临安手机报》，并推出数字报。与市委组织部、市委党校、市农办等联办《党建专刊》、《理论与实践》、《创建平安临安》、《绿色家园、富丽山村》等专刊、栏目。《今日临安》全年刊出254期，赠阅345万份；《新农村周刊》全年刊出48期，赠阅57.6万份；《假日周刊》全年刊出49期，赠阅58.8万份。

临安新闻网结合时事，专题报道临安新闻。通过《天目论坛》和《零网博客》两大载体加强与网民互动，建设网上舆论平台。举办《零网博客》沙龙、网友献爱心、义工活动30余次。邀请市领导、市人大代表和市政协委员、村级组织负责人走进视频直播室与网友交流。全年发布新闻10万条，制作专题38个、视点400个。临安新闻网获中国地方新闻网站十佳品牌奖、全国地方网站创新发展杰出贡献奖。

全年宣传工作围绕重要会议、重大事件、重要节日和主题内容进行。完成市全委会、“两会”、工业经济大会、农村工作会议等重要会议的宣传报道。设计、编辑服务百姓档案工作《宣传画册》和《特色工作和典型事例汇编》。推出“一线两真三服务”专栏，报道机关作风建设开展情况。开设“‘森博’看台”专栏，刊出第七届森林生态博览会专版20余个。开辟“打造清洁城市、巩固‘国卫’成果”专栏报道国家卫生城市复检创建活动。编发节能减排宣传报道200余篇（幅）、专版10余个。全年跟踪报道临余公路建设情况。

开展“转型升级临安行”采访活动，开设部门一把手访谈、乡镇（街道）典型报道、典型企业报道、企业家通讯报道等专栏，报道临安企业、乡镇（街道）、部门推动转型升级的措施和做法，刊发专版2个、报道30余篇。开展“文明乡风进万家、富丽山村文明行”大型采访活动，派记者9组，赴大峡谷镇、清凉峰镇、太湖源镇的27个创建村实地采访，开设《乡村新名片》、《文明大秀场》、《夸夸咱们村》、《我来投一票》等专栏，刊登专版20余个、报道200余篇，邀约创建村负责人27人分9场走进网络直播室，与网友在线访谈。

全年被上级媒体刊用、转载报道100余篇，其中30余篇被评为浙江新闻奖、杭州年度新闻奖和县（市、区）域报好新闻奖。《聚焦2010年临安“两会”》专题、临安手机报“‘两会’特刊”分别获市宣传人民代表大会制度好新闻奖一等奖、三等奖。

【新增周刊类报纸两种】 2010年1月，《新农村周刊》与《假日周刊》创刊，与《今日临安》同步发行。市委副书记卞吉安、副市长李文钢为《新农村周刊》创刊号题词。《新农村周刊》每周三刊出，设有《“三农”资讯》、《政策传真》、《特别关注》、《田野新语》等栏目，内容包括传递农业动态、解读农业政策、聚焦农业热点。《假日周刊》每周五刊出，设《透视》、《民生》、《金融》、《说法》、《休闲》、《家装》等栏目，内容涉及衣、食、住、行及商贸资讯。

【推出网络直播栏目3个】 2010年，推出《问政面对面》、《2010“两会”会客厅》、《文明大秀场》网络直播栏目，受邀嘉宾包括市领导、村级组织负责人等各界人士。《2010“两会”会客厅》开设于“两会”召开前，邀请市人大常委会主任吴苗强、市政协主席陈法生到网络直播室就人大、政协工作进行在线访谈，并分别邀请市人大代表和市政协委员各4人在“两会”期间就医改、就业、就学、保障等内容进行在线访谈。《问政面对面》于4月开设，是临安首个大型网络问政互动平台。网民通过网络平台反映各类问题，临安新闻网邀请市长王宏等市领导8人，交通、贸易、旅游、司法、环保部门负责人走进直播室，以在线视频访谈形式与网友交流，回答提问近千个，专题页面点击率80万次。《文明大秀场》为“文明乡风进万家、富丽山村文明行”大型采访活动子项目，11月8~16日，邀请全市27个创建示范文明村（特色文明村）负责人举行直播访谈9场，现身说法各村创建经验。

【金子山乡采访活动】 2010年5月，市新闻传媒中心记者4人参加市委宣传部组织的采访团，赴临安市对口援建的四川省青川县金子山乡进行采访，采访内容包括金子山乡灾后重建新景、对口援建工作成果等。《今日临安》推出系列特别策划专版6个，临安新闻网推出“心若在、家就在”专题，播放采访内容。

【《临安手机报》开通】 2010年3月1日，开通数字报纸，依托《今日临安》和临安新闻网，采用手机彩信形式，发送最新新闻资讯给手机用户。《临安手机报》面向全市移动用户，订阅量5000户。开通后即开设《“两会”特刊》播报两会新闻。全年发布新闻300余期，播报新闻4000余条。 （陈雪峰）

数字电视

【概况】 2010年，临安华数数字电视有限公司及其控股公司临安网通信息港有限公司，根据市政府“关于推进城乡数字电视整体转换、完成城区‘模转数’，实现乡镇（街道）全覆盖”的工作目标和任务，以“城区与集镇同步，先‘转数’后‘停模’，先易后难，有序推进”为工作原则，推进全市城乡数字电视发展和综合信息化平台建设。

【城区有线电视实现“停模转数”】 2010年，临安华数数字电视有限公司根据《关于做好有序停播城乡有线电视模拟信号工作的通知》精神，以2006年无偿发放数字电视机顶盒的居民小区为“模转数”目标区域，进行数字电视现场受理、现场服务、现场安装。完成城区65个居民小区及西瓜、新民、胜利、锦桥、东门、青龙、西墅、竹林、马溪9个城中村有线电视“模转数”，配发数字电视机顶盒6万台，实现全数字化有线电视用户5万余户，可收视标清数字电视节目80余套。

【乡镇“数字兴农”工程】 2010年，市委、市政府把“数字兴农”工程列为“绿色家园、富丽山村”创建内容之一。临安华数数字电视有限公司对全市农村有线电视网络进行调查摸底并进行分类，逐乡逐村确定改造方案。对新建设的广播电视网络，或拆除重建运行10年以上的报废网络，坚持“750兆赫兹、双向接入”标准，80%以上改造后，农村广播电视网络具备用户可以接收与发送的双向化网络传输功能。完成有线数字电视网络全覆盖行政村298个、数字化网络改造有线电视用户8万余户，累计配发数字电视机顶盒6.5万台，实现数字化农村有线电视用户5.6万户。

【完成20户以下自然村有线电视延伸改造】 2010年6月，临安华数数字电视有限公司完成全市20户以下自然村广播电视网络延伸、升级改造专项工程。投入网络建设资金635.6万元，架设二芯以上光缆443.67千米、有线电视视频同轴电缆232.6千米，新增光点385个，新立水泥杆887根，拆除未经批准设置的地面卫星接收设施30余座，结束357个20户以下自然村、3400余户山区群众“看不好”、“看不到”电视的历史。

【政府信息化网络延伸整合】 2010年8月，临安华数数字电视有限公司被确定为政府信息化网络延伸工程承建单位，与市政府签订《临安市电子政务网延伸整合方案》合同，制订《临安市村级电子政务网延伸方案》。电子政务网络平台涉及调试终端300余个点，增添“大社保”、“大计生”、“百姓档案”、“校园监控”四大专网信息系统，实现市级到村一级电子政务网络的延伸与整合。该项目总投资350万元。

【信息化平台业务拓展】 2010年，临安网通信息港有限公司完成市教育局校园安全监控租用项目，项目总投资200余万元，涉及全市100余所中小学校1300个视频监控点；完成市财政局国库统一支付VPN链路租用项目，涉及临安国库统一支付企事业单位、党政机关、中小学校等280余个点；完成森林防火监控项目、生猪定点屠宰监控项目、药店监控联网等华数眼监控项目。

（施宇群）

中国烹饪大师——余小建

余小建 男，1954年7月出生，中共党员，大专文化。1976年毕业于浙江省商业学校烹饪专业，分配在临安县饮食服务公司工作。1986年获中式烹调国家一级烹调师资格。1987年被委派到中国驻德国大使馆工作。2000年回国后，召集一些“4050”失业人员，在玲珑山脚开办老根酒店。2004年，被杭州市政府授予“再就业优秀个人”。2008年获国家高级公共营养师资格。2009年获中式烹调师和中式烹调国家级技师资格，并担任国家职业技能考评员。2004~2010年，培训初级中式烹调师1500余人、中级和高级中式烹调师300余人、营养配餐师400余人。

2010年获“浙江烹饪大师”称号。2011年获“中国烹饪大师”称号。

中国烹饪大师——陈红生

陈红生 男，1965年11月出生，中共党员，高中文化，擅长食品雕刻及面塑制作。1984年在於潜供销社饭店学习烹饪技术。1986年在临安餐馆学厨艺。1990年在临安县机关事务管理局食堂做厨师。2004年获中式烹饪国家技师资格。2007年获国家高级技师资格。2009年任国家职业技能鉴定考评员。

在2010年中国浙江（国际）餐饮产业博览会、中华餐饮烹饪精英赛上，菜品《彭祖益寿鸡》获最佳风味奖；多次参加“森博会”宴会招待展台设计制作。组织培训中式烹饪师、面点师1000余人，培养学徒数千人。

2010年获“浙江烹饪大师”称号。2011年获“中国烹饪大师”称号。

（唐剑平）

卫生·体育

卫　生

【概况】　2010年，全市有各类卫生医疗机构461个，其中，市属医院5个、市属公共卫生单位7个、乡镇卫生院（社区卫生服务中心）42个（分院16个）、专科医院2个、卫生所18个、村卫生室281个、民营医疗机构100个（其中，个体诊所79个、门诊部13个、医院8个）、医务室6个。有医疗卫生从业人员3126人，其中，卫生技术人员2750人；大专以上学历1811人，占总数的57.93%；高级职称119人、中级职称750人；执业注册医师1070人、执业注册助理医师360人、执业注册护士868人。平均每千人拥有医生2.70人、护士1.64人。有病床1560张，每千人床位数2.94张。全年医疗机构门诊238.53万人次、住院4.11万人次，平均住院9.83天，人均住院费用6052.36元，人均门诊费用136.64元，药品收入占业务收入的57.80%。

市口腔医院搬迁工程完工并投入使用，该项目总投资700万元；临安人民医院医技楼改建工程完成主体建设，该项目预计投资7788万元；於潜人民医院急诊室、临输室改建工程完成主体建设，该项目预计投资193万元；昌化人民医院整体迁建工程奠基，该项目预计投资7000万元；市精神卫生中心改建项目开工建设，该项目预计投资670万元。新建、改建社区卫生服务站73家，新建村卫生室80家、改建121家，基本实现社区卫生服务全覆盖。

市政府制订《关于建立临安市医疗纠纷第三方调处机制的意见》，成立医疗纠纷预防与处理工作领导小组。开展医德考评学分制试点工作，制订下发《临安市医德医风考评制度实施办法》，建立医德医风档案。制订市乡一体化改革试点方案，在昌化人民医院试点开展财务、业务、药品、人力技术资源和信息管理一体化改革。开展“医疗质量万里行”活动，执行医疗质量和医疗安全核心制度。以院前急救人员规范化培训和120急救分中心规范化管理为重点，提升应对突发事件和重大活动的救援和保障能力。一年出警近8000次，完成政府各类保障任务61次。市卫生局、市红十字会、市科协联合主办千名护士进社区活动。在临安人民医院开展临床路径试点工作(临床路径是指针对某一疾病建立一套标准化治疗模式与治疗程序，是一个有关临床治疗的综合模式，以循证医学证据和指南为指导来促进治疗组织和疾病管理的方法，最终起到规范医疗行为，减少变异，降低成本，提高质量的作用)。

开展第三轮农民健康体检，参加体检16.75万人，体检率42.6%。建立居民电子健康档案，建档率25%。“三大类十二项”（农村公共卫生服务主要包括三大类12个项目。第一类是保证农民享有基本卫生服务的公共卫生内容，包括健康教育、健康管理、基本医疗惠民服务和合作医疗便民服务4个项目；第二类是保证农村重点人群享有重点服务的公共卫生内容，包括儿童保健、妇女保健、老人和困难群体保健及重点疾病社区管理4个项目；第三类是保证农民享有基本卫生安全保障的公共卫生内容，包括公共卫生信息收集与报告、环境卫生协管、卫生监督协查以及协助落实疾病防控措施4个项目）公共卫生服务项目合格率95.3%。继续实施惠民医疗服务，享受“二十免二十减半”［“二十免”：免收普通门诊挂号费、门诊诊疗费、住院诊疗费、血常规、尿常规、大便常规、血糖测定、X线透视费用、护理费、肌肉注射费、静脉注射费、吸氧费、救护车接送、一般专项护理费、雾化吸入费、急诊观察床位费、中药煎药费、眼科常规检查、普通心电图、肿瘤化疗费，“二十减半”：减半收取骨密度测定、肝功能、肾功能、胃镜检查、肠镜检查、病理检查、电解质检查、B超检查（含彩超）、CR、TCD检查、血液透析费、心电监护、24小时动态监护、各类手术(含门诊、腹腔镜)、麻醉费、普通针刺（针灸）、小针刀、住院床位费（普通）、门诊换药费、ICU单元治疗费］惠民医疗政策1226人次，减免费用22.07万元，减免率63.61%。为贫困居民免费实施白内障复明手术350例。

全年医疗卫生科技项目立项29项，其中，省科技厅1项、省卫生厅3项、杭州市卫生局4项、临安市科学技术局21项。发表各类学术论文85篇，其中，SCI杂志1篇、一级杂志14篇、二级杂志40篇。获杭州市政府科技进步三等奖2项、杭州市卫生局科技创新奖2项。开展临床新技术、新项目8项。全年招聘医务人员73人，其中研究生6人。全科医师和护士参加培训328人，入选“812”人才培养工程25人，参加浙江大学研究生课程研修班学习98人。

是年，临安市通过国家卫生城市复评。市卫生局被评为杭州市社会治安综合治理工作先进单位、无偿献血工作先进集体、投资及重点建设项目推进工作先进集体，市改水办被评为浙江省中央农村改厕项目工作先进集体，市疾控中心获杭州市疾控技能大比武三等奖，120急救分中心被评为杭州市考核优胜单位。

【疾病防治】 2010年，重点加强手足口病、麻疹、结核病、血吸虫病等传染病防治。全市未发生甲类传染病，报告乙类传染病12种1128例，报告发病率204.05/10万，同比下降8.69%。加强计划免疫工作，常住儿童和流动儿童“九苗”（乙肝疫苗、卡介苗、脊灰疫苗、百白破疫苗、麻风疫苗、麻腮风疫苗、甲肝疫苗、流脑疫苗、乙脑疫苗）建卡率分别达到100%和96.97%。创建五星级预防接种门诊2家、三星级预防接种门诊7家、规范化预防接种门诊16家，疾控工作绩效考核现场评估成绩获3个优秀、1个良好。

【卫生执法】 2010年，实行卫生许可"一窗式"服务，开通农村卫生许可绿色通道。建立部门、乡镇、企业三级职业监管网络，实行分类管理，确定重点卫生监管单位100家，培训职业卫生管理员354人次。对451家民营医院、门诊部、个体诊所及玲珑、於潜、昌化片所有村卫生室进行医疗机构分级监管评定。开展打击非法行医行动，取缔无证行医19家（次），外地游医处罚率100%。全年行政处罚案件67件，未出现行政复议和行政诉讼案件，行政执法责任制考核连续四年被市政府评为优秀。

【妇幼保健工作】 2010年，孕产妇系统管理率97.4%，实现孕产妇零死亡；新生儿疾病筛查率94%，婴儿死亡率4.11‰，妇女病普查率49%。免费婚前医学检查7626人，检查率84.3%。实施农村孕产妇住院分娩补助项目，发放住院分娩补助经费500元，补助率100%。对辖区孕产妇和0岁~3岁儿童全面实施免费健康管理。启动农村妇女增补叶酸预防神经管缺陷项目和农村妇女免费"两癌"（宫颈癌、乳腺癌）筛查工作，发放叶酸3145人，发放率90.29%；免费筛查6226人。

【精神卫生工作】 2010年，开展重性精神病人排查，全市检出精神病患者3343人，监护病人3330人，监护率99.61%，未发生精神病患者肇事事故。开展心理健康教育与心理咨询服务，接待咨询群众500余人。继续对特困精神病患者400人实行门诊免费服药。评定精神、智力残疾人残疾等级1974人。

【爱国卫生】 2010年，高虹镇创建成为杭州市级卫生乡镇，三口镇创建成为杭州市级卫生强乡镇。创建省级卫生村7个、省级卫生单位4个、杭州市级卫生村36个。建设农村中央改厕项目4200户、改厕达标村94个；新建卫生厕所0.23万座，普及率98.72%；新（改）建三格式无害化厕所1.3万座，普及率79.07%。

【中医药工作】 2010年，继续推进中医"三名三进"（三名：名医、名科、名院，三进：进农村、进社区、进家庭）工作，开展省中医名院创建工作和国家、省、杭州市重点专科中期评估。市中医院开展中医单病种管理，挖掘中医特色，发展特色专科。开展适宜技术推广工作，社区卫生技术人员每人掌握中医药适宜技术不少于5项。组织名老中医进社区、进农村开展义诊和巡讲。市中医院开通省、杭州市医保服务。评选临安市第四批名中医师7人，评选临安市第一批基层名中医师和名中药师各2人。

【红十字会工作】 2010年，市红十字会针对西南地区特大旱灾、青海玉树地震、甘肃舟曲特大山洪泥石流等重大自然灾害，组织捐款217.7万元。向四川地震灾区拨付款物1861万元；博爱帮困52户，救助资金3.9万元。救助孤儿54人，发放救助金24.28万元。驾驶员救护培训7151人。

【无偿献血工作】 2010年，全市无偿献血6044人次，献血2074.6升，成分输血率平均99.9%，自愿无偿献血比例100%，无偿献血占临床用血比例平均131.1%，全年无非法采供血案件和血液不安全事件发生。

【健康城市建设】 2010年，市卫生局组织开展健康教育与健康促进宣传活动，举办“世界卫生日”、“世界无烟日”、全民健康生活方式日等主题宣传咨询活动12次，展出宣传展板300余块，发放宣传资料4万余份。组织医务人员到边远山区进行医学科普宣传和义诊，受惠群众3000余人。创建杭州市健康促进学校3所、健康单位5家和临安市健康教育街2条、无烟医疗机构7家、无烟单位13家。

【实施国家基本药物制度】 2010年2月25日起，在25家乡镇卫生院和15家社区卫生服务站实施国家基本药物制度，所有药品均零差率销售，药品实行网上集中招标采购和统一配送。25家乡镇卫生院和15家社区卫生服务站全年门诊人次同比增长39.65%，药品价格下降37.94%。门诊均次费用从127元下降到79元，降幅37.79%。

【卫生院“三定”工作完成】 2010年，市卫生局会同市财政局、市人事局对社区卫生服务中心进行专题调研，拟定《临安市乡镇（街道）社区卫生服务中心机构设置和人员编制方案》，并经市编委同意后批复实施。明确乡镇卫生院为社会公益类事业单位性质，按照每万人配备13人的标准核定人员编制，核定编制682人。同时，确定乡镇卫生院人员绩效工资标准，市财政按照在编正式职工人均7.1万元/年标准核拨。

【乡村卫生一体化管理】 2010年，市政府制订出台《临安市乡村卫生服务一体化管理实施方案》，明确工作目标，实施以命名标识、人员调配和培训、药品采购和价格、业务管理和绩效考核、信息管理、财务和分配制度“六统一”为内容的乡村卫生服务一体化管理。按照“数量控制、严格准入、择优聘用”原则，制订出台村卫生室（社区卫生服务站）医生聘用办法，全面推行乡村医生聘任制。通过乡村医生自愿报名、笔试、群众评议和综合评价相结合，择优聘用乡村医生247人，并与卫生院签订聘用合同，安排在村卫生室（社区卫生服务站）工作，乡村医生岗位补助标准为人均3.6万元/年。截至年底，实施一体化管理村卫生室178家、社区卫生服务站79家，一体化管理率91.79%。

【免费产前筛查和新生儿疾病筛查】 2010年1月，实施免费产前筛查和新生儿疾病筛查。全年孕产妇产前筛查3310人，筛查率85.7%，发现高风险孕妇92人，经产前诊断确诊引产3例；新生儿疾病筛查4759人，筛查率97%，发现可疑患儿87人，可疑患儿召回率98.9%，确诊甲状腺功能低下1例，亚临床甲状腺功能低下1例，确诊患儿随访率100%。

（钱丽莎）

体　育

【概况】 2010年，全市新增健身点138个、篮球场43个、乒乓室65个、门球场7个。玲珑街道、千洪乡、横路乡、潜川镇、乐平乡、湍口镇、河桥镇7个乡镇（街道）创建成省和杭州市级体育强乡镇。新增浙江省村级体育俱乐部7个、省级小康体育特色村20个、省级青少年体育俱乐部1个和杭州市农村小康体育特色村10个。新增体育彩票销售点4个，全年销售6668万元。

晨曦小学（摔跤）、青山小学（篮球）、城南小学（田径）、衣锦小学（乒乓）、林学院附小（射击）被重新命名为杭州市级体育传统项目学校，城南小学（田径）、横溪小学（乒乓）、玲珑小学（象棋）、於潜一小（象棋）、晨曦小学（排球）、昌化二小（篮球）、衣锦小学（乒乓）、林学院附小（射击）被重新命名为临安市级体育传统项目学校。

组织群众体育活动50余场。开展“体育三下乡”活动，发放宣传单（册）6000余份。开展国民体质测试进乡镇活动，村民和乡镇机关干部700余人参加测试。举办全市三级社会体育指导员培训班，参加培训45人。

临安籍运动员盛江获亚洲锦标赛古典式摔跤48公斤级冠军，江梅娟获亚洲青年赛艇锦标赛和全国青年赛艇锦标赛女子2000米单人双桨冠军，郑雅倩获全国青少年武术散打锦标赛女子48公斤级冠军，俞蓝获全国青少年武术散打锦标赛女子56公斤级第三名，沈松虎获全国青少年武术散打锦标赛男子75公斤级第五名，李樟煜、包继平在全国残疾人自行车锦标赛上获三金三银，骆红星在省第八届残运会获金牌三枚、李樟煜获银牌三枚。市代表队在杭州市柔道项目比赛中获金牌数、团体总分第一名，在杭州市武术套路项目比赛中获金牌数、团体总分第一名，在杭州市青少年摔跤比赛中获团体第二名，在第14届省运动会上获金牌17.58枚、银牌20.5枚、铜牌13.5枚。市体育局获杭州市政府颁发的参加省首届体育大会突出贡献奖、参加省第十四届运动会突出贡献奖。玲珑中心小学获省小学生足球比赛第三名。

【市体育文化展览中心开工】 2010年10月28日，市体育文化展览中心建设项目开工。该项目预算总投资5.3亿元，占地10.06公顷，总建筑面积8万余平方米。包括体育馆、游泳馆、训练馆、体育场、体育学校等，同时建有休闲、商贸、娱乐等相关辅助设施。项目建成后既能满足市民日常健身锻炼需要，也可承办部分国内外单项比赛，是集体育赛事、体育文化、体育休闲及会展演出为一体的综合性场馆。

【参加全省全民健身活动】 2010年8月27日，浙江省全民健身浙北片区“种文化”湿地户外体育活动开幕式在湖州市德清县下渚湖湿地风景区举行。该活动由省委宣传部、省体育局、省总工会联合主办，来自浙北片区及部分浙中、浙东地区的58支代表队577人参与。河桥镇代表队和千洪乡代表队分别获团体总分第二名、第六名；河桥镇代表队获“丛林CS”项目冠军，在“渔舟竞渡”、“竹筏穿行”、“浑水摸鱼”等项目中均获第三名；千洪乡代表队分别获“涉水浮桥”、“险过独木桥”、“竹筏穿行”等项目第一名、第二名和第八名；潜川镇代表队获“天使之手”、“浑水摸鱼”项目第二名、第六名；湍口镇代表队获“丛林CS”、“险过独木桥”项目第四名、第六名。

【“全民健身日”启动仪式】 2010年8月8日，临安市“全民健身日”启动仪式在浙江农林大学东湖校区举行。活动由市委宣传部、市文化广电新闻出版局（体育局）、市广播电视台、市体育总会主办，市体育指导中心、市老年体协承办，活动以“绿色低碳、亲近自然、健康从脚下开始”为主题。启动仪式上，还表演老年健身秧歌、广场排舞、儿童武术、健美操等大众运动节目。启动仪式结束后，市领导与市民2000余人进行环东湖健身走。

【市第三届残疾人运动会】 2010年5~7月，举行市第三届残疾人运动会。运动会设象棋、乒乓球、羽毛球、射击、游泳、田径六个大项和107个竞赛类别。全市各乡镇（街道）及企业30余支队伍400余名运动员、教练员、裁判员参加。於潜镇代表队、华锦特纸代表队、万马电缆代表队、万马高分子代表队、浙江帝龙代表队、昌化镇代表队、华特实业代表队、潜川镇代表队分别获团体前八名，青山湖街道等8个代表队获体育道德风尚奖，湍口镇等8个代表队获组织奖。

【市第十二届运动会】 2010年5~11月，举行市第十二届运动会。运动会设系统（局）组、乡镇（街道）组、老年组、新临安人组四个组别，设象棋、红五、射击、篮球、乒乓、太极拳（剑）、门球、钓鱼等项目16个。21个系统（局）和26个乡镇（街道）代表团组织的代表队456支运动员3906人参加比赛。太湖源镇、玲珑街道、锦城街道获乡镇（街道）组金牌总数前三名，市教育局、市供电局、市信用联社获系统（局）组金牌总数前三名；太湖源镇、青山湖街道、玲珑街道获乡镇（街道）组团体总分前三名，市教育局、市供电局、市公安局获系统（局）组团体总分前三名。

（杜元龙）

（上接第286页）

市各直属学校（单位）和乡镇（街道）中小学、幼儿园全称、简称对照表

序号	简　称	全　称	序号	简　称	全　称
63	昌化一小	临安市昌化镇第一小学	84	河桥中心幼儿园	临安市河桥镇中心幼儿园
64	昌化二小	临安市昌化镇第二小学	85	龙岗中心幼儿园	临安市龙岗镇中心幼儿园
65	龙岗小学	临安市龙岗镇龙岗小学	86	湍口中心幼儿园	临安市湍口镇中心幼儿园
66	洲头小学	临安市清凉峰镇洲头小学	87	大峡谷幼儿园	临安市龙岗镇大峡谷幼儿园
67	湍口小学	临安市湍口镇湍口小学	88	锦城成校	临安市锦城成人文化技术学校
68	颊口小学	临安市清凉峰镇颊口小学	89	青山湖街道成校	临安市青山湖街道成人文化技术学校
69	河桥小学	临安市河桥镇河桥小学	90	玲珑街道成校	临安市玲珑街道成人文化技术学校
70	顺溪小学	临安市清凉峰镇顺溪小学	91	锦南街道成校	临安市锦南街道成人文化技术学校
71	大峡谷中心学校	临安市龙岗镇大峡谷中心学校	92	板桥镇成校	临安市板桥镇成人文化技术学校
72	岛石小学	临安市岛石镇小学	93	太湖源镇成校	临安市太湖源镇成人文化技术学校
73	新桥小学	临安市岛石镇新桥小学	94	高虹镇成校	临安市高虹镇成人文化技术学校
74	於潜中心幼儿园	临安市於潜镇中心幼儿园	95	於潜镇成校	临安市於潜镇成人文化技术学校
75	昌化中心幼儿园	临安市昌化镇中心幼儿园	96	潜川镇成校	临安市潜川镇成人文化技术学校
76	岛石中心幼儿园	临安市岛石镇中心幼儿园	97	天目山镇成校	临安市天目山镇成人文化技术学校
77	太湖源中心幼儿园	临安市太湖源镇中心幼儿园	98	昌化镇成校	临安市昌化镇成人文化技术学校
78	青山中心幼儿园	临安市青山中心幼儿园	99	清凉峰镇成校	临安市清凉峰镇成人文化技术学校
79	玲珑中心幼儿园	临安市玲珑中心幼儿园	100	河桥镇成校	临安市河桥镇成人文化技术学校
80	横畈幼儿园	临安市青山湖街道横畈幼儿园	101	临安电大	浙江广播电视大学临安分校
81	天目山镇中心幼儿园	临安市天目山镇中心幼儿园	102	体育学校	临安市体育学校
82	潜川镇中心幼儿园	临安市潜川镇中心幼儿园	103	技工学校	临安市技工学校
83	太阳中心幼儿园	临安市太阳中镇心幼儿园			

（潘军强）

社会生活

人民生活

【城乡居民收入】 2010年，临安市城镇居民人均可支配收入24455元，比上年增长11.1%；城镇居民人均消费性支出15622元，增长9.2%。城镇每百户居民家庭拥有汽车20辆、电脑88台、摄像机9部。工资性收入仍是城镇居民家庭可支配收入主体，全年城镇居民人均工薪收入16257.15元，同比增长9.8%，对居民家庭总收入贡献率56.3%，拉动居民家庭总收入6.2个百分点。全年城镇居民人均经营净收入2292.61元，同比增长8.1%，对居民家庭总收入贡献率6.6%，拉动居民家庭总收入0.7个百分点。城镇居民全年人均财产性收入669.99元，同比增长8.9%，对居民家庭总收入贡献率2.1%，拉动居民家庭总收入0.2个百分点。城镇居民人均转移性收入6775.57元，同比增长15.4%，对居民家庭总收入贡献率35.0%，拉动居民家庭总收入3.9个百分点。

全市农民人均纯收入12012元，增长11.9%；农民人均生活消费支出9339元，增长7.6%。农村每百户居民家庭分别拥有汽车12辆、电脑41台、手机227部、空调58台、电冰箱98台。农村居民收入结构呈以工资性收入、家庭经营收入并重，转移性收入比重逐年攀升的态势。农村居民来自工资性收入、家庭经营第二产业和第三产业收入等非农产业纯收入人均7654元，增长13.6%；非农产业增收对农村居民纯收入增长贡献率72.3%。农村居民来自各种租金、土地征用补偿、保障金等非经营性纯收入人均1167元，增长14.7%；对纯收入增长贡献率11.4%，占纯收入比重9.7%。

年末城乡居民人均住房面积分别为41平方米和71平方米；居民储蓄存款余额129.34亿元，增长27.63%

【物价走势】 2010年，居民消费价格同比上涨3%，八大类居民消费价格主要呈现“六升二降”态势。医疗保健和个人用品类上涨7.6%，居住类价格上涨5.7%，食品类价格上涨5.4%，家庭设备用品及维修服务上涨1.7%，烟酒及用品上涨1.6%，娱乐教育文化用品及服务上涨0.2%；交通和通信类、衣着类分别下降1.2%和1.8%。商品零售价格上涨3.7%。涨幅较大的食品类、医疗保健和个人用品类、居住类分别推动居民消费价格（CPI）总指数上涨1.7%、0.8%、0.7%，三者拉升居民消费价格（CPI）3.2个百分点。农资价格上涨4.7%，上升12.9个百分点。同期杭州地区工业品出厂价格上涨4.9%，上升9.8个百分点；原材料、燃料、动力购进价格上涨12.1%，比上年上升19.9个百分点。

（崔　璀）

民　政

【概况】 2010年，临安市城乡低保标准分别提高到360元和220元。全市有城乡低保对象3140户，计7069人，其中，农村低保2933户，计6749人。全年支出城乡低保资金823万元。全市农村集中供养“五保”（保吃、保穿、保住、保医、保葬）对象718人，集中供养率95.3%；全年拨付“五保”集中供养资金219万元。乡镇（街道）敬老院完成事业单位独立法人登记20家，锦城街道横溪老人寄养院成为临安市首家民办养老服务机构。

11个城市社区完成首届选举工作。提请市委、市政府出台和谐社区建设“1+5”文件（《中共临安市委 临安市人民政府关于推进和谐社区建设的若干意见》、《市委办公室 市政府办公室关于强化社区工作经费保障的若干意见》、《市委办公室 市政府办公室关于加强社区工作者队伍建设的若干意见》、《市委办公室 市政府办公室关于进一步加强社区配套用房建设和使用管理的意见》、《市委办公室 市政府办公室关于印发〈临安市组织机构、工作任务、评比考核进社区申报准入制度（试行)〉的通知》、《市委办公室 市政府办公室关于进一步深化社区共建工作的意见》）。全年受理、审核、登记社会组织37家，其中，社会团体7家、民办非企业单位30家。登记在册各类社会组织240家，其中，社会团体140家、民办非企业单位100家。完成市烈士公园调整修改后的方案设计，该项目是市政府重点工作之一。占地面积4公顷，总建筑面积1.84万平方米，估算投资5300万元。

全年编制申报扶持项目142个，补助资金824万元。完成新安江“六年规划”项目（中央直属水库遗留问题处理六年规划），共实施项目207个，补助资金1437万元。全年发放移民直接补助资金1517万元。编制《临安市解决小型水库移民困难问题实施方案》。举办移民农业实用技术培训班27期，培训2500次。

创建省级双拥模范城，完成省双拥模范城“两连冠”创建目标。慰问驻临安和驻杭州共建部队26家、重点优抚对象86人、困难优抚对象58人和到临训练部队官兵1500余人，发放慰问金及慰问品共45.6万元。调整困难退伍军人生活补助办法，为全市重点优抚对象和困难退伍军人2900人发放优抚金1600万元、义务兵家属610人发放优待金600万元、重点优抚对象285人进行免费体检、重点优抚对象311人发放补助医疗费75万元。全年接收退役士兵316人，发放农村籍退伍军人一次性生活补助108万元、城镇籍退役士兵自谋职业安置金142万元。推荐退伍军人150余人到企事业单位工作，其中重点安置对象6人通过择优安置办法安置到事业单位工作。

创建省和杭州市级“农村星光老年之家”各25家。组织开展“居家养老”和“银龄互助”（低龄老人与高龄老人结对帮扶）试点工作。以“农村星光老年之家”为依托，在锦城街道横街村、青山湖街道研里村、昌化镇西街村开展“银龄互助”试点工作，昌化镇西街村以挂靠形式兴办老年人食堂。全年慰问百岁老人16人、困难老人500人和高龄老人830人，发放慰问金109万元。

实施平安边界创建工作，推进地名管理公共服务工程，编撰和校对《临安市地名志》、《临安市政区图》。开展第二次地名普查前期考察调研。全市“三沿五区”(沿铁路、公路、通航河道两侧和耕种区、经济开发区、风景旅游区、住宅区、保护区）坟墓完成治理2366穴，其中，迁移坟墓1068穴、绿化覆盖坟墓1298穴；完成杭州市级生态墓地示范点建设7个。全年办理结婚登记4317对、离婚登记1335对、无婚姻登记记录证明3846份。办理收养登记115件，福利中心全年新收弃婴儿73人。

行政审批中心民政窗口全年受理业务1530件，按时办结率100%；办理人大建议、政协提案共4件，满意率100%；福利企业通过国家审计署长沙工作站和省、杭州市的抽查和复检，资格认定合格率100%。

是年，市民政局被评为杭州市民政工作目标考核优秀单位和临安市信访工作先进集体，离退休党支部被评为杭州市“五好”党支部；板桥乡上田村农村社区被评为国家减灾示范社区，於潜镇农村“五保”供养服务中心被评为全省民政系统行风建设示范单位。

【农村社区建设】 2010年，根据省、杭州市《关于开展农村社区建设工作的意见》要求，完成全年农村社区建设目标任务。帮助有建设任务的乡镇、村进行布局规划和协调指导，乡镇社区服务中心5个和村级社区服务中心65个完成一站式服务大厅建设。村级社区服务中心按照“五室三站两栏一校一场所”（五室：社区办公室、党建活动室、图书阅览室、综治工作室、老年活动室；三站：农业综合服务站、社区卫生服务站、救助保障站；两栏：村务公开栏、宣传信息栏；一校：村民学校；一场所：室外文体活动场所）功能布局设置。

【换届选举试点】 （参见“乡镇街道”栏目“板桥乡”分目）

【低保边缘及困难家庭临时救助】 2010年，全年救助低保标准120%以内边缘困难家庭户1219户，发放救助金151万余元。救助因火灾、重大疾病等突发事件造成生活困难家庭106户，发放救助金40万元。配合市残联救助保障低保标准150%以内边缘困难家庭中二级以上重度残疾人基本生活，发放重度残疾人基本生活补助金345万元，发放重度残疾人物价补贴31万元。

【自然灾害救助】 2010年，采用分地区轮训方式，对全市村（社区）灾害信息员320余人进行防灾救灾、社会救助业务知识培训。“春汛”、“梅汛”期间，倒塌房屋70户，计141间，下拨倒房重建补助资金12.8万元。新建村级避灾安置场所10个，全市避灾所总数63个，可转移安置灾民1万余人。在省民政厅支持下，市救灾物资储备仓库完成主体工程。

【《临安市殡葬基本服务项目免费办法》出台】 2010年，根据民政部《关于进一步深化殡葬改革促进殡葬事业科学发展的指导意见》和《杭州市人民政府关于印发杭州市区殡葬基本服务项目免费办法的通知》，结合临安实际，制订《临安市殡葬基本服务项目免费办法》，对殡葬基本服务项目实施免费，遗体接运（限临安市内使用普通接尸车辆接运遗体）、殡仪馆内遗体冷藏存放（存放期限3天以内）、遗体火化（使用普通火化炉火化遗体）、骨灰寄存（存放期限一年发内，限寄存木质骨灰盒，不提供琉璃、陶瓷、玻璃等易碎容器寄存）。该办法于2011年1月1日实施，可减免服务费用300万元。

【福利企业监管】 2010年，全市52家福利企业集中安置残疾职工2841人，安置比例38.1%；残疾职工人均年收入1.9万元，人均月缴社会保险462元。制订出台《关于进一步支持社会福利企业发展促进残疾人就业的若干意见》和《关于进一步规范福利企业管理的若干意见》。组织14家较大规模福利企业资质管理人员成立专题调研小组，针对福利企业实际，开展稳定残疾职工就业专题调研。

【市社会福利中心工作】 2010年，市社会福利中心建成并完成搬迁。该中心位于锦城街道横潭村五虎山，占地面积1公顷，建筑面积6182平方米，总投资2300万元，是集育儿、养老、康复、休闲、医疗、娱乐于一体的综合性社会化福利机构。由综合楼、老年楼、儿童楼组成，有床位280张。福利康复中心项目作为二期工程，总建筑面积1.3万平方米，包括地下1层和地上11层，总投资估算5600万元，主要为老年人提供专业医疗、陪护服务，为残疾人提供康复训练、托管托养服务。

【慈善救助】 2010年，全市募集各类善款1703万元，其中浙江大华建设集团一次性捐款1300万元；全年累计发放救助款1440万元，其中，“春风助学”活动救助大学生311人，发放救助金115万元。开展玉树、舟曲自然灾害募捐活动，援助抗震救灾恢复重建资金750万元，发放助医、助困救助款191万元，发放定向援助款350万元和结对助学款34万元,累计救助1500人次。

（潘文燕）

人口与计划生育

【概况】 2010年，全市出生4146人，人口出生率7.88‰，死亡率5.82‰，人口自然增长率2.06‰，计划生育率97.5%，统计误差率控制在1.5%以内。

市人口计生领导小组召开会议，专题研究乡镇（街道）计生服务站建设、计生干部队伍建设、利益导向机制等重点难点问题。出台《关于调整独生子女父母奖励标准的通知》和《关于印发临安市计划生育保险工作实施方案的通知》。市计生指导站招考技术服务人员3人；各乡镇（街道）均按要求配备公职流动人口管理人员；298个行政村重新调整计生服务员，其中，2000人以上的村、5000人以上的社区，或外来流动人口在2000人以上的村（社区），都按要求配备服务员2人。

通过“两台一报”（市电视台、市广播电台和《今日临安》）、临安新闻网、天目人口网等媒介宣传人口计生工作。开设专题栏目《民情半月谈》，制作专题片《独生子女家庭老人保障》和《情洒天目大地》，制作专题报道、记者访谈、知识问答等节目5期和公益广告片1部，设立大型宣传“两免”（免费婚前医学检查和免费孕前优生检测）公益广告牌1块。在《今日临安》开设《人口计生》月刊，在《杭州日报》等主流媒体刊发报道4篇。与市文广新局联合举办千场电影下乡活动，宣传计划生育有关政策。结合“绿色家园、富丽山村”工程，建设生育文化园区。

举办全市生育文明文艺汇演，全年开展文艺演出、演讲比赛、“女性健康知识行”讲座等活动20场，制作发放各类宣传资料、宣传品30余万份，育龄妇女计划生育基础知识知晓率95%，免费计划生育技术服务落实率100%，计划生育服务满意率95%。

发放计划生育特别扶助金85.92万元、农村部分计生家庭奖励扶助金201.10万元。财政另投入200余万元用于城镇下岗失业人员独生子女父母奖励和提高农村独生子女父母奖励标准。实施特殊家庭养老保险和计划生育独生子女平安保险。市计划生育协会申报项目6个，扶持资金18万元。

调整和改造服务用房，增设温馨咨询室，增添B超等医疗设备。整合免费孕前优生检测与免费婚前医学检查定点单位，将免费婚前医学检查、免费孕前优生检测标本采集合二为一，与婚姻登记并为一站式服务。“两免”政策及优生知识知晓率90%，新婚夫妇优生咨询指导率97%。於潜计划生育中心站投入使用，建立“三优”（优生、优育、优教）示范点。投资40万元用于乡镇服务站标准化建设，75%的普通乡镇服务站完成标准化建设。

下发《关于进一步规范生育登记和审批工作的通知》，并开始实施网上再生育审批工作。按照“阳光计生”要求，在市政务网、村公务栏公开计生政策、审批程序、优惠政策等。市人口计生执法未发生侵权事件及重大信访事件。10月，临安市代表杭州市迎接省人口计生委行政执法督查。

【外来困难孕产妇住院分娩补助政策出台】 2010年，制定外来困难孕产妇住院分娩补助政策，非临安户籍，但在临安居住6个月以上（以“临时居住证”或“居住证”、“暂住证”登记时间为准），符合生育政策、收入较低、不享受农民工医保的外来困难孕产妇，在市人民医院、市中医院、於潜人民医院、昌化人民医院、昌北人民医院、锦城街道医院住院分娩，可享受补助500元。

【调整独生子女父母奖励标准】 2010年，根据《浙江省人口与计划生育条例》和市委、市政府《关于贯彻落实〈中共中央 国务院关于全面加强人口和计划生育工作统筹解决人口问题的决定〉的实施意见》精神，调整农村独生子女父母奖励标准，落实城镇失业人员独生子女父母奖励费。城镇失业人员享受对象需同时符合独生子女未满14周岁、领取“独生子女父母光荣证”、夫妻双方均为城镇失业人员三项条件；农村独生子女家庭是指夫妻双方均为临安农村户籍人员，只生育一个子女且领取“独生子女父母光荣证”，子女未满14周岁的家庭。符合条件的城镇失业人员独生子女家庭夫妻，每人每年发放独生子女奖励费50元；符合条件的农村独生子女家庭夫妻，自2010年1月1日起领取“独生子女父母光荣证”的，一次性发放独生子女父母奖励费500元。

【计划生育保险政策实施】 2010年，根据杭州市人口计划生育委员会《关于进一步推进计划生育保险工作的意见》和市委、市政府《关于贯彻落实〈中共中央国务院关于全面加强人口和计划生育工作统筹解决人口问题的决定〉的实施意见》精神，制定计划生育保险政策，包括独生子女平安保险和计划生育特殊家庭养老保险。独生子女平安保险投保对象为出生30天~18周岁、已申领“独生子女父母光荣证”的独生子女，每人每年保费10元，期限一年，每满一年续签一次，涉及身故保障及意外残疾保障。计划生育特殊家庭养老保险投保对象以户为单位，女方年龄在40周岁以上、未满60周岁，子女意外死亡，已申领“独生子女父母光荣证”的独生子女家庭，每户每年保费2000元，其中，财政承担每户每年1000元、乡镇(街道)承担每户每年1000元，连续缴费10年，终身保险。女方60周岁时即可领取家庭养老金。

省人口计划生育委员会主任章文彪作出批示：“新时期的人口计生工作，利益导向机制建设是关键，解决群众后顾之忧是前提。临安市近年来在这方面做了很多很好的探索，特别是推出了独生子女平安保险和计生特殊家庭养老保险，为独生子女家庭办了件大实事，值得充分肯定和总结推广。”省人口计划生育委员会副主任宋贤能到临安参加计生生育保险启动仪式，《中国人口报》头版作专题报道。国家计划生育协会决定将临安计划生育特殊家庭保险项目在全国推广。

【统计信息“规范乡镇”创建活动】 2010年，根据省人口计划生育委员会《浙江省人口和计划生育统计信息管理规范》文件精神，在全市范围开展人口计生统计信息“规范乡镇”创建活动，该活动创建周期为一年，把统计质量、信息化建设、信息管理、台账管理、数据质量等纳入创建内容。年底，8个乡镇（街道）通过验收。

（周　琳）

关心下一代工作

【概况】 2010年，市关工委组织市老年大学学员150余人、浙江农林大学大学生1000余人，在浙江农林大学广场举办“传统文化嘉年华、老少同乐共传承”大型广场传统文化嘉年华活动，活动分书画、工艺、曲艺、茶艺、文学、武艺、饮食、棋艺、技艺9个展区，邀请浙江农林大学附属小学、石镜小学部分学生参与互动。与市图书馆在西林小学开展“让我们一起来读书——纪念“4·23”世界读书日活动”。组织50余名市老年大学学员和30名城南小学学生开展老少同庆端午活动。在金沙湾大型户外基地建立青少年国防教育基地；在杭州大伟装饰材料有限公司、临安振有电子有限公司、浙江天杰实业有限公司成立关心下一代工作委员会，是临安市首次在企业成立关工委组织。筹集资金80余万元，资助大学生96人、中小学生200余人。开展爱国主义教育演讲100场次，受教育青少年学生5万余人。是年，市关工委被省关工委评为2009~1010年度先进集体。

【帮教未成年犯】 2010年7月29日，市关工委关爱团一行12人到余杭乔司省未成年犯管教所，看望和帮教临安籍未成年犯14人，以及在临安判刑的外省未成年犯6人，为未成年犯带去生活和学习用品。市关工委关爱团副团长、全国优秀共产党员陈金水和满江红律师事务所律师为未成年犯授课。

（俞　展）

老龄工作

【概况】 2010年，全市总人口52.59万人，60周岁以上老年人82228人，占总人口的15.64%。其中，65周岁以上老年人57772人、70周岁以上老年人41469人、80周岁以上老年人14048人、90周岁~99周岁老年人851人、百岁老人9人。全市城镇60周岁以上老年人1.20万人，占老年人口总数的14.42%；农村60周岁以上老年人70213人，占老年人口总数的85.38%；纯老年人家庭老年人口数17535人。

全市编制、制作和发放“浙江省老年人优待证”9952本；处理老年人来信、来访65件，结案率和反馈满意率均为100%；慰问困难老人500人、90周岁~99周岁高龄老人851人、百岁老人9人、全国单项先进老人5人，发放慰问金110万元。

市、乡镇（街道）、村三级有老龄专职干部345人。在锦城街道横街村、青山湖街道研里村、昌化镇西街村开展“银龄互助”试点活动，包括龄里守望、生活照料、精神关爱、维权调解等。锦城街道横街村建立互助大组6个，每一大组下设小组3个；青山湖街道研里村建立互助小组16个；昌化镇西街村建立互助大组4个，并建立西街村老年人就餐服务点，凡该村60周岁以上老年人凭村委发放的“老年人就餐券”，到老年人就餐服务点享受中餐，可减免一定费用。

全市有老年文艺团队46支，经常参加活动的老年人975人。参加杭州市老龄办组织的各类书画摄影展3次，展出作品236幅；参加其他活动8次。举办杭州市“百场万人”老年健康知识讲座8场，内容涉及老年冠心病的预防、老年家庭急救知识等。

与临安电视台联合录制市老年电视大学专题片，宣传办学成果。全年上报信息30余篇，其中调研文章《临安市养老服务发展模式研究》被省老龄办评为一等奖。

【老年教育】 2010年，全市有市级老年电视大学1所、市级老年大学1所；有老年电视大学教学班（点）28个、老年学员6000余人，参加老年电视大学学习和村老年协会活动老年人近4万人，老年人入学率占全市老年人口的6.1%以上。市老年电视大学第二课堂开设国画、书法、健身球、交谊舞、戏剧、时装、广场舞、唱歌、太极拳、摄影、孙辈教育和旅游文化12门课程。

【基层老龄干部培训】 2010年7月，组织各乡镇（街道）老龄干部参加杭州市老龄办组织的杭州市老龄干部培训班。8月，市老龄办举办全市基层老年人协会会长培训班，全市各乡镇（街道）老龄干部和村老年人协会会长130余人参加培训。培训会邀请省老龄办权益处副处长沈小平授课。

【老年人权益保障】 2010年10月，市人大常委会视察临安贯彻执行《中华人民共和国老年人权益保障法》情况。市人大常委会副主任陈林春、王斌鸿、朱霞生、杨为伟和部分市人大常委会专职委员参加视察，副市长（市老龄委常务副主任）陈伟民陪同视察。执法检查期间，召开乡镇（街道）代表座谈会和村、社区、企业代表座谈会，听取市老龄办关于养老服务体系建设情况汇报，视察玲珑街道敬老院和市社会福利中心。

（伊　春）

残疾人工作

【概况】 2010年，全市有乡镇（街道）残联26个、福利企业残联8个、残疾人专门协会4个、村级残疾人协会组织298个。开通市残疾人服务网，成立市首家工疗站。

全年完成白内障复明手术300例，安装假肢20条，验配助听器174台，向下肢残疾人赠送轮椅230辆。纳入集中托养残疾人80人、居家安养残疾人608人。二级以上残疾人纳入基本生活保障2024人，贫困重度残疾人基本实现应保尽保。为重度残疾人1430人发放生活护理费166.39万元，为231户困难残疾人送上慰问金20.31万元，为65户困难残疾人家庭落实帮扶资金7.8万元，为194户困难残疾人家庭实施临时救助32.87万元，为残疾学生和贫困残疾人子女179人落实助学金59.6万元，为残疾人1.12万人缴纳新型农村合作医疗个人费用89.43万元。

新建残疾人种植业基地3个，安排就业残疾人146人，浙江盛美园艺有限公司被命名为省残疾人种植业示范基地。为238名残疾人办理贷款贴息99.89万元，发放残疾人种养大户、基地和个体工商户等各类扶持资金67.8万元。举办种养业培训班4期、职业技能培训班3期，参加培训385人，其中拿到电脑初级操作员证书89人。组队参加省第三届残疾人职业技能竞赛，获二等奖4个、三等奖2个。

全年接待处理残疾人来信来访21人次，其中，市长公开电话交办件3件，结案率100%。法律援助残疾人工作站为残疾人提供法律援助36次，代写法律文书82人次。

是年，市残疾人联合会被评为杭州市残联系统工作业绩考核优秀单位。

【残疾人就业保障金征缴扩面提标】 2010年7月1日起，提高残疾人就业保障金征缴标准，并扩大征缴范围。机关、事业单位残疾人就业保障金由市财政局根据各机关、事业单位人数，按人均每月10元列入综合预算；企业残疾人就业保障金征缴标准，从原来每人每月6元提高到每人每月9元，仍由市地税局代征。

【第三届残疾人运动会】 (参见“卫生·体育”栏目“体育”分目)

【第二届残疾人书画作品展】 2010年，市残联和市文联共同举办以“让艺术点亮生活”为主题的市第二届残疾人中国书画作品展。杭州市政法委副书记周伟新、市人大常委会副主任杨为伟、副市长李光照等领导出席开幕式。展出8名残疾人书画爱好者创作的作品100余幅。评出书法作品一等奖、二等奖、三等奖各1人，美术作品一等奖、二等奖、三等奖各1人。其中，商诗强《马致远曲》条幅书法作品获书法作品一等奖、许小萍《炊烟村际起，归雁天边来》获美术作品一等奖。

【两位运动员获亚洲残疾人运动会铜牌】 2010年，临安籍残疾人运动员李樟煜、骆红星代表国家队参加广州2010年亚洲残疾人运动会。李樟煜获20.4公里公路自行车混合C1-5个人计时赛铜牌，骆红星获T36男子400米比赛铜牌。李樟煜还获场地自行车1公里第五名、3公里第八名、54.4公里第五名，骆红星获T36级男子100米比赛第四名、T36级男子200米比赛第五名。

(兰银宾)

民族工作

【概况】 2010年，临安市有少数民族26个，少数民族人口6550人，占全市总人口1.15%，其中，畲族4667人，占少数民族人口71.25%。少数民族基本特点是小聚居大散居，以畲族为主，部分畲族群众以畲语为日常交流用语，少量少数民族群众能唱山哈歌。以湖南、贵州、四川、广西为主的土家族、苗族、布依族等少数民族以婚嫁形式到昌化镇、岛石镇、大峡谷镇、横路乡、千洪乡、青山湖街道、横畈镇、高虹镇、板桥乡、三口镇等安家落户。杭州华兴羽绒制品有限公司有新疆乌恰县柯尔克孜族员工155人。全年更改民族成分13人，为计生对象、中考高考学生审核确认民族成分137人。杭州市民宗局副局长吴国强一行到临安慰问少数民族贫困户，发放慰问金3000元。

是年，太阳镇枫树岭村被评为省民族团结进步小康村。

民族扶持资金使用情况

表24

<table>
<tr><th>扶持对象</th><th>拨款单位</th><th>扶持项目</th><th>扶持金额（万元）</th></tr>
<tr><td rowspan="5">太湖源镇众社村</td><td rowspan="2">省民宗委</td><td>民族团结小康村创建</td><td>10</td></tr>
<tr><td>畲族文化长廊建设</td><td>5</td></tr>
<tr><td rowspan="2">杭州市民宗局</td><td>举足清水河道工程</td><td>4</td></tr>
<tr><td>自来水接管工程</td><td>8</td></tr>
<tr><td>市政府</td><td>配套杭州扶持项目</td><td>4</td></tr>
<tr><td rowspan="3">於潜镇逸逸村</td><td rowspan="2">杭州市民宗局</td><td>文化中心建设</td><td>5</td></tr>
<tr><td>低产田水渠改造</td><td>5</td></tr>
<tr><td>市政府</td><td>配套杭州扶持项目</td><td>4</td></tr>
<tr><td rowspan="2">於潜镇铜山村</td><td>杭州市民宗局</td><td>水碓中铜山道路工程</td><td>6</td></tr>
<tr><td>市政府</td><td>配套杭州扶持项目</td><td>4</td></tr>
<tr><td rowspan="4">太阳镇浪山村</td><td>省民宗委</td><td>路灯建设工程</td><td>5</td></tr>
<tr><td rowspan="2">杭州市民宗局</td><td>杨家坞水库修缮</td><td>5</td></tr>
<tr><td>毛竹基地建设</td><td>5</td></tr>
<tr><td>市政府</td><td>配套杭州扶持项目</td><td>4</td></tr>
<tr><td rowspan="3">太阳镇枫树岭村</td><td rowspan="2">杭州市民宗局</td><td>倒坞潭拱岸建设</td><td>5</td></tr>
<tr><td>新农村整治</td><td>5</td></tr>
<tr><td>市政府</td><td>配套杭州扶持项目</td><td>4</td></tr>
</table>

民族文化发展专项资金情况

表 25

项目负责单位	拨款单位	文化发展项目	专项金额(万元)
临安市民宗局	杭州市民宗局	《畲族山歌集》编撰	2
		畲族山歌队建设	4
太阳镇浪山村	杭州市民宗局	畲族舞蹈队建设	4

宗教工作

【概况】 2010 年，临安市有宗教活动场所 116 处，其中，佛教场所 44 处（开放寺院 5 处、固定处所 39 处），佛教僧尼 160 人；基督教场所 71 处，信众 1.5 万余人；天主教场所 1 处，信徒 130 人（见表 26）。爱国宗教团体有市佛教协会、市基督教“三自”爱国会和市基督教协会。天主教管理组织为市天主教爱国会筹备小组。

卧龙寺、昭明寺、禅源寺、福音堂、蒙恩堂、以勒堂被评为杭州市级“和谐寺观教堂”先进场所，33 家宗教活动场所通过杭州市级第二批“和谐寺观教堂”评审考核。选派宗教团体负责人 2 人到杭州师范大学参加为期一个月的培训班，选派市佛教协会会员 3 人参加杭州市佛教协会举办的宗教政策法规培训班。全市举办非通常性宗教活动 13 次（见表 27）。宗教界为玉树灾区捐款 23.78 万元,为境内欠发达乡村和儿童福利事业捐赠 4.93 万元。

【“佛之光”大型主题活动】 2010 年 7 月 13~14 日，“佛之光”大型主题活动在西天目山举行，市领导卞吉安、楼国富、裘小民、陈伟民、楼沛明以及中国佛教协会副会长觉醒法师、秘书长王健，省佛教协会有关人士出席。活动期间，开展天目山韦驮文化研讨会、韦驮殿落成庆典暨韦驮圣像开光法会、朝山礼祖等系列活动，来自全国各地的高僧、居士、社会各界人士以及当地信徒群众2000 余人参加。

全市宗教教职人员情况

表 26

教　别	佛　　教				基　督　教			天　主　教				
教　职 人　数 （人）	比丘	比丘尼	沙弥	沙弥尼	牧师	长老	传道	主教	神父	修士	修女	修生
	69	24	40	27	2	15	5	0	1	0	0	0

非通常性宗教活动情况表

表 27

名　称	时　间	活动内容	活动人数（人）
白龙寺	2010-01-16	大殿奠基	200
如龙寺	2010-01-24	大殿佛像开光	300
中山寺	2010-03-25	韦驮开光法会	300
定云寺	2010-04-11	宝钟开光	100
玉泉寺	2010-05-02	西方三圣开光	300
道山寺	2010-05-23	全堂佛像开光	200
龙门寺	2010-05-23	韦驮开光典礼	150
碧淙聚会点	2010-05-25	新堂落成典礼	150
禅源寺	2010-07-14	韦驮殿落成暨开光	5000
定云寺	2010-09-12	水陆法会	100
通径寺	2010-10-20	千手观音开光	500
慈云庵	2010-11-13	药师殿奠基	500
中山寺	2010-11-13	大佛开光	500

（陆林军）

社区工作

【概况】 锦城街道社区成立于2002年9月，由原西墅、锦西、大地等17个居委会改建成立，并按地域划分为西墅、马溪、苕溪、武肃里、新民里、文昌阁、锦桥、万马、兰岭、锦潭和浙江林学院11个社区。社区主要为辖区居民提供在册中共党员管理、计划生育、劳动保障、综合治理、民政老龄、卫生科普、文体活动、数字城管、流动人口管理等服务，重点服务对象为辖区企业退休工人、下岗失业工人、复退军人和残疾、低保等弱势人群。

2010年，城区区域面积18.38平方千米，居民住宅楼1328幢，居民住户2.91万户，城市常住人口7万余人，流动人口5万余人。社区有育龄妇女2.5万人、企业退休工人6575人、复退军人2817人、残疾人524人、低保户89户、60岁以上老年人7863人、在册中共党员1444人。

市委、市政府联合下发《关于推进和谐社区建设的若干意见》、《关于进一步深化社区共建工作的意见》、《关于加强社区工作者队伍建设的若干意见》、《关于进一步加强社区配套用房建设和使用管理的意见》、《关于印发〈临安市组织机构、工作任务、评比考核进社区申报准入制度（试行）的通知〉》、《关于强化社区工作经费保障的若干意见》6个文件，对社区组织领导、干部队伍建设、办公服务用房、工作准入、共建机制、经费保障等作出系统规定。

公开招考社区工作人员20人，社区工作人员总数67人，其中，男性10人、女性57人；中共党员43人，占64.18%；大专及以上文化程度59人，占88.06%。获助理社会工作师职称6人、社会工作师中级职称1人。市政府将市城管执法局闲置的250平方米用房调剂给新民里社区使用。实施万马社区广苑小区社会治安重点整治。

是年，锦城街道11个社区获杭州市级以上各类先进集体16项，其中，马溪社区被评为省和谐社区、省低碳示范社区、省四星级侨务先进社区，锦潭社区被评为省文明社区，新民里社区被评为省充分就业示范社区。

【国家卫生城市迎检工作】 2010年4~10月，锦城街道以“清洁临安”活动为抓手，从清洁城区和清洁乡村两个方面，开展巩固国家卫生城市复检迎检工作。成立创建工作领导小组，组建专门办公室，通过宣传动员、集中整治、专项整治、查漏补缺，建立卫生长效管理机制。迎检期间，共发送宣传短信5000余条，发放宣传画报600张、宣传折扇1.2万把，编辑《清洁锦城简报》2期；发动机关、村(居)、社区干部群众3.31万人次，清理卫生死角2931处，清运垃圾1981车，新建(修补)围墙1982米，绘制墙景7条。分别在5月、6月、10月，通过杭州市、浙江省和国家爱卫会的检查。

【创建“四无社区”活动】 2010年，锦潭社区和万马社区开展创建“四无社区”活动（即无食品药品制假售假窝点、无食品药品无证无照生产经营行为、无食品药品违法广告、无食品药品安全事故），成立创建领导小组，建立社区食品监督信息站，聘请32名食品药品监督信息员，先后开展食品安全知识宣传、上门清理家庭小药箱等活动，全面排查食品药品安全隐患。全年举办主题文艺晚会两场、食品安全图板展和设摊宣传6次，发放宣传资料2000余份。

【首届社区选举】 2010年2月，锦城街道启动首届社区党组织、社区居民委员会选举工作。在锦潭社区试点的基础上全面铺开，社区党组织采用“公推直选”方式进行选举，到6月7日，除浙江林学院社区未建立党组织外，其余10个社区党组织选举工作全部完成，选举产生社区党组织班子成员50人。社区居委会采用“自荐海选”方式选举，由每个居民小组选举代表，召开代表会议进行选举。到6月30日，11个社区居委会选举工作全部完成，推选产生居民代表730人、居民小组长350人，选举产生社区居委会班子成员55人；同时，健全居民议事委员会组织和居民小组长工作制度。

【第五届社区邻居节】 2010年9月，锦城街道举办第五届社区邻居节活动。西墅、马溪、苕溪、万马、锦潭、兰岭、新民里、武肃里、文昌阁、锦桥、浙江林学院11个社区以“安全生产进万家”为主题，相继组织开展文艺晚会、趣味体育竞赛、书画展、家常菜肴大比拼、“村居一家乐”趣味运动会、“节能环保，特色低碳”家庭评比等系列活动。《钱江晚报》、临安电视台、《今日临安》、临安新闻网等新闻媒体对该届邻居节进行报道。文昌阁社区和马溪社区分别入围杭州市第七届邻居节“最有创意社区邻居节”。

（陈卫国 薛文捷）

乡镇街道

锦城街道

【概况】 2010年，锦城街道区域面积143.1平方千米，城区面积17.6平方千米，辖17个行政村、11个居委会、11个社区。全街道总户数7.78万户，总人口20.35万人，其中，锦城街道户籍人口108753人、农村人口43996人。外来人口94505人。人口自然增长率5.58‰。耕地面积0.08万公顷，其中水田0.08万公顷。

全年实现工农业总产值90.8亿元。国税、地税收入5.65亿元,财政总收入3.57亿元，财政总支出3.54亿元。农村经济总收入126.7亿元，比上年增长16.8%；农村集体经济收入2444万元，增长6.3%；农民人均收入13145元，增长9.6%。年末银行存款余额23.3亿元，增长30.09%。

实现农业总产值2.6亿元。农作物总播种面积0.17万公顷，粮食复种面积0.09万公顷，粮食总产量5164吨。经济作物0.08万公顷，收获豆类352.5吨、薯类650.6吨、油料149.8吨、甘蔗21吨、茶叶199.3吨、笋干2113.3吨。蔬菜复种面积610.07公顷，产量2.03万吨。果园面积222.03公顷，产量5342.5吨。生猪出栏2.64万头，家禽出栏18.96万羽，肉类总产量2223.4吨，水产227.7吨。通过杭州市动物防疫规范化乡镇（街道）验收。全年发放种粮补贴57万元。落实植保代治服务面积94.4公顷，完成节本增效生态稻技术示范项目和龙马133.33公顷竹笋肥料试验项目。完成新联、胜利等村水稻和茶叶低产田改造47.33公顷。新增西墅香榧种植基地1个，新增锦城茶叶专业合作社和八百里香榧专业合作社。全年完成3586块集体山林权证宗地外业调查，迹地更新、封山育林、中幼林抚育共91公顷，四旁植树1.9万株，二次药物防治松树林608公顷，采伐木材3170立方米、毛竹9.83万支。全年生猪猪瘟、口蹄疫免疫3.33万头，高致病性猪蓝耳病免疫2.45万头，高致病性禽流感免疫12.06万羽，狂犬病免疫2794头，无害化处置病死动物722头。落实农机购置和机耕作业服务补贴30余万元，年检拖拉机190台。

实施村级重点项目77个。流转土地180公顷，复垦土地4.67公顷。上东桃子坞、竹林鸡毛坞、东湖丰林坞山塘除险加固项目，金马八脚山、集贤横山塘“百库脱险”项目和钱王铺村、横街村、青柯村“万里清水河道”项目及横街湖排堰“小农水”项目全部通过验收。上东、平山，金马、大罗等村完成道路硬化4千米，龙马村、横街村新建桥梁2座、钱王铺村、泥川村完成“千里富民林道”工程5千米。龙马村石壁自然村、上东村袁家自然村、横街村钱童自然村、民主村共投资459万元，完成杭州市新农村重点整治村创建。

全街道有企业7275家，其中工业企业1350家，从业人员3.50万人。全年实现规模以上工业总产值65.83亿元，比上年增长41.5%；规模以上工业销售产值64.94亿元，增长41.6%；工业增加值17.32亿元,增长72.2%。累计技改投入2.8亿元，新增国家重点扶持高新企业2家、省级科技型企业2家、省级企业技术研发中心2个、杭州市高新企业6家。获批国家创新基金等国家级项目6个，省重点技术创新、科技计划、重大科技专项等14个，杭州市重点技术创新、节能减排、科技攻关等项目46个。获各类专利504项，发明专利连续三年位居杭州市乡镇街道第一。新上规模工业企业15家，累计146家；新增临安市潜力企业和初创型微小企业30家。

临安科技孵化基地被认定为杭州市科技企业孵化器。浙江侨资纸业有限公司、杭州福斯特光伏材料有限公司分别被评为杭州市重点培育中小工业企业和杭州市重点骨干企业。街道万元工业增加值综合能耗0.43，同比下降30%。杭州福斯特光伏材料股份有限公司销售产值16.1亿元，同比增长281%，利润总额5.76亿元，上缴税金1.44亿元。临安矽能新材料有限公司“液体硅橡胶挤出成型新技术及应用”项目列入国家技术创新项目，获国家创新基金资助。杭州侨资纸业有限公司年产6亿片纸尿裤项目动建。

实现社会消费品零售总额29.06亿元，增长18.7%；第三产业增加值28.07亿元，增长23.88%。全年服务业固定资产投资1.7亿元，新上三产规模企业9家，新增三产项目30余个。临安森林世界特色酒店正式营业，完成生产性服务企业剥离2家。发放“家电下乡”补贴123万元。

创建杭州市文化示范村2个（钱王铺村、西墅村）。创建临安市文化示范村1个（竹林村）。创建浙江省、杭州市体育小康村2个（钱王铺村、西墅村）。《横街黄龙》列入浙江省非物质文化遗产名录，“彭祖养生文化”列入杭州市非物质文化遗产名录，“青柯鸟笼”列入临安市非物质文化遗产名录。举办锦城街道艺术教育汇报展演和流动人口计生专题文艺演出。锦城三中教学楼、实验楼的一期工程竣工，锦城文体活动中心启动建设。12月，美籍著名画家、作家刘墉偕夫人到锦城街道回龙村寻根谒祖。

申报低保户、“五保”户315户，发放低保款117.53万元；申报低保边缘户98户，发放低保边缘补助金12.80万元；申报边缘重残户132户，发放补助金38.11万元；发放困难家庭慰问金125户计6.50万元。申报中型移民扶持项目不登记到户移民村5个，工程竣工验收3个，下拨项目扶持资金24万元；安置村项目12个，通过验收，下拨项目扶持资金46万元。移民复核核减45人。发放优抚金264人计171.54万元、义务兵优待金106人计112.49万元。慰问重点优抚对象19人，发放慰问金1.10万元。复退军人困难补助19人，发放补助金1万元。

全年出生868人，征收社会抚养费

109.8万元。“春风行动”援助83户困难学生家庭，发放助学金28万元；办理新型农村合作医疗50392人、农村居民养老保险8479人；为农村低保（残废）人员办理社保补贴48人，补助金额4.75万元；办理城镇失业人员社保补助1264人，补助金额445.47万元，占全市的75%。援助特困退休职工75人、下岗职工71人、困难（特困）职工家庭46户，发放救助款23.73万元。开发岗位1260个，下岗失业灵活就业800人，困难人员就业200人，农村劳动力转移700人。

开展校园周边环境整治，安排校园安保人员50人。调解处理各类矛盾纠纷91起，受理信访、市长公开电话11件，结案率100%。投入15万元，锦城街道综治工作中心投入使用。开展劳动用工专项检查200余家，完成企业劳动用工年检1875家。

是年，锦城街道获中国全民低碳行动试点项目优秀组织奖、第七届中国（临安）森林生态博览会最佳项目奖、第七届中国（临安）森林生态博览会特别贡献奖；获浙江省生态街道、杭州市乡镇企业综合经济效益考核前10名、杭州市第四届社区居委会换届选举工作先进单位、杭州市综合治理工作中心示范街道、杭州市动物防疫规范化街道等荣誉称号。

【临安高新技术产业园建设】 2010年，临安高新技术产业园新增基础设施投入0.9亿元。陈家坞区块龙隐路1标段完成建设，2标段动工；青山湖路完成设计、立项、地质勘探等相关前期工作；服务中心大楼项目开工建设，完成工程总量30%。潘山安置小区建房全面铺开，在建农户121户；新联综合安置小区土地征用、总体规划设计、环评、地质灾害评估等基本完成。城西区块园内道路基本竣工，农户安置建房30余户；浙江飞越科技有限公司建成投产，侨资纸业一期厂房建设竣工。金马工业小区完成水保环评等前期工作，入园企业福斯特动建。是年，临安高新技术产业园被评为杭州市优秀高新技术产业园。

【临安高新技术产业园管理委员会成立】 2010年3月，经临安市政府批准，临安高新技术产业园管理委员会挂牌成立。管委会以锦城街道办事处为主体，按照“两块牌子、一套班子”的运作模式和精干、高效原则组建，下设管委会综合科、招商引资科、规划建设科、征地拆迁科四个科室。办公地点设在原青贤完小内，工作人员23人，主要承担园区规划建设、征地拆迁、项目申报和招商引资等职责。

【承办“锦城之夜”烟花大会】 2010年11月1日晚，第七届中国（临安）森林生态博览会闭幕式暨“锦城之夜”烟花大会在锦城滨湖新区举行。该项目作为第七届中国（临安）森林生态博览会15个项目之一，由锦城街道承办，市城防指挥部、市建设局、市广播电视台、市供电局等10余家部门单位配合。烟花燃放区设在青山湖滩涂上，设燃放点3个，燃放烟花总量4.8万发，其中，3寸~12寸高空礼花弹6000余发，各类艺术烟花4万余发，由浙江广益烟花燃放专业编排燃放。燃放时间为40分钟。区域设置为主席台、特邀嘉宾观赏区、嘉宾观赏区、免票观赏区和控制观赏区，现场观赏市民约5万余人。公安、武警、民兵预备役、保安等安保人员约3000人。

【启动林权制度改革】 2010年4月，锦城街道启动林权制度改革，通过宣传发动、走访调查、外业勘界、座谈会等形式，完成28个村（居）0.90万公顷集体林地所有权权属的外业勘界和边界确认，其中,集体统管山0.37万公顷、责任山0.46万公顷、自留山0.08万公顷,山林承包到户比例在70%以上有17个村，剩余11个村（居）山林承包到户的比例平均在25%左右。完成3167块集体山林权证宗地、439块插花山权证宗地确权工作，建立锦城街道林权管理信息系统。

【EVA太阳能电池胶膜生产基地动建】 2010年10月26日，浙江省重大工业项目——杭州福斯特光伏材料股份有限公司EVA太阳能电池胶膜项目动建。项目选址锦城街道金马工业小区，首期用地16.33公顷，总投资5亿元，建筑面积1.5万平方米，建设周期2.5年。建成后，将形成40条生产线，年产EVA太阳能电池胶膜8000万平方米，五年内实现销售产值50亿元。

【杭州侨资纸业有限公司扩建项目动建】 2010年5月，该项目位于城西工业区块，占地2.80公顷，总投资1.6亿元，总建筑面积5.85万平方米，建设周期两年。建成后，将成为专业研发、生产成人、宠物护理用品的企业，产品以出口为主，销日本及欧美国家。

【便民服务中心建成】 2010年7月，锦城街道便民服务中心建成，并投入使用，该中心总面积约400平方米，内设社会事务、合作医疗招投标等9个窗口，为群众提供计划生育、民政残联、劳动保障、合作医疗、村镇建设、家电下乡等便民服务24项。中心按照“一门受理、窗口运作、全程代理、承诺办结”的运作方式，实行服务内容、办事程序、申报材料、收费标准、承诺时限“五公开”。该中心全年办理服务事项7603件，发放家电下乡等惠民补贴58.36万元,受理村级招投标项目31个，增收节支150余万元。

【钱王铺村通过杭州市打造“国内最清洁城市”示范点验收】 2010年11月，锦城街道钱王铺村通过杭州市打造“国内最清洁城市”示范点验收。该村完成1千米村主干道硬化、7千米村道主线道路绿化，沿线改造45只垃圾箱（房）；新建250立方米人工湿地污水处理系统，集中纳管3000米，三格式改厕100户，新增公厕1座；扩建休闲文化广场1000平方米；完成3千米河道基础建设及生态化改造，建成清水堤坝；开展庭院整治工程，统一规划建造庭院通透式围墙；落实村卫生保洁员10人，垃圾“日产日清”。

【上东村“小村搬迁”项目动建】 2010年，上东村“小村搬迁”项目动建。该项目总投资805万元，计划将上东村杨家坪、当年坞两个偏远自然村32户132人整体搬迁至香积寺中心村，进行集中安置。3月，安置小区首批20户搬迁户新房动建，小区占地面积0.56公顷，采用一次规划、分步实施方案，按照“户型、立面、材料”三统一要求，由建筑公司统一建设，现场由户主代表统一监管。6月，启动杨家坪、当年坞两个自然村土地复垦工作，通过原宅基地、道路、竹园等统一规划、整理。10月，20户安置房主体工程结顶，总建筑面积6000余平方米。年底，完成安置房内外墙粉刷，完成土地复垦3.83公顷。

（陈卫国 薛文捷）

青山湖街道

【概况】 2010年，青山湖街道总面积66.6平方千米，辖9个行政村、1个居委会、124个村民小组。全街道总户数6775户，其中，农业户6019户；总人口19653人，其中，农业人口18431人。人口自然增长率1.54‰。有耕地面积382.6公顷，其中水田面积349.2公顷；山林面积33.4公顷。

全年实现工农业总产值219.4亿元，比上年增长77.9%；实现工业销售产值212.5亿元，增长77.9%；财政总收入5.65亿元，增长45.7%；财政总支出1.437亿元。上缴国税、地税4.73亿元。村集体经济总收入858万元，增长6%。农民人均纯收入17622元，同比增长13.2%；年末居民存款余额6.3亿元。全街道用电量4.27亿千瓦时（不包含开发区）。

全社会固定资产投资13.7亿元；实到内资13亿元，完成年度任务的130%；实到外资5667万美元，完成年度任务的141.5%。完成工业性投资12亿元，增长100 %。新增规模企业20家，规模工业产值占全市的40%，工业税金占全市的30%。坚持大项目带动，重点工业项目加快建成投产。杭塑迁扩建项目等两个项目竣工投产；四达电炉年产200套感应电炉生产线等4个项目主体工程完工；年产100千米500千伏超高压电缆项目新增土地厂房开工建设，完成老厂房改造；德谦杭重锻造有限公司扩建等3个项目前期工作基本完成。

实现农业总产值6900万元，增长9%；完成粮食种植面积278.13公顷，上报订单粮食户16户、面积63.73公顷，总产量24.05万千克。申报农业产业化项目3个，推进省级毛竹科技示范园区建设；加快推进林权证制度改革，完成外业调查5个村，完成调查面积0.2万公顷；落实毛竹低产林改造面积100公顷。

实现第三产业增加值2.5亿元，增长20%；社会消费品零售总额3.58亿元，增长18%。房地产业加快兴起，城市综合体项目完成首期26.67公顷用地的招拍挂。家电下乡补贴资金55.7万余元。

加快推进安置小区建设和管理，完成开发区道路景观绿化提升方案，安装路灯80余盏。大园新城配套工程启动。生态墓地建设覆盖面100%，“三沿五区”治理率50%以上。查处（责停）违法建设155处，强制拆除违法建筑79起，拆除面积1.06万平方米。取缔青山农贸市场周边的露天市场，建立大园路自产自销点，引导部分流动摊贩入室经营。

签订征地协议23份、青苗作物兑现协议9份，合计征地160.47公顷，完成坟墓迁移368穴。出台高层公寓安置政策，拆迁120户，大园里、老青山、石泉等区块涉及临余公路工程的房屋全部完成拆迁，确保临余公路、长西线复线、科创基地及重点工业项目有效推进。

完成青山小学三期和幼儿园二期建筑方案设计，并启动建设；中学改扩建工程全面实施；推进中心小学二期工程建设，对青山小学进行扩建。举办青山湖街道首届农民文化节。参加市十二届全民运动会，位居乡镇（街道）组第二名。青山管乐队参与“森博会”踩街活动。对全街道所有困难户送上有线电视免费使用卡。完成社区卫生服务站达标建设任务。发放各类低保金、一次性生活补助，优抚款33万余元。发放开发区长寿金65.93万元、奖学金11.62万元。15人享受开发区大病救助金。参加新型农村合作医疗保险1.73万人，前三季度办理医疗费报销465余人次，计190余万元。完成45周岁以上人群的城乡居民养老保险登记和参保工作。

【研里村创建成为精品村】 2010年，围绕全市开展“绿色家园、富丽山村”活动，按照52条考核标准，投资近1000万元，青山湖街道研里村完成精品村创建工作。共拆除危房、旧房、附房20户，计1285平方米，其中，100平方米用于重新建设，其余用于绿化和种菜。改造村道旁“赤膊强”和破旧围墙，墙体统一粉刷成白色，并勾线，形成徽派风格。房屋立面整治面积1.2万余平方米；围墙改造成为通透式，共36户，计1050米。道路实现“硬化、亮化、绿化”；彻底修复毁坏河道，设立石雕护栏2000米，建堰坝8处。卫生厕所普及率100%，新增三格式厕所200户，达标率90%。建成污水处理池两只，生活污水处理率82%。建成文化广场和周家头小公园；改造有线电视线路。种植银杏树100余株，造成“银杏之村”；整治庭院，放置盆景。完善社区服务中心建设，建成公告栏。

【举办首届农民文化节】 2010年12月30日，青山湖街道首届农民文化节暨研里村文化广场启动仪式在研里村举行。浙江日报报业集团原总编辑杨大进宣布活动启动，市委常委、宣传部部长章燕出席启动仪式并致辞。此次农民文化节历时一周，由文艺表演、广场健身舞、农民书画摄影展、戏曲晚会、精品村创建现场会、乒乓球比赛等7项活动组成。

(王杭政)

玲珑街道

【概况】 玲珑街道总面积113.72平方千米，辖16个行政村、219个村民小组。2010年，街道总户数9461户，其中，农业户8548户；总人口23971人，其中，农业人口23259人；常住外来人口2801人，流动人口9865人，人口自然增长率7.71‰。

全年实现工农业总产值108.74亿元。财政总收入1.96亿元，财政总支出1.84亿元。上缴国税、地税2.08亿元（含城建税），增长10%；农村经济总收入105.58亿元；村级集体经济总收入779万元，增长6.28%；农民人均纯收入13838元，增长11.5%。居民储蓄存款年末余额4.48亿元（仅玲珑信用社），增长33.7%。

全年实现农业总产值1.71亿元，增长7%。种植水稻891.13公顷，油菜192.48公顷，小麦90.67公顷。全街道实现低产林改造14.67公顷，迹地更新10公顷，香榧柃木、杨桐种植6.67公顷；完成0.86万公顷1776宗地的林权制度改革；新发展香榧种植1.2万株。前山村芦笋生产加工基地（临安瑞丰农业开发有限公司投资）、双源村食用菌基地（杭州鑫珑锦生物科技有限公司投资）两个建设项目基本建成。

街道有企业2309家，从业人员14079人，其中，工业企业736家，从业人员10790人。全年实现工业总产值107.02亿元；实现工业销售产值104.24亿元，增长7.1%；工业性投入7.91亿元，增长11.08%；自营出口1.51亿美元，增长35.95%；引进外资1826.78万美元，内资3.76亿元。规模企业179家，新增29家，5000万元以上企业34家，其中亿元以上企业16家。全年街道共投入基础设施建设资金超过4000万元，其中，总投资900余万元的胥高线及高坎、店基头区块杆线整网工作完成；总投资300余万元的店基头自来水安装工程竣工；总投资200余万元的临殷公路箱涵排水沟工程，解决玲珑大道与02省道交叉口积水问题。

市重点项目浙江蓝波护理用品有限公司、浙江帝龙新材料股份有限公司分别完成工业投入1.15亿元和3500万元。街道8个工业技改项目实现工业投入1.26亿元，其中浙江华顺涤纶工业有限公司年产1.2亿条（片）纸尿裤（垫）生产线技改项目投资1268万元，浙江帝龙光电材料有限公司年产500万平方米太阳能电池EVA胶膜及背层保护膜生产线技术改造项目投资2320万元。杭州恒信电气有限公司控制设备高压/低压预装式变电设备等5家企业7个产品被认定为省级新产品。森源电缆、帝龙新材、蓝波护理、灵通电缆等11家企业项目报批手续完成办理。

全年实现第三产业社会消费品零售额5.85亿元，增长16.87%；第三产业增加值2.55亿元；第三产业规模企业14家，新增3家；完成生产性脱离企业3家；现有农村连锁超市22家，实现农村连锁超市村村全覆盖。

全年街道共完成村级道路沙改油3.6千米，村道硬化6.87千米；新配垃圾收集房2座，垃圾箱8个，清运车3辆；新增厕所2座，污水处理池325立方米，种植绿化苗木4128株；基本实现村庄“户集、村收、镇运、市处理”和偏远村庄“统一收集、就地分拣、综合利用、无害化处理”的垃圾集中收集处理模式。

新增村级综合活动场所32个，添置健身器材73余套，举办、参与群众文化活动326场次，参与人数2万人次。街道有中学1所，中心小学1所，中心幼儿园1家，成人文化技术学校1所，中小学共有在校学生4089人，学前教育入园学生876人，小学、初中入学率100%。

是年，玲珑街道获浙江省第二批气象防灾减灾示范乡镇、浙江省第六批体育强镇、浙江省第三批小康型老年体育街道、杭州市特色城镇工业功能区综合考评先进单位、杭州市市级食品安全示范乡镇（街道）。

【首届全民运动会】 2010年8月29日，玲珑街道首届全民运动会在原玲珑初级中学举行。全街道行政村、企事业单位、新玲珑人、残疾人等共25支代表队计600余人参赛。运动会设排舞、篮球、乒乓球、象棋、拔河、飞镖、登玲珑山等11个比赛项目。玲珑村、上泉村、东山村分别获团体前三名，项伟军、李金萍分别获登玲珑山健身跑男女组冠军。

【正林香榧专业合作社成立】 2010年9月4日，玲珑街道高源村成立临安市正林香榧专业合作社，有注册社员110人。合作社社员香榧种植面积66.67公顷，计2.5万余株，当年产量500余千克。高源村香榧种植始于2001年,由村长张正林率先引种，集中种植在原高山村。张正林单户种植面积2.4公顷，共700余株，当年产量40千克。

【玲珑街道社区服务中心建成】 2010年10月10日，玲珑街道社区服务中心建成。该社区服务中心总投资337万元，占地面积0.6公顷，建筑面积1780平方米。配有工作人员23人,承担辖区内常见病、多发病、慢性病的诊治及儿童保健、预防接种、妇女保健等工作。

（王立伟）

锦南街道

【概况】 2010年，锦南街道总面积43.92平方千米，辖9个行政村、1个居民组。街道总户数4313户，其中，农业户4206户；总人口11597人，其中，农业人口11276人。外来人口8725人。人口自然增长率2.5‰。耕地面积287.73公顷，其中，水田249.27公顷。

全年实现工农业总产值31.62亿元，比上年增长32.7%。财政收入3275万元，财政支出2913万元。上缴国税、地税7485万元，比上年下降1.3%。农村经济总收入25.48亿元，增长4.2 %；村集体经济总收入426万元，增长10.36%；农民人均纯收入11982元，增长12.1%。年末银行存款余额1.13亿元。

全街道有企业207家，从业人员7035人。全年实现工业总产值31.04亿元，增长30.2%；工业销售产值29.8亿元，增长28.8%；实现利润1.6亿元，增长136.2%；工业性投入2.38亿元，增长27.9%；外贸出口交货值1.22亿美元，增长44.9%；自营出口交货值1.14亿美元，增长52.9%。500万元以上规模企业59家，新增10家，规模企业销售产值27.7亿元，增长32.3%，占全街道工业经济的93.1%。企业减免税收、减征社会保险费1320余万元。组织25家企业参加境内外重大会展，31家企业加入电子商务平台。完成技改投资1.5亿元。新增杭州市级以上企业研发中心2家、省级新产品3只、杭州市级名牌产品3个。4家企业通过清洁生产验收，6家企业通过ISO 9001认证。万元GDP能耗下降11.1%。

全年实现农业总产值5755万元，增长7.65%。粮食复种面积274.13公顷，粮食总产1589吨，平均亩产385千克；经济作物播种面积676.07公顷。粮经比71.1∶28.9。收获油菜子38吨、茶叶8吨、鲜笋2460吨。生猪饲养量6035头，羊年末存栏数327只，家禽年出栏3.27万羽。采伐木材820立方米，毛竹25万支。完成毛竹低产林改造82公顷。柯家、市坞两村蔬菜基地100公顷。扩种香榧5000余株，1.33公顷以上香榧种植大户10家，锦源村集体香榧基地新增种植面积6.67公顷。上甘村蔬菜专业合作社成立。完成粮种直补面积67.33公顷、小农机购买补助9325元。

街道社会消费品零售总额6287万元，第三产业增加值6349万元，新增批发零售企业1家，有连锁超市12家，规模以上服务业企业6家。新增商贸服务网点4个，“农家乐”全年接待8235人次，实现收入100余万元。

新农村建设资金3000余万元。完成市坞、柯家和上畔3个村路灯安装工程。完成锦源甘山石步岭、上甘水金坞和横岭村周家头至张家山3条林道建设。完成市坞钱坞垄口至吴越大街村道浇筑，锦源村完成甘岭道路扩建工程。上甘村水金坞水库溢洪道、锦源村深湖畈防洪堤两项扩建工程完工，完成市坞“百里堤塘”建设工程。投资758万元的柯家村城市自来水安装主体工程完工，横岭周家头自然村“千万农民饮用水”工程通过验收。投资756万元的兰锦村新农居点砌坎工程完工，完成涉及兰锦村的锦南新城征用土地和万马路延伸工程摸底调查工作。投资900万元的卦畈村商务办公大楼一期工程投入使用，二期工程完成招投标；杨岱村完成村社区服务综合大楼建设。完成卦畈村和上畔村流坑坞两个公墓山改造工程。上畔村完成村停车场建设。横岭村完成土地复垦8.93公顷，岭西省级重点整治村工程通过验收。

上甘中心学校初中部撤并到天目初中；投入250万元，建成街道中心幼儿园，通过杭州市学前教育达标乡镇验收。启动乡村卫生服务一体化管理工作，完成锦源、上甘两个村卫生站建设；建成锦源村老年活动室外活动平台。“清洁锦南”活动投入230万元，完成“创国卫”国家、省、杭州市三级复检任务。新一轮农村合作医疗参保率98%，全年办理医疗费报销709人次，计275.8万元；发放农业保险理赔金10.8万元，发放各类低保金、一次性生活补助和优抚款82.2万元。完成9个行政村4206户家庭7425个劳动力情况调查，建成“服务百姓档案”。配备行政村法律顾问8人。

是年，锦南街道被评为浙江省社区矫正“环沪护城河”工程先进集体、杭州市工会财务工作先进乡镇（街道）。

【“小王子8万吨食品生产基地项目”一期工程竣工】 2010年9月，浙江小王子食品股份有限公司“8万吨食品生产基地项目”一期工程竣工。该项目位于锦南街道杨岱村，总投资2.98亿元，占地13.33公顷，其中一期工程完成投资2.3亿元。项目投产后，公司年销售产值可达2.5亿元，是原年销售产值的3倍。

【锦南街道成立森林消防队】 2010年10月，锦南街道投资21.8万元，设立消防仓库1间，购置消防车、电动灭火器等消防器具，成立街道森林消防队。该消防队配备统一的消防服装，有队员35人，以机关干部、各村两委会成员为主。消防队成立后，扑灭山火两次。

（王云峰）

三口镇

【概况】 2010年，三口镇总面积56.3平方千米，辖6个行政村、1个居委会、74个村民小组。全镇总户数2799户，其中农业户2798户；总人口8434人，其中农业人口8218人。人口自然增长率-1.06‰。山林面积0.48万公顷；耕地面积256.67公顷，其中水田面积252.2公顷。

实现工农业总产值9.75亿元。财政总收入2559万元，其中地方财政总收入2559万元；财政总支出2088万元。上缴国税、地税1850万元。村级集体总收入178万元，比上年增长10.6%。农民人均纯收入12608万元，增长13%。年末银行存款余额（仅三口镇信用社）7100万元。

实现农业总产值1.16亿元，比上年增长9%。粮食播种面积235.67公顷，粮食总产量1759.5吨，平均亩产501千克。发放农民种粮补助资金14.2万元。粮经比44:56。奶牛年末存栏220头，生猪饲养6160头，波尔山羊饲养215只（年末存栏51只），家禽年出栏9325羽。新种香榧1.5万株，面积30公顷；“三口花桥”香榧品牌通过食品QS认证；香榧示范基地二期喷滴灌项目全面完成，面积46.67公顷；杭州市香榧科技示范园区项目批准立项。葱坑白杨梅成为注册商标。

全镇有企业111家。工业总产值8.59亿元，增长26.7%；工业销售产值8.6亿元，增长27%；规模以上工业总产值3.97亿元，增长36.5%；全社会固定资产投资1.04亿元，增长69%；外贸出口交货值846万美元。规模企业14家，当年新增3家，规模企业销售产值3.75亿元。杭州海鑫纸业有限公司完成2000余万元装饰纸技改项目。华顺塑料助剂厂引进轮胎钢丝生产线两条。百孚竹制品家具厂完成搬迁整合，并入选杭州市新锐企业品牌30强。

实现社会消费品零售总额2974万元，增长27%；第三产业增加值4568万元，增长19%。

投资580万元，完成涉及6个村的省级小流域治理工程。推进林权制度改革工作，成为全市首个除试点乡镇外通过市级全面验收的乡镇；明晰集体林地产权工作，林权证发放率95%以上。三口村（下钱）、葱坑村完成重点整治村任务，通过杭州市验收。新一轮土地利用总体规划修编工作基本完成。三口镇创建成为杭州市食品安全示范乡镇。

投资850万元，实现腾飞大街和锦南街通车；投资180万元，完成腾飞大街污水、雨水管网新建工程；投资750万元，完成白峰山整村搬迁项目，建设安置房15套。投资150余万元，完成三大线2千米路面整治和三六线3.8千米路面浇筑工程(不含路肩和涵管)；投资70.35万元，完成三六线、秋炼线等7千米路段隔离带安装工程；投资33万元，整治青草坞和烂田坞路面1300米。

投资100万元，三口镇中心幼儿园建成，并被确定为杭州市级农村规范化幼儿园。新型农村合作医疗参合率98.5%，全年报销金额178万元。1561人参加农村居民养老保险。发放低保、定补51.6万元。帮助13户困难农户落实住房，资助困难群众子女就学10人。发放家电、汽车、摩托车下乡补助资金25.65万元。投资55万元，完成敬老院（光荣院）改造，新增床位10张。培训转移农村富余劳动力100人。调处矛盾纠纷200余起，受理信访及市长公开电话26件，办结率和满意率100%。（盛燕飞）

板桥乡

【概况】 2010年，板桥乡总面积82.3平方千米，辖9个行政村、1个居委会、146个村民小组。全乡总户数6635户，其中农业户5516户；总人口19593人，其中农业人口16853人。有外来人口4931人。人口自然增长率-0.06‰。有耕地面积620.27公顷，其中水田面积495.2公顷；山林面积0.68万公顷，茶园面积233.13公顷。

全乡实现工农业总产值25.4亿元，比上年增长5.72%。财政总收入0.6亿元，其中，地方财政收入0.13亿元，预算内外财政3961万元；财政总支出3240万元。上缴国税、地税6000万元。村级集体经济总收入129万元，增长8.4%。农民人均纯收入12500元，增长10.5%。年末居民存款余额2.94亿元。全乡用电量1.94亿千瓦时。

全乡实现农业总产值2.1亿元，增长6%。粮食播种面积0.09万公顷，粮食总产量4700.6吨。收获油菜子401.5吨、茶叶223吨、鲜笋6128吨。生猪年出栏3.57万头，羊年出栏6032只，家禽年出栏20.03万羽。采伐木材3510立方米、毛竹315万支、杂竹2160吨。以灵溪甘薯合作社和群意甘薯合作社为主的甘薯基地中心面积66.67公顷，天目小香薯面积200公顷，种植农户4500余户，实现产值1300余万元，成为全市最大的小香薯种植基地。上田茶叶、牌联猕猴桃、桃园畜禽、豆川香榧、板桥樱桃、花戏香薯、灵溪草莓、环湖毛竹、如龙苋菜梗等“一村一品”现代农业发展格局更趋完善。

全乡有工业企业337家，从业人员7751人。全年实现工业产值23.3亿元，增长10.5%；工业销售产值23亿元，增长7%；工业性投入2.1亿元，增长12%；外贸出口交货值2.3亿元，自营出口3150万美元。新增规模企业8家、千万元企业5家。全乡引进企业6家，投资协议资金2亿元，实际到位内资1.03亿元、外资1396万美元。机械、建材、造纸、农产品加工、胶鞋五大主导行业进行大规模技改，技改投入资金2.1亿元。

全年洽谈招商引资项目35个，达成意向16个，完成签约7个，动工5个。在洽谈项目中，投资5000万元以上的大项目4个，协议利用内资4.2亿元，协议利用外资1650万美元。引进杭州望湖实业有限公司、大马水泥路弘运输公司、杭州盛宏机械有限公司和杭州海生橡胶制品有限公司5家企业和马来西亚杨总礼集团投资的余热发电辅助项目、浙江迪砂项目，浙江顺达集团投资的新型墙体材料项目3个项目。确定18个重点项目，其中，开工项目14个、完工项目12个、完成项目前期4个。大马水泥拆迁安置、锦利房产二期征地、康顺家政、和顺磁通扩建等项目进展顺利。实施技改企业12家，申报国家专利12项，杭州锦湖鞋业有限公司实现从增量型向质量型为主转变；杭州海龙橡胶有限公司从1条制鞋生产线升级到3条生产线。

全乡实现社会消费品零售总额4065万元，增长16.7%；第三产业增加值6924元，增长20.88%。第三产业从业人员1654人，占社会从业人员的18.2%。

实施灵溪大街路灯延伸工程，完成高湾至平峰路段2.5千米路灯安装工作。投资80万元，实施二期管网工程建设，铺设主管网5千米、支管网3.5千米。投入450万元，完成上田、板桥、如龙、灵溪4个村及污水处理厂7.5千米村道改建和油路浇筑工程。投入145万元，对如龙、桃源、板桥、豆川4个村8.2千米下放乡道安装不锈钢护栏。完成大马水泥周边农户搬迁安置地2公顷征地及土地平整工作。投入131万元，启动跨年度巴家坞水库“千库保安”工程；投入68万元，完成松毛岭、冷弯山塘“百库脱险”工程；投入56万元，完成花戏“百里堤塘”工程，修筑堤塘3千米；投入127万元，完成上田、里桃、罗塘“万里清水河道整治”工程，整治河道20.5千米。完成灵溪、上田、板桥水果种植园喷滴灌项目，建成桃源支罗里渠道，支阴坞创建成为饮用水源达标区。完成上田、桃源、花戏5千米杭州市级林道建设，完成建设用地复垦3.33公顷。

投入40万元，完成板桥中心小学教育楼整修工程；投入120万元，完成乡综合文体活动中心改建工程。板桥乡创建成为杭州市文化示范乡镇，被评为杭州市文明乡。投入233万元，建成桃源、花戏村社区服务中心，建立9个村级劳动保障站。上田、桃源村分别创建为浙江省体育小康村、杭州市文化示范村和临安市文化示范村；上田村《十八般武艺》申报成为浙江省非物质文化遗产。与浙临律师事务所签约，建立法律服务站3个和法律服务联系点6个；全面落实信访代理制和重点信访包案制，结案率100%。环湖、上田村分别创建成为浙江省文明村、杭州市文明村。

建立村级劳动保障站15个；新型农村合作医疗参保率98%；救助困难家庭267户，发放各类保障金和救助资金280万元。新增就业岗位100个，实现农村劳动力转移100人，安置困难职工6人，安置失业职工5人，累计培训1000余人次。

是年，板桥乡创建成为浙江省十小行业示范创先乡镇，获临安市工业强乡镇称号。

【上田村创建成为精品村】　2010年11月28日，上田村围绕临安市“绿色家园 富丽山村”新农村建设工作，创建成为精品村。上田村投入500余万元，完成危旧房拆迁、围墙改造、绿化、立面整治和河道整治五大工程。拆除危旧房屋65幢，计7000平方米；修筑围墙3500米，安装塑钢栅栏3000米，完成围墙粉刷2500平方米；绿化面积7700平方米；公路沿线立面整治2500平方米；河道整治5千米。花牌楼文化广场、上路里进村标志景观、芦山休闲健身场所及马安山入口景观四大节点建成。完成芦山、独龙坞3千米村道油路浇筑，加固危桥1座，建成港湾式停靠站5个，完成电气化改造，数字电视实现全村覆盖。年底，上田村精品村创建工作通过省级验收。

【村级组织换届试点工作】 2010年，根据省、杭州市统一部署，临安市在板桥乡全面开展村级组织换届试点工作。这次试点从11月中旬启动至12月25日结束。到换届选举结束，试点过程未发生群体性事件，实现组织推进平稳有序。村党组织换届选举中，村书记等9人全部一次性直选成功，党员参选率92.2%；村民委员会换届选举中，选民参选率95.1%，有妇女159人当选代表，占代表总数的34.3%，比上一届提高28.3%。通过换届试点，板桥乡9个村共选举产生党组织班子成员37人、村民委员会班子成员33人、村务（社务）监督委员会成员25人、村经济合作社社管会成员27人、妇女委员9人（其中2人交叉任职）。

（盛燕飞）

高虹镇

【概况】 高虹镇总面积113.3平方千米，下辖9个行政村。全镇总户数7496户，总人口29767人，其中，农户数4554户，农业人口14315人。有外来人口15452人。人口自然增长率2.57‰。山林面积1万公顷，耕地面积621.2公顷，其中水田546.13公顷。

全镇实现工农业生产总值50.08亿元,其中,实现工业总产值48.28亿元，增长17.36%；上缴国税、地税1.53亿元，增长15.9%。农民人均纯收入13614元，增长10.9%。全镇财政收入1.53亿元，地方财政收入3500万元；财政总支出3269万元。年末银行存款余额7亿元，全年发放贷款4.4亿元。

实现农业总产值1.8亿元，增长7.6%。全镇农作物播种面积0.16万公顷，其中,粮食播种面积569.6公顷，粮食总产量4323.3吨，经济作物播种面积0.10万公顷。收获茶叶184吨，产值1000万元；鲜笋1.65万吨,产值6931万元。生猪存栏1045头，羊存栏220只，家禽存栏1.88万羽。采伐木材2480立方米、毛竹22万株。

全镇有工业企业327家、个体工商户531家。工业规模企业64家,其中，产值上亿元企业8家，杭州宇中高虹照明电器有限公司产值11.4亿元；产值超5000万元企业13家。实现工业销售产值47.5亿元，增长17.28%；规模企业销售产值36.4亿元，增长24.1%；固定资产投资3.6亿元，增长9%；规模企业实现税金1.29亿元，增长16.2%；自营出口7016万美元，增长43.2%。宇中公司检测实验室被评定为国家认可实验室，金朝公司全自动螺旋（节能）灯管成型机列入国家火炬计划，新联公司“NEWPEAK”商标成为浙江省著名商标，钱氏公司被认定为杭州市企业技术中心。新增省、杭州市高新技术企业5家，有杭州市工业企业信息化应用示范企业3家、杭州市工业信息化应用试点企业3家。研发节能灯新产品6个、省级工业新产品6个，实施杭州市创新项目1个；获国家专利99个。高虹镇节能灯工业园区获浙江省高新技术特色产业基地，高虹镇连续第十年获临安市工业强镇。

全镇第三产业增加值1.2亿元，增长18.5；实现现代服务业总收入4亿元，同比增长18%。培育限上服务企业5家，生产性服务业企业剥离1家。巩固农村放心示范店27家、农村连锁超市11家。实施“家电下乡”和“汽车摩托车”市场工程，下发家电补贴资金6.5万元，汽车摩托车补贴资金36万元。

创建成为浙江省中心镇。新建高虹大街400米，重新铺设城镇主要道路人行道。完成水涛庄南路6千米浇筑工程，完成高后线3.62千米拓宽改建路基工程，完成长西线高虹段征地和青苗补偿工作。新增拜节移民新村、大坞弄自来水入户343户。中国建设银行高虹分行开业。

投资1000余万元，完成石路、冷坞顶、马岭3个自然村村庄整治工作，完成高乐、石门、大山3行政村农村社区建设。加快石门下山移民工程，完成前期土地平整。深化“联乡结村”工作，收到捐款240万元。

完成长溪、活山、石门等3个充分就业行政村建设，劳动保障室实现行政村全覆盖，新增就业岗位520个。企业住房公积金增至723人，新型农村合作医疗参合率98%，城乡居民养老保险参保3047人，60周岁以上享受养老金2351人。“五保”老人集中供养率98.8%，发放低保费14万元、社会救济款13万元、养老金200余万元。完成农村困难危旧房改造10户。

是年，高虹镇被评为浙江省流动人口计划生育工作先进集体、杭州市食品安全示范乡镇。

【获“中国节能电光源制造基地”称号】 (参见“工业”栏目)

【含汞废旧灯管处理工程建成】 2010年，高虹宇洁含汞固体废物处理工程在高虹镇工业功能区建成。该工程由高虹镇政府和宇中公司牵头，16家企业参与，总投资5000余万元，配置生产线5条，年处理含汞废旧灯管7500吨。当年完成第一期工程两条瑞典MRT全密封处理生产线，满足临安市范围内废旧荧光灯管处理，投资2897万元。第二期工程5条生产线全部启用后，可为周边杭、嘉、湖地区各节能灯、荧光灯管生产企业服务及更换的废旧荧光灯管集中处理，并对废旧玻璃、荧光灯粉、汞、金属、塑料等进行回收利用。这是全省首个含汞废旧灯管处理工程。

【举办中国临安首个绿色照明节】 2010年9月26日，由临安市政府牵头，高虹镇政府组织在人民广场举办全市首场中国临安绿色照明节展示会，14家节能灯企业参加。杭州宇中高虹照明电器有限公司和杭州临安新联电器工业有限公司向市教育局、市卫生局、市总工会、市民政局、市残联、湍口镇、千洪乡、新桥乡、大峡谷镇、马啸乡、清凉峰镇、横路乡赠送节能灯6万只；14家企业向全市低保户每户发放节能灯5只。开展以白炽灯换取节能灯等多项活动，向市民倡导低碳生活。

【天目山龙井茶香港推介会】 2010年4月1~4日，杭州天目山龙井茶香港推介会在香港裕华国货佐敦总店举行。该推介会由香港裕华国货有限公司、香港精艺贸易公司、临安香雪茶业有限公司联合主办。天目山龙井茶现场售价每千克1万元港元，为内地同期售价的6倍，产品供不应求；香雪茶业公司的山顶野茶售价也超过内地市场价的5倍。中国人民政治协商委员会常务委员余国春到会。

（许雪珍）

横畈镇

【概况】 2010年，横畈镇总面积72平方千米，辖10个行政村、1个居委会、161个村民小组。全镇总户数4718户，总人口15060人，其中，农业人口14313人。有外来人口4193人。人口自然增长率3‰。耕地面积0.08万公顷，其中，水田面积0.07万公顷。

全年实现国内生产总值5.98亿元，增长9.12%；工农业总产值34.83亿元，增长17%；财政总收入5905万元，其中，地方财政收入1402万元；财政总支出4724万元。全镇农村经济总收入14.90亿元，增长28.20%；农民人均收入13368元，增长9.65%。年末银行存款余额2.71亿元（仅横畈农村信用社）。

全镇有工业企业224家，职工人数7645人。实现工业总产值33.24亿元，增长17.66%；工业销售产值31.64亿元，增长14.55%，其中规模企业销售产值15亿元，同比增长19%；工业性投入15.26亿元，增长13.90%；新增规模企业9家，规模工业48%。全年完成土地征用153.33公顷，平整136.67公顷；引进项目13个，新开工建设项目8个，建成4个；申报技改项目5个，投入技改资金2000余万元。外贸出口交货值3.59万美元；完成自营出口值2500万美元，增长10%；招商引资到位内资16.48亿元，外资366.99万美元。万元GDP能耗指标下降7%，工业用电量4645万千瓦时，全年能耗控制在1万吨标煤目标内。工业功能区“先进装备制造”产业特色化初步形成，引进投资19亿元的中国涛涛集团，投资3.16亿元的浙江哈尔斯，投资2.07亿元的杭州君威，投资1.85亿元的杭州华惠阀门等11个制造业项目，协议投资总额超105亿元。其中，中国涛涛集团总年产20万辆三轮摩托车，30万辆全地形车及480万只汽车轮毂项目，为继易辰孚特（“铁牛”）项目之后落户横畈的又一个投资超10亿元项目。

全年实现农业总产值1.59亿元，增长8.20%。粮食复种面积501.4公顷，粮食总产4006吨；经济作物播种面积345.8公顷。收获茶叶155吨、蔬菜4013吨、鲜笋2.24万吨。年末生猪存栏3137头，羊存栏1294只，牛存栏26头，家禽存栏34.15万羽，蜂1005箱。采伐木材4011立方米、毛竹29万支。造林面积40公顷，抚育面积333.33公顷，封山育林面积0.17万公顷。

投资420余万元，实施“千万农民饮用水”、“万里清水河道”、“山塘除险加固”、“标准百里堤塘”等工程项目16个；创建成为杭州市示范性基层农技服务中心（站）；推进特色村建设，拆除“破、旧、危”房35处，近2000平方米；新建休闲文化公园3个，完成墙面粉刷、庭院围墙改造、景观道路布置；洪村、朗家两村完成省级重点整治村创建。

实施农民素质培训工程，举办各类技术培训12期，培训842人次；推广农业新技术，实施雷竹退化改造36.67公顷；推广高效有机生物菜竹专用配方技术，实现秋季菜竹增收50万元；推广茶叶无性系良种改造，建立推广示范基地2个计13.33公顷。完成集体林权制度改革，全镇集体林权产权明晰率83.4%；种植香榧6500株、杨桐柃木20.53公顷。

实现第三产业增加值7700万元，增长23%，社会消费品零售额1.19亿元，增长17.90%。新增连锁超市5家，总数20家；放心示范店总数26家；生猪定点屠宰场定点屠宰1.3万头。

投资400余万元，建设二期污水管网工程；投资280万元，完成路面硬化和道路维修7千米，创建成为杭州市交通道路畅通乡镇；投资250余万元，建成镇文体中心，创建成为杭州市东海明珠工程；完成镇社区卫生服务中心征地和招投标工作；投资3万元，建成计生服务中心。

全镇在校学生1053人，专职教师52人。义务教育普及率100%，学前三年幼儿入园率98.24%。完成中小学撤并。全年发放低保金30余万元。完成就业安置8人，开发岗位230个，转移农村劳动力100个，办理就业援助人员7人。推进新型农村合作医疗，参保1.25万人，参合率98%，获各类医疗补助338.4万元，其中1155人次获住院报销280余万元。继续实施危房改造工程，补助困难建房户16户，改造危房800平方米；开展住房公积金扩面工作，新增公积金缴存20人。11月18日，横畈镇青年就业创业服务中心挂牌成立，为团市委发起的第一批青年就业创业服务点。

【铁牛集团项目落户临安】 (参见“工业”栏目“工业平台建设”分目)

【长西线支线改造工程启动】 2010年5月27日，长西线支线改造工程启动。长西线是临安“一横四纵两网”公路主骨架中的关键一纵。长西线改建工程由主线和支线两部分组成，其中，主线全长26.9千米，起自余杭区径山镇，与15省道相接，经过横畈镇、高虹镇、锦城街道，至玲珑街道与02省道连接处，临安市境内21.2千米，按一级公路标准设计；支线全长9.9千米，起于横畈镇雅观村，穿越省科创基地（科技城）和临安经济开发区，经青山湖街道石亭子与02省道相接，其中，横畈段长3.2千米，涉及安村、庆南、雅观、泉口等4个行政村，按二级公路标准建设。

【横畈镇综合文化站建成】 2010年11月，投资250万元，横畈镇综合文化站建成。该文化站位于横畈镇庆林街111号，楼高5层，总建筑面积1050余平方米，其中，图书室和电子阅览室150平方米，老年人文化活动室100平方米，排练厅150平方米，青少年乒乓球等活动室100平方米，办公室、陈列室、综合活动室等用房300平方米，各个场所均对外开放。

【横畈商会成立】 2010年5月9日，横畈商会经市民政局批准成立。该会是由工商企业及非公有制实体代表人士自愿联合组成的地方性、非营利性的社会组织，接受业务主管单位临安工商业联合会、社会团体登记机关临安市民政局的业务指导与监督管理。业务范围主要有：以国家有关法律法规为准则，代表和维护会员的合法权益，及时了解会员的生产经营情况，为会员排忧解难，提供政策法规、经济信息、技术培训等有关服务，同时定期或不定期向业务主管部门汇报工作，交流信息，反映情况。首批会员单位74家，经大会推选产生理事单位24家，杭州临安形象塑业有限公司为会长单位，临安市新三联照明电器有限公司、杭州钱王服饰有限公司、杭州临安三峰实业有限公司等7家企业为副会长单位，并选举杭州临安形象塑业有限公司董事长程苗根为首任会长，林米富为秘书长。

(陈思敏)

太湖源镇

【概况】 2010年，太湖源镇总面积240.4平方千米，辖4个居民小组、20个行政村。全镇总户数11451户，其中，农业10303户；总人口32513人，其中，农业人口31537人。有外来人口2859人。人口自然增长率0.7‰。有耕地面积1862.87公顷；山林面积1.87万公顷，其中，公益林0.88万公顷,森林覆盖率80%。

全镇实现工农业总产值56.2亿元。财政总收入9208万元，增长40%；预算内财政2300万元；财政总支出3240万元。上缴国税、地税8000万元。农村经济总收入92.3亿元；村级集体经济总收入826万元，增长10.1%；农民人均纯收入14145元，增长13%。年末银行存款3.13亿元，增长27.3%。全镇用电量3876万千瓦时。

全镇实现工业销售产值50.3亿元，增长25.8%，其中，规模以上企业销售产值24亿元，增长42.3%。有规模企业78家，新培育规模企业16家。规模以上高新技术企业销售产值13.5亿元，增长53.7%；规模企业实缴税金6305万元，利润总额1.84亿元，分别增长60.8%和174.2%；自营出口1800万美元，增长41.6%。规模以上企业能源消费总量控制在1.28万吨标煤以内，完成市政府下达的节能减排任务。

工业功能区内完成基础设施投资4500万元、固定资产投资1.8亿元。青云工业平台一期工程基础设施基本完成，2家企业投入生产，3家企业动工建设。杨岭工业平台实行通信管网空改地工程，2家企业投产，4家企业在建。引进内资项目4个、外资项目1个，实到内资1.67亿元，实到外资350万美元，分别完成年度任务的128.7%和100%。其中，引进省电力局输变电工程项目资金2041万元、浙江传化集团收购天松新材料公司资金8173万元、圣牛公司太阳能和空气能热水器项目资金1320万元、普达海太湖源动漫文化创意产业园项目资金5200万元，台湾天朗照明科技有限公司实到350万美元。实施工业重点项目5个，其中，玖久袜业扩建年产3000万双袜子生产线技改项目完成设备安装，博思特年产240万张浸胶纸生产线技改项目投入生产，鑫富药业年产2.5万吨无尘纸项目进入主体厂房建设阶段，菜篮子公司万吨高品质竹笋精加工项目投产，生态种养殖示范基地完成规划，圣牛公司太阳能和空气能热水器项目一期工程全部投产，二期厂房正在报批。

实现农业总产值4.1亿元，粮食复种面积1089.8公顷，粮食产量6210吨。粮经比37:63。水果产量3638.4吨、茶叶产量267吨、鲜笋产量3.5万吨。完成村级生活污水处理工程7个，农村污水处理覆盖20个自然村。完成低产田改造、低产茶园改造、退化雷竹改造和雷竹示范园区建设农业项目4个。举办竹林土壤生态修复、高品质竹笋测土配方施肥、病虫害防治、茶叶、山核桃、香榧生态高效栽培技术、“农家乐”管理等农民实用技术培训21期，培训1773人次。

建设林道8千米，其中杭州市级林道4千米。实施“百库除险加固”、“万里清水河道”治理、“百里标准堤坝”治理、小流域治理、竹笋喷滴灌工程和水土保持项目等水利项目20个。完成“绿色家园富丽山村”南庄精品村建设首期任务，创建省级待整治村3个、杭州市级待整治村4个、杭州市级小康示范村1个、杭州市和临安市级生态文明村各1个，建成农村社区服务中心5个。创建省级平安农机村1个、杭州市级平安农机村4个，太湖源镇被评为省级平安农机乡镇。

全社会固定资产投资3.26亿元，其中，工业性投入2.93亿元；社会消费品零售总额2.28亿元。实现服务业增加值1.73亿元，增长24.59%。培育限上服务企业1家，剥离生产性服务企业1家。三大景区接待游客60万人次，门票收入2000万元；“农家乐”接待游客33万人次，经营总收入1900万元。太湖源动漫文化创意产业园完成系列报批手续和一期20.67公顷土地出让供地工作，进场施工。太湖源景区列入首批省级非物质文化遗产，东天目山景区创国家AAAA级景区通过省级验收，举办“保护生态 万鸟放飞”和“国际旅游小姐溯瀑赛”等活动。

农贸市场完成整体搬迁，在市场原址结合青云古桥保护改造工程，建成一座中心休闲公园。镇区道路美化、洁化、亮化工程全面完成。污水处理厂日处理污水能力达到700吨。投资100万元，对青溪大街污水管网进行雨、污分流，镇区全部纳入污水处理厂收集范围。投资1100万元，完成佃村桥、老鼠桥和众社桥改建，并对东观线公路二期、水龙线公路、横里线公路、碧淙村道、上徐村道等进行修筑。

举办玲珑片农村文艺精品汇演和“红歌唱响横徐明天”文艺汇演。培育南庄霸王鼓队、东天目茶花灯队、白沙鳌鱼灯队、众社畲族龙舞队、举足马灯队等基层文化团队。参加第十二届临安市全民运动会，获团体总分第一名、金牌总数第一名。完成临目教学点撤并工作。完成东天目卫生院改造提升。

征收社会抚养费13.9万元，征收率100%。开发就业岗位470个，实现农村劳动力转移就业300人，创建充分就业村7个，村级劳动保障室实现全覆盖，全镇劳动年龄段人员就业率98.3%。全面推行农村居民养老保险制度，参保人员实现全覆盖，新型农村合作医疗参合率98%以上，补助金额635.4万元。发放优抚定补、低保、集中供养、残联老龄等民政救助金300余万元。调处各类矛盾纠纷792起，调解成功率98.5%。

【南庄村创建成为精品村】 2010年，南庄村围绕临安市“绿色家园、富丽山村”新农村建设工作，创建成为精品村。南庄村总面积12.1平方千米，下辖村民小组28个计2147人，雷竹是全村主导产业。南庄村人文历史悠久，文化底蕴深厚，是唐朝末年义胜军节度使董昌的故里，村口的“四贤”古桥相传就是董家所造，南庄村提出“董昌故里、水墨南庄”创建口号。投资800万元，对村内进行集中美化整治，粉刷外墙，改造道路，增设路灯，实施绿化等；拆除危旧房60余幢，浇筑水泥路5000余平方米；完成农村改厕、新能源使用等工程；组建腰鼓队、篮球队、健身舞蹈队、歌唱队、越剧队等村民文娱组织。南庄村获杭州市科普文明示范村、杭州市卫生村、临安市文明村等称号。

【培训“农家乐”从业人员】 2010年，由市农办牵头，太湖源镇针对各村“农家乐”的发展特色，对临目、东天目地区的“农家乐”从业人员进行全方面的技能培训。培训内容有烹饪、礼仪、原料制作和旅游服务等，邀请“农家乐”资深人士授课，培训后由市劳动和社会保障局组织考试，通过考试可取得上岗许可证。全年组织培训4期，计550余人次。全镇有“农家乐”178户、床位6000余张、餐位1.6万余个、从业人员1000余人。

（马晓璐）

於潜镇

【概况】 2010年,於潜镇总面积197.7平方千米，其中，建成区7平方千米，辖26个行政村、1个居委会。全镇总户数16707户，其中，农业户11727户；总人口49354人，其中，农业人口35277人。有外来人口6316人。人口自然增长率-2.2‰。耕地面积0.17万公顷，其中，水田0.16万公顷。

全年实现工业销售产值32.1亿元，比上年增长9.2%；规模企业销售产值10.8亿元，增长31.1%；工业性投入1.93亿元，增长53.6%；规上高新技术销售产值1.58亿元，增长29.6%；自营出口291万元，增长4.3%。实现财政收入5700万元，增长22.8%，其中，国税3450万元，增长19%；地税2250万元，增长50%。年末银行存款余额1248.9万元。

工业销售产值32.1亿元，首次突破30亿元；规模企业销售产值10.8亿元，首次突破10亿元；规模以上高新技术销售产值1.58亿元。工业性投入1.93亿元，增长50%；自营出口291万元。综合能耗1.56万吨标准煤，低于考核指标。引进内资1.26亿元，完成全年招商任务的105%。新上2亿元企业1家，新上亿元企业1家，新增规模企业13家。完成标准化体系、计量体系、ISO 9001体系、HACCP和GMP认证等各类认证10余项，创国家名牌产品1个、省级著名商标1个、杭州市名牌产品1个。

实现农业总产值3.48亿元,增长7%。粮食播种面积完成0.08万公顷，粮食总产量5484吨，平均亩产465千克。粮经比24∶76。竹笋产量1.66万吨，产值9000万元；蚕茧产量738.15吨，产值2443万元；年内出栏生猪5.33万头、羊836头、鸡8.61万只、鸭1.42万只。实施雄鹰现代农业科技园项目推进工作，创建横鑫千亩省级水果基地，完成牛上等5个杭州市级水果、中低产田改造和畜牧示范村项目，创建杭州市动物防疫示范乡镇，完成5个畜牧治污项目建设。完成毛竹低产林改造15.33公顷，改造退化雷竹200公顷，香榧种植8000株，发展无性系茶叶23.33公顷，改造40公顷。昔口村通过精品村验收。

实现社会消费品零售总额7.1亿元，增长23%。完成家电补贴3352户，计91.47万元；汽车摩托车补贴636户，计125.37万元。

举办“和谐於潜”元宵灯会，承办临安市生育文明文艺汇演；组织参加临安市钱王文化艺术节暨第二届排舞大赛，获二等奖。於潜镇文体广场启用，便民服务中心迁建，於潜镇文体站通过验收，敬老院体制改革完成。学校硬件设施建设投入200万元。落实城乡低保447户，发放低保金200余万元；争取移民扶持项目24个，扶持资金82万元；发放退伍军人定期补助300余万元，资助困难大学生20余万元。创建农村社区6个，其中，民幸村被推荐为杭州市示范社区；创建杭州市示范生态墓1个（古竺村)。

是年，於潜镇被评为浙江省行风建设先进单位。

【农村信息化综合服务平台建成】 2010年4月6日，於潜镇农村信息化综合服务平台建成并投入使用。该网站采用“三纵一横、内外并行”建设思路，纵向集政务总网、商务总网、服务总网为一体，横向发展於潜镇综合信息服务平台。对外，把基层政务、农村电子商务及其他信息服务，经过资源整合，构建一个为“农村、农业、农民”提供“政务、商务、服务”三位一体的农村综合信息服务互联网平台；对内，构建26个行政村的基层政务管理系统，即村务内网管理系统，管理内容涉及各村常住人口、外来人口、党员和流动党员管理、社会保障等。

【欧特福生活购物中心开业】 2010年1月28日，於潜欧特福生活购物中心开业。该购物中心集农贸市场和大型综合超市于一体，位于於潜镇潜阳路333号，单层，总建筑面积近2000平方米，总投资1000余万元，有员工35人。

【"和谐於潜"元宵灯会】 2010年2月28日，於潜镇举办"和谐於潜"元宵灯会，来自於潜镇、锦城街道、太湖源镇、潜川镇、乐平乡、昌化镇等全市各地的13支灯队参加，表演《钱王点兵》、《逗新娘》、《龙腾江海》、《化龙》、《什锦狮子》等节目，并举行踩街活动，观众万余人。

【昔口村成为精品村】 2010年，围绕全市开展"绿色家园、富丽山村"活动，按照52条考核标准，昔口村投资600万元，创建成为精品村。该村通过实施"绿色新环境打造、绿色新产业提升、绿色新社区建设和绿色新文化培育"四大工程，拆除"三房"172栋，面积9000余平方米，腾出空地6000余平方米，完成通透围墙建设2100余米、竹篱笆800余米，房屋立面粉刷1万平方米，完成村主干道拓宽、文体广场、小公园和防洪堤等创建项目。

（赖旭玲）

太阳镇

【概况】 2010年，太阳镇总面积119.6平方千米，辖11个行政村（其中少数民族村2个）、251个村民小组。全镇总户数5696户，其中农业户5661户；总人口16809人，其中农业人口16733人。外来人口717人。人口自然增长率2‰。有耕地面积0.08万公顷，其中，水田0.07万公顷、旱地88.87公顷。

全镇实现工业销售产值24.6亿元，同比增长8.4%；实现农业总产值1.45亿元，增长8%；第三产业增加值8945万元，增长21.2%；社会消费品零售总额7106万元，增长16.7%；财政总收入1876.38万元，财政总支出2379.51万元；上缴国税、地税2485万元。村级集体经济总收入454万元；农民人均纯收入1.29万元，增长10%。年末银行存款余额1.45亿元。

全镇有企业552家，从业人员5239人。实现工业销售产值24.6亿元，增长8.4%，其中，规模以上工业销售产值8.45亿元，增长14 %；规模以上工业增加值实现2.06亿元，增长5.1%。完成工业性投资1.1亿元，其中限额以上工业性投资0.86亿元。新增规模企业5家，涵盖五金工具、纸业和汽车配件三大行业。完成招商引资项目13个（其中2个为增资项目），到位资金1.13万元，完成任务140.9%。完成技改项目2个，开发省级新产品1个，新增规模企业5家，新增1家限上服务业企业。申报新型实用专利9项、包装专利2项、五金工具实用和外观专利10项，其中，通过审批15项。获省级工业新产品认定1项，完成杭州市适度发展新型重化工业项目1个，通过ISO 9000系列标准认证4个，通过杭州市企业技术中心认定1家。太阳工具有限公司收购国内知名商标——"劳动牌"；东方公司通过国家级高新技术企业验收，实现国家级高新技术企业零突破。

建成全市首家省级机械化育秧中心，拥有育秧工作间200余平方米、育秧流水线2条，供秧能力200公顷以上。签订土地流转合同851份，土地流转面积248.13公顷，其中，连片流转0.67公顷以上有180公顷，规模经营3.33公顷以上有133.33公顷，机插机收面积156.47公顷，统防统治面积168.73公顷，油菜机收面积26.4公顷。

实施涉农项目69个，其中，全国小型农田水利重点县建设项目4个、省级规模养殖场污染治理项目15个、杭州市级规模养殖场污染治理项目2个，11个水利项目、16个林业项目、4个交通项目通过验收。完成农田沟渠浇筑工程3700余米、林道建设28千米。省级现代农业综合区正式立项，浪山生猪生态养殖小区和大地生猪生态养殖场被列为特色农业精品园，斑竹寿星鸡放养场被列为杭州市循环牧业示范场。举办各类实用技术培训10期、劳动力转移培训3期，培训1900余人；新增来料加工点3个，吸收妇女就业120人。新建杭州市、临安市规范化合作社各1个。

完成横麻线太阳段4千米大中修、太阳大街改造和西延建设项目；完成农村电气化整治村4个，实现电气化村全覆盖；完成桃源溪村、大地村、双庙村、上庄村、太源村规划编制工作。审批建房170幢，拆除违章建筑120平方米。新增绿化面积0.23公顷、路灯60盏，硬化道路7.5万平方米，新建桥梁2座。投资160万元，修建防洪堤2座，治理河道4处；造田造地10公顷。5个省级重点整治村通过浙江省、杭州市级验收。

实施15个省级、2个杭州市级规模养殖场污染治理项目，实现规模养殖户污染治理全覆盖。完成杭州市“1250”污水治理工程2个、改厕项目4个。建立“户收、村集、镇运”等长效管理机制，实现垃圾日产日清。严格执行环保准入制度，新建、扩建、改建工业项目环评执行率100%，实施清洁生产项目企业6家。

举办太阳庙会。家电下乡、汽车下乡补贴114万元。完成太阳初中撤并和太阳小学搬迁，完成中心幼儿园改扩建工程。送文化、送电影、送戏进村入企52场。浪山村被列入杭州市文化示范村，景村村被列入临安市文化示范村；枫树岭村创建成为民族团结进步小康村。大地村张氏中风康复疗法被列为临安市非物质文化遗产保护项目。建成村社区服务中心4个，总数8个。完成景村分站改建、双庙分站新建及太源、浪山、锦坑桥卫生服务室改建工程，基本构建三级医疗服务体系。完成下太阳自然村数字电视改造试点工程。村级劳动保障室实现全覆盖。实施困难户危房改造29户，纳入农村低保77户153人；“五保”供养33人。参加城乡居民社会养老保险4227人，参加新型农村合作医疗13728人，参合率98%以上。发放各类困难补助资金52余万元。

是年，太阳镇获浙江省基层低保规范化建设示范乡镇、杭州市新农村建设示范乡镇、杭州市土地承包经营权流转“十佳”乡镇、杭州市社会治安综合治理工作示范乡镇、杭州市基层信访和“12345”先进单位、杭州市国防动员工作先进单位等荣誉称号，创建成为杭州市“十小”行业质量安全“特色镇街”示范乡镇。

【建立跨乡镇行业工资集体协商制度】 2010年8月，太阳镇牵头建立涉及太阳镇、於潜镇、藻溪镇五金工具行业职工工资集体协商制度。由于没有约束性的五金工具行业工资标准，企业为谋求自身发展，通过提高工资的办法吸引熟练工人跳槽的情况比较普遍，造成企业之间无序竞争，不利于行业发展。在市总工会的协助下，临安市五金工具行业协会和临安市五金工具行业工会联合会分别代表企业和职工开展行业工资集体协商，建立行业工资集体协商制度。五金行业工资集体协商推广工作主要范围是生产五金工具的两道主要工序和18个规格产品的生产工价，企业实行综合计算工时工作制，根据协议工资，按时发放职工工资，不低于每月1000元。召开五金行业首届职工代表大会，职工工会代表与企业方签订《五金工具行业职工工资集体协商协议书》。该制度实施后，企业劳资纠纷明显下降。

【临安龙凤表演艺术团赴德国演出】 （参见“文化”栏目“群众文化”分目）

（郑爱芬）

藻溪镇

【概况】 2010年，藻溪镇总面积111平方千米，辖12个行政村、1个居民组。全镇总户数7523户，其中，农业户6844户；总人口20587人，其中，农业人口19794人。耕地面积0.11万公顷，其中，水田0.10万公顷，旱地0.01万公顷；林地面积0.85万公顷。森林覆盖率77.3%。

实现工农业总产值23.89亿元，比上年增长11.4%；财政总收入2500万元，增长19.2%，其中地税1055.5万元，增长67.9%。全镇社会消费品销售总额8220万元，增长16.8%；第三产业增加值8506万元，增长21.9%。农村经济总收入19.5亿元，增长20%；村级集体经济总收入742万元，增长10.1%；农民人均纯收入1.22万元，增长14%。年末银行存款余额13.28亿元。

实现农业总产值1.8亿元，增长8.8%。农作物种植面积0.21万公顷，粮食总产量6851吨。经济作物播种面积0.23万公顷，收获油菜子535吨、茶叶204吨；竹笋面积0.27万公顷，鲜笋产量1.15万吨，产值6433万元；种植花卉苗木206.67公顷。饲养生猪1.7万头，年末羊存栏1425只，家禽出栏2.1万羽。

全镇有企业778家，其中，规模企业28家，主要分布在纺织印染、造纸、电缆、服装、塑料制品等行业。实现工业销售产值22.09亿元，增长16.3%。规模企业实现销售产值7.3亿元，增长23.8%；完成税收1230万元；增加值1亿元，增长27.2 %。新增企业12家，其中规模企业5家；引进企业6家，到位内资1.15亿元,增长102.8%。

新增土地流转53.33公顷，涉及农户973户；投资48万元，利用低丘缓坡种植香榧8000株；投资30万元，完成观音塘、黄坞里山塘“百库脱险”工程；完成闽坞村、亭口村、横塘村共6.2千米的“万里清水河道”工程；投资50万元，完成河道清淤10千米，修筑两岸堤防2千米，完成清淤2万立方米。发展低收入农户产业项目3个，带动190户农户增收；成立肇村村生猪养殖专业合作社、对石粮食专业合作社、闽坞水洋红小番薯专业合作社、严家深山果蔬专业合作社；投资450万元，完成闽坞村“绿色家园 富丽山村”精品村创建工作。

落实低保户239户，计593人，发放低保金79.9万元；发放低保边缘一级、二级重残生活补助金25.3万元；发放助医、助学资金14.7万元；落实移民村项目24个，发放移民直补资金118.92万元；发放复员军人定补57.34万元；成立农村“五保”供养服务中心。

投资120万元，完成镇文体中心改建；新建休闲公园3处，新增健身器材4套；创建浙江省小康体育村1个、杭州市文明村1个、临安市文明村1个、临安市文化示范村2个、杭州市文化示范户2户。召开工会第一次代表大会，选举产生藻溪镇工会第一届委员会和经济审查委员会。

是年，藻溪镇获杭州市级文化示范乡镇、杭州市食品安全示范乡镇、临安市基层党风廉政建设先进集体等荣誉。

【天目丝绸印染厂改建项目启动】 2010年7月5日，江苏省吴江市新旺纺织品有限公司整体兼并杭州临安天目丝绸印染厂签约暨交接仪式在藻溪镇举行。新旺纺织品有限公司与藻溪镇政府签订落户协议，与杭州临安天目丝绸印染厂签订兼并协议。新旺纺织品有限公司选择轻纺业基地相对较好的藻溪镇作为新的投资点，计划投资8000万元，对杭州临安天目丝绸印染厂厂区进行规划和建设。

【藻溪镇基本农田保护示范区通过验收】 藻溪镇是临安市惟一的浙江省基本农田保护示范区建设乡镇。2010年，藻溪镇划定基本农田470块，基本农田保护区总面积0.17万公顷，基本农田面积0.16万公顷，农保率99.42%。通过镇、村两级努力，完成埋设大型保护标志牌和界桩、签订基本农田保护责任状及基本农田落实到户等工作，年底通过验收。

(胡婷婷)

西天目乡

【概况】 2010年，西天目乡总面积130.8平方千米，辖11个行政村、160个村民小组、1个居民组。全乡总户数5159户，总人口13929人，其中农业人口13548人。有外来人口94人。人口自然增长率1.4‰。山林面积1.1万公顷；耕地面积0.07万公顷，其中水田589.93公顷。

全乡实现工业总产值9.45亿元，同比增长20%；工业销售产值9.21亿元，增长18.6%，其中,规模以上企业实现销售产值4.05亿元，增长38.8%；实现出口产品交货值72.4万元，增长24%。财政总收入2218.6万元，增长61.6%，其中,地税收入1249.8万元，增长114.3%。农民人均纯收入12828元，增长13.18%。

临安天顺汽车零部件有限公司5000平方米新厂房建成投产。新增规模企业2家，分别是临安中兴防水材料有限公司和临安铸锻有限公司。

实现农业总产值2.50亿元。粮食复种面积335.07公顷，总产量2154吨，平均亩产429千克；经济作物播种面积0.08万公顷。收获油菜子119吨、茶叶16吨。菜竹园面积0.17万公顷，鲜笋产量1.57万吨，笋干竹林0.38万公顷，总产量1570吨。生猪饲养量1653头，家禽年出栏1.48万羽。采伐木材1000立方米、毛竹6万根、杂竹8600吨。实施西关溪流域综合治理工程，天目溪漂流项目和流水山庄项目征地工作基本完成。完成15千米的“万里清水河道”工程，完成6.3千米“富民林道”建设，完成武山、徐村、月亮桥、门口4座山塘水库除险整治。天目村创建成为杭州市级生态文明示范村和省级小康体育村，徐村村创建成为临安市级生态文明示范村，武山村创建成为杭州市生态村，月亮桥村创建成为临安市级文化示范村。月亮桥村启动“精品村”创建工程，告岭村启动东关大塘“高山移民”项目工程。

全年第三产业就业人数2315人，占实有劳动力的30%。新增农村放心示范店1家，共14家。全年接待游客量达38万余人次，两大景区门票收入1980万元，营业收入2300万元，增长9%。天目世界、月亮湾大酒店、清泉居农家公寓、流水山庄等项目签约。开展“农家乐”高级培训，组建天目山“农家乐”产业协会。

天目山农民艺术团文化下村54次。组建全市首支“绿色家园、富丽山村”村级志愿者总队。乡卫生院主体楼结顶，月亮桥村社区卫生服务站启用。农村新型合作医疗参保11745人，参保率86.9%。家电下乡、汽车下乡等惠民工程有序推进。

家电申请补助418批次，补助资金9.20万元。汽车申报补助129辆次，补助金额32.27万元。

【西天目乡综合文化站建成】 2010年3月，西天目乡政府投资100余万元，把位于徐村村山边1号的原西天目初级中学教学楼改建成综合文化站，同时，新建篮球场、门球场、健身场所等一批农村文化基础设施项目。乡综合文化站占地面积6000平方米，建筑面积3670平方米，内设多功能活动厅、图书阅览室、信息资源共享室、科技培训室、音乐舞蹈室等。

【天目村成为特色村】 2010年初，天目村开展创建“绿色家园、富丽山村”特色村工作。浇注水泥路面2000余平方米，安装标准路灯10盏，绿化、美化村口空地200余平方米，拆除房屋面积1350平方米，建成室内健身场馆和标准篮球场共550平方米，实行图书阅览室全天候对外开放，在入村口新建休闲小公园、指示牌与导引图，统一“农家乐”广告牌，在藻天线沿线设立“大树型”垃圾桶。年底，天目村特色村工作通过临安市政府验收，成为临安市“绿色家园、富丽山村”特色村。

（张芝铃）

千洪乡

【概况】 2010年，千洪乡总面积63.5平方千米，辖4个行政村、85个村民小组。全乡总户数2069户，其中农业户2057户；总人口6485人，其中农业人口6295人。耕地面积363.33公顷，其中水田面积281.27公顷；山林面积5515.93公顷。森林覆盖率90%。

全乡工农业总产值4.7亿元，比上年增长9.6%。预算内财政收入399.87万元，其中，地方财政收入253万元，财政预算内总支出500万元。村级集体经济总收入292万元，增长59.6%。农民人均纯收入14833元，增长14.1%。年末银行存款余额3779万元。

全乡有工业企业49家，其中，500万元以上规模企业5家、中外合资企业1家，从业人员470人。实现工业销售产值4.12亿元，增长22.59%；自营出口值213万美元，增长166.25%；利润758万元，增长303.19%；税金531万元，增长169.54%。工业性投入2600万元，增长259.9%。

宣纸、雷竹、杨桐叶是千洪乡生态特色经济的主导产业。全乡有书画宣纸生产企业4家，年销售产值3900万元；竹笋加工企业6家，年销售产值1.23亿元；杨桐叶采摘加工企业5家，年销售产值3490万元；水力发电企业1家，总装机容量1820千瓦，年发电量580万千瓦时。

实现农业总产值5793万元，增长13%。年产雷笋4300吨，加工生产笋干351吨，产值3160万元；杨桐叶采摘加工产值1500万元；山核桃产量180吨，产值130万元。生猪饲养量3600头。采伐木材2200立方米。

竹林套种杨桐13.33公顷，利用低丘缓坡种植覆盆子10公顷、山核桃40公顷、香榧8公顷。投资35万元，完成里峰水库、半山坞山塘“百库除险”工程；投资18万元，完成杨洪村“万里清水河道”工程7.5千米。退化雷竹深翻、加土改造113.33公顷，冬竹覆盖60公顷。造田造地25.33公顷。

全乡社会消费品零售总额1475万元，增长17.2%。推进家电下乡活动，财政补助金额22万元。新型农村合作医疗普及率98%，参合人数6170人。职工工伤保险全覆盖，参保280人；落实各类低保户112个、一般困难户22个、重度残疾人21个，发放救济金15万元；敬老院集中供养4人，分散供养1人；落实帮扶结对141户，助学补助15人，发放助学救助金5.3万元。

新农村建设整乡推进，全乡新增健身苑点12个、标准篮球场2个、门球场1个、室外乒乓球桌3套。农户新建楼房61幢，安装三格式化粪池75套，“清洁乡村”工作纳入长效管理。完成7.8千米凌龙线泗洲段道路大修和5.1千米千洪西天目联结公路建设。乡综治中心、中心幼儿园、社区服务中心、计生服务中心大修竣工并投入使用，总投资180万元。

举办科技科普培训12次，参加750人次；农民素质培训参加1350人次。继续实施八都溪（丰陵溪）全面禁渔。

是年，千洪乡通过省、杭州市级体育强乡镇验收。

（郑明曙）

横路乡

【概况】 2010年，横路乡总面积85.7平方千米，辖7个行政村、1个居民组、141个村民小组。全乡总户数3272户，其中，农业户3255户；总人口10497人，其中，农业人口10232人。人口自然增长率-1.2‰。山林面积0.69公顷，耕地面积382.47公顷，其中，水田326.93公顷。

全乡实现财政总收入1099.62万元，财政总支出1464.49万元。实现工业销售产值2.31万元，增长8%；上缴国税、地税214.08万元，增长43.7%。第三产业增加值2093万元，增长22.39%；社会消费品零售额2569万元，增长13.9%。社会固定投资1814万元，增长2%。实现农村经济总收入6.87万元，增长13.5%；村级集体经济总收入218万元，增长16.6%；农民人均纯收入1.07万元，增长8.3%。年末银行存款余额5723万元。

实现农业总产值1.08亿元，增长8.5%；粮食播种面积223.33公顷，粮食总产1021吨，平均亩产305千克，粮经比25:75。收获茶叶12吨、鲜笋2213吨，制作笋干286吨。生猪饲养年出栏2104头，家禽年出栏8630羽。采伐木材1135立方米、毛竹5万支。全乡山核桃种植面积0.30公顷，产量1086吨，仅山核桃一项，农民人均收入5800余元。花卉苗木培育面积88.27公顷，销售产值1737万元，竹笋销售产值907万元。山核桃采收白露统一开竿，连续7年保持零死亡。

完成106.67公顷省级山核桃生态园区建设，硬化林道2.5千米，新开采收便道35千米，硬化采收便道10千米，修建蓄水池60个，套种杨桐20公顷，撒播草籽250千克。实施“千里富民林道”工程建设任务，改建拓宽林道2.5千米，新建林道17千米；完成333.33公顷山核桃林地水土流失治理工程、杨桐基地和香榧基地建设、省级生态公益林增扩项目、谢家桥村森林可持续发展项目。完成集体林权制度改革工作，明晰产权面积0.57公顷，明晰产权率90%，其中，发证面积0.54公顷，发证率85%。虞溪山区中低产田改造项目启动。

完成“万里清水河道”工程8千米，整治“百库脱险”小山塘2座；完成大溪坞龙门岭、武村、鹤里、登村宅基地复垦工作，完成杭州市级集体经济增收项目，完成谢家桥村“绿色家园、富丽山村”特色村创建工作；完成低收入农户产业发展项目，完成危旧房改造11户。建立清洁乡村长效保洁管理机制，垃圾中转站进入正常运作机制，建立集镇建筑垃圾集中填埋点。完成大溪坞村、鹤里村、武村村、横路村改水改厕工作。

完成省、杭州市级体育强乡创建工作；举办乡首届全民健身运动会。横路小学配备多媒体教室12个，开设学生营养午餐，改善学生就餐条件；投入70万元，扩建横路幼儿园。完成乡敬老院撤并和鹤里村杭州市级生态墓地的验收，完成乡卫生服务中心建设，完成集镇生活污水处理工程主体工程和一期主管网铺设，登村村社区服务中心大楼建成。新型农村合作医疗保险参保8658人，参保率98 %；城乡居民社会养老保险参保4726人。办理家电补贴7.93万元，汽车摩托车补贴14.96万元。结对慰问困难户18户，为80户低保户开展“送清凉帮扶”活动。

农业专业技能人员培训308人，富余劳动力培训69人，妇女培训34人，农村实用人才培训36人，转移就业72人。新增来料加工点5个，吸收妇女就业225人。

（陈　柯）

潜川镇

【概况】 2010年，潜川镇总面积128.76平方千米，辖10个行政村、241个村民小组。全镇总户数5151户，其中，农业户4823户；总人口14820人，其中，农业人口14402人。有耕地面积428公顷，其中水田面积363.33公顷；山林面积1.11万公顷。

实现工农业总产值13.76亿元，比上年增长9.2%；财政总收入1724万元，其中，地方财政收入927.3元，财政预算内支出1150万元。村级集体经济总收入801万元，增长7.23%；农民人均纯收入11081元，增长15.58%。年末银行存款余额1.46亿元，增长24%。

实现农业总产值1.95亿元，增长9.2%。粮食复种面积422.13公顷，粮食总产2039吨，平均亩产340千克。经济作物播种面积0.10万公顷。收获茶叶116吨、笋干438吨、板栗430吨、山核桃49吨、水果3402吨；蚕种饲养量7980张，蚕茧381吨；有花卉苗木48公顷。生猪饲养量7.35万头，生猪出栏5.78万头；家禽存栏1.22万羽，家禽出栏2.43万羽。采伐木材4000立方米、毛竹45万根。完成塔山村、麻车埠村、中间桥村、马山村新农村建设重点整治村和青山殿村精品村申报工作。沈家坞创建成为杭州市级森林公园。

全镇有工业企业210家，其中，规模以上工业企业15家。实现工业总产值11.81亿元，增长19.67%；工业销售产值7.36亿元；规模工业企业实缴税金2313万元，增长0.7%；50万元以上工业性投入7311万元，增长97.38%；完成招商引资内资4083万元。新增规模企业2家。全镇工业主要分三大系列：冲床系列，如铝壳系列、紧固件系列、其他金属制品系列；木工板系列，如细木工板系列、木竹制品系列、小木加工系列；其他系列产品，如纺织系列、建材系列、纸制品系列。临安奥星电子有限公司入选中国电子元件百强企业，排名第68位。

实现第三产业增加值6325万元，增长22.03%。社会商品零售总额5210万元，增长17.09%。“农家乐”经营户28户，接待游客30万人次。参加新型农村合作医疗1.26万人，参合率98%。投资400余万元，建成潜川镇社区卫生服务中心，建筑面积1061平方米。

是年，潜川镇获浙江省体育强乡镇、浙江省旅游强乡镇、浙江省小康型体育先进乡镇、杭州市学前教育达标乡镇、杭州市世博“环沪护城河”安保工作先进集体等荣誉称号。

【临安“深山渔村”欢乐GO活动】 （参见“旅游”栏目）

【柳溪江游船码头建成】 该项目属于柳溪江乡村度假区项目中的高坪游船码头服务中心项目，2009年5月动建，2010年7月建成。总投资1200万元，项目建设有售票综合服务中心、休闲观景长廊、码头院墙小门楼、码头台阶石栏杆及钢质趸船设施，并配置游船、快艇等，可为游客提供环湖游（高坪—渔潭—过水）、浙西三峡游（高坪—仙姑岛—龙珠山）等活动。7月20日，该游船码头举行启用仪式，当天接待参加上海世博国际文化交流活动演员、记者等170余人。

（郑　妃）

乐平乡

【概况】 2010年，乐平乡总面积43.7平方千米，辖6个行政村、111个村民小组。全乡总户数3357户，其中，农业户3302户；总人口10443人，其中，农业人口10210人。人口自然增长率0.014‰。耕地面积168.8公顷，其中，山林面积2989.27公顷。

全乡实现工农业总产值5.15亿元，财政总收入1724万元，财政预算内支出1150万元。村级集体经济总收入801万元，增长7.23%；农民人均纯收入13138元，比上年增长13%。

全乡农业总产值1.43亿元，比上年增长10.8%；粮食复种面积164.6公顷，粮食总产990吨。粮经比8:92。收获杨梅36吨、柑橘638吨、板栗15吨、山核桃10吨。蚕茧产量881吨，总产值2819万元，增长55.9%；生猪饲养量7.35万头，生猪出栏5.30万头，总产值7113万元，增长8.3%。实施蚕桑低产田改造32.07公顷，推广方格蔟30万片，推广桑树新品种18万株，有5个蚕桑园区（基地）在建，乐平乡被评为杭州市农业产业（蚕桑）状元乡。投入40万元，新建河西和河东两个动物尸体无害化处理设施，完成15个畜禽污染综合治理项目，培育科技示范户30户。七坑生猪养殖小区被评定为国家级生猪标准化规模养殖小区。引进白茶13.33公顷、杨桐林2公顷、天目李系列新优品种红布林2公顷。

全乡有工业企业91家，其中，规模以上工业企业14家，实现工业销售产值3.68亿元。新增规模企业2家，规模企业销售产值2.1亿元，比上年增长21%；有4家规模以上企业进行技改，投入资金6560万元；引进工业项目4个，总投资1.06亿元。总投资5000余万元，三鑫纸业和宝磊建材一期投产；固达丽木门厂与分水客商股份合作，投资1800万元，实施年产10万套简约式家具生产线技改扩建项目投产；投资1500万元，泰华机械开发生产压缩机系列产品投产；瑞丰纸业引进富阳客商完成股改2300万元。工业环保投入520万元。

实现第三产业增加值4486万元，增长19.45%。社会商品零售总额5636万元，增长21.13%。投资1340万元，天目溪治理乐平段堤防工程竣工，堤坝总长3.1千米，按20年一遇防洪标准设计。投资25万元，完成上沃村农村新社区和社区卫生服务站建设；投入3万元，建成乡国民体质监测中心。全乡村级劳动保障室实现全覆盖，新型农村合作医疗参加率98%以上，门诊和住院报销合计580余万元。发放低保金40余万元；农村危房改造9户。

是年，乐平乡获杭州市学前教育先进乡、杭州市农业产业（蚕桑）状元乡、杭州市关心下一代工作先进集体等荣誉称号。

【浙江省体育强乡镇】 2010年，乐平乡创建成为浙江省体育强乡镇。全乡建立象棋协会、门球协会、乒乓球协会，老年体协、残疾人体协等群众团体，建成乡文体活动中心1个、门球场1个、篮球场10个、健身苑点10个、村级活动室和图书室12个；拥有民间娱乐队伍10余支，开展文化进村活动60场次，服务群众7500人次；举办乐平乡首届体育运动会。

（何 骏）

昌化镇

【概况】 2010年，昌化镇总面积232.63平方千米，辖14个行政村、180个村民小组、1个居民委员会。全镇总户数7921户，其中，农业户5661户；总人口22393人，其中，农业人口17037人。有外来人口2828人。人口自然增长率-0.05‰。耕地面积860.93公顷，山林面积1.96万公顷，其中，公益林6671.4公顷，森林覆盖率79%。

全年实现工农业总产值25.46亿元，增长9.36%。财政总收入5100万元，财政总支出5966万元，上缴国税、地税4330万元。农村经济总收入27.8亿元，村级集体经济总收入826万元，农民人均纯收入13208元，增长10.05%。年末银行存款余额10.28亿元。

全镇实现农业总产值1.4亿元，增长7.7%。粮食复种面积0.09万公顷，粮食总产量4400吨，平均亩产334千克。收获油菜子200吨、茶叶20吨、鲜笋2100吨、山核桃794吨。生猪饲养2.86万头，年末存栏952头。投资91万元，完成虞溪、沥溪“万里清水河道”工程；投资120万元，完成半坞、前山坞、中村坞、浪荡坞“百库脱险”工程；投资117万元，完成大源塘水库除险加固工程；投资38万元，完成40公顷山核桃喷滴灌工程；投资300万元，完成朱白村（佛子岭至石排里）道路拓宽浇筑工程。512户农户购置546台农机具补助34万元。投资136万元，开通林道17千米。朱穴村获杭州市新农村建设科技示范村、临安市特色文明村。

全镇有企业2166家，其中，工业企业611家，实现工业总产值24.06亿元，增长9.68%；利润总额4336万元，增长33.09%；税金4800万元，增长19.40%；外贸出口交货值580万美元，增长69.77%；工业增加值4.71亿元；工业性投入1.18亿元。全年招商引资项目10个，实到内资1.29亿元，实到外资330万美元。500万销售以上企业31家，实现销售产值4.16亿元，实缴税金2001万元。浙江商通科技有限公司获省级环保增塑剂二醇酯清洁合成新技术，昌化精密元件行业技术研发中心研发并推广杭州市级数码产品高端精密枢轴。

实现第三产业增加值2.64亿元。投资2600万元，完成昌化大卖场建设。14个行政村全部接通互联网宽带，农民上网电脑有5000台，网络销售6000万元。

投资3000万元，完成滨江路建设；投资1200万元，完成白牛村外沥溪下山村民新房建设，改造危旧房屋265幢；投资1000万元，完成工业功能区基础设施建设；投资300万元，完成城镇截污纳管工程；投资460万元，完成朱白村道路修复工程；投资200万元，完成岳前路、国石文化城道路等项目建设。

九龙村龙凳队参加省第11届广场文化艺术节，获全省第二届舞龙大赛银奖，并获临安市农村文艺精品调演金奖。双塔村马灯、联盟村盘鼓参加钱王文化艺术开幕式暨“吴越风”元宵灯会。上营村、朱穴村获临安市文化示范村称号，群音越剧团送戏下乡演出70余场。

昌化中学王彬老师获第七届国家基础教育课程改革优秀成果二等奖，昌化中学重点大学上线人数83人，本科率84.63%，居全市第一。昌化职高投资236万元改造田径场，被教育部评定为国家级重点中等职业学校。昌化初级中学创建省A级食堂。民乐合奏《翻身的日子》获临安市第七届中小学生艺术节一等奖。昌化成校被评为示范学校，昌化二小获省级绿色学校称号。

投资20万元，对卫生院内部网络进行升级改造，对村卫生室实行一体化管理，改造10个行政村标准化卫生室。投资60万元，完成室内人造草坪门球场。第12届临安市全民运动会昌化镇政府获团体总分第五名、金牌总数第九名。九龙村获全省小康体育村称号。

集中供养“五保”老人31人，向100户低保户家庭发放救助金23万元，向54名重度残疾人发放护理费6.72万元，发放优抚金和重点优抚对象定补80万元，发放现役军人优待金26.88万元，结对困难家庭134户，救助资金20.20万元。完成新型农村合作医疗收缴工作，参合1.42万人，参合率99%。累计报销医疗费453.29万元，完成就业岗位开发460个，安置失业人员153人，安置特困户职工120人，转移农村劳动力就业365人，企业养老保险参保195家，城镇居民812人办理合作医疗保险，农村2186名60周岁以上老年人办理社会养老保险。

是年，昌化镇被评为杭州市级文化创意先进乡镇、食品安全示范乡镇、科普文明示范乡镇、“十一五”计划生育先进集体。

【《昌化镇志》出版】 2010年12月，《昌化镇志》出版。该志以“综述古今、详今略古”为原则，记载昌化镇1300余年来的自然地理、政治、经济、文化、社会等各个领域的历史变迁与现状，记载昌化镇人民在社会主义革命和建设时期，特别是改革开放30余年来的曲折历程和取得的成就；起编于2007年5月，主编余志伟，薛驹题字，方志出版社出版。全志分18编、66章、204节，61.7万字；载彩照139幅，黑白照62幅；开本大16，正文507页，印数1500册。

【昌化国石文化城竣工】 2010年10月，昌化国石文化城竣工。该项目是省级重点项目，2009年6月28日奠基，总投资8500万元，占地面积1.87公顷，建筑面积3.18万平方米，设旅游纪念品区、国石精品贸易区、国石鉴定拍卖区、国石文化展示区、青田石雕一条街五大功能区。10月29日，第六届中国名石雕刻艺术展在昌化国石文化城开幕，为期3天，展示昌化石、青田石、寿山石、巴林石四大名石精品。

【昌化溪（昌化段）治理工程全面启动】 昌化溪治理工程于2005年规划，2007年委托杭州市水利水电勘察设计院编制，2008年省发改委批复，2009年通过水保、环评、选址、地质灾害评估和土地预审，列入2009年省级重点项目，总投资2.8亿元，用地47.27公顷，临时用地5.33公顷，工期60个月。该项目以修筑防洪堤、治理河道、改善水环境为工程主要任务，集防洪、治涝、城市交通、美化、亮化及旅游观光、娱乐、休闲于一体，达到水清、流畅、岸绿、景美的治理目的。一期工程投资2200万元，2006年完成850米样榜段左岸，2007年完成680米样榜段右岸，2008年完成620米武隆电站大坝下至后营小溪口左岸，2009年完成950米工业功能区左岸；2010年，二期工程投资3300万元，征地18.33公顷，完成青山潭至昌化大桥左岸1350米、右岸1480米。

（王根贵）

河桥镇

【概况】 2010年，河桥镇总面积190.89平方千米，辖11个行政村、171个村民小组。全镇总户数6208户，其中，农业户5933户，总人口18238人，其中，农业人口17409人。人口自然增长率-6.7‰。有耕地面积814.4公顷，其中，水田710.6公顷。

全镇实现工农业总产值8.62亿元，比上年增长3.68%。财政总收入2806万元，财政总支出3272万元，上缴国税、地税1613万元；农村经济总收入7.25亿元，增长10.88%；村级集体经济总收入647万元，增长8.92%。农民人均纯收入8650元，增长11%。年末银行存款余额1.13亿元。

实现农业总产值1.29亿元，增长8.37%。粮食复种面积0.08万公顷，粮食总产量4641吨，平均亩产385千克。收获油菜子444吨、茶叶31吨、笋干351吨、山核桃371吨、板栗18吨、白果8吨。竹笋总产值750余万元，山核桃总产值2000余万元。新增香榧、杨桐柃木13.33公顷。生猪饲养1.75万头，羊年末存栏数1690只，家禽年出栏8802羽。采伐木材1.28万立方米、毛竹42万支。桑园种植面积600公顷，饲养蚕种1.48万张，蚕茧总产量726吨。

实施各类农业项目30个，投入资金820万元。其中，实施低产田改造项目1个、“万里清水河道”工程15千米、“百库脱险”工程6个、“千库保安”工程1个、“千万农民饮用水”工程3个；争取省级畜禽污水治理项目5个、临安市蚕桑一体化经营模式项目2个、方格蔟推广项目1个；发展各类种植、养殖基地6个。有序推进集体林权制度改革，完成罗山、泥骆试点工作、11个村外业工作及60%的集体林权信息化工作。农民技术培训600余人次。

全镇有企业859家，其中，工业企业309家，从业人员2062人。实现工业总产值7.34亿元，工业销售产值7.17亿元。新增东毅纺织公司、夏岩砖瓦厂两家规模企业，规模企业总数10家；规模企业产值1.06亿元，增长32.08%，实现税金393万元，增长30.13%；规模企业实现销售产值1.04亿元，增长33.96%。完成工业性投资3784万元，增长136.5%。实现招商引资7054万元，增长35.11%。

完成聚秀工业集聚区至泵站的污水管网铺设，污水处理厂正式运行；投资2亿元的单双面板及多层印制线路板的创业园地项目进入洽谈阶段；升达电子厂、钢纸厂、宇凯木制品公司等企业投入资金1630万元用于技术改造，提高综合竞争力；投资3000万元的华蓝再生制品有限公司于9月份投入试生产；临安钢纸厂顺利通过

ISO 9000 认证并取得自营出口权证；石瑞钨铜矿整合进入实质性阶段。

完成“风情小镇”规划编制和评审工作。完成望江亭修建和老街入口古道拓宽、古码头复原性修复。村民休闲广场建设、历史建筑修缮等工作进展有序。柳溪江四星级度假酒店完成规划评审。柳溪江国家 AAAA 级旅游景区接待游客 48 万人次，营业收入 3600 万元，上缴税金 1020 万元；瑞晶洞景区接待游客 5 万余人次，营业收入 190 万元。

明确帮扶项目 13 个，落实帮扶资金 196 万元，其中，10 个完工、3 个实施中。七都村赤石片、浪川片，秀溪村蒲溪片，河桥村誉光片，罗山村毕家片完成新农村重点整治工作；金燕村、蒲村村完成村庄规划修编工作。完成新街 0.13 公顷建设用地公开拍拍卖出让；审批农户建房 117 户，建筑面积 3.15 万平方米。完成造田造地 15.33 公顷和两个地质灾害点整治工作；完成泥骆大桥改造工程；完成河桥镇社区卫生服务中心、5 个卫生服务站和 6 个村级卫生服务室建设；完成 4 个村不登记到户移民村项目 5 个。

完成河桥小学围墙改建、昌南中学地质灾害点治理和消防管道铺设工作；河桥中心幼儿园创建成为省二级幼儿园。完成河桥老街保护专项基金申报和特色文化村调研工作；举办第四届全民运动会和“科学发展、魅力河桥”元旦大型文艺汇演。

开展“送温暖”和结对帮扶活动，对 65 户困难群众、老党员、老干部走访慰问；对 132 户低保对象、“五保”集中供养对象 30 人和重度残疾低保对象 154 人发放生活保障金 52 万余元。完成 17 户低收入家庭危房改建。完成 4200 人农村养老保险登记、核对工作。村村建立村级劳动保障服务室。新型农村合作医疗参保率 99.3%。调处各类矛盾纠纷 356 起，调处 344 件，调处率 96.6%。承办市长公开电话 66 件，比上年下降 37.9%，承办信访件 14 件，下降 64.3%。

是年，河桥镇列入浙江省首批“风情小镇”创建乡镇，获“浙江省体育强镇”称号。

【创建成为省级体育强镇】 2010 年 11 月，河桥镇通过浙江省体育强镇验收。4 月，该镇启动创建工作。2009 年，投资 20 万元，新建健身苑点 13 个，建造河桥、蒲村、学川村级篮球场，设立乒乓室 9 个及老年综合活动室 6 个。2010 年，投资 40 万元，新建标准篮球场 6 个、门球场 1 个、羽毛球场 5 个，增加健身苑点 14 个、乒乓球室 8 个。全镇有篮球场 10 个、健身点 28 个、乒乓室 17 个、羽毛球场 5 个。有镇本级象棋、乒乓、篮球、门球、钓鱼、飞镖、田径等特色运动团队 7 支，会员 90 余人。各村有民间舞狮、舞龙、舞鱼等表演团队 9 支，军鼓、腰鼓、排舞等表演队伍 12 支，参与表演人员 900 余人。5 月，该镇举办第四届全民运动会。8 月，参加浙北片区“种文化”户外活动，获第二名。

【河桥镇中心卫生院建成】 2010 年，河桥镇中心卫生院建成。中心卫生院位于河桥村，占地面积 0.4 公顷，总建筑面积 2000 平方米，其中，门诊楼 1756 平方米，食堂及配电房、传达室等合计 244 平方米。中心卫生院主体工程门诊楼于 2009 年 3 月 25 日开工建设，项目总投资估算 410 万元，实际支付 470.3 万元，综合考虑项目建设过程中追加的食堂、配电房及围墙等附属建筑等，实际总投资近 600 万元。2011 年 1 月投入使用。

【第四届全民运动会】 2010年5月21日，河桥镇第四届全民运动会在昌南中学举行。全乡组队11支，有运动员196人。运动会设女子1500米、男子3000米、铅球、乒乓球、定点投篮、老年象棋、拔河、家庭接力赛等比赛项目。运动会颁发单项前三名奖、拔河和家庭接力赛前六名奖。河桥镇每三年举办一届全民运动会，此次农民运动会是创建浙江省级体育强镇中的一个重要内容。

【河桥休闲农业观光园一期工程完工】 河桥休闲农业观光园于2007年开始筹建，2008年3月正式开始建设，2010年11月完成一期建设并通过验收，秀溪山庄投入试营业。河桥休闲农业观光园总投资6800万元，一期开发面积44公顷，投资2800万元；二期预开发面积57.33公顷，投资4000万元。河桥休闲农业观光园融生态农业、种植、养殖、技术服务、成果转让、园林绿化、花卉苗木、鲜活水产的销售为一体，建成后以承接各种商务会议、休闲旅游为主营业务。

（柳闻莺）

龙岗镇

【概况】 2010年，全镇总面积103.8平方千米，其中，集镇区面积3平方千米，辖8个行政村、91个村民小组。全镇总户数3684户，其中，农业户3175户；总人口1.09万人，其中，农业人口9585人，外来人口700人。人口自然增长率-2.34‰。耕地面积521.22公顷，其中，水田面积470.60公顷。

全年实现工农业总产值21.5亿元，比上年增长15.5%；财政总收入2248万元，其中，地税收入860万元；财政总支出2649.2万元。农村经济总收入16.39亿元，增长20%；村级集体经济总收入351万元，增长8%；农民人均纯收入1.28万元，增长11.2%。年末银行存款余额4.34亿元。

全年实现农业总产值9995万元，增长8.8%。粮食复种面积0.07万公顷，粮食总产量4387吨，平均亩产425千克。经济作物523.67公顷，收获油菜子487吨、茶叶15吨、鲜笋2170吨、山核桃558吨、白果18吨、水果1166吨。生猪饲养1.04万头，年出栏5322头；羊年末存栏332只；家禽出栏1.24万羽。采伐木材6409立方米、毛竹2万支。有山核桃面积0.17万公顷、水果基地97.67公顷、吊瓜80公顷。

全镇有企业666家，其中，工业企业244家、规模企业39家，从业人员2758人。形成机械制造、化工产品、竹木加工、水力发电、食品加工、旅游服务等产业群，各类山核桃加工企业有135家，其中，77家食品加工企业通过QS认证。全年实现工业销售产值20.5亿元，增长15.8%；规模企业税金3550万元，增长17.4%；完成工业性投入1.85亿元，增长11.4%；自营出口726万元；完成内资招商1.43亿元，外资招商176万美元。杭州临安恒兴食品厂“龙珍”牌山核桃系列产品被认定为浙江省名牌产品，杭州临安康太炒货食品厂“一颗心”牌山核桃系列产品被认定为杭州市名牌产品。全镇拥有浙江省级名牌产品企业1家、杭州市级名牌产品企业4家、著名商标3个、杭州市级农业龙头企业3家。临安西部工业功能区新增开发面积20公顷，累计135.67公顷；基础设施投入1400万元，累计投入1.62亿元；入园企业63家，投产企业22家；工业性投资8300万元；工业销售产值3.19

亿元，实缴税金1012万元。临安丰野食品有限公司完成农副产品深加工技术改造项目申报，获政府性资助137万元。龙岗镇质监所挂牌成立。

投资770余万元，完成龙井、林坑等村11千米村庄道路的浇筑；绿化面积2.7平方米；新增路灯160盏。投资80余万元，完成林坑、郡沃、百丈等村社区服务中心、卫生服务站建设。投资31余万元，完成龙井村河道护栏建设1000余米。投资46余万元，完成龙井村自来水改造工程，铺设水管4100米。投入120余万元，新增250吨污水处理池2只、50吨分散式污水处理池4只、50吨位污水处理池3只；新建公厕1座、垃圾中转站1个、垃圾箱20只；铺设污水管网2500米。龙井村建毛竹林经济型喷滴灌项目26.67公顷，林坑村建山核桃节水灌溉项目137.33公顷。完成大龙湾电站、毛山电站技改扩容项目；完成无他、林坑两村8千米“万里清水河道”工程及10千米富民林道建设工程；完成松材线虫病防治工程，清理枯死松木400余株，计1200余吨；完成百丈村双石、毛山、杨树3个自然村村庄整治工程；新溪新村完成杭州市级生活污水处理工程。

全镇实现社会商品零售额1.24亿元，增长25%；服务业增加值6334万元，增长20%。旅游门票收入337.9万元，浙西大龙湾景点接待游客11.4万人次，龙井峡漂流项目建成，宾馆龙都大酒店完成装修。龙岗小学被评为浙江省健康促进学校(银牌学校)和临安市红十字示范校，龙岗镇中心幼儿园被评为浙江省二级幼儿园。投资530余万元，在原龙岗中学位置改建龙岗镇便民服务中心和司法所。

实施低收入农户奔小康工程，全镇有低收入农户121户，计290人。办理新型农村合作医疗2843人，报销医疗费用192万元，参合率98.3%。全镇55户计139人纳入年度低保范围，重度残疾人列为低保对象76人，救助困难学生25人，慰问企业职工220人，全镇发放各类保障金和救助资金340余万元。

是年，龙岗镇被评为杭州市土地开发整理工作先进单位、杭州市级食品安全示范乡镇，无他村被评为临安市文化示范村，兴龙村为临安市农村电气化村。

【获“中国坚果炒货食品城”称号】 (参见“工业”栏目)

【首届中国坚果食品文化节】 2010年10月27~29日，龙岗镇举办首届中国坚果食品文化节。以“品味森林坚果，打造食品龙岗”为主题，围绕中国坚果食品城开工典礼、中国坚果食品发展论坛、首届中国坚果食品节专题文艺晚会和坚果食品加工贸易洽谈会及产品展销会四大块内容，邀请上级有关领导和坚果食品企业客商等150余人参加。省、杭州市和临安市电视台作专题报道。

【龙井峡漂流一期项目建成】 2009年11月，龙井峡漂流项目启动。2010年6月完成一期项目，并投入运营。该项目位于龙岗镇龙井村，与浙西大峡谷和浙西大龙湾两个旅游景区相邻，全长1800米，落差68米，按日接待游客3000人设计，规划总投资3000余万元。该项目二期工程被列入临安市重点项目。 (何晓艳)

马啸乡

【概况】 2010年，马啸乡总面积103.4平方千米，辖7个行政村、109个村民小组。全乡总户数3066户，其中，农业户口3047户；总人口9369人，其中，农业人口9007人。人口自然增长-6‰。耕地面积375.75公顷，其中，水田面积321.62公顷，山林面积0.99万公顷，森林覆盖率82.2%。

实现工农业总产值5.05亿元。财政总收入749.7万元，其中，地方财政收入534万元。上缴国税、地税463.4万元。村级集体经济总收入404万元，农民人均纯收入10972元。年末银行存款余额7300万元。

实现农业总产值6253万元、林业总产值940万元。粮食复种面积527.2公顷，粮食总产2757吨。山核桃林总面积0.21万公顷，全乡山核桃产量520余吨。高山蔬菜种植总面积140公顷。发展香榧、杨桐柃木、高山四季竹等新型生态农业。

全乡有企业330家，从业人员1908人。实现工业总产值4.43亿元，比上年增长11%；规模企业产值1.52亿元，增长13%；工业性投入1200万元，增长20%。杭之宝绿色食品有限公司年销售额突破8500万元。

实现第三产业社会消费品零售额1450万元，增长20%。创建临安市级示范放心店7家、优秀农村连锁超市3家。剑门十八瀑旅游景区周边“农家乐”床位512张，接待游客5.1万人次，“农家乐”收入167.5万元。

投资60万元，完成湖门村、浙川村“万里清水河道”和大鹄村“百里标准堤塘”工程；投资40万元,完成浙川、石长城、湖门等村重点生态公益林分类补偿试点工作；湖门村、大鹄村山核桃节水灌溉示范项目通过验收；完成19公顷山核桃生态化基地、9.13公顷毛竹低改基地、3.33公顷杨桐林套种基地建设；大鹄村后干畈、吉子畈低产田改造工程通过验收；完成大鹄村粮食功能区项目建设和浙川村地产茶园改造项目；投资230万元,完成湖门村6.67公顷耕地垦造工程。

完成马啸村、浪广村社区服务中心建设，石长城村通过临安市改厕示范村验收。投资10万元，新建沼气池500余立方米；投资10万元，新建简易式垃圾焚烧炉4座。建成大鹄村、马啸村卫生服务站和石长城村、浪广村、浙川村卫生服务室，马啸村通过杭州市卫生村建设验收。投资40余万元，完成乡综合文体楼建设。踏勘审批农户住宅建房50余户。投资90余万元，完成浙川村新农村建设。投入3万余元，调整浪广村、马啸村村庄规划；投入10万余元，补测马啸村、湖门村、大鹄村村庄地形。

全年有655户农户参加农业政策性保险，2960人参加城乡居民养老保险。新型农村合作医疗参合7994人，参合率98%，报销合作医疗费195万元。发放家电下乡补贴145.4万元。购置山核桃脱壳机100台（享受补贴）、小型耕作机220余台、植保机械60余台，享受财政补贴30万元。浪广、浙川、石长城3个村通过“充分就业行政村”合格验收。农村劳动力调查5533人，农村劳动力转移100人，劳动保障书面审查35家，再就业优惠补贴4人，失业职工家庭助学结对1人，退休职工困难补贴2人。最低生活保障对象36户，发放低保金10万元；重度残疾人基本生活保障对象53人，发放救助金14.2万元；低保边缘对象28户，发放救助金3.1万元；慈善救助39户，发放慈善救助金9万余元；敬老院集中供养14人。

完成农民培训365人。送科技下乡4次，送电影下乡60余场次；组建马啸乡民俗、民歌舞蹈队，湖门村（山边）锣鼓队，演出 20 余场次；成立文化体育协会。投入 130 余万元，完成陈家祠堂修缮和保护工作。完成“服务百姓档案”业务工作，完成建档农户 2856 户。

【剑门十八瀑景区试营业】 2010 年，临安剑门十八瀑景区旅游开发公司启动对剑门、虎门、龙门全线开发，计划总投资 1.1 亿元。一期工程投入 5000 万元，完成剑门及龙门两个景区旅游接待服务中心、剑门两侧游步道、龙门景区景观堰坝、剑门观景茶楼、十八龙潭宾馆等工程。10 月 1 日，景区试营业。10~12 月，门票收入 3 万余元。

（郑亚姣）

湍口镇

【概况】 2010 年，湍口镇总面积 206.5 平方千米，辖 13 个行政村、121 个村民小组。全镇总户数 4027 户，总人口 13344 人，其中，农业人口 12845 人。人口自然增长率-1.64‰。耕地面积 445.87 公顷，其中，水田 374.4 公顷；山林面积 1.9 万公顷，其中，用材林 1.27 万公顷、经济林 0.61 万公顷。

全年实现工农业总产值 4.2 亿元，比上年增长 7.2%；财政总收入 2405 万元，增长 84.1%；上缴国税、地税 858 万元。农村经济总收入 4.65 亿元，增长 11%；村级集体经济总收入 932 万元，增长 8.2%；农民人均纯收入 10377 元，增长 12%。年末银行存款余额 1.36 亿元。

全年实现农业总产值 1.17 亿元，增长 8.6%。粮食播种面积 0.08 万公顷，粮食总产量 3694 吨。收获油菜子 376.6 吨、茶叶 21 吨、山核桃 915 吨、萸肉 87.7 吨、笋干 250 吨。实施农业基础设施建设，投资 230 万元，完成三联、雪山、洪岭 3 个村 11 千米“万里清水河道”工程；总投资 600 万元，完成昌南溪小流域生态农业治理工程；投资 80 万元，完成“百里标准堤塘”工程 800 米；投资 35 万元，完成渠道建设 1700 米；投资 62 万元，完成洪岭、童家两村山核桃林滴灌工程建设 53.33 公顷；完成雪山村低产田改造 35.4 公顷；完成洪岭和桐坑两村低产茶园改造 20 公顷，新种无性系茶园 20 公顷；新增高山蔬菜种植面积 10 公顷，杨桐柃木种植面积 13.33 公顷；完成毛竹高产高效示范园区 1 个、毛竹低产林改造基地 1 个；完成二联、塘溪源、石室、湍源、雪山、三联、洪岭、迎丰等村 11 条林道建设，总长 16 千米，总投资 250 万元。

全镇有工业企业 36 家，从业人员 1216 人。全年实现工业总产值 3.03 亿元，增长 6.7%；完成规模以上企业销售产值 1.25 亿元，增长 17%；外贸出口交货值 5485 万元；完成工业性投资 990 万元，增长 10%。新培育规模以上企业 1 家，湍口钨矿与石瑞钨矿实现整合。

完成杭州众安氡温泉项目土地补征工作；完成“十小”行业整治，全镇 106 家“十小”企业整治规范 105 家，整治率 99%；新增服务店 15 家，实现消费品零售额 1790 万元，增长 12%。投资 420 万元，湍源道路完工通车；投资 120 万元，完成林管站至湍泉街道路大修，新铺设污水管网 860 米；投资 25 万元，修复水毁道路 1.7 千米；投资 170 万元，修复危桥两座；投资 300 余万元，完成分老线洪坪至童家村段大修。二联村创建为特色村。投资 839 万元，完成童家、赤坑、西川、考坑、塘溪、秀上 6 个自然村村庄整治工作。镇中心幼儿园创建为杭州市优秀幼儿园；投资60万元完善学校安保设施。

完善村级体育健身设施，新增篮球场5个、乒乓球桌9张、体育健身设施12套；新建门球场1个；《昌化民歌》、《睦剧》在“森博会”文艺调演比赛中分别获金奖、银奖。开展“清洁乡村”工作，新建污水处理池9个、排污管道6060米；新建三格式化粪池680个；完成石室、三联、童家、塘溪源4个村中央改厕项目；童家村沼气试点成功。建成标准化村卫生室6个和雪山、三联、塘溪源3个社区卫生服务站。

全年新确认低保户99户，低保边缘户11户，发放救助金49万元；发放优抚金38万元。完成塘溪源村红军烈士墓修建工作。13个村设立劳动保障室。新型农村合作医疗参合率98%。落实老年人慰问和救助款2.9万元，落实残疾人慰问金5.5万元，发放助学金和物资折合计8万元。

是年，湍口镇创建成为浙江省科普示范乡镇、浙江省级体育强镇和杭州市学前教育先进、示范乡镇。

【首届全民运动会】　2010年5月31日，举办湍口镇首届全民运动会。13个行政村和4个单位共17支代表团参加比赛，运动员200余人。比赛设拔河、蒙眼敲锣、推独轮车、筷子插啤酒瓶、飞镖、象棋等7个项目，迎丰村、童家村、湍源村代表队分别获团体第一名、第二名和第三名。

【集镇自来水厂建成】　2010年12月，湍口镇集镇自来水厂建成，投资450万元。该工程建设用地面积0.05公顷，涉及3个行政村，建堰坝1座、沉沙池1个、净水厂房1座，铺设输水管网12千米，日供水能力400立方米，受益人口2500余人。

【《湍口温泉风情小镇概念性规划》通过评审】（参见“旅游”栏目“规划建设”分目）

（郑学军）

清凉峰镇

【概况】　2010年，清凉峰镇总面积203.2平方千米，辖10个行政村、206个村民小组。全镇总户数6723户，其中，农业户6391户；总人口19780人，其中，农业人口18820人。外来人口160人。人口自然增长率1‰。耕地面积0.07万公顷，山林面积1.67万公顷，其中，公益林0.81万公顷，森林覆盖率87.1%。

全年实现工农业总产值11.06亿元，比上年增长7.8%。财政总收入2005万元，财政总支出1950万元。上缴国税、地税1164万元。农村经济总收入2112万元，村级集体经济总收入392万元，农民人均纯收入11000元。年末银行存款余额2.8亿元。

实现农业总产值1.55亿元，比上年增长8%。全年粮食复种面积0.18万公顷，粮食总产量4472吨。收获油菜子445吨、茶叶70吨、山核桃1500吨、笋干98吨、白果32吨、板栗40吨。山地蔬菜种植总面积260公顷，总产量3000吨，总产值670万元。吊瓜面积66.67公顷，花卉苗木种植面积41.27公顷，中药材总面积2公顷，产值30万元。林业总产值2427万元。

全镇有企业1103家，其中，工业企业389家，从业人员1850人。实现工业总产值9.5亿元、工业销售产值9.4亿元、利税4500万元。招商引资5150万元，完成计划的106%。集镇商业街建设加快启动，出让国有土地5宗5户。清凉峰工业功能区新入户企业2家，新增工业性投资1050

万元。招商引资项目阿力食品有限公司竣工投产，杭州企业整体搬迁项目朗讯压滤机制造有限公司完成厂房初步方案设计等前期工作。与浙江侨商会达成清凉峰鹤山天池高山度假旅游项目意向。

实现第三产业社会消费品零售额9838万元，增长13.5%。创建临安市级示范放心店3家、优秀农村连锁超市6家。大明山景区全年接待游客29.45万人次，门票收入1335.22万元，“农家乐”经营收入134.7万元。

184人领到失地农民基本生活保障证，3605人享受政府基础养老金政策；1040户农户参加农业政策性保险，6360户农户参加住房保险。新型农村合作医疗参合1.75万人，参合率98%，报销合作医疗费350万元；完成农民健康体检1.58万人，参合农民体检率95%。享受农资综合直补粮食种植面积0.1万公顷,发放农户5982户,发放资金53.54万元，办理农户农资综合直补“一折通”存折变更100余人次。发放汽车下乡补贴63.6万元、摩托车补贴20.3万元、家电补贴19.1万元。

顺溪耖石潭自然村整村搬迁项目启动。完成九都村、新都村、新峰村社区服务中心建设。核发宅基地使用证196本，发证率90%以上。全镇危旧房详细调查，排查出危旧房408幢，踏勘农居民住宅建房申请205户，完成上报审批176户，完成市政府下达的农房改造任务。拆除违法建筑1020平方米。农村卫生户厕普及率97%以上。全面开展庭院整治工作，评选达标户5255户、示范户1315户。投资14万元，建成颊口中学污水处理池。

投资140万元，颊口、昱岭关、新都等8个村规划林道9条，林道总长14千米。完成水利建设总投资1000余万元，其中，投资500余万元，完成颊口溪集镇段堤防工程；投资90.68万元，完成白果、昱岭关、林竹村“万里清水河道”工程9.33千米；投资56.7万元，完成红安坞、江岭头山塘整治工程1个；投资32.12万元，完成新峰村“百里标准堤塘”工程450米；投资19万元，完成鸠甫村山核桃林节水灌溉工程1个；投资40余万元，完成清凉峰石斑鱼养殖示范基地1个；投资232万元，修复加固水毁昌西溪洙浪段堤防，颊口村阳干、童家湾桥西、桥东堤防，杨溪林竹村夏林畈堤防，新峰村祠堂堰，邵家堰寺堰下游堤防，岭下溪余家畈、寨下畈、毛旦里堤防，杨溪梅林干畈、沙干畈、田干畈、阳干畈、桥东畈堰坝。农村生活污水和粪便无害化处理率65%以上。

完成农民培训1432人，农民转移就业技能培训转移就业率70%以上，九都村、杨溪村、顺溪村通过“充分就业行政村”合格验收。完成“服务百姓档案”业务工作，完成建档农户6543户。新增图书服务“一证通”基层网点3个，农村广播电视村村通，完成全部农户的自然村联网，10个行政村均建有健身点。村级文化队伍18支，文化服务队伍在各地演出120余场次。九都村创建为“健康体育特色村”。投资400万元，新建3G基站10座，3G网络覆盖景区和10个行政村。

是年，清凉峰镇通过档案工作目标管理浙江省二级认定，创建为杭州市食品安全示范乡镇。

【推行每周下村办公制度】 2010年4月，清凉峰镇推行每周到村现场办公制度，改变原先“周一例会”为“每周到村现场办公”，为村民提供计划生育、农民建房、合作医疗、养老保险等与群众生产生活密切相关事项的咨询和代理服务，接待群众来访。全年入村办公712人次，涉及干部40余人，当场办结事项361件，调处重大纠纷9起，各类群众信访件同比下降56%。此举被中央党校《学习时报》、《浙江共产党员》杂志及多家电视媒体报道。

（郑亚姣）

岛石镇

【概况】 2010年，岛石镇总面积91平方千米，下辖10个行政村、1个居民小组、204个村民小组。全镇总户数6697户，其中农业户6476户；总人口1.87万人，其中农业人口1.77万人。人口自然增长率-0.3‰。山林面积0.76万公顷；耕地面积320.53公顷，其中，水田面积223.07公顷、旱地面积97.47公顷。

全年实现工农业总产值6.7亿元，增长19.4%。财政总收入1880.39万元，增长8.8%；财政总支出1632.33万元，减少3.8%。上缴国税、地税632万元，增长42.6%。村级集体经济总收入7204.2万元，增长30.0%；农民人均纯收入10270元，增长9.0%。年末银行存款余额2.1亿元，增长30.0%。

实现农业总产值为2.12亿元，增长8.7%。粮食播种面积0.07万公顷，总产量3122.4吨。山核桃总面积0.68万公顷，投产面积0.55万公顷。山核桃干籽总产量3087吨，产值1.55亿元。新建山核桃生态经营示范基地5个，共333.33公顷。完成深化集体林权制度工作，明晰产权0.78万公顷，明晰产权率92.7%，其中，责任山0.73万公顷，自留山换发证376.2公顷。

全镇有企业1293家，其中，工业企业235家，企业从业人员2350人。工业销售产值3.26亿元，增长14.9%。企业实缴税金661万元。新增规模企业1家，规模以上企业实现工业销售产值1.6亿元，增长19.4%。

社会消费品零售额7571万元，增长11.8%；第三产业增加值8787万元，增长20.2%。完成固定资产投资5768.3万元，其中农业投资1360.3万元。

岛石镇镇区占地5.1平方千米，公共绿地面积1公顷，完成镇区二期建设规划。投资40万元，改造完成集镇污水管网1.5千米。镇垃圾填埋场二期扩容工程启动，完成征地0.67公顷，垃圾“户集、村收、镇运、真处理”处置模式形成机制。投资66万元，完成原18省道岛石至江川路段3千米道路修缮。居民最低生活保障431人，参加新型农村合作医疗保险1.60万人，参保率86.2%；对12户困难户建房补助19万元。创建文化示范村1个，完成新二、岛石等5个村新农村重点整治。开展“环境日”庭院集中整治，2000余户家庭2600余人参与整治活动，发放《低碳生活进家庭》、《清洁庭院》行动倡议书6000余份，清理垃圾180余吨，清除卫生死角300余个。

是年，岛石镇被评为临安市森林消防和水利防汛防旱先进单位。

【红旗水库除险加固工程通过验收】 红旗水库库容103万立方米，修建于20世纪70年代，存在安全隐患，下游涉及5个行政村,计5000余人。2009年,红旗水库除险加固工程启动，投资215.16万元，完成挡水坝、溢洪道、放水设施、库区防渗、管理设施等建设。2010年12月2日，该工程通过由市水利水电局、岛石镇政府、设计单位、施工单位、质检部门、昌北水利站联合组织的竣工验收。

（林型斌）

大峡谷镇

【概况】 2010年,大峡谷镇总面积157.4平方千米,辖16个行政村、119个村民小组。全镇总户数3831户，总人口1.13万人。人口自然增长率2.1‰。耕地面积583.07公顷，其中水田面积416.67公顷；山林1.25万公顷，省市级生态公益林0.55万公顷，用材林0.27万公顷，经济林0.31万公顷，森林覆盖率78.9%。

全年实现工农业总产值4.74亿元。财政总收入1986.03万元，其中地方财政收入899.13万元；财政总支出2007万元。上缴国税、地税230万元。村级集体经济总收入329万元，增长6%。农民人均纯收入1.01万元，增长10%。年末居民储蓄存款余额2.17亿元。

实现农业总产值1.54亿元，比上年增长9.9%。粮食复种面积529.13公顷，粮食总产3254吨，平均亩产410千克。粮经比32∶68。全年农作物播种面积0.10万公顷（包括高山蔬菜30公顷），收获油菜子393吨、名优茶55吨、笋干185吨、高山蔬菜1200吨、山核桃655吨。种植高山花卉41.67公顷。生猪饲养1.34万头，家禽年出栏4977羽。采伐木材2550立方米、毛竹10万支。推广小型耕田机等农业机械600余套。完成上溪小流域生态农业工程和桃花溪、柘林坑“万里清水河道”工程，华川内川山塘“百库脱险”工程立项实施。建成林道11.5千米，其中，上溪村纤岭2.5千米通过杭州市验收，玉山村、桃花溪村4.5千米通过临安市验收。建成山核桃、高山蔬菜微滴微灌基地3个。新增蔬菜专业合作社1家。

桃花溪村通过“绿色家园、富丽山村”特色村验收，桃花溪、龙井桥、华光潭、鱼跳、东塔5个行政村的10个自然村通过新农村重点整治村验收，硬化道路26.8千米，建造污水处理池1180立方米，铺设污水管网20千米，改厕843户，添置垃圾箱220个，新增绿化面积1500平方米。18省道龙岗至鱼跳段改建工程动工。完成村道建设6.5千米，修复毁损乡村道路6000立方米，危桥改造6座。投入60余万元，完成华光潭村委办公楼建设；投入60余万元，完成龙井桥卫生院门诊楼建设工程；投入80万元，完成昌北养老服务中心建设；投资300万元，完成大峡谷镇便民服务中心建设工程。

实现工业销售产值3.4亿元，比上年增长8.55%。规模企业实现销售产值3452万元，增长60.41%。全镇第三产业增加值6401.5万元，增长12%。完成社会固定资产投资3160万元，增长10.9%。全年社会消费品零售总额3880万元，增长12%。小水电行业实现年上网电量3029万千瓦时，上网电量产值1115万元。景区接待游客53万人次，收入3160万元，增长14%，其中“农家乐”接待游客11.12万人次，收入450万元，增长11.2%。上溪叶蜡石矿完成改制，成立临安市玉岩昌化石矿业有限公司。

投入55.8万元，原大峡谷镇敬老院改建为大峡谷镇文体活动中心；投入15万元，完成大峡谷中心学校、大峡谷中心幼儿园、上溪幼儿园等校舍维修。建成标准化村卫生室5个。新型农村合作医疗参保率99%，办理农村居民养老保险3348人。转移农村富余劳动力200个。推进阳光调解机制，调处纠纷32起，化解信访积案4件，办理市长公开电话105个。发放低保金、救助金、军人优待金共106万元；合作医疗救助966人次，补助金153万余元。

是年，大峡谷镇获临安市“平安乡镇”、信访“三无”乡镇等荣誉。

【举办首届桃花溪高山蔬菜采摘节】 2010年8月至10月，首届桃花溪高山蔬菜采摘节在大峡谷镇桃花溪村山屋岭高山蔬菜园区举行。该活动由大峡谷镇与市农业局主办，市广播电视台、市新闻传媒中心、桃花溪村、浙西大峡谷旅游开发有限公司、杭州临安山妹子食品有限公司共同协办。8月16日，桃花溪高山蔬菜采摘节举行开幕仪式，来自浙江省、杭州市、临安市的农口系统、农业院校和其他相关部门的领导及长三角各地游客、当地群众共500余人参加，现场进行民间艺术表演、农耕文化展示及实地采摘、趣味搬运、现场烹饪等活动。通过采摘节活动，桃花溪高山蔬菜合作社共销售四季豆、茄子、辣椒、黄瓜、番薯、西瓜等20余个品种的蔬菜、瓜果100余吨，实现销售产值60万元，上海艺博等多家企业向桃花溪高山蔬菜合作社表达合作意向。

【桃花溪村通过特色村验收】 2010年，桃花溪村投入280万元，实施村主干道拓宽及沿线整治工程，征用土地1.33公顷，拆迁沿线房屋1600余平方米，迁移电力、通讯等“五线”线杆55根，把4.2千米的村主干道拓宽成宽8米~10米的景观大道。投入5.5万元，在九园、西坑两个自然村建仿古亭2座。投入80万元，实施桃花溪河道整治，建成防洪堤800余米、防洪坝3座，把防洪坝建成供游人嬉戏的亲水平台。利用房前屋后、路边溪边的空闲地种植观赏型、采果型优质桃树1000棵，并在村道两侧种植桂花、桃花、红豆杉1200株，形成“十里桃花溪”的独特景观。山屋岭高山蔬菜园区种植各种蔬菜近20个品种，面积40余公顷，其中，20公顷实施喷滴灌项目，进行生态有机管理。全村蔬菜产量800吨，产值200余万元。年底，该村通过临安市“绿色家园、富丽山村”特色村验收。

【上溪小流域生态农业工程竣工】 上溪小流域生态农业工程是国家级农业生态工程项目，涉及大峡谷镇峡谷源、玉山、国石、太平、上溪5个行政村，治理流域面积23平方千米，项目总面积46.33平方千米，总投资650万元。该项目于2009年11月动工，至2010年底竣工。新建、维修堰坝21座、防洪堤3千米，修建灌溉、排水渠道3.28千米，改良土壤200公顷，新建、重修机耕路1.3千米，疏浚河道7千米。

【昌北养老服务中心建成】 2010年底，昌北养老服务中心建成启用。该中心由原龙井桥中心小学校舍改建而成，总投资80万元，建筑面积1000余平方米，总占地面积3500余平方米。来自岛石镇、新桥乡和大峡谷镇三个乡镇的38位“五保”老人入住。

【大峡谷镇社区服务中心启用】 2010年7月，大峡谷镇社区服务中心建成并投入使用。总投资300余万元，建筑面积2500余平方米，配备电脑、空调等办公设备。服务中心设有民政、老龄、文体、计生、劳动保障等窗口，作为便民平台，按照统一标准、统一配置、统一建档管理要求，规范室内布置，遵循“四公开”、“三统一”制度，即公开政策、服务承诺、办事程序、办事结果，统一便民指南、服务承诺、工作职责，提供更全面、规范的服务。

(郑丽芳 董国梁)

新桥乡

【概况】 2010年，新桥乡总面积48.88平方千米，辖6个行政村、60个村民小组。全乡总户数2332户，总人口7240人，其中，农业人口7060人。林地面积0.37万公顷；耕地面积277.33公顷，其中，水田面积158.27公顷，旱地面积119.07公顷。

实现工农业总产值2.8亿元。财政总收入1085.12万元，其中，地方财政收入234万元，增长4.8%；财政总支出905.88万元。上缴国税、地税297万元，增长10.0%。村级集体总收入110万元，增长6%。农民人均纯收入9935元，增长8.0%。年末银行存款余额7495万元，增长19.3%。

实现农业总产值7958万元，增长8%。粮食生产播种面积346.87公顷，比上年增加67.47公顷，产量2059吨，增长60.9%。培植山核桃幼苗林53.33公顷，山核桃总面积0.27万公顷。新增山核桃生态经营示范基地33.33公顷。投入30余万元，实施山核桃山地节水灌溉工程。山核桃干籽总产量980吨，产值4312万元，仅山核桃这一项人均收入6107元。投入200万元，新修林道10千米。下许村高山无公害茶叶基地基本建成。完成深化集体林权制度工作，明晰产权0.35万公顷，明晰产权率81%，其中，责任山0.33万公顷，自留山换发证99.47公顷。

实现工业销售产值1.9亿元，增长8.21%，其中，规模以上企业工业销售产值7251万元，增长11%。全社会工业性固定资产投资1170万元。有硴石矿企业3家，正常开采1家，挂牌出让1家，拟挂牌出让1家。毛坦硴石矿被评为2009年杭州市地下矿开采安全生产示范企业。

享受低保农户56户，发放低保金40余万元。对40户困难、残疾家庭进行困难补助。60岁以上老人享受社会养老保险待遇人数939人，267人缴纳社会养老保险金。6254人参加新型农村合作医疗保险，参保率92%。投资135万元，完成西舍至元川段公路3千米大修工程。投资1100万元，新桥中心小学改建工程竣工，占地面积4007平方米，建筑面积6003平方米，设计规模为12个教学班。投资130余万元，扩建乡卫生院。行政村图书室和健身点覆盖率100%。投资20万元，修缮各村老年活动室，开展各类文体活动20余场次。

(江 婷)

许越峰立一等功

2010年，临安籍士官、武警温州支队直属一中队中队长许越峰，因成功参与处置“11·16”温州劫持人质事件，被武警浙江省总队记一等功。

许越峰，1980年出生，锦城街道人，1998年入伍，从一名普通战士成长为连队指挥员。他参与处置的“11·16”温州劫持人质事件被反恐专家、中国人民公安大学教授王大伟评为：“这场战斗处置过程指挥得当，果断出击，我给他们打100分！”他创造的1分27秒400米障碍跑纪录，被战友称为“铁拳头”、“飞毛腿”。入伍12年，许越峰参加抓捕战斗20余次，抓获犯罪嫌疑人200余人，先后立一等功1次、三等功6次，受到各级嘉奖20余次，被武警部队评为“首届十大标兵士官”、“优秀军事教练员”，获“感动温州十大人物特别奖”。

(摘自临安新闻网)

人　物

劳动模范

【郑瑞云】　男，汉族，1966年7月出生，大专学历，中共党员，技术员，任大峡谷镇桃花溪村党支部书记。曾被评为浙江省劳动模范、杭州市劳动模范、临安市劳动模范、临安市优秀共产党员。2010年被评为全国劳动模范。

郑瑞云带领群众围绕山区特色，发展生态经济，促进农民增收，桃花溪村农民人均纯收入从1996年的2680元增加到2009年的9216元。该村先后获省“农家乐特色村”、“特色旅游示范村”、杭州市“生态示范村”、“文明富裕村”等称号。他筹集资金500余万元，修建公路、林道等农业基础设施；发展高山蔬菜40余公顷；投资300余万元，兴建杭州市都市农业示范园区。推广小型农机具和现代农业生产技术，村集体经济年增加收入150余万元。投资100余万元，建设生活污水纳管净化处理设施。带头兴办“农家乐”，吸引都市游客，使全村“农家乐”经营户大幅增加，户均年净增收3万余元。

【张德生】　男，汉族，1949年12月出生，1974年3月参加工作，大学专科学历，中共党员，高级经济师，浙江万马集团有限公司董事长。2009年被浙江省人民政府授予“浙江省劳动模范”称号。

张德生作为万马企业“掌门人”，二十年如一日，非常重视技术改造和新产品开发，“十五”期间，企业共投入技术改造资金6.89亿元。承担国家级项目3项，拥有国家授权专利52项，其中发明专利6项，开发新产品33项。他始终坚守“诚信为本”的经营理念，坚持“质量第一、信誉第一”的服务宗旨，享有较高的社会声誉。企业从未发生过贷款逾期、拖欠利息、偷税漏税等现象。他以人为本，注重人才培养。作为集团党委书记，他开办万马党校，并结合企业生产经营抓好党建工作。他具有强烈的社会责任感。近年来集团投入浙江万马篮球俱乐部累计6000余万元，捐赠110万元建设万马希望小学，向社会各类慈善活动捐助1000余万元，解决600余名残疾人就业。2008年，万马集团在金融危机中逆流而上，营业收入42.51亿元，其中主营业务电气电缆营业收入35.86亿元，比2007年增长23.39%。曾获2006年浙商社会责任奖、2007年浙商创新奖、2008年“春风行动”特别贡献奖、浙江省第九届经营管理大师等荣誉。

【袁和军】 男，汉族，1976年11月出生，1993年7月参加工作，高中学历，杭州正驰达精密机械有限公司工具钳工二级技师。2009年被浙江省人民政府授予“浙江省劳动模范”称号。

袁和军刻苦钻研，技术过硬，先后完成高精度微型轴承、自动锤等20余种新产品研制和开发，获实用新型专利2项。2008年9月~2009年5月，完成自动锤毛坯制造工艺突破性创新，公司产品由毛坯压铸成型改造为注射成型，产品利用率达到96%，抗氧化性提高3倍，使部分产品销售价格提高50%，并成功进入日本EPSON公司和瑞士Sellita公司。该项技术被命名为先进操作法。他敬业爱岗，乐于“传、帮、带”，有10余个徒弟，其中2名晋升为高级技工；自编教材4篇，在公司开设技工培训班8期，辅导职工200余人次；先后无偿帮助其他企业设计工夹模具10余副，解决加工技术难题20余个。曾获临安市2004年工具钳工比武大赛冠军、2005年杭州市工具钳工技能大赛第一名、2006年浙江省工具钳工技能大赛第四名、2007年杭州市工具钳工技能大赛第一名，被聘为杭州市职业技能带头人、杭州市劳动模范、2008年浙江省优秀农民工。

【袁梅珍】 女，汉族，1962年12月出生，大专学历，任杭州大伟装饰材料有限公司副总经理兼财务总监。曾被评为浙江省女职工建功立业标兵、临安市劳动模范。2010年获浙江省“五一”劳动奖章。

袁梅珍在公司不仅从事财务工作，还具体管理公司实际运营。在工作中不断摸索，大胆创新，针对装饰纸印刷行业废气污染严重、存在消防隐患等问题，建议公司引进废气回收设备，帮助公司解决废气问题，并每年回收2000余吨有机溶剂重新利用到装饰纸生产中去，降低产品成本，帮助公司在2008年、2009年全球性金融危机中稳渡难关。她作为市政协第六届常委和市妇联第17届执行委员会委员，积极参政议政，献计献策。

【陈丽华】 女，汉族，1963年12月出生，中共党员，大专学历，会计师。曾被评为临安市劳动模范。2010年被评为杭州市劳动模范。

陈丽华是供销社系统改制下岗职工，2002年重新就业，受聘于临安市雄鹰妇幼卫生用品有限公司，任财务会计。她敬岗爱业，钻研业务，熟练技能，把自己掌握的财务知识和经验，依照法律制度充分运用到工作之中，使公司形成一套系统性、规范化的现代企业财务管理机制，建立企业内部账与账、账与物互相牵制和监督的机制，极大地提高财物的可控性和准确性。并积极应对金融危机冲击，密筹资金运作，精编资金计划，实时控制经营、筹资、投资活动风险，加速所控资金周转，盘活存量资金有效配置运用。通过她对财务科学、合法的运作，帮助企业连年提升产值，为企业在短短数年间发展6个子公司作出积极的贡献。

【费健儿】 男，汉族，1957年8月出生，中共党员，初中学历，任临安市锦城街道胜利村党支部书记。曾被评为临安市劳动模范、临安市优秀共产党员，当选为杭州市第九届、第十届人民代表大会代表。2010年被评为杭州市劳动模范。

费健儿担任村党支部书记26年来，带领村班子配合钱王街、天目路、新天地、吴越文化广场等市政项目实施，妥善解决征地拆迁等难题，改善全村基础设施建设。2004年，在他带动下，胜利村在全市率先进行股份制改革试点，投资近2000余万元，兴建水果市场、东方宾馆、新五洲大酒店等工程项目，村集体经济超过亿元。他积极行使人大代表权利，以议案、提案的形式，呼吁解决城中村失地农民养老保险、职工养老保险及城中村基础设施建设等一系列问题。同时，他以身作则，廉洁自律，关心群众生活，千方百计帮教失足青年。

【郭建昶】 男，汉族，1975年6月出生，技术员，系昌北山核桃专业合作社山核桃种植大户。曾获全国农村青年创业致富带头人标兵、浙江省十大杰出农村青年等荣誉称号，当选为杭州市人大代表。2010年被评为杭州市劳动模范。

郭建昶凭借自己多年的山核桃种植、经营经验，带领当地林农走出一条山核桃产业化经营之路。他倡导“科研+合作社+农户”的经营模式，以自家林地试点建立示范基地，带动160余人和180余户共同对0.07万公顷低产林进行生态经营，科学营林，并对林农进行技能培训1500人次，使基地农户亩产增加12.6千克，年增收61万元；通过搞活流通，拓宽市场，进行精加工，使农户增值近60万元；通过发展合作社，每年为农村闲置劳动力提供务工机会，使农户增收31万元；他以略高于协会指导价的价格收购农户山核桃，多支出11万元；发展合作社使社员每年都可按股分红和享受盈余返利30万元，使社员、农民增收186万元。他负责和参与的即食山核桃粉、手剥山核桃、油类、免煮笋干等新产品，填补行业空白，获专利2项，为当地山核桃产业年增加附加值1000余万元。他热心公益事业，为因病、因残致穷贫困户和敬老院等捐款16.3万元。

【赵苗泉】 男，汉族，1966年4月出生，中共党员，大专学历，工程师，任杭州宇中高虹照明电器有限公司常务副总经理。曾被评为临安市劳动模范。2010年被评为杭州市劳动模范。

赵苗泉先后担任宇中高虹公司供应销售部经理、常务副总经理等职，在工作中善于带领团队，培养企业骨干，推动公司工艺创新、技术改造，提升产品质量，使公司在15年间从一个作坊式小厂发展成为占地面积约3.53公顷、建筑面积6万余平方米、总资产3.75亿元、员工3300余人的企业。在他的带领下，公司销售产值实现连年大幅度提升，为公司在全国节能灯行业内排名第五位、浙江省排名第二位、杭州市排名第一位的业绩作出应有的贡献。

【潘陆根】男，汉族，1971年4月出生，中共党员，大专学历，系临安市潜川镇生态农庄养殖专业户。曾被评为杭州市十佳农村兴业带头人、临安市劳动模范。2010年被评为杭州市劳动模范。

潘陆根自1996年起从事养殖业，敢于创新，大胆创业，实施"畜禽粪—蚯蚓—畜禽"、"畜禽尿—沼气—果竹草"等生态循环发展模式。坚持以养鸡为龙头，进行林、果、草立体农业开发，形成养鸡猪积肥、以肥养蚯蚓、蚯蚓喂鸡的良性农业链。他创办的农庄占地面积13.33公顷，放养蚯蚓蛋鸡3万余羽、生猪1000余头，种植水果3.33公顷，2009年产值超500万元，成为临安市农村青年创业创新示范基地、全国农技推广示范县农业科技试验示范基地。主打产品"蚯蚓蛋"通过国家级有机食品认证。通过技术培训，辐射周边，带动养殖户150余户，为农民年增收200余万元。

【钱　锋】男，汉族，1962年9月出生，中共党员，本科学历，中学高级教师，系临安市教育局教研室教研员。曾获浙江省特级教师、浙江省第18届春蚕奖、杭州市教科研先进个人、临安市劳动模范、临安市科技拔尖人才、临安市十佳教师等荣誉称号。2010年被评为杭州市劳动模范。

钱锋长期担任高中教学工作，教学和科研工作成绩显著。他深入、系统地对信息技术与物理教学的整合进行研究，研制的教学软件两次在全国大奖赛上获特等奖，成果在全国范围发行，被省内外教师广泛使用，推动物理课程教学改革。在教学中能充分利用现代化手段，大胆进行教学改革，形成一套以技术整合为支柱、以探究创新为特色的教学风格。曾代表浙江省参加全国第三届中学物理教学改革创新大赛，获全国一等奖。研究成果在省内外广泛地辐射和推广，多次为广大教师作教学科研专题讲座，并深入贫困地区支教，帮助其他教师提高教学科研水平。担任教研员后，在思想政治、业务学习、课题研究、师资队伍建设等方面做了大量工作，为推进教育教学改革、提升教学质量作出较大的贡献。

【邱　云】男，汉族，1981年11月出生，大专学历，任杭州华凯纸业集团有限公司设备管理员。曾获杭州市经济技术创新能手、临安市"勇克时艰"杰出职工、临安市技术能手、临安市职业技能带头人等荣誉称号。2010年被评为杭州市劳动模范。

2000年，邱云从临安市技工学校机械专业毕业后进入杭州华凯纸业集团有限公司工作。多年来，他潜心钻研钳工、焊接技术，在2006年集团举办的钳工、焊工大比武中获钳工、焊工两个状元。2007年作为技术骨干进入"4950"项目组工作，先后被临安市劳动局、市安监局、市技能培训鉴定站聘任为焊工专业培训教师和考评员。2008年，成功自创螺旋刀快速修复法，为公司节支创收50余万元，并被临安市总工会命名为“邱云螺旋刀快速修复法”。作为公司设备管理员，主持鼓式碎浆机润滑系统技改、制浆线一段和粗筛等机械密封技改、软压光区域滴水技改等项目，累计为公司节支创收200余万元。

【王干友】 男，汉族，1962年12月出生，中共党员，大专学历，任浙江华兴羽绒制品有限公司副总经理。曾被评为临安市劳动模范。2010年被评为杭州市劳动模范。

王干友在浙江华兴羽绒制品有限公司分管业务、生产工作。在公司面临人民币汇率下调、劳动密集型行业招工日益困难且成本上升、世界金融危机全面爆发等不利因素及原材料价格大幅震荡等诸多困难面前，采取有效措施，对外稳固老客户、发掘新客户，拓展市场；对内组织员工开展技术革新、攻关，挖掘潜力，降耗增效。2007~2009年连续三年保持外贸订单的稳定增长，2009年公司利润比2007年增长40%，使企业生产规模进一步扩大。他关爱员工和社会，为困难职工及社会事业捐赠5万元。

【王士强】 男，汉族，1971年9月出生，初中学历，系杭州天恒机械有限公司车工。曾被评为临安市劳动模范。2010年被评为杭州市劳动模范。

王士强是杭州天恒机械有限公司技术中心一线车工，通过自身不断努力，从一名车床技术的门外汉成长为车工能手，并获中级技术等级证书。他帮助公司用精密度不高的车床生产出符合日本高要求的传动轴，为公司与日本三笠产业株式会社的合作作出贡献。他解决公司无密封件产品的硬密封车加工技术难题，为公司顺利销售专业级产品提供保证。他对设备、工艺、用材等不断改进，为公司节约成本，创造财富。通过“传、帮、带”，为公司培养车工人才20余人。

【咸天伦】 男，汉族，1951年2月出生，中共党员，大专学历，高级工程师，任浙江天伦实业集团有限公司董事长，系中国橡胶工业协会理事、国家冶金工业协会理事、中国钢结构协会理事。曾获浙江省乡镇企业创业标兵、杭州市乡镇企业科技创新突出贡献者、临安市劳动模范、临安市优秀共产党员等荣誉称号，当选为临安市第12届至第14届人大代表、临安市工商联副会长、锦南街道商会会长。2010年被评为杭州市劳动模范。

咸天伦重视“产学研”合作，与浙江大学、郑州金属制品研究院合作成立胎圈钢丝省级研发中心，开发主导产品回火胎圈钢丝，获专利15项，填补国内空白。“天伦”牌胎圈钢丝获浙江省著名商标和浙江省名牌产品称号。他主持制定《胎圈用钢丝》国家标准，天伦集团发展成为国内最大的胎圈钢丝生产基地，并成为美国固特异、韩国韩泰、日本住友等全球75强知名轮胎企业的首选供应商。他所在企业成为杭州市惟一、浙江省最大的胎圈钢丝生产企业，为全国汽车工业的发展作出贡献。他注重企业生产过程中的节能减排工作和低碳经济建设，投资2000余万元进行清洁生产、循环经济改造。他热心公益事业，关爱弱势群体，为“春风行动”、残疾人及灾区群众捐款捐物计800余万元。

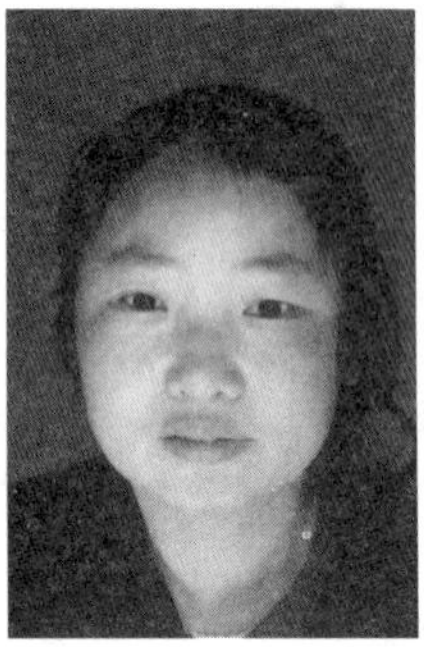

【向英鹏】 女，汉族，1972年9月出生，高中学历，系临安振有电子有限公司工艺技术员。2010年被评为杭州市劳动模范。

向英鹏是一名从四川到临安打工的“新临安人”。她利用业余时间加强车间机器各类知识学习，熟练掌握印刷电路板专业知识，并无偿为职工进行技能培训，为全市印刷电路板行业的发展作出贡献。她注重探索、研究先进的电路板制作方法，针对传统印刷电路板制作对环境污染大的难题，大胆进行技术攻关，研制出环保且成本低廉的银浆灌孔双面板，对企业原有设备按照新工艺要求进行技术升级改造，为企业节支近百万元。她成功研制碳浆灌孔双面板，为企业新增产值1600万元。

【叶金龙】 男，汉族，1964年3月出生，中共党员，大专学历，一级技师，任浙江万马电缆股份有限公司电缆检验员。曾获全国技术能手、全国首届电线电缆检验工技能大赛一等奖、浙江省创新十佳等荣誉称号。2010年被评为杭州市劳动模范。

叶金龙进入浙江万马电缆股份公司后一直从事电线电缆检验工作。凭借多年在电缆制造（检验）专业方面的知识和经验，不断探索创新，帮助企业解决交联电缆半导电屏蔽层不导电质量、交联电缆在湿度较大环境下局部放电正确测量、交联电缆两端故障定位、改进测试方法提高大截面铝导体直流电阻测量准确率等电缆检测技术上的难题，每年为企业节约成本500余万元。他参与研究和开发新产品10余项，获国家实用专利5项、国家发明专利2项。他注重“传、帮、带”，为企业培养高级技师1人、技师8人、中级技工56人、初级技工120余人。 （潘　磊）

【市供电局“95598”电力服务热线（班组）】 市供电局“95598”电力服务热线成立于2002年，由11名平均年龄不足30岁的年轻女性组成，班组长丁琰。2009年被浙江省人民政府授予“浙江省模范集体”称号。

该热线是市供电局面对电力客户最直接的窗口，为电力客户提供24小时实时信息查询、业务咨询、故障报修以及投诉等个性化服务。为使服务态度礼仪化，开展“我的微笑、您能听到”活动，组织全方位培训、管理和考核，以热心、温心、细心、耐心、恒心“五心级”服务标准来严格要求全体职工。每年都开展形式新颖的星级话务员评定活动，并根据新的服务需求不断创新评定方式，进一步提升职工业务素质。通过创建学习型班组、读书社等活动，实现知识与经验全员共享，营造出团结向上的班组文化氛围。连续六年客户满意率99%以上，实现客户零投诉。曾连续五年被评为市供电局文明班组，获2006年杭州市巾帼文明岗、2007年杭州市局创建群众满意基层站所（办事窗口）先进集体、2008年杭州市电力局标准化建设一级班组、2009年浙江省工人先锋号等荣誉。 （吴佳涛）

附　　录

重要文件

临安市人民政府制发的主要规范性文件

表 28

文　号	发布时间	标　题
临政发〔2010〕1 号	2010 年 3 月 24 日	临安市人民政府批转市发展和改革局关于临安市产业发展导向目录（2010）的通知
临政发〔2010〕45 号	2010 年 3 月 25 日	临安市人民政府关于印发《临安市 2010 年度动物防疫工作计划》的通知
临政发〔2010〕46 号	2010 年 3 月 26 日	临安市人民政府关于印发《临安市 2010 年度重大动物疫病防控和畜产品安全目标责任制考核办法》的通知
临政发〔2010〕51 号	2010 年 4 月 20 日	临安市人民政府关于 2010 年茶叶产业发展的实施意见
临政发〔2010〕52 号	2010 年 5 月 4 日	临安市人民政府关于加强村级留用地管理的若干意见
临政发〔2010〕57 号	2010 年 5 月 11 日	临安市人民政府关于扶持发展文化创意产业的若干政策意见
临政发〔2010〕58 号	2010 年 5 月 11 日	临安市人民政府关于扶持发展社区服务业的若干政策意见
临政发〔2010〕59 号	2010 年 5 月 11 日	临安市人民政府关于扶持发展中介服务业的若干政策意见
临政发〔2010〕75 号	2010 年 7 月 12 日	临安市人民政府关于进一步促进企业上市的若干政策意见
临政发〔2010〕79 号	2010 年 8 月 2 日	临安市人民政府批转市经发局关于《临安市限期淘汰落后造纸生产能力实施方案》的通知

续表

文　　号	发布时间	标　　题
临政发〔2010〕94号	2010年9月28日	临安市人民政府关于工业企业拆除或搬迁的若干政策意见
临政发〔2010〕95号	2010年9月28日	临安市人民政府关于印发临安市人才用房管理办法（试行）的通知
临政发〔2010〕98号	2010年10月26日	临安市人民政府关于鼓励和吸引国内领先国际一流科研机构入驻科创基地（科技城）创新创业的若干意见（试行）
临政发〔2010〕99号	2010年10月26日	临安市人民政府关于印发《临安市城市房屋拆迁管理暂行办法》的通知
临政发〔2010〕100号	2010年10月26日	临安市人民政府关于印发《临安市征收集体所有土地房屋拆迁管理暂行办法》的通知
临政发〔2010〕101号	2010年10月26日	临安市人民政府关于加快推进城中村改造的实施意见（试行）
临政发〔2010〕112号	2010年11月23日	临安市人民政府关于印发临安市2011年新型农村合作医疗实施办法的通知
临政发〔2010〕113号	2010年11月23日	临安市人民政府批转市财政局关于进一步加强临安市行政事业单位国有资产管理工作的意见的通知
临政发〔2010〕114号	2010年11月23日	临安市人民政府批转市财政局关于临安市企业国有资产监督管理暂行办法的通知
临政发〔2010〕117号	2010年12月3日	临安市人民政府关于促进小额贷款公司健康发展若干政策意见
临政发〔2010〕119号	2010年12月7日	临安市人民政府关于进一步支持社会福利企业发展促进残疾人就业的若干意见
临政发〔2010〕123号	2010年12月20日	临安市人民政府关于推进总部经济发展的若干意见

（薛闻琦）

重要表彰

临安市自营出口前十名工业企业名单

表29　　单位：万美元

企　业　名　称	出口额
浙江万马集团特种电子电缆有限公司	5777
浙江杭州鑫富药业股份有限公司	3693
杭州宇中高虹照明电器有限公司	3676
浙江华兴集团有限公司	3343
杭州侨资纸业有限公司	2899
浙江天杰实业有限公司	2289
杭州天恒机械有限公司	2125
杭州亮亮电子照明有限公司	1958
杭州来特电气有限公司	1742
白桦林（临安）休闲用品有限公司	1678

临安市行业龙头企业名单

表30

企 业 名 称	所属行业
浙江万马电缆股份有限公司	电线电缆
浙江天杰实业有限公司	
浙江都美电缆有限公司	
浙江森嘉实业有限公司	
浙江万马集团特种电子电缆有限公司	
杭州宇中高虹照明电器有限公司	绿色照明
杭州来特电气有限公司	
临安市新三联照明电器有限公司	
杭州临安新联电器工业有限公司	
杭州亮亮电子照明有限公司	
浙江帝龙新材料股份有限公司	复合装饰材料
杭州大伟装饰材料有限公司	
浙江盛龙装饰材料有限公司	
杭州华旺新材料科技有限公司	
浙江新剑精密制品有限公司	精密机械元器件
杭州华通精工器件有限公司	
临安东方滑动轴承有限公司	
杭州正驰达精密机械有限公司	
杭州临安制钳有限公司	五金工具
临安杰杰工具有限公司	
杭州天恒机械有限公司	
杭州临安山妹子食品有限公司	坚果食品
杭州临安昱岭食品有限公司	
临安杭之宝绿色食品有限公司	
杭州临安杭派食品有限公司	

临安市工业大企业大集团名单

表 31

企　业　名　称	法定代表人
杭叉集团股份有限公司	赵礼敏
杭州杭氧股份有限公司	蒋　明
浙江万马集团有限公司	张德生
杭州福斯特光伏材料股份有限公司	林建华
杭州宇中高虹照明电器有限公司	张林夫
浙江华兴集团有限公司	陈方华
浙江华兴羽绒制品有限公司	王干友
浙江西子富沃德电机有限公司	杨志华
杭州华旺纸业集团有限公司	钭正良
浙江鸿硕实业集团有限公司	钭正贤
临安奥星电子有限公司	詹有耕
浙江华特实业集团有限公司	童礼明
浙江天伦实业集团有限公司	咸天伦
临安市青鸿达金属制品有限公司	林官绩
杭州四达电炉成套设备有限公司	郑　涛
浙江杭州大马水泥有限公司	郭廷才
浙江杭州鑫富药业股份有限公司	过鑫富
浙江万马集团特种电子电缆有限公司	王一群
浙江小王子食品股份有限公司	王岳成
临安市雄鹰妇幼卫生用品有限公司	周雄鹰
杭州侨资纸业有限公司	金利伟
中天建设集团浙江幕墙有限公司	楼强辉
浙江帝龙新材料股份有限公司	姜飞雄

临安市50家最具成长性企业名单

表32

企 业 名 称	法定代表人
杭州南都能源科技有限公司	陈 博
杭州临安群力机械有限公司	史幼娟
浙江天松新材料股份有限公司	徐忠根
杭州来特电气有限公司	王铁俊
临安金朝照明电器有限公司	汪贤林
临安英明机械配件有限公司	邱国富
杭州临安景亮照明电器有限公司	汪景亮
临安钱氏照明电器有限公司	钱文元
浙江盛龙装饰材料有限公司	盛英明
德谦杭重锻造有限公司	徐永华
杭州恒信电气有限公司	陈 琛
临安天宇照明电器有限公司	黄妙根
杭州形象塑业有限公司	程苗根
杭州杭机股份有限公司	姜 宁
杭州临安科博电光源照明有限公司	徐爱红
临安市新三联照明电器有限公司	周拥军
浙江千秋环保水处理有限公司	谭士宾
杭州华东中药饮片有限公司	李邦良
临安东方滑动轴承有限公司	沈百仁
杭州临安九通电子有限公司	钱叶飞
杭州顺达集团有限公司	孟玉良
联塑（杭州）机械有限公司	陆孝庭
杭州创远电缆有限公司	柳汇文
浙江省临安市金洲纸业有限公司	俞全军
浙江凌志精细化工有限公司	陈 勇
浙江大冢制药有限公司临安分公司	张 一

续表

企　业　名　称	法定代表人
杭州天恒机械有限公司	周浩良
杭州临安新联电器工业有限公司	黄新法
杭州大伟装饰材料有限公司	陈　伟
国际层压板材有限公司	韩　涛
杭州临安茂龙电子有限公司	翁满龙
浙江都美电缆有限公司	邢　萍
浙江天杰实业有限公司	陈晓霖
浙江美格机械有限公司	刘国方
杭州临安光大线缆有限公司	韩雪光
浙江东跃传输设备有限公司	盛伟栋
杭州临安三峰实业有限公司	陈　炜
临安高乐电子电器有限公司	张树林
杭州腾飞链条管业有限公司	马国铨
杭州宏立机械制造有限公司	包　宏
临安春光电器有限公司	吴春夫
浙江森嘉集团有限公司	何　仁
杭州兴发传输设备有限公司	孙　梁
杭州博达化工科技发展有限公司	王曙耀
杭州临安制钳有限公司	申卫康
杭州杭重工程机械有限公司	方江波
杭州亮亮电子照明有限公司	汪祖平
浙江玲珑装饰材料有限公司	任庆祥
杭州锦江百浪新能源有限公司	方建军
浙江汉力电缆有限公司	徐建军

临安市50家成长性企业名单

表33

企　业　名　称	法定代表人
杭州天山医药玻璃有限公司	翁正天
浙江采丰防火技术有限公司	许益军
临安市东方电光源有限公司	潘忠平
杭州天目山药业股份有限公司	范建国
杭州临安恒星照明电器有限公司	王志根
浙江西盈科技有限公司	王　力
临安市全宇照明电器有限公司	徐中贤
杭州联合电路板有限公司	程伟华
临安宇通光源有限公司	潘林军
临安振有电子有限公司	詹有根
杭州锦添装饰纸有限公司	陆　敏
杭州明圣包装有限公司	吕圣华
杭州乾龙电器有限公司	李乾良
杭州越华服装有限公司	游文贵
杭州金利多实业有限公司	黄银英
杭州天和电力电容器有限公司	吴志成
临安杰杰工具有限公司	金根水
浙江万马集团电气有限公司	郭小龙
浙江高中压阀门有限公司	邢生贵
杭州添丽装饰纸有限公司	钱光荣
杭州临安太阳工具有限公司	钱国庆
临安市青山纸业有限公司	丁华权
杭州创美实业有限公司	李梦全
杭州海鑫纸业有限公司	何海龙
临安普发电缆材料有限公司	任建会

续表

企 业 名 称	法定代表人
杭州卅伍时装有限公司	南雅人
杭州临安森源电缆有限公司	马忠华
杭州临安万鹏电讯电缆有限公司	曹晓玲
杭州科佳塑化有限公司	范嘉俊
临安市欧亚电子电器有限公司	孙连华
杭州富康机械成套设备有限公司	沈富康
临安利钱照明有限公司	毛立钱
浙江新剑精密制品有限公司	单新平
杭州临安金龙电缆厂	李　明
杭州正驰达精密机械有限公司	郑金良
杭州玖久袜业有限公司	俞传梅
浙江金质丽化工有限公司	蔡国强
临安天邦服饰有限公司	刘　芳
白桦林（临安）休闲用品有限公司	刘建国
临安高虹鑫旺照明电器有限公司	汪金林
杭州临安金龙化工有限公司	何国田
杭州临安恒生科技有限公司	王水根
杭州美临塑业有限公司	钱美玲
杭州路通印刷电路科技有限公司	徐国进
杭州耐特阀门有限公司	陶仁根
杭州宏森电缆有限公司	张惠祥
临安红其线缆材料有限公司	陈中其
杭州百孚竹制品有限公司	陈其东
杭州意向竹业有限公司	王海滨
临安华龙摩擦材料有限公司	徐南汉

临安市工业强镇（街道）：

锦城街道、玲珑街道、青山湖街道、锦南街道、板桥镇、高虹镇、太湖源镇、於潜镇、太阳镇、昌化镇、龙岗镇

临安市工业税收上台阶企业名单：

杭州福斯特光伏材料股份有限公司、杭州杭氧股份有限公司、杭叉集团股份有限公司、杭州临安景亮照明电器有限公司、临安金朝照明电器有限公司、临安市雄鹰妇幼卫生用品有限公司、杭州四达电炉成套设备有限公司

临安市先进装备制造业和高新技术产业工业销售上台阶企业名单：

杭叉集团股份有限公司、杭州杭氧股份有限公司、浙江万马电气电缆集团有限公司、杭州福斯特光伏材料股份有限公司

临安市工业亩产贡献奖企业名单：

临安金朝照明电器有限公司、杭州福斯特光伏材料股份有限公司、临安钱氏照明电器有限公司、杭州宇中高虹照明电器有限公司、浙江天松新材料股份有限公司、杭叉集团股份有限公司

临安市销售额1亿元以上零售企业名单：

中石化浙江临安石油支公司、临安市医药药材有限公司、杭州联华华商集团临安联华购物广场有限公司、浙江方宜电器有限公司、临安市钱王超市有限公司、临安君悦汽车销售服务有限公司、临安市五交化采供有限公司、临安市广远家电有限公司

临安市销售额2亿元以上批发企业名单：

杭州市烟草公司临安市公司、临安市东鑫贸易有限公司、杭州锦江集团锦兴煤炭有限公司、浙江省临安市对外贸易有限公司、临安丰顺物资回收有限公司

临安市成交额5亿元以上市场名单：

临安市浙皖农贸城实业有限公司、临安市於潜集贸市场、临安天工商贸大厦、临安华兴汽车城、临安市太湖源镇青云竹笋市场

临安市营业收入1000万元以上餐饮企业名单：

杭州中都青山湖畔大酒店有限公司、浙江农林大学后勤集团饮食服务公司、杭州肯德基有限公司临安国贸分店、临安市钱王大酒店有限公司、临安市新五洲大酒店有限公司、临安八千里大酒店有限公司、临安东方假日酒店有限公司

临安市获浙江省名牌产品名单：

浙江万马集团电子有限公司（“万马神”牌通信用接入网配电设备）、杭州锦江百浪新能源有限公司（“JNK”牌空气源热水器）、杭州临安恒兴天然食品厂（“龙珍”牌山核桃系列产品）

临安市获浙江省著名商标名单：

杭州创远电缆有限公司“创远”牌、杭州临安新联电器工业有限公司“NewPeak”牌、浙江千秋环保水处理有限公司“千秋”牌、杭州康鑫食品有限公司“文同”牌、杭州菜篮子食品有限公司“丰蕾”牌

（薛闻琦）

统计资料

注：以下统计资料选自《临安统计年鉴(2011)》

国民经济主要指标

表 34

指　　标	单　位	2009 年	2010 年
一、人口（户籍）			
年末总人口	人	525859	525879
年平均人口	人	526166	525869
二、工业			
规模以上工业总产值	万元	3820787.00	5361653.00
规模以上工业销售产值	万元	3728572.00	5297290.00
规模工业利税总额	万元	246878.00	499687.00
其中：利润总额	万元	140375.00	329103.00
规模工业企业家数	家	862	1007
三、农业			
农业总产值	万元	359660.00	390590.00
粮食总产量	吨	96699.00	91939.00
茶叶总产量	吨	2201.00	1945.00
蚕茧总产量	吨	2737.00	2597.00
笋干总产量（含鲜笋所折笋干）	吨	18531.00	18452.00
山核桃总产量	吨	13797.00	9911.00
肉类总产量	吨	32638.00	33026
四、固定资产投资			
全社会固定资产投资	万元	903402.00	1083780.00
其中：限额以上投资	万元	763725.00	956408.00
工业性投资	万元	507273.00	580263.00
房地产开发投资	万元	142460.00	219378.00
五、商贸、旅游			
社会消费品零售总额	万元	620838.00	735424.00
旅游景点接待人次	万人次	304.80	341.79
旅游景点门票收入	万元	10492.00	11928.00
六、外经外贸			
自营出口额	万美元	61132.00	85151.00

续表

指　　标	单　位	2009 年	2010 年
实际利用外资	万美元	17921	12012.00
实到内资	亿元	39.81	45.16
七、财政、金融			
财政总收入	万元	255068.00	301186.00
其中：地方财政收入	万元	140369.00	169673.00
金融机构存款余额（本外币）	万元	2291400.00	2896845.00
其中：居民储蓄	万元	1017538.00	1297428.00
金融机构贷款余额（本外币）	万元	2133526.00	2544609.00
八、人民生活			
农民人均纯收入	元	10735.00	12012.00
城镇居民人均可支配收入	元	22011.00	24455.00
在岗职工平均工资	元	33106.00	39533.00
居民消费价格指数（同比）	%	98.90	103.00
九、供电、邮电			
全社会用电量	万千瓦时	227505.00	265737.00
其中：工业用电	万千瓦时	177569.00	208573.00
邮电业务收入	亿元	5.57	5.91
十、交通、运输			
年末通车里程	千米	2845.50	2845.50
公路客运量	万人次	2373.00	2629.00
公路货运量	万吨	1357.00	1528.00
十一、科、教、文、卫			
专利申请授权量	件	798.00	1662.00
普通中小学校	所	71	65
高等教育在校学生数	人	21837	22868
普通中学在校学生数	人	28095	26080
小学在校学生数	人	28616	28720
图书馆总藏量	千册（件）	307.50	334.60
医院、卫生院技术人员数	人	2012	2032
医院、卫生院床位数	张	1446	1469
社会福利院（敬老院）床位数	张	1918	1915

杭州七县(市、区)主要社会统计指标情况

表 35

指标	单位	萧山区		余杭区		富阳市		临安市	
		绝对值	增长%	绝对值	增长%	绝对值	增长%	绝对值	增长%
年末总人口	万人	121.98	0.8	86.1	1.5	65.02	0.5	52.59	—
生产总值(增幅为可比价)	亿元	1220.04	12.2	628.77	13.7	415.67	12.3	287.66	14.0
其中:第一产业	亿元	47.22	2.6	38.45	2.6	28.67	4.7	26.99	3.0
第二产业	亿元	752.28	11.5	339.11	13.6	252.14	12.7	168.27	16.2
其中:工业	亿元	697.84	11.0	30.28	13.3	235.8	12.9	154.96	16.1
第三产业	亿元	420.54	14.7	251.21	15.7	134.86	13.0	92.4	13.5
农业总产值	亿元	75.08	8.7	60.1	7.9	41.3	13.6	39.10	8.6
规模以上工业总产值	亿元	3991.15	24.7	1291.35	23.2	1011.05	24.8	536.17	34.5
全社会固定资产投资完成额	亿元	476.56	19.2	361.67	22.1	191.82	14.1	108.38	20.0
其中:限额以上工业投资额	亿元	203.44	11.0	90.4	11.9	99.89	14.2	54.65	17.6
房地产开发投资额	亿元	74.68	21.8	120.84	25.4	29.09	10.5	21.94	54.0
社会消费品零售总额	亿元	283.94	20.0	176.72	18.9	87.13	19.6	73.54	19.5
自营出口	亿美元	74.15	32.0	34.8	35.2	7.87	40.0	8.52	40.0
实际利用外资	万美元	77398	0.1	40876	14.4	18932	22.0	12012	-33
财政总收入	亿元	182.3	33.0	120.82	20.7	60.25	20.3	30.12	18.1
其中:地方财政收入	亿元	98.17	41.2	76.0	27.4	32.65	18.4	16.97	20.9
金融系统各项存款余额(本外币)	亿元	2313	21.2	1218	24.3	526.4	30.2	289.68	26.4
城乡居民储蓄余额(本币)	亿元	836.2	18.9	460.19	23.2	211.83	26.9	129.34	27.6
金融系统各项贷款余额(本外币)	亿元	1934.4	18.4	910.7	18.2	499	26.1	254.46	19.3
在岗职工平均工资	元	37509	10.4	43011	15.1	41328	8.4	39533	19.4
城镇居民人均可支配收入	元	32313	10.6	28836	10.5	25914	10.6	24455	11.1
农村居民人均纯收入	元	15987	11.1	15617	11.9	13272	12.0	12012	11.9
工业用电量	亿千瓦时	138.54	17.4	43.16	10.7	51.4	11.8	20.86	17.5
消费价格指数	%	103.4	3.4	103.5	3.5	103.9	3.9	103.0	3.0

续表

指 标	单 位	桐庐县		建德市		淳安县	
		绝对值	增长%	绝对值	增长%	绝对值	增长%
年末总人口	万人	40.25	0.4	51.02	-0.6	45.43	3.5
生产总值(增幅为可比价)	亿元	197.93	12.6	189.65	11.5	117.48	11.0
其中:第一产业	亿元	16.0	2.8	20.76	3.0	21.84	3.4
第二产业	亿元	121.4	13.9	107.17	12.3	49.87	11.8
其中:工业	亿元	108.91	13.6	98.49	13.0	38.47	13.1
第三产业	亿元	60.53	12.8	61.72	13.3	45.77	13.9
农业总产值	亿元	23.76	9.6	33.2	10.6	31.0	10.7
规模以上工业总产值	亿元	373.64	25.8	343.6	27.5	151.17	24.6
全社会固定资产投资完成额	亿元	117.29	33.0	78.25	16.9	74.66	22.6
其中:限额以上工业投资额	亿元	45.19	10.8	35.97	5.0	20.49	13.5
房地产开发投资额	亿元	25.08	76.5	10.04	52.2	21.4	24.8
社会消费品零售总额	亿元	60.87	19.0	48.47	19.1	32.84	19.0
自营出口	亿美元	6.61	25.2	7.7	28.8	1.2	34.3
实际利用外资	万美元	10600	1.2	4532	26.9	12582	5.3
财政总收入	亿元	23.3	32.1	21.0	4.9	11.92	24.5
其中:地方财政收入	亿元	13.08	37.6	12.01	13.5	7.2	28.8
金融系统各项存款余额(本外币)	亿元	214.4	25.8	211.1	19.0	165.19	34.4
城乡居民储蓄余额(本币)	亿元	100.71	17.2	113.96	22.3	66.38	21.5
金融系统各项贷款余额(本外币)	亿元	163.12	21.8	175.86	30.9	118.7	33.8
在岗职工平均工资	元	39875	18.8	45432	8.7	44013	13.9
城镇居民人均可支配收入	元	24026	10.3	22876	10.2	19831	9.3
农村居民人均纯收入	元	11670	12.1	10012	12.8	7169	10.1
工业用电量	亿千瓦时	9.91	20.1	19.34	19.7	4.5	4.4
消费价格指数	%	103.2	3.2	102.8	2.8	102.7	2.7

规模以上工业产量汇总表

表 36

指 标 名 称	计量单位	12 月止累 计	上年同月止 累 计	为上年同期（%）
液体乳	吨	3407	3239	105.19
电力电缆	千米	78431.42	74120.48	105.82
火力发电量	万千瓦时	756.5	1015	74.53
油墨	吨	336	312	107.69
铝合金	吨	1463	2045	71.54
未涂布印刷书写用纸	吨	17377	40020	43.42
新闻纸	吨	17377	40020	43.42
黄酒	千升	15227	19879	76.6
砖	万块	2071	0	207100
皮革鞋靴	万双	37.6	25.3	148.62
钢绞线	吨	212.74	162.2	131.16
多色印刷品	对开色令	935	800	116.88
高压开关板	面	1085	986	110.04
低压开关板	面	2435	2102	115.84
配合饲料	吨	19242	16220	118.63
玻璃包装容器	吨	2997	4201	71.34
鼓风机	台	681	791	86.09
生丝	吨	136.8	216.4	63.22
绢纺丝	吨	94.16	79.98	117.73
锻件	吨	20499.1	14244.48	143.91
化学纤维布	万米	2557.3	2127.8	120.19
纱	吨	17632	24225	72.78
家具	件	17092	24473	69.84
人造板	立方米	5588.4	5348.37	104.49
电光源	万只	157056.22	136186.6	115.32
阀门	吨	13769.99	22345.3	61.62
服装	万件	1371.14	1722.4	79.61
日用玻璃制品	吨	22479	18714.3	120.12
瓦楞纸箱	吨	28758.11	25756.84	111.65
混凝土机械	台	181	237	76.37

续表

指 标 名 称	计量单位	12月止累 计	上年同月止 累 计	为上年同期（%）
蚕丝及交织机织物（含蚕丝≥50%）	万米	547.8	601.59	91.06
鲜、冷藏肉	吨	6077	3641	166.9
铁合金	吨	1644	1784	92.15
家用电热水器	台	6773	5957	113.7
塑料管及其附件	吨	24405	24622	99.12
木质家具	件	9425	17900	52.65
塑料人造革、合成革	吨	352	349	100.86
涤纶纤维	吨	21455	22177	96.74
电动车辆（电动叉车）	台	5575	2415	230.85
塑料包装箱及容器	吨	7363	7402	99.47
环境污染防治专用设备	台（套）	405	352	115.06
棉混纺布	万米	1438	1659.5	86.65
工业电炉	台	392	372	105.38
糕点	吨	2308	1657	139.29
饲料	吨	19242	16220	118.63
机制纸及纸板（外购原纸加工除外）	吨	131420.85	144126.2	91.18
铸铁件	吨	6607.98	3565.15	185.35
水泥熟料	吨	1291161	1224328	105.46
印染布	万米	14470.3	15016.8	96.36
精制茶	吨	6448.6	5226	123.39
塑料薄膜	吨	2905.19	1620.58	179.27
塑料条、棒、型材	吨	19752.35	40064.4	49.3
光缆	芯千米	49169.35	33775.14	145.58
玻璃纤维增强塑料制品	吨	2162	2287	94.53
棉纱	吨	17632	24225	72.78
羽绒服	万件	44.13	38.87	113.53
水质污染防治设备	台（套）	41	32	128.13
塑料加工专用设备	台	365	204	178.92
金属切削机床	台	1199	703	170.55
润滑脂	吨	2049	1727	118.65

续表

指　标　名　称	计量单位	12月止累　计	上年同月止累计	为上年同期(%)
针织服装	万件	189.34	270.33	70.04
窑外分解窑水泥熟料	吨	1291161	1224328	105.46
钢丝	吨	66213	64403	102.81
合成橡胶	吨	2215.6	1672.9	132.44
风机	台	817	856	95.44
布	万米	5616.8	5171.86	108.6
色织布(含牛仔布)	万米	620.9	646.2	96.08
印刷专用设备	吨	4809	4585	104.89
中成药	吨	271.82	0	27182
中小型型钢	吨	134677	114317	117.81
塑料制品	吨	108137.36	126118.95	85.74
锁具	万把	505	396	127.53
纸制品	吨	91907.11	72010.04	127.63
梭织服装	万件	1181.8	1452.07	81.39
初级形态的塑料	吨	30539.42	22013.6	138.73
罐头	吨	24176	22212.81	108.84
涂布类印刷用纸	吨	9300	8109	114.69
电子元件	万只	5998.27	4884.46	122.8
合成纤维	吨	21455	22177	96.74
钢材	吨	134677	114317	117.81
铅酸蓄电池	千伏安时	1573236.22	193850.35	811.57
气体压缩机	台	96	131	73.28
金属紧固件	吨	21574.2	14891.9	144.87
化学试剂	吨	9685.03	3952.26	245.05
通信及电子网络用电缆	对千米	3462125.8	3048157.78	113.58
棉被	万条	6.2	4.73	131.08
农用薄膜	吨	1730	1262	137.08
聚氯乙烯树脂	吨	472	681	69.31
婴儿服装及衣着附件	万件	118.2	129.12	91.54
棉布	万米	1621.5	1384.56	117.11

续表

指　标　名　称	计量单位	12月止累　计	上年同月止累计	为上年同期（%）
绝缘制品	吨	56237	57897.8	97.13
人造板表面装饰板	平方米	1081351.36	928843.9	116.42
胶鞋类	万双	389.1	303.82	128.07
灯具及照明装置	套（台、个）	9316564	5539971	168.17
催化剂	吨	8725	7617	114.55
气体分离及液化设备	台	46	52	88.46
化学纤维	吨	21455	22177	96.74
单色印刷品	令	108082	97113	111.3
荧光灯	万只	13032.31	14572.41	89.43
印制电路板	平方米	2660549	1974259	134.76
乳制品	吨	3407	3239	105.19
商品混凝土	立方米	758971	531737	142.73
散装水泥	吨	1838899.6	1869744.8	98.35
水泥	吨	2245276.12	2288710.6	98.1
发电量	万千瓦时	40637.14	36396.67	111.65
滚动轴承	万套	2403	1589	151.23
水力发电量	万千瓦时	36348.45	35381.67	102.73
铝材	吨	19116.02	16497.78	115.87
玻璃纤维纱	吨	2840	2663.4	106.63
无纺布（无纺织物）	吨	6087.06	6775.6	89.84
铝型材	吨	1854	1057	175.4
涂料	吨	23673.56	21298.38	111.15
建筑涂料	吨	21161.56	19390.38	109.13
铸钢件	吨	6771	3510	192.91
泵	台	30	29	103.45
自来水生产量	万立方米	2129	1925	110.6
内燃叉车	台	52321	17881	292.61
饮料酒	千升	15227	19879	76.6
数控金属切削机床	台	47	59	79.66

农业、林业、牧业、渔业总产值情况

表 37　　单位：万元

	2009 年	2010 年
合　　计	359660	390590
一、农业产值	107401	127703
(一) 农作物种植业产值	101043	119969
(二) 采集野生植物	6358	7734
二、林业产值	175011	177343
1. 人造林木生长	5235	7112
2. 林产品	137229	134968
3. 竹木采伐	32547	35263
三、牧业产值	66453	73374
其中：生猪	44571	48600
蚕茧	6019	8570
四、渔业产值	4830	6029
五、农林牧渔服务业产值	5965	6141

全社会固定资产投资情况

表 38

	单　位	2009 年	2010 年
全社会固定资产投资完成额	万元	903402	1083780
按行业分：			
其中：工业性投资	万元	507273	580263
房地产开发投资	万元	142460	219378
按地区分			
其中：城镇	万元	613564	567051
农村	万元	289838	516729
按规模分			
其中：限额以上	万元	763725	956408
限额以下	万元	139677	127372

预算内财政收入情况

表 39　　　　单位：万元

	2009 年	2010 年
财政总收入	255068	301186
一、地方财政收入	140369	169673
（一）税收收入	134484	166591
1.国内增值税 25%部分	26471	30179
2.营业税	40604	46984
3.企业所得税 40%部分	15344	17316
内资企业所得税 40%部分	13984	13643
外资企业所得税 40%部分	1360	3673
4.企业所得税退税		
5.个人所得税 40%部分	8114	9943
6.城市维护建设税	9043	10967
7.耕地占用税	689	1296
8.契税	15868	17073
9.房产税	3190	4945
10.印花税	1702	2698
11.资源税	968	898
12.固定资产投资方向调节税		
13.城镇土地使用税	6762	8139
14.土地增值税	4746	14727
15.车船税	983	1426
16.其他税收收入		
（二）非税收入	5885	3082
1.专项收入	4737	5611
2.行政事业性收费收入	195	
3.罚没收入	6783	4945
4.国有资本经营收入	-6000	-7810
5.国有资源（资产）有偿使用收入	170	336
6.其他收入		
二、中央财政收入	114699	131513

预算内财政支出情况

表 40　　单位：万元

项　　目	2009 年	2010 年
一般预算支出合计	189515	258552
其中：一般公共服务	33051	39075
外交		
国防	349	427
公共安全	13003	15241
教育	46317	55445
科学技术	8223	10549
文化体育与传媒	3290	4091
社会保障和就业	16385	19847
医疗卫生	14303	18271
环境保护	7473	22168
城乡社区事务	8986	7818
农林水事务	20026	25465
交通运输	7106	18614
资源勘探电力信息等事务	5081	8947
商业服务业等事务	3624	9645
金融监管支出		210
地震灾后恢复重建支出	1166	1404
国土资源气象等事务	363	698
住房保障支出	309	239
粮油物资储备等管理事务	22	140
国债还本付息支出		5
其他支出（类）	438	253

旅游景点门票出售情况

表 41　　单位：万元

	2009 年		2010 年	
	四季度	四季度止累计	四季度	四季度止累计
第一季度				
游客人数(人数)	199735	199735	269142	269142
门票收入(万元)	526	526	579	579
第二季度				
游客人数(人数)	1027815	1227550	1019934	1289076
门票收入(万元)	3312	3838	3364	3943

续表

单位：万元

	2009 年		2010 年	
	四季度	四季度止累计	四季度	四季度止累计
第三季度				
游客人数（人数）	1098528	2326078	1286162	2575238
门票收入（万元）	4207	8045	4983	8926
第四季度				
游客人数（人数）	721884	3047962	842700	3417938
门票收入（万元）	2447	10492	3002	11928

社会消费品零售总额

表 42

单位：万元、%

	2010 年	同比增长%
社会消费品零售总额	735424	19.5
（一）按消费地区分		
市的零售额	454970	21.9
市以下的零售额	280454	15.8
（二）按经济类型分		
国有经济	2670	12.7
集体经济	58479	10.6
私营经济	143550	22.0
个体经济	329298	21.4
股份制经济	201427	17.6
港澳台及外商投资经济		
（三）按行业分		
批发零售贸易业	630976	18.9
住宿餐饮业	104448	23.6

房地产开发情况

表 43

	单　位	2009 年	2010 年
一、本年完成投资	万元	142460.00	219378.00
1.住宅	万元	113912.00	172802.00
其中：经济适用房	万元	1600.00	5350.00
别墅及高档公寓	万元	63414.00	99809.00
2.办公楼	万元	1271.00	3635.00
3.商业营业用房	万元	8741.00	12104.00
4.其他	万元	18536.00	30837.00
二、本年新增固定资产	万元	85790.00	214969.00
三、房屋施工面积	万平方米	131.25	211.98
其中：新开工面积	万平方米	27.12	116.70
四、商品房竣工面积	万平方米	33.51	40.82
五、商品房实际销售面积	万平方米	57.61	64.02
六、商品房销售额	亿元	31.15	40.15
七、商品房空置面积	万平方米	23.49	17.30

商品零售价格指数

(以上年价格为 100)

表 44

项　目　名　称	上月=100	上年同月=100	上年同期=100	2005 年=100
商品零售价格总指数	99.4	104.4	103.7	115.8
一、食品	98.9	108.3	105.4	136.7
二、饮料、烟酒	100.0	102.1	101.2	109.6
三、服装、鞋帽	97.9	97.5	98.1	89.3
四、纺织品	100.0	103.7	99.8	102.7
五、家用电器及音像器材	99.7	99.8	98.6	84.6
六、文化办公用品	99.2	96.3	96.7	79.0
七、日用品	99.6	101.6	100.8	106.6
八、体育娱乐用品	99.6	100.0	100.2	100.6
九、交通、通信用品	99.4	95.3	96.1	70.0
十、家具	99.3	100.5	101.0	110.7
十一、化妆品	100.5	100.5	99.3	100.0
十二、金银珠宝	100.4	111.5	108.1	173.1
十三、中西药品及医疗保健用品	99.3	109.2	112.3	156.0
十四、书报杂志及电子出版物	100.0	102.2	101.4	102.1
十五、燃料	102.0	110.3	116.9	148.8
十六、建筑材料及五金电料	98.7	112.5	106.4	126.0
农业生产资料价格指数	100.5	113.6	104.7	134.9

居民消费价格指数

（以上年同期价格为 100）

表 45

项　目　名　称	11 月=100	上年同月=100	上年同期=100	2005 年=100
居民消费价格总指数	99.2	104.4	103.0	114.0
一、食品	99.0	108.5	105.4	137.8
1.粮食	101.1	124.7	114.0	143.3
2.淀粉	100.0	100.0	100.0	124.6
3.干豆类及豆制品	101.6	109.5	102.7	163.6
4.油脂	99.6	115.0	105.7	167.1
5.肉类及其制品	100.5	109.0	102.1	158.1
6.蛋	99.0	105.0	107.5	124.6
7.水产品	99.0	111.0	114.8	118.6
8.菜	87.8	103.6	105.9	156.3
9.调味品	100.5	112.4	110.6	117.4
10.糖	100.1	112.8	105.1	140.7
11.茶及饮料	100.0	100.5	100.3	124.1
12.干鲜瓜果	103.4	116.7	111.4	149.6
13.糕点饼干	94.6	95.0	100.0	99.5
14.液体乳及乳制品	100.3	104.6	99.4	112.1
15.在外用膳食品	100.0	100.7	100.2	112.4
16.其他食品	98.5	103.3	103.9	119.6
二、烟酒及用品	99.9	102.8	101.6	107.4
三、衣着	97.7	97.8	98.2	90.3
四、家庭设备用品及维修服务	99.9	104.1	101.7	108.3
五、医疗保健和个人用品	99.7	106.5	107.6	134.5
六、交通和通信	99.2	97.4	98.8	91.6
七、娱乐教育文化用品及服务	99.3	101.9	100.2	90.1
八、居住	99.8	108.1	105.7	116.1

城镇调查户基本情况

表46

	单　位	2009年	2010年
一、调查户数	户	80	80
二、平均每户人口数	人	2.63	2.51
三、平均每户就业人口数	人	1.31	1.24
四、平均每一就业者负担人数	人	1	1
五、平均每户离退休人口数	人	0.55	0.6
六、年人均总收入	元	23414.00	25995.00
其中：年人均可支配收入	元	22011.00	24455.00
七、年人均消费支出	元	14306.00	15622.00
八、人均住房面积（建筑面积）	平方米	41.00	41.00
九、按房屋产权分			
其中：租赁房	户	4	4
原有私房	户	3	7
房改私房	户	32	26
商品房	户	41	42
十、通讯设备使用情况			
固定电话	部	91	88
移动电话	部	205	190
十一、按住宅建筑式样分			
单栋柱宅	户	3	2
单元式配套住宅	户	77	78
其中：一居室	户	0	1
二居室	户	20	18
三居室	户	48	52
四居室	户	6	5
普通楼房	户	3	2

注：负担系数计算：不包括离退休人员。离退休后再就业者，包括在就业人数中。

农村调查户基本情况

表 47

项　　目	单　位	2009 年	2010 年
调查户	户	150	150
调查户常住人口	人	495	493
平均每户常住人口	人	3	3
平均每户劳动力	人	2.50	2.50
平均每个劳动力负担人口	人	1.30	1.80
平均每人:经营耕地面积	亩	0.90	0.90
经营山地面积	亩	1.40	1.86
年末生产用固定资产原值	元	4350.00	4579.00
其中:农业生产用	元	600.00	702.00
工业机械	元	723.00	829.00
运输机械	元	1034.00	1100.00
生产用房	元	1588.00	1771.00
平均每户年末住房面积	平方米	233.00	232.00
平均每人年末住房面积	平方米	71.00	71.00
其中:砖木结构面积	平方米	15.00	13.00
钢筋混凝土结构面积	平方米	53.00	49.00
年末户均住房价值	元	109917.00	105006.00

□ 小资料

市科协所属学会情况一览表

名　称	成立时间	秘书长	电　话	法　人
市写作学会	1986.12	陈利生	63748491	唐剑平
市图书馆学会	1988.12	章慧莲	63722018	倪庆云
市化工学会	1981.04	孟　忠	63722544	王曙跃
市民主管理研究会	1986.08	高　铭	63723857	黄文豪
市工程师协会	1989.04	孟　忠	63722544	王伟荣
市经济研究会	1987.04	郑兴红	63721503	林　东
市反邪教协会	2007.11	陈晓生	63752951	王斌鸿
市农村经济学会	1987.06	贾伟琦	63723224	方锐根
市劳动学会	1992.03	章菊芬	63719504	叶忠华
市高新技术产业联合会	1993.12	董海军	63758974	李文校
市税务学会	1989.04	何月兰	63723110	童成林
市农学会	1998.02	毛卓生	63725214	周玉祥
市畜牧兽医学会	1979.12	钱定海	63721507	方坚勇
市林学会	1979.12	张　慧	63736602	唐明荣
市教育学会	1984.06	钱　锋	63721672	方红星
市职业职工教育协会	1988.12	龙显洲	63723948	徐际祥
市会计学会	1984.06	王正道	63723091	罗石荣
市珠算协会	1984.06	王正道	63723091	罗石荣
市统计学会	1988.11	潘仙芳	63818102	姜关成
市水利学会	1979.12	陈佳平	63722087	朱宏峰
市档案学会	1985.09	徐　辉	63724664	周建明
市企业家协会	1989.07	徐连根	13805708606	张　凌
市农村金融学会	1986.10	宋　靖	63758153	汤一峰
市医学会	1980.07	余自力	63724485	孟建强
市质量管理协会	1980.11	吴称舟	63722171	吴称舟
市矿业学会	1980.03	胡公平	63801372	何勇伟
市鸡血石研究会	1988.10	姚宾谟	63982002	叶樟良
市环境科学学会	2001.04	巩　兵	63733648	巩　兵
市武术文化协会	2006.08	徐建民	63729530	陈齐放
市中医药学会	2007.05	许卫玉	13868005868	柳　杨

索　　引

索引说明：

一、本栏目只设主题索引

二、主题索引按标引词第一个字汉语拼音顺序排列

三、标引词后的阿拉伯数字表示内容所在页码

主题索引

1~9

A

B

C

D

E

F

G

H

J

K

L

O

P

Q

R

S

T

W

X

Y

Z

锦北街道 JINBEI JIEDAO

2011年1月21日，锦北街道组建成立。全街道区域面积81.54平方千米，辖12个行政村、3个居委会、2个社区。全街道总户数10772户，总人口52124人，其中，农业人口20762人、流动人口22334人（不包括浙江农林大学学生）。

街道所属工业企业279家，其中，销售产值2000万元以上企业23家，省、杭州市高新技术企业5家，初步形成以新能源、电线电缆、机械制造、服装纺织等产业为主导的工业体系。为拓展工业发展空间，街道抢抓青山湖科技城规划建设的发展机遇，按照“高起点规划、高标准建设、高门槛招商”的理念，加快推进临安高新技术产业园和金马工业园建设。根据产业目标定位，着力将高新园和金马工业园建设成为总部（楼宇）经济、新一代信息技术、软件服务外包、文化创意等产业为主的现代服务业示范区和新能源光伏产业基地。

街道有杭州福斯特、浙江警察学院等重点项目50余个，其中市级以上项目36个。今后一段时期，锦北街道将以“一城、一区、两园”为重点，以发展高新技术产业为方向，以项目攻坚为载体，努力将锦北街道建设成为全市“经济发展的主平台、城市建设的主战场”。

党工委书记 章登峰
办事处主任 骆晓明
电话 0571-61096003

河桥镇

HEQIAOZHEN

唐昌首镇

河桥镇政府

河桥镇位于市境西南部，东邻太阳镇，南连湍口镇，西接清凉峰镇，北界昌化镇和龙岗镇。全镇地域面积190.8平方千米，辖11个行政村，129个自然村，人口1.8万。2010年，实现社会总产值9.7亿元，其中，农业产值1.28亿元、工业总产值7.9亿元，完成国地税收入1516万元，农民人均纯收入8650元。

河桥因河多桥多而得名，是一个古老而又年轻的乡镇。说她古老是因为河桥有1300多年的历史，明嘉靖年间，人口稠密，商贸繁荣，文化昌明，又地处三江交汇，货船竞发，帆影如云，被称作“唐昌首镇”；20世纪40年代抗战时期，河桥再度繁荣，诸多机构在此设节，颇具影响，有“浙西小上海”的称号。说她年轻，是因为现在的河桥镇是在2001年由原来的河桥乡、石瑞乡经行政区划调整撤并的新建制镇。境内自然物产丰富，生态环境优美，拥有柳溪江漂流、瑞晶石花洞两个国家AAAA级景区。2000年，河桥老街被列为省级历史文化保护区。

近年来，镇党委、政府紧紧围绕“历史文化名镇、生态经济强镇、教育卫生强镇”的战略目标及“古韵风情小镇、旅游休闲胜地、和谐生态家园”的发展思路，团结和带领广大干部群众抢抓机遇、务实创新，取得了喜人的成绩，曾先后获得了全国环境优美乡镇、浙江省生态镇、浙江省教育强镇、浙江省旅游强镇、浙江省体育强镇等荣誉称号。杭州市“风情小镇”建设项目正有序推进。

河桥农业休闲观光园——秀溪山庄

书记 方英儿　镇长 冯雪卫　电话 0571-63611086

昌南中学

河桥卫生院

天目茂林®
TianMuMaoLin
用心生活 细细品味

山乡竹海的金名片

——杭州临安茂林食品有限公司

- 国家原产地标志认证
- “休博会”指定产品
- 杭州市名牌产品
- 临安市最佳城市礼品
- 省农博会“十大市民喜爱产品”
- 浙江省农博会金奖
- 杭州市农博会金奖
- 绿色食品认证
- 有机食品认证
- 杭州市级农业龙头企业

临安市副市长李文钢（左）陪同省委常委、杭州市委书记黄坤明（中）认真听取公司负责人谢茂林（右）关于“天目茂林”品牌建设的情况汇报

杭州临安茂林食品有限公司地处风景秀丽的天目山镇武山村，主营临安山核桃和天目笋干等土特产系列，兼营各类杭产名品。在市委、市政府领导和各有关部门的关心支持下，今天的茂林食品公司已形成产、供、销一体化的产业链，拥有稳定的客户群，在业界拥有很高的知名度和美誉度，公司负责人谢茂林也荣膺“二〇一〇年度杭州市十佳创业青年”称号。

“用心生活，细细品味”，“天目茂林”旗下的各类农特产品，现已进驻杭城多家大型商场，并以莫干山路旗舰店为龙头开设了18家专卖店，同时也在省内多家城市建立了销售网络。在今后的发展中，茂林食品公司将以打造杭城土特产第一品牌为己任，立足浙江，面向全国，努力使“天目茂林”系列产品名扬四海、香飘万家。

公司地址 天目山镇武山村 董事长 谢茂林 电话 13906519003

HAIXIN ZHIYE

杭州海鑫纸业有限公司

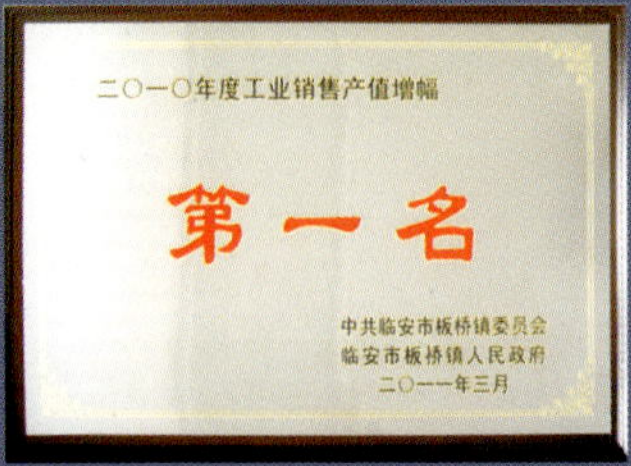

杭州海鑫纸业有限公司创办于2005年，是一家经国家相关部门批准注册的包装企业，主营装饰纸。公司本着“客户第一，诚信至上”的原则，与多家企业建立长期的合作关系。

总经理　何海龙

地　址　临安市三口镇界联村

电　话　0571-63768088

临安东方滑动轴承有限公司

LIN'AN DONGFANG SLIDING BEARING CO., LTD

该公司创建于1982年，是中国内燃机工业协会理事单位、曲轴止推片国家标准起草工作组成员、中国滑动轴承标准化技术委员会单位、国家高新技术领域高新技术企业。公司集研发、生产和销售于一体，主要生产汽车、制冷、工矿、农机四大类1000余个机型的汽车发动机止推片、滑动轴承、垫片和侧片。产品为中国一汽集团、东风汽车公司、中国重型汽车集团、微型车等48家主机厂配套。优质的产品、优惠的价格以及优良的服务使公司具有较强的竞争力，占据国内大部分市场份额，并以高速增长幅度供应国际市场。并继续保持优势并致力于新材料，新产品，新领域的推广与应用，持续质量改进，满足顾客的需求和期望是我们追求的目标。

法人 沈百仁
电话 0571-63831188
传真 0571-63831111
E-mail dfb@vip.com
http //www.dfb-cn.com
地址 临安市太阳镇大街207号

杭州临安前进家用电器有限公司

杭州临安前进家用电器有限公司成立于1997年，是一家专业研发、生产高品位毛管的现代化工厂。公司曾与日本东芝公司合作，拥有多项专利技术应用于生产常规U型系列、特种（莲花型、佛手型、梅花型、儿字型、玉兰型等）系列，产品严格执行ISO 9001质量管理体系认证。公司可根据客户要求，设计各种规格的紧凑型节能灯管。

地　址　临安市高虹工业园区
董事长　陈军伟
电　话　0571-63777387
传　真　0571-63777758
http://www.qj-dq.cn
http://qjdq2009.cn.alibaba.com

SANLIAN ZHAOMING

临安市新三联照明电器有限公司

临安市新三联照明电器有限公司是一家专业生产电子一体化节能灯和LED等光源的股份制企业。公司占地面积3.33公顷，建筑面积5.1万平方米，有员工2000余人，总资产2亿余元，年销售额3.4亿元。公司拥有高速生产线20条，月生产节能灯毛管800万支、一体化整灯250万套、LED灯2000余套，产品以出口为主。通过ISO 9001国际质量管理体系和ISO 14001国际环境管理体系认证，通过FCC、EMC、CE、GS、UL和RoHS等国际质量认证及CQC节能和安全认证。

该公司是杭州市最具成长性中小企业、临安市技术改造先进企业、临安市安全生产先进集体、杭州市AAA级信用企业、临安市特色产业龙头企业。2011年，公司实验室通过国家级验收，成为节能灯行业中少数几个拥有国家级实验室的企业。

地　址　临安市横畈工业园区
董事长　周拥军
电　话　0571-58610878
传　真　0571-58610879

临安宇通光源有限公司

宇通光源
YUTONG PHOTOSOURCE

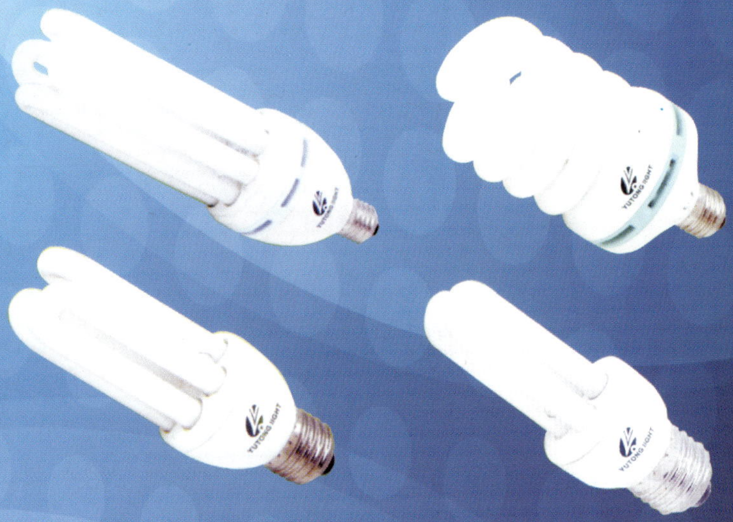

临安宇通光源有限公司是生产各类螺旋灯管（全螺、半螺、宝塔、莲花、伞形）和整灯的专业企业，产品以出口为主。公司秉承“顾客至上，锐意进取”的经营理念，坚持“客户第一”的原则，为广大客户提供优质的服务。

地　址　临安市高虹镇工业园区

董事长　潘林军

电　话　0571-61060878

http://www.layutong.com.cn

http://layutong.cn.alibaba.com

欧邦 OUBANG

欧邦照明电器

OUBANG LIAHTING ELECTRICAL

临安欧邦照明有限公司是一家有多年生产节能灯管经验的老厂。公司引进圆排车生产线，日产节能灯管3万支，主要产品有明管、节能灯管、9管径全螺、半螺10管径全螺、半螺12管径全螺、半螺14管径全螺、半螺16管径全螺、半螺17管径全螺。

地　址　临安市高虹镇虹桥村
董事长　吴长林
传　真　0571-61060387

临安雅峰电器有限公司

LIN AN YA FENG YOU XIAN GONG SI

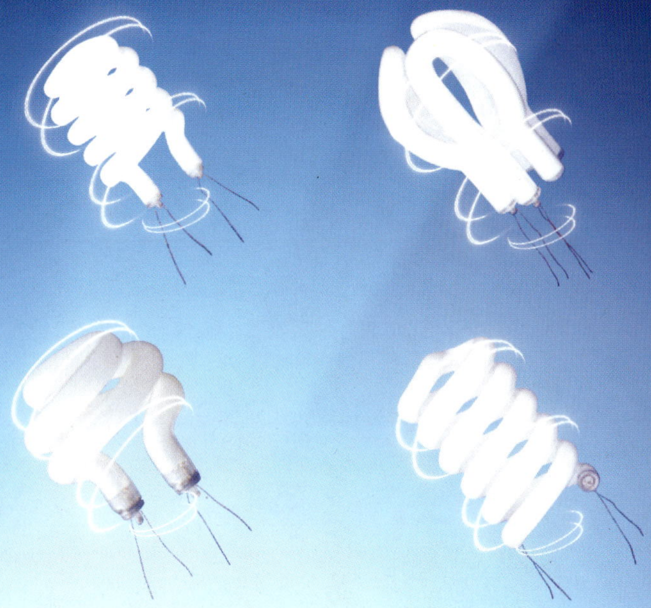

临安雅峰电器有限公司于1997年开始生产节能灯光源，占地面积1万余平方米，有员工550余人。拥有先进的全自动生产设备和检测设备，年生产节能灯管U型、螺旋型3000余万支，公司通过ISO 9001质量管理体系认证、国家清洁生产审核。

地　址　临安市高虹镇下峰村
董事长　沈月飞
电　话　0571-63776788
传　真　0571-63776373

春光
CHUNGUANG

临安春光电器有限公司

临安春光电器有限公司（前身是临安春光照明电器厂）是一家专业生产各类螺旋灯管的企业。公司始建于2001年，占地面积1.6万平方米，有员工650余人。公司拥有先进的自动化生产流水线设备和监测、测试系统，有48H自动圆排车8台、全自动直排车8台及其他各类生产设备50余台（套），资产总额近5000万元。主要生产螺旋节能灯灯管系列产品，年产螺旋节能灯灯管5000万支，并能按客户要求研制生产各种螺旋型节能灯管产品。公司获杭州市2009年度资信AAAA企业、临安市最具成长性企业、2009年度临安市销售产值超5000万企业等荣誉称号。

地　址　临安市高虹镇活山村
董事长　吴春夫
电　话　0571-63776188
传　真　0571-63776188
http://www.lachunguang.cn

创新自主 · 传承光源

华虹电子

HUAHONG ELECTROMIC

临安华虹电子有限公司成立于2001年。公司专业生产各种规格的螺旋型节能灯，有员工300余人，其中各类技术专业人员15人，拥有两条自动生产线及配套电脑检测设备，年产各类螺旋灯管1500余万支。

地　址　临安市高虹镇高桥村
董事长　杨德华
电　话　0571-63778998
传　真　0571-63778997

临安完美照明电器有限公司

LIN AN WAN MEI ZHAO MING DIAN QI YOU XIAN GONG SI

临安完美照明电器有限公司是一家专业生产T2节能螺旋灯管系列的生产厂家,公司创建于2006年，厂区占地面积6000多平方米，有在职人员200余人、技术人员10人。公司形成年产150万支螺旋形灯毛管能力，实现产量每年翻一番。

公司以发展高品质量产品为核心,产品质量符合ISO 9001质量管理体系认证和环境质量认证体系，产品以出口为主。

公司引进自动生产线（圆排车、绑丝机、自动封口机、自动上粉机和电脑分析系统与光电检测系统），不断提高产品质量。

地　址　临安市横畈镇青云街92号

总经理　祝静栋

电　话　0571-58616886

http://www.wmzmdq.com.cn

http://wmzmdq.cn.alibaba.com

横街村水果专业

锦城街道横街村面积12.5平方千米，2007年11月由4个行政村合并组成，共有村民3735人。该村是全国巾帼文明示范村，浙江省全面小康示范村、卫生村、绿化村、民主法制村，杭州市全面小康建设村、四星级民主法制村、爱国卫生先进村，临安市农民增收先进村。

2003年起，横街村立足经济发展，充分利用地处城郊的区位优势，把丰富的土地资源和广阔的市场需求结合起来，调整产业结构，走出一条具有当地特色的农业产业化发展新路子，建立120公顷葡萄基地、86.66公顷优质梨基地和草莓基地，成为杭州地区最大的葡萄种植基地。结合临安市生态旅游，着力做好休闲观光农业，硬化田间道路，吸引游客到田里采摘，大大提高葡萄、草莓和梨等农产品的经济附加值。“天目山”牌葡萄（有早熟2号、京亚、巨峰、甬优1号、醉金香、早甜等10多个品种）在市场上小有名气，出现供销两旺的态势。成功举办了3届葡萄节，吸引上海、江苏、杭州及周边县（市、区）的游客前来观光品尝，浙江在线、《杭州日报》、杭州电视台、临安电视台和《今日临安》都作了专题报道。横街葡萄成为临安新农村建设的品牌，横街村也走出了一条依托水果种植、促进农民增收的新路子。

在促进经济发展的同时，横街村还重视文化建设，建有680平方米的文化活动中心和中心公园，成为村民休闲和活动的场所，还先后成立妇女腰鼓队、木兰双扇舞蹈队、女子健身球队等，极大地丰富群众的文化生活，引导健康向上的生活方式。

书记兼社长　宋炳余
电话　0571—63701528

葡萄王诞生

小朋友投票

市民参与葡萄评比

小朋友吃葡萄 越吃越开心

市民争相竞拍葡萄酒

情侣喂葡萄

闽坞村 MINWUCUN

闽坞村位于天目山镇，藻天线公路两侧，距西天目山8公里。该村由原闽坞村、凌家村和百亩村合并而成，区域面积5.5平方千米，村民小组15个，居住分散，有农户354户，计1109人。村民主要从事家庭织绸加工、竹笋、花卉苗木种植和外出务工经商。闽坞村是一个山清水秀、花苗成片、树木成荫、风景优美、闹中取静的别墅式村庄。

近年来，闽坞村发挥地理位置优势，争先创优，抢抓机遇，加快发展，新农村建设取得显著成绩，先后获临安市模范集体村、临安市清洁乡村明星村、临安市农村财务管理先进集体、临安市先进基层党组织、临安市级文明村、临安市级“清洁庭院”示范村、杭州市园林绿化村杭州市劳动模范集体、杭州市全面小康示范村、杭州市清洁乡村先进单位、浙江省绿化示范村、临安市“精品村”等荣誉称号。

2010年，闽坞村围绕全市“绿色家园、富丽山村”精品村创建要求，以“一户一景、生态休闲”为目标，投资500万元，开展杭州市“美丽乡村”精品村创建工作，打造绿色新环境，提升新产业，建设新社区，培育新文化，努力实现“村美、家富、社兴、人和”的目标。

书记 沈松华　村委会主任 凌国泉　电话 0571-63893208